Hirsch/Schuder

Der gelbe Fleck

Rudolf Hirsch/Rosemarie Schuder

Der gelbe Fleck

Wurzeln und Wirkungen des Judenhasses
in der deutschen Geschichte

Essays

PapyRossa Verlag

Zweite Auflage

Luxemburger Str. 202, D–50937 Köln
Tel.: ++49 (0) 221 – 44 85 45
Fax: ++49 (0) 221 – 44 43 05
E-Mail: mail@papyrossa.de
Internet: www.papyrossa.de

Umschlag: Willi Hölzel
Druck: Interpress

Die Deutsche Bibliothek verzeichnet diese Publikation in der Deutschen Nationalbibliografie; detaillierte bibliografische Daten sind im Internet über http://dnb.ddb.de abrufbar

ISBN 3-89438-183-3
ab 1.1.2007: 978-3-89438-183-7

Deutschland nie zu einer so grausamen Verfolgung der Róm und der Sinti gekommen. Hunderttausende von ihnen wurden ermordet.

Man kann mit Recht sagen, der Haß auf die Juden wurde aus einer der Quellen gespeist, aus der auch der Haß auf die Róm und die Sinti kommt oder wie jetzt in der Bundesrepublik der Haß auf die «Fremdarbeiter», speziell der Haß auf die Türken. Der Haß auf das Fremde, Unbekannte. Die Einsicht ist wichtig, sie reicht aber für unsere Untersuchung der Wurzeln des Judenhasses nicht aus. Psychologische Elemente des Hasses, Elemente, die psychoanalytisch betrachtet werden können und betrachtet wurden, Haß auf angeblich Überlegene, wollen wir beiseite lassen, sie sind immer da, auch bei dem Haß auf Menschen anderer Hautfarbe. Sie spielten in der widerlichen *Stürmer*-Propaganda des Julius Streicher eine Rolle, führten den beiden Hauptwurzeln immer neue Nahrung zu.

Mit Prägnanz hat Jakob Wassermann das Phänomen des Judenhasses geschildert. Dieser große deutsche Erzähler jüdischer Herkunft, der in den Jahren von 1920 bis 1933 zu den meistgelesenen Autoren zählte, war ein leidenschaftlicher Kämpfer gegen die «Trägheit des Herzens». Er stammte aus Fürth, aus dem fränkischen Raum, wo der Judenhaß besonders tief eingewurzelt war. In seinem Buch *Mein Weg als Deutscher und Jude* schrieb er über seine Militärzeit:

«Zum erstenmal begegnete ich jenem in den Volkskörper eingedrungenen dumpfen, starren, fast sprachlosen Haß, von dem der Name Antisemitismus fast nichts aussagt, weil er weder die Art, noch die Quelle, noch die Tiefe, noch das Ziel zu erkennen gibt. Dieser Haß hat Züge des Aberglaubens ebenso wie der freiwilligen Verblendung, der Dämonenfurcht wie der pfäffischen Verstocktheit, der Rankünе der Benachteiligten, Betrogenen ebenso wie der Unwissenheit, der Lüge und Gewissenlosigkeit wie der berechtigten Abwehr, affenhafter Bosheit wie des religiösen Fanatismus. Gier und Neugier sind in ihm. Blutdurst, Angst, verführt, verlockt zu werden, Lust am Geheimnis und Niedrigkeit der Selbsteinschätzung.»

Von den beiden Hauptwurzeln ist die eine, die religiöse, mit dem Satz von Martin Luther auf den einfachsten Nenner zu bringen: «Daß Jesus Christus ein geborner Jude sei.» Die andere, die ökonomische, ist nicht mit einem so einfachen Satz zu belegen. Die wirtschaftliche und die geistige Situation der jüdischen Menschen inmitten Europas im Verlauf einer fast zweitausendjährigen Geschichte muß ermittelt werden. Die Juden, und damit sind die Bekenner des jüdischen Glaubens

gemeint, haben in der Geschichte des deutschsprachigen Raumes eine wirtschaftliche Sonderrolle gespielt. Haben die Juden das gewollt? Sind sie, wie oft behauptet, eine «Handelsnation»? Sind sie geborene Kaufleute, Händler, Wucherer? Ist der Hang zum Handel vererbbar? Ist überhaupt der Handel und das Verleihen von Geld auf Zinsen, die Pfandleihe, eine unnütze, parasitäre Beschäftigung?

Unsere Arbeit ist ein Versuch, Bekanntes und Unbekanntes zusammenfassend darzulegen und zu interpretieren. Erlebtes und Gelesenes sollten verschmelzen.

Die Abhandlungen über Wurzeln und Wirkungen des Judenhasses in der deutschen Geschichte sind keine vollständige Analyse des Faschismus in seiner deutschen Erscheinungsform, sie sind auch keine vollständige Beschreibung der Judenverfolgungen in den deutschsprachigen Gebieten.

Es sind Essays. Versuche.

Bekanntes soll mahnend ins Gedächtnis gerufen werden, Unbekanntes zur Diskussion gestellt.

VORGESCHICHTE

Beduinenstämme aus der arabischen Wüste und Steppe sind immer wieder in das Land eingedrungen, das Jahrtausende Palästina hieß, das Land, in dem der heutige Staat Israel gegründet wurde. Diese Gegend am Ufer des Mittelmeeres erschien den Hirten, die gewohnt waren, mit ihren Herden in Steppe und Wüste ein hartes und karges Dasein zu fristen, als das «gelobte Land», ein Land, in dem «Milch und Honig fließt».

Es ist unbestimmt, und die Meinungen der Forscher gehen auseinander, wann die Stämme in das «gelobte Land» eingedrungen waren, die sich selber Judäer und Israeliten nannten. Es kann im dritten Jahrtausend v. u. Z. gewesen sein.

Das Alte Testament berichtet, wie das Land Kanaan erobert, die früheren Bewohner verjagt oder getötet wurden. Wann sich unter diesen Stämmen die Vorstellung eines einzigen unsichtbaren Gottes durchsetzte, ist auch aus den ältesten Schriften der hebräischen Bibel, aus dem ersten Buch Mosis, Genesis, nicht zu ersehen. In einigen Passagen der Genesis finden wir Berichte – anscheinend von späteren Redakteuren übersehen –, die erkennen lassen, daß der Glaube an einen einzigen unsichtbaren Gott in der Frühzeit, der Zeit der Stammesväter, noch nicht Allgemeingut war. So führte die Stammesmutter Rahel, die zweite Frau des Stammesvaters Jakob oder Israel, bei der Flucht vor ihrem Vater Laban die Hausgötter, Terafim genannt, mit sich.

Forscher haben aus dem Urtext herausgefunden, daß dieser einzige Gott in einigen Abschnitten Jahwe genannt wird (da die hebräische Bibel ohne Vokale geschrieben ist, glaubte man früher, dieser Name würde Jehova ausgesprochen; die frommen Juden durften Gott nie mit seinem Namen anrufen). An anderen Stellen wird Gott Elohim genannt, die Pluralform vom Gottbegriff El.

Ob der Weg des legendären Stammesvaters Abraham in das Land Kanaan den geschichtlichen Ereignissen entsprochen hat, ist ungewiß, für unsere Betrachtungen auch unerheblich. Belangvoll erscheint uns, was in der Religion der Judäer und der Juden und später auch von den Christen geglaubt wurde.

Jedenfalls wurden aus den nomadisierenden Hirten im fruchtbaren Land Kanaan Ackerbauer und Viehzüchter. Unterworfen dem Ablauf der Jahreszeiten, auf die man sich einzurichten hatte, auf den ewigen Wechsel zwischen Saat und Ernte. Unterworfen aber auch den Launen der Natur, der Überschwemmung und der Dürre. Der große Bericht im zweiten Buch Mosis, Exodus, über das Ausweichen der

Kinder Israels vor den Folgen einer langen, schweren Dürreperiode nach Ägypten wird von den meisten Forschern als möglich, aber legendenhaft ausgeschmückt angesehen.

Dieser Aufenthalt in Ägypten, der nach der Bibel vierhundertdreißig Jahre gedauert haben soll, wurde von den Israeliten mehr und mehr als Knechtschaft empfunden. Der beschwerliche, gefährliche, entbehrungsreiche Auszug aus Ägypten und der Sieg über die sie verfolgenden ägyptischen Heerscharen wird im jüdischen Osterfest, hebräisch Pessach oder Passah genannt, alljährlich eine Woche lang gefeiert. Und weil es im Exodus heißt, man habe in der Eile bei der Vorbereitung auf den Auszug vergessen, dem vorbereiteten Brotteig den Sauerteig hinzuzufügen, wird es auch als das Fest der ungesäuerten Brote, das Fest der Mazzoth oder Mazzen, bezeichnet.

Am Vorabend des Festes, dem Sederabend, versammelt sich die Familie zu einem feierlichen Mahl, bei dem gegessen, getrunken, gebetet und gesungen wird. Man gedenkt freudig des Tages der Erlösung aus der Knechtschaft. Das Haus steht offen, jeder Fremdling, jeder Hungernde wird eingeladen, an der Feier teilzunehmen. Ein Stuhl wird frei gelassen für den Propheten Elia, den Vorboten des Messias, des Erlösers.

Gerade dieses Fest, der Verzehr des seltsamen Brotes, gab später häufig Anlaß zu schweren Pogromen; die Juden wurden beschuldigt, sie brauchten für das Backen der Mazzen das Blut von geschlachteten Christenkindern.

Das Abendmahl, das Jesus von Nazareth in der Überlieferung des Neuen Testaments mit seinen Jüngern feierte, am Vorabend des Osterfestes, war ein solcher Sederabend.

Bis zum Jahre 70, solange der Tempel in Jerusalem stand, waren diese sieben Tage ein Wallfahrtsfest nach Jerusalem. Es wurde zugleich als Erntedankfest begangen, denn die Ernte war nun wieder ein wichtiger Bestandteil im Leben der aus der Knechtschaft Zurückgekehrten.

Die Ethik im Alltag wurde in den fünf Büchern Mosis, der Tora, die als Gesetzbuch der jüdischen Religion gilt, vielfach an Begebenheiten aus der Landwirtschaft erklärt. Es heißt zum Beispiel im 23. Kapitel des Buches Exodus, und das ist als eine Anordnung zu verstehen, aber auch als Gleichnis, jedem Bedrängten Hilfe zu leisten: «Wenn du siehst, daß der Esel deines Widersachers unter der Last zusammengebrochen ist, so halte dich nicht fern von deinem Feind; du sollst ihm

zusammen mit jenem aufhelfen.» Und: «Auch einen Fremdling darfst du nicht bedrücken. Ihr wißt ja, wie es einem Fremdling zumute ist, da ihr selbst Fremdlinge in Ägypten gewesen seid.»

In der Ethik der Menschheit bilden die Gebote und Verbote der Tora ein wichtiges Fundament. Von nun an war geboten: Vater und Mutter zu ehren, nicht zu töten, die Ehe nicht zu brechen, nicht zu stehlen, nicht als falscher Zeuge gegen den Nächsten aufzutreten. Und zum erstenmal in der Geschichte der Menschheit wurde die Sabbatruhe zwingend eingeführt. Am siebenten Tag hatte alle Arbeit zu ruhen. «Für dich, deinen Sohn, deine Tochter, deinen Knecht, deine Magd und dein Vieh. Und auch für den Fremdling, der in deinen Toren weilt.» Es mag verwunderlich erscheinen, und Arnold Zweig hat es an dieser Aufzählung immer bemängelt, daß die Hausfrau fehlt.

Einige Gebote gelten allgemein als christlich, sie sind aber bereits in den Büchern Mosis Gesetz. «Du sollst deinen Nächsten lieben wie dich selbst» – von neueren Übersetzern wird es so formuliert: «Du sollst deinen Nächsten lieben, denn er ist wie du», was in der ethischen Bedeutung dasselbe aussagt. Das Gebot allerdings «Du sollst deine Feinde lieben, tue Gutes denen, die dich hassen», diese schwierigste Forderung der Menschenliebe, ist erst von Jesus von Nazareth in der Bergpredigt verkündet worden.

Nach einer kurzen, legendären Königszeit unter Saul, David und Salomo zerfiel der Staat Israel in zwei kleinere Königreiche. Das größere, Israel genannt, mit der Hauptstadt Samaria, umfaßte zehn Stämme. Das kleinere, südliche, mit den zwei Stämmen Juda und Benjamin und der Hauptstadt Jerusalem, war der Staat Juda. Das Reich Israel wurde 722 v. u. Z. von den Assyrern zerstört, die zehn Stämme gelten nach jüdischer Überlieferung als verloren.

Tatsächlich gibt es aber noch eine kleine Gruppe Menschen – sie werden nach der jüdischen Tradition als Halbhebräer bezeichnet –, die an der israelitischen Überlieferung festhalten: die Samaritaner oder Samariter. Sie sind in der Gegend von Nablus geblieben, dem alten Sichem, an das Ereignisse aus dem Leben Abrahams, Jakobs und Josephs geknüpft waren. Noch immer wird dort auf dem Berge Gerizim zur Osterzeit in der traditionellen Weise ein Lamm geschlachtet. Noch immer gelten dort im religiösen Ritus nur die fünf Bücher Mosis aus der ältesten hebräischen Überlieferung, aufbewahrt in der Torarolle. Tora, das Wort für Belehrung und, zusammenfassend, für die ganze Religion mit dem Dreiklang Weisheit, Wahrheit, Offenbarung, den Vorstellun-

gen des Glaubens entsprechend. Die Gemeinde der Samaritaner war schon vor den Berichten aus dem Neuen Testament der Abneigung der Juden ausgesetzt, eine Abneigung, die, den Erzählungen nach, Jesus nicht teilte. Seit seinem Gleichnis vom barmherzigen Samariter wurde dieser Name zum Begriff für einen hilfreichen Menschen. Ende des 19. Jahrhunderts wurden Samaritervereine gegründet, auch ein Arbeiter-Samariter-Bund, für die Hilfeleistung bei Unglücksfällen.

Der Teil der Bibel, der vor der Babylonischen Gefangenschaft 587 v. u. Z. entstand, enthält vielfach Abhandlungen, die sich vorwiegend mit der Landwirtschaft, dem Ackerbau und der Viehzucht beschäftigen. Die unter dem religiösen Mantel mitgeteilten Erkenntnisse über das Sabbatjahr zum Beispiel enthielten die Vorschrift, daß das bebaute Land alle sieben Jahre brachliegen mußte, das setzte einen Wissensstand um Bodenausnutzung und -schonung voraus, in einer Zeit, die moderne Düngung oder Fruchtfolge noch nicht kannte. Das Jubeljahr, das nach der Bibel alle fünfzig Jahre wiederkehrte, brachte mit seiner Vorschrift, sämtliche Schulden für null und nichtig zu erklären, Schwierigkeiten. Eine strikte Einhaltung dieses religiösen Gebotes mußte jede Kreditwirtschaft, jede größere Handelstätigkeit lähmen.

In diesem Küstenstreifen Palästina, das heißt Land der Philister, lag der Seehandel in den Händen der Phönizier und Philister. So hatten die Philister dem Land ihren Stempel aufgedrückt mit ihren fünf Hauptstädten Asdod, Gaza, Askalon, Gath und Ekron, entsprechend ihren fünf Stämmen.

Die Einflüsse der Umgebung, der mächtigen Reiche Assyrien, Babylonien und Persien, wirkten sich in den Städten und Dörfern der kleinen Staaten von Juda und Israel aus, Riten und Gesetze flossen in das Alltagsleben mit ein. So wurde der Mondkalender der Babylonier übernommen, die Schrift der Assyrer angewendet, die Engel- und Dämonenfurcht der Perser eingebracht.

Die ursprünglich verwendete Keilschrift der Assyrer wich, bei dem Bedürfnis, die Kunst der Sprache zu verbessern, dem Alphabet. Auch die Phönizier hatten gleichzeitig ein Alphabet entwickelt. Mit diesen Zeichen ist die Samaritanische Tora geschrieben. Die alte Keilschrift wurde nur noch für amtliche Dokumente verwendet. Die ältesten hebräischen Buchstaben sind unter den Trümmern von Samarien entdeckt worden, auf Särgen der israelitischen Könige Omri (885–875 v. u. Z.) und dessen Sohn Ahab (875–853 v. u. Z.). Auch die Inschrift auf dem Gedenkstein für König Mesa (Mescha) von Moab ist in

diesen Buchstaben verfaßt. Es ist ein langer Text, der pedantisch das Herkommen dieses Königs vermerkt, Kriege, die er führte, Menschenopfer, die er seinem Gott Kemosch widmete, Städte, Tore, Mauern, die er errichten ließ, Paläste, Tempel und Straßen, auch Bewässerungsanlagen. An einer Stelle wird vermerkt: «... durch die Gefangenen aus Israel».

Erst im babylonischen Exil, das 538 v. u. Z. endete, erfolgte die Annäherung an die heute noch gebräuchliche syrische Quadratschrift. Die Umgangssprache der Juden wurde das Aramäisch, das sie aus Babylonien mitgebracht hatten. In dieser Zeit sollen auch die ersten beiden Bücher Mosis, Genesis und Exodus, aus der mündlichen Überlieferung aufgezeichnet worden sein. Da diese Buchstabenschrift in Abstammung von der Bilderschrift, den Hieroglyphen, der Keilschrift, entstanden ist, erscheint sie nicht so vollkommen wie die lateinische oder kyrillische Schrift. Sie hat nur Zeichen für die Konsonanten und zwei lautlose Buchstaben. Indes, einige der Buchstaben haben mehrere Bedeutungen, einer kann w oder b oder u, ein anderer kann s oder t gesprochen werden und wieder ein anderer s oder sch. Die beiden Buchstaben, die nicht gesprochen werden, sind unverzichtbar, sie zeigen den Stamm des Wortes an; ohne den Stamm des Wortes zu kennen, kann man Hebräisch nicht lesen. In dieser Schrift wird auch das Jiddisch geschrieben, die mittelhochdeutsche Sprache mit einigen hebräischen und slawischen Einsprengseln. Nach der Verfolgung in der Mitte Europas im 14. Jahrhundert, ausgelöst durch eine Pestepidemie, brachten die Juden, vom polnischen König ins Land gerufen, diese Sprache mit. In den Ländern Osteuropas sprachen und sprechen noch heute die jüdischen Menschen ihr Jiddisch. In der Sowjetunion werden sie deswegen als jüdische Minderheit anerkannt. Sie haben jiddische Zeitschriften. In Polen und Rumänien spielen jiddische Theater. Aber Millionen jiddisch sprechender Menschen wurden von den deutschen Nazis ermordet. So verschwindet das Jiddisch mehr und mehr. Die überlebenden Menschen jüdischer Herkunft sprechen heute, auch untereinander, meist die Landessprache.

Die im Jahre 1492 aus Spanien vertriebenen Juden behielten ihr Spanisch bei, es veränderte sich im Laufe der Jahrhunderte und bekam eine eigentümliche Färbung, man nennt es Spaniolisch oder Ladino. Es wird von den sephardischen Juden im Mittelmeerraum heute noch untereinander gesprochen. Dazu gibt es viele Dialekte, die sich aus dem Arabischen und Persischen entwickelt haben.

Es gab auch einen jüdisch-italienischen Dialekt, aber hier haben sich die Juden immer mehr der Umgangssprache des Landes bedient. Die Gebetssprache ist Hebräisch geblieben, so wie jahrhundertelang Latein die Gebetssprache der römisch-katholischen Kirche und Arabisch die Gebetssprache für alle Völker wurde, die die Religion der Mohammedaner übernommen haben. In Arabisch wird der Koran vorgetragen, auch für die nichtarabischen Moslems wie die Perser, die Indonesier und Kurden.

Über die Frage einer angeblich jüdischen Rasse nachdenkend, sollte man sich vergegenwärtigen, wie in der Zeit des Entstehens des Christentums im Mittelmeerraum viele Menschen, Römer, Griechen, zum Judentum überwechselten. Es war wie ein Konkurrenzkampf zwischen der jüdischen und der christlichen Religion; aber im Wettkampf mit der jüdischen Religion siegte das Christentum. Die Taufe war einfacher als die für Männer vorgeschriebene Beschneidung. Und die Speisegesetze der jüdischen Religion sind außerordentlich kompliziert. Auch war das Christentum für die Unterdrückten der römischen Gesellschaft anziehender als die jüdische Religion und Ethik. Viele richteten sich nach den Worten des Religionsgründers Jesus von Nazareth (Matthäus 11,28): «Kommt zu mir alle, die ihr mühselig und beladen seid: ich will euch erquicken.» Und auch das von ihm überlieferte Wort (Matthäus 19,24) fand großen Widerhall: «Leichter kommt ein Kamel durch ein Nadelöhr hindurch als ein Reicher in das Reich Gottes hinein.» Ähnlich wirkte der Bericht (Matthäus 21;12,13): «Und Jesus ging in den Tempel und trieb alle, die im Tempel kauften und verkauften, hinaus, stieß die Tische der Wechsler und die Sitze der Taubenverkäufer um und sprach zu ihnen: Es steht geschrieben: ‹Mein Haus soll ein Haus des Gebetes genannt werden.› Ihr aber macht es zu einer Räuberhöhle.»

In seinem Brief an die Galater weitet der Apostel Paulus seine Missionstätigkeit aus. Er richtet sich nicht nur an die jüdischen Gemeinden, sondern an alle Heiden, die zum wahren Glauben bekehrt werden sollten. Er sagt hier (Kapitel 3;26–28): «Ihr seid also alle Kinder Gottes durch den Glauben in Christus Jesus. Denn ihr alle, die ihr auf Christus getauft seid, habt Christus angezogen. Da gibt es nicht mehr Juden und Griechen, Sklaven und Freie, Mann und Weib. Denn ihr alle seid einer in Christus Jesus. Folglich: Wenn ihr Christus angehört, so seid ihr Abrahams Nachkommenschaft, Erben nach der Verheißung.»

All diese Worte aus der christlichen Lehre wirkten auf die Unterdrückten, auf die Sklaven, ja auf die Frauen, es war für sie eine neue Hoffnung.

Jedoch bei den Chasaren, einem Stamm aus einer finnisch-türkischen Sprachgruppe, die in der Gegend des Asowschen und des Schwarzen Meeres an der Mündung von Don und Wolga ein großes Reich errichtet hatten, obsiegte in einem Wettstreit der drei Glaubensrichtungen die jüdische Religion. Im Jahre 740 trat der Richter Sam, der Chagan Obadja, zur jüdischen Religion über, ihm folgten das ganze Königshaus, die Oberschicht und viele seiner Untertanen. Auch unter den Nachfolgern hatte die jüdische Religion bei den Chasaren viel Anklang. Um 998 wurde das Chasarenreich zerschlagen, und die Nachkommen der zum Judentum übergetretenen Bevölkerung vermischten sich mit dort lebenden Juden und Angehörigen der Sekte der Karäer. Das war eine Gruppe von Leuten, die wohl die Bibel, aber nicht den Talmud anerkannten. Von einem einheitlichen jüdischen Typ, von einer jüdischen Rasse kann man also nicht sprechen, das Aussehen kann den Bewohnern im Mittelmeerraum ähneln oder denen in den osteuropäischen Ländern mit slawischen, auch mongolisch-tatarischen Zügen. Das einzige Bindeglied der jüdischen Menschen untereinander ist die Religion, ihr Glaube an einen unsichtbaren Gott, der sich den Stämmen Israels offenbart hat, dem Urvater Abraham, und der Moses auf dem Berg Sinai die Gesetzestafeln mit den Zehn Geboten übermittelte. Dieser Glaube ist eine metaphysische Bindung. Aber der Glaube an einen Gott, an eine göttliche Überlieferung ist kein Merkmal für eine Rasse.

Nach der Zerstörung des zweiten Jerusalemer Tempels durch die Römer unter Titus verließen viele Juden Palästina. In alle Himmelsrichtungen. Nicht alle freiwillig, sie wurden als Sklaven auf den Märkten verkauft. Andere gingen aus dem völlig verwüsteten Land nach Italien, nach Rom, und gelangten von dort in die Gebiete, die heute deutschsprachig sind. Ihr Anteil an der Entwicklung der Märkte, der Marktflecken, der Städte ist vielerorts nachweisbar. In der Regel liegt die erste Judengasse am ältesten Markt. Wieder andere zogen nach Babylon an die Ufer von Euphrat und Tigris, dem Land, das im wesentlichen im Gebiet des heutigen Irak lag. Dort lebten schon nach der Zerstörung des ersten Tempels, also vom Jahre 586 v. u. Z. an, eine Zahl von jüdischen Menschen. Seit der Zerstörung des zweiten Tempels gilt der Monat Ab oder Aw bei frommen Juden als Trauermonat

im jüdischen Kalender; der 9. Ab wird mit strengem Fasten begangen.

Die Juden in der sogenannten Babylonischen Gefangenschaft hatten vielerlei Berufe. Die meisten von ihnen waren Bauern, aber es gab unter ihnen auch Handwerker und Kaufleute. Mit den neu hinzugekommenen Glaubensgenossen bildeten sie eine starke Gemeinde, und sie bekamen, unter persischer Oberhoheit, so etwas wie eine kulturelle und religiöse Autonomie. Ein Exilarch, ein Abkomme aus dem Königshaus David, wurde eingesetzt, seine Funktion ähnelte der eines Vizekönigs. Die jüdischen Gemeinden bewohnten ein eigenes Gebiet; es bestand noch immer ein reger Kontakt zu den in Palästina Verbliebenen.

Auch in anderen Ländern entstanden neue jüdische Gemeinden, wie es im Neuen Testament berichtet wurde: in Rom, Korinth, Ephesus, Philippi, Thessaloniki, also auch in den Gebieten Griechenlands und der heutigen Türkei. Denn die Briefe der Apostel, insbesondere des Apostels Paulus, waren ja an die jüdischen Gemeinden dort gerichtet. Um dieselbe Zeit kamen mit der römischen Besatzung auch jüdische Menschen nach der Iberischen Halbinsel und nach Frankreich. Im damals von den Römern beherrschten Alexandrien, im griechischen Sprachgebiet, lebte eine große jüdische Gemeinde. Dort war die hellenistische Kultur bestimmend, so war es kein Zufall, daß das Neue Testament in griechisch abgefaßt wurde.

Um das Jahr 632 begann das Eindringen der Araber in die Länder des Mittelmeers. Sie hatten Babylonien, Palästina, Persien, Ägypten, einen Teil der italienischen Halbinsel, auch Sizilien und bald danach Spanien sowie Nordafrika erobert, dazu Gebiete des heutigen Südfrankreich. Das Leben gestaltete sich für die jüdischen Gemeinden unter der arabisch-islamischen Herrschaft nach anfänglichen Schwierigkeiten, so sagen es die Chronisten, gut, viele nennen es eine Blütezeit. Ihre Rückkehr nach Palästina und Jerusalem wäre möglich gewesen, aber sie blieben. In Spanien konnten sich die unter dem Christentum zwangsweise Getauften wieder ihrer alten Religion zuwenden. Jedoch wurden unter arabischer Herrschaft Gesetze erlassen, die für das bäuerliche Dasein der Juden gewisse Härten mit sich brachten. So wurden die Abgaben an Steuern nun nach der Ausdehnung der Felder und nicht nach den Erträgen bemessen. Das Unverständnis der neuen arabischen Eroberer bewirkte darüber hinaus den Verfall der komplizierten Bewässerungsanlagen, so waren die Juden gezwungen, ihre Dörfer

fen uns nicht hindern, sachlich, ja pedantisch zu untersuchen, wo die Wurzeln des Judenhasses liegen. Des Judenhasses, mit dem die deutschen Faschisten ihre Macht begründeten. Dafür wählten sie die simple Behauptung «Die Juden sind unser Unglück!». Der Acker war bereitet. Seit Jahrhunderten, ja seit Jahrtausenden. Die Saat konnte aufgehen. Und wir müssen, wie bei jedem Verbrechen, die Frage stellen und beantworten: Cui bono. Wem nützte es.

In dem Geschrei «Deutschland erwache! Juda verrecke!», mit dem die braunen Kolonnen vor 1933 und auch danach durch die deutschen Straßen marschierten, liegt eine Haßkombination, die uns zu den beiden Hauptwurzeln des Judenhasses führt. Hier werden mit Juda gleichgesetzt der Jude und Judas, der Verräter aus dem Neuen Testament, der den Herrn Jesus Christus für dreißig Silberlinge verkaufte. Ein Händler, dem nichts heilig, dem alles käuflich ist.

Diese religiöse Motivierung war auch bestimmend für die wirtschaftliche Sonderstellung der jüdischen Menschen in Mitteleuropa. In ihrer Mehrheit blieben sie die einzigen im deutschen Sprachraum – wie in den angrenzenden Ländern –, die allen Bekehrungsversuchen zum christlichen Glauben, allem Druck und Zwang widerstanden hatten; sie hielten an ihrem angestammten Glauben an den einen unsichtbaren Gott fest. Für sie war der Messias, der Erlöser und Heiland, noch nicht erschienen.

Waren diese religiösen Motive also die Triebkraft für die Ermordung der Millionen? Oder war der Judenhaß ein Haß auf das Fremde, auf die Fremden, die sich anders kleideten, anders dachten? Es war sicher auch das. So könnte man den Haß gegen die Zigeuner erklären. Schon die Bezeichnung Zigeuner ist diffamierend, sie nennen sich, je nach Stammeszugehörigkeit, Róm oder Sinti. Auch sie wurden gekränkt, verachtet, verfolgt, gequält, im Nazireich genauso wie die Juden ins Gas getrieben, obwohl sie Christen waren, meist katholischer Konfession, und vom Nazistandpunkt her sogar «Arier», denn sie, die aus Indien kamen, reden untereinander in einer indogermanischen Sprache. Mit der Parole «Der Jude ist an allem schuld!» konnte man den Haß auf die jüdischen Mitbürger schüren. Mit einer Parole «Der Zigeuner ist an allem schuld!» hätten die Nazis nicht zehn Mann hinter sich bringen können. Hier traf weder die rassische noch die religiöse Motivierung zu, und auch im Wirtschaftsleben spielten die Róm und die Sinti keine bestimmende Rolle. Ohne die Ideologie des Judenhasses, ohne die Praxis der industriellen Judenmordpolitik wäre es in

und Fehlern. Menschen mit herrlichen Gaben. Kinder. Und Alte, die ein Leben lang gearbeitet hatten.

Jeder einzelne durchlebte Monate, Tage, Stunden, erfüllt von Todesangst, nicht nur um sein Leben, auch um das Leben seiner Nächsten, der Lebensgefährten, der Eltern, der Kinder.

Auf uns, die wir Zeitgenossen waren, ruhte damals eine schwere Verantwortung. Tausende leisteten Widerstand, gegen die Kriegspolitik und gegen den industriellen Massenmord. Es waren Kämpfer, die ihr Leben und ihre Gesundheit einsetzten, um den Mördern das staatliche Instrument aus den Händen zu schlagen. Diesen Widerstand gab es in Deutschland und in den von den deutschen Faschisten besetzten Ländern. Kämpfer aus den Reihen der Kommunisten, der Sozialdemokraten und der Gewerkschaften. Kämpfer bei den Bekennenden protestantischen Christen und den überzeugten Katholiken, Laien und Priestern. Auch aus den Reihen der bürgerlichen Humanisten wurde Widerstand geleistet. Ja, zum Schluß versuchten Militärs, Offiziere und Generale, die über die notwendigen Waffen verfügten, die Herrschaft der Mörder zu stürzen. Spät, viel zu spät.

Bekämpft wurden die mörderischen Faschisten von den Partisanen hinter den Linien der Front.

Viele taten das, was ihnen möglich war oder ihnen möglich erschien. Es war leider nicht genug. Es fehlte die einigende Kraft, es fehlte die Einheit der Arbeiterbewegung als zentraler Kern. Erst der militärische Sieg der Anti-Hitler-Koalition beendete den Krieg und beendete den industriellen Massenmord in den Vernichtungslagern. In diesem schwersten aller bisherigen Kriege hat die Sowjetunion die größten Blutopfer getragen.

Die anderen, die sich abwandten – das war die Mehrheit der deutschen Bevölkerung –, sich sagten, was kann ich schon tun, verhielten sich, wie es ihnen ihr Alltag eingab. Manche fühlten sich eingeschüchtert, andere spürten eine gewisse Befriedigung und drängten an die leer gewordenen Plätze. Viele verdrängten, was sie ahnten, sie wollten nichts sehen. Und sie nahmen es hin, daß die Menschheit in Herrenrassen und Untermenschen eingeteilt wurde. Es waren, es sind unsere Mitmenschen, wir leben mit ihnen.

Verachtung für die gedankenleeren Helfer, die vielen «kleinen Leute», ohne die dieses barbarische Schlachten nicht möglich gewesen wäre. Aber kein Verzeihen für die Mörder.

Doch Verachtung und Zorn, Trauer und Mitgefühl sollen und dür-

nazifreundlichen bulgarischen Regierung im Verlauf der Kriegsereignisse annektiert worden. Im sogenannten Altbulgarien jedoch gab es einen Sturm der Entrüstung gegen die antijüdischen Ausnahmegesetze und die beabsichtigte Deportation. Es protestierten die Schriftsteller, die Rechtsanwälte, es protestierten viele noch bestehende Berufsverbände, ja, es protestierten sogar die Straßenhändler. Sie wehrten sich mit erschütternden Worten. In einem Telegramm von Tabakarbeitern heißt es: «Wir protestieren energisch gegen den Gesetzentwurf zum Schutze der Nation, der uns in starke Besorgnis stürzt und unseren Kollegen Tabakarbeitern das trockene Brot vom Munde wegreißen soll. Die patriotisch gesinnten jüdischen Tabakarbeiter, die Schulter an Schulter mit uns im Bereich der Volkswirtschaft tätig sind, verdienen eine menschlichere Behandlung und eine Garantie für das tägliche Brot. Für eine Gruppe Tabakarbeiter: Petkow Smilow.» In einem Schreiben der Rechtsanwälte von Widin vom 30. Oktober 1940 wird erklärt: «Das Judentum in Bulgarien ist den Bulgaren seit dem Mittelalter und während der ganzen Zeit der Fremdherrschaft in allen seinen Leiden stets Freund und Bruder gewesen ... Wir fordern erstens Dankbarkeit für die Juden und zweitens Menschlichkeit für sie.»

Ein Ereignis in Berlin soll hier vermerkt werden. Am 27. und 28. Februar 1943 holte die Gestapo aus Fabriken und Betrieben die Juden ab, die bisher als Ehemänner nichtjüdischer Frauen von der Deportation und vom Gastod verschont waren. Sie wurden in Sammelstellen, ein Gestapobüro in der Burgstraße und ein ehemaliges Verwaltungsgebäude der jüdischen Gemeinde in der Rosenstraße – zwischen der Spandauer und der heutigen Karl-Liebknecht-Straße –, gebracht. In ihrer Verzweiflung versammelten sich die Frauen der tödlich Bedrohten vor diesen Gebäuden. Sie schrien: «Gebt uns unsere Männer frei!»

Die SS richtete auf die Frauen Maschinenpistolen. Sie wichen nicht. Sie schwiegen nicht. Stunden um Stunden. Sie setzten sich gegen die Allmacht der Gestapo durch. Ihre Männer wurden freigelassen.

Aber sechs Millionen jüdischer Menschen starben einen qualvollen Tod. Aus dem sogenannten großdeutschen Reich, aus den besetzten Gebieten und aus den mit den Nazis verbündeten Satellitenstaaten. Menschen. Gute und weniger gute. Reiche und ganz arme. Menschen aus allen Klassen und Schichten. Menschen mit Schwächen

Unfaßbar ist für Menschen unserer Tage, die den deutschen Faschismus nicht erlebt haben, was damals geschah. Es wurden Menschen – in erster Linie jüdische Menschen – aus ihrem bisherigen ruhigen, manchmal schwierigen, manchmal schönen, aber immer spannungsreichen Leben herausgerissen. Durch behördliche Maßnahmen wurden sie zunächst in ihrer Würde gekränkt, dann ihrer Würde beraubt. Von ihren Mitbürgern, mit denen sie alltäglich zusammen gelebt hatten, manchmal gleichgültig, manchmal geliebt, manchmal geachtet, manchmal auch verachtet, wie es im Leben so zugeht, wurden sie langsam, aber systematisch getrennt. Sie wurden beschimpft, weil sie angeblich einer anderen, einer minderen Rasse angehörten, obwohl viele von ihnen als Wissenschaftler und Ärzte, als Künstler und Philosophen, als Schriftsteller und Schauspieler, als Musiker und auch als Politiker Überdurchschnittliches geleistet hatten. Ja, gerade das wurde ihnen angelastet und als jüdisch-bolschewistisches Machwerk bezeichnet.

Sie wurden aus ihren Wohnungen vertrieben. Ihrer Habe, ihres Mobiliars beraubt. Ausgeplündert. Diffamiert. Mit dem gelben Judenstern gekennzeichnet. Wie Schlachtvieh auf Güterwaggons geladen. Nach Osten transportiert. Auf eine Rampe gestellt. Ein Mann im weißen Kittel, der sich Arzt nannte, weil er die medizinischen Examina bestanden hatte, entschied nach seinem Augenschein mit einer Daumenbewegung, wer sofort ermordet werden sollte. Im Gas. Oder wer noch arbeiten sollte, bis er, unterernährt und entkräftet, ins Gas geschickt wurde. Seine Kleider kamen, soweit sie noch brauchbar waren, «heim ins Reich» und wurden als Winterhilfe verteilt. Seine Goldzähne wurden ausgebrochen und der Reichsbank zugeführt. Aus Menschen wurde Menschenmaterial. Europa sollte judenfrei werden.

Und doch gab es in vielen Ländern unter der Nazi-Besetzung und auch in den Satellitenstaaten erheblichen Widerstand gegen Judendeportationen. In Holland streikten viele Arbeiter, als man die Juden aus ihren Häusern holen wollte, die italienische Bevölkerung wehrte sich lange und in vielen Aktionen gegen die Naziforderung, ihre jüdischen Mitbürger in die Todeslager zu verschleppen. In Dänemark wurden fast alle jüdischen Menschen – auch mit Hilfe deutscher Antifaschisten im diplomatischen Dienst der Naziregierung – über Nacht ins neutrale Schweden gebracht.

In Bulgarien ordnete die Satellitenregierung unter Ministerpräsident Filoff die Deportation der Juden aus Thrazien und Mazedonien an. Tausende kamen qualvoll im Gas um. Diese Gebiete waren von der

WARUM DIESES BUCH HEUTE

zu verlassen, um einer völligen Verarmung zu entgehen. Inzwischen war, als zusätzliche Belastung, eine Kopfsteuer für die Bauern aufgekommen, die nicht dem Islam anhingen. So wuchs die Anziehungskraft der Städte in den moslemischen Ländern, die wirtschaftlichen Möglichkeiten boten den von den Dörfern Hinzuziehenden vielfältige Gelegenheiten für den Lebensunterhalt. Anfangs hatten die moslemischen Eroberer in Feldlagern gelebt, daraus hatten sich städtische Zentren entwickelt. Der Handel blühte, entlang den Karawanenstraßen wuchsen aus den provisorischen Handelsstationen neue Städte; und antike Märkte auf den Handelswegen erwachten wieder zum Leben. An all diesen Plätzen ließen sich Juden nieder, so in Bagdad, so in Kairawan in Nordafrika.

Für die im ganzen ausgedehnten Bereich unter der moslemischen Herrschaft lebenden jüdischen Gemeinden war Kenntnis und Anwendung der Gesetze, wie sie im Talmud enthalten sind, bindend. Dieses Buch galt als Mittelpunkt des Denkens und Handelns, wo und wie auch immer sie in den vom Kalifat kontrollierten Ländern ihrem Lebensunterhalt nachgingen, sei es als Ackerbauer in Afrika, sei es in den Städten als Färber, Gerber, Aderlasser, Schlächter, Instandsetzer von Wasserschläuchen, Gold- und Silberschmiede, Grobschmiede, als Sattler, Schuhmacher oder als kleine, von einem moslemischen Dorf ins andere umherziehende Händler, als städtische Ladenbesitzer, als Ärzte, Astronomen, Übersetzer oder als Großhändler mit über Grenzen hinwegreichenden Verbindungen.

ZUR SOZIALEN STRUKTUR

Talmud

Das kanonische Zinsverbot – der jüdische Wucher – Shylock

Talmud

Unmißverständlich gekennzeichnet stehen sie sich gegenüber, auf einem Holzschnitt des 16. Jahrhunderts: jüdische und christliche Gelehrte. Ihre Kopfbedeckungen geben die deutlichen Zuordnungen. Den drei Männern auf der rechten Seite sind einheitlich die für Juden vorgeschriebenen Hüte aufgestülpt, die drei christlichen Vertreter auf der linken Seite tragen drei verschiedene barett- und mützenähnliche Kappen. Die Art, wie sie stehen, erteilt Auskunft über ihre Befindlichkeit, das Schema ist gegeben: Die unbefangenen Christen belehren die befangenen Juden. Der Sprecher der jüdischen Sache ist schon in die Knie gezwungen, obwohl auch er noch mit dem Zeigefinger der rechten Hand auf seinen Gegner im Religionsgespräch weist. Das untermalt jedoch nur seine Hartnäckigkeit und unterstreicht, daß der Sieg für die Christen nicht leicht errungen war. Der als grundsätzlich zu Überwindende und als überwindbar Dargestellte muß Rat und Zuflucht im Buche suchen, er muß sich vergewissern, er klammert sich an das Wort. Der Christ hingegen hat seine Schrift und also auch seine Antwort im Kopf, er braucht in das aufgeschlagene Buch nicht hineinzuschauen, er hält es, hat es, besitzt es. Das Gesicherte seines Wissens belegt er durch seine aufrechte Haltung, während sein jüdischer Gesprächspartner mit vorgebeugtem Oberkörper das Ungesicherte seiner Kenntnisse und Erkenntnisse anzudeuten hat.

Gegen zwei Hauptvorwürfe hatten sich die jüdischen Gelehrten zu verantworten. Erstens: Wie kann es möglich sein, daß sie behaupten, der Messias sei noch nicht erschienen? Und zweitens: Ist der Talmud als ein christenfeindliches Werk zu betrachten?

In den Erörterungen wurden vor allem zwei Worte herausgehoben, Minim und Goijim, Abweichler von der jüdischen Religion und Unverständige in jüdischen Angelegenheiten; der ganze Talmud sollte auf diese beiden Begriffe untersucht werden, ob sie als Wendungen gegen die Christen verstanden werden könnten.

Diejenigen, die sich versammelt hatten, um für ihren Talmud im Streitgespräch zu kämpfen, waren von vornherein in einer aussichtslosen Position. Ihre Widersacher hatten über das Thema, das zur Debatte stand, über den Talmud, eine völlige Unkenntnis. Sie waren nur angetreten mit dem Zerstörungswillen und wußten nicht, was sie zerstören wollten. Die Talmudgegner sahen, daß dieses Werk eine Ordnung zum Inhalt hatte, die sie nicht begreifen konnten, eine Ordnung, die sich auswirkte auf alle Lebensbereiche der jüdischen Gemeinden. Sie gaben sich, und dafür ist das Streitgespräch der Gelehrten beider Glaubensrichtungen vor der französischen Königin Blanche von 1240 ein Muster, den Anschein der Objektivität. Die Gespräche waren öffentlich, sie konnten sich über Tage erstrecken. Unter dem Zwang ihrer völligen Unkenntnis vom Buch und vom Buchstaben war für die christliche Seite der Ausweg gefunden, daß man sich getaufter Juden bediente.

Diese Abtrünnigen, die Abgefallenen, die sich vom Gesetz abgewandt hatten, waren nun zu Werkzeugen geworden. Jetzt vertraten sie diejenigen, die unter zum Dogma festgeronnenen, unverrückbaren Glaubenssätzen standen, für die das Bekenntnis zur Dreifaltigkeit und der Glaube an die Auferstehung als bindend galten. Aber diese, auch Andersgewordene genannt, waren ja Wissende und richteten ihr Wissen nun gegen ihre einstige Überzeugung, so wurden sie zu Teilhabern der Feindseligkeit.

Die Geschichte ihrer Abwendung vom Gesetz ist für jeden eine andere; es sollen nicht die Zwänge untersucht werden, durch die es geschah, es sollen die Verbeugungen vor der Macht nicht nachvollzogen werden, wie sie sich auszahlten, beginnend mit dem Neffen des Philosophen Philo von Alexandrien, im 1. Jahrhundert, der, zum Heiden geworden, schließlich das Amt des Statthalters von Ägypten ausübte. Es soll auch nicht der Seelenzustand des Metzgers Pfefferkorn untersucht werden, der, wegen Einbruchdiebstahls verurteilt, seine mährische Heimat mit Frau und Kindern verließ, als Getaufter seine Zuflucht in Köln im Schoß der Dominikaner fand und ab 1505 Diener der Inquisition wurde. Die Wirkungen der Aussagen der Abtrünnigen vor den weltlichen und geistlichen Behörden sind Gegenstand der Betrachtung.

In der Pariser Diskussion von 1240, ob im Talmud christenfeindliche Wendungen enthalten seien, kamen schwerwiegende Belastungen von dem abgefallenen, nun getauften Jakob Donin. Unter den Rabbinern, die als Verteidiger auftraten, war Moses ben Jakob aus Coucy, der berühmte spracherfahrene Talmudlehrer, angesehen als ein glänzender Prediger, der das französische Wort ebenso elegant handhaben konnte wie das spanische und das arabische. In dieser Zeit der Verstärkung der Inquisition nach dem Niederwerfen der Ketzerbewegungen in Südfrankreich war es geboten, ein deutliches Zeichen der Macht der Kirche zu setzen: Der Talmud sollte öffentlich verbrannt werden. Der

Ausgang der Disputation vor der Königin Blanche und den Vertretern der Inquisition stand von vornherein fest. Und dennoch ging Moses ben Jakob aus Coucy mit seiner unerschütterlichen Überzeugung, durch die Vernunft siegen zu können, in die Auseinandersetzung. Der abtrünnige Donin, nun fest eingeordnet in die christlichen Glaubensgrundsätze, war handhabbar geworden als ein Ankläger. Ihm gegenüber standen die Verteidiger des Talmuds, die nicht einzukreisen waren in vorformulierte Glaubenssätze. Für sie galt als oberstes Gebot, die religiösen und sittlichen Pflichten zu erfüllen, die moralische Bewährung. Das war schwer zu vollziehen und schwer nachzuweisen.

Das Urteil wurde gesprochen: Der Talmud muß verbrannt werden. 1242 wurden vierundzwanzig Wagenladungen voller handgeschriebener Talmudexemplare zu einem Platz mitten in Paris herangefahren, auf die Erde geworfen und verbrannt.

Der Talmud, das Wort bedeutet Belehrung, war von den Unwissenden als «das Buch mit den sieben Siegeln» gefürchtet, mindestens von nun an wird es in der Mitte Europas immer wieder Anstrengungen geben, das geheimnisvolle Werk zu prüfen, zu bekämpfen und schließlich auszulöschen.

Aber es war längst ein lebendiges Wesen geworden und ließ sich nicht mehr aus der Welt bringen. Es war Zeugnis für das Anwachsen der Moral und der Vernunft der Menschen, aber auch für ihre überschäumende Phantasie und Lebenslust. Es enthielt Abhandlungen über alles Erdenkliche, das mit Mensch und Tier und Sachen geschehen konnte; und alles war ausgerichtet auf den einen Gott, der nicht genannt werden durfte, der aber am Ende der Tage die guten Taten wohl anrechnen würde. Mit liebevollem, unermüdlichem Eifer saßen die Gelehrten und erörterten untereinander und mit ihren Schülern Meinung und Gegenmeinung. Dieses Sitzen gab der Institution, die sich mit der Bewahrung des Talmud befaßte, den Namen: Jeschiwa, sitzen. Das kennzeichnete die Doppelbedeutung der Gelehrtenschulen in den Städten, sie waren Lehrhaus und gleichzeitig oberster Gerichtshof. Die Lehrer des Talmuds, Raw oder Rabbi, übten oft auch das Amt des Richters aus.

In der Zeit der Zerstreuung, des Exils, hatten sich für die Bewahrung der Überlieferung zwei Zentren herausgebildet, das alte, das palästinensische, und das neue, das babylonische. Das Band, das die jüdischen Gemeinden zusammenhielt, war die Religion. Es bedeutete mehr als nur den Glauben an den alleinigen und unsichtbaren Gott. Es war das Gesetz, das alle Lebenssphären umfaßte. Das Gesetz war festgelegt, vor allem in der Tora, den fünf Büchern Mosis, und in der mündlichen Überlieferung der Auslegung der biblischen Gesetze. Diese mündliche Überlieferung soll schon vor Esra, dem eigentlichen Begründer des Judentums (5. Jahrhundert v. u. Z.), gesammelt worden sein.

Nach der Zerstörung des zweiten Tempels mit der Herausbildung der vielen jüdischen Gemeinden außerhalb Palästinas traten in Jawne bei Jerusalem Schriftgelehrte zusammen, um die Gebote und Verbote der mündlichen Lehre schriftlich zu fixieren. Diese Schule oder Akademie, wie sie genannt wird, mußte mehrfach in andere Städte Palästinas verziehen. Hier wurde der Gesetzesteil des Talmud geschaffen, die Mischna. Der zweite Teil des Talmud, die Gemara, die zu jedem oder zu fast jedem Mischnateil gehört, ist die kritische und erläuternde Erörterung dieser gesetzlichen Bestimmungen. Hiervon ist nur ein Teil Gesetzeswerk. Ein anderer sind ungelöste Fragen, zu denen Meinungen und ihre Gegenargumente aufgeschrieben wurden. Dabei wurden viele Abschweifungen vermerkt, Anekdoten, Geschichten, Abseitiges, Absonderliches. Diese in den Lehrhäusern von Palästina aufgeschriebenen Disputationen ergeben mit der Mischna den sogenannten Jerusalemer oder Palästinensischen Talmud. Die Diskussionen zur Mischna, die in den Akademien oder den Lehrhäusern in Babylonien geführt wurden, ergeben das viel umfangreichere, viel gründlichere Werk, den Babylonischen Talmud.

Im Laufe der Zeit überlagerte die Bedeutung des Babylonischen Talmuds die des Palästinensischen. Mehr als hundert Jahre nach dem Abschluß des Palästinensischen Talmuds (im ersten Viertel des 5. Jahrhunderts) hielt der lebendige Strom neuer Gedanken für die Vervollkommnung der Antworten auf die verschiedensten Fragen an. Es war auch der Ausdruck einer nicht abreißenden Lust, die Schärfe des Geistes immer wieder unter Beweis zu stellen, sei es in Rechtsfragen, in Vorschriften für die Feiertage, in Hinweisen, wie das Land bestellt werden sollte, in Ratschlägen für das Handwerk, in Anweisungen für die Speisegesetze.

An drei verschiedenen Stellen wird in den fünf Büchern Mosis gesagt. «Du sollst nicht ein Böckchen mit der Milch seiner Mutter kochen.» Diese Anordnung erhält in der Schrift keine Begründung, für den frommen Juden war es ein göttliches Gebot; für den heutigen Betrachter mag es als ein Tabu aus der Urgeschichte der Menschheit erscheinen. Der Babylonische Talmud (in der deutschen Übersetzung) enthält auf neununddreißig Seiten Ausführungen über dieses Gebot in den Mischnagesetzen und in der Gemaraauslegung. Ob man Geflügel in Milch kochen darf, was man zur Milch, was man zum Fleisch essen darf, ob man das Milchprodukt Käse zusammen mit Fleisch verpacken darf, es werden alle Möglichkeiten erörtert und festgelegt, soweit man zu einer Einigung kommt. Wir sehen in dem Talmud ein ungeheuer schwer verständliches Werk, es verbindet Dogmatik, unabdingbare, undiskutable Dogmatik, und, davon abgeleitet, Freude an der Diskussion, an der Dialektik, an der Sophistik. Der Talmud umfaßt jede nur denkbare Lebensäußerung der Menschen. Er enthält das Handelsrecht und liefert, ausgehend von der Voraussetzung, daß es Sklaven gab, Erörterungen über den Sklavenhandel. Die Ungleichheit vor dem Gesetz wurde festgeschrieben, denn der Talmud fußte ja auf dogmatisch festgesetzten Lehren, die sich aus der Urgeschichte der Menschheit ableiteten, aus dem Stammesrecht, aus der Zeit, in der die fünf Bücher Mosis entstanden. Doch sind schon in den Abhandlungen über Rechtsfragen neue Erkenntnisse der frühen Feudalordnung mit aufgenommen.

In den Rechtsverordnungen des Mittelalters gab es sehr präzise Vorschriften über die rechtliche Stellung der Juden; es wurde bis in die neuere Zeit für innerjüdische Streitigkeiten eine jüdische Gerichtsbarkeit anerkannt, wie sie schon aus den ältesten Zeiten überkommen war. Im Talmud, der seit etwa 400 u. Z. als das Gesetzbuch der Juden gelten konnte, gab es einen Grundsatz, daß sich Juden den Gesetzen des Staates, in dem sie lebten, zu unterwerfen hatten. Bei den innerjüdischen Streitfällen jedoch, sei es bei Zivil-, Handels- oder Strafrecht, blieb das talmudische Recht bestimmend, und die Rabbiner in jeder Gemeinde waren befähigt und in der Regel auch befugt, das Amt des Richters auszuüben.

Erst im 19. Jahrhundert wurde durch die Einführung des allgemeinen Zivilrechts die Geltung des jüdischen Rechts in allen bürgerlichen Staaten ausgeschaltet; das hing mit der Durchsetzung der Prinzipien der Französischen Revolution zusammen, mit dem Grundsatz der Gleichheit aller Staatsbürger vor dem Gesetz.

Für unsere Betrachtungen ist es notwendig, sich zu vergegenwärtigen, daß es im Talmud, und wir bleiben bei dem weitverbreiteten und allgemein angewandten Babylonischen Talmud, zivil- und vor allem auch handelsrechtliche Bestimmungen gab, die bei Streitigkeiten jüdischer Kaufleute untereinander als verbindlich anerkannt werden konnten. Dieses einheitlich geltende Recht gab dem jüdischen Kaufmann eine starke Sicherheit. Für jedes Land, in dem Juden mit Juden Handel betrieben, waren damit allgemeingültige Normen festgelegt. Das verlieh dem Talmud die Bedeutung des ersten international gültigen Handelsgesetzbuches der Welt.

Und dieses Gesetzbuch mußte vorhanden sein. In jeder größeren jüdischen Gemeinde. Mindestens einmal. Handgeschrieben, vor der Zeit der Einführung der Buchdruckerkunst. Also in vielen tausend Exemplaren. Wie es möglich war, dieses umfassende, vielseitige Werk handschriftlich weltweit zu verbreiten, so daß der Talmud in allen größeren jüdischen Gemeinden zur Hand war, ist für uns heute fast unbegreiflich. Das Studium des Talmuds galt für jeden Juden als eine Pflicht, aber es war schwierig zu vollziehen, und nicht jeder konnte der Forderung nachkommen. Es gehörten dazu Kenntnisse des Hebräischen, des Aramäischen, auch persischer und altbabylonischer Worte und Verständnis für die Auslegung mancher dunkel gehaltenen Vorschriften und Gesetze.

Wie umfangreich der Babylonische Talmud ist, kann man an der deutschen Ausgabe ermessen, die von Lazarus Goldschmidt besorgt wurde; sie umfaßt zwölf Bände mit insgesamt zehntausenddreihundertundvierundzwanzig Seiten.

In der Originalfassung (nicht in der Goldschmidtschen Übersetzung) – die Mischna in Hebräisch, die Gemara in Aramäisch, beide mit vielen persischen und altbabylonischen Lehnsworten – werden zwei Kommentare mitveröffentlicht. An der Innenseite stehen die Erklärungen und Ausdeutungen des Mannes, der das gewaltige Werk kritisch erforscht hatte, der Raschikommentar, an der Außenseite die erläuternden Bemerkungen der Tossafisten, das sind Arbeiten der Schwiegersöhne, Enkel und Schüler des Rabbiners Salomo ben Isaak, genannt Raschi. Es ist eine nicht abreißende Kette von Gelehrten, sie führten die Gedanken der Verstorbenen weiter, als säßen sie noch im Gespräch mitten unter ihnen, Zustimmung und Widerspruch abwägend.

Salomo ben Isaak, in Troyes (Frankreich) um 1040 geboren, studierte in Worms. Seine Lehrer waren jüdische Gelehrte, die dort, in dem damaligen Zentrum jüdischer Gelehrsamkeit, wirkten. Die Bindungen erstreckten sich auch nach Speyer und Mainz. In diesen Städten wurden Gebäude nach ihm benannt. Nach seinem Tod wurde ihm

ב

מאימתי

מאימתי

קורין את שמע בערבים משע׳ שהכהני׳ נכנסים
לאכול בתרומתן עד סוף האשמור׳ הראשונה
דברי ר׳ אליעזר וחכמים אומר עד חצות רבן
גמליאל אומר עד שיעלה עמוד השחר מעשה
ובאו בניו מבית המשתה אמרו לו לא קרינו
את שמע אמר להם אם לא עלה עמוד השחר
חייבין אתם לקרות ולא זו בלבד אמרו אלא
כל מה שאמרו חכמים עד חצות מצותו עד
שיעלה עמוד השח׳ הקטר חלבי׳ ואברי׳ מצותן
עד שיעלה עמו׳ השחר וכל הנאכלים ליו׳ אחד
מצותן עד שיעלה עמוד השחר. אם כן למה
אמרו חכמים עד חצות כדי להרחיק אדם מן
העבירה גמ׳ תנא היכא קאי דקתני
מאימתי ותו מאי שנא דתני בערבית ברישא
לתני דשחרית ברישא תנא אקרא קאי דכתיב
בשכבך ובקומך והכי קתני זמן ק״ש דשכיב׳
אימת משע׳ שהכהני׳ נכנסין לאכול בתרומתן
ואי בעי׳ אימא יליף מברייתו של עולם דכתיב
ויהי ערב ויהי בקר יו׳ אחד אי הכי סיפ׳ דקתני
בשחר מברך שתי׳ לפני׳ ואחת לאחרי׳ בערב
מברך שתים לפניה ושתים לאחרי׳ לתני ערבי׳
ברישא תנא פתח בערבי׳ והדר תני בשחרית
עד דקאי בשחרי׳ פריש מילי דשחרי׳ והדר פרי׳
מילי דערבית אמר מר משעת שהכהני׳ נכנסי׳ לאכול בתרומה מכדי כהנים אימת
קא אכלי׳ תרומה משע׳ צאת הככבים לתני משעת צאת הככבי׳ מלתא אגב אורחי׳
קמ״ל כהני׳ אימת קא אכלי׳ בתרומה משעת צאת הככבים והא קמ״ל דכפר׳

Seite aus dem Talmud

die ehrenvolle Bezeichnung Parschandata, Erklärer des Gesetzes, gegeben. Er suchte, auch in seinen Bibelkommentaren, den Wortsinn. Mit seiner zu Herzen gehenden, klaren, übersichtlichen Denkweise war er schon zu seinen Lebzeiten eine legendäre Erscheinung geworden.

Der Talmud war, das ist unverkennbar, eine Schule des Denkens.

Er hatte zugleich seine richtungweisende Funktion für das Zivilrecht, er war ein Halt für die Juden in der Fremde. Sie konnten sich in allen Lebenslagen Hilfe bei dem Rabbiner einer fremden Gemeinde holen. Neben den Auskünften über Gesetze standen Ratschläge für die Landwirtschaft, Bauvorschriften; einen großen Umfang nahmen die vielen Gebote und Verbote der jüdischen Religion ein, Reinheitsvorschriften, Speisegesetze, Ehegesetze, Erbschaftsgesetze, Richtlinien für die Gebete und die Segenssprüche, dazu Opfervorschriften, wie sie im Tempel gehalten worden waren und noch gehalten werden sollten, Vorschriften für die Feiertage, für die Einhaltung des Sabbats, des Sabbatjahres und des Jubeljahres, medizinische Richtlinien, astronomische Gedanken, auch allgemeine philosophische Fragen, Legenden, Märchen, Wundergeschichten.

Bei der Erörterung über die Behandlung der Sklaven wurde unterschieden zwischen jüdischen und nichtjüdischen, da der Talmud, wie alle antiken und mittelalterlichen Gesetzbücher, keine Gleichheit vor dem Gesetz kannte. Darum gab es auch für die jüdischen Priester, die Kohanim und die Leviten, besondere Regelungen.

Gewisse Gesetzmäßigkeiten der Preisbildung hatte schon der Mitverfasser der Mischna, Rabbi Akiba, erkannt. Akiba ben Josef, um das Jahr 50 geboren, starb um 135 im Bar-Kochba-Aufstand gegen die Römer den Märtyrertod.

Selbst bindende Vorschriften der fünf Bücher Mosis hat die Mischna außer Kraft gesetzt, wenn sie die wirtschaftliche Entwicklung behinderten. Im Buch Exodus, im 23. Kapitel, war festgelegt, daß entsprechend dem siebenten Tag der Woche das siebente Jahr als Sabbatjahr zu gelten habe. Im Sabbatjahr sollten Acker, Weinberg und Garten ruhen, sie sollten nicht bestellt werden. Was wild wuchs, sollte den Armen und den Tieren des Feldes zur Speise dienen. Im fünften Buch Mosis, Deuteronomium, wurde die Bestimmung auch auf die Schulden ausgedehnt. Es befahl, daß der Schuldner in diesem Jahr von seiner Verpflichtung, ein Darlehn zurückzuzahlen, befreit ist.

Damals schon hatte man erkannt, wie eine solche Verordnung sich auswirken würde. Man hatte zusätzlich festgelegt, daß es die Pflicht eines Wohlhabenden sei, ohne Rücksicht auf das Sabbatjahr einem Armen Geld zu leihen. Das Gesetz aber, den Schuldenerlaß alle sieben Jahre durchzuführen, war ein Hemmnis bei der Entfaltung einer modernen Kreditwirtschaft selbst im Altertum und im frühen Mittelalter. Einer der Begründer der Mischna, Hillel der Ältere, der etwa vom Jahre 30 v. u. Z. bis 10 u. Z. lehrte, hob praktisch dieses Gesetz auf, er empfahl eine Umgehung. Er führte den Prosbul ein, eine Absprache zwischen Schuldner und Gläubiger, die bei einem Gericht hinterlegt werden mußte. In dieser Erklärung verzichtete der Schuldner, der Kreditnehmer, auf die Verjährung im Sabbatjahr; das war aber nur möglich, wenn der Schuldner Eigentümer eines Grundstücks war. Später genügte statt der schriftlichen Hinterlegung eine mündliche Erklärung des Schuldners, womit praktisch die Wirksamkeit des Sabbatjahres aufgehoben war.

Im Traktat Synhedrin I (von Synedrium – Versammlung des Gerichts) wurde ein Gerichtsverfassungsgesetz festgelegt. Es begann mit den Worten: «Geldangelegenheiten werden vor drei Richtern verhandelt, Raub und Körperverletzungen vor drei, Schadensersatzzahlungen des Doppelten und des Vier- oder Fünffachen vor drei, Notzucht, Verführung und falsche Anschuldigungen vor drei Richtern.» So hatte es Rabbi Meïr formuliert, der Tannaite, der Gesetzeslehrer, im 2. Jahrhundert; dieser Schüler Rabbi Akibas wurde «der Wundertäter» genannt und auch «der Leuchtende», da er Maßgebendes in der Gesetzesauslegung leistete. Das von Rabbi Meïr eingeleitete Gerichtsverfassungsgesetz führte im weiteren aus, es sollten falsche Anschuldigungen vor dreiundzwanzig Richtern verhandelt werden, weil hierbei auch die Todesstrafe zuerkannt werden könne. In der anschließenden Gemara wurde die Frage gestellt, ob Entschädigungen für Raub und Körperverletzung keine Geldangelegenheiten seien. Rabbi Abbahu (279–320) wurde nun als ein Erklärer angeführt. Über ihn hieß es in der Legende: Als er starb, weinten die Säulen von Cäsarea.

In der Mischna wurden Personen aufgeführt, die als Richter nicht fungieren durften: Glücksspieler, Wucherer, Leute, die Tauben fliegen ließen, und andere, die mit den Erzeugnissen des siebenten Jahres handelten. Der Flug der Tauben war in die Hände der Glücksspieler geraten; die Gemara nahm ausdrücklich Bezug auf die Wetten, die über die Schnelligkeit der Tauben abgeschlossen wurden. Hier wird die Stelle im Neuen Testament verständlich, die über die Austreibung der Taubenverkäufer aus dem Tempel durch Jesus berichtet.

Aus der Mischna konnte die Auskunft genommen werden: wie verhandelt wird, wie man Zeugen vor Gericht vernimmt und wie man sie prüft. Die Wahrheit der Behauptung, daß ein Darlehen gegeben wurde, mußte mindestens von zwei Zeugen bekundet werden. Jeder Zeuge wird in Abwesenheit des anderen vernommen, erst wenn beide Aussagen übereinstimmen, muß es dem Gericht als Wahrheitsbeweis gelten.

Über den Urteilsspruch stand in der Mischna die Erörterung: «Sobald er ein neues Beweisstück bringt, wird das Urteil umgestoßen. Sagte man ihm, daß er alle Beweisstücke, die er hat, binnen dreißig Tagen bringen soll, so wird das Urteil, wenn er es innerhalb der dreißig Tage bringt, umgestoßen, wenn nach dreißig Tagen, so wird es nicht umgestoßen.» Dagegen gab es Widerspruch. Rabbi Simon ben Gamliél sprach: «Was kann dieser dafür, daß er nicht innerhalb der dreißig Tage das Beweisstück gefunden hat.» So blieb diese Frage in der Mischna offen.

Eine andere Festlegung in der Mischna besagte: «Sowohl bei Geldsachen als auch bei Todesstrafsachen ist die Untersuchung und die Ausforschung der Zeugen erforderlich, denn es heißt: einerlei Recht sollt ihr haben. Welchen Unterschied gibt es zwischen Geldsachen und Todesstrafsachen? Geldsachen werden vor drei und Todesstrafsachen vor dreiundzwanzig Richtern verhandelt. Bei Geldsachen wird die Verhandlung sowohl mit seiner Entlastung als auch mit seiner Belastung begonnen, bei Todesstrafsachen nur mit seiner Entlastung, nicht aber mit seiner Belastung.»

Ausdrücklich wurde in der Mischna vermerkt, daß ein Zeuge über seine Pflichten belehrt werden müsse. Es steht zwar im Text von Goldschmidt «eingeschüchtert», doch dürfte im Prinzip dieses Wort mit der Zeugenbelehrung, wie sie heute noch vor Gericht üblich ist, identisch sein. Im Mischnatext hieß es: «Auf welche Weise werden die Zeugen in Todesstrafsachen eingeschüchtert? Man führt sie herein und schüchtert sie durch folgende Worte ein: Vielleicht sagt Ihr dies aus Vermutung oder vom Hörensagen, oder wißt Ihr es aus dem Munde anderer Zeugen, oder aus dem Munde eines glaubwürdigen Menschen, oder vielleicht wißt Ihr nicht, daß wir euch später untersuchen und ausforschen werden. Wisset auch, daß bei Todesstrafsachen es sich nicht so verhält wie bei Geldsachen; bei Geldsachen kann man einen Ersatz leisten und Sühne erlangen, bei Todesstrafsachen aber bleibt an ihm das Blut des Hingerichteten und das Blut seiner Nachfolge bis an das Weltende haften.» Der Hinweis auf Kain schloß sich an, wie der seinen Bruder erschlug und wie seine Schuld auch auf der Nachfolge lastete. Dem Zeugen wurde vorgehalten: «Der Mensch wurde deshalb einzig erschaffen, um Dich zu lehren, daß, wenn jemand eine israelitische Seele vernichtet, es ihm die Schrift anrechnet, als hätte er eine ganze Welt vernichtet, und wenn jemand eine israelitische Seele erhält, es ihm die Schrift anrechnet, als hätte er eine ganze Welt erhalten.» Diese Belehrung konnte wahrlich schon einer Einschüchterung gleichgesetzt werden. Gedanken über die Friedfertigkeit unter den Menschen führten weiter zur Erörterung über die Einmaligkeit eines jeden Menschen, «und doch gleicht nicht einer dem anderen».

Der darauf folgende Gemaraabschnitt stellte die Erwägung in den Vordergrund, was von Vermutungen zu halten sei. In Gerichtsverhandlungen, bei denen es um Leben und Tod ging, reichte eine Zeugenaussage nicht aus, es mußten mindestens zwei Zeugen gehört werden. Vermutungen wurden nicht berücksichtigt, nur was der Zeuge selber gesehen hatte, wurde vom Gericht als Aussage gewertet. Schon diese kurzen Auszüge aus dem strafrechtlichen und dem zivilrechtlichen Teil zeigen, wie gewissenhaft die Juristen des Talmuds die Rechtspflege geordnet hatten.

Für den Handel über große Entfernungen gab es sehr genaue Festlegungen. Im vierten Abschnitt des Traktats Baba Mecia (Mittelste Pforte) hieß es: Ein Geschäft, wir würden sagen ein Kaufvertrag, ist dann gültig, wenn der Käufer die Ware empfangen hat. In diesem Augenblick gehört das Geld für diese Ware schon dem Verkäufer, unabhängig davon, wo sich das Geld befindet. Dagegen wird das Geld vor dem Empfang der Ware bezahlt, und ist der Käufer noch nicht im Besitz der Ware, ist der Kaufvertrag nicht bindend, dann kann jeder von dem Geschäft zurücktreten.

Von außerordentlicher Bedeutung waren die Erörterungen über das Problem Gold, Silber und Kupfer. Nach den Kommentaren meinten die Verfasser der Mischna Gold-, Silber- und Kupfermünzen. Es war also festzulegen, wenn man diese verschiedenen, gemünzten Metallsorten tauschte, wechselte, wie wir heute sagen würden, welches Metall als Produkt, wir würden Ware sagen, galt und welches als Zahlungsmittel, als Geld. Nach langen Diskussionen in der Gemara setzte sich allgemein die Meinung durch, daß die Silbermünzen als Zahlungsmittel gangbarer seien als Goldmünzen. Dabei hatte man die Erfahrung gemacht, daß Silber in seinem Preis weniger Schwankungen unterworfen war als Gold. Tatsächlich, im Hebräischen ist das Wort für Silber und für Geld ein und dasselbe: Kessef.

Wichtig für den Handel waren auch die Vorschriften des Talmuds über Maße und Gewichte. Zur Zeit der Entstehung des Babylonischen Talmuds waren einige Gelehrte der Talmud-Akademien im Nebenberuf Aufseher über Maße und Gewichte in den Gebieten, in denen es eine jüdische Autonomie unter dem Exilarchen gab. Viele Vorschriften über Maß- und Gewichtsordnungen sind aus dieser babylonischen Praxis entstanden. Im internationalen Handel bewährten sich diese Erfahrungen, wie sie in Mischna und Gemara festgelegt und erörtert wurden. Im fünften Abschnitt des Traktats Baba Batra (Letzte Pforte) gab es in einer Mischnavorschrift Meinungsverschiedenheiten zu der Festlegung: «Der Großhändler muß seine Maße einmal in dreißig Tagen reinigen; der Hausherr einmal in zwölf Monaten», dazu äußerte sich Rabbi Schimon ben Gamliél entgegengesetzt: «Der Krämer reinige seine Maße zweimal in der Woche, reibe seine Gewichte einmal in der Woche ab und reinige die Waage bei jedesmaligem Wiegen.» Über das Anbringen der Schalen wurden sehr genaue Vorschriften gegeben, wie sie aufzuhängen seien und wie weit sie vom Erdboden entfernt sein müßten. In die Gemara wurde die Lehrmeinung aufgenommen, man dürfe Gewichte weder aus Zinn noch aus Blei noch aus anderen Metallen fertigen, sie sollten aus Stein oder aus Glas sein. Andere Gelehrte brachten die Erwägung, man dürfe in seinem Hause kein zu kleines oder zu großes Maß halten, selbst wenn es ein Uringefäß sei, das zum Messen nie benutzt wird. Der Einwand kam: «Dies gilt nur von Orten, wo die Maße nicht geeicht werden, wo sie aber geeicht werden, braucht man, wenn man sieht, daß es keinen Eichstempel hat, es nicht zu nehmen.»

Unter den Gelehrten, die in der Gemara zu Worte kamen, wurde die Anweisung beraten, daß man Aufseher über die Maße anstellen solle, nicht aber Aufseher über die Preise. Man befürwortete also eine Marktwirtschaft, Angebot und Nachfrage sollten die Preise regulieren.

Außerordentlich präzise wurden die Handelsvorschriften des Talmuds, wenn es um den Verkauf von Früchten ging. «Wenn jemand seinem Nächsten Früchte verkauft, so muß dieser auf die Seá (ein Gewicht – die Autoren) ein Viertel Kab (ein Seá = sechs Kab – d. A.) Abfälle mitnehmen.» Die Erläuterungen gingen bis in die geringsten Einzelheiten, wie sie bei Frucht- und Kornarten vorkommen konnten, wieviel wurmstichige Feigen mit ins Gewicht fielen, wieviel Verunreinigung bei Erbsen und Linsen mit in Kauf zu nehmen sei; aber bei Weizen und Gerste könne man Verunreinigungen zurückweisen, das Getreide müsse gesiebt werden.

Über den Weinverkauf wurden ausführliche Streitgespräche niedergelegt. In der Mischna verlautete: «Wenn jemand seinem Nächsten Wein verkauft hat und er sauer wird, so ist er nicht haftbar, wird es aber bekannt, daß sein Wein sauer wird, so ist dies ein auf einem Irrtum beruhender Kauf. Sagte er zu ihm, er verkaufe ihm gewürzten Wein, so ist er für gute Erhaltung bis zum Wochenfeste haftbar. Unter altem Wein ist der vorjährige und unter gealtertem ist der dreijährige zu verstehen.»

In diesem geordneten Rechtssystem gab es über die Gültigkeit von Urkunden ganz unzweideutige Festlegungen. So hieß es: «Die einfache Urkunde hat die (Unterschrift der) Zeugen auf der Innenseite und die gefaltete hat die (Unterschrift der) Zeugen auf der Rückseite. Wenn bei einer einfachen die Zeugen auf der Rückseite oder bei einer gefalteten die Zeugen auf der Innenseite unterschrieben sind, so sind sie beide ungültig.» Über den Sinn dieser Regelung folgten eingehende Erklärungen.

Auch war fest bestimmt, wer bei gerichtlichen Urkunden die Gebühren zu zahlen hatte. Bei Pachtverträgen war es die Angelegenheit der Pächter. In eingehenden Debatten machte man sich Gedanken, daß bei einer Streichung die Zeugen ihre Bestätigung geben müßten. Es wurde die Frage aufgeworfen, ob auf einer Urkunde radiert werden dürfe, ob man über die radierte Stelle schreiben solle. Es wurde an alles gedacht, und alle Möglichkeiten wurden diskutiert.

Was geschehen sollte, wenn jemand nur einen Teil seiner Schulden gezahlt hatte, war Gegenstand der Untersuchungen im Gespräch, ob dann das Gericht einen neuen Schuldschein über die Restsumme ausstellen müsse und mit welchem Datum die neue Urkunde zu versehen sei.

Sehr eingehend waren die Festlegungen der Mischna über die Depositen, über die Hinterlegungen, und den Eid. Im fünften Abschnitt des Traktats Sebuoth (vom Eide) hieß es: «Der Depositeneid gilt bei Männern und bei Frauen, bei Fremden und bei Verwandten, bei als Zeugen Zulässigen und bei Unzulässigen, vor Gericht und außerhalb des Gerichts, wenn der Schwur aus seinem Munde kommt; wenn aber aus dem Munde anderer, so ist er nur dann schuldig, wenn er vor Gericht geleugnet hat, so Rabbi Meïr.» Alle möglichen Situationen wurden nun herangezogen, bis ins einzelne ausgedehnt und ausgeweitet, etwa wenn ein Rind ein anderes getötet hatte.

Über den Umgang mit Nichtjuden gab es im Traktat Aboda Zara

(vom Götzendienst) im ersten Abschnitt wichtige Hinweise. «Drei Tage vor den Festen der Nichtjuden ist es verboten, mit ihnen Handel zu treiben, ihnen etwas zu leihen oder von ihnen zu leihen, ihnen Geld zu borgen oder von ihnen zu borgen, an sie zu zahlen oder von ihnen eine Zahlung zu nehmen.» Es kam eine Einschränkung: «Rabbi Jehuda sagt, man dürfe von ihnen Zahlung nehmen, weil dies ihn schmerzt. Jene entgegneten ihm: Obgleich dies ihn jetzt schmerzt, ist er später dennoch froh.»

Die Frage wurde aufgeworfen, ob man in eine Stadt, die ein Götzenfest feierte, hineingehen dürfe, und wenn man hineingegangen sei, in welchen Läden man verkaufen dürfe, in geschmückten oder nicht geschmückten. Die Rabbiner überlegten: «An einem Götzenfeiertage, an dem der Zoll erlassen wird, wird bekannt gemacht, wer zu Ehren des Götzen einen Kranz auf seinen Kopf und auf den seines Esels setzt, dem wird der Zoll erlassen. Und wer dies nicht tut, dem wird der Zoll nicht erlassen; was soll nun ein Jude tun, der sich da befindet: setzt er auf, so hat er einen Nutzen, setzt er nicht auf, so gewährt er einen Nutzen?» (Nutzen, weil die Steuer abgeliefert wurde.)

Über den Verkauf von Kleinvieh an Nichtjuden hieß es, man dürfe sich an die Gegebenheiten des Ortes halten, wie es üblich sei, Großvieh, Kälber und Füllen dürfen ihnen aber nicht verkauft werden. Eine Ausnahme wurde bei Pferden erörtert. Ausdrücklich wiesen die Gelehrten darauf hin, kein Vieh in ein Wirtshaus von Nichtjuden einzustellen. Lange Abhandlungen schlossen sich an, ob man eine Frau mit Nichtjuden alleinlassen dürfe, sie sollte keiner Begehrlichkeit ausgeliefert sein. Über den Ankauf von Gebrauchsgeräten bei Nichtjuden gab es genaue Hinweise, wie sie zu säubern seien, kalt abzuspülen oder auszubrühen.

Diese bis ins kleinste ausgearbeitete, selbst auferlegte Abgrenzung der Unterdrückten, teils aus religionsgesetzlichen Reinheits- und Speisevorschriften, teils als Vorsichtsmaßnahmen gegen falsche Verdächtigungen, wird schließlich von den Judenfeinden als Vorwand genommen für härtere Abgrenzung, für die Errichtung von Ghettos.

In der Fülle der Geschichten und Begebenheiten, wie sie in den Diskussionen über Rechtsfälle im Talmud erörtert wurden, nahmen die des Rabba bar bar Chana einen besonderen Platz ein. Seine überschäumende Phantasie verknüpfte sich mit genügend Selbstironie, so daß er von sich sagen konnte, wenn er unter den Gelehrten saß, nannten sie ihn einen Esel und Narren. Nachdem im fünften Abschnitt des

Traktats Baba Batra (Letzte Pforte) ausführlich festgelegt worden war, was alles zum Verkauf eines Schiffes gehörte, der Mastbaum, das Segel, die Anker, nicht aber die Besatzung und die Ladung, nachdem auch über die verschiedenen Holzarten und das Material, aus dem die Segel gefertigt waren, befunden wurde, begann Rabba bar bar Chana seine Meeresgeschichten, seine Märchenlegenden, man möchte fast sagen Münchhauseniaden: «Die Seefahrer sagten mir folgendes, die Woge, die das Schiff zum Sinken bringt, erscheint an der Spitze wie ein weißer Feuerstrahl, und wenn wir darauf mit einem Stabe schlagen, auf dem geschrieben steht: ‹Ich werde sein, der ich sein werde. Jah, der Herr der Heerscharen, Amen, Amen, Sela.›, so wird sie ruhig.» Und: «Einst reisten wir auf einem Schiffe und sahen einen Fisch, dem ein nagender Wurm in die Nase gekommen war; hierauf spülte ihn das Wasser hinaus und warf ihn ans Ufer. Durch ihn wurden sechzig Städte zerstört, sechzig Städte aßen von ihm und sechzig Städte salzten von seinem Fleische ein, und aus einem Augapfel wurden dreihundert Faß Öl abgefüllt. Als wir nach einem Jahre von zwölf Monaten zurückkehrten, sahen wir, wie aus seinem Gerippe Balken gesägt wurden, um jene Städte wieder aufzubauen.» Und: «Einst reisten wir auf einem Schiffe und sahen einen Vogel, der bis zu den Knöcheln im Wasser stand und dessen Kopf bis zum Firmamente reichte. Wir glaubten, das Wasser sei da nicht tief, und wollten aussteigen, um uns im Wasser abzukühlen, da ertönte eine Stimme und sprach zu uns: ‹Steigt hier nicht aus; vor sieben Jahren entfiel an dieser Stelle einem Zimmermann eine Axt, und noch immer hat sie den Grund nicht erreicht. Und nicht etwa weil das Wasser nur tief ist, sondern weil es auch reißend ist.›»

Die Zeit des Bar-Kochba-Aufstandes gegen die römische Herrschaft, das Jahr 135, ist als das Jahr der Geburt des Mannes angegeben, der die Redaktion der Mischna entscheidend in die Hand nahm, Juda Hanassi (Patriarch). Er gliederte den Talmud in sechs Ordnungen. Nun war das an reichen Erfahrungen überquellende Werk zu Hauptinhalten gebündelt. An erster Stelle stand Landwirtschaftliches, es folgten die Regelungen, Anweisungen und Erörterungen über die Festzeiten, über Ehe- und Familienrecht, über Zivil- und Strafrecht, über das Opferwesen und die Reinheitsbestimmungen.

Die Weisheit der Gelehrten, die als Schöpfer des Talmuds gelten, konnte nur eine zeitbedingte sein, aber in diesen Büchern der Belehrung ist die Summe aller ihrer und ihnen überlieferten Erkenntnisse festgeschrieben. Sie übernahmen Dogmatisches aus der Bibel unkritisch und beleuchteten diese bestimmten Stellen jeweils von allen Seiten.

Von Juda Hanassi ist ein Wort überliefert, das seine Denkweise enthüllt: «Die Welt besteht nur durch den Hauch der Schulkinder.»

Einführung jüdischer Kinder in das Studium, Rheinland, um 1310/30

Das kanonische Zinsverbot – der jüdische Wucher – Shylock

Keine Maßnahme, kein Gesetz hat die Juden in Europa, alle jüdischen Gemeinden so sehr in ihrem sozialen Status beeinflußt, geprägt wie das immer wieder neu verkündete, neu formulierte kanonische (kirchliche) Zinsverbot für Christen. Es galt ebenso für Laien wie für Kleriker.

Die Gesellschaft, die sich nach der Zerschlagung des Römischen Reiches – der letzte weströmische Kaiser Romulus Augustulus wurde 476 gestürzt – in den Ländern Europas entwickelte, fußte auf der Landwirtschaft. Die handwerkliche Produktion war noch gering entwickelt, die Bauern stellten das, was sie brauchten, selber her. Der Handel war kümmerlich. Es gab eine primitive Tauschwirtschaft. Der Geldumlauf war minimal. Daß in einer so strukturierten Wirtschaft ein Zinsverbot als selbstverständlich hingenommen werden konnte, war nicht verwunderlich. Es erschien einleuchtend, daß der Boden und das Vieh fruchtbar waren, Metall, Gold, Silber, Bronze galten als unfruchtbar.

Die Bewohner in den Ländern Europas, die zum ehemaligen Römischen Reich gehörten, blieben Bauern. Sie waren Eroberungszügen ausgesetzt. Die Feldherren der Eroberer, der Franken, der Goten, der Vandalen, brachten sie unter ihrer Fron in ein Abhängigkeitsverhältnis. Sie setzten sich und ihre Unterführer als Feudalherren ein. Es entwickelte sich das Feudalsystem. Und die Eroberer zwangen ihren Untertanen den christlichen Glauben auf.

Etwa 480 wurde Benedikt von Nursia geboren, der Begründer des ersten abendländischen Mönchsordens, der Benediktiner; sie errichteten Klöster im ganzen ehemaligen Römischen Reich. Sie brachten die römische Agrikultur und das Christentum mit und verbreiteten beides. Auch sie lebten wie die Feudalherren, brachten viele ansässige Bauern in ihre Frongewalt. Die römisch-katholische Religion blieb die alleinseligmachende Ideologie. Nur die Juden standen außerhalb dieser Gesellschaft, außerhalb der menschlichen Gesellschaft. Sie hielten an ihrem Glauben an den unsichtbaren, einigen und einzigen Gott mit seinen strengen Gesetzen und Vorschriften fest.

Die Juden waren mit den Römern in die anderen Länder Europas gekommen. Es gab unter ihnen Legionäre, auch Sklaven, die mit ihren Herren zogen, aber vor allem folgten sie als Kaufleute den römischen Legionen. Sie ließen sich meist an den Flußläufen, den Handelsstraßen, nieder. An der Rhône, an der Donau, am Main, an der Elbe, am Rhein, am Neckar, an der Mosel. Sie hatten, wenn sie sich nicht taufen lassen wollten, kaum Möglichkeit, Land zu erwerben. Aber diese Entwicklung war nicht einheitlich. In Südfrankreich wird von jüdischen Großgrundbesitzern berichtet, die ihr Land von Sklaven bearbeiten ließen. Es wird auch von arabischen und jüdischen Sklavenhändlern berichtet, die Menschen aus heidnischen Ländern an die Großgrundbesitzer verkauften. Die Kirche wandte sich nicht gegen die Sklaverei, sie verbot nur jüdischen Großgrundbesitzern, christliche Sklaven zu beschäftigen. Viele der Sklaven in den jüdischen Plantagen ließen sich taufen. So wurde im Laufe der Zeit eine Bewirtschaftung des Bodens durch Juden unmöglich gemacht. Sie verkauften ihre Ländereien und legten meist ihr Geld im Handel an, im Überseehandel vor allem.

In Metz wird 915 von jüdischen Weinbergsbesitzern berichtet, ebenso in den rheinischen Gebieten von Worms und Speyer. Der in Regensburg wohnende Gelehrte Juda ben Samuel der Fromme schreibt in seinem *Buch der Frommen:* «Es ist verboten, von einem Israeliten Zinsen zu nehmen, ebenso von einem Nichtjuden, wenn man sich durch seinen Grundbesitz ernähren kann.» Nach diesem Wort des Gelehrten muß es auch noch vereinzelt in Regensburg jüdische Grundbesitzer gegeben haben. Aber die Kirche hatte ein starkes Interesse, daß christliche Bauern das Land erwarben, damit sie von dort den Zehnten erheben konnte.

Auch durch die Verfolgungen wurde die Seßhaftigkeit der Juden immer mehr eingeschränkt, so daß sie sich notgedrungen von ihrem Grundbesitz trennten, um jederzeit die Stadt oder das Land, nicht mittellos, verlassen zu können.

Natürlich konnte nur ein Mann Geld auf Zinsen verleihen, der genügend Kapital besaß. Zwar wird in den Chroniken immer von jüdischen Pfandleihern und Wucherern gesprochen, aber auch diese waren in der jüdischen Gemeinde eine Minderheit. Die anderen mittellosen Juden waren von ihnen meist abhängig und konnten mit den verfallenen Pfändern als Trödler hausieren gehen, in die umliegenden Dörfer. Sie verdienten als Kleinhandwerker, als Metzger, als Angestellte der Gemeinde, als Bettler ihren Lebensunterhalt. Es ist auch bekannt, daß einzelne Handwerke oft von Juden ausgeübt wurden, Goldschmiede waren es, Petschierer, Siegelhersteller.

Wir wissen wenig, was die jüdischen Frauen in dieser Zeit leisteten. Nur aus einer Totenklage des Rabbi Eleasar ben Jehuda aus Worms bekommen wir einen Einblick in das schwere Los ihres Alltags. Frau Dolce war mit ihren beiden Töchtern im Jahre 1196 von Kreuzfahrern erschlagen worden.

«Ihres Mannes Herz durfte sich auf sie verlassen, und Nahrung mangelte ihm nicht, und sie kleidete ihn in Ehre, wenn er bei den Ältesten des Landes saß. Sie fertigte Bücher für ihn mit eigener Hand. Sie nähte vierzig Torarollen. Dolce wusch die Toten und nähte Leichentücher. Mit ihren Händen bestickte sie Kleider und flickte zerrissene Bücher. Sie machte Dochte für die Kerzen der Synagoge. Sie unterwies die Frauen und sang lieblich, kam früh in die Synagoge und blieb bis in die Nacht hinein dort. Während des ganzen Versöhnungstages stand sie und sang und achtete auf die Kerzen. Sie tat ihren Mund auf mit Weisheit und wußte, was verboten ist und was erlaubt. Am Sabbat wagte sie Fragen zu stellen und nahm die Worte ihres Mannes in sich auf. Sie kaufte Milch für die Studierenden, sie besuchte die Kranken, freudig führte sie ihres Mannes Willen aus und tat ihm kein Leides sein Leben lang.»

Über die dreizehnjährige ermordete Tochter Bellette heißt es, daß sie fromm, weise und schön war, alle Gebete und Melodien von der Mutter erlernt hatte. «Sie bereitete mir jeden Abend das Lager und zog mir die Schuhe aus. Bellette war geschickt in der Hausarbeit und sprach nur die Wahrheit, diente dabei ihrem Schöpfer, spann und nähte und stickte.» Über die andere Tochter ist überliefert, wie sie jeden Tag betete. «Sie war erst sechs Jahre alt und verstand sich bereits aufs Spinnen, Nähen und andere Handarbeiten und unterhielt mich mit ihrem Gesang.»

Zahlreiche Legenden besagen, daß Juden schon vor der Geburt Christi in Trier, in Worms, in Köln, in Regensburg ansässig waren, in Gebieten, damals von Kelten bewohnt, Anhängern von Naturreligionen. Juden waren also vor Germanen und Christen in vielen später deutschen Ländern und Marktflecken ansässig. Ausgrabungen weisen darauf hin.

Der erste aktenkundige Beweis für die Anwesenheit von Juden am Rhein ist ein Schreiben Kaiser Konstantins vom 11. Dezember 321 an die Dekurien von Köln – Colonia Agrippina –, mit dem die Juden zum Dienst innerhalb des städtischen Gemeinwesens verpflichtet wurden. Das Dokument wird im Vatikan aufbewahrt.

Aus den früheren hörigen erbuntertänigen Handwerkern bei der meist geistlichen Herrschaft in Trier, in Mainz, Köln, Worms, Speyer und Würzburg formierten sich in den anwachsenden Städten während der Jahrhunderte religiöse Bruderschaften, Zünfte und Gilden. Als erste wird urkundlich eine Zunft der Fischhändler in Worms um 1099 erwähnt. Es ist offensichtlich, daß diese Vereinigungen schon viel früher bestanden hatten. Später wurden diese zunftähnlichen Vereinigungen der Kaufleute Gilden genannt. Um 1099 gab es handwerkliche Zünfte in Mainz, und um 1106 und 1107 ist in Urkunden von Köln eine Zunft der Betziechenweber bekannt. Um 1099 war die Zunft der Weber in Mainz so mächtig, daß sie verlangen konnte, ihr das westliche Pfortenhaus von St. Stephan als Begräbnisstätte zu übereignen. Es zeigte aber auch, wie eng die Verknüpfung der Zünfte mit der Kirche war. Es verstand sich von selbst, daß Juden als Zunftmitglieder undenkbar waren; die Zünfte gaben sich strenge Regeln, sie nahmen nur unbescholtene, also christliche Menschen auf, die ihr Fach als Lehrling und Geselle bei einem Meister erlernt hatten. Niemand durfte in einer Stadt ein Handwerk ausüben, der nicht Mitglied einer Zunft war. Auch die Preise für Dienstleistungen wurden von den Zunftmeistern bindend für alle Mitglieder festgelegt. So blieb den Juden nur der Handel mit verfallenen Pfändern, also der Handel mit schon gebrauchten Gegenständen, und auch der Hausierhandel auf dem Lande war in vielen Landstrichen eine Erwerbsquelle für sie.

Es ist eine Ironie der Geschichte, daß das Zinsverbot, von der Kirche so rigoros ausgesprochen, seinen Ursprung im Alten Testament, in der Tora, im Gesetzbuch der Judäer hatte. Dieses kanonische Zinsverbot wirkte sich verhängnisvoll für die Juden in Europa im Mittelalter aus, weil ihnen fast alle anderen Berufe verschlossen blieben und sie in die Rolle der Zinsnehmer, der Geldverleiher, der Wucherer gedrängt wurden. Im zweiten Buch Mosis, Exodus, heißt es im Kapitel 22, Vers 24: «Wenn du einem Armen aus meinem Volk, der neben dir wohnt, Geld leihst, dann sei gegen ihn nicht wie ein Wucherer. Lege ihm keinen Zins auf.» Ähnlich wird das im dritten Buch Mosis, Leviticus (25,36), wiederholt: «Du darfst von ihm (deinem Bruder – d. A.) keinen Zins und Aufschlag nehmen.» Und im nächsten Vers heißt es: «Du darfst ihm dein Geld nicht um Zins geben und ihm deine Nahrungsmittel nicht mit einem Aufschlag überlassen.»

Sehr viel deutlicher wird das im fünften Buch Mosis, Deuteronomium, erklärt – dieser Teil soll im 7. Jahrhundert v. u. Z. im Königreich Juda verfaßt worden sein – (23,20): «Du darfst von deinem Volksgenossen keinen Zins nehmen, weder Zins für Geld noch Zins für Nahrungsmittel noch Zins für irgend etwas, das man auf Zins leihen kann.» Und im Kapitel 23, Vers 21, geht es weiter: «Von dem Ausländer darfst du Zins nehmen, aber von deinem Volksgenossen darfst du keine Zinsen nehmen.»

Babylonier und Assyrer, gesellschaftlich weiter entwickelt, kannten schon vor den Judäern die Verzinsung, und sie waren führend im Handel. Aber bei einem Bauernvolk, einem Volk, in dem es nur einen geringen Geldumlauf gab, galt das Zinsnehmen vom Bruder, vom Nachbarn als unmoralisch, und auch jeder andere Vorteil, den ein Geldverleiher von seinem Schuldner erpressen konnte, war vor dem Richter ungültig, selbst wenn man sich schriftlich über Zinsen geeinigt hatte.

Der Gesetzesteil des Talmuds, die Mischna, übernimmt die Zinsverbote. Dort wird unterschieden zwischen Zins in barem Geld, in Waren und in Form von Arbeitsleistungen. Als besonders unzulässig wird eine Zinsleistung erwähnt, die Vorteile moralischer Art, etwa Vorteile durch Schmeicheleien, umfaßt. Eine andere Bestimmung im Gesetzesteil des Talmuds besagt ausdrücklich: «Wer Geld auf Zinsen leiht, ist als Richter und als Zeuge nicht zugelassen», und es wird erklärt: «Eine Urkunde, die Zinsen vorsieht, ist ungültig.»

Es gab eine bemerkenswerte Ausnahme: Dem Tempelhüter war gestattet, Vermögen des Tempels auf Zinsen auszuleihen, so daß tatsächlich die Priester und die Leviten davon leben konnten; das galt bis zur Zerstörung des Tempels in Jerusalem.

Auch bei einer Grundschuld war nach dem Talmud das Zinsnehmen erlaubt, der Gläubiger mußte an der Nutznießung des Grundstücks beteiligt sein. Pacht- und Mietzins waren ausdrücklich erlaubt.

Bei der Anpassung an veränderte wirtschaftliche Bedingungen wurden in den Diskussionen über die Mischna, festgehalten in der Gemara, Umgehungen des Zinsverbotes zugelassen. Die Geldgeber wurden fiktiv am Geschäft des Schuldners und so auch am Gewinn beteiligt.

Das Zinsverbot, in der Bibel nur auf Schuldner aus dem eigenen Volk bezogen, gründete sich auf das Stammeseigentum am Boden.

Und so war dieser Boden nicht beleihbar. Als sich das Stammeseigentum nicht aufrechterhalten ließ und der Boden Privateigentum des Bauern wurde, führte die Bibel das Jubeljahr ein: Nach fünfzig Jahren sollte jede Schuld gelöscht werden und der verpfändete Boden wieder an den ursprünglichen Eigentümer zurückfallen. Ob dieses Jubel- oder Jobeljahr – Luther nennt es in seiner Übersetzung Halljahr – tatsächlich in Kraft war, wird von Geschichtswissenschaftlern bezweifelt, denn kein vernünftiger Mensch würde einem Bodeneigentümer Geld leihen, wenn ein Jubeljahr zu erwarten war und die Schuld nichtig wurde.

Aus der judäischen Tradition ist eine Richtung bekannt, die das Zinsverbot und jeden Handelsgewinn rigoros verdammte, strenger als im Pentateuch, in den fünf Büchern Mosis, und im Talmud vorgeschrieben – die Essener oder Essäer. Woher der Name Essener oder Essäer kommt, ist nicht ganz geklärt. Er soll Ärzte, Fromme, Badende oder Verborgene bedeuten oder bedeuten können. Über diese Richtung gibt es eine sehr genaue Beschreibung des großen jüdischen Historikers Flavius Josephus, der im Jahre 37 oder 38 in Jerusalem geboren wurde, Abkomme eines Priestergeschlechts. Er hatte an dem Aufstand der Judäer gegen die Römer von Anfang an teilgenommen; nach einigen verlorenen Schlachten war er jedoch von der Übermacht der Römer so überzeugt, daß er die Judäer zur Unterwerfung auffordern wollte. Er geriet in römische Gefangenschaft, wurde freigelassen, konnte römischer Bürger werden und lebte seither in Rom. Er beschrieb den Krieg in Judäa und soll etwa 110 in Rom gestorben sein. Seine Darstellung über die Essener ist in den letzten Jahrzehnten durch die Funde der Schriftrollen in den Höhlen am Toten Meer bei Qumran bestätigt und ergänzt worden.

Die Essener nannten sich die «Gemeinde des Neuen Bundes». Sie lebten in einer Art klösterlicher Gütergemeinschaft, zu deren Gewohnheiten das allmorgendliche Bad aus religiösen Gründen gehörte. «Sinnliche Freude», so schrieb Josephus, «verachteten sie.» Ein großer Teil der strengen Richtung lehnte die Ehe ab, andere aber lebten mit Frauen zusammen. Es wird von Josephus dargestellt, daß sie nicht nur in den abgeschiedenen klösterlichen Siedlungen in der Wüste am Toten Meer lebten, sie wohnten auch unter den anderen Juden in den judäischen Städten. Es bestand die Vorschrift, so teilte Josephus mit, daß jeder, der dieser Gemeinschaft beitreten wollte, sein Vermögen der Gesamtheit abtreten mußte; so gab es weder niedrige Armut noch übermäßigen Reichtum, alle verfügten wie Brüder über das gemeinsam eingebrachte und vermehrte Gesamteigentum. Wer in die Gemeinschaft aufgenommen werden wollte, so berichtete Josephus, erhielt nicht sofort Zutritt, er mußte sich zunächst außerhalb der Bruderschaft ein Jahr lang derselben Lebensweise wie die Mitglieder unterziehen. Weiter hieß es bei Josephus, der Handel untereinander sei verpönt. Jeder erhalte für die Dinge des täglichen Bedarfs, soviel er brauche. Über die Ehe und Ehelosigkeit sagte Flavius Josephus: «Außerdem gibt es einen zweiten Zweig der Essener, der in Lebensart, Sitten und Gebräuchen mit den anderen ganz übereinstimmt, in der Ansicht über die Ehe dagegen von ihm abweicht. Sie glauben nämlich, daß sie, die nicht heiraten, den wichtigsten Lebenszweck, die Erziehung von Nachkommen, außer acht ließen, oder vielmehr, daß, wenn alle so dächten, das ganze Menschengeschlecht in kürzester Zeit aussterben müsse.»

Es ist heute erwiesen, daß die Essener gegen die hellenistischen Bestrebungen unter dem judäischen Volk opponierten. Sie wollten zur altjudäischen Tradition zurückkehren. Sie wandten sich auch gegen die Makkabäer oder Hasmonäer, die zwar die griechisch-hellenistischen Herrscher vertrieben, aber Macht, Königtum und Priestertum usurpiert hatten. Sie wünschten eine reine Priesterherrschaft, eine Theokratie. Stark war ihre Gegnerschaft zu dem Hasmonäer Alexander Jannaeos (103 bis 76 v. u. Z.). Er und seine Nachfolger hätten den Tempel entweiht, ihn in eine Stätte des Lasters und des Wuchers verwandelt. Sie wandten sich scharf gegen die Verleihung des Tempelschatzes auf Zinsen, weil sie darin eine Umgehung des allgemeinen Zinsverbotes sahen. Der im Neuen Testament oft erwähnte Vorläufer von Jesus Christus, Johannes der Täufer, gehörte wahrscheinlich in die Nähe dieser Glaubensrichtung. Er stand, wie auch Jesus, zu den beiden anderen Parteien im damaligen Judentum, den konservativen Sadduzäern und den orthodoxen Schriftgelehrten, den Pharisäern, im Gegensatz. In den Predigten des Jesus von Nazareth und in den Apostelbriefen, die uns im Neuen Testament überliefert sind, findet man viele Vorstellungen dieser judäischen Gemeinschaft der Essener.

Man kann ohne Übertreibung sagen, das kirchliche, das kanonische Zinsverbot ist direkt aus dem Alten Testament der Judäer und aus der Tradition der jüdischen Essener vom Christentum übernommen worden. Schon die ersten christlichen Kirchenordnungen, die in den Jahren 341 bis 360 erlassen wurden, fußten auf dieser essenischen Tradition: das Verbot des Zinsnehmens, die Verachtung des Kaufmanns. Johannes der I. Chrysostonos, der zwischen 386 und 397 Patriarch von Konstantinopel war – er wird von der Römischen Kirche als Heiliger verehrt, berühmt als Prediger und Kirchenlehrer –, stellte fest: «Ein Kaufmann kann ohne Lüge und Meineid nicht leben.» Kein Christ könne Kaufmann sein, wäre er es dennoch, so sei er auszustoßen aus der Kirche des Herrn. Noch härter ging er mit denen um, die Geld auf Zinsen ausliehen.

Drei der Kirchenväter, die maßgebend in der Nachfolge des Apostels Paulus die Kirche begründeten, verboten übereinstimmend den Wucher, also das Zinsnehmen. Als Wucher bezeichneten sie alles, was der Gläubiger von seinem Schuldner außer dem geliehenen Geld noch entgegennimmt, sei es in Form von Geld oder in Form eines anderen Vorteils. Im kanonischen Recht, das, wie alle Kirchenverlautbarungen, in lateinischer Sprache ausgefertigt wurde, hatten Zins und Wucher ein und dasselbe Wort: usura. Auch im Althochdeutschen bedeutete Wucher erst einmal Frucht und später Ertrag. Wucher hatte keinen diffamierenden Charakter. Im Mittelhochdeutschen war Wucher dasselbe wie Zinsen. Die Trennung zwischen der herabsetzenden Bedeutung von Wucher zum erlaubten Zins scheint sich erst – so das Grimmsche Wörterbuch – im Laufe des 16. und vielleicht erst im Beginn des 17. Jahrhunderts durchgesetzt zu haben, als Zinsen von den territorialen und reichsgesetzlichen Behörden bis zu einer bestimmten Höhe (fünf Prozent) genehmigt wurden.

Die drei Kirchenväter waren: Augustinus, der Heilige, als der größte aller Kirchenväter von der römisch-katholischen Kirche verehrt, Ambrosius, der Heilige, und der heilige Hieronymus, Schöpfer der Vulgata, der lateinischen Übersetzung des griechischen Textes des Neuen Testaments und vieler Stellen aus dem Alten Testament. Schon vorhandene Übersetzungen redigierte er. Seine Übersetzung gilt seit dem 8. Jahrhundert als maßgebend. Das Konzil von Trient (1545–1563) beschloß, seine Vulgata als authentisch zu betrachten.

Die Kirchenväter fanden Bestätigung in der Lehre des griechischen Philosophen Aristoteles, der feststellte: das Geld ist unfruchtbar.

Zinsnehmen und Kaufmannsgewinn sei unchristlich, so lehrte die Kirche und drohte bei Nichtbeachtung dieses Grundsatzes mit härtesten Strafen. Aber ökonomische Gesetzmäßigkeiten setzen sich durch, auch gegen den Willen herrschender Ideologien und gegen den Willen

Bauer und jüdischer Darlehnsgeber

der Herrschenden. Leihkapital wurde zu allen Zeiten gebraucht, in denen es auch nur einen primitiven Handel und ein allgemeingültiges Zahlungsmittel, also Geld, gab, und ihre Besitzer, die Verleiher, verlangten ihren Anteil am Gewinn, am Profit, am erzielten Mehrwert.

Gleichgültig, ob durch immer wieder neu formulierte kanonische Erlasse, die man zu Hunderten zitieren kann, Bannflüche gegen die Zinsnehmer oder gegen die Wucherer geschleudert wurden, immer waren sie zur Stelle. Obwohl im 11. und 12. Jahrhundert die Zinsnehmer mit Blutschändern und Ehebrechern gleichgesetzt wurden, waren die christlichen Wucherer nicht auszurotten. Der berühmte Abt Bernhard von Clairvaux forderte die Kreuzritter des zweiten Kreuzzuges auf, die Juden wegen des Wuchers nicht mehr zu verfolgen, denn die Christen trieben es noch schlimmer. Der judenfeindliche Sänger Seifried von Helbing erklärte, der öffentliche Wucher der Juden sei immer noch besser als der geheime und verhüllte der Christen. Im Jahre 1208 schrieb Papst Innozenz III. (1198–1216) an den Bischof von Arras: «Wenn man den Beschlüssen des Laterankonzils folgen und die Wucherer von der Kirche ausschließen wollte, so könne man die Kirchen schließen, so groß sei ihre Zahl.» Bei der immer weiter fortschreitenden Arbeitsteilung war der Handel genauso notwendig wie der Geldverleih. Die Bannflüche der Kirchenväter, der Konzile, der Synoden, der Päpste und Bischöfe gegen den Handel waren Flüche, die ins Leere gingen.

Auch das mag eine Ironie der Geschichte sein, in der Nachbarschaft von Rom, wo das Oberhaupt der römisch-katholischen Kirche seinen Sitz hatte, etablierten sich schon seit dem 8. Jahrhundert große Handelshäuser, so in den Städten Amalfi und Ancona. Venedig und Genua folgten. Auch Südfrankreich beteiligte sich, von den Schifffahrtswegen des Mittelmeers ausgehend, am Fernhandel. Die Niederlande und England folgten bald den italienischen und französischen Seefahrern. Dieser Überseehandel brauchte Kredite. Und Kredite waren nur gegen Zinsen zu bekommen. Zunächst mußte die Kirche den Handel dulden, ja sogar segnen, dann sah sie über die Zinsnehmer hinweg.

In Italien waren die Juden nicht vom Bodenbesitz und nicht vom Handwerk ausgeschlossen. Es ist bekannt, daß nach der Eroberung des letzten arabischen Fürstentums auf der Iberischen Halbinsel 1492 Süditalien und Sizilien der spanischen Krone verbunden waren, und als im gleichen Jahre die Juden aus Spanien vertrieben wurden, verlangten die katholischen Majestäten Ferdinand und Isabella von Spanien auch die Vertreibung der Juden aus den von ihnen beherrschten süditalienischen Gebieten. Die Vizekönige rebellierten dagegen, notwendige Handwerke würden nur von Juden ausgeübt und man könne auf ihre Dienste nicht verzichten.

Der Ausschluß der Juden vom Bodenbesitz und aus den Handwerken verlief in Frankreich anders, speziell nach dem Kreuzzug gegen die Albigenser. In einer südfranzösischen Stadt, Cahors, nicht weit von Toulouse, hatte sich eine Gruppe von Geldverleihern gebildet. Sie bekamen die Erlaubnis der Kirche, Geld auf Zinsen zu verleihen. Sie waren zwar nicht aus der Kirche ausgestoßen, doch sie wurden in Acht und Bann getan, verachtet. Einen ähnlichen Status hatten die Geldverleiher aus Norditalien, aus der Lombardei. Die Lombarden und die

Leute aus Cahors machten ihre Geldgeschäfte auch in Deutschland. Dort konnte man sie lange Zeit nicht auseinanderhalten. An vielen Orten wurden Geldverleiher Lombarden, in anderen Gegenden Kawerschen oder, italienisch, Cauwercini genannt. Es ist nicht einmal ganz sicher, ob damit Abkömmlinge aus der französischen Stadt Cahors bezeichnet wurden, die sich aber selber Cadurcenses nannten, oder aus der italienischen Stadt Caorsa. Die Geldgeschäfte mit diesen Kawerschen waren in Deutschland allgemein üblich, vor allem liehen geistliche Fürsten beträchtliche Summen von diesen christlichen Wucherern. Die Erzbischöfe von Köln und Mainz und Trier hatten besonders hohe Kredite aufgenommen und mußten Zinsen bezahlen. Die finanzielle Lage des Erzbistums Mainz war derartig durch Schulden gefährdet, daß ein Diözesankonzil beschloß, ohne Zustimmung des Domkapitels dürfe der Erzbischof keine neuen Schulden mehr «jenseits der Berge» machen.

Eine Innung konnten die Geldverleiher und auch die Geldwechsler nicht bilden. Sie arbeiteten außerhalb der Legalität, doch mit den gesetzgebenden Herrschern in enger Verbundenheit; der Kaiser und andere Machthaber gaben ihnen Privilegien und Konzessionen. Die rechtliche, kirchliche und gesellschaftliche Stellung dieser Wechsler und Wucherer war nicht weit von der unsicheren Situation der Juden entfernt; nur konnten sie sich, wenn sie in erdrückende Verachtung oder Verfolgung gerieten, immer in ihre alte Heimat nach Italien oder Frankreich zurückziehen.

Der Zinsgewinn aus den Darlehen war so bedeutend, so verlokkend, daß geistliche und weltliche Kapitalbesitzer trotz allen Hasses und trotz aller Strafen gegen den Wucher ihre brachliegenden Gelder den Wechslern und Wucherern zur Darlehnsverwertung übertrugen. So waren sie am Wuchergewinn mitbeteiligt. Es wird aus dem Leben der seligen Ivetta aus Huy bei Lüttich berichtet, sie, die 1228 Gestorbene, habe sich zwar wohltätig Kranker angenommen, jedoch auch ihr Geld gegen Zinsen den Wechslern und Wucherern zur Verfügung gestellt. Sie galt als Mitbegründerin einer klosterähnlichen Gemeinschaft.

Auch Klöster verliehen Geld an kreditbedürftige Bauern. Einen offenen Zins forderten sie nicht, aber sie ließen sich als Sicherheit das Land überschreiben. Starb der Schuldner, bevor er seine Schulden abzahlen konnte, fiel das Land dem Kloster zu. So vermehrte sich der Landbesitz der Klöster, die landlosen Erben wurden Fronbauern, bestenfalls Pächter.

Immer wieder versuchte die Kirche, ihr Zinsverbot durchzusetzen. Die Strafen waren drastisch, selbst mit Toten war die Kirche unerbittlich. Überführte Wucherer wurden vom kirchlichen Begräbnis ausgeschlossen. Ein Kleriker, der einen gerichtlich bestraften Zinsnehmer geistlich bestattete oder Geld oder Geschenke von ihm angenommen hatte, sollte bestraft werden. Auch geistlichen und weltlichen Behörden waren Strafen angedroht, wenn sie das Wucherverbot der Kirche gar nicht oder zu lässig anwandten. Kleriker wurden aus dem Amt gestoßen und von allen ihren Pfründen suspendiert. Laien traf der Bannfluch, Beichte und Abendmahl wurden ihnen verwehrt. Die härteste Kirchenstrafe drohte ihnen, die Exkommunikation. Der Gläubiger, der von seinem Schuldner geliehenes Geld einklagen wollte, mußte zuerst dem Schuldner die schon bekommenen Zinsen zurückzahlen, sonst wurde die Klage nicht angenommen.

Auch die Juden sollten dem Eifer dieses kirchlichen Verbots unterworfen werden. Sie standen zwar außerhalb des Christentums und konnten nach kirchlicher Auffassung nicht am ewigen Seelenheil teilhaben. Und doch war man überzeugt, sie seien von Gott dazu bestimmt, als verachteter Zinsnehmer, also als Wucherer, tätig zu sein. Um 1200 rief Papst Innozenz III. die Obrigkeiten auf, die Juden zu zwingen, ihre Zinsgewinne zurückzuzahlen. Schwere Strafen sollten diejenigen treffen, die Wucherern, also Zinsnehmern, Häuser vermieteten. In den deutschen Städten mußten sich die Juden ganz auf das Pfand- und das Wechselgeschäft zurückziehen. Sie waren im Verlauf der Kreuzzüge vom Überseehandel fast völlig ausgeschlossen worden. Auch vom Binnenhandel wurden sie durch die in allen großen Städten und Märkten sich bildenden christlichen Kaufmannsgilden verdrängt. Sie mußten sich auf Kleinkredite beschränken, Kredite an Handwerker und Bauern. Sehr selten waren sie so kapitalstark, daß sie auch den Fürsten und Bischöfen Geld leihen konnten. Aber da gab es Ausnahmen.

Der Hauptopponent gegen die rigorosen Gesetze über das Zinsnehmen der Juden aus der Amtszeit des Papstes Innozenz III. war Friedrich II. von Hohenstaufen, deutscher König, 1220 von Papst Honorius III. als Kaiser des Heiligen Römischen Reiches gekrönt. Der Hohenstaufer befestigte während seiner Herrschaft das schon seit 1179 verkündete Rechtsprinzip, daß alle Juden des Heiligen Römischen Reiches Knechte des Kaisers seien. Damit war der Anspruch auf eine spezielle Judensteuer, das Judenregal, verbunden, die von den jüdischen Gemeinden an die kaiserliche Kammer abzuführen war.

Das Prinzip, daß die Juden Knechte der kaiserlichen Kammer seien und für diesen Schutz eine Abgabe an den deutschen Kaiser zahlen müßten, hat eine lange Vorgeschichte. Dieser Rechtsschutz geht von einer Fiktion aus: Es bestehe eine Zentralgewalt – wie der deutsche König oder Kaiser, die meist in Personalunion auftraten –, und diese sei mächtig genug, ihren Willen bei allen Fürsten des deutschen Reichs durchzusetzen. Aber der deutsche Kaiser beherrschte faktisch nur das Gebiet, das ihm als Herzog oder Fürst zugefallen war, und er hatte formal die Oberhoheit über die Freien Städte. In allen übrigen Gebieten regierten völlig unbeschränkt Herzöge, Kurfürsten oder Freiherren, Grafen oder Markgrafen, Burggrafen, Bischöfe und Erzbischöfe, auch Äbte. Das deutsche Reich war kartographisch ein Flickenteppich. Die kaiserlichen Anordnungen und Befehle auf den Reichstagen waren praktisch Empfehlungen. Eine zentrale Exekutive gab es nicht. Am stärksten war der kaiserliche Einfluß, außer auf seinem Gebiet, das er als Hausmacht geerbt hatte, in den Freien Städten.

Bis zum Jahre 1090 ist von einer Abhängigkeit der Juden von deutschen Königen oder Kaisern nicht die Rede, wenn man von einer einzigen Ausnahme absieht. Es ist urkundlich belegt, daß der deutsche König Heinrich IV. in einem Privileg allen Bürgern von Worms am 18. Januar 1074 einen Zoll erließ, den sie bisher in Frankfurt, Boppard, Hammerstein, Dortmund, Goslar und Angern zu zahlen hatten. In dieser Zollbefreiung sind die Juden von Worms an erster Stelle genannt, danach die anderen Wormser Bürger. Im allgemeinen schließt man daraus, daß Wormser Juden den maßgebenden Teil der Kaufmannschaft dieser Stadt bildeten. Eine Stärkung ihrer rechtlichen und wirtschaftlichen Lage bedeutete es, als Heinrich IV. etwa um das Jahr 1090 den Wormser Juden, vertreten durch ihren Judenbischof Salman, ein Privileg erteilte, daß sie überall im Reich ungehindert umherziehen, ihre Geschäfte ausüben, kaufen und verkaufen dürften. Niemand habe die Berechtigung, Zoll und Abgaben von ihnen zu erheben. Auch wird ihnen der Geldwechsel in der ganzen Stadt zugesichert, ausgenommen waren die Stellen und Märkte, in denen andere Geldwechsler ihre Geschäfte betrieben. Es wurde ihnen zugesichert, heidnische Sklaven dürfe man ihnen nicht durch Taufe entziehen. Sie durften zwar christliche Sklaven nicht besitzen, doch gab es die Zusicherung, daß es ihnen gestattet sei, christliche Arbeiter, Ammen und Mägde gegen Lohn zu beschäftigen. Auch der Besitz von Häusern, Äckern, beweglichen und unbeweglichen Gütern war ihnen nicht bestritten. Jeder, der sie darin beeinträchtigen wollte, wurde mit kaiserlicher Ungnade bedroht. Es war ausdrücklich verboten, ihnen Kinder zu entziehen und zu taufen. Wer es dennoch tat, mußte zwölf Pfund Gold als Strafe zahlen. Wenn ein Jude freiwillig die Taufe verlangte, sollte er erst nach drei Tagen Bedenkzeit in die christliche Gemeinde aufgenommen werden. Mit dem väterlichen Glauben mußte er dann aber auch noch sein Eigentum abgeben. Die Streitigkeiten zwischen Juden und Christen sollten nach dem Gesetz beurteilt werden, das die Kläger und Beklagten unter sich vereinbarten. Streitigkeiten der Juden untereinander sollten nach dem jüdischen, also talmudischen Recht entschieden werden. Ein Beweis gegen Juden konnte nur durch christliche und jüdische Zeugen gemeinsam erhoben werden. Es wurde ausdrücklich erklärt, die Todesstrafe durch den Galgen an einem Juden konnte nur der König bestimmen, weder ein Bischof noch ein Kämmerer noch ein Graf noch ein Schultheiß oder sonst irgend jemand. In dieser kaiserlichen Verlautbarung wurde festgesetzt, Rechtsangelegenheiten, in die Juden verwikkelt waren, sollten nur unter Vorsitz desjenigen verhandelt werden, den der Kaiser nach ihrer Wahl aus ihrer Mitte ernannt hatte. In dieser Verlautbarung wird zum erstenmal postuliert, daß Juden Eigentum der kaiserlichen Kammer seien, ein Prinzip, das später auf die ganze Judenheit in den deutschen Ländern angewandt wurde.

Eine ähnliche Zusicherung erhielten die Juden von Speyer im Jahre 1090. Auf Bitten der jüdischen Gemeinde bestätigte König Heinrich IV. ihr die Privilegien, die der Bischof versprochen hatte. Der König sicherte ihnen Handels- und Zollfreiheit im ganzen Reiche zu. Niemand dürfe gegen ihren Willen ihre Sklaven kaufen. Bei Rechtsstreitigkeiten mit Christen solle jeder seinen Beweis nach seinem Recht führen. Gottesurteile dürfe man nicht gegen Juden anwenden. Den Eid sollen sie nach ihrem Gesetz leisten. Und jedes Verbrechen gegen sie solle schwer bestraft werden. Dieses königliche Privileg scheint nur für die Juden von Speyer gegolten zu haben. Doch war dieser Schutz bei den blutigen Stürmen der Kreuzzüge völlig wirkungslos. Heinrich IV. verkündete nach dem ersten Kreuzzug, nachdem grausame Morde an den rheinischen jüdischen Gemeinden geschehen waren, für das Jahr 1103 einen öffentlichen Landfrieden, der ausdrücklich den Schutz der Juden einschließen sollte.

Zum Verständnis der besonderen Situation der Juden in der deutschen Geschichte gehört die Kenntnis, daß sie zu keiner Zeit eine

Rechtsstellung hatten, wie sie den anderen Untertanen gewährt wurde. Nach dem Untergang des Römischen Reiches etablierte sich das Geschlecht der Merowinger um das Zentrum Paris und begründete ein gallisch-römisches Königreich. Um ihre Herrschaft zu befestigen, stützten sie sich völlig auf die römisch-katholische Kirche. Gemeinsam bekämpfte man die Arianer, die als Ketzer galten, da sie einige Dogmen des römischen Klerus leugneten. Gemeinsam übernahmen Merowinger und Kirche eine große Heidenbekehrung. In diesem Zusammenspiel waren die unter die Herrschaft der Merowinger geratenen Juden für die Kirche und das Königshaus ein Fremdkörper. 533 verbot das Konzil von Orleans den Christen, die Ehe mit Juden einzugehen. 551 beschloß eine Synode, daß christliche Sklaven, die von ihren jüdischen Herren in eine Kirche oder in ein christliches Haus geflüchtet waren, nicht mehr an die jüdischen Eigentümer ausgeliefert werden durften. Die Merowingerkönige folgten ganz den Kirchenkonzilen, deren Beschlüsse sie zu Staatsgesetzen erhoben. Zwangstaufen von Juden häuften sich, sie wurden von den Herrschenden gutgeheißen. Gestützt auf ihr Bündnis mit der Kirche, erließen die Merowinger Sondergesetze gegen die Juden. Sie begründeten ein Prinzip: Juden waren nicht gleichberechtigt. Sie wurden den rechtgläubigen Christen untergeordnet.

Die nachfolgenden Karolinger, die das fränkische Königreich übernahmen, fußten auf diesen vorgefundenen Erlassen. Auch sie stellten die Juden als Fremde unter ein Sonderrecht. In ihren Königsgesetzen oder Königserlassen, Kapitularien, gab es eine Gerichtsordnung, die teils für das ganze fränkische Reich, teils nur für einige Landesgebiete verbindlich war. Es heißt da über den Eid, den ein Jude zu leisten hat, wenn er in einem Gerichtsverfahren gegen einen Christen als Zeuge aufgerufen wird: «Streue Sauerampfer zweimal vom Kopf aus im Umkreis seiner Füße; wenn er schwört, soll er dastehen und in seiner Hand die fünf Bücher Mosis halten, gemäß seinem Gesetz; und wenn man sie nicht in hebräischer Sprache haben kann, so soll er sie lateinisch haben.» Spätestens seit dieser Zeit wurde die Eidesleistung in einem Gerichtsverfahren für einen Juden mit demütigenden Umständen verknüpft. So lautete eine Vorschrift aus dem 11. Jahrhundert in einem französischen Kodex: «Ein Dornenkranz soll ihm auf seinen Hals gesetzt, seine Knie umwuchtet werden, und ein Dornenzweig von fünf Ellen Länge voll Stacheln soll ihm, bis er den Eid vollendet hat, zwischen den Hüften durchgezogen werden.» Wenn er danach

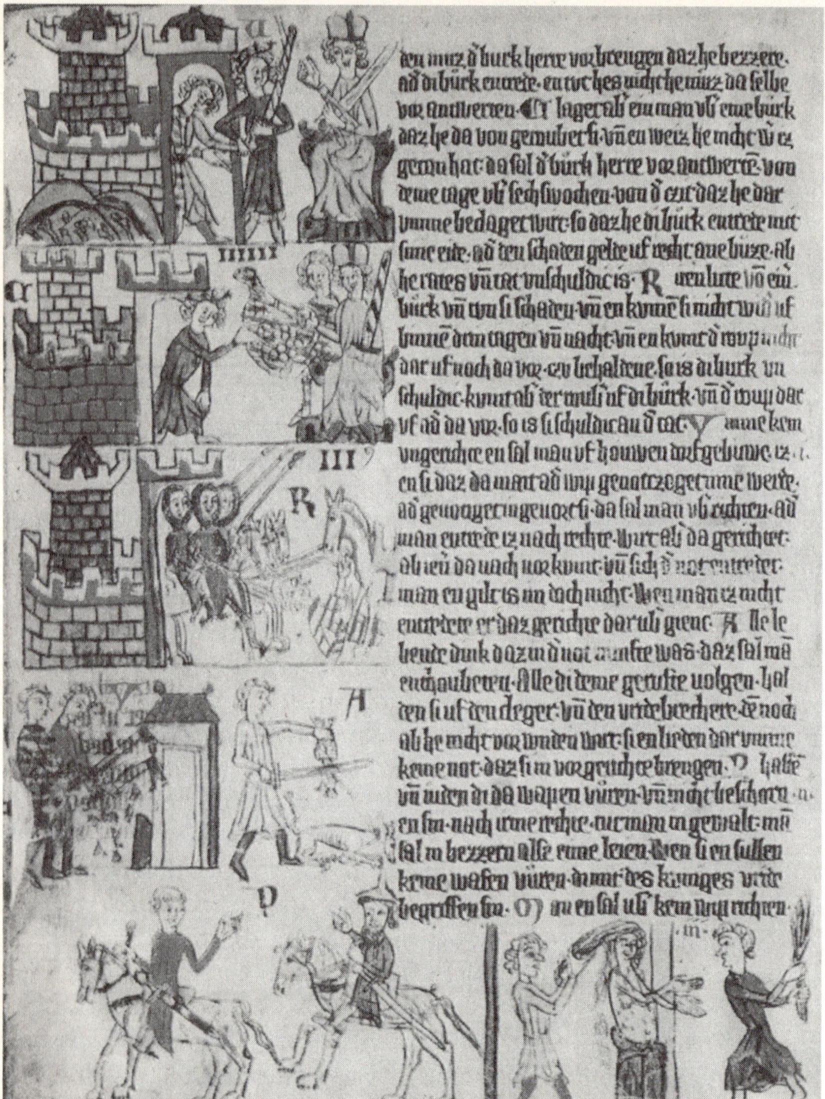

Darstellung eines berittenen und bewaffneten Juden

heil davonkäme, so habe er sich von der Anschuldigung gereinigt, das aber sei nach Ansicht des Historikers Stobbe einem wahren Wunder gleichzusetzen.

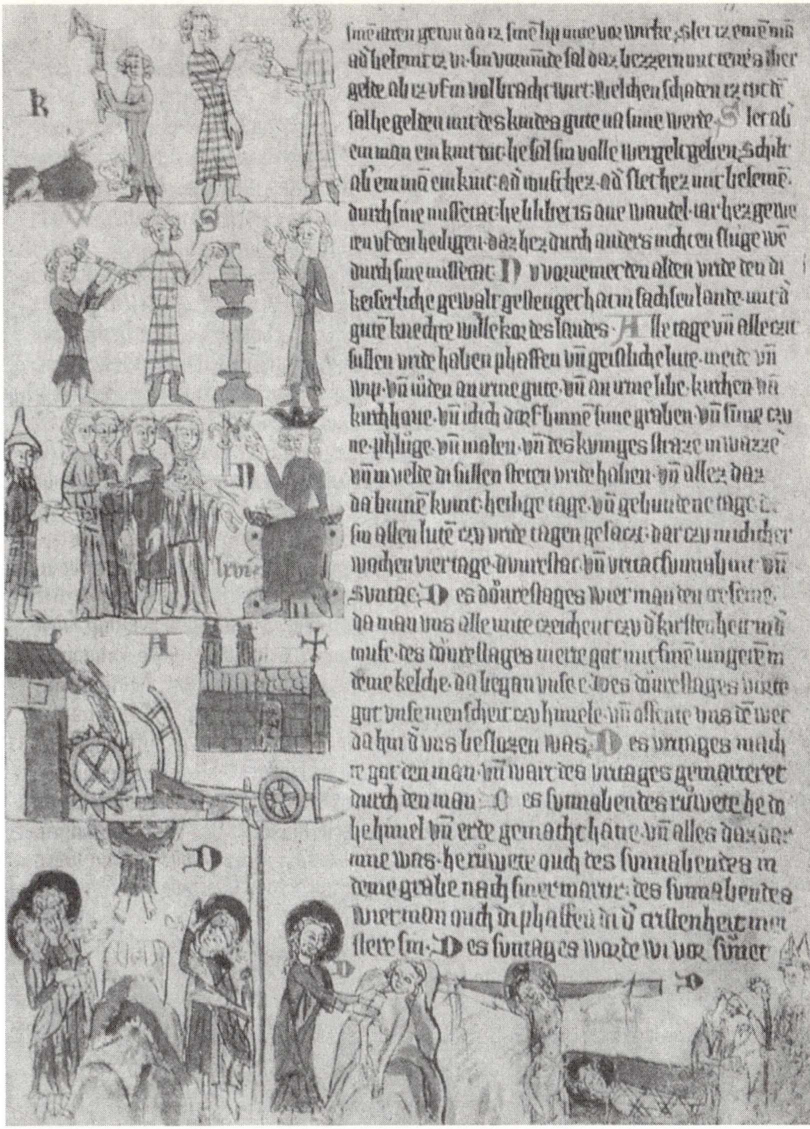

Stellung der Juden in der Gerichtsordnung

In den Gesetzesbüchern für die verschiedenen deutschen Gebiete standen sehr genaue Anweisungen, in welcher Weise ein Jude den Eid abzulegen hatte. Im *Schwabenspiegel* (1275/76), der für die süddeutschen

Länder das maßgebende Gesetzbuch war, hieß es, der Jude müsse die rechte Hand auf die Tora, die fünf Bücher Mosis, legen. Mit nackten Füßen sollte er auf einer Schweinshaut stehen. Das Schwein war für diese Zeremonie besonders ausersehen, da es in der jüdischen Religion als unreines Tier galt, der Genuß von Schweinefleisch war verboten. Auch der *Sachsenspiegel* (1224/31) verlangte: Der Jude hat auf der Haut einer Sau zu stehen, die für diesen Zweck vierzehn Tage vorher präpariert sein mußte. Eine für Schlesien gültige Verordnung brachte eine weitere Besonderheit hinein. Für die Eidesleistung war nicht nur die Sauhaut vorgesehen, sondern ein dreibeiniger Stuhl. Derjenige, der den Eid abzuleisten hatte, sollte eine schwankende Haltung einnehmen, fiel er herunter, mußte er eine Buße zahlen. Fiel er zum vierten Male, hatte er seinen Prozeß verloren.

Sowohl der *Sachsenspiegel* wie auch der *Schwabenspiegel* enthielten Rechtsnormen, die für die jüdischen Gemeinden einen Schutz bedeuten sollten. Es hieß darin, daß die Juden kraft des Kaiserfriedens gleich allen wehrlosen Landesbewohnern, Frauen, Priestern und Kaufleuten Sicherheit und Unantastbarkeit genießen sollten. Die Ermordung eines Juden müsse ebenso scharf verurteilt werden wie die eines Christen. So stand es geschrieben. Die Ideologie, die in dieser diffamierenden Behandlung der Juden verankert war, wie sie sich bei den Eidesleistungen zeigte, wirkte stärker als jede formale Rechtsgarantie. Auch im *Sachsenspiegel* wird die Auffassung vertreten, Juden seien schon von Römerzeiten her Knechte des Reiches. Er nennt sie Servi, also Sklaven. Hier wird die rechtliche Konstruktion angeführt: Bei der Zerstörung Jerusalems durch den römischen Kaiser Titus seien dreihundertachtzigtausend Juden in Jerusalem gefangengenommen worden. Ein Teil sei Hungers gestorben, ein anderer Teil sei erschlagen worden. Die übrigen hätte man auf dem Markt als Sklaven feilgeboten und verkauft. Hier allerdings widerspricht der Verfasser des *Sachsenspiegels* einem von ihm früher festgestellten Postulat, daß die jüdischen Bürger den anderen rechtlich gleichgestellt seien.

Der Begriff der Kammerknechtschaft bezeichnete eine neue Form einer besonderen Abhängigkeit. Es bedeutete, daß die Juden nicht als Leibeigene galten, über deren Hab und Gut der Kaiser nach Belieben verfügen konnte. Denn Knecht, Servus, bedeutete im Mittelalter nicht den rechtlosen Mann, sondern nur einen, der nicht frei über sich selbst verfügen konnte und in bestimmten Beziehungen dem Willen des anderen, also des Kaisers, unterworfen war. Die Juden waren also weder

Sklaven noch Leibeigene im Sinne des alten Römischen Rechts. Sie durften Eigentum besitzen, sie durften selbständig Handel treiben. Man durfte sie von Rechts wegen nicht töten, so wie der römische Bürger seinen Sklaven töten durfte.

Mit dieser Rechtskonstruktion konnte der Kaiser Juden willkürlich besteuern. Ausdrücklich war ihnen gestattet, Geld auf Zinsen zu leihen, und der Kaiser oder derjenige, der vom Kaiser das Recht des Judenregals bekam, durfte Juden besteuern. Es geschah häufig, daß der Kaiser, in Geldschwierigkeiten geraten, das Judenregal verkaufte, und der jeweilige Inhaber des Judenregals konnte den Gewinn, den sogenannten Wuchergewinn, absaugen. So wurden Kaiser, Fürsten und Bischöfe, alle diejenigen, die vom Kaiser das Judenregal erhalten hatten, die wirklichen Nutznießer des sogenannten Judenwuchers. Aber gegenüber der Bevölkerung waren es allein die Juden, die als Wucherer auftraten, vor allem gegenüber den Bauern, den Handwerkern, die dringend Kredite brauchten, die von niemand anderem Geld geliehen bekamen als vom Juden. Die wirklichen Nutznießer dieses Wuchers, die Fürsten, die Bischöfe, sie blieben den Bauern und Handwerkern verborgen.

Außer den sehr handgreiflichen finanziellen Interessen, die durch Hunderte von Dokumenten belegt werden, sahen die Kaiser im Judenregal immer auch ein Prestige- und Machtinstrument, Einfluß zu nehmen auf die Angelegenheiten der deutschen Fürsten, ganz besonders aber der reichsunmittelbaren Freien Städte. Der Begriff der Kammerknechtschaft hatte in den verschiedenen Jahrhunderten des Mittelalters eine unterschiedliche Auslegung erfahren. Hierzu nur einige Beispiele, wie sehr dieser Status von den Kaisern und Königen, aber auch von den Fürsten des Reichs ganz nach Belieben und nach persönlichen Interessen ausgelegt werden konnte.

Seit Rudolf von Habsburg 1286 die Juden mit Person, Hab und Gut zu seiner Kammer gehörig erklärte, entwickelte sich ein Status der jüdischen Bevölkerung, in dem ihre Freizügigkeit völlig verlorenging; eine Auswanderung ohne kaiserliche Erlaubnis war nicht möglich. Ihr Vermögen, wenn sie keine Erben hinterließen, konnte vom Kaiser eingezogen werden.

Wie wenig die Kammerknechtschaft eines Kaisers Schutz bedeutete, wird in einer Urkunde des Markgrafen Albrecht von Brandenburg aus dem Jahre 1462 deutlich. Dieser Markgraf hatte in der Hohenzollerngeschichte einen so großen Ruf, daß man ihm für seine Tapferkeit den Namen Achilles beilegte. Die Urkunde aus seiner Kanzlei lautet in hochdeutscher Übertragung: Wenn ein römischer König oder Kaiser gekrönt wird, kann er den Juden überall im Reich all ihre Güter nehmen und sie töten. Bis auf eine Anzahl, die gering sein soll, damit diese als Gedächtnis oder als Mahnung dienen. Was Mahnung und Gedächtnis in der Verlautbarung des Albrecht Achilles bedeutete, zeigte sich in einer Beschwerdeschrift der Regensburger Juden an den päpstlichen Legaten. Es ist eines der traurigsten Dokumente aus dieser Zeit. «Der Kaiser Friedrich (III.) hat ebenso wie seine Vorgänger bei seiner Krönung alle unter seiner Herrschaft lebenden Juden und besonders die von Regensburg sich und seiner Gewalt vorbehalten. Die Folge seines besonderen Rechts und seines speziellen Eigentums, damit sie nicht vollständig von den Christen vertilgt werden, sondern zur Erinnerung an das Leiden des Herren, gemäß der Bestimmung des Reichs, erhalten würden.»

Wie sehr sich der Begriff der Kammerknechtschaft, der ursprünglich der Schutz der wehr- und rechtlosen Juden sein sollte, in sein Gegenteil verkehrte, wurde in der Praxis Kaiser Karls IV. deutlich. Er regierte in der Zeit der härtesten, schwersten Judenverfolgungen, die über die Länder mitten in Europa hergezogen war, in der Zeit der Pest, des schwarzen Todes. Weit über die Hälfte der jüdischen Einwohner der deutschen Gebiete, vielleicht achtzig Prozent, wurden in dieser Zeit ermordet. Der Kaiser benutzte die Not der ihm direkt unterstellten Juden zu einem Geschäft mit dem Tode; er verkaufte den Städten das Judenregal. Damit bekamen die Städte freie Hand, nun auch rechtlich mit den Juden zu verfahren, wie sie wollten. Der Kaiser hatte auf seine Pflicht, die Juden zu schützen, verzichtet. So übertrug im Jahre 1348 Kaiser Karl IV. der Bürgerschaft von Worms «das Eigentum an den Juden und der Judischheit mit ihrem Leib und Gut und mit allem Nutzen und mit allen Rechten, die wir an den Juden und zu der Judischheit zu Worms bisher gehabt und fürbas haben mochten». An dieser Stelle soll die Erklärung Kaiser Karls IV. erwähnt werden, die er 1356 an die Kurfürsten in der berühmten Goldenen Bulle richtete. Feierlich wurde festgelegt, daß die Kurfürsten in ihren Territorien alle Bergwerknutzungen von Gold, Silber, Zinn, Kupfer und Blei, Eisen und sonstigen Metallen und Salz haben dürften. Und dann hieß es weiter: Ebenso haben sie das Recht, Juden halten zu dürfen und

Zeitgenössischer Holzschnitt

Der Jüd.

Bin nicht vmb sonst ein Jüd genannt/
Ich leih nur halb Gelt an ein Pfandt/
Löst mans nit zu gesetztem Ziel/
So gilt es mir dennoch so viel/
Darmit verderb ich den loßn hauffn/
Der nur wil Feyern / Fressn vnd Sauffn/
Doch nimpt mein Handel gar nit ab/
Weil ich meins gleich viel Brüder hab.

von ihnen Einkünfte zu beheben. So wurden in dieser Verlautbarung Juden gleichgesetzt mit Bergwerken, die man um Gold, Silber, Kupfer, Blei und Zinn und Eisen ausbeutete.

Schacher – Wucher – Jude. Haß und Verachtung lagen in dieser Verkettung. So war das Bild des mittelalterlichen Juden geprägt. Und so ist es mit hinübergenommen in die Gedankenwelt der Neuzeit, obwohl die heutigen Bewohner der Länder in der Mitte Europas kaum einen schachernden, wucherischen Juden gekannt, ja gesehen haben.

Aber Vorstellungen, Ideologien bleiben haften, auch wenn die reale Welt ganz anders geworden ist, wie heute in den Ländern des Kapitals, wo es keinen Schacher, sondern Kaufhäuser, Supermärkte, Ladenketten und Kettenläden gibt. Und der Wucher hat in wohlausgestatteten riesigen Bankpalästen eine sehr respektierliche, geachtete Heimstätte gefunden, dort, wo die Notenbanken dieser Länder, in denen es einen Kapitalmarkt gibt, die Zinssätze bestimmen, das Zinsnehmen also seinen staatlichen Segen hat. Die zentralen Notenbanken der Länder des Kapitalismus bestimmen einen Lombardzinssatz, einen Zinssatz, zu dem sie Gelder verleihen, wenn Wertpapiere als Pfand hinterlegt werden.

Das Lombardgeschäft leitet seinen Namen von den Lombarden her, den christlichen Kaufleuten aus Oberitalien. Die Lombardei hat wiederum ihren Namen von dem germanischen Volksstamm der Langobarden, der um 700 in Italien einfiel und im Laufe der Zeit seine eigene Sprache aufgab. Das Wort schachern wird vom hebräischen sachar, Handel, hergeleitet. Das zeigt, Geldgeschäfte und Handel sind weder an Religion noch an Völker noch an Rassen gebunden.

Die Pfandleihe gehörte zum sich entwickelnden Warengeschäft des Mittelalters. Für die jüdische Bevölkerung in der Mitte Europas war es nahezu die einzig erlaubte Erwerbsquelle. Nicht so in Italien und in den slawischen Ländern.

Das Bild des jüdischen Wucherers war in der Vorstellung des Mittelalters und der Renaissance fest gefügt, versehen mit allen verächtlichen Attributen. Aus dieser Vorstellungswelt schuf William Shakespeare seine Kunstfigur Shylock, in einer Zeit, als es in England überhaupt keine Juden mehr gab. Shylock, das ist der böse, schachernde und wuchernde Jude, seine Inkarnation.

Worte sind manchmal wie Schiffe, sie tragen eine Fracht; die Fracht wird abgeladen, eine andere aufgenommen, dasselbe Schiff

Ein Christ verpfändet einem Juden sein Kruzifix

transportiert nun einen anderen Inhalt. Als Beispiel sei das Wort Selektion genannt, das sich auch im wissenschaftlichen Gebrauch nicht mehr von der Verklammerung mit der Rampe von Auschwitz trennen läßt, auf der Ärzte im weißen Kittel Menschen selektierten. Es gehört schon eine gewisse Portion Roheit dazu, das Gespür nicht aufbringen zu können, daß ein Wort, großgeworden in der Nazizeit, untergegangen sein müßte.

Das Wort Shylock, so sagt man, sei eine Ableitung aus dem Hebräischen und bedeute das Deinige; seine Fracht hat die Schwere der Bitternis. Shylock, der Jude aus Shakespeares Komödie *Der Kaufmann von Venedig*, diente den Nazis zur Verbreitung des Antisemitismus. Bereits 1933 wurde sie von zwanzig Gesellschaften sechsundachtzigmal auf die Bühne gebracht, 1934 bemächtigten sich zwölf Bühnen des Stückes, 1935 waren es acht Gesellschaften, die es neununddreißigmal aufführten, für 1936 vermerkt das *Shakespeare-Jahrbuch* einundvierzig Aufführungen,

1937 fünfundvierzig; so ging es weiter 1938, 1939, 1940, 1941. Der *Völkische Beobachter* vom 2. September 1942 sprach in seiner Rezension der Aufführung im Rose-Theater in Berlin davon, wie bei jedem Auftritt Shylocks «die Volksstimme mit empörten Rufen und gellenden Pfiffen» einfiel und wie ein Echo aus dem Parkett kam. Da war das ganze Vokabular beisammen, man habe in dieser Aufführung der «vernichtenden Blamage» des Juden beigewohnt; und der Geist Shakespeares sei als «Ankläger gegen die Rasse» aufgestanden; und man habe «ein echtes Konterfei des hier unterwürfigen, dort überheblichen, gemeinen, talmudisch gefährlichen Juden» erlebt. Die *Berliner Illustrierte Nachtausgabe* vom 1. September 1942 stellte fest: «... und die Gegenwart weiß ja besser und klarer als alle anderen Zeiten um den furchtbaren Ernst, der hier unter Harlekinsprüngen und fröhlichen Vermummungen sich jäh offenbart! Und Shylock wird für immer das Symbol eines geradezu dämonischen jüdischen Hasses bleiben. So zeigt ihn auch hier Georg August Koch. Mit zausigem rötlichen Bart, bald gierig, bald furchtsam rollenden Augen, mit Händen, deren Finger wie Krallen sich schließen, ein urwelthafter Golem, der durch die Stadt der Lagunen streift und unheimliche nächtliche Netze legt, um mit dem Köder des Geldes immer neue Opfer zu betören und zu vernichten.» Dagegen stand: «Blond und schön ist Gerda von der Osten, die kluge Porzia.» Im übrigen war, wie es die *Deutsche Allgemeine Zeitung* vom 2. September 1942 vermerkt, die Sohle genagelt, an der Shylock sein Messer zu wetzen hatte. Die Morgenausgabe vom *Berliner Lokalanzeiger* berichtete vom Shylock als einer Erscheinung «ohne eine Spur von Menschlichkeit»; und das *12 Uhr Blatt* vom gleichen Tage schilderte den «Eindruck von infernalischer Stärke; wenn der Jude in der großen Gerichtsszene knirschend das blitzende Messer wetzt, mit dem er dem christlichen Opfer das ‹verfallene› Pfund Fleisch aus den Rippen schneiden will, gerinnt dem Zuschauer das Blut in den Adern». Dem Zuschauer, der am nächsten Tag in der gleichen Zeitung über die «Voraussetzungen geistiger und materieller Art für den Endsieg» in langer Aufzählung erfahren konnte: «Weil wir bisher mit jedem Gegner fertig geworden sind», und «weil wir alle Pläne des jüdisch-plutokratisch-bolschewistischen Weltkomplotts bisher zunichte gemacht haben und weiterhin zunichte machen werden». In diesem August 1942, in der Sommerpause vor der Eröffnung der neuen Spielzeit, hatte in Salzburg der Staatssekretär Gutterer vom Reichsministerium für Volksaufklärung und Propaganda die Öffentlichkeit über *Unser Kulturschaffen im Kriege* unterrichtet. Es hätten sich weitere geistige Kräfte gesammelt, «die einer Erhaltung der germanisch-europäischen Kultur und einer Ausrottung der kulturzerstörenden Gewalten des Judentums, des Bolschewismus und der Plutokratie dienen wollten». Das Stück *Der Kaufmann von Venedig* war ein Mordwerkzeug zur «Ausrottung der kulturzerstörenden Gewalten des Judentums» geworden. In dieser Welt der unbeschreiblichen Perversion menschlichen Denkens erfuhr auf den deutschsprachigen Bühnen das Wort Shylock die Verklammerung an den tödlichen Antisemitismus. Es zeigt eine Verarmung der Gefühle und den Verlust an Mitleid, heute mit naivem Anspruch oder akademischem Kunstverstand auftreten zu wollen, das Stück müsse belebt bleiben für das Gesamtbild der Shakespeare-Rezeption. Die Komödie kann das Zeichen ihrer Schändung durch keine noch so geschickte Regie abstreifen, das ihr von 1933 an zwölf Jahre lang aufgeprägt wurde.

Die alten Auffassungen über den Unmenschen, den jüdischen Wucherer, waren in der Lebenszeit Shakespeares überliefert und verfügbar; das Schema war vorgegeben, der Böse, Shylock, wird bestraft und verlacht, der Gute, der königliche Kaufmann von Venedig, Antonio, wird belohnt, und sein Freund heiratet die bezaubernde und reiche Porzia. Des Dichters Herz schlug für den königlichen Kaufmann und seine Freunde, es frohlockte über den Justizbetrug an Shylock, doch es verschwieg auch nicht die Niedrigkeit dieser Leute, unter denen keiner zu finden sei, der Antonio mit dreitausend Dukaten aus seiner Bedrängnis heraushelfe. Heine bezeichnete diesen Antonio als «ein weichliches Gemüt ohne Energie, ohne Stärke des Hasses und also auch ohne Stärke der Liebe, ein trübes Wurmherz, dessen Fleisch wirklich zu nichts Besserem taugt, als ‹Fische damit zu angeln›».

Die Nazis hatten den *Kaufmann von Venedig* für sich genutzt, sie brauchten ihn nicht zu fälschen, es genügte, durch eine geschickte Regie das Böse zu verstärken.

Wenn man heute die Worte Shylocks hört oder sogar unterstreicht, so läßt diese Erklärung der Bosheit ihn verständlich, aber nicht liebenswert erscheinen: «Hat nicht ein Jude Hände, Gliedmaßen, Werkzeuge, Sinne, Neigungen, Leidenschaften? Mit derselben Speise genährt, mit denselben Waffen verletzt, denselben Krankheiten unterworfen, mit denselben Mitteln geheilt, gewärmt und gekältet von eben dem Winter und Sommer als ein Christ? Wenn ihr uns stecht, bluten wir nicht? Wenn ihr uns kitzelt, lachen wir nicht? Wenn ihr uns vergiftet, sterben wir nicht? Und wenn ihr uns beleidigt, sollen wir uns nicht rächen? Sind wir euch in allen Dingen ähnlich, so wollen wir's euch auch darin gleich tun.»

Und der Zuschauer fühlt sich glücklich, wenn Lorenzo, der gemeine Hausdieb, wie Heine ihn nannte, seine Jessica in die Arme schließen und dabei die schönsten Worte über die Musik sagen darf, die je einem Menschen eingefallen sind:

> Der Mann, der nicht Musik hat in ihm selbst,
> Den nicht die Eintracht süßer Töne rührt,
> Taugt zu Verrat, zur Räuberei und Tücken;
> Die Regung seines Sinnes ist dumpf wie Nacht.
> Sein Trachten düster wie der Erebus.
> Trau keinem solchen! – Horch auf die Musik!

Doch sind alle diese Figuren des Umkreises von Shylock Fassade geworden, Hintergrund, Asche, wie Heine sagte: «… und wenn du über den Rialto steigst, so sucht ihn dein Auge überall, und du meinst, er müsse dort hinter irgendeinem Pfeiler zu finden sein, mit seinem jüdischen Rockelor, mit seinem mißtrauisch berechnenden Gesicht.»

Shakespeare hatte zwar den Wucherer und das Wuchern menschlich gezeichnet, doch wie man es auch dreht und wendet, der Jude Shylock bleibt der Inbegriff des Bösen.

Auch Karl Marx, der junge Marx, hat sich mit der Verkettung Schacher – Wucher – Jude auseinandergesetzt. In einer Zeit, als Marx – nach den Worten Lenins – erst begann, Marx zu werden, als er mit etwa vierundzwanzig Jahren in die Redaktion der Kölner *Rheinischen Zeitung* eintrat, hat er sich mit der Judenfrage beschäftigt. Er hat seine Gedanken aus dieser Zeit in den *Deutsch-Französischen Jahrbüchern* 1844 niedergelegt. Seine Schrift *Zur Judenfrage* verfaßte er polemisch gegen den führenden Junghegelianer Bruno Bauer, der als bürgerlicher Liberaler 1843 eine Arbeit veröffentlicht hatte, in der es um die Emanzipation der Juden im damaligen reaktionären Preußen ging. Marx beginnt seine Entgegnung: «Die deutschen Juden begehren die Emanzipation. Welche Emanzipation begehren sie? Die staatsbürgerliche, die politische Emanzipation. Bruno Bauer antwortet ihnen: Niemand in Deutschland ist politisch emanzipiert. Wir selbst sind unfrei. Wie sollen wir euch befreien? Ihr Juden seid Egoisten, wenn ihr eine besondere Emanzipation für euch als Juden verlangt. Ihr müßtet als Deutsche an der politischen Emanzipation Deutschlands, als Menschen an der menschlichen Emanzipation arbeiten und die besondere Art eures Drucks und eurer Schmach nicht als Ausnahme von der Regel, sondern vielmehr als Bestätigung der Regel empfinden.»

Marx folgert: «Die starrste Form des Gegensatzes zwischen dem Juden und dem Christen ist der religiöse Gegensatz. Wie löst man einen Gegensatz? Dadurch, daß man ihn unmöglich macht. Wie macht man einen religiösen Gegensatz unmöglich? Dadurch, daß man die Religion aufhebt. Sobald Jude und Christ ihre gegenseitigen Religionen nur mehr als verschiedene Entwicklungsstufen des menschlichen Geistes, als verschiedene, von der Geschichte abgelegte Schlangenhäute und den Menschen als die Schlange erkennen, die sich in ihnen gehäutet, stehn sie nicht mehr in einem religiösen, sondern nur noch in einem kritischen, wissenschaftlichen, in einem menschlichen Verhältnisse. Die Wissenschaft ist dann ihre Einheit. Gegensätze in der Wissenschaft lösen sich aber durch die Wissenschaft selbst.»

Diese Schrift ist eine Kampfansage gegen die feudalreaktionäre Staatsauffassung des preußischen Staates, denn Marx weist darin nach, daß sich dieser christliche Staat völlig vom Christentum entfernt hat.

Im zweiten Teil seiner Abhandlung gibt es Sätze, die zeigen, wie sehr Marx noch von der Verkettung Schacher – Wucher – Jude befangen ist. Er schreibt darin: «Betrachten wir den wirklichen weltlichen Juden, nicht den Sabbatjuden, wie es Bauer tut, sondern den Alltagsjuden. Suchen wir das Geheimnis des Juden nicht in seiner Religion, sondern suchen wir das Geheimnis der Religion im wirklichen Juden. Welches ist der weltliche Grund des Judentums? Das praktische Bedürfnis, der Eigennutz.

Welches ist der weltliche Kultus des Juden? Der Schacher. Welches ist sein weltlicher Gott? Das Geld.

Nun wohl! Die Emanzipation vom Schacher und vom Geld, also vom praktischen, realen Judentum wäre die Selbstemanzipation unserer Zeit.

Eine Organisation der Gesellschaft, welche die Voraussetzungen des Schachers, also die Möglichkeit des Schachers aufhöbe, hätte den Juden unmöglich gemacht. Sein religiöses Bewußtsein würde wie ein fader Dunst in der wirklichen Lebensluft der Gesellschaft sich auflösen.»

Zum Schluß geht er sehr weit von diesen antijüdischen Gedanken seiner Zeit ab, und er schreibt: «Aus ihren eignen Eingeweiden erzeugt die bürgerliche Gesellschaft fortwährend den Juden.»

Er kommt auf weitgehende Gedanken, die in der deutschen Philosophie neu waren:

«Die Anschauung, welche unter der Herrschaft des Privateigentums und des Geldes von der Natur gewonnen wird, ist die wirkliche Verachtung, die praktische Herabwürdigung der Natur, welche in der jüdischen Religion zwar existiert, aber nur in der Einbildung existiert.

In diesem Sinne erklärt es Thomas Müntzer für unerträglich, ‹daß alle Kreatur zum Eigentum gemacht worden sei, die Fische im Wasser, die Vögel in der Luft, das Gewächs auf Erden – auch die Kreatur müsse frei werden›.»

Von dem Judenhaß versucht er sich frei zu machen, als er zum Schluß dieser Schrift erklärt: «Das Christentum ist aus dem Judentum entsprungen. Es hat sich wieder in das Judentum aufgelöst. Der Christ war von vornherein der theoretisierende Jude, der Jude ist daher der praktische Christ und der praktische Christ ist wieder Jude geworden. Das Christentum hat das reale Judentum nur zum Schein überwunden. Es war zu vornehm, zu spiritualistisch, um die Roheit des praktischen Bedürfnisses anders als durch die Erhebung in die blaue Luft zu beseitigen ... Die gesellschaftliche Emanzipation des Juden ist die Emanzipation der Gesellschaft vom Judentum.»

Damit endet die Schrift, die Marx von August bis Dezember 1843 geschrieben hat. Für ihn erschien hier noch der Jude im wesentlichen als Geldverleiher. Das industrielle Kapital, den Kapitalisten, hatte er nicht kennengelernt, bisher. Es wäre unsinnig, aus dieser so widerspruchsvollen Schrift zu schließen, Marx sei ein Judenfeind oder gar ein Antisemit gewesen. Er selber stammte aus einer Familie frommer Juden. Seine beiden Großväter waren Rabbiner, sein Vater, Heinrich Marx, hatte sich taufen lassen. Bekannt ist auch, daß sich Karl Marx noch während seines Aufenthalts in Köln als Redakteur der *Rheinischen Zeitung* für die jüdische Gemeinde eingesetzt hatte. Er schrieb am 13. März 1843 an seinen Freund Arnold Ruge: «Soeben kömmt der Vorsteher der hiesigen Israeliten zu mir und ersucht mich um eine Petition für die Juden an den Landtag, und ich will's tun. So widerlich mir der israelitische Glaube ist, so scheint mir Bauers Ansicht doch zu abstrakt. Es gibt so viel Löcher in den christlichen Staat zu stoßen als möglich und das Vernünftige, so viel an uns, einzuschmuggeln. Das muß man wenigstens versuchen. Und die Erbitterung wächst mit jeder Petition, die mit Protest abgewiesen wird.»

In seinen Artikeln *Debatten über das Holzdiebstahlsgesetz* und *Rechtfertigung des + + Korrespondenten von der Mosel,* die Marx vor seiner Abhandlung über die Judenfrage geschrieben hatte, tritt er in der *Rheinischen Zeitung* offen für die «arme, politisch und sozial benachteiligte Masse» ein. Die Arbeit an diesen Artikeln, die die schwere materielle Lage der werktätigen Massen analysierten, war von großer Bedeutung für die Herausbildung von Marx' Anschauung. Er war zum erstenmal bei der praktischen politischen Debatte im Landtag auf die Beziehungen der verschiedenen Klassen zum Eigentum gestoßen. Nach Aussagen von Engels hat Marx ihm später mehr als einmal erklärt, «daß gerade das Studium des Holzdiebstahlgesetzes und die Erforschung der Lage der Moselbauern ihn angeregt habe, von der reinen Politik zu den ökonomischen Verhältnissen und damit zum Sozialismus überzugehen».

Der Artikel über die Judenfrage ist eine Arbeit, in der Marx noch nicht die Ausbeutung des Proletariats durch die kapitalistische Industrie erkannt und studiert hatte. Ihm trat eben nur der Geldverleiher, der Jude, der Wucherer als der typische Vertreter des Kapitals gegenüber. Es zeigt aber auch, wie sehr in den Volksmassen die Begriffe Schacher, Wucher und Jude zusammengewachsen waren, wie sehr dies sogar einen so kühnen und kritischen Geist wie Marx beeinflussen konnte.

Die Streitschrift Marx' zur Judenfrage gegen Bruno Bauer trifft einen realen Kern. Bruno Bauer sieht zwischen Jude und Christ nur den religiösen Gegensatz. Marx versucht, den Gegensatz ökonomisch zu erläutern. Daß aber die jüdischen Bewohner der deutschen Gebiete in die Rolle der Pfandleiher, der Wucherer, im Laufe der Geschichte durch den religiösen Gegensatz gedrängt wurden, hat Marx damals nicht berücksichtigt.

Wie Marx und Engels über Antisemitismus gedacht haben, geht aus einem Brief von Friedrich Engels an den österreichischen Bankangestellten Isidor Ehrenfreund hervor. Mit diesem Brief antwortete Engels dem österreichischen Bankangestellten, der ihm am 21. März 1890 geschrieben hatte, daß unter den Mitgliedern des Clubs der Beamten dieser Bank- und Kreditinstitute, dem er angehörte, sowie unter einem gewissen Teil der Wiener Bevölkerung der Antisemitismus weit verbreitet sei und sich in der Propaganda gegen das jüdische Kapital ausdrücke. Engels ließ seine Antwort in der Wiener *Arbeiterzeitung* veröffentlichen.

«... Der Antisemitismus ist das Merkzeichen einer zurückgebliebenen Kultur und findet sich deshalb auch nur in Preußen und Österreich resp. Rußland. Wenn man hier in England oder in Amerika Antisemitismus treiben wollte, so würde man einfach ausgelacht ...

Es ist in Preußen der Kleinadel, das Junkertum, das zehntausend Mark einnimmt und zwanzigtausend Mark ausgibt und daher den Wucherern verfällt, das in Antisemitismus macht, und in Preußen und Österreich ist es der dem Untergang durch die großkapitalistische Konkurrenz verfallene Kleinbürger, Zunfthandwerker und Kleinkrämer, der den Chor dabei bildet und mitschreit ...

In ganz Nordamerika, wo es Millionäre gibt, deren Reichtum sich in unseren lumpigen Mark, Gulden oder Franken kaum ausdrücken läßt, ist unter diesen Millionären nicht ein einziger Jude, und die Rothschilds sind wahre Bettler gegen diese Amerikaner. Und selbst hier in England ist Rothschild ein Mann von bescheidenen Mitteln z. B. gegenüber dem Herzog von Westminster. Selbst bei uns am Rhein, die wir mit Hilfe der Franzosen den Adel vor 95 Jahren zum Land hinausgejagt und uns eine moderne Industrie geschaffen haben, wo sind da die Juden?

Der Antisemitismus ist also nichts anderes als eine Reaktion mittelalterlicher, untergehender Gesellschaftsschichten gegen die moderne Gesellschaft, die wesentlich aus Kapitalisten und Lohnarbeitern besteht, und dient daher nur reaktionären Zwecken unter scheinbar sozialistischem Deckmantel; er ist eine Abart des feudalen Sozialismus, und damit können wir nichts zu schaffen haben ...

Dazu kommt, daß der Antisemitismus die ganze Sachlage verfälscht. Er kennt nicht einmal die Juden, die er niederschreit. Sonst würde er wissen, daß hier in England und in Amerika, dank den osteuropäischen Antisemiten, und in der Türkei, dank der spanischen Inquisition, es Tausende und aber Tausende *jüdischer Proletarier* gibt; und zwar sind diese jüdischen Arbeiter die am schlimmsten Ausgebeuteten und die Allerelendesten. Wir haben hier in England in den letzten zwölf Monaten *drei* Streiks jüdischer Arbeiter gehabt, und da sollen wir Antisemitismus treiben als Kampf gegen das Kapital?

Außerdem verdanken wir den Juden viel zuviel. Von Heine und Börne zu schweigen, war Marx von stockjüdischem Blut; Lassalle war Jude. Viele unserer besten Leute sind Juden. Mein Freund Victor Adler, der jetzt seine Hingebung für die Sache des Proletariats im Gefängnis in Wien abbüßt, Eduard Bernstein, der Redakteur des Londoner *Sozialdemokrat,* Paul Singer, einer unserer besten Reichstagsmänner – Leute, auf deren Freundschaft ich stolz bin, und alles Juden! Bin ich doch selbst von der *Gartenlaube* zum Juden gemacht worden, und allerdings, wenn ich wählen müßte, dann lieber Jude als Herr *von*!

London, den 19. April 1890.»

DIE KREUZZÜGE

Die Kreuzzüge – ein zweihundertjähriger Krieg um die Seele der Menschen und die Gewinne des Handels. So werden sie von modernen bürgerlichen Geschichtsforschern genannt. Sie waren ein Einschnitt in die Geschichte des Mittelalters und im Leben der jüdischen Bevölkerung in der Mitte Europas.

Im 11. und 12. Jahrhundert vollzog sich eine gewaltige Umschichtung in den wirtschaftlichen und sozialen Strukturen der damals fortgeschrittenen europäischen Gebiete. Frankreich, die Niederlande und England, auch Italien spielten eine wichtige Rolle im Handel. Hier waren es vor allem die Städte Pisa, Genua, Venedig und Amalfi, sie konnten ihre Schiffahrtsrouten erweitern. Die Normannen hatten die arabische Vorherrschaft in Sizilien gebrochen, es lockten die Märkte des Vorderen Orients. Wer den Handel im Mittelmeer in den Händen hatte, der beherrschte die Zufahrtswege nicht nur zu den arabischen Ländern, er gelangte nach Persien, nach Indien, bis in den Fernen Osten, in das geheimnisvolle und reiche Land China und die damals noch wenig bekannten Länder des indonesischen Raumes. Es eröffnete sich nicht nur der Import seltener Waren aus den östlichen und südöstlichen Gebieten, es wurden auch Absatzmärkte für die Produkte aus Europa erschlossen. Nun brauchten diese Städte Stützpunkte in den Ländern des Orients. Sie wurden militärisch abgesichert.

Mit der Ausweitung des Handels, mit dem Eindringen von neuen, fremdartigen Waren verfiel in Europa immer mehr die Naturalwirtschaft. Auch die Städte in Frankreich, den Niederlanden und England erstarkten; die Zunfthandwerker verlangten für ihre Waren Geld. Die Fronherren versuchten von ihren Fronbauern und Pächtern statt Naturalleistungen Pacht oder Geldleistungen zu bekommen. Wer von den Fronbauern nicht zahlen konnte, wurde unbarmherzig von den Landeigentümern vertrieben. Die Umstellung bewirkte, daß viele bisherige Pächter und Fronbauern ihre Länder verlassen mußten, sie wurden landlose Bauern, Entwurzelte, man nannte sie Vagabunden. Das alte Gefüge geriet ins Wanken. Immer mehr Leibeigene verweigerten ihren Gutsherren die Abgaben, auch die Zahlungen. In Frankreich schlossen sich die Bauern – ihr Beispiel waren die städtischen Zünfte – zu Confrèris oder Conjurations, Bruderschaften oder Vereinigungen, zusammen und verpflichteten sich, weder die Naturalabgaben noch die Zahlungen zu leisten. Die Bewohner des Dorfes Saint Michel de Beauvais erklärten im Jahre 1100, daß ihre Mädchen jetzt ohne Genehmigung des Grundherrn Männer nach ihrer eigenen Wahl heiraten würden.

Aber noch waren die Städte nicht fähig, die Freigesetzten als Lohnarbeiter aufzunehmen. Das Heer der Vagabunden vermehrte sich von Jahr zu Jahr, von Jahrzehnt zu Jahrzehnt.

Im Jahre 1051 kam es in Frankreich zu einem revolutionären Aufstand der Pastoreaux, der Hirten. Sie sammelten sich unter frommen Parolen, sie zogen gegen die Städte, gegen die Schlösser der Adligen. Sie erkannten nur die Herrschaft des Königs von Frankreich an. Schlecht ausgerüstet, schlecht geführt, nur ihre Masse blieb bedrohlich für die alte Gesellschaft. Es seien Hunderttausende gewesen, sagten zeitgenössische Schriftsteller. In Orleans und Bordeaux wurden sie von den Söldnern der Feudalmächte auseinandergetrieben. Die Rache der ehemaligen Herren war grausam und grenzenlos. Aber Rache linderte nicht den Hunger der Entwurzelten, die auf den Straßen auf jede Gelegenheit warteten, einen kleinen Betrag zu verdienen, die bereit waren, sich als Söldner zu verkaufen.

Diese ökonomische Krise und die gewünschte militärische Absicherung des so gewinnbringenden Handels mit dem Osten machte einen Zug in die Gebiete der Ungläubigen nützlich und notwendig und konnte auch theologisch vertreten werden. 1054 hatte sich die Oströmische Kirche mit ihrem Sitz in Konstantinopel endgültig von der römisch-katholischen Kirche getrennt – das große Schisma. Die Kaiser von Byzanz wollten sich nicht länger der Oberherrschaft des Bischofs von Rom, des Papstes, unterwerfen, die griechisch-orthodoxe Kirche hatte sich selbständig gemacht.

Gleichzeitig hatten sich jedoch die militärischen Gegebenheiten in Asien geändert. Kaiser Alexios I., der von Konstantinopel aus das byzantinische Kaiserreich regierte, verlor durch die türkischen Seldschuken den größten Teil seiner asiatischen Provinzen. Er war in harte Bedrängnis geraten, nur ein kleiner Teil in Kleinasien war ihm verblieben, und er mußte jederzeit mit einem neuen Einfall der Türken rechnen. Fiel aber Konstantinopel, dann wäre seine Herrschaft über die Länder des Balkans, über Griechenland, Bulgarien und Teile von Jugoslawien nicht mehr zu retten gewesen. Hilfesuchend wandte er sich an den gehaßten Bischof von Rom, den Papst. Urban II. schöpfte aus diesem Hilferuf neue Hoffnung, er sah die Vision eines geeinten Christentums mit der Hauptstadt Rom als Mittelpunkt.

Im späten Herbst 1095 war in Clermont (Südfrankreich) ein Konzil einberufen worden. Es hatte ursprünglich die Aufgabe, sich mit den Zuständen in der französischen Kirche zu beschäftigen, jedoch am

27. November trat Papst Urban II. aus den geschlossenen Räumen des Kirchenkonzils vor die Tore der Stadt. Vor der großen Menschenmenge, die auf eine feierliche Proklamation eingestimmt war, rief er zur Befreiung der heiligen Stätten auf, zum Kreuzzug. Wörtlich ist diese Rede nicht überliefert, aber ein Augenzeuge hatte sich Notizen gemacht: «Vielgeliebte Brüder! Getrieben von den Forderungen dieser Zeit, bin ich, Urban, der ich nach der Gnade Gottes die päpstliche Krone trage, oberster Priester der ganzen Welt, hierher zu Euch, den Dienern Gottes, gekommen, gewissermaßen als Sendbote, um Euch den göttlichen Willen zu enthüllen ... Es ist unabweislich unseren Brüdern im Orient eiligst, wie so oft versprochen, die so dringend notwendige Hilfe zu bringen. Die Türken und Araber haben sie angegriffen und sind in das Gebiet von Romanien vorgestoßen bis zu jenem Teil des Mittelmeeres, den man den Arm Sankt Georgs nennt; und indem sie immer tiefer eindrangen in das Land dieser Christen, haben sie diese siebenmal in der Schlacht besiegt, haben eine große Anzahl von ihnen getötet und gefangengenommen, haben die Kirchen zerstört und das Land verwüstet. Wenn Ihr ihnen keinen Widerstand jetzt entgegensetzt, so werden die treuen Diener Gottes im Orient ihrem Ansturm nicht länger gewachsen sein. Deshalb bitte und ermahne ich Euch, und nicht ich, sondern der Herr bittet und ermahnt Euch, als Herolde Christi, die Armen wie die Reichen, daß Ihr Euch beeilt, dieses gemeine Gezücht aus den von Euren Brüdern bewohnten Gebieten zu verjagen und den Anbetern Christi rasche Hilfe zu bringen. Ich spreche zu den Anwesenden und werde es auch den Abwesenden kundtun, aber es ist Christus, der befiehlt ... Wenn diejenigen, die dort hinunterziehen, ihr Leben verlieren, auf der Fahrt, zu Lande oder zu Wasser oder in der Schlacht gegen die Heiden, so werden ihnen in jener Stunde ihre Sünden vergeben werden, das gewähre ich nach der Macht Gottes, die mir verliehen wurde ...

Mögen diejenigen, die vorher gewöhnt waren, in privater Fehde verbrecherisch gegen Gläubige zu kämpfen, sich mit den Ungläubigen schlagen und zu einem siegreichen Ende den Krieg führen, der schon längst hätte begonnen sein sollen; mögen diejenigen, die bis jetzt Räuber waren, Soldaten werden ... Mögen diejenigen, die sonst Söldlinge waren, um schnöden Lohn, jetzt die ewige Belohnung gewinnen; mögen diejenigen, die ihre Kräfte erschöpft haben zum Schaden ihres Körpers wie ihrer Seele, sich jetzt anstrengen für eine doppelte Belohnung ...

Auf der einen Seite werden die Elenden sein, auf der anderen die wahrhaft Reichen. Hier die Freunde Gottes, dort seine Feinde. Verpflichtet Euch, ohne zu zögern; mögen die Krieger ihre Angelegenheiten ordnen und aufbringen, was nötig ist, um ihre Ausgaben bestreiten zu können; wenn der Winter endet und der Frühling kommt, sollen sie fröhlich sich auf den Weg machen unter der Führung des Herrn.»

Dieser Aufruf war sorgfältig vorbereitet worden. Der Papst hatte mit den Feudalkräften, mit den Baronen, mit den Bischöfen verhandelt, er hatte sich auch der Unterstützung der herrschenden Kräfte im noch christlich gebliebenen Spanien versichert. Die Predigt hatte eine gewaltige Begeisterung hervorgerufen. Als erster trat Bischof Adhema von Le Puy nach vorn und bat den Heiligen Vater, ihn zu segnen und ihm zu erlauben, das Kreuz auf sich zu nehmen. So war es vorher vereinbart worden, es sollte beispielhaft sein. Jetzt strömten die Zuhörer heran, und es erklang der Schrei: Deus volt! Gott will es.

Die Menschen, die sich zu dem Kreuzzug verpflichtet hatten, hefteten rote Stoffkreuze an ihre Kleidung, sie standen nun im Dienste Christi, sie hatten den Schutz der Kirche.

Später wurden die Ziele des Kreuzzuges vom Papst Urban II. sehr genau umrissen, er schrieb an den Grafen von Flandern: «Wir denken, daß Eure Bruderschaft schon durch viele Berichte erfahren hat, wie barbarisches Wüten die Kirchen im Orient durch unglückselige Verwüstungen zerstört hat, mehr noch, daß die heilige Stadt Christi unerträgliche Knechtschaft erleiden muß. Deshalb sind wir nach Frankreich gefahren und haben die Fürsten und Untertanen dieses Landes zur Befreiung der Kirchen des Orients angetrieben ... Wenn Gott einigen von Euch eingibt, dieses Gelübde abzulegen, so mögen sie wissen, daß sie sich mit ihrer Truppe dieser Abreise anschließen können.» Hier ist zum erstenmal das Ziel dieses Kreuzzuges, die Eroberung der Stadt Jerusalem, genau festgelegt.

Die Predigten für diesen Kreuzzug wurden nun überall gehalten. Der Ton richtete sich genau nach dem sozialen Stand der Zuhörer. Für die Mächtigen, die Ritter, die Wohlhabenden in den Städten sprachen die Bischöfe und die Priester in den Kirchen; für die Bauern und vor allem für die Deklassierten wurden die Eremiten und Wanderprediger eingesetzt. Man war sehr kühn in den Versprechungen, pries die Reichtümer des Orients, sparte auch nicht mit Beschreibungen über die Schönheit der dort lebenden Frauen, die nur darauf warteten, von den tapferen christlichen Kriegern beglückt zu werden.

Noch wirksamer als die geschulten Prediger in den Kirchen war eine Gruppe von umherziehenden Mönchen, Fanatikern des Glaubens, die unter den armseligen Vagabunden, den vertriebenen Bauern, ihre Anhänger suchten und fanden. Einen legendären Ruf unter diesen Predigern hatte ein Mönch, den man Peter nannte, Peter der Eremit, der Einsiedler. Er galt als Friedensapostel, als Heiliger. Er muß eine ungewöhnliche Erscheinung gewesen sein: klein und ein wenig dick, von schwarzbrauner Hautfarbe, ein hageres Gesicht. Die Zeitgenossen beschrieben ihn, er sähe dem Esel ähnlich, auf dem er ritt. Und der Esel genoß fast die gleiche Verehrung wie der Reiter selber. Man drängte sich danach, ihn oder den Esel zu berühren. Und die Haare des Esels wurden als Reliquien gehandelt. Peter war nur mit einer Mönchskutte bekleidet, sie soll vor Schmutz gestarrt haben, und er ritt barfuß, er soll kein Brot und kein Fleisch gegessen haben, nur Fisch. Und er trank. Vielleicht seines eigentümlichen Aussehens wegen hatte er diesen großen Erfolg; und er konnte die Menschen bewegen. Er erzählte plastisch, in Bildern, was er unter schrecklichen Qualen, den Heiden ausgeliefert, im Heiligen Land erlebt haben wollte. Wie er von den Türken mißhandelt worden sei, wie man ihn gezwungen habe, zurückzukehren. Er malte seine Visionen mit großen Worten aus, von dem goldenen Jerusalem, das er gesehen hatte, von den Herrlichkeiten, den Schätzen. Er konnte immer wieder behaupten: Ich habe es ja alles selbst gesehen, selbst erlebt. Er habe sogar einen Brief von Simeon, dem Patriarchen von Jerusalem, an Papst Urban II. mitgebracht. In diesem Schreiben sei die Verfolgung der Christen im Heiligen Land herzzerreißend geschildert, und der Patriarch Simeon habe den Papst dringend um Hilfe ersucht.

Die Tour des Eremiten Peter ist bekannt, er begann in der Grafschaft Berry, dann zog er im Februar und März 1096 durch das Gebiet um Orleans und die Champagne, er kam nach Lothringen, nahm seinen Weg über die Städte an der Mosel, von Trier über Koblenz nach Köln, wo er Ostern mit seiner Gefolgschaft eintraf. Er hatte auch Jünger, die er in die kleineren Gemeinden entsandte. Auch einige Feudalherren waren von ihm gewonnen, sie kamen aus vornehmen Familien, hatten aber nichts geerbt, Freibeuter, die sich von dem Kreuzzug Geld und Weiber versprachen. Von einigen sind die Namen überliefert, ein Walter Sans Avoir (Habenichts), ein Reinhold von Breis, ein Gottfried Buriel und Walter von Breteuis. In den deutschen Gebieten kamen die Feudalherren Volkmar und Gottschalk hinzu.

Frauen und Kinder gingen in diesem Zug mit, Bauern verließen ihre kleinen Anwesen, sie beschlugen die Ochsen mit Hufeisen, so wollten sie ins Heilige Land reiten. Ihre Vorstellungen waren sehr verworren. Sie erwarteten das Jüngste Gericht, das Wiedererscheinen Jesu Christi. Das überirdische und das zu erobernde Jerusalem wurden identisch. Sie hofften, durch ihren Marsch den Beginn des Tausendjährigen Reichs zu erleben oder den Einzug in ein gelobtes Land, wo Milch und Honig fließen sollten. Jede Naturerscheinung, jeder Heuschreckenschwarm, jede Sternschnuppe wurde als himmlisches Zeichen gedeutet. Diesem Zug der Bauern, der landlosen Bauern, hatten sich auch Deklassierte angeschlossen. Alle erhofften sie ein Heil, irdisch oder himmlisch.

Vor Beginn der Kreuzzüge, schien es, hatten die Juden in den deutschsprachigen Gebieten ein gesichertes Leben geführt. Es wird bei den Historikern verzeichnet, daß der Bischof Rüdiger Houzmann von Speyer das Dorf Alt-Speyer mit in die Stadt eingliederte und die ansässigen und später neu hinzuziehenden Juden einlud, sich dort niederzulassen, wie es in der Urkunde heißt, «um ihnen mein Wohlwollen im höchsten Grade darzutun». Er war davon überzeugt, daß er das Ansehen seiner Stadt dadurch in ein besseres Licht stellen könnte, wenn er den Juden in diesem Gebiet Alt-Speyer Wohnung und Privilegien zusicherte. 1084 bot er ihnen Handelsfreiheit in der ganzen Stadt. Er räumte ihnen die Benutzung des Hafens ein, sie konnten Häuser erwerben, Gärten, Weinberge und Äcker. Ihnen wurde die eigene Gerichtsbarkeit zugesichert. Ihr Synagogenvorsteher hatte die Berechtigung, in Prozessen vorzusitzen. Sie erhielten das Recht, Sklaven zu halten, sie durften christliche Ammen, Knechte und Mägde in Lohn beschäftigen, ein Privileg, das sich gegen das kanonische Recht und die Politik Papst Gregors VII. (1073–1085) richtete und in Speyer seine Gültigkeit haben sollte. Es wurde sogar festgelegt, daß die Juden Fleisch von rituell geschlachtetem Vieh, das sie nach ihren gesetzlichen Bestimmungen nicht essen durften, an Christen verkaufen konnten. Und sie hatten das Recht, Waffen zu tragen.

Natürlich mußten diese Rechte und Privilegien gekauft werden. Es kostete die Juden dreieinhalb Pfund Gold Speyrischen Gewichts. Diese Privilegien sollten für die Ewigkeit gelten.

Die Juden verlangten, bevor sie nach Speyer zogen, eine Bestätigung des damaligen Kaisers, Heinrich IV., und er gab ihnen diese Zu-

Kreuzzug der Armen, geführt von Peter dem Eremiten, um 1490

sage. Nur eines war seltsam bei diesen für Juden so paradiesischen Bedingungen: sie selber umgaben ihr Viertel mit einer Mauer, um sich vor den Belästigungen des Pöbels zu schützen. Die Privilegien und die Garantien des Bischofs und des Kaisers genügten ihnen anscheinend nicht.

Die drei Gemeinden Worms, Mainz und Speyer hatten einen Verband gegründet, ihre Vorschriften und Anordnungen für das religiöse und sittliche Leben waren maßgebend für alle jüdischen Gemeinden in den deutschen Landen.

In allen Kreuzfahrerheeren paarte sich Gier von Räubern mit religiösem Fanatismus, gespeist aus allen Predigten. Sie waren ja auch aufgebrochen, um an den Sarazenen, den Arabern und an den Türken Rache zu nehmen. Aber sie sagten: Hier, in unseren Ländern, in unserer Mitte, wohnen die Juden, die unseren Heiland gekreuzigt haben, rächen wir an ihnen seinen Tod. Rotten wir sie aus, wenn sie nicht Jesus Christus als den Heiland anerkennen.

In Frankreich wurde die Gemeinde der Stadt Rouen von dem Heer der Bauern und Entwurzelten angegriffen. Man schleppte Juden zur Kirche und verlangte von ihnen, sich taufen zu lassen. Diejenigen, die sich weigerten, wurden auf der Stelle ermordet. Die französischen Juden wurden von Panik ergriffen. Sie schickten Boten an ihre Glaubensbrüder am Rhein und warnten sie. Die Gemeinde von Mainz forderte alle Juden zum Fasten und Beten auf. Ihr folgten die Gemeinden von Worms und Speyer.

Und dann kamen die Kreuzfahrer, sie erschienen in zahlreichen Haufen. Der Hauptorganisator des Kreuzzugs, Gottfried von Bouillon, hatte den Schwur getan, nicht eher ins Heilige Land aufzubrechen, bis er an den Juden den Tod Christi gerächt habe, bis kein Träger eines jüdischen Namens mehr am Leben sei. Die jüdischen Gemeinden wandten sich an den Kaiser und baten um Hilfe.

Kaiser Heinrich IV., der seinen schweren Konflikt mit dem Papst austrug – er hatte sich in Canossa demütigen müssen –, ließ ein Schreiben an alle Fürsten und Bischöfe ausgehen: sie mögen seine Kammerknechte, die Juden, in Schutz nehmen. Nachdem Gottfried von Bouillon durch die Kölner und Mainzer jüdischen Gemeinden mit großen Geldmitteln beschwichtigt wurde, vergaß er seinen Schwur. Ganz ähnlich verhielt sich der fanatische Mönch, Peter der Einsiedler. Vor dem jüdischen Osterfest, Pessach, stand er vor der Stadt Trier.

Dort lebte eine sehr große, sehr alte jüdische Gemeinde. Und auch er erhielt von den Juden Geld und Nahrung und Unterstützung für seinen Kreuzzug. Peter der Einsiedler zog mit seiner Bande nach Süden weiter.

In die Stadt Speyer, in diese neugegründete jüdische Gemeinde, die von ihrem Bischof und vom Kaiser so viele Privilegien erhalten hatte, kam am 3. Mai 1096, an einem Sonnabend, eine Horde von sogenannten Kreuzfahrern. Ihnen hatte sich ein Teil der Bürger von Speyer angeschlossen. Sie ermordeten gemeinsam elf Juden, die sich geweigert hatten, sich taufen zu lassen. Sie zogen weiter, zur Synagoge, um dort zu plündern. Da trat ihnen der Beschützer der Juden, der speyrische Bischof, entgegen, er hatte Landsknechte mobilisiert, sie schlugen diese Kreuzfahrerbande in die Flucht. Einige der Mörder ließ der Bischof gefangennehmen, und jedem wurde ein Arm abgeschlagen. Der Bischof stellte den Juden sein Schloß als Zufluchtsort zur Verfügung, sollten sich noch einmal solche Überfälle ereignen.

Die Nachricht vom Geschehen in Speyer verbreitete sich sehr schnell in den jüdischen Gemeinden am Rhein. Auch in Worms. Hier war es wieder der Bischof, der ihnen einen Raum in seinem Schloß geöffnet hatte. Aber der bot nicht genug Platz, alle Juden aufzunehmen. Die Räuberbanden, die sich das Kreuz angeheftet hatten, verbreiteten das Gerücht, die Juden hätten einen Christen getötet. Nun schlossen sich auch Bewohner von Worms den Mordbanditen an. Ein Widerstand gegen diese Menge war unmöglich. Die Juden wurden bestialisch umgebracht, ihr Hab und Gut geplündert. Die Torarollen wurden vernichtet. Nur wenige Juden nahmen die Taufe an, um ihr Leben zu retten. Es wird berichtet, daß Kinder, die nicht wußten, was ihnen geschah, als die Taufe über sie erging, von ihren Müttern getötet wurden, danach nahmen die Mütter sich das Leben. Nachdem die Juden von Worms ausgerottet waren, stürmte die Bande das Schloß des Bischofs, um die dorthin geflüchteten Gemeindemitglieder zu ermorden. Der Bischof konnte oder wollte die jüdischen Bürger nicht weiter beschützen und forderte sie auf, sich taufen zu lassen. Sie baten um Bedenkzeit. Nach Ablauf der Frist ließ der Bischof den Raum öffnen. Die Menschen hatten in ihrer Not, in ihrer Gewissensnot, wie die Mütter in der Stadt, selbst Hand an sich gelegt.

Es wird berichtet, daß ein junger Mann, Simcha Cohen, der an diesem Mordtag seinen Vater und seine Brüder verloren hatte, zum Schein einwilligte, die Taufe auf sich zu nehmen. Als er in der Kirche war, erstach er den Neffen des Bischofs und zwei andere Priester. Er wurde von der Menge sofort erschlagen. An diesem Tag in Worms, am 18. Mai 1096, wurden achthundert Männer, Frauen und Kinder ermordet oder in den Tod getrieben.

Unter Führung des Raubritters Emmerich oder Emicho von Leiningen hatte sich ein Haufen von Kreuzfahrern der Stadt Mainz genähert, es war die wichtigste Stadt der deutschen Juden, das Zentrum des Studiums. Hier war der Vorsteher oder, wie es auf hebräisch heißt, Parnass, Kalonymus ben Meschullam. Er galt als sehr tapferer, beherzter Mann aus einer Familie von legendärem Ruf. Einer seiner Ahnen soll Otto II. nach der verlorenen Schlacht von Cotrone im Jahre 982 aus Lebensgefahr gerettet haben. Daraufhin habe dieser deutsche König dem Kalonymus die Erlaubnis gegeben, sich in Mainz niederzulassen. Eine andere Legende spricht davon, daß diese Familie 917 von Lucca aus nach Mainz gekommen war. Die Vorsteher der Mainzer Gemeinde hörten, daß sich Emmerich von Leiningen mit seiner Bande der Stadt näherte. Sie baten den Erzbischof Ruthardt um Hilfe, und sie zahlten für diese Hilfe zweihundert Silberstücke. Auch der Burggraf Gerhard I., der Verwaltungsbeamte des Erzbischofs, sagte den Juden Hilfe zu, und auch er nahm Geld und bewahrte es in der Schatzkammer des Bischofs auf.

Es heißt, daß sich wegen einer Gans, die bei diesem Marsch in eine besondere Richtung aufgeflattert war, ein Disput unter den Kreuzfahrern entzündet habe. Irgendeine Frau zweifelte an der Gottgefälligkeit der Kreuzzugsbewegung. Es kam zu einem Handgemenge, dabei soll ein Kreuzfahrer den Tod gefunden haben. Der Haufe erregte sich, steigerte sich zu dem Schrei: Die Juden sind an allem schuld. Der Erzbischof ließ die Tore verschließen. Die Kreuzfahrer belagerten die Stadt. Aber nun fanden die Kreuzfahrer in der Stadt Verbündete, man öffnete die Tore. Die Juden hatten sich zum großen Teil in der Residenz des Erzbischofs verschanzt, sie waren auch bewaffnet.

Es gibt viele Berichte über die Ereignisse, die nun folgten. Am erschütterndsten aber ist die Aussage eines Augenzeugen, eines jüdischen Bürgers aus Mainz, Salomo ben Simon, der in seinen Worten und in seiner Mentalität die Glaubenstreue seiner Glaubensgenossen beschrieb:

«Am 3. Tage des Siwan, der einstmals vor der Sinai-Offenbarung ein heiliger Tag der Läuterung für Israel gewesen war und an dem unser Meister Moses gesprochen hat: ‹Seid bereit auf den dritten Tag!›, taten sich in der Gemeinde von Mainz lautere und heilige Seelen hervor, die sich würdig erwiesen, in Gott selig zu werden … Um Mittag kam der Bösewicht und Judenhasser Emicho mit seinem ganzen Heere heran, und die Bürger öffneten ihm das Stadttor. Die Feinde Gottes riefen einander zu: ‹Seht nur, das Tor steht offen; nun heißt es, für das Blut des Gekreuzigten Rache zu nehmen!› Als die Söhne des heiligen Bundes (hier sind die Juden gemeint – d. A.) die zahllosen Scharen erblickten, begannen sie sich zu rüsten und legten alle, groß und klein, Waffen an; an ihrer Spitze hatten sie aber den Parnass Kalonymus ben Meschullam. Durch das viele Ungemach und Fasten waren sie indessen so sehr geschwächt, daß sie den Feinden nicht zu widerstehen vermochten … Im inneren Hofe des bischöflichen Hauses stellten sich die bewaffneten Juden am Tore auf, um die Vagabunden und die Bürger abzuwehren, und so kam es an dem Tore zu einem Gefecht; unserer vielen Sünden wegen waren sie aber den Feinden nicht gewachsen. So drangen diese in den Hof ein. Als nun die Söhne des heiligen Bundes sahen, daß ihr Los besiegelt sei, erhoben sie alle insgesamt, alt und jung, Mädchen, Kinder, Knechte und Mägde, ein Klagegeschrei zu dem Vater im Himmel, ihr Leben beweinend und die Gerechtigkeit Gottes preisend. Sie redeten einander Mut zu: ‹Lasset uns getrost und unverzagt alles erdulden, was der heilige Glaube uns auferlegt … Wohl werden uns bald die Feinde erschlagen, ist aber das Schwert nicht die mildeste von den vier Hinrichtungsarten? Was tut's, wenn nur unsere Seelen unversehrt in das ewige, lichte Eden eingehen. Selig ist der, der um des Namens des Einzigen willen den Tod erleidet: dort oben wird er gemeinsam mit den Gerechten, mit Rabbi Akiba und seinen Gefährten, thronen, die um des Heiligen willen ihr Leben ließen› … Da riefen alle im Chor: ‹Nun ist keine Zeit mehr zu verlieren. Der Feind drängt. Wollen wir uns ohne Säumen zu Ehren Gottes opfern!› Und sie sprachen: ‹Wer ein Messer bei sich hat, möge nur zusehen, ob es gut gewetzt ist, und möge uns um der Heiligkeit des Einzigen und Ewigen willen hinschlachten und sodann die eigene Kehle durchschneiden oder das Messer in seinen Leib bohren …›

Den in den Hof eingedrungenen Feinden bot sich das folgende Bild: die frommen Männer mit unserem Rabbi Isaak ben Moses saßen, in ihre befransten Gebetgewänder gehüllt, mitten im Hofe; er, der Rabbiner, hielt als erster seinen Hals hin, und schon fiel sein abgeschlagenes Haupt zu Boden; die übrigen saßen mittlerweile im Hofe, bereit, den Willen ihres Schöpfers zu erfüllen. Die Feinde bewarfen sie mit Steinen und Pfeilen, doch die Unsrigen rührten sich nicht von der Stelle und kamen alle um. Bei diesem Anblick beschlossen die, die sich in den inneren Räumen befanden, sich lieber mit eigener Hand das Leben zu nehmen. Die Frauen faßten sich ein Herz und schlachteten selbst ihre Söhne und Töchter hin, um sodann auch sich zu entleiben. Gatten erdolchten Weib und Kind, zarte Mütter schonten nicht der Frucht ihres Leibes. Bräute und ihre Liebsten riefen laut zu den Fenstern hinaus: ‹Schau, o Gott, was wir um deines heiligen Namens willen vollbringen!› … So haben die Einwohner von Mainz jene Probe bestanden, auf die einstmals unser Erzvater Abraham gestellt wurde: ganz so wie Abraham Isaak zu opfern bereit war, so brachten auch sie ihre Kinder als Opfer dar. Der Vater opferte den Sohn, der Bruder die Schwester, die Mutter die Tochter, der Nachbar den Nachbarn, der Bräutigam die Braut. Ein jeder opferte, um alsbald selbst geopfert zu werden. Und es vermischte sich das Blut der Eltern mit dem der Kinder, das der Brüder mit dem der Schwestern, der Meister und ihrer Jünger, der Bräutigame und der Bräute, der Chasanim und der Soferim (Vorsänger und Gelehrte, in der Schrift Erfahrene – d. A.), der Säuglinge und ihrer Ammen. Sie alle wurden hingeschlachtet für die Einheit des erhabenen und furchtbaren Namens. Wer hat je dergleichen gehört und gesehen? Gab es je seit Adam eine solche Opferung? Eintausendeinhundert Opfer an einem einzigen Tage?»

Ergänzende Berichte besagten, die in der Synagoge Versammelten schickten dem Erzbischof und den wichtigsten weltlichen Machthabern der Stadt Geschenke im Wert von damals gewichtigen zweihundert Mark in Silber, mit der Bitte, ihnen Zuflucht in ihren Palästen zu gewähren. Ein Bote ging auch in das Lager des Emicho von Leiningen, der von sich berichtete, er habe sich in seiner Kreuzfahrerbegeisterung ein Kreuz auf die Hand brennen lassen, und versuchte ihn mit sieben Goldpfund zu bewegen, die Gemeinde in Mainz zu verschonen. Emicho nahm das Geld und mordete trotzdem. Es wurde weiter berichtet, daß der angesehene Rabbiner Kalonymus mit fünfzig Gemeindemitgliedern aus der Stadt nach Rüdesheim gerettet worden sei. Der Erzbischof hatte davon erfahren, eilte hinzu und versuchte die Bedrängten zur Taufe zu bekehren. In seiner tiefen Empörung, so gingen die Erzählungen, habe Kalonymus das Messer gegen den Besucher gerichtet. Dieser Verzweiflungsakt kostete den Rabbiner und seine Begleitung das Leben.

Nach den schrecklichen Ereignissen von Mainz nahm der Mordhaufen der Kreuzfahrer nicht den Weg zum Heiligen Land. Sie strömten rheinabwärts, plünderten dort die kleineren jüdischen Gemeinden und kamen nach Köln. Die Kölner Gemeinde hatte den Ruf, die älteste jüdische Ansiedlung am Rhein zu sein. Sie ersuchte den Erzbischof um Hilfe. Am 30. Mai, am Wochenfest, dem jüdischen Pfingsten, stürmten die Rotten die Häuser der Juden und fanden sie leer. Es ist berichtet, daß viele christliche Bürger von Köln ihre jüdischen Mitbürger versteckten. Die Kreuzfahrer plünderten und schlugen alles kurz und klein. Sie drangen in die Synagoge ein und zerrissen die den Juden heiligen Torarollen. Der Erzbischof von Köln, Hermann III., hatte dafür gesorgt, daß die Gemeinde heimlich die Stadt verlassen konnte, er beherbergte sie in seinem Bistum, in den Dörfern und kleinen Städten, so in Neuss, Löfflinghofen, Xanten und Moers. Aber es fanden sich Verräter. Und die Juden wurden drei Wochen danach in diesen Städten und Dörfern aufgespürt. Sie wurden erschlagen. Viele stürzten sich in ihrer Verzweiflung in den Rhein.

Auch Trier blieb nicht verschont. Man hatte den gefährlichen Kreuzzugsprediger Peter von Amiens mit Geldgeschenken und Nahrungsmitteln bewegen können, die jüdischen Menschen in Trier nicht zu behelligen. Aber es kamen andere Scharen. Viele jüdische Bürger von Trier töteten sich selbst. Zuerst ihre Kinder. Die Frauen stürzten sich in die Mosel. Ein Teil der Juden fand in der Burg des Trierer Erzbischofs Gilbert Unterkunft. Als die Kreuzfahrer den Erzbischof bedrohten, wurde er ängstlich, er versuchte die Juden zu überreden, die Taufe anzunehmen. Er redete ihnen zu, sie sollten doch vernünftig sein, in ganz Lothringen seien alle Juden von diesen Kreuzfahrern ermordet worden, sie hätten gar keine andere Wahl. Aber die Gemeinde weigerte sich. Es wird berichtet, daß es hier den Frauen nicht gelang, sich selber zu töten, sie mußten sich zur Taufe zwingen lassen.

Zu Zwangstaufen soll es auch in Metz gekommen sein. In Regensburg wurde der Taufakt auf eine ganz bösartige Weise vollzogen. Die Kreuzfahrer, aber auch Regensburger Bürger jagten alle Juden in die Donau und legten auf die Wasseroberfläche ein Kreuz, die Juden wurden gezwungen unterzutauchen. Damit, erklärten die Barbaren, hätten sie die Taufe angenommen.

Wieviel Juden bei diesem ersten Pogrom im Herzen Europas umgekommen waren, ist völlig ungewiß. Man sprach von zwölftausend. Andere meinten, diese Zahl sei zu hoch.

Kaiser Heinrich IV. erlaubte in einem besonderen Erlaß den Zwangsgetauften, sich von der christlichen Religion loszusagen und wieder den jüdischen Glauben anzunehmen. Den Erzbischof von Mainz, Ruthardt, zwang er, den Juden das Eigentum zurückzugeben.

Aus Böhmen, wo es zu schweren Pogromen gekommen war, versuchten viele Juden, auch zwangsgetaufte, nach Ungarn und nach Polen zu fliehen. Sie hatten es unternommen, ihr Hab und Gut auf Wagen zu laden, um es über die Grenze zu bringen. Das wurde ihnen von den böhmischen Fürsten verboten. Der Fürst Władisław befahl die Vorsteher der jüdischen Gemeinden zu sich und erklärte ihnen: «Ihr habt doch aus Eurem Jerusalem keinerlei Reichtümer mit Euch nach Böhmen gebracht. Von Vespasian besiegt und in die Sklaverei verkauft, wurdet Ihr in alle Winde verschlagen. Nackt seid Ihr in das Land gekommen, und nackt müßt Ihr von dannen ziehen.»

Die Prager Juden und die anderen jüdischen Menschen aus dem böhmischen Land wurden all ihrer Besitztümer beraubt.

In vielen jüdischen Gemeinden, die sich nach diesem ersten Kreuzzug langsam wieder sammelten, wurden Memorbücher angelegt, in denen der Toten gedacht wurde. Dichter verfaßten Klagegebete, Klagelieder, die in den Ritus der Synagoge Eingang fanden.

Das Verhältnis der Juden aber zu ihrer christlichen Umwelt war durch die furchtbaren Ereignisse gestört. Sie schlossen sich untereinander fester zusammen, sie hatten eine bittere Erfahrung gemacht: Einen Bundesgenossen in dieser Zeit gab es nicht. Auf den Kaiser, auf die Fürsten, auf die Bischöfe war kein Verlaß. Das einzige, was ihnen noch eine Sicherheit gab, war Geldbesitz. Man konnte sich, wie es in einigen Fällen geschehen war, von den Mordbanden loskaufen. Durch Verfolgung, durch ihre Hilflosigkeit und durch das Gefühl, jeder Willkür ausgeliefert zu sein, wurde in den jüdischen Menschen das Mißtrauen verstärkt. Und es wuchs das Gefühl der Notwendigkeit, füreinander einzustehen und sich nur aufeinander zu verlassen.

All das, aus bitteren Erfahrungen, aus der Todesangst entstanden, wurde ihnen später vorgeworfen, es sei typisch jüdisch.

Die Ergebnisse des ersten Kreuzzugs sind bekannt, die Kreuzfahrer erreichten ihr Ziel mit der Eroberung Jerusalems. Aber auch dort bewiesen die Kreuzfahrer ihren unheiligen Geist. Die in Jerusalem lebenden

Verfolgung, illustriertes Gebetsbuch (Machsor), Ulm, 1345

שערי רחמים המאיר
עיני המחכים
לו יוצר אור ובורא חשך
עושה שלום ובורא את הכל
אור עולם באוצר חיים אורות
מאופל אמר ויהי
סלח לנו קדוש
חטאנו צורנו

Mohammedaner und Juden wurden erschlagen. Auf den Leichenbergen wurde das Königreich Jerusalem errichtet. Es ist hier nicht der Platz, die Geschichte der Kreuzzüge zu schreiben, es ist hier nur wichtig, zu zeigen, wie die Kreuzzüge sich auf die Ausbreitung des Judenhasses in der Mitte Europas auswirkten. Obwohl militärisch dieser erste Kreuzzug ein Erfolg war, obwohl im Nahen Osten vier sogenannte Kreuzfahrerstaaten errichtet wurden, das Königreich Jerusalem, die Grafschaft Tripolis unter Raimund von Toulouse, das Fürstentum Antiochia unter Bohemund von Tarent und die Grafschaft Edessa unter Balduin von Boulogne, blieben diese Neugründungen schwach fundiert. Sie wurden zusammengehalten durch eine kleine Oberschicht von fränkisch-französischen Rittern mit ihrem Anhang. Aber die dort lebenden Menschen, meist Mohammedaner, eine Minderheit armenischer Christen und einige wenige jüdische Gemeinden, waren ihnen fremd. Die von den Kreuzfahrerfürsten beherrschte Bevölkerung setzte sich aus verschiedenen Nationalitäten zusammen, es gab viele kleine Sprachgruppen. Eine Basis in der Bevölkerung hatten die Kreuzfahrer nicht. Schon im Jahre 1144 wurde Edessa von einem Heer von Mohammedanern unter dem Befehl des türkischen Atabeg Imad-ad Din-Zinghi erobert. Der Fall von Edessa warnte die westeuropäische christliche Oberschicht. Es war ein Signal, es bestand die Gefahr, daß auch die anderen Kreuzfahrerstaaten sich nicht mehr lange halten würden.

Papst Eugen III. (1145–1153) veranlaßte nun vor allem den französischen König Ludwig VII. und danach auch den deutschen König Konrad III., die Christenheit zu einem zweiten Kreuzzug aufzurufen.

Es hatte sich inzwischen herumgesprochen, daß ein Kreuzzug ein schweres Unternehmen war. Eine Reise, bei der eine Wiederkehr, ein Überleben, zweifelhaft blieb. Der Papst ließ deshalb in einer Bulle verkünden, daß jeder Freiwillige von der Zahlung der Zinsen an seine Gläubiger befreit sei. Sie war, ohne daß sie es ausdrücklich sagte, eine Bulle gegen die Juden. So wurde sie auch verstanden. Und sie bedeutete faktisch, daß alle Kreuzfahrer von ihren Schulden freigesprochen wurden.

Wieder ging der Kreuzzug von Frankreich aus (1147–1149). Hier waren es vor allem zwei Priester, die sich als Hauptpropagandisten für diesen erneuten Zug nach dem Osten einsetzten. Der eine war Bernhard von Clairvaux, ein Abt von ungewöhnlicher Ausstrahlung, von dem es hieß, er hatte mehr Einfluß auf die Christenheit als der Papst.

Er verbreitete die vom Papst erlassene Zinsbefreiung und trat in seinen Reden scharf gegen die Juden und den jüdischen Wucher auf. Aber er warnte ganz entschieden vor Gewalttaten gegen die jüdische Bevölkerung. Und selbst die Geschichtsschreiber auf jüdischer Seite sagten von ihm, er sei ein wahrhaft heiliger Mann gewesen.

Radikaler als der gemäßigte Bernhard von Clairvaux trat der Abt des berühmten Klosters von Cluny auf, Peter der Ehrwürdige (venerabilis). Diese Benediktinerabtei in Frankreich war als theologische Hochschule angesehen in der ganzen christlichen Welt. Von Cluny gingen Reformgedanken aus über die Selbstverwaltung der Klöster, auch über die Wählbarkeit der Äbte. Petrus venerabilis steht noch heute als Heiliger im Kalender der katholischen Kirche, er wird am Weihnachtstag, am 25. Dezember, verehrt. Er war ein aggressiver Judenfeind. Seine Predigten sind uns nicht im Wortlaut überliefert, aber seine Gesinnung kann man aus einem Brief ersehen, den er damals dem Papst schrieb:

«Was nützt es, in entfernten Gegenden die Feinde des Christentums aufzusuchen, wenn die gotteslästerlichen Juden, weit schlimmer als die Sarazenen, in unserer Mitte ungestraft Christus und die Sakramente schmähen dürfen. Glaubt doch der Sarazene gleich uns, daß Christus von einer Jungfrau geboren, und ist doch fluchwürdig, weil er dessen Fleischwerdung leugnet, um wieviel mehr die Juden, die alles leugnen und verspotten. Doch fordere ich nicht, die Fluchbeladenen dem Tode zu weihen, denn es steht geschrieben, du sollst nicht töten. Gott will nicht, daß sie ausgerottet werden, sondern sie sollen wie der Brudermörder Kain zu großen Qualen, zu größerer Schmach, zu einem Leben, ärger als der Tod, aufbewahrt bleiben. Sie sind abhängig, elend, seufzend, furchtsam, flüchtig und sollen es bleiben, bis sie sich zu ihrem Heil bekehren. Nicht töten sollst du sie, sondern sie auf eine ihrer Niederträchtigkeit angemessene Weise bestrafen.»

Der Abt von Cluny zählte nun die Verbrechen der Juden auf. Er behauptete, daß sie die heiligen Gefäße der Kirche stehlen ließen. «Diese Gefäße werden nicht etwa wie einst die Tempelgeräte bei den Chaldäern einfach gefangengehalten, sondern sie erfahren allerlei Schmach. Christus selbst fühlt die Schmähung, die dem geweihten Kelche und dem Kreuze von den Juden angetan wird. Dabei schützt sie das Gesetz, und daß sie die Gefäße nicht einmal zurückzuerstatten brauchen, während eine solche Handlung für einen Christen die größte Strafe nach sich ziehen würde.» Hier vermischte der hochwürdige Abt seine theologischen Überlegungen mit wirtschaftlichen Gegebenheiten.

Petrus venerabilis forderte den König auf, den Juden ihre Güter ganz oder teilweise zu nehmen, «denn das christliche Heer, welches zum Kreuzzug gegen die Sarazenen seine eigene Habe und Ländereien nicht schont, hat auch die zu Unrecht erworbenen Schätze der Juden nicht zu schonen».

Mit diesen Predigten wurden die Kreuzfahrer auf den Weg geschickt. Aber verheerender als die Verlautbarungen des Abtes von Cluny wirkten die an die Öffentlichkeit gerichteten Worte eines französischen Mönches, Radulf oder Rudolf von Clairvaux, der nicht nur in Frankreich, sondern stärker noch in Deutschland, im Rheingebiet, den Haß gegen die Juden schürte. Er war aus seinem Kloster entwichen, er fühlte sich zum Rächer der Christenheit berufen.

Als die ersten durch Radulfs Predigten aufgebrachten Horden über den Rhein setzten, ordnete König Konrad III. an, die Juden in seinen Freien Reichsstädten zu schützen. In der Stadt Nürnberg wurden Asyle eingerichtet, um die Juden vor dem todbringenden Zugriff der Kreuzfahrer zu bewahren. Allerdings, im August 1146 kam es zu einem mörderischen Übergriff der judenfeindlichen Kreuzzugsbesessenen. Als ein Mann aus Trier, Simon der Fromme, in Köln ein Schiff besteigen wollte, um nach seiner Heimatstadt zurückzukehren, griff ihn die aufgebrachte Menge. Er sollte zur Taufe gezwungen werden. Als er sich weigerte, wurde er ermordet und verstümmelt. Auch über eine Frau Minna aus Speyer wurde berichtet, daß sie, als sie sich weigerte, zur Kirche zu gehen und das Christentum anzunehmen, in furchtbarer Weise den Tod erlitten hatte.

Unter diesen Umständen sahen die Betroffenen keinen anderen Ausweg, als sich an die Fürsten und Bischöfe zu wenden und ihnen Geld anzubieten für ihre schützende Hand. Der Erzbischof von Köln, Arnold, überließ ihnen eine Burg, Wolkenburg bei Königswinter, und versorgte sie sogar mit Waffen. Solange die Menschen in dieser Burg blieben, lebten sie in Sicherheit, wenn sie aber nach draußen gingen, ja nur um Lebensmittel zu besorgen, wurden sie von den Kreuzfahrern ergriffen und ermordet. Es schien so, daß diese, die angeblich unterwegs waren nach dem Heiligen Grabe, gar nicht daran dachten, in das Morgenland zu fahren, um die bedrängten Christen dort zu unterstützen. Sie waren nur hergekommen, um sich der Juden zu bemächtigen, ihr Eigentum zu plündern, unter dem Vorwand, die Ungetauften dem

Verfolgung (Tiersymbolik), Wormser Machsor, 1272

Christentum zuzuführen. Die Bischöfe und Erzbischöfe am Rhein waren nicht mehr Herr der Lage. Dem Haß und der Gier, angestachelt von Radulf, hatten sie nichts entgegenzusetzen.

Der Erzbischof von Mainz, Heinrich I., nominell Kanzler und Stellvertreter des Kaisers, hatte Juden in sein Haus aufgenommen. Die Kreuzfahrer drangen in das Haus ein, ermordeten die Zufluchtsuchenden vor den Augen des Kirchenfürsten. Der Erzbischof wandte sich an Bernhard von Clairvaux. Er schilderte ihm die Greuel, welche Radulf, der Mönch aus Clairvaux, anrichtete, er forderte den berühmten Abt auf, ja, er bat ihn, mit seiner Autorität einzugreifen. Bernhard schickte ein Sendschreiben nach Mainz, das öffentlich in der Kirche verlesen werden sollte. Er verdammte den Mönch Radulf als einen ausgestoßenen Sohn der Kirche, der das Kloster gegen die Ordnung verlassen hatte und auch der Klosterregel untreu geworden sei. Er forderte die Kreuzfahrer auf, den Bischöfen zu gehorchen. Bernhard von Clairvaux verdammte den Mord an den Juden. Die Kirche, so hieß es in dem Sendschreiben, habe die Hoffnung nicht aufgegeben, daß die Juden sich bekehren würden. Dafür müßte ein Gebet am Karfreitag neu in den Ritus eingeführt werden. Ein ähnliches Schreiben sandte Bernhard auch an den Klerus von Franken und Bayern; er mahnte ausdrücklich seine Amtsbrüder, die Juden zu schonen.

Die Briefe des Bernhard hatten keine Wirkung. Die antijüdische Stimmung war angefacht. Die Juden wurden weiterhin ermordet. Nun fand es der Abt von Clairvaux für wichtig, persönlich im Rheinland einzugreifen, einmal, um den deutschen König zur Teilnahme am Kreuzzug zu überreden, aber auch, um gegen den Mönch Radulf zu predigen. In Mainz traf der Abt mit dem Mordprediger zusammen und versuchte ihn zu veranlassen, ins Kloster zurückzukehren. Radulf verschwand, aber seine Predigten blieben wirksam. Die Ermordung der Juden war für viele der Kreuzfahrer und diejenigen, die sich ihnen anschlossen, wichtiger als der Weg ins Heilige Land. Die Bauern und Handwerker, die verschuldet waren, kannten keine Türken oder Sarazenen, sie hatten von ihnen keine Vorstellung. Die Juden aber waren ihnen nahe. Bei ihnen hatten sie Pfänder, die Juden nahmen hohe Zinsen, sie waren Aufkäufer von landwirtschaftlichen Erzeugnissen, von Vieh und Korn und Wein. Und wenn die Bauern Saatgut kaufen wollten, Korn oder Zuchtvieh, mußten sie zu den Juden gehen und es teuer bezahlen. Es war auch der Gegensatz zwischen Stadt und Land. Die Fron ihrer Feudalherren drückte die Bauern nicht so wie die für sie unverständlichen Gesetze des Marktes. Dieser Gegensatz zwischen den Bauern und den handeltreibenden Juden schloß persönliche gute Beziehungen zwischen Bauern und jüdischen Vieh- und Kornhändlern nicht aus.

All die Bemühungen, sich des Morgenlandes zu bemächtigen, nützten nichts. 1187 gelangte die Nachricht in das christliche Abendland, daß das Königreich in Jerusalem von dem so gefürchteten ägyptischen Sultan Saladin erobert worden war. Saladin allerdings war kein Ägypter, er war ein Kurde.

Die beiden ersten Kreuzzüge mit dem Ziel der Befreiung des Grabes Christi aus den Händen der Ungläubigen waren ein Fehlschlag gewesen. Militärisch hatte man zwar siegen können, aber das Land war nicht zu halten gewesen. Es wurden nun kritische Stimmen laut: Warum unterstützte der dreieinige Gott die wahren Christen, die Kreuzfahrer, nicht, warum ließ er den ungläubigen Saladin siegen, der sich als Sieger soviel großmächtiger und soviel großmütiger zeigte als die Christen? Viele begannen zu zweifeln. War nicht vielleicht der Islam die wahre Religion? Die Zweifel an der Kraft der alleinseligmachenden römischen Kirche vertieften sich, und die Frage tauchte auf, was Rom mit den Geldern machte, die für das Unternehmen gesammelt worden waren.

Walther von der Vogelweide, der große Sänger und Dichter dieser Zeit, er lebte etwa von 1170 bis 1230, befragte in einem seiner Gedichte die Erzengel: «Was habt Ihr denn gegen die Ungläubigen getan? Habt Ihr das Heer der Heiden zerstört? Sie töten Euch nicht, man hört aber nichts von Euch, was habt Ihr dazu getan?» Früher war er es gewesen, der die Leute ermahnt hatte, am Kreuzzug teilzunehmen; gerade die sollten das Kreuz an ihr Gewand heften, die geeignete Waffen besaßen: «Ihr tragt die lichten Helme und manchen harten Ring, dazu die festen Schilde und die geweihten Schwerter.»

Die späteren Kreuzzüge gerieten immer mehr in die Hände der italienischen Seestädte, der Genueser, der Venezianer, der Pisaner; sie lieferten das Geld, sie stellten die Flotten. Die kommerziellen Absichten traten deutlicher zutage, die Sicherung der Seewege mußte bedacht werden, das Heilige Grab geriet in den Hintergrund, man brauchte Häfen und Lagerhäuser. Damit ließ auch die Intensität der Judenverfolgungen in der Mitte Europas nach. Aber die Kreuzzüge hatten einen tiefgreifenden Einfluß auf die jüdischen Gemeinden. Der Überseehandel, der früher im wesentlichen in jüdischen und arabischen Händen gelegen hatte, wurde zur christlichen Seefahrt.

DIE BLUTBESCHULDIGUNG

Das Osterbrot

Das Laterankonzil von 1215

Beelitz

Heiligengrabe

Sternberg

Bacharach – Deggendorf – Trient

Das Anderl von Rinn

Das Osterbrot

«Es kam aber der Tag der ungesäuerten Brote, an dem das Osterlamm geschlachtet werden mußte. Da entsandte er (Jesus – d. A.) Petrus und Johannes und sprach: ‹Geht hin und bereitet uns das Ostermahl, damit wir es essen› ... Und als die Stunde gekommen war, legte er sich zu Tisch und die Apostel mit ihm. Und er sprach zu ihnen: ‹Sehnlich hat es mich verlangt, dieses Paschamahl mit euch zu essen, bevor ich leide› ...

Und er nahm einen Kelch, sagte Dank und sprach: ‹Nehmt ihn und teilet ihn unter euch. Denn ich sage euch: Von nun an werde ich nicht mehr von der Frucht des Weinstocks trinken, bis das Reich Gottes kommt.›

Und er nahm Brot, sagte Dank, brach es und gab es ihnen mit den Worten: ‹Das ist mein Leib, der für euch hingegeben wird; tut dies zu meinem Gedächtnis.› Und ebenso nahm er nach dem Mahle auch den Kelch mit den Worten: ‹Dieser Kelch ist der neue Bund in meinem Blute, das für euch vergossen wird.›»

Der Bericht vom Paschamahl, überliefert vom Evangelisten Lukas, schildert den Ablauf einer Sederfeier, wie er bei frommen Juden am Vorabend des Pessach- oder Passahfestes noch heute üblich ist. Die Erinnerung an das Osterlamm wird noch immer durch einen Lammknochen bewahrt, der auf der Tafel nicht fehlen darf. Es ist vorgeschrieben, daß die Teilnehmer besonders bequem sitzen sollen. Die Übersetzungen aus dem Urtext haben ein Liegen daraus gemacht. Es ist heute noch üblich, daß der Hausherr das ungesäuerte Brot, also die Mazzen, an die Teilnehmer des Festes verteilt. Er spricht dabei, in hebräisch, einen Segensspruch, eine Danksagung an Gott, der das Brot aus der Erde hervorbringt. Die drei Mazzen, die er bricht, tragen Bezeichnungen für Menschengruppen aus der alten Tempelordnung: die Kohen, Priester, die Levi, Lehrer, und Israel, die Gemeinde. Ebenso dankt er Gott und segnet den Wein in einem Kelch und nennt ihn die Frucht des Weinstocks.

Ein alter religiöser Brauch der Juden wird zum christlichen Dogma, zu einem Glaubensgrundsatz erhoben. Das ungesäuerte Brot, das, der jüdischen Legende nach, als Erinnerung an den Auszug aus Ägypten bereitet wird, wandelt sich zum Leib Gottes.

Auf dem Laterankonzil von 1215 wurde das Dogma der Eucharistie verkündet: Durch die Weihe eines Priesters wird die Hostie in den wirklichen Leib Christi und der Wein in das wirkliche Blut Christi gewandelt. Die konsekrierte Hostie ist etwas Heiliges. Dieser Glaube wurde durch ein Phänomen bestärkt: Es bildet sich manchmal bei unsachgemäßer Lagerung auf kohlehydrathaltigen Lebensmitteln, Brot, mit Milch gekochten weißen Bohnen, Kartoffeln und Oblaten, unter warmen Temperaturen ein blutrotes Pigment. Es sind Bakterienkolonien, die durchaus von den Gläubigen des Mittelalters für geronnenes Blut gehalten werden konnten. Der Erreger wird in der Biologie das Bakterium prodigiosum genannt, in Anklang an das lateinische Wort Prodigium (Wunder), oder Hostienpilz. Schon aus vorchristlicher Zeit wird über derartige Erscheinungen berichtet. Als 332 v. u. Z. die Truppen Alexanders des Großen Tyros in Phönikien belagerten, bemerkten die Soldaten des Mazedoniers in ihrem Brot blutähnliche Flecken. Die Furcht vor einem Unglück wurde durch das Umdeuten der Priester als glückliches Omen beschwichtigt.

Nun sollen ausgerechnet Juden dieses ungesäuerte Brot stehlen oder stehlen lassen, um sich am Christengott zu rächen. Damit unterstellt man ihnen, daß auch sie an die Wandlung glauben; täten sie es, wären sie schon Christen. Auch wird nicht wahrgenommen, daß Juden der Genuß von Blut – sei es Tier- oder Menschenblut – in Bibel und Talmud streng verboten ist. Selbst ein Ei, in dem nur ein Blutstropfen ist, darf nicht verzehrt werden. Und es wird nicht zur Kenntnis genommen, daß zum Backen des Osterbrotes, der Mazzen, die gleiche Sorgfalt vorgeschrieben ist wie beim Backen der Hostie, mit denselben Zutaten: nur Weizenmehl und Wasser.

Gleichzeitig mit den Beschuldigungen gegen die Juden, sie würden die geweihten Hostien schänden, trat an vielen Orten eine noch schlimmere Anklage auf: zur Bereitung des jüdischen Osterbrotes würde das Blut christlicher Kinder gebraucht.

Es ist nicht allgemein bekannt, daß der Vorwurf, Kinder zu schlachten, auch den ersten Christen in Rom gemacht wurde; damals galten sie noch als eine jüdische Sekte. Aus dieser Beschuldigung entstanden die bekannten Christenverfolgungen in Rom. Die barbarischen Vorwürfe hörten erst auf, als das Christentum um 313 unter Konstantin Staatsreligion wurde. Damals erfolgte die endgültige Trennung der christlichen Religion von der jüdischen.

Auf dem Konzil von Nicäa 325 wurde beschlossen, das Osterfest in der ganzen Welt immer an einem Sonntag zu feiern. Diese Festlegung erfolgte, damit Ostern möglichst nicht gleichzeitig mit dem jüdischen

Ostern, dem Pessach- oder Passahfest, zusammen gefeiert werden sollte. Und es wurde bestimmt, nicht mehr den Sabbat, sondern den Sonntag als Ruhetag zu heiligen. Die Begründung trug einen judenfeindlichen Akzent. Es hieß darin: «Mit den Mördern des Herrn wollen wir nichts mehr gemein haben.»

Zeitgenössischer Holzschnitt

Es ist in der Menschheitsgeschichte bekannt, daß es in vielen alten Stammesreligionen Menschenopfer gegeben hat. In der Legende, wie sie im ersten Buch Mosis festgeschrieben ist, heißt es, daß Gott Abraham befohlen habe, seinen Sohn Isaak zu opfern. Dieses Opfer wurde, so sagt die Schrift, nur als eine Prüfung verlangt, wieweit der Gehorsam vor Gott gehe. Gott schickte rechtzeitig einen Engel, mit der Aufforderung, Isaak zu schonen und statt dessen ein Tier zu opfern. Diese legendenhafte Umschreibung bedeutete, daß von nun an Menschenopfer verpönt waren. Das Blut der geopferten Tiere sollte den Zorn Gottes versöhnen. Nach der jüdischen Religionsphilosophie gehört das Blut Gott.

Seit der Zerstörung des zweiten Jerusalemer Tempels, in dem bisher die Opfer dargebracht wurden, kennt die jüdische Religion kein Sühneopfer mehr. Es gibt nur noch Erinnerungen an den Brauch: am Vorabend zum Versöhnungsfest (Jom Kippur) einen Hahn über dem Kopf zu schwingen, ihn dann zu schlachten nach der rituellen Vorschrift und sein Fleisch (oder dessen Wert) den Armen zu schenken. Und der Lammknochen auf dem Tisch der Sederfeier erinnert an das frühere Tieropfer: das Opferlamm, das Osterlamm.

Das Ostermahl wandelte sich zum Heiligen Abendmahl. Brot und Wein wandelten sich zu Leib und Blut im Meßopfer.

Blut und Leib wurden geopfert.

Wessen Blut? Wessen Leib?

Das Laterankonzil von 1215

Die inneren Konflikte in den Ländern, die von der Lehre der römisch-katholischen Kirche beherrscht wurden, hatten auch ihre tiefe Wirkung auf die Verbreitung des Judenhasses und die Judenverfolgung in den deutschsprachigen Gebieten. Um die Mitte des 12. Jahrhunderts kamen neue Elemente in die bisher so festgefügte Feudalordnung. Es blühten die Städte auf, der Handel spielte eine immer größere Rolle. Südfrankreich stand damals an der Spitze einer neuen Epoche, dort entwickelte sich ein wohlhabendes Bürgertum.

Auch der Adel hatte sich den neuen Verhältnissen angepaßt. In den großen Städten Südfrankreichs, in Marseille, Albi, Béziers, Carcassonne, Montpellier und Toulouse, kamen mit dem Wohlstand einer breiten Bürgerschicht auch neue, freiheitliche Ideen auf. Mit den zahlreichen jüdischen Gemeinden in diesen Städten bestand ein achtungsvolles Nebeneinander; der Anteil der Juden am Handel und am Entstehen von fabrikähnlichen Manufakturen schien ein untrennbarer Bestandteil des allgemeinen Lebens zu sein.

In dieser denkwürdigen Zeit einer gewissen Gemeinsamkeit im Streben nach einem sinnvollen Dasein in Glück und Wohlstand und nach Vervollkommnung der Wissenschaften und Künste entstand unter dem südwestlich von der Mitte Europas gelegenen Himmel das, was wir heute als ein Nationalgefühl bezeichnen würden.

Rom mit seinem Bischof war nicht mehr das Zentrum des Denkens, in dem engen Gedankenaustausch mit jüdischen und arabischen Gelehrten tauchten Zweifel an den Dogmen der römisch-katholischen Kirche auf. Die christlichen Bewohner dieser südlichen Landstriche am Mittelmeer wollten nach dem unverfälschten Wort Gottes leben, wie sie es in der Bibel fanden, vor allem in den Schriften der Propheten und im Neuen Testament. Sie bezeichneten sich selbst mit höchster Einfachheit und gleichzeitig äußerstem Anspruch als Boni homines, die guten Menschen. Sie verstanden sich als die Reinen, Katharer. Aus diesem Wort entstand das Schimpfwort Ketzer. Albi, als ein Ausgangspunkt der Bestrebungen, eine neue, von Rom unabhängige Kirche zu bilden, diente den Gegnern für ihre Kennzeichnung: Albigenser. In dieser weitverzweigten Bewegung, in dem Suchen nach sittlicher Erneuerung näherten sie sich auch revolutionären Auffassungen. Diejenigen, die sich Pauperes Christi nannten, Christen in Armut, versammelt um ihren Prediger Valdes in Lyon, strebten nach der Rückkehr zur Urkirche, zum ursprünglichen, urkommunistischen Leben der Apostel. Für ihr keinesfalls einheitliches Wirken wurde der Begriff Waldenser von ihren Verfolgern gleich in ihren Anfängen als identisch mit Ketzer gesetzt. Auch in dieser Strömung kam die Unzufriedenheit mit den von Rom auferlegten Zwängen zum Ausdruck. Sie verwarf die kirchliche Autorität, die Hierarchie und auch die kirchlichen Sakramente. Sie war Gegner der Anbetung der Hostie, sie lehnte die Verehrung der Heiligen, Bilderanbetung und den Reliquienkult ab. Sie war gegen jeden Kriegsdienst und gegen die Todesstrafe.

Eine andere Richtung, die Passagier oder Passagini, machte der römischen Kurie zu schaffen. Zunächst war sie noch von der katholischen Kirche anerkannt, geduldet, durch ein Dekret des Papstes Lucius III. und Friedrich Barbarossa um das Jahr 1184. Aber bald merkte die Kirche, daß die Passagier von ihr fortstrebten, nun wurden auch sie als Ketzer verfolgt, als judaisierende Christen. Die Passagier hielten sich an die Beachtung des mosaischen Gesetzes, sie feierten den Sabbat statt des Sonntags, sie führten die Beschneidung wieder ein, sie lehnten die Gottheit Christi und des Heiligen Geistes ab. Damit waren sie Gegner der Eucharistie, der Verwandlung der Hostie durch die Weihe der Priester in den Leib Christi.

Um 1200 waren die Anhänger der neuen Lehren in Südfrankreich so mächtig geworden, daß fast die ganze christliche Bevölkerung dieser Region zu den sogenannten Ketzern gezählt werden konnte. Der mächtigste Vasall des Königs von Frankreich, Graf Raimund IV. von Toulouse, stand im Verdacht, ein Freund der Ketzer und der Juden zu sein. Es ist erwiesen, daß er kein Vorurteil gegen die Juden hatte und daß er sie trotz kirchlichen Verbots zu seinen sogenannten Staatsämtern zuließ. Die römische Kirche sah sich gezwungen einzugreifen. Sie rief zum Kreuzzug auf. Zum Kreuzzug nicht gegen die Mohammedaner, nicht gegen die Juden, sondern gegen Christen, gegen die Ketzer. Ein innerer Kreuzzug. Er dauerte zwanzig Jahre. Er wurde genauso blutig geführt wie die Kreuzzüge gegen die Moslems und die Sarazenen.

Der Beginn war ein grauenhaftes Blutbad in der Stadt Béziers im Juli 1209. Siebentausend Menschen, die in der Kirche der heiligen Magdalene Zuflucht gesucht hatten, Männer, Frauen und Kinder, wurden ermordet. Man mordete unterschiedslos Ketzer und rechtgläubige Katholiken.

Das Wort des Fanatikers dieser Kreuzzugsbewegung, des päpstlichen Legaten Arnold, ging im Kreuzfahrerheer um, er war gefragt wor-

Juden unter den Verdammten, Relief am ehemaligen Westlettner des Mainzer Doms, Naumburger Meister, um 1240

den, wie man es mit den vielen halten solle, die sich in den Schutz des Gotteshauses begeben hatten: «Macht alle nieder, Gott im Himmel wird die Seinen schon heraussuchen.»

Dieser Kreuzzugsbewegung, getragen von den Baronen des Nordens unter Leitung des Feudalherrn Simon von Montfort, fielen auch die jüdischen Gemeinden zum Opfer. Ihre einzige Rettung lag in der Taufe und im Bekenntnis zur römisch-katholischen Kirche.

Während dieses Kreuzzugs berief Papst Innocenz III. in der Laterankirche zu Rom eine Synode ein, in der hauptsächlich über die Aus-

Judendarstellungen am Westlettner des Naumburger Doms, um 1240

Auszahlung der Silberlinge — *Die Wächter*

Die Gefangennahme — *Christus vor Pilatus*

rottung der Katharer und die Bestrafung ihres Beschützers Graf Raimund IV. von Toulouse beschlossen werden sollte. Gleichzeitig aber wollte die Kirche in sich gehen, sie wollte die eigenen Fehler beseitigen, die zu einer so großen Ketzerbewegung geführt hatten. Sie beschloß die Hebung des sittlichen Niveaus der Geistlichkeit und die Festigung der Glaubensgrundsätze. Sehr intensiv befaßte sich diese Synode mit dem Verhältnis der strenggläubigen römisch-katholischen Christen zu den Juden. Südfrankreich, die Albigenser, die Katharer, die Waldenser schienen für die Beratenden auf der Synode eine Warnung zu sein. Man befürchtete den Einfluß der jüdischen Religion auf die eigenen Glaubensgrundsätze. Hier, auf dem 4. Laterankonzil vom 11. bis 30. November 1215, kam man zu einer ganz entscheidenden Anordnung, sie wurde so verbrämt mitgeteilt, als ob die Kirche sie von den Ungläubigen, den Sarazenen, übernommen habe. Es heißt darin: «Während sich die Juden und Sarazenen in manchen Gegenden von den Christen durch eine besondere Tracht unterscheiden, nimmt die Vermischung in anderen Gegenden so sehr überhand, daß sie (die Andersgläubigen) in keiner Weise mehr kenntlich sind. Die Folge ist, daß die Christen irrtümlicherweise mit jüdischen und sarazenischen Frauen in Verkehr treten, die Juden und Sarazenen aber mit Christinnen. Damit nun fürderhin im Falle eines hochfrevelhaften Verkehrs kein Irrtum vorgeschützt werden könne, verordnen wir, daß solche Personen, ob Mann oder Weib, in allen christlichen Landen, in öffentlichen Orten sich stets durch eine besondere Tracht der Kleidung von der üblichen Bevölkerung unterscheiden, um so mehr, als dieses ihnen auch von den Gesetzen Mosis vorgeschrieben ist.»

Das Ziel war klar; Mischehen, also die Ehe zwischen einem Bekenner der jüdischen Religion und einem Bekenner der christlichen Religion, waren ohnehin gar nicht möglich, denn es gab nur eine gültige Eheschließung durch die jeweilige geistliche Behörde im christlichen wie im jüdischen Bereich. Indes, Liebe zwischen einem Juden und einer Christin oder zwischen einer Jüdin und einem Christen läßt sich auch nicht durch eine andere Tracht und nicht durch ein Kennzeichen verhindern. Dieser Konzilsbeschluß war, so könnte man es sagen, ein früher Vorläufer der Nürnberger Gesetze. Er hatte den Sinn, die Juden äußerlich als eine Menschengruppe niederer Art zu kennzeichnen. Es wurden noch mehrere antijüdische Bestimmungen im 4. Laterankonzil festgelegt. So durften die Juden sich in der Karwoche nicht auf der Straße zeigen. Als Begründung wurde angegeben: Sie würden sich

Der gelbe Fleck, ringförmiges Zeichen

nicht scheuen, an solchen Tagen in Festkleidung zu lustwandeln, um die Trauer der Christen, die an diesem Tage die Kreuzigung Christi beweinen, zu verhöhnen. Diese Bemerkung kam einer Diffamierung gleich. Es war der Kirche durchaus bekannt, daß zum christlichen Ostern oft gleichzeitig das jüdische Pessach- oder Passahfest gefeiert wurde, das die Freude über den sagenhaften Auszug der Juden aus ägyptischer Knechtschaft zum Anlaß hatte.

Ein weiterer Passus aus den Beschlüssen des Konzils hatte eine weitreichende Bedeutung: «Manche Juden, die die Heilige Taufe aus freien Stücken annahmen, haben, wie uns zu Ohren gekommen ist, den alten Adam noch immer nicht ganz abzulegen vermocht, um statt seiner den neuen anzuziehen; indem sie an den Überresten ihres alten Ritus festhalten, verunstalten sie durch eine solche Vermischung die Herrlichkeit der christlichen Religion. Wir verfügen daher, daß die Kirchenprälaten dem Festhalten der Täuflinge an den früheren Gebräuchen in jeder Weise sich entgegenstellen, auf daß diejenigen, die von ihrem guten Willen zur christlichen Religion geführt worden sind, vermittels heilbringenden Zwanges in ihr auch festgebannt bleiben.»

Welche Folge diese Bestimmung hatte, ist aus der späteren Geschichte abzulesen. Viele Juden, speziell in Spanien, hatten aus Todesangst die Taufe angenommen. Man befürchtete, daß sie nur Zwangschristen blieben. Und dieser Beschluß der Synode wurde zum Anlaß genommen, die Inquisition in Spanien zu begründen, die gegen die Ketzer innerhalb der christlichen Lehre vorzugehen hatte. Also nur gegen die Getauften, nicht gegen die Juden. Als die Juden 1492 aus Spanien vertrieben wurden, ging die spanische Inquisition ganz besonders hart gegen die sogenannten Marranen vor, die, um im Lande zu bleiben, das Christentum angenommen hatten. Die Schrecken der Inquisition in den folgenden Jahrhunderten waren in erster Linie gegen die Zwangsgetauften eingesetzt.

Auch mit Wirtschaftsfragen hatte sich die Lateransynode von 1215 beschäftigt. So hieß es in einem Dekret: «Um die Christen vor der Bedrückung seitens der Juden zu schützen, treffen wir daher durch Konzilbeschluß folgende Verfügung: Sollten die Juden den Christen unter irgendeinem Vorwand beschwerliche und unmäßige Zinsen erpressen, so sollen ihnen jegliche Geschäftsbeziehungen mit Christen, solange sie diese von der unerträglichen Last nicht befreit haben werden, untersagt bleiben.»

Anerkannt war von diesem Konzil, daß Juden Geld auf Zinsen leihen durften, dies war ihr Privileg. Es wurde aber nirgendwo genauer umschrieben, was erträgliche und was beschwerliche und unmäßige Zinsen waren.

Gegen die sogenannten Irrlehren der Katharer, Albigenser, Waldenser, judaisierenden Christen hatte die Lateransynode festgelegt, und diese Festlegung wurde zum Dogma erklärt: Leib und Blut (Christi) sind im Sakrament (in der geweihten Hostie) wahrhaft enthalten, nachdem das Brot in den Leib und der Wein in das Blut verwandelt wird. Von dem Standpunkt wich die Kirche nicht ab. Und dieser

Standpunkt manifestierte sich nun in tausend Blutwundern und wurde damit bewiesen. Wieviel Blutopfer dieses Dogma gekostet hat, ist bis heute noch unerforscht.

Ein spanischer Geistlicher, ein junger Mann, geboren 1181, Domingo Guzmán, lateinisch Dominikus genannt, beschäftigte sich mit der Frage, wie es zu einem so beunruhigenden Abfall vieler Menschen von der alleinseligmachenden Kirche gekommen war. Er ging gründlich zu Werke, er war davon überzeugt, daß der große Pomp, mit dem die Geistlichkeit in allen Ländern auftrat, sie daran hinderte, das Ohr der einfachen Leute zu gewinnen. Domingo war von der Gewalt der Predigt, der Rede überzeugt. 1215 stiftete er in Toulouse den Predigerorden, später meist Orden der Dominikaner genannt. Er verbot seinen Ordensmitgliedern jeden Pomp, er verbot ihnen jedes Handwerk. Sie sollten in größter Armut und Einfachheit ihr Leben gestalten. Sie sollten betteln statt arbeiten. Nur den Laienbrüdern des Ordens sollte die Pflege des Klosters überlassen bleiben. Die Priester aber sollten sich unabhängig von ihrem Stammhaus machen, sie sollten bettelnd in die Gebiete geschickt werden, die von den Irrgläubigen beherrscht wurden. Mit dem Wort, mit der Predigt sollten sie den Irrglauben widerlegen.

Das 4. Laterankonzil erneuerte 1215 die Verfahrensweise der Inquisition. Es wurde festgelegt, daß die Ausforschung der Ketzer durch ein geistliches Gericht zu erfolgen habe. Die Verurteilten aber wurden dem weltlichen Arm übergeben, der sollte die überführten Ketzer vom Leben zum Tode bringen.

Papst Gregor IX. (1227–1241) nahm 1231 den Bischöfen die Inquisition aus der Hand, er zentralisierte dieses Machtinstrument zur Ausforschung des Glaubens. Als Inquisitoren wurden meist Dominikaner, später auch die Angehörigen eines neuen Bettelordens, die Franziskaner, eingesetzt. Vor ein Inquisitionsgericht konnten nur getaufte Christen geladen werden, die von den Dogmen der römisch-katholischen Kirche abwichen. Und wenn sie nicht reumütig ihre Irrtümer erkannten, wurden sie durch den weltlichen Arm verbrannt. Ungläubige, Juden oder Moslems sollten zum Christentum bekehrt werden.

Die Juden standen als Kammerknechte des römischen Kaisers unter seinem Schutz, sie waren sein Eigentum. Die Abgaben, die sie für diesen Schutz zu bezahlen hatten, bildeten für den Kaiser eine der wichtigsten Einnahmequellen. Und wenn er Geld brauchte, dringend und viel, verkaufte oder verpfändete er das Judenregal den Territorialfürsten. Juden zu halten war ein Privileg. So wurden große Erträgnisse des Pfandleihgeschäftes, des Wuchers, des Zinsgeschäfts vom Kaiser oder den Fürsten oder den Bischöfen abgeschöpft. Sie wurden Teilhaber und Hauptnutznießer eines Geschäftes, das für Christen streng verboten war. Für den Handwerker, für den Bauern waren Kredite oft unerläßlich; wollten sie Geld leihen, mußten sie den Weg in die Judengasse nehmen.

In diesem Spannungsfeld wurde einer der berühmtesten Kaiser des Mittelalters, der Hohenstaufenfürst Friedrich II., einer der grausamsten Ketzerverfolger. Gemeinsam mit dem damaligen Papst Gregor IX., dem Nachfolger von Innocenz III., erließ er ein Ketzergesetz zunächst für die Lombardei; es besagte, daß alle von den Bischöfen überführten Ketzer von der weltlichen Obrigkeit festzunehmen und einem geistlichen Gericht vorzuführen seien. Stellte dieses Gericht die Schuld fest, blieb aber der Ketzer bei seinen Ansichten, mußte er dem weltlichen Arm zur Verbrennung übergeben werden. Die Anordnung wurde 1231 für Rom von Papst Gregor IX. übernommen, dann für Sizilien und 1232 für das ganze Heilige Römische Reich. Der hochgebildete Hohenstaufenkaiser Friedrich II. bot dafür jede nur erdenkliche Unterstützung. Gleichzeitig umgab er sich in seiner Residenz in Palermo auf Sizilien mit jüdischen und arabischen Medizinern und Philosophen und übertrug ihnen Staatsämter. Durch den Umgang mit Gelehrten vieler Glaubensrichtungen ließ er sich zu einer vorurteilslosen Entscheidung im Ritualmordprozeß von Fulda bewegen. Er, der sonst seine Zeit am liebsten mit der Jagd vertat und bis auf den heutigen Tag als ein kenntnisreicher Beobachter der Falken gefeiert wird, konnte zu einem Richterspruch veranlaßt werden, der noch Jahrhunderte später seine Gültigkeit bewies. In der Zeit der Reformation wird der Sprecher der Judenheit in Deutschland, Josel von Rosheim, nachdrücklich auf diese kaiserliche Verlautbarung Bezug nehmen.

Im Jahre 1235 brannte in der Umgebung von Fulda das Haus eines Müllers nieder. Seine fünf Kinder kamen in den Flammen um. In der Stadt Fulda trieb sich in diesen Tagen eine Bande von sogenannten Kreuzfahrern herum, man vermutete, daß unter ihnen der Schuldige der Brandstiftung zu suchen war. Aber gerade von diesen Menschen wurde in Fulda verbreitet, die Schuld an dem Brand und an dem Tod der Kinder läge bei den Juden. Sie benötigten, so wurde damals behauptet, das christliche Blut zu Heilzwecken und hätten die Kinder des Müllers ermordet und danach das Haus in Brand gesteckt. Einige dieser Kreuzfahrer bezeugten sogar, sie hätten die Juden gesehen, wie sie das Blut in Schläuchen mit sich genommen hätten.

Zweiunddreißig, andere Quellen sprechen von vierunddreißig, Juden wurden darauf ergriffen, unter der Folter verhört. Zwei der Gefolterten legten ein Geständnis über das ihnen angelastet Verbrechen ab. Zwei Tage später wurden sie alle von den wütenden Kreuzfahrern ermordet.

Die Leichen der fünf Kinder wurden als Beweis für die Schandtat der Juden nach Hagenau im Elsaß gebracht. Dort hielt der Staufenkaiser Friedrich II. hof. Es ist überliefert, daß Friedrich II. das Wort aussprach: «Wenn sie tot sind, dann geht und begrabt sie, zu etwas anderem taugen sie nicht.» Jedoch ließ der Kaiser die Sache nicht auf sich beruhen. Er erklärte, er würde alle Juden im Reich töten lassen, wenn es tatsächlich Ritualmord gäbe. Er ordnete eine Untersuchung an und rief eine Kommission aus Fürsten, Bischöfen, Äbten, angesehenen Theologen zu sich, um ihre Meinung zu hören. Die Kommission konnte keine einhellige Meinung finden. Einige glaubten an die Ritualmordbeschuldigung, die anderen verwarfen diese Ansicht konsequent. Der Kaiser soll, nach der Legende, erklärt haben: «Diese, da sie verschiedene waren, äußerten verschiedene Meinungen über den Fall, und da sie sich unfähig zeigten, über die Sache einen hinreichenden Beschluß zu finden, wie es sich gehörte, so sahen wir aus unseres Wissens geheimen Tiefen voraus, daß nicht einfacher gegen die des genannten Vergehens beschuldigten Juden einzuschreiten sei, als durch solche Leute, die Juden gewesen und zum Kult des christlichen Glaubens bekehrt waren, die gleichsam als Gegner nichts verschweigen würden, was sie hierüber gegen jene oder gegen die mosaischen Bücher oder mit Hilfe der Reihe des Alten Testaments wissen konnten. Obwohl nun unsere Weisheit durch die vielen Bücher, die unsere Erhabenheit kennengelernt, die Unschuld genannter Juden vernünftigerweise für erwiesen hielt, so haben wir doch, zur Genugtuung nicht weniger des ungebildeten Volkes als des Rechts, aus unserem voraussichtigen heilsamen Entschluß und im Einverständnis mit den Fürsten, großen Edlen, den Äbten, Edlen und Kirchenmännern über diesen Fall an alle Könige der abendländischen Zonen Sonderboten entsandt, durch die wir aus ihren Königreichen im Judengesetz erfahrene Neugetaufte in möglichst großer Zahl vor uns beschieden haben.»

Dieses nun geschah. Aus Windsor schrieb König Heinrich III., er habe des Kaisers Boten, einen kaiserlichen Marschall, freudig, wie es sich ziemte, und ehrenvoll empfangen. Es habe die Kaiserliche Erlauchtheit zahlreiche Dankesbezeigungen ausgelöst. Soweit es in seiner Macht stünde, wolle er des Kaisers Wünschen entsprechen. Und er sende daher zwei der erlesensten Neugetauften, die in England zu finden seien und allen kaiserlichen Befehlen gehorchen würden.

Die anderen Könige und Fürsten Europas verhielten sich ähnlich. Der von Kaiser Friedrich II. versammelte Untersuchungshof war eines der ersten internationalen Gremien, die es in der Welt gab. Die Beratung dauerte lange. Über den Verlauf wurde der Kaiser sehr genau unterrichtet. Schließlich wurde ihm von den Gelehrten mitgeteilt, daß die Schriften der Hebräer nichts Derartiges enthalten, vielmehr jedes Blutopfer untersagt sei, ja sogar der Talmud und andere Schriften hohe Strafen für blutige Tieropfer vorschrieben.

Auf Grund dieses Gutachtens setzte der Kaiser eine Verordnung auf, daß er in Zukunft jede derartige Beschuldigung gegen Juden im ganzen Reich untersage.

Dieses Gebot ist nie befolgt worden. Es ist eine Schande, daß noch im Jahr 1892 in Xanten am linken Niederrhein, in einem Gebiet, das einmal zur französischen Republik gehörte und schon lange das Schwurgerichtsverfahren kannte, ein Ritualmordprozeß stattfand. Und auch noch 1900 wurde in Konitz in der damaligen preußischen Provinz Westpreußen ein Verfahren wegen Ritualmordes angestrengt, und dieser Prozeß wurde von einem Pogrom gegen die dort lebende jüdische Bevölkerung begleitet.

In der Geschichte des Judenhasses in der Zeit vor der Reformation nimmt Papst Innocenz III., der von 1198 bis 1216 vom Stuhle des Apostels Petrus die römisch-katholische Kirche regierte, eine unheilvolle Rolle ein. Im Anfang seines Pontifikalamtes erließ er zwar im September 1199 ein Edikt, in dem er davor warnte, Juden mit Gewalt zur Taufe zu schleppen, sie ohne richterliches Urteil zu verletzen oder zu töten. Bei ihren Festen sollten sie nicht durch Peitschen oder Steinwürfe gestört werden, ihre Friedhöfe müßten respektiert werden; daß ein solches Edikt notwendig war, zeigte schon, unter welchen Unsicherheiten jüdische Menschen im Bereich der römisch-katholischen Kirche lebten. Aber die Haltung des Papstes zu den Juden änderte sich unter dem Eindruck der Albigenser- und Waldenserbewegung. Ein Brief, den Innocenz an den judenfreundlichen Grafen Nevers im Januar 1208 schrieb, deutete das an. Er machte dem Grafen den Vorwurf, die Juden lebten bei ihm zu unbeschwert. Sie müßten wie der Brudermörder

Kain flüchtig und unstet auf Erden wandern, ihre Gesichter sollten mit Schmach bedeckt sein, sie müßten zur Knechtschaft verurteilt werden. Es sei schändlich, daß christliche Fürsten es Juden gestatteten, in ihren Städten und Dörfern zu wohnen, dort Wucher zu treiben und von Christen Geld zu erpressen. Es sei unverantwortlich, daß Gerichte christliche Schuldner, die bei den Juden in der Kreide ständen, in Schuldhaft nähmen. Noch schlimmer sei es, daß die Juden christliche Burgen und ganze Dörfer pfänden könnten. Die Folge davon sei, daß die Kirche den Zehnten einbüßte. Es sei nicht zu verantworten, daß Christen das Vieh den Juden überließen, damit sie es schlachteten, und ihnen Trauben verkauften, damit die Juden sie kelterten. So sei ihre Bevorzugung vor den Christen unerträglich, denn sie verwendeten von Trauben und Vieh nur das, was ihre Religionsvorschriften ihnen gestatteten. Für die Christen bleibe der Rest, den sie dann auch noch kaufen müßten. Es sei nicht zu dulden, daß der von Juden gekelterte Wein zum Abendmahl für das heilige Sakrament verwendet werde. Innocenz drohte in diesem Brief dem Grafen von Nevers und allen anderen Fürsten des Abendlandes, die eine ähnlich duldsame Politik den Juden gegenüber betrieben, mit den strengsten Kirchenstrafen.

Papst Innocenz wußte, warum er so hart gegen die Juden auftrat. Die als Ketzer gebrandmarkten Albigenser in Südfrankreich, die am entschiedensten gegen das Papsttum in Rom auftraten und zu den urchristlichen Idealen zurückkehren wollten, hatten zum Teil ihre gläubige Opposition aus dem Verkehr mit in der Bibel bewanderten Juden geschöpft. Es gab sogar bei ihnen eine Richtung, die es geradezu aussprach: «Das Gesetz der Juden ist vorzüglicher als das Gesetz der Christen.» Und Graf Raimund IV. von Toulouse, von den Troubadouren der Zeit «der Gute» genannt, der als Freund der Albigenser galt, war von der päpstlichen Kurie als Freund der Juden bezeichnet worden.

Der französische König Philipp August, der schon lange im Ruf stand, ein erbitterter Feind der Juden zu sein, der sie gequält, geplündert und aus dem Lande gejagt hatte, sie dann aber, wenn er in Geldverlegenheiten geraten war, immer wieder zurückgeholt hatte, geriet nun unter den Verdacht, ein Judenfreund zu sein. Er sei empört, so schrieb Innocenz an den französischen König, daß manche Fürsten den Söhnen der Juden, die Christus gekreuzigt hätten, gegenüber den Verehrern des gekreuzigten Christus den Vorrang gäben. Er habe vernommen, daß in Frankreich diese Juden durch ihren verderblichen Wucher die Güter der Kirche und das Eigentum der Christen an sich nähmen. Mit Kümmernis habe er erfahren, daß gegen die Beschlüsse des Laterankonzils unter seinem Vorgänger Alexander III. weiterhin christliche Diener und christliche Ammen in den Häusern der Juden wohnten. Ihn bekümmere es, daß weiterhin Juden als Zeugen gegen christliche Angeklagte zugelassen würden. Mit Abscheu habe er vernommen, daß gegen den Beschluß des letzten Konzils die Gemeinde von Sens zugelassen habe, daß in ihrer Stadt eine Synagoge gebaut wurde, die höher aufrage als die Kirche in der Nachbarschaft. Mit Empörung habe er vernommen, daß in der Synagoge nicht leise, sondern laut gebetet werde, daß der Gottesdienst in der benachbarten Kirche gestört würde. Der Papst tadelte den König, daß unter seiner Herrschaft den Juden viel zuviel Freiheit gelassen wäre. Sie könnten es sich herausnehmen, in der Osterwoche auf den Straßen der Städte und Dörfer zu erscheinen und dabei die Gläubigen wegen der Verehrung ihres gekreuzigten Herrn zu verspotten und vom Glauben abzubringen. Er wies darauf hin, daß ihm immer wieder Berichte zu Ohren gekommen seien: die Juden schlachten heimlich Christenkinder. Er mahnte den französischen König Philipp August, mit wahrem Christeneifer die Juden in ihren Tätigkeiten zu überwachen, ihnen nicht zu viel Freiheiten zu gewähren. Er erinnerte ihn bei dieser Gelegenheit an die Ketzer im eigenen Land, sie müßten bekämpft werden. Dieser Papst, der später, 1215, das 4. Laterankonzil einberief und dort das neue Dogma über die Wandlung der geweihten Hostie ins tatsächliche Fleisch und den geweihten Wein in das tatsächliche Blut Christi verkünden ließ, derselbe Papst, der den sogenannten Wucher der Juden auf das schärfste bekämpfte, der anordnen ließ, daß Juden durch besondere Kleidung kenntlich zu machen seien, der im gleichen Konzil zum Kreuzzug gegen die Abweichler im Glauben aufrief, bewirkte eine ganze Verfolgungs- und Mordwelle in den Ländern, in denen die römisch-katholische Kirche bestimmte, was wahr zu sein hatte und was unwahr.

Das Wunder geschah, seit 1215 gab es plötzlich blutende Hostien.

Gleichzeitig häuften sich die Ritualmordbeschuldigungen. Opfer einer solchen Beschuldigung wurden im Jahr 1221 Mitglieder der jüdischen Gemeinde von Erfurt. In einer lateinisch geschriebenen Chronik wird von sechsundzwanzig Ermordeten berichtet. Das hebräische Memorbuch nennt einundzwanzig Märtyrer. Spätere Berichte wissen von sechsundachtzig Getöteten. In einem jüdischen Klagelied heißt es darüber, die Juden seien beschuldigt worden, einen Christen ermordet und sein Blut verzehrt zu haben. Als man diese Nachricht verbreitete, sei die Menge in die Synagoge eingedrungen und habe die heiligen Torarollen aus dem Schrein gerissen und zertreten. Es heißt dann weiter, den Juden wurde erklärt, sie könnten am Leben bleiben, wenn sie die Taufe annähmen. Aber alle, Männer, Frauen und Kinder, seien ihrem Glauben treu geblieben und im Feuer der Synagoge, das die Banden gelegt hätten, verbrannt.

In Lauda und in Tauberbischofsheim (Franken) wurden im Jahre 1235 Juden angeklagt, einen Christen ermordet zu haben. Sieben Mitglieder der jüdischen Gemeinde wurden gefoltert, sie erlitten, aufs Rad geflochten, den Tod. Der achte wurde enthauptet. Es gibt über diese Judenverfolgung Lieder aus hebräischen Handschriften dieser Zeit. In einer dieser Handschriften heißt es (in deutscher Übersetzung): «Am Tage des Hohns ward eine Leiche gefunden, da wälzten sich die Banden gegen mich, begannen die Meinen zu erschlagen. Im Jahre 4995 (das ist die jüdische Zeitrechnung, es entspricht dem Jahr 1235 – d. A.) wurden die Gottesfürchtigen erschlagen. Das Schwert war voll Blut, Engel und Himmel schrieen über die, welche im Blut sich wälzten. Über die acht Märtyrer, Fürsten unter den Menschen, die dich, o Gott, mit ganzer Seele und mit ganzem Herzen geliebt, sich dir heiligten und sich dir weihten. Nach der Folter verbrannte man sie im Feuer in mächtigen Gluten, in gewaltigen Flammen.»

Beelitz

In den deutschsprachigen Gebieten war es das Städtchen Beelitz bei Berlin, in dem ein Wunder geschehen mußte. Um 1247 begann dort in der Kirche eine Hostie zu bluten. Die Stadt war eine Gründung deutscher Kaufleute, sie lag im slawischen Gebiet, die Slawen galten als Heiden und sollten zum Christentum bekehrt werden. Das Wunder von der blutenden Hostie sollte dabei dienlich sein. Das älteste Dokument über dieses Blutwunder ist vom 21. April 1370, dort wird genau bestimmt, wie die Kapelle aussehen soll, in der die blutende Hostie ihren Platz bekommt, wann man Messen lesen muß, wieviel Geld man dem Pfarrer zu bezahlen hat, der diese Messe liest, oder seinem Kaplan. Die Anordnung trafen Johanna der Gnaden Gottes, Äbtissin, Johannes, Propst, und das ganze Kapitel des Gotteshauses zu Sankt Laurentius in der Neuen Stadt zu Magdeburg, vereinigt mit dem Pfarrherrn zu Beelitz, Herrn Jahn. Von einem Hostienfrevel durch Juden war keine Rede.

Beelitz, 1236 vom Erzbistum Magdeburg erworben, verblieb bis zum Jahre 1307 unter dieser Herrschaft. In diesem Jahr verkaufte das Erzbistum in Magdeburg Stadt und Land Beelitz an den Bischof von Brandenburg, der es bis 1321 behielt. Danach kam die Gemeinde Beelitz zum Markgrafen von Brandenburg. Die Urkunde aber besagte, daß eine Äbtissin und das ganze Kapitel des Gotteshauses von Sankt Laurentius zu Magdeburg die geistliche Jurisdiktion über die Kirche in Beelitz hatte und den Bau der Kapelle für das Zeigen des Blutwunders anordnen konnte.

Kein Jude wurde in diesem Zusammenhang erwähnt; in einer anderen Urkunde wurde nur berichtet, daß sich einige ungeschickte Leute an der Hostie zu schaffen machten und die Hostie daraufhin zu bluten anfing. Auf diesen unbestimmten Verdacht gegen Ungenannte und Unbekannte verlautete nichts von einer Strafe in Beelitz. Wann die Legende verbreitet wurde, Juden hätten in Beelitz eine Hostienschändung begangen, ist nicht verbürgt.

Die Legende taucht zum erstenmal in der Schrift *Chronicon aller regierenden Marggraffen und Churfürsten zu Brandenburg von Anfang her bis auf Joh. Georgen* auf, sie ist von einem Diakon der Pfarrei Beelitz geschrieben, der etwa ab 1555 dort amtierte, also nach der Reformation. Sie ist unzählige Male wiederholt worden: «Bei Lebzeiten der Markgrafen zu Brandenburg, der Gebrüder Johann (Joannis) und Otto des Gütigen, ist zu Beelitz das Wunderblut aufgekommen, nämlich also, es haben einige Juden mit einer Dienstmagd gehandelt, um ein gewisses Geld ihnen eine gesegnete Hostie zu bringen; darauf ist sie zum Sakrament gegangen und hat die empfangene Hostie behalten und den Juden gegeben. Die Juden haben danach dem Herrn Christo zu Unehren in die Hostie gestochen und gehauen, welche aber Blut soll von sich gegeben haben. Da nun die Juden darüber erschraken, bringen sie die Hostie der Magd wieder mit der Bitte, sie um Geld anzunehmen und zu verbergen. Die Magd, da sie wieder Geld bekommt, nimmt dieselbe und verbirgt sie in ihrer Schürze und steckt sie auch oben in die Höhe unters Dach. Da nun die Wächter des Nachts allda brennende Lichter sehen, zeigen sie es dem Wirt im Hause an, welcher, da er die Schürze, darin die Hostie gewickelt war, findet, die Magd zur Rede stellt, und nach fleißiger Nachforschung werden auch die Juden gefangen und vor das Mühlentor auf einen Berg geführt und verbrannt. Dieser Berg wird auch heutzutage noch der Judenberg genannt, wird aber jährlich geackert und trägt ziemlich Korn, und daß viel Steine darauf liegen und den Pflug beschädigen. Die Meßpfaffen haben aber allsobald die Hostie zu sich genommen und eine Wallfahrt zum Wunderblute verordnet, welches auch Ricberus, der Bischof zu Brandenburg, 1247 konfirmieret und einen Ablaßbrief in lateinischer Sprache dazu gegeben hat, dessen Inhalt ist, daß allen denen, welche das Beelitzsche Wunderblut besuchen, und den Tag nach der Himmelfahrt Mariä herkommen, sollen vierzig Bußtage erlassen sein, von denen, die ihnen auferlegt sind.» Der protestantische Chronist berichtete dann, daß dadurch viel Abgötterei getrieben wurde. Er erwähnte jedoch, daß erst einhundertzwanzig Jahre nach dem Erscheinen der blutenden Hostie eine Kapelle gebaut wurde, und er führte seinen Bericht weiter: «Nachdem aber das Evangelium aufgekommen, hat der erste evangelische Prediger allhier, Kaspar Woldenscherer, mit Zuziehung eines ehrbaren Rates, die Kapelle eröffnet, und da hat man das eingefaßte Krystallglas besichtigt und nichts weiter darin gefunden als ein zusammengewickeltes Leinentüchlein, in welchem etliche dunkle Bluttropfen gesehen worden, die man den armen, verblendeten Leuten gezeiget.» In unzähligen Schriften über das Wunderblut von Beelitz wurde nun der Frevel den Juden zugeschrieben.

Der Hügel, den die Beelitzer den Judenberg nannten, heißt seit dem Ende des zweiten Weltkriegs Friedensberg.

Heiligengrabe

In derselben Zeit, als man von einem Blutwunder in Beelitz berichtete, häuften sich Wunder der blutenden Hostien in der ganzen Mark Brandenburg. 1249 führte eine solche Legende zu der Gründung des Nonnenklosters in Zehdenick. Von einem Hostienfrevel durch Juden war hier keine Rede. Die dort angesiedelten Zisterzienserinnen betätigten sich in der Heidenmission, und sie verbreiteten römische Agrikultur, eine neue Bodenpflege, die reichere Erträge brachte, auch gehörte die Krankenpflege und die Unterrichtung der Kinder zu ihren Aufgaben. Doch immer war das Wunder des Glaubens liebstes Kind.

Ein neues Zisterzienserinnenkloster Heiligengrabe, gelegen an der Landstraße zwischen Wittstock und Pritzwalk, in der Nachbarschaft des Dorfes Techow, geht ebenso auf die Verehrung einer blutenden Hostie zurück, man schrieb das Jahr 1285.

Die Legende, die Hostie sei durch einen Frevel der Juden geschändet worden, ist zum erstenmal 1516 in Latein verbreitet worden. Die Geschichte wurde 1521 in Deutsch bei Ludwig Dietz in Rostock gedruckt und in vielen Exemplaren vom Klerus verbreitet. In dem niederdeutschsprachigen Bericht heißt es:

«Der wahre Glaube, so sehr er von den Ungläubigen bekämpft wird, wird er dadurch weder verringert noch geschwächt, sondern kommt immer mehr mit größter Helligkeit an den Tag. Das geschah ganz besonders durch einen Juden von Freiburg, aus dem Meißner Land. Dieser allerschnödeste Jude, der in einem Dorf, Techow genannt, anwesend war, gelegen im Stift von Havelberg, unter der Herrschaft des allerdurchlauchtigsten hochgeborenen Fürsten und Herrn Jochen, des Heiligen Römischen Reichs Erzkämmerer Kurfürsten, Markgrafen zu Brandenburg ect., stahl an einem Freitag nach dem heiligen Himmelfahrtsfest im Jahre 1285 aus der Kirche des Dorfes Techow eine Monstranz mit einer geweihten Hostie und wollte sie zu seinen Glaubensgenossen nach Pritzwalk bringen. Aber die Monstranz mit der Hostie wurde schwerer und schwerer, daß er nicht weitergehen konnte, sondern mußte sie unter einer Eiche, die noch heute an dem Wege steht, absetzen und sich ausruhen. Dann ging er weiter und kam an einen See, bei welchem ein Galgen stand, an dem ein Mann hing, und dabei stand ein Rad. Dort grub der Jude ein Loch und legte das heilige Sakrament, das er zuvor in kleine Stücke zerteilt hatte, hinein und vergrub alles. Er ging dann nach Pritzwalk zu seinen Glaubensge-

Bildfolge in der Blutskapelle Heiligengrabe

nossen. Als nun die Bauern in Techow bemerkten, daß ihre Kirche aufgebrochen war, das heilige Sakrament gestohlen, erschraken sie sehr und erfuhren, daß in der vergangenen Nacht ein Jude im Wirtshaus übernachtet hatte, der mit blutigen Händen nach Pritzwalk gelaufen war. Und da säumten sie nicht lange und liefen so lange, bis sie ihn in Pritzwalk fanden, wo er mit anderen Juden zusammensaß. Die Bauern fragten den Juden und baten ihn, die ganze Geschichte zu offenbaren und zu bekennen, aber er wollte ihnen nicht die Wahrheit sagen. Sie fanden einen Bürger, der sich eine Tonsur scheren ließ, die Kleider anzog wie ein Priester und dem Juden mit süßen Worten zuredete und

ihn bat in Gottes Namen, doch die Wahrheit zu gestehen, ihm könne er es ja sagen, er sei ein Priester. Und was man ihm in der Beichte mitteile, dürfe er nicht weitergeben. Der Jude», so hieß es in der Schrift, «wurde durch die süßen Worte des falschen Priesters bewegt und ging mit ihm an den Ort, wo er das heilige Sakrament begraben hatte, und sprach. ‹Hier liegt Euer Gott›. Der Jude wurde durch die List des falschen Priesters betrogen. Er wurde von den Bauern nun ergriffen, ins Gefängnis geworfen, wo er seine Missetat nun bekennen mußte. An dem Tag, an dem er verurteilt werden sollte, kamen viele Leute zusam-

men, der Richter sprach das richtige Urteil, der Jude sollte gerädert werden. Er bat um Gnade … Das ist der erste Ursprung des Klosters und des Ordens.»

Über den Bischof von Havelberg, Heinrich, der seine Residenz in Wittstock hatte, hieß es in dem frommen Bericht: «Er wollte an das Wunder nicht glauben. Er erkrankte auf einer Inspektionsreise schwer und wurde erst gesund, als er an der Stelle, wo die blutende Hostie gelegen hatte, betete.» Er ordnete an, daß an dieser Stelle eine Kapelle gebaut werden sollte. Der Markgraf Otto mit dem Pfeil

(1267–1308) hatte die Absicht, nicht weit von Techow ein Jagdschloß zu bauen. «Als er jedoch in der Nähe dieser wundersamen Stätte rastete, wandelten sich alle Steine in Blut, und eine Stimme befahl ihm in der Nacht, ein Nonnenkloster zu gründen.» Die verletzte Hostie wurde in der Kapelle unter einer Glasplatte bewahrt. Der Bau hieß von nun an «das heilige Grab», die Kapelle die Blutskapelle. Im Vorraum der Klosterkirche sind noch heute die Bilder zu sehen, die nach dieser Legende angefertigt wurden, wie der Jude die Hostie zerschnitt, wie er sie vergrub, wie die Erde anfing zu

bluten. Die Bilder entstanden wahrscheinlich einige Jahre nach der Reformation.

Es ist bemerkenswert, daß all diese Legenden, die Juden hätten die Hostien durchstoßen oder zerteilt und daraufhin wären sie blutig geworden, in dem Augenblick aufkamen, als der Kurfürst von Brandenburg in einem Konflikt mit den Bischöfen, dem Adel und der Bürgerschaft stand. Diese drei Gruppen verlangten die Ausweisung der Juden aus der Mark. Der Kurfürst aber bestand darauf, sie als seinen Besitz zu behalten, um von ihnen das Judenregal einziehen zu können. Um die Judenfeindschaft weiter anzuheizen, verbreitete der Klerus die Blutbeschuldigung von Heiligengrabe.

Während der Reformation wurde das Kloster in ein adliges Damenstift umgewandelt. Über alle Zeitumstände hinweg blieb die Klosteranlage vollständig erhalten. In den alten Klosterräumen ist ein Diakonissenheim untergebracht, die Vorsteherin dieser Einrichtung trägt heute noch den Titel Äbtissin. Im Kaiserreich galt die Äbtissin von Heiligengrabe nach der Kaiserin als die vornehmste Dame des Deutschen Reichs. Bei Empfängen hatte sie nach der Kaiserin vor allen anderen Damen den Vortritt bei Hofe. Als besondere Auszeichnung gab ihr der Kaiser das Recht, einen Bischofsstab zu tragen, und schloß sie in seine Ordensverleihungen mit ein.

Heiligengrabe blieb bis zum Jahre 1517 ein sehr beliebter und besuchter Wallfahrtsort. Von dem Glauben an die Wunderkraft dieser blutenden Hostie trennte man sich auch nach der Reformation nur ungern. Im Jahre 1987 wurden bei Restaurationsarbeiten unter dem Boden der Blutskapelle Skelette von Enthaupteten gefunden. Archäologen nehmen an, dies sei der Platz einer alten Richtstätte gewesen; der Name Blutskapelle mag damit im Zusammenhang stehen.

Flugblätter und Chroniken berichten über Hostienschändungen der Juden aus Beelitz und aus Techow, Blutwunder im 13. Jahrhundert.

Gab es in diesen Jahren und an diesen Orten Juden? Wurden sie damals dort verfolgt und verbrannt, wie es später berichtet wurde? Das ist ungewiß. Nur eines ist sicher: Mit diesen Legenden wurde der Judenhaß auch im Norden geschürt.

Im Jahre 1492, das ist verbürgt, wurden in Sternberg Juden verbrannt. Im selben Jahr, als das Mittelalter zu Grabe getragen wurde, brannten in dem abgelegenen Städtchen Sternberg auf dem Judenberg die Scheiterhaufen.

Etwas verschlafen, etwas abseits von der Welt, liegt heute die kleine Kreisstadt Sternberg mit ihren fünftausenddreihundert Einwohnern in einer idyllischen hügeligen Landschaft Mecklenburgs, von ei-

nem Wald umsäumt, seenumringt. Ein Gebäude fällt auf, eine Kirche, fast ein Dom. Sankt Marien. Angebaut eine Blutskapelle. Noch steht dort Gerümpel, eine Tischplatte, Bilder. Der junge Pfarrer, Joachim Anders, zeigt es. Er zeigt es nicht gern, es belastet ihn. Er hat versucht, ein Zeichen dagegenzusetzen. In der Kirche – neben dem Altar – ein siebenarmiger Leuchter. Nachgebildet dem Leuchter, der Menorah, wie er im Tempel zu Jerusalem gestanden hat. Wie er auf dem Titustriumphbogen heute noch in Rom zu sehen ist. Die geplünderte Kostbarkeit aus dem Tempel in Jerusalem.

Der Pfarrer von Sternberg fühlt sich heute verantwortlich für das, was 1492 in seinem Städtchen geschah, er fühlt sich verantwortlich für das, was seit 1933 mit der jüdischen Bevölkerung in Deutschland geschah.

Sternberg hatte vor langen Zeiten einmal glanzvolle Tage gesehen. Im Anfang des 14. Jahrhunderts hatte der mecklenburgische Fürst Heinrich der Löwe dort seine Residenz aufgeschlagen. Das ganze Land war ursprünglich slawisch bewohnt, und die deutschen Neusiedler kamen aus allen Gebieten der niederdeutschen Ebene, vom Rheinland, von Schleswig, von Holstein, sie verdrängten die Slawen und verbreiteten das Christentum. Sternberg wurde eine Feste der deutsch-christlichen Kolonisation in einem slawischen Land.

In einer Schrift über die Geschichte der Stadt Sternberg stellt der evangelisch-lutherische Pastor Bard um die Jahrhundertwende fest, daß kurz vor der Reformation Sternberg seine frühere Bedeutung wiedergewonnen hatte. Die Stadt hatte in den letzten Jahren vor der Reformation einen besonderen Aufschwung erlebt und damit auch eine Hebung des Wohlstands der Bevölkerung: durch die Verehrung des Heiligen Blutes.

Das Heilige Blut hatte im Land Mecklenburg zwei Vorbilder. Der Dom zu Schwerin besaß seit dem Jahre 1220 eine kostbare Reliquie aus dem Heiligen Lande, einen Jaspis, der einen Tropfen vom Blut des Herrn Jesu Christi in sich schloß. Dorthin zogen Wallfahrer. Es wurde von Wundern berichtet. Aber diese Wallfahrten und diese Wunder wurden in den Schatten gestellt durch das Wunderblut von Wilsnack, dem größten Wallfahrtsort im Norden Europas. Wilsnack rühmte sich, drei blutbefleckte Hostien zu besitzen, die bei einem Brand der Kirche im Jahre 1383 auf wunderbare Weise aus der Asche unversehrt hervorgingen. Ihnen wurden große Heilkräfte zugeschrieben. Dieses Wunderblut von Wilsnack hatte nichts mit Juden und Judenverfolgungen zu tun. Hier gab es einen Streit der Kirche mit einem Ritter von Bülow, der sich einiger Dörfer, die der Kirche gehörten, bemächtigen wollte, sie einäscherte. Der Ritter kämpfte mit seinem Schwert und seinen Landsknechten, die Kirche besiegte ihn mit ihrem Wunder und wunderbar wirkenden Hostien.

Über die Vorgänge, die zur blutenden Hostie von Sternberg führten, hatte ein Matthäus Brandis aus Lübeck ein Flugblatt gedruckt. Und auf diesem Flugblatt waren Holzschnitte, die immer wieder auftauchten, um zu zeigen, auf welch schändliche Art die Juden mit Messern und Pfriemen die geheiligten Hostien zerstachen.

Ein ähnlicher Bericht über die sogenannte Urgicht der Juden, über die Verspottung des Sakraments zu Sternberg, vom 22. Oktober 1492 wurde von Stephan Arndes in Lübeck nachgedruckt. Unter dem Holzschnitt steht ein Vers: «Von den bösen Juden folgt hier eine Geschichte, dazu von denselben ein merklich Gedicht.» Der wesentliche Inhalt besagt:

«Im Jahre unseres Herrn 1492 am Tage Severi und Severine (22. Oktober – d. A.) haben die bösen, schuftigen Juden, welche mit ihrer Bosheit die heilige Christenheit zu Hohn und Schmach des allmächtigen Gottes und des Christenglaubens verfolgen, offen bekannt, welche schwere Mißhandlung sie an dem gebenedeiten und wahren und heiligen Sakrament unseres Herrn Jesu Christ begangen haben, wie hier erzählt werden soll. Zum ersten: ein Priester, genannt Herr Peter Däne, hat bekannt, daß ein Jude, namens Eleaser, welcher zu Sternberg im Stift Schwerin an der Ecke der Pastiner Straße wohnte, einen eisernen Grapen (Topf – d. A.) bei sich gehabt habe, welchen er ihm für vier Schilling verpfändet hatte. Nun ist derselbe Herr Peter wieder zu dem genannten Juden Eleaser gekommen, hat seinen Topf von Eleaser zurückerbeten; darauf derselbe Eleaser ihm geantwortet hat: Ob er ihm nicht das Heilige Sakrament verschaffen könne, dann würde er ihm den Topf wiedergeben und noch eine gute Belohnung dazu.

Auf Grund dieses zwischen ihnen beiden geschlossenen Vertrages hat Herr Peter Däne in der Sternberger Kirche auf dem Altar Allerheiligen am Tage der Sieben Brüder (10. Juli – d. A.) zwei Hostien geweiht und sie am nächsten Tage dem genannten Eleaser in einem seidenen Tuche, welches er vom Altar der Heiligen drei Könige abgeschnitten hatte, überantwortet.

Ferner bekannte der genannte Herr Peter Däne, daß Eleasers Weib ihm am Dienstag vor Bartholomäi (21. August – d. A.) das geweihte hochwürdige Sakrament in einem hölzernen Leuchterkopf wiedergebracht habe mit den Worten: ‹Herr Peter Däne, seht, da habt Ihr Euren Gott wieder und bewahrt ihn›. Worauf denn der Herr Peter diese geweihten Hostien wieder an sich genommen habe, in der Absicht, sie wieder in die Kirche zu bringen oder auf dem Kirchhof zu begraben; welches er jedoch in keinerlei Weise fertig bringen konnte, denn er war in Gegenwart der Juden nicht imstande, sie von dem Residenzhof der Fürsten Magnus und Balthasar, Herzöge von Mecklenburg, hinwegzubringen; sondern er hat sie auf demselben Hof in die Erde vergraben.

Und wie sie wiederum vor Augen gekommen und aufgegraben sind in Gegenwart der genannten Herzöge zu Mecklenburg und vieler anderer Herrn und Prälaten, ist allgemein bekannt.

Ferner hat bekannt eine Jüdin, des genannten Eleasers Weib, daß ihr Mann Eleasar mit Hilfe und Beirat der anderen Juden vier Hostien gekauft und an sich gebracht habe, deren zwei kurz vor Jakobi an einem Freitag (20. Juli – d. A.), als Eleasers Tochter Hochzeit hielt, morgens früh um 8 Uhr unter einer Laube zu Sternberg von fünf Juden mit Nadeln gestochen seien, so daß das Blut herausgeflossen ist. Zwar sagte das Weib, diese fünf seien gewesen Mochel Arons Sohn von Brandenburg, Schünemann zu Friedland, Simon, ihr Tochtermann, und Salomon zu Teterow. Auch bekennt Simon das gleiche mit Eleasers Weib, und jedes von ihnen besonders, daß das oben Erwähnte wirklich so geschehen sei.

Ferner sagt Eleasers Weib, und auch einer namens Jakob hat bekannt, daß die beiden anderen geweihten Hostien bei Licht in ihrer Tuchumhüllung in Eleasers Haus mit Messern durchstochen worden seien, wobei sie ebenfalls Mitwisserin gewesen.

Ferner hat Jakob noch bekannt, daß diese vorhin erzählte Freveltat um deswillen unternommen sei, weil die Juden die Wahrheit von dem hochwürdigen Sakramente in Erfahrung bringen wollten; wie denn sämtliche oben genannte Juden dabei Mitwisser gewesen sind und ihre Zustimmung dazu gegeben haben.

Ferner haben bekannt sämtliche Juden von Friedland, desgleichen die Juden von Brandenburg und noch einer namens Leser, welcher mit bei der Festlichkeit in Sternberg gewesen, daß sie sich mit Rat und Tat daran beteiligt und dies oben Berichtete mit beschlossen haben.

Ein Jude namens Smaryge hat bekannt, daß er einen Gulden beigesteuert habe, um das hochwürdige heilige Sakrament zu kaufen, und gegenwärtig gewesen sei, als die erwähnten Hostien bei der Hochzeit so zerstochen wurden, und mit angesehen habe, daß das gebenedeite Blut herausgeflossen, wie er denn auch seine Einwilligung dazu gegeben.

Die Juden, welche in der genannten Stadt Sternberg verbrannt wurden, waren fünfundzwanzig mit zwei Frauen; aber der vorerwähnte Eleaser, der eigentliche Urheber dieser Freveltat, ist mit zwei Hostien entkommen; welchem Gott ohne allen Zweifel den Lohn für seine Missetat noch zuführen wird.»

Die Judenverbrennung wird auch mit Datum in einem anderen Dokument genannt: «Am Mittwoch vor Simonis und Judä» (24. Oktober 1492 – d.A.), und es wird dann noch berichtet: «Der Priester wurde auch verbrannt am Mittwoch nach Gregorii (13. März – d. A.) im Jahre 1493». Diese Darstellung, so glaubt man allgemein, sei aus gerichtlichen Protokollen entnommen. Daß diese Geständnisse unter der Folter erpreßt wurden, ist ohne Zweifel. Aber wurden sie überhaupt so gegeben?

Es ist im Schweriner Archiv zu Beginn des 19. Jahrhunderts ein Schriftstück aufgefunden worden, das wahrscheinlich das erste Verhörprotokoll vom 29. August 1492 enthielt. Es kann angenommen werden, daß es sich um ein Originaldokument handelt, das in Gegenwart der beiden Herzöge aufgenommen wurde. Hier wird ein völlig anderer Hergang wiedergegeben:

«Anno 1492 am Tage Johannis des Täufers im Sommer (also am Tage der Enthauptung Johannis', dem 29. August – d. A.). Es ist ein Jude aus Rußland gewesen in Penzlin und ebendaselbst ein Franziskanermönch, welcher dem genannten Juden eine geweihte Hostie, wie man sie in der Heiligen Messe zu gebrauchen pflegt, überliefert und zugleich aus seinem Orden ausgetreten, das geistliche Kleid mit dem weltlichen vertauscht hat. Diese Hostie haben die Juden daselbst zu Penzlin bei sich behalten. Ferner haben die Juden noch eine zweite Hostie von einer christlichen Frau zu Teterow für zehn Schillinge gekauft. Diese Hostie war klein, aus einer großen Hostie herausgeschnitten.

Diese beiden Hostien zusammen haben die falschen Juden in die Stadt Sternberg gebracht und sie da mißhandelt und mit Nadeln zerstochen. Der großen Hostie haben sie fünf Stiche beigebracht, wie denn in der Tat das Blut an der Hostie an fünf Stellen noch deutlich gesehen wird. Die andere Hostie haben sie an allen Stellen beschnitten, zu einer Gestalt und Figur, wie vor Augen liegt (gemeint ist wohl, daß die Figur des Gekreuzigten, welche auf der Hostie abgebildet war, herausgeschnitten war – d. A.), und es ist deutlich zu sehen, daß Blut daraus geflossen ist, und auch aus der Seite der Hostie, wo sie auch mit Nadeln zerstochen wurde, ist tatsächlich Blut gespritzt.

Diese Mißhandlung und Beschimpfung des Heiligen Sakraments haben die Juden daselbst in Sternberg vorgenommen, bei Gelegenheit einer Festlichkeit und Schmauserei, worin sich ihre jüdische Art recht kundtat.

Dieselben Juden aber sind bei der Beschimpfung unseres christlichen Glaubens sämtlich von Furcht und Angst befallen worden und haben gemeint, sie müßten zu Steinen werden und in den Abgrund versinken.

Darauf hat eine jüdische Frau bald die Hostien in ein Tuch gewikkelt und einem Sternberger Priester dargeboten mit den Worten: ‹Hier ist Dein Gott›. Und hat derselbe Priester, wohl in der frommen Meinung, die Hostien zu sich genommen und verborgen gehalten.

Später sind die Hostien von demselben Priester in dem obersten Teil der Livern (was damit gemeint ist, ist unbekannt – d. A.) in die Erde eingegraben worden. Nach Angabe desselben Priesters ist ihm in der Nacht ein Geist erschienen und hat ihm in bezug auf das Sakrament ein Wahrzeichen gegeben.»

Es wird berichtet, daß dieses Verhör in Gegenwart der beiden Mecklenburger Herzöge Magnus und Balthasar aufgenommen wurde.

Es endet: «Der Juden, welche das Sakrament so mißhandelt haben, waren fünf, außerdem sechzig, welche mit Rat und Tat teilgenommen haben.»

Zwei Protokolle liegen über denselben Vorgang vor. Sie stimmen nicht überein. Sie können nicht übereinstimmen, weil sie beide nicht stimmen. Kein Ermittler versuchte, die Widersprüche zu klären.

Wem zum Nutzen wurde die Wahrheit verschleiert? Es gab nur einen Grund: Die Juden sollten aus ganz Mecklenburg vertrieben werden. Sie wurden vertrieben. Ihr Vermögen wurde zugunsten der Herzöge eingezogen. Alle Schulden wurden für null und nichtig erklärt. Es war ein Ersatz für die Herzöge, Ersatz für das nun nicht mehr fließende Geld aus dem Judenregal.

Haben sich damals Juristen mit dem Fall beschäftigt?

Ein Gelehrter der Universität Rostock, Nikolaus Marschalk, der von 1510 bis 1525 als Jurist dort wirkte, hat sich damit befaßt. Marschalk wird in der *Festschrift zur Fünfhundertfünfzig-Jahr-Feier der Universität Ro-*

Austreibung der Juden, Verfolgung bis vor die Stadt, um 1470 (Ausschnitt)

stock (1969) als Propagandist der neuen Ideologie des Humanismus und eines neuen geistig-wissenschaftlichen Lebens in Rostock gefeiert: «Er gehört zu denen, die als Vorbilder mitgeholfen haben, dem Humanismus auch in Rostock eine Heimstätte zu schaffen.» Es wird von ihm gerühmt: «Seine umfassende Gelehrsamkeit, sein Interesse für die vielseitigen Wissenschaftsgebiete und eine dementsprechende ausgedehnte Lehrtätigkeit sichern Marschalk den Rang eines der tüchtigsten Gelehrten der alten Universität.»

Er hatte im Auftrag der mecklenburgischen Herzöge Heinrich und Albrecht, der Söhne des 1503 verstorbenen Herzogs Magnus, ein Gutachten über die Sternberger Vorgänge zu liefern. Sein Gutachten erhebt ausdrücklich den Anspruch unbedingter geschichtlicher Glaubwürdigkeit. Von den Penzliner Hostien schweigt er, sein Bericht bezieht sich nur auf die Vorgänge in Sternberg. Er erfindet hinzu, daß die Hostien, als sie gestochen wurden, ganze Ströme von Blut vergossen hätten. Die eine Hostie habe sich ellenhoch über den Tisch erhoben und sei in der Luft im Kreise umhergeschwebt. Es heißt dann weiter: «Der Priester Peter Däne hatte die Hostien auf dem Residenzhofe von dem Weibe Eleasers mit den Worten: ‹Hier ist Dein Gott› zurückerhalten und versucht, sie von diesem Platz fortzubringen. Dies ist ihm aber nicht gelungen, vielmehr hat er sie – weil er sie nicht vom Flecke zu bringen vermochte – an Ort und Stelle begraben müssen. Er wird von Gewissensqualen getrieben und will, um zu büßen, den geschändeten Hostien zur Erhöhung und zur Verherrlichung verhelfen. Und indem er den wahren Sachverhalt verschweigt, macht er dem

Schweriner Domkapitel die Anzeige, es sei ihm durch Traumerscheinungen mehrere Nächte offenbart, auf dem Sternberger Residenzhofe liege das allerheiligste Sakrament vergraben und begehre mit Ehren in die Pfarrkirche zu Sternberg gebracht zu werden. Das mißtrauische und vorsichtige Domkapitel gibt ihm für einige Nächte einen bewährten Geistlichen bei, dieser hat aber keine Traumerscheinungen, wird auch sonst nichts gewahr. Und so erhält Peter Däne einen Verweis, sich nicht so leichtfertig mit solchen Dingen zu befassen. Aber Peter Däne läßt nicht nach, so daß schließlich eine Kommission von Prälaten und fürstlichen Beamten abgeordnet wird, die Sache zu untersuchen. Der Priester erhält den Auftrag, in ihrer Gegenwart selber auf dem Hofe nachzugraben. Er gräbt an verschiedenen Stellen, freilich immer vergeblich, kann es dabei aber nicht unterlassen, immer wieder nach dem Orte hinzuschielen, wo er selber die Hostien vor einiger Zeit vergraben hat. Hierdurch aufmerksam geworden und mißtrauisch gemacht, stößt einer der Anwesenden an dieser Stelle mit einem Dolch in die Erde, trifft auf etwas Hartes, und nun findet man in dem ‹Leuchterkopf› die beiden blutbefleckten Hostien.

Da man zunächst nicht weiß, was man damit anfangen soll, legt man sie in der Kirche in eine eiserne Truhe. Der verdächtig gewordene Priester, Peter Däne, wird seinem Herrn in Gewahrsam gegeben. Dieser Kirchherr ist weniger interessiert. Er behandelt die Sache dilatorisch, und so hätte nicht viel gefehlt, so wäre das ganze Verbrechen unentdeckt geblieben, wenn nicht die Herzöge von Mecklenburg, die Brüder Magnus und Balthasar, sich mit großem Nachdruck und Eifer der Sache angenommen hätten, und auf ihre Anordnung hin Peter Däne gefänglich eingezogen und in feierlicher Gerichtssitzung auf der Folter befragt worden wäre, wobei er denn auch ohne zu zögern den wahren Hergang erzählt und seine eigene und der Juden Schuld bekennt.

Und nun tritt der Bischof von Schwerin mit seinen beiden Nachbarn, den Bischöfen von Ratzeburg und Cammin, und mit einer großen Anzahl gottesgelehrter Männer zusammen, um zu beraten, was mit den blutenden Hostien geschehen solle. Es taucht der Gedanke auf, sie zur Kommunion zu verwenden, und einer aus der Versammlung erbietet sich, sie sofort zu nehmen, aber diese Ansicht wird», so berichtet Marschalk weiter, «glücklicherweise überstimmt, und man kommt zu dem Schluß, den geschändeten Hostien eine Stätte der Verehrung zu bereiten.

Dies geschieht! Mit größter Feierlichkeit werden die Hostien im Prozessionszuge in die Kirche getragen und dann in dem vorhandenen Sakramentshäuschen niedergelegt, bis für sie die eigene Kapelle erbaut war, in welcher sie seitdem täglich zweimal der andächtigen Menge gezeigt wurden. Durch das Schauen schon erwarb man reichen Sündenablaß, ungleich reicheren Segen durch Gebet und Opfer! Zahlreiche Wunder geschehen, von weither strömen die Gläubigen, Sternberg ist eine Heilige Stätte, ein Wallfahrtsort geworden.

Die Juden in ganz Mecklenburg werden gefangengesetzt und einem peinlichen Verhör unterzogen. Sie gestehen alles ein, auch diejenigen, welche den Frevel begangen – mit Ausnahme des entflohenen Eleaser –, bekennen ihre Schuld, bekennen, daß Blut geflossen, die Hostie in die Höhe gesprungen sei. Auf die Frage, ob sie denn glauben und getauft werden wollen, beharren sie im Trotz und sind dann – fünfundzwanzig Männer und zwei Frauen –, psalmensingend, den Feuertod auf dem Judenberge bei Sternberg gestorben (24. Oktober 1492).»

Der gelehrte Jurist Marschalk erklärt, daß der Versuch der von Furcht ergriffenen Juden, die Hostien durch Feuer oder Wasser zu vernichten, gescheitert sei. Im Feuer seien sie unversehrt geblieben, ins Wasser geworfen, seien sie wieder ans Land geschwommen. Eleasers Weib soll versucht haben, die Hostie ins Wasser zu werfen. «Als sie dabei auf einen großen Stein am Ufer trat, sanken ihre Füße tief in den Stein ein, und sie fuhr entsetzt zurück.» In dem Marschalk-Gutachten wird auch erwähnt, daß die Judenschaften in einer Reihe von Städten durch die Nachricht von der Zerstechung der Hostie «erfreut und in ihrer Boshaftigkeit gestärkt» gewesen. Und «daß die Sternberger Missetäter die am frühen Morgen vorgenommene Prozedur der Schändung ganz gemütlich am Abend desselben Tages wiederholt hätten».

Ein Zeitgenosse Marschalks, der evangelische Theologe Osiander, deckte das Verhalten schonungslos auf, Schuldsprüche nach vorgefertigtem Muster zu bilden. In seiner Schrift *Ob es wahr und glaublich sei, daß die Juden der Christen Kinder heimlich erwürgen und ihr Blut gebrauchen* schrieb er über die Unaufrichtigkeit der Ankläger: «Wer dichten will und will es reimen, der braucht nicht fromm zu sein. Er muß aber wenigstens weise und klug sein und ein langes Gedächtnis haben.» Osiander war es auch, der fragte, wer denn glauben wolle, daß ausgerechnet diese Menschen, die in tagtäglicher Unsicherheit lebten, Straftaten begehen sollten, die das Bedrohliche ihrer Lage aussichtslos werden lassen müßten. Osianders mitfühlendes Herz und sein Verstand gaben zu bedenken, unter welchen Umständen sie in der Mitte Europas wohnten: «Des Morgens werden sie sagen, wer gibt mir den Abend, des Abends, wer gibt mir den Morgen?»

Die Verbrennung der siebenundzwanzig von Sternberg auf dem Judenberg – er heißt heute noch so – war ein Justizmord, ein Verbrechen. Die Vertreibung aller Juden aus den mecklenburgischen Ländern ein Willkürakt. Und wie bei jedem Verbrechen müßte ein Jurist sich fragen: Cui bono, wem nützt es.

Die Verschiedenartigkeit dieser drei Berichte weist auf die Schuldigen hin. Das Schweriner Domkapitel hatte kein Interesse daran, das Blutwunder in Sternberg zu bestätigen, aus Furcht, daß ihr Heiliges Blut dadurch an Wert und Zulauf verlieren würde. Die von Marschalk berichtete Legende, die geschändeten Hostien seien nicht vom Residenzhof der Fürsten von Mecklenburg zu entfernen gewesen, lassen darauf schließen, daß die Herzöge ihren Residenzhof gern als geweihte und geheiligte Stätte in das Geschäft der Wallfahrten mit einbezogen hätten. Hier wurde dann tatsächlich eine Fronleichnamskapelle errichtet, und der Residenzhof wurde Kloster. Es ist auch kennzeichnend, daß der gelehrte Marschalk erwähnt, besonders Herzog Magnus habe sich intensiv am Verhör und an der Hinrichtung beteiligt, seine Söhne hätten daraus manchen materiellen Vorteil gezogen.

Pfarrer Bard, ein gewissenhafter Verfasser einer Sternberger Stadtgeschichte, nennt die ganze Legende der Hostienschändung einmal «Pia fraus», frommer Betrug. Und er sagt es noch deutlicher: «Reiner Schwindel». Heute noch ist in der Blutskapelle ein Bild zu sehen, in dem der Feuertod der Sternberger Juden dargestellt wird. Es gibt den Tisch, auf dem angeblich Juden die Hostien zerstochen haben, und an der Außenwand der Wunderkapelle ist der Stein eingemauert, auf dem Eleasers Frau eingesunken sein soll. Peinlich nur, diese Fußspuren zeigen deutliche Meißelschläge. Bei den Wallfahrten wurden die frommen Gläubigen um die Kirche und die Kapelle geführt, und sie spien dabei auf diesen Stein. Die Tischplatte trägt die Inschrift: «Dit is de Tafele da de Joden dat hillige Sacrament ubgestecen und gemartelet heft to sternberg im Jahre 1492.»

Wem hat es nun genützt? Sternberg blühte auf. Ein Maler Erhard wurde bestellt, um das ganze Geschehen einzufangen mit schönen Farben. Im Jahre 1494 beschlossen Bischof und Domkapitel zu Schwerin, daß in Sternberg eine Heiligblutskapelle errichtet werden sollte. Als

Stein mit Fußabdrücken vor der Kirche in Sternberg

Anbau an die Pfarrkirche. Die Kapelle wurde auf das reichste ausgestattet, sie wurde mit Glasmalereien geschmückt, die 1741 bei einem Brand zerstört wurden.

Die Einnahmen aus den Prozessionen wurden geregelt, und es ist hier ganz genau ablesbar, wer an dem Justizmord verdient hat. Es wurden jährlich bis zu vierhundert Goldgulden eingenommen. Ein Drittel war für den Pfarrer von Sternberg vorgesehen, ein zweites Drittel wurde auf Wunsch der Herzöge für die Sankt-Jakobi-Kirche in Rostock bestimmt, dort wollten die Herzöge mit großen Kosten ein Domkollegiatstift einrichten. Das letzte Drittel verlangte der Bischof von Schwerin für die Heiligblutskapelle am Schweriner Dom wegen der Konkurrenz dieser Gnadenstätte durch die viel größere und wirksamere Blutskapelle in Sternberg. Später wollten die Herzöge einen höheren Anteil haben. Der Sternberger Pfarrer sollte nur noch hundert Gulden als feste Einnahme bekommen. Das übrige aber sollte den Herzögen zur freien Bestimmung übergeben werden. Sie wollten damit arme

Tisch in der Blutskapelle der Kirche in Sternberg

Klöster und Gotteshäuser unterstützen. Das war der Vorwand. Und im Jahre 1515 schickten die Herzöge einen eigenen Agenten nach Rom zum Papst, um die Genehmigung für diesen Plan zu erhalten. Die Verhandlungen wurden in größter Heimlichkeit geführt. Man hoffte, von Rom einen bischöflichen Ablaß zu bekommen, einen Ablaß auch von

Seiner Heiligkeit und einigen Kardinälen. Ablaß so groß wie möglich. Es scheint geglückt zu sein, und im Jahre 1514 übersandte Papst Leo X. einen vergoldeten Kelch und erwies damit dem Blutwunder seine Bestätigung. Dadurch hoffte man, die Wallfahrten noch anziehender gestalten zu können, um die Börsen der Gläubigen weit zu öffnen.

In seinem Gutachten hatte schon der Humanist Marschalk vermerkt, daß das Heilige Blut Blinde sehend, Lahme gehend, Taube hörend gemacht, sogar Tote wieder zum Leben erweckt habe. Nachbildungen der geheilten Gliedmaßen in Wachs oder Metall hingen an den Wänden.

Und die Ausbeute aus dem Wunderblut wuchs und wuchs. An der Sternberger Pfarrkirche und drei kleineren Kirchen waren etwa zwölf Geistliche tätig. Es mußten aber immer mehr Seelenmessen für Geld gehalten werden, so daß diese Geistlichen für die Stadt Sternberg mit zweitausend Einwohnern nicht mehr ausreichten. Es wurde ein Augustinerkloster gegründet mit zwölf bis fünfzehn Mönchen, darunter die meisten ordinierte Priester, die für die Wallfahrer Seelenmessen gegen bares Geld zu lesen hatten. Wie hoch die Spenden damals waren, mag aus einer Urkunde hervorgehen: Ein Adelsgeschlecht stiftete dem Kloster dreihundert Lübische Mark, einen Gegenwert von sechstausend Mark, mit der Verpflichtung, für diese Familie Seelenmessen zu lesen. Es ist bezeichnend, daß es die Ritter von Quitzow betraf, Leute, die es wirklich nötig hatten, Absolution zu bekommen, denn sie waren als die gefährlichsten Raubritter im damaligen Land Brandenburg und Mecklenburg bekannt.

Es gab Geschichten über den Klerus zu Sternberg. Die Eifersucht der geistlichen Herren der Stadtkirche auf die Einnahmen der Augustiner war schwerwiegend. So drang eines Tages der Rektor der Sternberger Schule, aufgestachelt von der Pfarrgeistlichkeit, bewaffnet in die Klosterkirche und störte den Gottesdienst. Die Mönche wehrten sich und legten ihn in Fesseln. Der Bischof tat das Kloster in Bann. Der Orden aber appellierte an den Papst. Es war ein peinlicher Konflikt. Herzog Heinrich vermittelte, und es gelang ihm, die Streitigkeiten wegen des Geldes beizulegen.

Die Reformation machte diesem Aberglauben ein Ende. In seiner Reformationsschrift *An den christlichen Adel Deutscher Nation, von des christlichen Standes Besserung* schrieb Luther ausdrücklich: «Zum 20., daß die wilden Kapellen und Feldkirchen würden von Grund aus zerstöret, alsda sind, da die neuen Wallfahrten hingehen, Wilsnack, Sternberg,

Trier, das Grimmenthal und jetzt Regensburg und der Anzahl viel mehr. O, wie schwer elende Rechenschaft werden die Bischöfe müssen geben, die solches Teufelsgespenst zulassen und den Genuß davon empfangen.» Luther erwähnt also Sternberg und Regensburg, beides Wallfahrtsorte, die durch Judenmord und Judenvertreibung zu dem wurden, was sie waren.

Um Sternberg hat sich Luther noch einmal gekümmert, er schrieb an den Prior der Augustiner zu Sternberg, Johann Stenwyck, am 24. Juli 1524, am Sonntag nach Margarethen. Er ging auf den Blutwunderschwindel ein: «... ich hätte dem Herzog selber geschrieben, doch es ist etwas dazwischengetreten, daß ich es nicht habe wagen mögen, um nicht etwa Verdacht zu erregen. Ich freue mich, daß Ihr dem bei Euch herrschenden Aberglauben das Maul gestopft und Euren gottlosen Erwerb abgetan habt.»

Die Blutskapelle wurde in eine Taufkapelle umgewandelt. Aber der Tisch, auf dem die Juden die Hostie angeblich geschändet hatten, blieb erhalten. Der gemeißelte Stein mit den Abdrücken der Füße angeblich von Eleasers Weib wurde aufgehoben.

Sternberger Notgeld, 1922

Stadt Sternberg i. Mecklbg
100
100
Pfennig
Holzschnitt um 1492
Pfennig
2. Die Hostienschändung durch die Juden zu Sternberg 20. Juli 1492

Stadt Sternberg i. Mecklbg
100
100
Pfennig
Pfennig
3. Der Feuertod der Hostienfrevler zu Sternberg 24. Okt. 1492

Und in der Inflationszeit nach dem ersten Weltkrieg druckte die Stadt Sternberg Notgeld mit drei Abbildungen. Erstens: Priester Peter Däne verkauft den Juden geweihte Hostien, 1492. Zweitens: Die Hostienschändung durch die Juden zu Sternberg, 20. Juli 1492. Und drittens: Feuertod der Hostienfrevler zu Sternberg, 24. Oktober 1492. Abbildungen der Holzschnitte aus dem Jahre 1492 unkommentiert, als wahre historische Begebenheit, als kulturelles Erbe verbreitet. Der Feuertod von Sternberg, die Krematorien in Auschwitz, welch eine Erbschaft.

Bacharach – Deggendorf – Trient

Ein blutiges Geflecht von Lüge, Folter, Aberglauben und materiellen Interessen. Oft wissen die Ankläger in den Jahrhunderten nach dem 4. Laterankonzil von 1215 nicht, was sie anklagen sollen: Hostienschändung oder Ritualmord.

Um 1288 entstand die Legende um den Guten Werner in Oberwesel bei Bacharach am Rhein. Man erzählte sich, Juden hätten diesen Mann oder, nach anderen Berichten, diesen Knaben Werner zu Tode gepeinigt, und die Leiche strahle nun eine wunderwirkende Leuchtkraft aus. Man machte keinen Prozeß. Sechsundzwanzig Juden wurden in Bacharach deswegen ermordet. Zum Grabe des heiligen Werner aber strömten Scharen von Glaubensseligen, sie erwarteten dort Wunder. Die jüdischen Gemeinden wandten sich an Kaiser Rudolf. Er war von der Grundlosigkeit der Beschuldigung überzeugt. Er legte den Mördern der Juden eine Geldbuße auf und befahl, die Leiche des Werner zu verbrennen. Seine Anordnung wurde nicht ausgeführt. Von einer Hostienschändung wurde damals nicht gesprochen.

In der zweiten Hälfte des 14. Jahrhunderts tauchte in einer lateinischen Chronik der Bericht auf, die Juden hätten damals Werner an den Füßen aufgehängt, um eine Hostie, die er im Begriff war zu verschluk-

Auf das Rad geflochtene Juden

Marterung von Juden

ken, in Besitz zu nehmen. Diese Legende führte zur Verehrung des Werner als Märtyrer und zum Ausbau einer Kapelle des heiligen Kunibert von Bacharach. Der Bacharacher Pfarrer Wienand v. Steeg betrieb 1426 bis 1429, unterstützt vom Kardinallegaten Orsini, einen Kanonisationsprozeß, ohne Erfolg. Dennoch, ein Fest des heiligen Werner wurde in der Diözese Trier seit dem 18. Jahrhundert gefeiert, am 19., später am 18. April. Erst 1963 wurde der Kult um den heiligen Werner abgeschafft.

Heinrich Heine hat die Legende um diesen fingierten Ritualmord in seiner unvollendeten Novelle *Der Rabbi von Bacharach* literarisch zu gestalten versucht.

«Vielleicht der schönste, aber sicher der stolzeste Barockturm Bayerns wurde im 18. Jahrhundert zum vierhundertsten Jubiläum der Deggendorfer Gnad in der niederbayrischen Stadt an der Donau aufgerichtet.» So heißt es im Buch *Wallfahrten im Bistum Regensburg* von Johann Utz aus dem Jahre 1981, mit einem Geleitwort von Rudolf, Bischof von Regensburg. Und wahrlich stolz kann das Bistum auf diesen Turm sein.

Ein genaues Datum für den Ursprung der Deggendorfer Gnad ist in keiner Quelle verzeichnet. In der gerade zur Stadt erhobenen Gemeinde Deggendorf wurde das Jahr 1336 dafür angesetzt: Einige Bürger wollten gesehen haben, wie Juden eine Hostie geschändet hätten. Dann geschah ein Jahr lang nichts. Aber an einem genau verabredeten Tag, am 30. September 1337, ließ man die Glocken läuten. Und der Ritter Hartmann von Deggenburg zog mit allen seinen Knechten heran, auf Veranlassung des Rates von Deggendorf oder, wie es damals hieß, Deckendorf. Sie wurden von der Bevölkerung mit großem Jubel empfangen. Der Ritter mit seinen Gefolgsleuten und Einwohner der Stadt überfielen die Juden und ermordeten sie alle. Sie wurden verbrannt, ihre Habe wurde ihnen geraubt. Ohne Untersuchung. Ohne Befragung. Ohne Prozeß.

Schon am 14. Oktober 1338 verzieh der Herzog Heinrich von Bayern und der Pfalz den Bürgern von Deggendorf den Mord an seinen Kammerknechten und schenkte ihnen das Vermögen der Juden. Das Beispiel der guten Deggendorfer wurde in Straubing nachvollzogen, und eine Welle von Judenverfolgungen lief durch ganz Niederbayern.

Ohne jede Untersuchung gewährte Papst Bonifaz IX. der neuerrichteten Heiliggrabkirche zur Gnad in Deggendorf, genauso wie der

Judenverbrennung

Markuskirche von Venedig, einen fünftägigen Ablaß vom 30. September bis zum Abend des 4. Oktober. Zwölf Beichtväter wurden nach Deggendorf geschickt. Von da an war Deggendorf ein Wallfahrtsort, und der Berichterstatter des Bistums Regensburg teilt mit Begeisterung mit: «Nun ergoß sich ein Pilgerstrom aus nah und fern bis zum heutigen Tage zu dieser Gnadenstätte. Die Kirche wurde mit zwölf Seitenaltären ausgestattet. 1625 übernahmen die Kapuziner die Wallfahrtsseelsorge. Sie stellten bis zu dreißig Beichtväter. 1802 (mit der französischen Besetzung) wurde ihr Kloster aufgehoben. Seit 1885», so wird weiter berichtet, «betreuen Redemptoristen die Wallfahrt.»

Derselbe Chronist schreibt: «Über der Grube, wo man die Hostien fand, wurde der sogenannte Judenaltar errichtet, mit Arkaden und Maßwerk um 1400 ... Im Mittelschrein die Reliefs: Verrat des Judas, Kreuzigung und Beweinung, gute Arbeiten um 1510.» Und er beendet seine Betrachtungen: «Bischof Rudolf gab 1967 der Grabwallfahrt einen neuen Sinn als ‹Eucharistische Wallfahrt der Diözese› ... es ist an der Zeit, von der Legende des Hostienfrevels Abschied zu nehmen.»

Flugblatt, um 1495

Aber in der westdeutschen Zeitung *Tribüne*, Nummer 90, von 1984 wird berichtet: «Die Deggendorfer und ihr Klerus, an der Spitze der Pfarrer der ‹Gnad›-Kirche, Josef Pommer, bleiben beim Gewohnten.

Die Kirche bleibt weiter die Hostienfrevelkirche, und der genannte Pfarrer hat es gewagt, in einem Vortrag zu den ‹Gnad›-Feiern 1983 zu sagen:. ‹Auf jeden Fall handelt es sich bei der Grabkirche um einen Sühnebau, gleich ob es sich um Sühne für den Hostienfrevel, wie es die Legende will, oder für den Judenmord handelt.›»

Trient um 1475, damals eine kleine Stadt am Südrand der Alpen, an der Etsch gelegen; die Bevölkerung sprach in der Mehrheit italienisch, aber politisch gehörten Stadt und Gebiet zu Tirol. Die zeitgenössischen Berichte sind übereinstimmend. Es gab ein gutes Miteinander von Christen und Juden. Ein besonderes Ansehen und Vertrauen genoß der jüdische Arzt Tobias.

Nach Trient kam um diese Zeit der berühmte, wortgewandte Franziskanerprediger Bernhardin da Feltre; er wurde zum Prior des dortigen Franziskanerklosters ernannt. Die Motive seines Judenhasses sind unbekannt. Wahrscheinlich hatte er starke Vorbehalte gegen den Wucher der Juden. In der Kirchengeschichte wurde er durch das Einrichten von Leihhäusern bekannt, die gegen eine Vergütung (man vermied das Wort Zinsen) Kredite auf Pfänder ausliehen; er gilt als der Schutzpatron der Geldverleiher. In Trient begann er seine missionarische Tätigkeit mit einer maßlosen Hetze gegen die Juden dieser Stadt. Nach einer seiner Predigten, kurz vor Ostern 1475, wurde er von seinen Glaubensbrüdern zur Rede gestellt, warum er denn alle Juden ausnahmslos verdamme. Es gäbe doch unter ihnen viele ehrenwerte, ehrliche Menschen; immer wieder wurde als Beispiel der Arzt Tobias genannt. Bernhardin da Feltre soll auf diese Bemerkung sinngemäß geäußert haben: Wenn Ihr nur wüßtet, wieviel Gutes Euch diese guten Menschen zufügen; kaum wird das Ostern des Herrn vorüber sein, werden sie den Beweis ihrer Güte liefern.

Am 23. Mai 1475, am Gründonnerstag, dem Donnerstag vor Ostern, verschwand ein dreijähriges, nach anderen Berichten ein zweijähriges Kind, Simon, Sohn eines Gerbers. Der Ortsbischof von Trient, Hinderbach, ließ von den Kanzeln erklären, dies sei das Werk der Feinde der Christen, und der Podestà, der Richter oder auch Stadthauptmann, ließ, ehe überhaupt von Tod oder Mord die Rede war, alle Häuser der Juden durchsuchen. Ein jüdischer Hofbesitzer, Samuel, entdeckte drei Tage später in einem Bach vor seinem Haus eine Kinderleiche. Gemeinsam mit Vertretern der jüdischen Gemeinde meldete er den Fund den Behörden.

Heute heißt es auch in der offiziellen katholischen Version der Geschehnisse von Trient, daß die Richter des Bischofs sofort mit Folterungen der Juden begannen. Dabei stellten sie einen Ritualmord fest.

Simon von Trient

Aber damals wurden andere Legenden verbreitet. Samuel, der Arzt Tobias und noch fünf andere angesehene jüdische Bürger wurden in Haft genommen. Als man sie an die Leiche des Kindes führte, habe sie zu bluten begonnen. So war das von Bernhardin da Feltre vorausgesagte Wunder eingetreten.

Gegenargumente wurden nicht zur Kenntnis genommen. Man hatte den Bischof darauf hingewiesen, daß möglicherweise die Leiche von einem Nachbarn in den Fluß geworfen war. Dieser Nachbar hatte einen Prozeß gegen Samuel verloren und wollte sich wahrscheinlich rächen. Seine Vernehmung war kurz und schmerzlos, er wurde wieder freigelassen.

Immer wieder wurden die Juden gefoltert. Und unter der Folter gestanden sie. Samuel aber erklärte erneut, die Aussagen unter der Folter seien nicht richtig, er sei am Tod des Simon unschuldig.

Die Folter wurde als besonders grausam geschildert. Auf Folterbänke gespannt, zerbrach man den Menschen die Knochen, man brannte ihre Haut mit glühendem Eisen. Wenn sie vor Schmerzen ohnmächtig wurden, brachten die Folterknechte sie durch Schläge zum Bewußtsein, um sie dann erneut zu foltern. So hatte man auch von Samuel das erwartete Geständnis erhalten.

Simon von Trient

Über den Hergang aber konnten sich die Folterknechte im Protokoll nicht einigen. Ein Bericht sagte, Samuel habe gemeinsam mit anderen Juden den kleinen Simon getötet «zur Schändung Christi»; ein anderer Folterknecht hatte eine andere Aussage erreicht: Die Juden hätten das Kind umgebracht und dessen Blut getrunken. Eine hochangesehene jüdische Frau, Brunetta, habe dazu die Nadeln geliefert. Unglaubliche Geschichten wurden in Umlauf gesetzt. Bei einem Rabbiner Mose habe man einen Brief aus Sachsen gefunden, dort hätten die Juden ihn aufgefordert, ihm Christenblut für das nächste Ostern zu liefern.

Gegen das gesamte Verfahren richtete sich schon 1475 eine heftige Kritik. Papst Sixtus IV. setzte einen bischöflichen Kommissar ein zur Untersuchung der Vorgänge. Sein Bericht soll enthüllend gewesen sein. Das Gericht habe die Ermittlungen gegen die tatsächlich Schuldigen – es waren Christen – eingestellt und nur Untersuchungen gegen Juden geführt, um ihr Vermögen zugunsten des Bischofs einzuziehen. Dem Papst lagen nun zwei widersprüchliche Berichte vor. Eine neue Kommission wurde eingesetzt, der sechs Kardinäle angehörten. Und diese Kommission wählte zum Vorsitzenden und Berichterstatter einen Freund des Bernhardin da Feltre. Damit war die Sache entschieden. Papst Sixtus IV. erklärte das Verfahren für formell einwandfrei, aber er verbot, die Juden weiter zu verfolgen. Doch vierzehn waren schon hingerichtet.

Das päpstliche Gebot hinderte Bischof Hinderbach nicht, alle Juden aus dem Gebiet von Trient zu vertreiben.

Das Geschäft mit der Verehrung des Simon begann. Die Leiche wurde einbalsamiert, das Kind heiliggesprochen, von Wunderheilungen wurde berichtet, Wallfahrer strömten zu Tausenden, ja zu Zehntausenden nach Trient zur Kapelle des heiligen Simon in der Kirche S. Pietro.

Aber noch immer hörte man Kritik. Der Doge von Venedig, Mozenigo, wies alle Behörden an, die unter seiner Herrschaft standen, die Juden zu schützen, er erklärte, das Wunder hätten nur die Bettelmönche in Szene gesetzt. Aber die wunderbaren Einnahmen wirkten überzeugender als die Einwände der Vernunft. Zahllose Flugschriften verbreiteten die Geschichte des heiligen Simon von Trient in der ganzen Welt.

Als Maximilian I. sich 1508 in Trient den Titel «Erwählter Römischer Kaiser» zulegte und auf die Krönung durch den Papst verzichtete, befahl er, ihm die Reliquien des heiligen Simon von Trient voranzutragen.

In Frankfurt am Main wurde ein Standbild des heiligen Simon an der Mainbrücke, die nach Sachsenhausen führt, angebracht, das gemarterte Kind und die Juden mit dem Teufel dargestellt. Zwei Verse standen darunter: «Solange Trient und das Kind wird genannt, / der Juden Schelmstück wird bekannt.»

Bernhardin da Feltre, der Franziskaner, der den Mord vorhergesagt hatte, wurde seliggesprochen, offiziell heißt es über ihn: «Mit dem religiösen Apostolat verband er soziale Tätigkeit, stiftete Frieden in den Städten und begegnete der Ausbeutung des Volkes mit Gründung oder Reorganisation zahlreicher Montes Pietatis (Leihanstalten – d. A.).»

Er ist der Schutzpatron der Geldverleiher.

Damit war das kanonische Zinsverbot zu Grabe getragen. Jetzt ruhte der kirchliche Segen auf dem christlichen Bankhaus.

Erst im Jahre 1965 machte eine päpstliche Kommission die Kanonisierung des heiligen Simon rückgängig und verkündete: Die Trienter Juden sind einem Justizirrtum zum Opfer gefallen.

Das Anderl von Rinn

Wie sehr die barbarische Lüge vom Ritualmord am kleinen Simon von Trient das Muster für zahllose Ritualmordmärchen wurde, könnte an vielen Beispielen nachgewiesen werden. Hier die Geschichte des Andreas aus Rinn. Seine Legende wird noch heute in dem Tal bei Innsbruck lebendig gehalten; noch immer wird ihr dort große Bedeutung beigemessen, noch immer bestimmt sie die Ideologie von Hunderten von Bauerngeschlechtern in Tirol. In den Geschichtswerken über Judenverfolgungen wird sie nicht erwähnt. Aber sie ist im offiziellen katholischen Lexikon verzeichnet, sie ist vertreten in schaurigen Gedichten und judenfeindlichen Passionsspielen im schönen Land Tirol.

Eine Kenntnis über Andreas von Rinn war nur in einer Untersuchung aus der Zeit Kaiser Maximilians I. (1508–1519) festgehalten. Da griff der 1571 in Trient geborene Kaiserliche Rat und Hofmedikus Hippolytus Guarinonius die Geschichte vom Anderl aus Rinn auf. Ein Biograph dieses Arztes vom Ende des 19. Jahrhunderts, Adolph Pichler, bezeichnet ihn als germanischen Typus, er will sogar beweisen, daß Guarinonius von langobardischer Abstammung sei. Für unsere Untersuchung ist diese Bemerkung ohne jede Bedeutung; jedoch dieser Drang zur Germanisierung in der Geschichtsschreibung war für die damalige Zeit häufig, vor allem wenn die beschriebene historische Persönlichkeit Meinungen vertritt, mit denen der Biograph sich identifiziert. In einem Tiroler Lesebuch für die vaterländische Jugend aus der Zeit des Adolph Pichler ist dieser Guarinonius mit einem eigenen Kapitel bedacht, weil er durch die Propagierung der drei Tiroler Nationalheiligen, der heiligen Notburga, des seligen Anderl von Rinn und des heiligen Simon von Trient, besondere Verdienste erworben hat. Die heilige Notburga, eingeführt als Tochter eines Hutmachers aus Rattenburg, soll uns in diesem Zusammenhang nicht interessieren, sie war Schutzpatronin der Dienstmägde und Bauern. Ihr sollte unsere ganze Sympathie gehören.

Hippolytus Guarinonius hatte seine ganze ärztliche Kunst aufgewendet, um die zerfallenen Knochenreste seines Landsmanns, des zwei- oder dreijährigen Simon von Trient, zu konservieren. Über diese Bemühungen verfaßte er fachmannische wissenschaftliche Arbeiten. Über die Heiligsprechung gab er Publikationen heraus.

Auch der nicht einmal dreijährige Andreas Oxner aus dem Dorfe Rinn bei Hall in Tirol, unweit von Innsbruck, soll, der Legende nach, von Juden entführt und ermordet worden sein. Sein Tod wird auf den 12. Juli 1462 festgesetzt. Aber erst 1475, als die Lügen und der Betrug um den Tod des Simon von Trient zu Pogromen führten, entsann man sich, daß auch in Rinn ein kleiner Junge gestorben war, und ließ die Leiche des Andreas Oxner ausgraben. Kaiser Maximilian I. förderte die Verehrung des Andreas aus Rinn; aber der propagandistische Eifer des Arztes Guarinonius erbrachte erst unter Papst Benedikt XIV. dreihundert Jahre später, 1752, seine Seligsprechung. Doktor Hippolytus Guarinonius, inzwischen Stiftsarzt des Haller Damenstiftes geworden, setzte sich für die Verehrung des Anderl mit starkem Nachdruck ein. Er war es auch, der am nunmehr so benannten Judenstein bei Rinn ein Kirchlein zu Ehren des seligen Anderl erbauen ließ. Sein Fanatismus für die Tiroler Heiligen und Seligen läßt sich auch durch seine Gegnerschaft zum Protestantismus erklären. So bezeichnete er diese Pastoren als «luderiche, lotteriche, groß-, lang-, breit- und krummgoschete Wortsknechte». Guarinonius, von Jesuiten erzogen, im ständigen Kontakt mit ihnen, lenkte mit dem besonderen Andenken an den seligen Anderl die Gefühle der Landbevölkerung in ihrer bedrückenden Lage zum Judenhaß. Die Ritualmordlüge sollte auch die Bauern in den abgelegenen Tiroler Tälern von der Reformation fernhalten.

Die Prozession zum Judenstein zur Verehrung des seligen Anderl wurde alljährlich Mitte Juni abgehalten. 1961 verbot der Vatikan alle antijüdischen Demonstrationen, und die figürliche Darstellung vom Schlachten des seligen Anderl auf dem Judenstein wurde aus dem Kirchlein entfernt. Aber als Decken- und Wandgemälde sind die drastischen Darstellungen erhalten geblieben. Der Denkmalschutz hat sie für historisch wertvoll und erhaltenswert bezeichnet.

Erst im Jahre 1985 entschloß sich der Bischof der Diözese Innsbruck, Reinhold Stecker, das Kirchlein zu schließen und den Kult um den seligen Anderl ganz zu untersagen. Die kirchlichen Autoritäten hatten bisher versucht, die Anderl-Verehrung in die Verehrung aller geschundenen Kinder umzuändern, aber der Name Judenstein und die Gemälde im Kirchlein bezeugten die andere Legende, sie nährten den Judenhaß bis in die heutige Zeit. So tief saß die Tradition dieses kirchlich so lange geförderten Judenhasses in der Tiroler Bevölkerung, daß Hunderte von Gläubigen zu dem Kirchlein am Judenstein wallfahrten und im Juni 1985 die Wiedereröffnung des Kirchleins verlangten. Sie drohten sogar mit Kirchenaustritten. Blumen und brennende Kerzen wurden vor dem Portal des geschlossenen Kirchleins niedergelegt. In der Prozession wurden Transparente mitgeführt: «Unser Seliges Anderl bleib bei uns». Es war eine Demonstration gegen den Bischof geworden. Dreitausend Unterschriften wurden gesammelt, um die Wiedereröffnung des Kirchleins und die Verehrung des seligen Anderls durchzusetzen.

Das selige Anderl und der Judenhaß hatten im 19. Jahrhundert eine große «poetische» Welle in Tirol ausgelöst. Ein Heimatdichter schrieb 1852 ein herzergreifendes Gedicht über den Andreas von Rinn, erschienen in der Sammlung heimatlicher Gedichte 1952 im Verlag der Wagnerischen Buchhandlung in Innsbruck. Es ist von abgrundtiefem Judenhaß geprägt. Seidl schmückt die Schauermär mit Anleihen aus Goethes Erlkönig.

Sichel hin und Sichel her! –
Ach! wie geht das Mäh'n so schwer!
Gar ein unerklärlich Bangen
Hält die Schnitterin befangen.

Fortgezogen nach der Stadt
Ist ihr Liebstes, was sie hat,
Wird das Kind bei seinem Pathen
Doch nicht übel sein berathen!?

Kauft ihm Spielzeug, nett und fein,
Wohl gar Leckerbissen ein, – –
Ach! wie wird der Junge springen! –
Und sie will die Angst bezwingen.

Sichel hin und Sichel her, –
Doch das Mäh'n gelingt nicht mehr;
Röther steigt's ihr in die Wangen,
Fieberfrösteln wird ihr Bangen.

Gott! was fiel ihr heiß wie Glut
Auf die Hand? – Ein Tröpflein Blut? –
Und woher? – Sie sucht, sie schauet; –
Keine Wunde rings, ihr grauet.

Keine Wund', und frisches Blut!
Sie enteilt mit bangem Muth;
Sucht ihr Kind auf Höh'n und Stegen,
Späht und ruft ihm allerwegen.

Tief im stillen Waldesraum
Steht ein hoher Birkenbaum,
An dem Baum hängt eine bleiche,
Blutgetünchte Kinderleiche.

Und:

Und die Juden sah'n es an,
Fanden Wohlgefallen dran,
Schmeichelten: «Willst mit uns gehen? –
Schöne Sachen sollst du sehen!»

Und das Kind sich sträubend spricht:
«Mütterlein verschenkt mich nicht!»
Und sie wenden sich zum Pathen:
«Siehst du funkelnde Dukaten?

Willst sie haben? nimm sie dir!
Gib das Knäblein uns dafür!
Fragt die Mutter, laß sie fragen,
Sag' die Murre hats erschlagen.»

Gold verblendet seinen Sinn
Und er gibt das Knäblein hin;
Und die Juden ohn' Erbarmen
Zieh'n es fort mit starken Armen.

Tragen's in den Waldesraum
Zu dem hohen Birkenbaum,
Wo sie's, wie es bitt' und weine,
Schlachten auf bemoostem Steine.

Und sie waschen wohlgemuth
Sich die Händ' in seinem Blut,
Daß gebeizt von solcher Laugen
Besser sie zum Wucher taugen! –

Jetzt noch holt sich Groß und Klein
Hilf' in Noth am Judenstein,
Und der Enkel Opfergabe
Bleibt der Mutter Trost im Grabe.

Ein anderer Dichter, Tiedtke, hat die Geschichte vom seligen Anderl zu einem Gedicht gemacht, das genauso widerwärtig ist:

Ruhig schlumm're deine Hülle
Und die Sommerluft des Thals
Wehe leise um die Stille
Deines kleinen Todtenmals.

Deine Seel ist, wo die reinen
Wo die guten Geister sind,
Wohl Dir, Du wirst nimmer weinen,
Du wirst nimmer bluten, Kind.

Wie verbreitet die Beschäftigung mit diesem Gegenstand war, zeigen zwei weitere Gedichte, deren Verfasser nicht mehr festgestellt werden können.

Voll vom alten Christenhasse
Ziehen längs der hohen Straße
Juden durch das Dörflein Rinn …
…
Lüstern gleich nach diesem Raube
Wie der Geier nach der Taube,
Sinnen in geheimem Rath
Sie auf eine schwarze Tat …
…
Wilder seid ihr noch, ihr Tiger
Als die Rotte jener Krieger,
Die, den Mordstahl in der Hand,
von Herodes ausgesandt.

Und:

… Als sie in die Mitte des Birkenwalds kamen,
Verfluchten die Juden den christlichen Namen
Und lästerten laut den gekreuzigten Gott …
…
Schon werden die Messer zum Schlachten gewetzt
Das Kind auf die Mitte der Platte gesetzt …
…

Um länger die höllische Freude zu fühlen,
Im christlichen Blute die Rache zu kühlen,
Ging langsam und peinlich die Marter vor sich.
...
«Nun mag sich ein jeder am Christengott rächen!»
So hört man den Führer der Bande jetzt sprechen,
«Thu' jeder das Seine, – das Meine thu' ich!»

Andreas von Rinn lieferte auch den Stoff für ein Theaterstück, *Die Verbrecher auf der Hochstraße.* Ein Volksschullehrer Steinacher hat es verfaßt: es gab sogar noch 1954 Versuche, das Anderl-Spiel wieder aufleben zu lassen.

DER SCHWARZE TOD

«Denn die Sprache ist die erste Freundin, die, sich herablassend, uns in die Stege zur Wissenschaft leitet, und die letzte, zu der wir sehnend zurückkehren; – sie allein kann der Vergangenheit den Schleier abreißen, – sie allein die Gemüter für die Zukunft vorbereiten.» Diese von Leopold Zunz, dem Begründer der Wissenschaft des Judentums, 1832 gegebene Kennzeichnung der Sprache als der ersten und letzten Freundin soll uns durch das dunkle Kapitel vom schwarzen Tod geleiten.

Für das Wagnis, über die große Katastrophe aus der Mitte des 14. Jahrhunderts zu berichten, ist es notwendig, innezuhalten und sich zu vergegenwärtigen, daß in den deutschen mittelalterlichen Städten auf dreierlei Weise geredet wurde. Wenn die Juden beteten, so riefen sie zu ihrem Gott in hebräischer Sprache, wenn die Christen sich ihrem Gott näherten, so geschah das in lateinischen Wendungen. Aber für den Tagesablauf, zur Verständigung untereinander, nahmen alle, die Anhänger des einen und des anderen Glaubens, die gemeinsame Muttersprache, wie sie örtlich üblich war. Wohnten sie im schwäbisch-alemannischen Bereich, so fügten sie, wenn sie ihre Kinder zärtlich riefen, dem Namen die Buchstaben «le» an. Und aus dem Hans wurde das Hänsle und aus dem Abraham das Awrämele.

Während in der strengen Abgeschiedenheit im Gesamtleib der Stadt bei den jüdischen Gemeinden dem Unterricht im Lesen und Schreiben jedes Knaben schon vom frühen Lebensalter an große Aufmerksamkeit geschenkt wurde, bekamen bei den christlichen Ständen nur einige wenige Bevorzugte, die für geistliche oder weltliche Ämter vorgesehen waren, Unterricht in Lesen und Schreiben. So konnte die Mehrzahl der christlichen Einwohner der deutschen Städte, Dörfer und Flecken weder lesen noch schreiben.

Aber der Anspruch, die Gedanken der Unwissenden zu lenken, gehörte zur ständigen Sorge der Kirche. Gleichzeitig mit dem Errichten der großen und feierlichen Kathedralen, Münster und Dome, den Versammlungsräumen der Gläubigen, mußte eine Bildsprache entwikkelt werden, die das in der Predigt gehörte Wort durch das Auge verfestigen sollte. Das Schmückende mußte untrennbar verknüpft sein mit dem Hinweis auf Christus, den Erlöser und König.

Erlösung und Verherrlichung, das waren die beiden Säulen der damaligen abendländischen Welt, auf denen die Stärke der römischen Kirche beruhte. Die Glaubenslehre, daß Gottes Sohn «durch sein Sterben den Tod vernichtet und durch sein Auferstehen das Leben neu ge-

Ecclesia und Synagoge, Straßburger Münster

schaffen hat», wurde umgesetzt in Bauwerke, die den sieghaften Grundcharakter der Kirche bestätigten. Noch nie gesehene Konstruktionen, die zur Höhe hinreißenden steinernen Lobgesänge der Gotik, losten die romanische Bauweise ab. Den Fenstern mit ihren bestimmten Themen zugeordneten Glasmalereien wurde mehr Raum gegeben; wer hier eintrat, mußte von dem Gedanken überwältigt werden, daß die Christgläubigen das Licht der Welt seien. Der Anspruch, von Gott selbst auserwählt und zu einem Volk zusammengeschlossen zu sein, wurde mit Sorgfalt ausgefeilt. Man verstand sich unter der Obhut des römischen Papstes als ein über den ganzen Erdkreis verbreitetes, Länder umfassendes Ganzes. So wurde im allgemeinen vom christlichen Volk gesprochen, zu dem jeder Getaufte gehörte, wo immer er geboren war. Dieser Zusammenschluß zum Volk Gottes brachte allerdings die große Schwierigkeit mit sich: die Ungleichheit zwischen den Priestern und den Laien, zwischen den Geweihten und den Ungeweihten. Die großen Gotteshäuser brachten diese Ungleichheit sichtbar zum Bewußtsein. Steinerne oder hölzerne Trennwände, Lettner, wurden errichtet. Unübersteigbar für die Laien, die zwar auch Kinder Gottes hießen, aber doch nicht einmal zur untersten Stufe der Hierarchie gehörten, Leute, die aus dem profanen Leben kamen. Die gebildeten Amtspriester, ständig vom Mißtrauen erfüllt, an ihrem Stand könnte von den Ungebildeten gerüttelt werden, verlangten von den Gläubigen, den passiven Zuhörern, die Hingabe an das Wunderbare im bedingungslosen Gehorsam. So bauten diese Gebildeten unaufhörlich an den Darstellungen der aufgerichteten und der zerbrochenen Lebenskraft. Das Aufgerichtete war der neue christliche Bund, das Zerbrochene war der alte jüdische Bund. So war bis zu dieser Zeit vor dem Ausbruch der Pest das Antlitz der Kirche festgeschrieben als eine streitbare, durch Blut und Wasser gekennzeichnet, wie es bei Johannes im 19. Kapitel, Vers 34, aufgezeichnet war, im Bericht vom Ende des Gekreuzigten: «Einer von den Soldaten stieß ihm seine Lanze in die Seite, und sofort kam Blut und Wasser heraus.» Alles war Kirche, vom Anfang der Welt vorausbedeutet, im Alten Bund vorbereitet, in der Geschichte des Volkes Israel angekündigt. Alle Geschichten von Adam an und vorausschauend bis ans Ende aller Tage wurden in dieser triumphierenden Kirche versammelt. Gleichnishafte Bilder wurden gefunden, vom Schafstall, vom Feld, auf dem der alte Ölbaum wächst, dessen Wurzeln zwar im Alten Testament begründet sind, dessen Krone jedoch durch das Neue Testament gebildet ist; die Kirche wurde damals gesehen auf einem Pilgerweg zur Heiligen Stadt Jerusalem. Nun war dieses christliche Gottesvolk das Neue Israel. Nun wurde rigoros der Satz geprägt: «Außerhalb der Kirche ist kein Heil.» Und es wurde nicht in Frage gestellt, wer außerhalb der Kirche war. Es wurde scharf unterschieden zwischen Heiden und Juden, und mit dieser Unterscheidung kam die Frage der Schuldzumessung auf. Es wurde den Heiden ein Außerhalb-der-Kirche-Sein ohne eigene Schuld zugebilligt.

So war das Weltbild fest gefügt im großen Glanz von Reinheit und Unschuld und im Niedergang in Schuld und Unreinheit. Dem strahlenden Glück und der starken Macht der Kirche standen das dunkle Unglück und die Ohnmacht der Synagoge gegenüber.

Ecclesia und Synagoge, Dom zu Bamberg

Frauengestalten wurden als Symbolfiguren zum täglichen Sichtbarmachen dieses Zustands eingeführt, ihr Platz sollte draußen an Portalen sein. Die Bildhauer für den Bamberger Dom und das Straßburger Münster lösten diese Aufgabe in einer erstaunlichen Übereinstimmung. Sie legten über die Frau, deren Stab zerbrochen und der eine Binde zum Zeichen ihrer gewollten Blindheit auf die Augen gelegt war, eine anmutige Schönheit. Die Überwundene, die das Ende ihrer Zeit symbolisieren sollte, ist eine junge Frau, ihr Gesicht und ihre Haltung zeigen Wehmut und Stolz, eine zerbrechliche Zerbrochene. Sie war gleich groß wie die mit der Krone ausgestattete triumphierende Kirche. Die Darstellung der Besiegten neben der Siegerin war geschehen, ohne zu beleidigen.

Darstellung der Synagoge, Liebfrauenkirche Trier, um 1250

Aber da die Frage: Kirche, was sagst du von dir selbst, ununterbrochen gestellt und unaufhörlich beantwortet wurde, müssen von uns auch die Antworten zur Kenntnis genommen werden, die den Bereich des Edlen verlassen. An Dachgesimsen und Chorgestühlen, auch an Brückenköpfen, wurden Reliefs angebracht mit den erniedrigendsten Verunglimpfungen der Vertreter des Alten Bundes, haßvolle Verspottungen der Menschen, mit denen sie zusammen in einer Stadt lebten.

Judensau, Dom zu Brandenburg

Das Tier, das allen Vertretern der jüdischen Religion als unrein galt, das Schwein, wurde nun in den Mittelpunkt der Bildsprache gerückt. In Regensburg, in Magdeburg, auch in Wittenberg und in der alten Bischofsstadt Freising und im Dom von Brandenburg und am Chorgestühl im großen Kölner Dom. Das Hinordnen zum Unreinen gibt Auskunft über eine allgemeine Denkungsweise in den mittelalterlichen deutschen Städten.

Hineingeboren in die feindliche Umwelt der Städte und Dörfer und Flecken des Heiligen Römischen Reiches, war es in die Hände der verantwortlichen Rabbiner gegeben, ihre Gemeinden auf dieses Leben vorzubereiten. Sie, die mit demütiger Seele zur Erkenntnis über Gottes Güte und Gerechtigkeit vorzudringen suchten, mußten es ertragen,

Ecclesia sprengt auf ihrem Pferd auf die Synagoge zu, um 1400/1410 (links oben)
Judensau, Magdeburger Dom (links unten)

wie sie selbst dargestellt wurden in steinernen Abbildern in den Kirchen der Städte ihrer Geburt. Es sollte bekundet werden, daß alle Kenntnis und alles Wissen der jüdischen Gelehrten nichts anderes darstellten als das lächerliche Bemühen um die verachtenswerten Ausscheidungen eines verächtlichen Tieres.

Preisgegeben der Welt des zügellosen Hasses, versahen diese Männer, ausgestattet mit dem durch Jahrhunderte von Lehrer zu Lehrer weitergereichten Wissen, ihr schweres Amt, Hüter ihrer Gemeinden zu sein. Und das bedeutete, jeden einzelnen der ihnen Anvertrauten vorzubereiten für den Alltag. Bedeutete, jedem einzelnen Mitglied der Gemeinde ein Vater zu sein, der sein Kind an die Hand nimmt und sagt: Bereite dich vor, du bist zwar geboren am selben Platz wie sie, und wenn sie sprechen, verstehst du sie, und wenn du sprichst, verstehen sie dich. Und doch werden sie dich mit Worten und Taten kränken. Sie mußten erklären, wie die verschiedenen kleinen, den Kammerknechten gewährten Rechte noch lange kein Recht waren. Gegen die anrennende Willkür der fürstlichen Herren, der Patrizier und der Angehörigen der Zünfte errichteten sie sorgsam gefügte Gebäude einer Sittenlehre. Die Lebensregeln, die sie gaben, waren geprägt von der Verantwortung vor Gott und gleichzeitig von der Sorge um die ihnen anvertrauten Menschen.

Ein Zeugnis für dieses Verwurzeltsein im Alltag ist das Testament des Ascher ben Jechiel, das er 1327 hinterließ, er, der ein Lehrhaus in Köln geleitet, in Koblenz und in Worms gewirkt, schließlich das «Land der Verfolgungen» verlassen und am Ende in Toledo als Vorsitzender des sechsgliedrigen Rabbinats und Richterkollegiums gearbeitet hatte. So sind seine Einsichten und Anweisungen erhalten geblieben: «Sei nicht zänkisch, halte dich fern von Versprechungen und Gelöbnissen, von Gelächter und Ausbrüchen des Zorns; sie verwirren des Menschen Sinn. Vermeide lügenhafte Handlungen, sprich den Namen Gottes nicht unnützerweise aus, auch nicht an schmutzigen Orten. Tue ab die Stützen, welche dir Menschen reichen, mache Geld nicht zu deiner Lebenshoffnung; das ist zum Götzendienste der erste Schritt.»

Es mußte notwendig gewesen sein, die ihm anvertrauten Menschen darauf vorzubereiten, daß selbst ein Bezahlen der von den unterdruckenden Ständen geforderten Summen keine Garantie gab für das Recht zu wohnen, für das Recht zu leben: «Vielmehr wandle in Demut vor deinem Schöpfer, und gib, wo es sein Wille ist, dein Geld fort, den Ersatz kann er dir gewähren. Gib leichter Geld als Worte von dir. Das böse Wort lege auf die Waage des Verstandes, bevor du es aussprichst.»

Die Menschlichkeit eines Erfahrenen, die Verknüpfung von Vorsicht und Güte ließ Ascher niederschreiben: «Was man in deiner Gegenwart, wenn auch nicht als Geheimnis gesprochen, das bleibe bei dir verborgen. Erzählt man dir etwas, so sage nicht, du habest es schon gehört.»

Neben seine Ermahnung, den Tag zu nutzen, rückte er, der Vorbereiter auf das Leiden, das es zu ertragen galt, seine Vorstellung von der Demut vor Gott, die eine Bescheidenheit den Menschen gegenüber einschloß. «Nicht wie der Faule sollst du schlafen, stehe auf mit der Sonne und mit dem Gesang der Vögel. Sei kein Schlemmer und kein Säufer, du könntest deinen Schöpfer vergessen. Sieh nicht auf den, der im Reichtum über dich emporgestiegen, sondern auf die hinter dir Zurückgebliebenen. Aber in dem Dienste und der Furcht Gottes sieh auf den Größeren, nie auf den Geringeren. Freue dich über Zurechtweisungen, nimm Rat an und willig die Belehrung; erhebe dich nicht stolz über die Menschen, bleibe der Staub, auf den alle treten. Rede nicht mit harter Hoffart, bleibe nicht hartnäckig, sondern gottesfürchtig.»

Es waren Gebote, die er aufstellte, aus der Erfahrung der Überlieferung und aus dem Zwang der drangvollen Enge in den Judengassen. Es waren Überlegungen, mit welchen Worten und mit welchen Einsichten er das Verhalten jedes einzelnen in seiner Gemeinde so bestimmen könnte, daß der Mensch unter seiner Obhut unbeschadet durch den Tag gehen mochte. «Hebe nicht die Hand auf gegen deinen Nächsten, auch wenn er vor dir deine Eltern lästert; rede von niemandem Böses, verspotte und verleumde keinen Menschen, und hat jemand Unschickliches gesprochen, so gib ihm keine freche Antwort. Auf der Straße soll man dich nie hören, schreie nicht einem Vieh gleich, sondern sprich anständig.»

Diejenigen, die schon seit frühestem Lebensalter lesen und schreiben gelernt hatten, mußten sich ungebildeten Leuten gegenüber, die sich noch dazu in ihrer Arbeit ungeschickt erwiesen hatten oder sonst in mißliche Umstände geraten waren und nun mit ihren Pfändern in die Judengassen eilten, überlegen vorkommen; so war es Aschers Anliegen, zu Vernunft zu mahnen. «Beschäme keinen öffentlich, mißbrauche deine Gewalt gegen niemanden; wer weiß, ob du nicht dereinst machtlos wirst.»

Er mußte den ganzen Ablauf des Lebens, die sich öffnenden Möglichkeiten, aufzusteigen aus diesen dumpfen Gassen, etwa in die Dienste eines Großen als Leibarzt oder als Berater in finanziellen Angelegenheiten, in Betracht ziehen: «Nach Ehre jage nicht und stelle dich nicht hin, wo du nicht hingehörst.»

Die Warnung «... und stelle dich nicht hin, wo du nicht hingehörst» sollte eine Barriere sein gegen die Demütigung, weggestoßen zu werden, sollte das natürliche Streben, sich aus einer mißlichen Lage zu befreien, nicht zusammenwachsen lassen mit dem Verlust der eigenen Würde. «Nie unterlasse, dir Freunde zu erwerben, und halte auch einen Feind nicht für zu gering. Gilt es einen treuen Gefährten, so sei nicht nachlässig, ihn dir anzuschaffen, und sorgfältig bewahre ihn, aber Schmeichelei und Falschheit halte fern von ihm.»

Ausdrücklich vermerkte er, daß seine Überlegungen für den Umgang mit allen Menschen galten, so wie es auch der Rabbiner Elieser ben Samuel ha-Levi, gestorben 1357 in Mainz, in seinem Testament als eine Weisung an seine Kinder festgelegt hatte: «Im Umgang mit den Menschen, Juden und Nichtjuden, sollen sie rechtschaffen und gewissenhaft, freundlich und gefällig sein, nichts reden, was überflüssig ist; dies wird sie vor Verleumdung und Spottreden schützen.» Da sie, die Lehrer ihrer Gemeinden, aus bitterster Erfahrung die Unsicherheit des Daseins kannten, wie es ihnen auferlegt war, sahen sie es als ihre dringliche Aufgabe an, erzieherisch mit Ratschlägen, die gewiß nicht leicht zu befolgen waren, auf die Gläubigen einzuwirken. Und fast jeder dieser Sittenlehrer beschäftigte sich neben seinen Beobachtungen im Bereich des Gemüts der Menschen mit Forschungen im Gebiet der Astronomie und Geographie. Sie hinterließen einen unermeßlichen Schatz an handgeschriebenen, in Büchern zusammengefaßten Erkenntnissen.

Aber nie vergaßen sie die Bedürfnisse der Bewohner der Straße, in der sie lebten. So wurde es Ascher ben Jechiel nicht müde, bis zuletzt vorbereitender Lehrer zu sein: «Strebe nicht nach dem eitlen Ruhm, Recht zu haben gegen einen Weisen; du wirst nicht weiser davon. Werde wegen Kleinigkeiten gegen niemanden böse, du machst dir unnötig Feinde. Bohre nicht nach fremden Geheimnissen; verweigere aus Eigensinn nichts deinen Mitbürgern, ordne vielmehr ihrem Willen den deinigen unter. Mit schlechten Menschen, mit Jähzornigen, mit Narren lasse dich nicht ein: du bekommst dabei nichts als Schande; richte deine Rede an keinen Unsinnigen, von dem du weißt, daß er sie nicht

Vogelkopfhaggada, um 1300

annimmt. Bleibe dankbar jedem, der dir zu deinem Brote geholfen; sei aufrichtig und wahr gegen jedermann, auch gegen Nichtjuden; grüße jeden zuerst, ohne Unterschied des Glaubens; erzürne keinen fremden Glaubensgenossen.

Reisende, die bei dir einkehren, nimm gütig auf, gib ihnen Zehrung, Geleit und ein freundliches Wort. Gewöhne dich nicht an Gelage außer dem Hause, hüte dich vor Trunkenheit, und du wirst niedriges Betragen und unschickliche Rede nicht zu beklagen haben. Niemals sei zornig gegen deine Frau, und hat die linke Hand sie fortgewiesen, soll schnell die rechte sie wieder herführen. Behandle sie nicht geringschätzig, sondern halte sie in Ehren, und du wirst sie von Sünde entfernen. Jage deinen Hausgenossen keine zu große Furcht ein, es ist hieraus schon viel Unheil entstanden.

Nimmst du Speise oder Trank zu dir, so sollst du vor und nach dem Genusse Gott danken; wenn du den Namen Gottes aussprichst, bedecke dein Haupt. Ehe dein Gebet und die Mahlzeit beginnt, wasche dir die Hände.

Sei anständig nicht nur in der Synagoge, sondern auch in deinem Hause; selbst mit deiner Frau darfst du dich nicht leichtfertig unterhalten. Vor dem Essen und Schlafengehn beschäftige dich eine festgesetzte Zeit mit dem Gesetze (mit der Bibel – d. A.), und sein Inhalt bilde dein Tischgespräch. Das Gebet ist der innere Gottesdienst: Sei andächtig dabei, aber sprich die Worte aus, daß du dich beten hörst.»

Die jüdischen Gemeinden konnten durch niemanden, auch nicht durch den weisesten und strengsten Lehrer, vorbereitet sein auf den bösartigsten und mörderischsten Angriff, der einherging mit dem Voranschreiten der Pest. Sie hatten gelitten unter den Mordbanden der Kreuzfahrer, die mit dem Ruf «Töten oder taufen» einherstampften. Sie hatten die Infamie vom Gottesmord ertragen, sie hatten die Anschuldigungen von Hostienschändung und Christenkindermord abzuwehren.

Gerade sie, die durch Jahrhunderte verwachsen waren mit den strengsten Reinlichkeitsvorschriften, denen es zum täglichen Wesen geworden war, sich vor jedem Gebet und vor jedem Zutischsetzen die Hände zu waschen, die als erstes bei ihren Ansiedlungen das rituelle Bad einrichteten, gerieten nun in eine alle Vorstellungskraft überwuchernde unsinnige Anschuldigung: Es hieß unter den Christen, sie sollten achtgeben auf ihre Brunnen, es seien Juden, die Gift hineinbrächten. Verdacht und Anschuldigung stützten sich nicht mehr nur auf das Blut. Jetzt wurde ihnen zur Last gelegt, daß sie auch das lebenserhaltende Element des Wassers verderben würden.

Die Pest oder der schwarze Tod war eine unermeßliche Katastrophe, die über die Menschen im Herzen Europas hereinbrach. Die Medizin der damaligen Zeit stand diesem Ereignis völlig hilflos gegenüber. Es wird geschätzt, daß etwa ein Drittel der europäischen Menschen an dieser fürchterlichen Seuche zugrunde ging. Zweihunderttausend Dörfer Europas wurden entvölkert. Eine Übersicht, die Papst Clemens VI. aufstellen ließ, bezifferte die Verluste an Menschen auf fast dreiundvierzig Millionen. Nicht in einer Übersicht war zu erfassen, wie tief der Niedergang der moralischen Haltungen fiel, wie sich die Bindungen unter den Menschen lösten, wie Eltern sich vor ihren Kindern ekelten und ihnen zu entfliehen suchten, wie die Kinder den Eltern entkommen wollten, wie der Mann vor der Frau, die Frau vor dem Mann, wie die Geliebten voreinander ohne Umkehr wegliefen, wenn sie die gefürchteten Beulen am Körper des Nächsten entdeckten.

Den Zustand der umgebenden Welt, als die Pest herrschte, beschrieben zwei Mönche, der Minorit Johannes von Winterthur und der westfälische Dominikaner Heinrich von Herfurt: «Wie verächtlich ist die Kirche geworden, gerade in ihren vorzüglichsten Gliedern, die auf so schlechten Wegen wandeln, und tiefer als die übrigen gesunken sind. Denn die Hüter der Kirche weiden sich selbst, statt ihrer Schafe, letztere scheren sie, oder besser, sie ziehen ihnen die Haut ab; nicht als Hüter benehmen sie sich, sondern als Wölfe. Alle Schönheit ist von der Kirche Gottes gewichen; vom Scheitel bis zur Zehe ist kein gesunder Fleck an ihr. Dermaßen war die Simonie (die Käuflichkeit der Ämter – d. A.) bei der Geistlichkeit eingerissen, und so arg hatte sie überhand genommen, daß alle Säkular- und Regularkleriker, ob sie nun hohen, mittleren oder niederen Ranges waren, die geistlichen Stellen schamlos, sogar öffentlich kauften und verkauften, ohne von jemand deshalb getadelt, geschweige denn bestraft zu werden. Es schien, als ob der Herr die Käufer und die Verkäufer nicht sowohl aus dem Tempel vertrieben als vielmehr sie in ihn eingeschlossen hätten.» Die beiden Mönche beklagten, wie alle Amtsinhaber der Geistlichkeit alle Ämter verkauften oder gegen «Weiber und Konkubinen» vertauschten oder im Würfelspiel aussetzten. So wurden ganze Abteien verwürfelt. «Lehrämter, Lektorate und andere Stellen, wie unbedeutend sie auch sein mochten, kauften unfähige, rohe, ungelehrte, junge, unerfahrene und eselhafte Leute, sofern sie nur Geld hatten, mochte es auch durch Diebstahl oder auf andere Weise zusammengebracht sein.»

Aus dieser Zeit wird von einem deutschen Abenteurer berichtet, Werner von Urslingen, der sich Herzog von Guarineri nannte, wie er mit einer Gruppe von Gesinnungsgleichen mordend und plündernd durch die Lande zog. Als Halsschmuck trug er die Worte, die er sich zur Kennzeichnung seines Wollens zusammengestellt hatte: «Feind Gottes, aller Menschlichkeit und des Erbarmens». Überall taten sich Räuberbanden zusammen. In Frankreich wütete ein Mensch mit unerhörter Grausamkeit, ein Brandschatzer. Wie zum Hohn seinen Opfern gegenüber nannte er sich Jacques bon homme, guter Mensch. Die furchtbaren Hungersnöte, die durch die Pest veranlaßt wurden, die vielleicht sogar der Seuche vorangingen, sollen auch zu Kannibalismus geführt haben.

Die christlichen Theologen bezeichneten die verheerende Seuche als ein Gericht Gottes, das der Menschheit auferlegt wurde, um sie für ihre Sünden zu bestrafen. Dieser theologischen Deutung folgten die sogenannten Geißler oder Flagellanten, Scharen von Deklassierten aus allen Schichten, die sich selbst auspeitschten und von Dorf zu Dorf, von Stadt zu Stadt zogen und schreiend zu Demut und Umkehr aufforderten. Gleichzeitig aber waren auch sie Urheber feindseliger Ausbrüche gegen die jüdische Bevölkerung.

Astrologen und Ärzte sahen die Ursache für die Pest in der Konstellation, in unglückverkündenden Zuordnungen, der Planeten. Tatsächlich war in Hafenstädten bekannt, daß die Seuche über Schiffe eingeschleppt wurde. Man vermutete, daß der Herd der Epidemie in China lag, sich über Indien, Persien bis in den Nahen Osten verbreitete und über die Häfen des Mittelmeers, aber auch der Nordsee nach Europa gebracht wurde.

Heute wissen wir, daß die Beulenpest durch Ratten und Mäuse verbreitet wird. Die Krankheit wird von diesen Nagetieren auf die Menschen übertragen, meist durch Flöhe, die von den einen auf die anderen übergehen. In den großen Städten, an Plätzen, wo Armut, Schmutz und Elend wohnten, konnte sich die Seuche rasch ausbreiten. Einige Forscher geben das Jahr 1345, die meisten das Jahr 1347 für den Ausbruch der Seuche in Europa an. Sie dauerte bis zum Jahre 1350.

Nur eine Sage aus dem damaligen Europa deutet auf den Ursprung, den wahren Verbreiter der Pest hin. Die Sage vom Rattenfänger von Hameln. Nach der Tradition erschien im Juni 1284 in Hameln ein Pfeifer, der sich anbot, alle Ratten aus der Stadt zu vertreiben gegen eine gewisse Summe Geldes. Der Mann wurde verpflichtet, und mit seiner Pfeife gelang es ihm, alle Ratten in die nahe gelegene Weser zu führen. Als man ihm den versprochenen Lohn nicht aushändigen wollte, so berichtet es die Sage, lockte er am folgenden Sonntag während des Gottesdienstes alle Kinder aus den Häusern und führte sie aus der Stadt heraus. Um die Frage, was dann mit den Kindern geschehen sei, ob sie in Siebenbürgen oder in Böhmen aufgefunden wurden, rankten sich die verschiedensten Legenden. Auffallend ist jedenfalls das Feststellen einer Rattenplage, die damals in den alten deutschen Städten herrschte und den Bürgern zur Qual wurde. Die Sage soll erstmals in einer Lüneburger Handschrift in den Jahren 1430 bis 1450 aufgeschrieben sein, aber auch dieses angegebene Datum ist nicht unbedingt zuverlässig und gibt keinen gültigen Aufschluß über die Zeit der Entstehung.

Die Vorstellungswelt der Menschen um 1348 war begrenzt durch das Befangensein in den festgefügten Grundregeln der Kirche. Nur innerhalb dieses festgeschriebenen Raumes, der wie eine undurchdringliche Glocke über jeden einzelnen gestülpt war, vollzog sich das Denken. Alles war eingeschlossen, der ganze Tag und die ganze Nacht und alle vorherige, alle gegenwärtige und alle kommende Zeit. Für jedes Ereignis gab es Zuordnungen zur Dreifaltigkeit und zu den Heiligen. Die Zuordnungen wurden ständig wiederholt in den täglichen Predigten und in den Bildwerken der Kirchen vor Augen gebracht. Die schweifende Phantasie wurde in Bahnen gelenkt, um das Gefüge von gottgewollter Machtverteilung nach oben und unten zu erhalten. Den Zweifelnden und Verzweifelten wurde nun in dieser angstgeschüttelten Zeit das tröstende Bild vom alles gleichmachenden Totentanz vorgehalten. Aufgefrischt wurde die alte Legende von den drei Lebenden und den drei Toten; wie die drei vornehmen jungen Männer auf einem Jagdritt durch den Wald von drei Toten aufgehalten wurden, wie sie miteinander sprachen und wie sie an die Vergänglichkeit alles Irdischen erinnert wurden. Jetzt konnte die Ergebenheit in die hierarchische Ordnung belohnt werden durch die beruhigende Gewißheit, daß alle, beginnend bei Kaiser und Papst, fortlaufend über Fürsten, Patrizier bis zum Bettler, gleichermaßen den Weg ins Jenseits anzutreten hatten, die Alten wie die Jungen. Den Lebenden wurde Raum gegeben, in Versen den Abschied zu bejammern im Dialog mit den Toten. Das menschliche Bedürfnis, sich in einem Spiel wie in einem Spiegel wiederzufinden, fand eine Form, die durch Jahrhunderte festgehalten wurde: das Passionsspiel. Die örtlichen Geistlichen handelten ihrem Glauben gemäß, sie errichteten ihren Damm gegen die um sich greifende Krankheit: Gebete, Gelöbnisse, Prozessionen, Passionsspiele. Die weltlichen Behörden erließen Verordnungen: Die Betroffenen mußten angezeigt, sie und ihre Pfleger abgesondert werden. Man besann sich auf die Isolierungshäuser für die Leprakranken. Und der letzte Ausweg für eine umfassende Reinigung der Umgebung des Kranken oder des Gestorbenen war das Feuer. Bei diesem Verbrennen und Beseitigen waren ausdrücklich nicht mit einbezogen Geldstücke und Geschäftsbriefe. Zwischen den Städten und den Gemeinden hatte sich von Behörde zu Behörde ein System der Nachrichtenübermittlung durch Boten entwickelt, man schickte Vorschläge und Warnungen.

Die Entstehungsgeschichte des Gerüchts von der Brunnenvergiftung, wie sie von den Historikern übereinstimmend mitgeteilt wird, enthüllt das ganze Ausmaß des Judenhasses. Der schöne Ort Chambéry in Savoyen wird genannt. Hier habe Jakob Pascal, ein Jude aus Toledo, gemeinsam mit dem Rabbiner und anderen aus dieser jüdischen Gemeinde, den Plan gefaßt, die Christen auszurotten. Hier sei das Rezept für das Gift zum Verseuchen des Wassers in den Brunnen übermittelt worden. In dem Gerücht war die Vorstellung von diesem Gift faßbar gemacht worden: Es konnte im Beutel transportiert, also jederzeit weitergegeben werden, es bestand aus getrockneten Schlangen, Fröschen, Skorpionen, und nun traten aus den althergekommenen Blutbeschuldigungen noch zwei Ingredienzien hinzu: Hostien und Christenherzen. Das Geständnis für die Absicht und für das Mittel der Christenvernichtung war auf Veranlassung des Herzogs Amadeus von Savoyen dem Arzt und Chirurgen Balavieny unter der Folter herausgepreßt worden. Gleichzeitig mit den Meldungen über dieses Geständnis liefen nun die Boten der Behörden von Stadt zu Stadt. Mit der Warnung: Hütet euch vor den Juden, sie werden eure Brunnen vergiften. Sie gingen nach Zürich und Basel und Bern und Freiburg im Breisgau und Straßburg. Das Gerücht von den Brunnenvergiftern war eine Mordmaschine geworden. Sie walzte durch alle Städte und Dörfer des Heiligen Römischen Reichs, nur die altehrwürdige Stadt Regensburg entzog sich.

Für die rohen, ungebildeten, durch die Krankheit verängstigten Gemüter in der Enge der mittelalterlichen deutschen Städte stand von nun an der einzig Schuldige am großen unverständlichen Sterben ringsum fest. Sie, die von Kindheit an nicht Lesen und Schreiben und nicht die Gewandtheit in feinsinnigen, nach Gerechtigkeit forschenden Ausdrücken erlernt hatten, waren von ihren Lehrern, ihren geistlichen Hirten, mit den groben, primitiven Bildern auf den Alltag vorbereitet. Da gab es das Bild vom Schwein, von der Sau, von dem anderen, von dem Ekelhaften, von dem Abzusondernden, von dem Abgesonderten. Da konnte jetzt unter dem Schrecken dieser Seuche alles zusammenfaßt werden gegen die jüdischen Gemeinden. Da konnte die von den Medizinern empfohlene Methode, sich von der Pest zu befreien, indem alles aus der Umgebung des Kranken oder Gestorbenen verbrannt wurde, voll und ganz gegen diejenigen gerichtet werden, die nicht den heiligen Sebastian als Helfer anriefen, die nicht daran glaubten, daß Gott einen Sohn in die Welt geschickt hatte.

In fast allen Städten ging die Vernichtung der jüdischen Gemeinden zwar mit der Angst vor dem schwarzen Tod einher, aber das Ausrotten und das Verteilen der Habe geschah in sachlicher Übereinstimmung zwischen den Stadträten und ihren betreffenden Obrigkeiten, ehe die Pest hereinbrach. Es wurde immer wieder vermerkt, da es zu erwarten sei, daß die am Ort befindliche jüdische Gemeinde durch den

Zorn des verängstigten Volkes, der von niemandem aufzuhalten sei, doch ausgerottet würde, sei die Besitznahme der Güter dieser mit Sicherheit aus dem Leben Scheidenden rechtens. Nürnberg gab ein Beispiel dafür.

In dieser Zeit der Angst und der Hilflosigkeit vor der unerklärlichen Wucht, mit der die Seuche hereingebrochen war, begannen in den Städten die Vertreter der Zünfte sich gegen die vorherrschende Macht der Patrizier zu wenden. Sie wollten sich das Recht, auch über das Geschick der Stadt zu befinden, zumindest mit den anderen Gewalten teilen. Und sie stimmten wie alle anderen das Lied vom Totentanz an; schaudernd fügten sie sich der Einsicht, daß am Ende im Tod doch alle gleich seien, seufzend ergaben sie sich dem schönen Trost inmitten des Grauens. Aber unerbittlich ausgestoßen aus diesem gleichmachenden Ende waren die des Brunnenvergiftens Angeschuldigten. Sie würden nicht einmal im Tod Ruhe finden, sie, die zum Umherwandern Verdammten. Wie verdammenswert sie waren, sprachen nun unumhüllt die Passionsspiele, die aufgeführten Stücke von der Kreuzigung Christi, aus.

Die Übereinstimmung aller, auch der beim Kampf um die Städteherrschaft entgegengesetzten Kräfte, auch derer, die sich gegen die Bedrückung durch die Feudalherren wandten, braucht uns nicht in Erstaunen zu setzen, sie muß auch nicht verschwiegen werden, ging es doch um die allgemein angestrebte Möglichkeit, von den Schulden loszukommen und sich wieder in den Besitz der Pfänder zu setzen. Viele trachteten danach, sich die Häuser und die Habe der Juden, vielleicht sogar kostenlos, anzueignen.

Die materiellen Interessen wurden offensichtlich. Die Stadtväter von Straßburg veranlaßten eine Zusammenkunft von Abgeordneten der Stände, Städte, des Adels und der Geistlichkeit. Sie gelangten im Januar 1349 zu dem Beschluß, alle Juden für vogelfrei zu erklären und sie aus den elsässischen und rheinländischen Städten zu vertreiben.

Es gab immerhin einige wenige Mitglieder dieser Versammlung, die sich dagegen wandten. In Straßburg mußten die Abgeordneten, die ihre Bedenken gegen die Glaubwürdigkeit der Verdächtigungen erhoben hatten, ihr Amt verlassen. Die Berichte über die einsetzenden Untersuchungen und Verhandlungen zeigen, es gab Gegenkräfte, die mäßigend und vernünftig handelten. Trinkwasserproben wurden untersucht, getaufte Juden wurden eingesetzt, um Kenntnis über hebräische Briefe zu vermitteln. Aus der Korrespondenz mit dem Rat der Stadt

Würzburg ging hervor, daß man dort an eine Schuld der Juden nicht glaubte.

Aber doch, am 13. Februar 1349, erging in Straßburg der Beschluß: Alle Juden werden verbrannt bis auf diejenigen, die sich taufen lassen wollten. Berichtet wird aus dem Vorfeld dieser Ereignisse, wie am 9. Februar die Handwerker, angeführt von den Metzgern, sich bewaffneten und ihren Anteil an Geld aus der Judengasse forderten.

Überliefert ist das Geschehen vom 14. Februar, vom Tag des Mordes, überliefert bis auf die Ausgaben der städtischen Angestellten für Essen und Trinken während und nach der Gewalttat. Auf dem Friedhof hatte man ein hölzernes Gerüst aufgestellt, berechnet für alle Mitglieder der jüdischen Gemeinde, Männer, Frauen und Kinder, auch die reichen, denen man wenige Tage vorher gegen Entgelt einen angeblich sicheren Platz nicht weit von der Stadt angewiesen hatte.

Es ist überliefert, wie eine große Menschenmenge sich nicht nur zum Zuschauen beim Verbrennen versammelte, sondern auch, wie die Bewohner Straßburgs, vereinfachend in den Beschreibungen das Volk genannt, das Hingehen zum Todesplatz für die Juden zu einem Weg des Schreckens werden ließ. Die Kleider wurden den Opfern auf ihrem letzten Gang vom Leibe gerissen und während der Suche nach eingenähtem Geld unter den Händen der lüsternen Zuschauer zerfetzt. Kinder wurden ihnen weggenommen und vor den Augen der zum Tod bereiten Märtyrer getauft. Einigen war es gelungen, vom Gerüst zu springen und den Flammen zu entkommen. Die umringende Menschenmenge war von einer fanatischen Grausamkeit erfüllt. Die vor dem Feuer Fliehenden wurden erschlagen.

Es ist überliefert, was dann in den Häusern der Ermordeten geschah, wie sie ausgeplündert wurden, wie man sich mit dem dort aufgefundenen Wein der Besitzer, die man doch für Giftmischer hielt, betrank.

Auch wird vom Auffinden eines Gegenstands beim Ausplündern der nun menschenleeren Häuser berichtet, von dem niemand wußte, wozu er dienlich gewesen: ein Schofar, ein Widderhorn, das während des Gottesdienstes am jüdischen Neujahrsfest erschallt. Die unwissenden, unverständigen Plünderer waren überzeugt, es sei ein Signalhorn für verräterische Hinweise an Feinde der Stadt. Nun war es das dringendste Anliegen der Herren vom Rat der Stadt, den Auftrag zu geben zur Herstellung von zwei Bronzeposaunen in der Form des aufgefundenen Schofars, nun sollte, zur ewigen Erinnerung an jüdische, zwar noch nicht geschehene, aber doch geplante verräterische Handlungen, auf diesen nachgebildeten Instrumenten täglich zweimal geblasen werden, am Abend und um die Mitternacht. Auch sollten durchreisende Juden durch die Klänge zum unverzüglichen Verlassen der Stadt ermahnt werden.

Tag für Tag ertönten in Straßburg vier Jahrhunderte hindurch die Signale des Judenhasses, bis sie schließlich durch die Französische Revolution beseitigt wurden.

Es wird von Basel berichtet, wie auch hier die Zünfte den Tod der Juden forderten. Ja, die Sprecher der Handwerker setzten sich sogar für einige Ritter ein, die gegen Juden Gewalt angewendet hatten. In ihrem fanatischen Haß verlangten diese Vertreter der Zünfte gleichzeitig die Erlaubnis für eine Rückkehr der Ritter und das Ausrotten der jüdischen Gemeinde. So verbündeten sie sich lieber mit den Angehörigen einer Schicht, die zu ihren Unterdrückern zählte, als daß sie sich schützend vor die zu Unrecht Angeschuldigten stellten.

Es wird berichtet, wie im Januar 1349 der Tod für die jüdische Gemeinde der Stadt Basel vorbereitet wurde. Viel Scharfsinn wurde verwendet, den Platz zu bestimmen, wo der Mord durch Verbrennen an sechshundert Menschen stattfinden sollte. Der Ort wurde gefunden: eine Sandbank im Rhein, dort, wo die Birsig einmündete. Das Gestell wurde konstruiert, es mußte tragfähig und brennbar sein. Es wird berichtet, wie danach die Pfänder aus den Häusern der Gemordeten herausgenommen wurden. So hatten die Mörder nun keine Schulden mehr.

Gegen den Einwand des Papstes, der in einer Bulle dringend vor der Beschuldigung warnte, die Juden hätten die Brunnen vergiftet, fand der Rat der Stadt Freiburg im Breisgau umgehend einen Ausweg. In der päpstlichen Verlautbarung hieß es, man möge bedenken, daß die angeblichen Verursacher der Krankheit ihr doch auch zum Opfer fielen, und man solle zur Kenntnis nehmen, daß die Pest auch an Orten wüte, wo keine Juden wohnten. Dagegen setzte nun Freiburg einen Prozeß. Mit unter der Folter erzwungenen Geständnissen. Vom 1. bis 30. Januar 1349 waren alle Beweise, die auch den Papst überzeugen sollten, zusammengebracht: Ein aus Jerusalem zurückgekehrter Jude habe aus der Heiligen Stadt, das mußte überzeugender als Toledo klingen, ein ganz besonderes Gift mitgebracht, das nur für Christen todbringend sei, den Juden aber nicht schade.

Der Ablauf des Geschehens nach diesem Prozeß zeigt, wie die Vernichtung schon zu einem Schema geworden war. Vom Tod durch das Verbrennen wurden einige Kinder ausgenommen, um sie zu taufen. Die Synagoge wurde Besitztum der Stadt oder des Klerus. In Freiburg diente sie als Bräuhaus. Und schließlich wird berichtet vom gierigen Eindringen in die Häuser, um sie auszuplündern. Der Streit um die Hinterlassenschaft der Ermordeten nahm hier sogar rebellische Züge an.

Es wird berichtet, wie im Sommer 1349 das Gerücht von der Brunnenvergiftung und die Angst vor der Krankheit in Mainz zusammentrafen. Zwar neigte der Rat der Stadt dazu, nicht an eine Schuld seiner jüdischen Gemeinde zu glauben, doch konnte die Besonnenheit gegen den fanatischen Haß sich nicht durchsetzen. Einheimische, aufgebracht durch Geißler, rückten gewalttätig in die Judengassen ein.

Es wird berichtet, wie die Angegriffenen sich mit großer Unerschrockenheit verteidigten.

Und es wird von dem Feuer berichtet, das nun im Judenviertel ausbrach. Die heldenhaft Kämpfenden opferten sich selbst dem Feuer, als sie sahen, sie würden überwältigt werden. Um nicht dem Zwang der Taufe ausgesetzt zu sein. Es war eine stolze Gemeinde gewesen mit einer ehrwürdigen Geschichte. Im Jahr ihres Untergangs wurden fünfzig Häuser gezählt, die ihnen gehörten. Mitten unter den Märtyrern war ihr Rabbiner Joseph ben Israel Thann.

Es wird berichtet, daß die Hitze des Feuers an diesem 23. August bei dem Untergang der jüdischen Gemeinde von Mainz die große Glocke der benachbarten Quintins-Kirche schmelzen ließ.

Worms, eine der Freien Reichsstädte, gab ihrer alteingesessenen jüdischen Gemeinde keinen Schutz, als am 1. März 1349 das Volk, wie es in den Berichten heißt, also Leute aus allen Schichten, in die Gassen lief und die Einwohner des jüdischen Viertels erschlug. Die Namen von fast sechshundert Ermordeten sind in Memorbüchern verzeichnet. Wer von den Überfallenen sich den Totschlägern entziehen konnte und sich um keinen Preis der Welt taufen lassen wollte, verbrannte sich mit der Familie im eigenen Haus. Auch das waren viele.

Nach achtundzwanzig Tagen schon trat der Mechanismus der Gnade des christlichen Kaisers, Karl IV., in Kraft, verzeihend überließ er der Stadt alles das, was einmal der Besitz ihrer ermordeten Einwohner gewesen war.

Aus Speyer, der Stadt mit der alten jüdischen Ansiedlung, wahrscheinlich aus der Zeit der Römer, gibt es eine makabre Mitteilung über das Geschehen nach dem Mord. Die von Angst vor der anstekkenden Krankheit geschüttelten ehrsamen Handwerker schlugen die Toten in Fässer und warfen sie in den Rhein. Und doch: Die Angst vor Ansteckung wich in dem Augenblick, als sie in die leeren und teilweise niedergebrannten Häuser drangen, um den Schutt nach Geld und wertvollen Gegenständen zu durchsuchen. Hier fand der Totentanz vom König, dem Bischof, den Adligen, den Bürgern und den Meistern und Angehörigen der Zünfte in der alles vergessenden Gier nach Gold auf den Trümmern der verlassenen jüdischen Anwesen statt. Hier waren sie alle gleich geworden in ihrer Sucht, sich zu bereichern.

Im März 1349 ließ der Landgraf von Thüringen, Friedrich, der Stadt Mühlhausen mitteilen, er rate dringend, die jüdische Gemeinde vom Leben zum Tode zu bringen, da sie die Brunnen vergifte. So gingen die Thüringer Vollstrecker hin und erschlugen alle Mitglieder der jüdischen Gemeinde. Der Besitz der Ermordeten wurde zum Mittelpunkt erbitterter Auseinandersetzungen zwischen Kaiser Karl IV., einem Herzog und verschiedenen Grafen.

In diesem Thüringer Gebiet, das dem Landgrafen Friedrich anheimgegeben war, ging die ganze Welle der Gnadenlosigkeit über die jüdischen Gemeinden aller Städte nieder. Überall ermunterte der Landesherr seine bereitwilligen Untertanen, in die Judengassen zu gehen und die Bewohner zu erschlagen. Er sprach ausdrücklich von ihrer Gefährlichkeit als Brunnenvergifter, jedoch schon ein Chronist aus diesen Tagen stellte fest, daß der Grund für die Aufrufe zum Mord das Geld und das Gut und die Verschuldungen seien. Es ist unmöglich, alle die Städte, Dörfer und Orte zu benennen, in denen die Morde an den Juden geschahen, in Gotha, in Eisenach, in Arnstadt, in Ilmenau, in Frankenhausen.

Und immer wieder tritt beim Aufblättern der Namen der Städte in diesen Jahren 1348 und 1349 das Schema von den nach Macht strebenden und zum Mord antreibenden Zunftmeistern erschreckend vor Augen. Auch in Erfurt. Schließlich vollziehen hier Patrizier und Handwerker, sonst in erbitterter Auseinandersetzung über Sitz und Stimme im Rat der Stadt, gemeinsam das Werk der Vernichtung. Die jüdische Gemeinde erwartete sie in der Synagoge. Sie wollten sich nicht wehrlos ausliefern, sie hatten sich Armbrüste und Spieße verschafft. Die

Die Geburt Christi, um 1370. Der heilige Josef mit Judenhut.
Wahrscheinlich ein Protest des Klosters
gegen die Judenverfolgungen in den Jahren der Pest.

Zahl der von der Übermacht Erschlagenen wird mit hundert genannt. Alle anderen Mitglieder der Erfurter jüdischen Gemeinde gaben sich in ihren Häusern den Feuertod.

In den Hansestädten Wismar, Rostock, Stralsund und Greifswald wurden die wenigen Juden, die dort wohnten, verbrannt oder lebendig begraben.

Und wo man, wie in den Ländern des Deutschen Ordens, keine Bekenner des jüdischen Glaubens fand, überlieferte man die Getauften dem Feuertod.

Mit erstauntem Unverständnis wird von Chronisten hier und dort Kenntnis genommen von der Standhaftigkeit, mit der die Märtyrer in den Tod gingen. Für diese die Zeitereignisse beschreibenden Menschen, die bar jeder Kenntnis waren, durch welche sittlichen Kräfte das Bewußtsein der Betroffenen so stark war, gab es am Ende die Erklärung, es sei das Einwirken des Teufels. Nun lebte auch wieder die schon mit den Kreuzzügen herangebrachte Sage auf vom Menschen, der nicht sterben kann zur Strafe, weil er das Goldene Kalb anbetete. Sie vermischte sich mit dem Bericht über einen heidnischen Türhüter im Dienste des Pilatus, Cartafilus genannt, der den an ihm vorübergeführten verurteilten Jesus mit der Faust geschlagen und ihm zugerufen haben soll: «Geh schneller, Jesus, was zögerst du?» Die Antwort: «Ich gehe, aber du sollst warten, bis ich wiederkomme», gab Anlaß zur Legende, daß da nun einer lebte, der seit der Kreuzigung Christi nicht sterben durfte, weil er auf den Messias warten sollte. Diese alten überlieferten Legenden wuchsen allmählich zusammen zum Bild des ewig wandernden Juden, Ahasverus.

Aber es wurde auch nicht ganz verschwiegen, welch großen Eindruck die Treue, mit der die Juden ihre pestkranken Glaubensbrüder pflegten, auf die christlichen Mitbürger gemacht hatte. Stimmen wurden laut, die feststellten, es sei unchristlich, dem Nächsten alle Hilfe zu versagen, Juden und Türken verhielten sich barmherziger, und es sei eine große Schande, sich als Christ zu bezeichnen und dabei doch von Nichtchristen und ungläubigen Juden lernen zu müssen.

Ein großer Strom von deutschen Juden ergoß sich während der Zeit des schwarzen Todes nach Polen. Bereits im 12., im 13. und im 14. Jahrhundert waren viele jüdische Familien nach Polen ausgewichen. Sie wollten sich der ständigen Bedrohung entziehen. Die polnischen Könige, unter ihnen Władisław Lokietek (1306–1333) und sein Sohn Kasimir der Große (1333–1370), hatten ein großes polnisches Kö-

Rabbiner bittet vor dem Herrscher für seine bedrohten Brüder

nigreich begründet und bemühten sich, das wirtschaftliche Leben neu zu ordnen. So waren sie auch gern bereit, jüdische und christliche Kaufleute aus Deutschland in ihrem Königreich anzusiedeln. Allen Kaufleuten aus Deutschland wurde ein eigenes (Magdeburger) Recht zugesichert. Den Juden war es wichtig, daß sie von der Rechtsprechung der städtischen Verwaltung und der christlichen Kooperationen befreit waren, ihnen wurde ihre eigene Jurisdiktion gewährt. Darüber hinaus hatten sie Zusicherungen bekommen für ein Niederlassungsrecht in allen Gebieten, die damals Polen zugehörig waren, und Freizügigkeit, auch für die Warenein- und -ausfuhr. Sie durften Pfänder auf bewegliche und unbewegliche Güter aufnehmen. Der Großadel hatte zugestimmt, jedoch die Vertreter des Kleinadels, der sogenannten Schlachta, hatten sich dagegen gewandt.

Es war für die soziale Struktur der damals im 14. Jahrhundert in Polen lebenden Juden charakteristisch, daß der Handel nicht ihre Haupterwerbsquelle wurde. In den polnischen Städten und Gemeinden waren die Zünfte nicht entwickelt, es war möglich, daß auch sie, die Zugewanderten, ein Handwerk betrieben, und viele wurden Handwerker; der polnisch-jüdische Schuster, der polnisch-jüdische Schneider ist aus der polnischen Geschichte nicht wegzudenken. So war die soziale Zusammensetzung der jüdischen Gemeinden in Polen eine völlig andere als in den deutschen Gebieten.

Es hatten aber die in den Tagen des schwarzen Todes Weggegangenen auch ihre erste Freundin mitgenommen; sie hielten an ihrer heimatlichen Sprache fest, einer Sprache, die dem heutigen Jiddisch etwa gleichkam. Dieser ersten Freundin aus den süddeutschen, schwäbisch-alemannischen und fränkischen Gebieten, die sich ihnen so feindlich gezeigt hatten, bewahrten sie über Jahrhunderte hinweg die Treue. Sie bereicherten die Mitgebrachte um slawische und hebräische Worte. Das nun ineinander Verwobene wurde das Jiddisch, das bis heute noch in Polen, in Litauen, Lettland, in der Ukraine und anderen sowjetischen Gebieten von jüdischen Menschen gesprochen wird, das auch nach Amerika gelangte. Diese im Grunde mittelhochdeutsche Sprache wird mit hebräischen Buchstaben geschrieben. Einige mittelhochdeutsche Worte und Begriffe sind heute noch lebendig in der jiddischen Sprache, die im Hochdeutschen verdrängt, verändert oder vergessen sind.

So hat sich die Bedeutung des Wortes dürfen im Jiddischen erhalten und wird für brauchen verwendet. Im Hochdeutschen lebte diese alte Bedeutung nur in den Wörtern Bedürfnis und Bedarf weiter. Das mittelhochdeutsche Wort Seiger für Uhr, speziell Sanduhr, der Name kommt vom Herabsinken des Sandes, steht im Jiddischen als Begriff für die Uhr und die Uhrzeit, manchmal wird es auch Seger ausgesprochen. Ein Zitat noch für die Bedeutung als Zeitangabe findet sich bei Wieland: «Die Arbeit ist gethan, der Feyerabend da – der meiste Sand verflossen, der Seiger ziemlich leer.» Das Wort nechten heißt im Jiddischen gestern und nechten bei nacht gestern abend. Das Grimmsche Wörterbuch bringt uns zu einem Zusammenhang bis in die Zeit der Minnesänger mit der dort zitierten Verszeile: «töherlin, waz geschach dir nechten?»

Die Juden, die in Deutschland blieben, veränderten allmählich ihre Sprechgewohnheiten, so wie ihre christliche Umgebung, vom Mittelhochdeutschen ins Hochdeutsche. Auch sie befleißigten sich, wenn sie gebildet sein wollten, des sächsischen Kanzleistiles, den Luther für seine Bibelübersetzung anwandte, der zur Norm wurde. Sie schrieben diese Sprache in ihren hebräischen Lettern. Und wenn sie untereinander korrespondierten, brachten sie auch manches hebräische Wort ein. Aber dieses Juden-Deutsch ist nie eine Sondersprache geworden. Es gibt keine Literatur in Juden-Deutsch. Hingegen ist das Jiddisch eine Sprache mit einer bedeutenden Literatur.

Eine Stimme der Menschlichkeit stieg aus den Abgründen des schwarzen Todes. Sie erhob sich mit einem tiefen Ernst und einer großen Eindringlichkeit und wies dem Judenhaß die Schranken. Die Kraft dieses zur poetischen Sprache gewordenen Gedankens über den gleichen Wert der drei sich bekämpfenden Glaubenslehren blieb über die Jahrhunderte hinweg bis in unsere Tage. Sie trug mit dazu bei, die Emanzipation der deutschen Juden einzuleiten. Die Geschichte vom rechten Ring, der die Wunderkraft besitzt, beliebt zu machen; vor Gott und Menschen angenehm.

Es lebte in diesen Jahren der Bedrängnis, als die Pest wie eine Furie ihren Weg durch die Länder nahm, in Florenz ein vom Glück wenig begünstigter Mann mit einem unversiegbaren Wissensdurst nach allen Vorgängen in seiner Zeit und dem unstillbaren Drang, sie mitzuteilen. In einem Brief an einen Freund setzte er zu seiner Unterschrift Giovanni Boccaccio die Worte «Stiefkind des Glücks».

Mit unerbittlicher Schärfe beschrieb er in seinem Hauptwerk *Dekameron* die Zustände seiner Zeit. Beim Einbrechen der Pest 1348 begann er, die Begebenheit von den zehn Personen, sieben Mädchen und drei jungen Männern, aufzuschreiben, die aus der Stadt vor der Seuche an einen abgelegenen Platz auf dem Land fliehen. Er beendete diese Arbeit 1353. Boccaccio stellte Regeln für ihren Tagesablauf auf. Aus ihren Reihen wird ein König oder eine Königin ernannt, für einen Tag, bis zum Abend, dann übernimmt ein anderer die Königswürde, um sie am nächsten Abend wiederum weiterzugeben. Die Forderung nach einem sinnvollen Verbringen einiger Stunden am Tag wird festgelegt. Die Aufgabe ist gegeben: Jeder soll jeden Tag eine Geschichte zu einem bestimmten Thema erzählen. So kamen hundert Novellen zustande über die Eigenschaften der Menschen in dieser bedrohten Zeit. Es waren keine Erfindungen über Spuk- oder Gespenstererscheinungen; es war ein mit der Kunst seiner Prosasprache eingefangenes reales Abbild der Lebensumstände verschiedener Gesellschaftsschichten vor dem düsteren Hintergrund der Seuche. Inmitten der Hoffnungslosigkeit waren ihm Erzählungen über Menschen wichtig, «die entgegen der eigenen Hoffnung doch ein fröhliches Ziel erreichten». Seine kritischen Einwände gegen die Verfallserscheinungen in der Kirche, über den Betrug der Wunderheilungen an Wallfahrtsorten, über lasterhafte Mönche verbarg er nicht unter der Fülle der berichteten galanten und derben Abenteuer, vielmehr wies er darauf hin, er habe seine in Florentiner Mundart geschriebenen Geschichten ausdrücklich mit inhaltangebenden Überschriften versehen, damit jeder auf den ersten Blick erkennen könne, welcher Gegenstand abgehandelt wird.

Die erste Zusammenkunft stand unter der Aufforderung, jeder solle das erzählen, was ihm am meisten am Herzen läge.

Bereits die zweite Geschichte brachte die Gegenüberstellung eines reichen jüdischen Kaufmanns, Abraham, der als ein redlicher und weiser Mensch geschildert wurde, mit der Sittenlosigkeit der Geistlichen am päpstlichen Hof zu Rom; jedoch endete die Begegnung in herkömmlicher Weise: Abraham ließ sich taufen.

Dann, mit der anschließenden dritten Geschichte, öffnete Giovanni Boccaccio, selber befangen mitten in den Schrecknissen des schwarzen Todes, ein Fenster, durch das der schmale, aber sichtbare Schein einer Hoffnung dringen konnte. Er gab mit der Überschrift den Inhalt an: «Der Jude Melchisedech wendet mit der Geschichte von den drei Ringen eine große Gefahr von sich ab, die ihm von Saladin drohte.» Boccaccio ließ seinen Saladin sagen: «Mein lieber Freund, ich habe von vielen Leuten deine Weisheit und deine Kenntnisse in göttlichen Fragen rühmen hören. So möchte ich dich nun fragen, welche von den drei Lehren du für die wahre hältst, die jüdische, die sarazenische oder die christliche?»

In dieser Zeit der Pest, als die Verdächtigung von der Brunnenvergiftung in Umlauf war, hatte Boccaccio die weise Antwort des Juden, das Gleichnis von den drei Ringen, in die Welt gegeben. Die Begebenheit, wie ein Ring über Generationen hinweg vom Vater dem Sohn weitergereicht wurde, zum Zeichen, daß er der Erbe sei, so lange, bis er an einen Vater mit drei Söhnen kam, die ihm alle gleich lieb waren. In seiner Gewissensnot ließ der Vater zwei weitere Ringe anfertigen, die dem Original glichen. Da sie so ähnlich geworden, konnte er selbst sie nicht mehr unterscheiden. Nach dem Tod des Vaters behauptete nun jeder der Söhne, er habe den echten Ring aus der Hand des Vaters erhalten. Boccaccio schloß das Gleichnis mit der Bemerkung, «wer der rechte Erbe sei, blieb ungeklärt». Und er enthüllte den Zugang zum

Bezug: «... dasselbe sage ich Euch, mein Gebieter, auch von den drei Glaubenslehren, über die Ihr mich befragt habt. Gott selber hat sie den drei Völkern gegeben, und jedes Volk glaubt, Gottes Erbe, seinen wahren Glauben und seine Gesetze empfangen zu haben. Wer sie aber wirklich besitzt, das ist – wie bei den drei Ringen – bis heute noch ungeklärt.»

Diesen Lichtschein der Hoffnung aus dunkelster Zeit hat Jahrhunderte später Lessing aufleuchten lassen. Mit seiner Ringerzählung – bei ihm steht Nathan der Weise vor Saladin – gab er den geistigen Anstoß für die Emanzipation der Juden in allen deutschen Ländern.

ZEIT DER HUSSITEN

Sie hatten sich die Sterbekleider angezogen aus weißem Leinen, ohne jeden Schmuck.

Sie hatten sich in ihre Gebetsmäntel eingehüllt. Sie waren gekleidet wie an ihrem höchsten Feiertag, dem ernsten Versöhnungsfest, das sie mit Fasten begehen mußten.

Sie hatten Kerzen angezündet und trugen sie in den Händen.

Sie hatten die Torarollen auf roten Samt gebettet, verborgen unter einem kostbaren goldgestickten Baldachin.

Die Juden erbitten von Papst Martin V. die Bestätigung ihrer Rechte, Konstanz, 1460

Sie hatten sich geeinigt, dieses so liebevoll gehütete Gesetz zu opfern und aus ihrer Obhut zu geben. Der Schatz an Worten aus uralter Überlieferung, für sie vom göttlichen Hauch erfüllt, war in ihren Augen etwas so Lebendiges, daß, sollten die sonst immer sorgsam gehüteten Torarollen von unberufener Hand berührt werden, diese einen Tod erlitten und begraben werden mußten.

Sie, die Abgeordneten der jüdischen Gemeinde von Konstanz, hatten sich auf den Weg gemacht, dem soeben von den auf dem Konzil anwesenden Kardinälen gewählten Papst entgegenzugehen. Welch eine Stärke der Erwartung, welch eine Würde in der Bereitschaft, mit der Übergabe der Schrift an den höchsten Vertreter der Christenheit Vertrauen zu bekunden und Vertrauen zu erlangen.

Sie trafen an diesem kühlen Novembertag des Jahres 1417 auf einen siegreichen Mann aus einer altangesehenen mächtigen Familie Roms, aus dem Hause der Colonna. Bei der Begegnung zeigte sich der Siegreiche als der völlig Verständnislose. Am ungewöhnlichen Ort eines Konklaves, statt des Vatikans das alte Kaufhaus zu Konstanz, hatte er die Wahl zum Papst angenommen und sich den Namen Martin V. gegeben, eines Heiligen, der gerade zu dieser Zeit besonders verehrt wurde. Es sei, so wird berichtet, ein so unendlicher Jubel gewesen, daß die Menschen vor Freude kaum sprechen konnten. Die Meinung in der christlichen Welt verfestigte sich, mit dem neuen Papst würde nun das Ende der fast vierzigjährigen Auseinandersetzung innerhalb der römisch-katholischen Kirche beendet sein.

Aber da war ja vor zwei Jahren auf diesem Konzil der tschechische Reformator Jan Hus als Ketzer verdammt und verbrannt worden, obwohl Kaiser Sigismund ihm freies Geleit zugesichert hatte. Es war den konservativen Kräften nicht gelungen, mit diesem Feuer seine Gedanken in Asche zu verwandeln. Seine Standhaftigkeit bis in den Tod, er wich bis zuletzt nicht ab von der Forderung einer gerechten Verteilung der Güter dieser Erde, gab seinen Anhängern die Kraft, in seinem Namen weiterzuwirken.

In diesem Augenblick der Begegnung zu Konstanz war der kaiserliche Aufruf zum Kreuzzug gegen die Hussiten noch nicht erfolgt, beide Herrscher, der geistliche und der weltliche, konnten sich in einer gewissen Übereinstimmung fühlen. Der Kaiser hatte dem Papst sogar angeboten, die kirchlichen Belange nun von einer Stadt aus zu regieren, die zum kaiserlichen Einflußbereich gehörte, von Straßburg oder von Basel oder von Mainz. Beide mächtige Herren hatten für diesen Triumphweg durch die Stadt allen Prunk, über den sie verfügten, angelegt. Sie zeigten Verschwendung zu einer Zeit, als die Forderung der hussitischen Revolutionäre von Prag ausgegangen war: Die Ornate, die Chorhemden, die silbernen oder goldenen Gürtel, die teuren bemalten und gestickten Gewänder, diese Dinge sollen nicht sein, und deshalb sollen sie vernichtet und beseitigt werden. Und demjenigen, der sich gerade den Namen eines Heiligen zugelegt hatte, stand die Forderung der Hussiten entgegen: «Desgleichen sollen wir nicht fasten zu den Festen der Heiligen, noch ihre Feiertage heiligen, noch ihres Namens wegen ihnen zu Ehren Kirchen bauen oder Altäre, denn das ist Götzendienst.» Das konnte als eine verdächtige Annäherung an den jüdischen Glauben ausgelegt werden, der ein strenges Verbot des Betens vor Bildern forderte, wie es im zweiten der Zehn Gebote heißt: «Du sollst dir kein geschnitztes Bild machen, kein Abbild von dem, was im Himmel droben oder unten auf der Erde oder im Wasser unter der Erde ist. Du sollst dich nicht vor diesen Bildern niederwerfen und sie nicht verehren.» Die römisch-katholische Kirche hat dieses strenge Verbot nicht übernommen.

Es muß bestürzend gewirkt haben, wie Papst Martin V. die Gabe der jüdischen Gemeinde, die ihm wie ein Opfer dargebracht wurde, zurückwies. Er sprach nicht einmal mit ihnen. Dann, als der Kaiser sich die Torarollen geben ließ, erkannte der zuerst Angeredete offensichtlich das Gewicht dieser in schlichtes weißes Leinen gehüllten Abordnung. Nun setzte er den Worten des Kaisers, das Gebot Mosis sei schon gerecht und gut, aber die Juden wollten es doch nicht recht verstehen, seine eigenen Einlassungen hinzu: «Der Allmächtige Gott entferne den Schleier von euren Augen, daß ihr das Licht des ewigen Lebens schauen könnt.» Es wird vermerkt, wie er sie, bevor er davonritt, gesegnet habe.

Die regierenden Herren wußten, daß die täglichen hohen Ausgaben für den Ablauf des Konzils auch von den jüdischen Gemeinden des gesamten Reiches bestritten werden mußten. Sie brauchten gerade jetzt diese Gelder dringend. Jedenfalls bestätigte am 12. Februar 1418 der Papst auf Bitten des Kaisers Sigismund den Juden die von früheren Päpsten verliehenen Privilegien. Ausdrücklich wandte sich der Papst auch gegen die zügellosen, zum Judenhaß aufreizenden Predigten der Franziskaner, Dominikaner, Kapuziner und Barfüßer. Diese Bettelmönche, die durch ihre Predigten einen großen Einfluß auf das Volk hatten, forderten immer wieder: Jeder Umgang mit Juden solle verboten werden, kein Haus dürfe ihnen vermietet, kein Brot für sie gebakken, kein Feuer für auch nur eine ihrer Herdstellen gereicht werden. Für jüdische Kinder dürfen christliche Hebammen nicht zugelassen sein. In den täglichen Predigten wurde die Lüge aus der Pestzeit vor siebzig Jahren über die Brunnenvergiftung erneuert, vermischt mit den Legenden der Blutbeschuldigungen. 1422 bedrohte der Papst alle Geistlichen, die in der genannten Weise judenfeindlich predigten, mit dem Bann. Wenig später allerdings zeigte er eine schwankende Haltung, fand sich aber dann 1429 abermals bereit, eine schützende Urkunde für die jüdischen Gemeinden ausgehen zu lassen.

Jede Krise der feudalen Gesellschaft, jede Reformbewegung innerhalb der römisch-katholischen Kirche löste eine starke Gegenbewegung aus. Welche Gefahr die konservativen Kräfte der römischen Kirche in der Hussitenbewegung sahen, geht aus einer Einschätzung hervor, die ein Abgesandter des Kardinallegaten Branda im Januar 1424 dem König von Polen gab, wie sie in der *Geschichte der Päpste* (1931) von Pastor wiedergegeben ist: «Der Grund meiner Sendung ist die Ehre Gottes, das Wohl des Glaubens und der Kirche, die Rettung der menschlichen Gesellschaft. Ein großer Teil der Ketzer behauptet, es müsse alles gemeinsam sein, und man solle den Obrigkeiten keinerlei Zinstribut oder Gehorsam leisten, Grundsätze, durch welche die menschliche Kultur vernichtet und jede sachgemäße, kundige Führung der Menschheit unmöglich gemacht wird. Sie erstreben die Beseitigung aller göttlichen und menschlichen Rechte durch die rohe Gewalt; und es wird so weit kommen, daß weder die Könige und die Fürsten in ihren Reichen und Herrschaften noch die Bürger in den Städten noch überhaupt jemand in seinem eigenen Hause vor ihrer Frechheit sicher ist; diese abscheuliche Ketzerei verfolgt ja nicht allein den Glauben oder die Kirche, sondern führt, vom Teufel getrieben, Krieg gegen die ganze Menschheit, deren Rechte sie antastet und niederreißt.»

Um alles beim alten zu erhalten, die Bindung an Rom, das Gefühl, ein ganzes christliches Volk zu sein, zusammengehalten vom einigenden Band der lateinischen Sprache, auch um den für allen Aufwand notwendigen Zufluß der Gelder nicht zu verlieren, wurde das immer wirksame, schon in der Zeit der Albigenserbewegung bewährte Mittel hervorgeholt: die aufgespeicherte Wut der Bevölkerung über das eigene Elend, über die feudale Bedrückung und den Ärger und den Spott über die Käuflichkeit des Klerus und seiner Ämter in die Judengasse abzulenken.

Nun wurde dieses erprobte Muster bei der Bekämpfung der Hussitenbewegung angewendet. Mit dem Aufruf zum Kreuzzug im gesamten Reich war, bevor man in die unbekannte Ferne zog, der Zugriff auf die nächstgelegenen jüdischen Gemeinden geöffnet. Die kriegerischen Horden auf ihrem Weg nach Böhmen, vom Rheinland über Thüringen und Bayern, quälten bei ihrem Vormarsch die jüdischen Einwohner der Städte unsäglich. Gleichzeitig reisten die kaiserlichen Steuereinnehmer von Gemeinde zu Gemeinde, sie zogen von Haus zu Haus, schätzten Geld und Gut, ja auch die Lebensmittelvorräte ein; das Geld für den Kreuzzug gegen die, wie es genannt wurde, hussitische Ketzerei mußte zusammengetrieben werden. Diese den jüdischen Gemeinden auferlegte Spezialkriegssteuer hieß in schönen Worten «der güldene Opferpfennig»; es bedeutete nichts anderes, als daß ein Drittel ihres gesamten Vermögens ihnen abverlangt wurde.

Unter den Marschtritten dieses Kreuzheeres ging die altehrwürdige berühmte jüdische Gemeinde von Köln zugrunde; «nicht ohne entschiedene Mithilfe der Kölner Stadtverwaltung und nicht ohne den unausweichlichen Druck der Zünfte» wurde die Vertreibung in Gang gesetzt, die Synagoge «zum Ruhm Gottes und der Heiligen Jungfrau» in eine christliche Kapelle umgewandelt. Die Kölner Juden fanden Zuflucht auf der anderen Seite des Rheins, in Deutz, unter dem Schutz des Erzbischofs, der ihnen auch in Neuss und in Bonn Unterkunft und Aufenthalt gewährte, sicherlich nicht uneigennützig, aber es gab gerade bei ihm darüber hinaus die eigenartige Übereinstimmung, auch ihm war es versagt, in der Stadt Köln zu wohnen.

Die Umstände erfordern einen Blick nach Wien. Von hier aus, einem Gebiet, das der hussitisch-tschechischen Nationalbewegung am nächsten lag, ging das Gerücht, die Juden hätten die Hussiten mit Geld und Waffen versorgt. Die theologische Fakultät der Wiener Universität machte diese Frage zu einem Gegenstand heftiger Erörterungen, in deren Folge die Studenten sich zu Überfällen auf das jüdische Viertel zusammenrotteten und mordlüstern und plündernd in die Häuser eindrangen. Vermischt mit den Verdächtigungen auf Hilfeleistung, kam nun wieder aus den dumpfen Abgründen des Aberglaubens die Beschuldigung des Hostienmißbrauchs hoch, der Haß gegen die Juden verklammerte sich mit der Abwehr gegen die Hussiten, durch deren abweichende Haltung in der Frage des Abendmahls, also des Austeilens von Brot und Wein, das Nachdenken über den Sinn dieses Brauchs aufgekommen war.

Am 12. März 1421 wurde unter der lebhaften Anteilnahme des Herzogs Albrecht von Habsburg in der Stadt Enns ein Prozeß in Gang gesetzt, der zur Glaubensstärkung für das christliche Volk und zur freudigen Teilnahme am Kreuzzug gegen die Hussiten beitragen sollte. Das unter der Folter abgelegte Zeugnis der Mesnersfrau von Enns lag vor: Sie habe Teile einer Hostie den Juden überbracht. Obwohl alle Verdächtigten auch unter der Folter nichts gestanden hatten, wurden zweihundert jüdische Männer und Frauen unter der Anschuldigung der Hostienschändung in Enns festgenommen. Und da sie sich geweigert hatten, die Taufe anzunehmen, wurden sie auf dem Scheiterhaufen verbrannt. Das war ein Signal für Übergriffe und Morde und Ausweisungen auch aus Wien, Krems und anderen Städten aus dem Herrschaftsgebiet des Herzogs Albrecht.

Mordend und plündernd waren die Kreuzritter der Hussitenzeit durch die Judengassen gezogen und hatten, da sie in Eile waren, nicht alle jüdischen Menschen ausrotten können. Wir kommen wieder, erklärten sie. Und nach dem Sieg über die Hussiten wollten sie die jüdischen Gemeinden vom Erdboden vertilgen.

Aus dieser Zeit wird über den angesehenen Rabbiner aus Mainz, Jacob ben Mose Moeln-ha-Levi berichtet, wie sich bei ihm Klagebriefe und Anfragen aus vielen Gemeinden häuften, was bei der mit Schrekken zu erwartenden Rückkehr der Kreuzritter geschehen solle. Er hatte nichts anderes als seine Gebetsworte und -melodien, mit denen er sie aufrichten konnte. Sie alle wußten, sie mußten bereit sein, sich und ihren Kindern eher selbst den Tod zu geben, wenn sie sich nicht von ihrer Überzeugung abbringen und, um jeder Qual zu entgehen, taufen lassen wollten.

Das Kreuzheer zählte mehr als hunderttausend Krieger, allein der Markgraf von Meißen hatte dreißigtausend Bewaffnete gegen die kriegsunerfahrenen und ungenügend gerüsteten Bürger- und Bauernhaufen, geführt vom einäugigen Ziska, aufgeboten. 1885 zitierte Georg Weber in seiner *Weltgeschichte* eine zeitgenössische Stimme zu den Motiven der Hussiten: «Dort fragte man weder nach Ritterart und Wappenschild, noch nach Turnierkünsten und Courtoisie; die Scharen der Brüder, Handwerker und Bauern, Gesellen, Knechte, Tagelöhner, jeder bereit, für den Kelch (Wahrzeichen der Hussiten – d. A.) zu siegen und zu sterben, ihren Führern zu strengstem Gehorsam, zu jedem Dienst, zu jedem Gewaltmarsch, jeder Entbehrung, jedem Äußersten bereit – sie waren eine gar andere Streitkraft als die herkömmliche feudale, die weder zu gehorchen noch zu entbehren verstand und Ehre, Gunst und Beute suchte, während jene für ihren Glauben, für ihr Vaterland, für die Freiheit, für Ideen kämpften.»

Im Winter 1421 auf 1422 wurden die Kreuzritter, die ihren Siegeslauf bei der Rückkehr in den Judengassen fortsetzen wollten, so vernichtend von Ziska und den Seinen geschlagen, daß sie sich in zügelloser Flucht auflösten. Sie kamen zurück, abgerissen, zerlumpt, halb verhungert, und standen, bittend um ein Stück Brot und ein Quartier zur Nacht, vor den Häusern der Juden, denen sie noch vor kurzem das Vertilgen angedroht hatten.

Auf dem Lande, um 1470

Und es wurde ihnen hier das Brot gereicht. Und es wurde ihnen hier die Aufnahme nicht verweigert.

Als im Zuge der Gegenreformation für das Eingliedern der vom römischen Glauben Abgefallenen alle Mittel aufgewendet wurden, gab es auch die Besinnung auf das Errichten von Wallfahrten zum Heiligen Blut. Nun wurde das gegen die Juden erprobte Schema über die Hussiten gestülpt. Nun war es für den Ort Neukirchen zwar keine blutende

Hostie, aber doch eine blutende Figur, Maria darstellend, der ein durchreisender Hussit den Kopf gespalten haben sollte.

In seinem Buch *Vom heiligen Blut* (1980) gibt Karl Kolb Aufschluß, mit welcher Zähigkeit enge Vorurteile sich über Jahrhunderte hinweg versteifen. In Zusammenhang mit seiner Vorstellung des Wallfahrtsortes Neukirchen bei Heiligenblut bei Furth im Wald (Lam) zitiert er die Predigt von Bischof Dr. Rudolf Graber anläßlich einer Diözesanwallfahrt des Katholischen Frauenbundes am 1. Juli 1963. Dort wird, zwar im Zusammenhang mit Erklärungen für Friedensbemühungen, von der in der Gegenwendung zur revolutionären Bewegung der Hussiten erfundenen Legende wie von einem wirklichen Geschehen berichtet: «Als 1450 ein hussitischer Fanatiker auf das Bild einhieb, da floß zu seinem größten Erstaunen Blut heraus, und dieses Blut bewirkte seine Bekehrung.» Das Heraufbeschwören des Blutes geschah «hier, nahe dem eisernen Vorhang», im Gedenken «all unserer Brüder und Schwestern drüben».

DAS GNADENLOSE KREUZ

Uralte Handelswege führen von Italien und Slowenien, früher Krain genannt, über Villach in Kärnten in den Donauraum. Römische Legionen sind diese Straßen gezogen. Ein Grabstein mit dem hebräisch klingenden Namen Agaenus (Haggai) in der Nähe von Klagenfurt deutet auf die Anwesenheit von Juden als römische Legionäre oder Händler in diesem Gebiet, das von heidnischen Kelten bewohnt war. Die Juden waren als wichtige Kaufleute auch in der nachrömischen Zeit in dieser Gegend bekannt. Eine Zollordnung von Raffelstetten an der Donau, zwischen Enns und Traun, von 903 bis 906 besagt, daß Juden und andere Kaufleute, woher sie auch kommen mögen, den üblichen Zoll für Sklaven oder andere Waren zu entrichten haben, der zu Zeiten der früheren Könige üblich gewesen war. Diese Erneuerung einer alten Ordnung setzt die Anwesenheit von Juden schon um das Jahr 876 voraus.

Noch denkwürdiger sind die zahlreichen Judendörfer, die in den östlichen Alpenländern nachgewiesen werden können. Die meisten von ihnen liegen im Herzogtum Karantanien, dem heutigen Kärnten, einem österreichischen Bundesland. Das südlichste Judendorf befindet sich bei Villach, nahe der italienischen Grenze, unweit von Thörl, dem kleinen Tor, dem Grenzort an der Alpenstraße. Und zwei Judendörfer sind in der Umgebung von Klagenfurt bekannt, eines bei Maria-Saal, das andere bei Annabichl. Zwei weitere kleine Ansiedlungen unweit von Friesach, eines bei Zeltschach und eines bei St. Salvator, führten den Namen Judendorf. Eine noch heute blühende Stadt im Murrtal heißt Judenburg. Die Forscher nennen auch bei der Gemeinde Donawitz in der Nähe der Stadt Leoben ein Judendorf. Außerhalb von Kärnten, in der Umgebung von Steyr, wird bei Losensteinleithen ein Judendorf vermerkt. Und am Ufer der Donau liegt die Marktgemeinde Judenau bei Tulln. 1147 wird von einer Judengasse in Graz berichtet, um dieselbe Zeit bestand nicht weit von dieser Stadt ein Judendorf. Bei vielen dieser Dörfer haben Ausgrabungen Bauten aus der Römerzeit freigelegt. Im Land Salzburg ist ein Judendorf im Lungau bekannt, und noch heute heißt eine der Hauptgeschäftsstraßen in Salzburg, die durch den ältesten Teil dieser Stadt führt, die Judengasse.

Größere Gebiete des alten Herzogtums Karantanien waren den Bischöfen von Bamberg unterstellt. Es ist durch Urkunden belegt, daß die Bamberger Herrscher oft Kredite bei jüdischen Finanzleuten in Villach aufgenommen hatten. Die Ritualmordanschuldigung aus Trient, die Kunde, Juden hätten den kleinen zwei- oder dreijährigen

Simon aus rituellen Gründen geschlachtet, drang auch über die Alpen in die Kärntner Täler. Dort, wo seit Jahrhunderten jüdische Ansiedlungen waren, wahrscheinlich meist kleine Händler, die die abgelegenen Bauernhöfe besuchten und sie mit neuartigen Waren versorgten und ihnen ihre Produkte abkauften, erging der Befehl des fernen Bischofs von Bamberg, die Juden mußten das Gebiet verlassen. Sie wurden aber auch aus der Steiermark und aus Krain vertrieben. Sie wichen, wenn sie mit dem Leben davonkamen, nach Ungarn aus.

Hier, an der Handelsstraße bei Villach, geschah es um 1490 auf Befehl der Bischöfe von Bamberg. Noch um das Jahr 1250 hatten die Bischöfe vor dem Portal ihrer Diözesankirche, dem Dom von Bamberg, den Triumph der Kirche und die Blindheit der Synagoge in zwei wunderbaren Frauengestalten darstellen lassen. Die Synagoge war von den Künstlern mit einem größeren Liebreiz ausgestattet als die triumphierende Kirche; von Haß gab es kein Anzeichen, eher Mitleid.

Wer in den Chor der Andreaskirche zu Thörl kommt, betritt einen Ort der Gnadenlosigkeit. Durch fünf Jahrhunderte blieb hier als Zeugnis erhalten, wie ein Meister der Malkunst die Aufgabe seiner geistlichen Auftraggeber erfüllte. Man nennt den Ausführenden, unter dessen Hand das Wandgemälde vom leidenden und triumphierenden Christus entstand, Thomas von Villach.

Es muß für denjenigen, der das Bild zu dieser Zeit für diesen Platz anordnete, einen zwingenden Grund gegeben haben, gerade hier, am Tor zum Süden, das gnadenlose Kreuz aufzupflanzen.

Selten sonst ist der Zweck eines Andachtsbildes so brutal und so unverhüllt abzulesen wie an der Chorwand der Andreaskirche von Thörl. Es wäre unangebracht, für das Betrachten der Fresken des Thomas von Villach die Formulierung zu wählen: Wie sich die Bilder wandeln. Die veränderte Wiedergabe der beiden Symbolgestalten für den christlichen und den jüdischen Glauben war keine, einem höheren Reich der Kunst zu entnehmende, zeitlose Eingebung, der Ausdruck, der jetzt, am Ende des 15. Jahrhunderts, für die beiden Frauen gebraucht wurde, mußte dem Bestreben, die Juden vom uralten Tor zum Handelsweg zu vertreiben, angemessen sein. Die Frage, was tut Gott am Menschen, die Hoffnung auf das Heilsgeschehen durch den Mittler, den Gekreuzigten, wurde hier unmißverständlich mit dem Tagesgeschehen verknüpft. Der Gott von Thörl trennte nicht die himmlische Heilsbotschaft von der irdischen Unheilsbotschaft. Nichts geschah an dieser Wand aus dem Quell einer Kunst, die nur zur Andacht führen sollte; so wie das Wirken Gottes hier sichtbar gemacht wurde, mußte das als ein Aufruf an die Gläubigen zum Handeln verstanden werden.

Alle uns heute schwer zugänglichen Details gehörten zum bekannten Schema, mit dem christlicher Glaube sichtbar gemacht wurde. Jede Einzelheit an der in zwei Teile gegliederten Nordwand gab gleichzeitig Auskunft für sich selbst und für das Ganze. So war jede Aussage mindestens doppelt ausgewiesen. Wenn dem Betrachter vielleicht der Hinweis auf den großen Zusammenhang entgangen war, die einwirkende Kraft Gottes auf alle Zeiten, von Eva im Paradies beginnend bis zum Jüngsten Gericht am Ende der Tage, dann konnte der gläubige Zuschauer eingefangen werden mit dem unverschlüsselten Schildern der Vorgänge. Auch ohne Kenntnis der Fracht der Symbole öffnete sich dem Laien der Zugang: Aus den über dreißig Feldern der beiden Wandteile – unter der Hand des Malers wirkten sie wie Fenster – war die Kreuzigungsgruppe besonders in den Blickpunkt gerückt.

Das Kreuz, das Holz des Lebens, beherrscht die Mitte des Feldes. Der Gekreuzigte neigt sein Haupt absichtsvoll nach rechts, denn dort sind alle Zubehöre für die Welt des Heils versammelt. Durch seine nach links schwingende Körperhaltung wird die Ablehnung für die sich auf der anderen Seite abzeichnende Welt des Unheils betont. Zum Rüstzeug für die glückliche Seite des Heils zur Rechten des Gekreuzigten gehören vor allem zwei Frauengestalten. Ekklesia und Maria, die Mutter Gottes. Aus dem Paradies der Baum des Lebens. Seine Zierde sind nicht gewöhnliche Früchte, sondern Hostien, pflückreif. Und unter dem blaugoldenen Mantel der Maria erscheint die Menge der Begnadeten, Kaiser und Papst und König und edle Damen, bewacht von Engeln mit zuverlässigen Flügeln, die sich mit Spruchbändern zur Lobpreisung Gottes hervortun. Und Ekklesia, durch Beschriftung und Vorzeigen eines Kirchengebäudes doppelt ausgewiesen, reitet. Sie reitet das Tier des höchsten Geheimnisses der Machtausübung, den Tetramorph, die Viergestalt.

Im Buch Ezechiel waren bereits Gestalten mit vier Gesichtern beschrieben. Die aus einem Wesen hervortretenden Köpfe trugen die Gesichter des Stieres, des Menschen, des Löwen und des Adlers. Sie sollten ein annähernder Ausdruck sein für die unbegreifliche Herrlichkeit Gottes. Gerade diese Viergestalt war vom Kirchenvater Gregor um die Wende zum 7. Jahrhundert als brauchbar befunden, den christlichen Glauben sichtbar zu verteidigen, zumal der Beschreibung im Alten Testament die Visionen des Johannes aus dem Neuen Testament entgegengestellt werden konnten. Die Malvorschrift, nun auf die Apokalypse zurückgeführt, mußte die schwierige Frage nach dem Wesen des Gottessohnes beantworten. «Das erste Wesen glich einem Löwen, das zweite Wesen glich einem Stier, das dritte Wesen hatte ein Gesicht wie das eines Menschen, und das vierte Wesen glich einem fliegenden Adler ... Und keine Ruhe haben sie bei Tag und Nacht und sprechen: ‹Heilig, heilig, heilig ist der Herr, Gott, Allherrscher, der war und der ist und der kommt.›» So war auch das unablässige anbetende Rufen aus dem Buch Jesaja weggewendet zum Nachweis der Rechtmäßigkeit der christlichen Auffassung. Gregor hatte maßgebend für die Kunst festgelegt: Christus wird in seiner Geburt zum Menschen, durch den Tod am Kreuz zum Opferstier, bei der Auferstehung zum Löwen und in der Himmelfahrt zum Adler. Eine andere, frühere Anordnung für Maler, zurückgehend auf den heiligen Hieronymus, stülpte die Viergestalt über die vier Evangelisten, nun wurden die Tierköpfe nach den Anfängen der Evangelien verteilt: Der Gedankenflug des Johannes gleiche dem Emporsteigen eines Adlers; die Beschreibung der Stimme eines Rufers in der Wüste, Markus, müsse durch das Wüstentier, den Löwen, unterstrichen werden; Lukas, der das Opfer des Zacharias beschrieb, habe Anspruch auf den Opferstier; Matthäus, der die Reihe der Vorfahren Christi aufzeichnete, solle das Gesicht des Menschen zugeordnet bekommen. Der Maler Thomas von Villach malte die beweiskräftige Scherergestalt als Stütze der Kirche in voller Übereinstimmung mit der durch Jahrhunderte vorgegebenen Malvorschrift im Kampf gegen die Synagoge.

Der frohlockenden, siegreichen Welt ist die andere Seite schroff entgegengesetzt. Die Seite des Todes. Hier ist nicht der kleinste Atemzug für ein zögerndes Überlegen gegeben, wer der zu Tötende ist. «Synagoge» steht auf dem Spruchband. Ein Schwert durchstößt die in lichtes Grün gekleidete Frau von der Mitte des Hauptes durch die Brust in den Leib. Das Grün, sonst der Auferstehungserwartung gewidmet, weist auf die Gleichsetzung mit dem Teufel hin. Die linke Hand trägt einen blutenden Bockskopf. Vom Reittier der Aphrodite aus dem griechischen Mythos war im christlichen Verständnis der Bock «zum unreinen, stinkenden, nur auf Befriedigung sexueller Instinkte bedachten Wesen, damit zum Symbol der Übeltäter und Verdammten» geworden. In der rechten Hand hält sie eine abgeknickte Fahnenstange, an der ein gelbes Tuch die Linie des Zerbrochenseins wiederholt. Die Synagoge reitet auf einem sterbenden Esel, der an seinen Beinen Wundmale trägt. Hinter ihr sind die Zubehöre des Verderbens angehäuft: der Baum der Erkenntnis, der Apfel, die Schlange und Eva, die Verkörperung der Erbsünde allein in ihrer Nacktheit. Während ihre Rechte nach dem rotgelben Apfel greift, trägt die Linke als überdeutliches Schreckenszeichen einen Totenkopf. Unter den beiden Frauengestalten auf der Seite, die das Leben verwirkt hat, breitet sich die Hölle aus mit ihren Teufeln und den Abgestorbenen.

Dem Besteller der Wandmalerei von Thörl muß es ein dringliches Anliegen gewesen sein, die Rechtfertigung für den Mord an der Synagoge sichtbar zu machen. Der Maler griff zu der äußersten Möglichkeit seiner Bildsprache, er ging bis zu einer Grenze, in Bereiche, die, um das Alltagsgeschehen unter dem Krummstab des Bamberger Bischofs zu erklären, das Heiligste herabwürdigten. Ein einziges unmißverständliches Zeichen gab es, die eigenen Taten zu umschreiben: Gottes Hand.

Viermal erscheint diese Hand, jedesmal als Rechte, umgeben vom Nimbus, dem strahlenden goldenen Kranz mit dem roten Kreuz, die Heiligkeit Gottes anzeigend. Die Hand bedeutet die Macht. Die rechte Hand wurde sonst als barmherzige, als segnende vorgewiesen. Hier in Thörl wurde die machtvolle Kraft Gottes, mit der die Welt zum Heil verwandelt werden sollte, direkt an das Kreuz geheftet. Aus den vier Enden der Balken wachsen in majestätisches Violett gehüllte Arme mit diesen besonderen Händen. Die Farbe der Ärmel unterstreicht, wie korrekt in Übereinstimmung mit den Malvorschriften die Zuordnungen eingehalten wurden. Violett war dem Göttlichen vorbehalten als «Farbe der Besonnenheit, des Maßes, des bedachten Tuns, des Gleichgewichtes zwischen Erde und Himmel, Sinnen und Geist, Leidenschaft und Verstand, Liebe und Weisheit». Die vier Hände, ausgehend vom Kreuz, das hier als die Mitte der Zeit aufgestellt war, der Zeit zwischen Synagoge und Kirche, verüben Taten. Die Hand oben öffnet das Schloß des Himmels mit der gesamten Engelschar, den Gottesboten, den gewöhnlichen Engeln und den Erzengeln, den Tüchtigen und den Mächtigen, den Erhabenen, den Höchsten. Die Hand unten zerschlägt mit einem Hammer die Pforte der Hölle, Auferstehung kann nun stattfinden. Die Hand des rechten Querbalkens setzt Ekklesia die Krone auf. Die Hand des linken Kreuzbalkens umfaßt den Griff des Schwertes. Sie hat den Todesstoß durch das Haupt der Synagoge durch ihre Brust bis in den Leib ausgeführt.

Angeli
Dextera coronat
Ecclesia

Das «Lebende Kreuz»
von Thörl/Kärnten

(Ausschnitt)

Aus der segenspendenden, gnadenbringenden ist die mordende Hand geworden.

Zu jeder Hand hat Thomas von Villach Spruchbänder gemalt oder malen müssen. Die lateinischen Inschriften sollten den Sinn ganz deutlich machen. Bei der oberen Hand mit dem Schlüssel zum Himmelsschloß steht: «Die Höchste greift zu den Himmeln.» Bei der unteren Hand liest man: «Die Untere zerbricht ...»; das letzte Wort ist verblichen, es kann angenommen werden: das Tor zur Hölle. Bei der Hand auf der Seite der Synagoge kann es heißen: «Sie überläßt der Verwesung.» Dieses schmale Spruchband ist direkt am Schwertgriff zu sehen, die Inschrift verwittert. Bei der Hand auf der Seite der Kirche steht geschrieben: «Die Rechte krönt.»

Auf der Seite der Synagoge erklärt das Spruchband ganz unten zum Vorgang der Auferstehung: «Du Ersehnter bist gekommen.» Adam und Eva werden vom Erlöser aus der Vorhölle geführt. Die Spruchbänder auf der Seite der Kirche sind unleserlich. Die drei Frauenfiguren in der unteren Ecke sollen Glaube, Liebe, Hoffnung darstellen. Das Spruchband hinter dem Rücken der Synagoge, dreizeilig, ist in der zweiten Zeile nicht genau zu entziffern. Die erste Zeile lautet in der Übertragung: «Weh, ich bin geblendet und der Krone beraubt.» Aus der zweiten Zeile könnte man etwa lesen: «Geblendet, gefühllos weiche ich, der Esel weicht nicht vor irgendwem.» Die dritte Zeile besagt: «Das Blut der Böcke hat mich irregeleitet wie die Schlange.»

Das zweizeilige Spruchband hinter Eva gibt diesen Sinn: «Durch die verbotene Speise zerstörte ich das Menschengeschlecht. Ihr seid Sterbliche, weil ich die Pforte zum Himmel geschlossen.»

Auf der Seite der Kirche heißt das zweizeilige Spruchband hinter Maria in freier Übertragung: «Ich öffne die Ewigkeit, die Mutter Eva verschlossen, durch meinen Sohn, der nach seinem Willen den Angeklagten rettet.»

Das dreizeilige Band hinter der Kirche verkündet, rekonstruiert nach dem schwer lesbaren Text, in der ersten Zeile: «Er hat sie als Braut gewählt und mit Mühe vom Tode gerettet.»; in der zweiten Zeile: «Ich erhebe das Banner, den Lebenden ehre ich betend.» und in der dritten Zeile: «Stark ist das Vierfüßige, doch nicht die Pforte (oder die Geschosse – d. A.) des Todes.»

Mit diesem unbarmherzigen, gnadenlosen, unchristlichen Kreuz, manche Kunsthistoriker nennen es das lebende, andere wieder das handelnde, wurden bange Fragen beantwortet: Ob Gott auch trotz der Erbsünde der Menschheit den Menschen gegenüber einen wirklich tätigen Heilswillen habe; ob bestimmte Menschen im voraus aus dem Heilsgeschehen ausgeschlossen seien.

Gezeigt war der tätige Wille Gottes, gekennzeichnet waren die Auszuschließenden.

Nun konnte die Notwendigkeit des Geschehens, das Durchbohren mit dem Schwert, als gnadenhaft verstanden werden, als eine Selbstmitteilung Gottes an die Menschen, die seine Botschaft in freier Entschließung aufnehmen und beantworten mußten.

DAS BILD DER «SCHÖNEN MARIA» ZU REGENSBURG

Zu den ewigen Ruinen lenke hin deine Schritte, im Heiligtum hat alles verwüstet der Feind.

Am Ort der Versammlung erhoben deine Gegner wüstes Geschrei, über den Eingang stellten sie auf ihre Zeichen, Zeichen, die man nicht kannte.

Wie jene, die im Dickicht schwingen das Beil, so zerschlugen sie mit Axt und Hammer die Tore.

An dein Heiligtum legten sie Feuer, oh Gott, bis auf den Grund entweihten sie das Zelt deines Namens.

Sie sprachen bei sich: «Wir vernichten sie alle, brennt sie nieder, die Stätten ihres Gottes im Land!»

74. Psalm

Aus Leonhart Widmanns *Chronik von Regensburg:* «Dieses Jahr (1519), am 21. Februar, ist den Juden verkündet, daß sich in acht Tagen keiner mehr hier finden lasse. Montag desselben Tages wurde ihre Synagoge, die gewölbt war, mit unvernünftiger Hitzigkeit abgebrochen, daß ein Steinmetz, Meister Jacob, stürzte, man mußte ihn mit einer eisernen Stange herausholen, trug ihn als Toten nach Hause auf einer Holztrage. Am Abend kam er wieder und sah bei der Arbeit zu. Die Pfänder, die sie hatten, wurden aufgeschrieben. Man schlug alles in Fässer. Es soll eine Schrift bei ihnen gefunden sein, daß sie lange vor der Geburt Christi hier gewohnt haben sollen, und man gibt die Anzahl ihrer Jahre bis zu ihrer Ausschaffung auf eintausendachthundertvierundzwanzig Jahre. Sie sollen auch eine Schrift gehabt haben, daß ein Jude aus Jerusalem von der Zeit des Leidens und Sterbens Christi soll einem Juden hierher geschrieben haben, wie man einen Propheten getötet habe, der sich für den Sohn Gottes ausgegeben.»

In der *cronica newer geschichten* von Wilhelm Rem heißt es: «Im Jahre 1519, im Februar, trieben die von Regensburg alle ihre Juden aus. Es waren junge und alte, siebenhundert. Man hatte ihnen kurze Zeit gegeben, in der sie ihre Güter verkaufen konnten. Man brach ihre Synagoge ab. Der Bischof von Regensburg und auch sein Hofgesinde, die halfen zwei Tage daran arbeiten. Und man baute eine Kapelle aus Holz an die Stelle zu Unserer Lieben Frauen Ehre (zum Bild der Schönen Marie), da hatte man alltäglich viele Messen darin.»

Wenzellaus Hagecius berichtet: «Es ist zur selben Zeit zu Regensburg ein Doktor der Heiligen Schrift gewesen mit Namen Balthasar

Hubmaier, ein vornehmer Prediger. Dieser predigte heftig gegen die Juden, nicht allein gegen ihre Religion, sondern auch, wie sie mit ihrem Wucher und Betrug die Leute um das Ihre brächten und dem ganzen Deutschland einen unüberwindlichen Schaden zufügten. Das nahmen die von Regensburg zu Gemüt und beschlossen in ihrem Rat, wie sie beim Kaiser anhalten wollten, damit sie aus der jüdischen Beschwerung entbunden und die Juden ganz und gar aus der Stadt, wie dann endlich geschehen, bringen könnten.»

Im Vergleich zu anderen Städten war Regensburg durch die Jahrhunderte für ihre jüdische Gemeinde ein Garten des Friedens gewesen. Ein Garten, in dem Juden und Christen miteinander leben konnten, zwar nicht immer unangefochten, jedoch in einer grundsätzlich vom Rat der Stadt angeordneten und von den christlichen Einwohnern eingehaltenen Duldung. Alljährlich wurde den im Herzen der Stadt bei ihrer Synagoge Wohnenden der feierliche Schutz versichert. Selbst die Schatten der Mörder an jüdischem Leben, so konnte es scheinen, sollten draußen bleiben vor den Toren der Stadt.

Und doch glich das Befinden der jüdischen Gemeinde in der Freien Reichsstadt Regensburg mehr und mehr dem Bild eines Mannes, der an vier Stricke gebunden war. Und vier Gewalttätige hielten die Stricke in ihren Händen und rissen daran, nach Willkür. Einmal zwei oder drei in Übereinstimmung, ein andermal alle vier gegeneinander. Der in den Stricken Gebundene war ihnen ausgeliefert, bei ständiger Gefahr, zerrissen zu werden. Er hatte nichts anderes als sich selbst, sein Leben und seinen Verstand. Die vier Gewalthaber über die jüdische Gemeinde zu Regensburg waren der Kaiser, der Bischof, der Herzog von Bayern und der Rat der Stadt.

Regensburg war eine Gründung der Kelten. Sie ließen sich als erste an dem Donauknie nieder, dort, wo die Flüsse Naab und Regen in den großen Strom münden. Sie nannten ihre Siedlung Radasbona.

Im I. Jahrhundert eroberten römische Kohorten diese Siedlung und befestigten den Ort, sie bauten ein Kastell. Unter dem berühmten Kaiser Mark Aurel wurde dieser Stützpunkt erweitert und Regina castra genannt. In den Schutz dieses Kastells kamen die Händler, zu der Zeit, als die Flüsse und die Flußtäler bevorzugte uralte Handelswege waren. Ausgrabungen deuten darauf hin, daß unter diesen Händlern auch Juden waren. Urkundlich ist es nicht erwiesen, aber in der jüdischen Gemeinde von Regensburg wurde vom Vater auf den Sohn die

«Gelobt sei, der das All durch sein Wort geschaffen hat»,
Morgengebet, um 1470

Legende weitergegeben, daß die Juden von Jerusalem in einem Sendschreiben die Juden von Regensburg über die Kreuzigung Christi unterrichtet hätten.

Es ist fraglich, ob sich in der Zeit der Völkerwanderung diese Ansiedlung erhalten hat. Im 6. Jahrhundert eroberten die Bajowaren das keltische Radasbona. Unter ihrem Schutz kam der Missionar der Deutschen, Bonifazius, in die Stadt und gründete hier ein Bistum. Es ist überliefert, daß er in der Gegend um Regensburg die Bewohner dem Christentum zuführte. Der erste Regensburger Bischof Gaubald war gleichzeitig der Abt des großen Benedektinerklosters St. Emmeran, eines Klosters mitten in der Stadt.

Um 1180 war Regensburg die größte und volkreichste Stadt

Deutschlands. Ein Knotenpunkt. Es konnte für die Einwohner der Stadt so aussehen, als seien sie in diesem Augenblick der Mittelpunkt der Welt. Von hier aus führten die erprobten Wege: dem Lauf der Donau folgend, bis zum Schwarzen Meer; über Passau, dem Lauf des Inn folgend, den besten Übergang über den Brenner gewinnend, nach Venedig und den anderen großen italienischen Handelsstädten; in den Norden, dem Flußlauf des Regen folgend; und westwärts über die Quellen der Donau hinaus zu den Handelsstraßen des Rheins.

Schon damals stritten sich der Bischof, der bayrische Herzog und der Kaiser mit den Bürgern um die Macht über diesen Platz. Als Reichsstadt unterstand Regensburg dem oft sehr fernen Kaiser, aber der Rat, die Vertreter der reichen Kaufleute, konnte auch dann nicht über alle innerstädtischen Angelegenheiten entscheiden, das große Kloster St. Emmeran beherrschte ein Gebiet innerhalb ihrer Mauern, in dem etwa zweihundert Familien wohnten. Diese waren dem Kloster zinspflichtig, sie waren ihm untertan. Daneben hatten die Stifte Ober- und Niedermünster, der Bischofshof, die Frauenstifte, die Alte Kapelle und das Domkapitel souveräne Rechte. Sie unterstanden faktisch dem Bischof, der in seinem Bischofshof und seinem Dom residierte. Im Herzogshof, direkt am Kornmarkt, im Handelszentrum der Stadt unweit des Doms, hatte der Herzog von Bayern wohlerworbene Rechte. Fast wie ein Spiegelbild des Heiligen Römischen Reiches lagen hier in dem begrenzten Raum der Stadt Regensburg nebeneinander und ineinandergeschoben die einzelnen Machtbereiche.

Die Zerstückelung wirkte sich hemmend auf die wirtschaftliche Entwicklung aus. In der großen Bischofsstadt standen etwa zweihundert kirchliche Gebäude, darunter siebzig Hauskapellen. Dem Klerus wurde vor allem in seinen Stiften Steuerfreiheit gewährt. Die Vergünstigungen für die Klöster und Stifte waren überaus lohnend. So konnten sie Wein ausschenken, ohne verpflichtet zu sein, dem Rat der Stadt Abgaben zu zahlen. Es wird geschätzt, daß das größte Kloster St. Emmeran ein Drittel seiner Einnahmen aus dem Weinverkauf ableitete. 1484 mußte sogar ein Dekan aus Rom einen Kompromiß in dieser Steuersache vorschlagen. Der Rat der Stadt war jedoch nicht damit zufrieden; der Streit um die Steuer aus dem Weinverkauf blieb ein ständiges Ärgernis bis zur Reformation.

Ende des 15. Jahrhunderts gab es zwischen dem Rat der Stadt und der Regierung des Bischofs einen hartnäckigen Streit um die Steine, die der eine zum Dombau, der andere aber für Läden an der Johanniskirche vorgesehen hatte. Der Bischof beanspruchte das Eigentum an diesen Steinen, die Sache wurde bis vor das Reichskammergericht gebracht, weil die Stadt die Hoheitsrechte des Bischofs beschnitten habe.

Auch mit den Domherren aus adligem Geschlecht gab es Schwierigkeiten. Sie galten als besonders rauflustig, im Jahre 1507 soll es sogar einen Fall von Straßenraub gegeben haben.

Und mit dem Herzog von Bayern lag der Rat der Stadt fast täglich im Streit. Zwar waren des Herzogs Souveränitätsrechte klein im Gegensatz zu denen des Bischofs, und die meisten Häuser, die um den Herzogshof lagen, waren verliehen oder verkauft. Dem Herzog blieben nur einige Häuser um den Herzogshof. Doch der Platz vor diesem Herzogshof, der alte Kornmarkt, wurde von den Bürgern als Stapelort für Holz und als Misthaufen benutzt.

Der Hauptstreitpunkt aber blieb das Judenviertel. Mitten in der Stadt. Nicht weit vom Dom, wo heute die Neupfarrkirche steht. Nicht weit von der ältesten Brücke. Dort hatten die Juden immer gewohnt, sie hatten sich an das römische Kastell angelehnt. Sie hatten dort ihre schöne Synagoge gebaut. Wie sie aussah, ist überliefert; Albrecht Altdorfer hat zwei Skizzen von ihr angefertigt, einen Tag bevor sie abgerissen wurde. Auch die Regensburger Juden galten als Kammerknechte des Kaisers, er setzte fest, wieviel er von ihnen als Steuer, als Judenregal, zu beanspruchen hatte, dafür hatte er die Pflicht, seine Kammerknechte auch zu schützen.

Das Aneinandergebundensein der verschiedensten Herrschaftsformen spiegelte sich im Gerichtswesen. Von alters her hatte der Herzog von Bayern den Blutbann, das heißt, er als letzter konnte das Todesurteil bestätigen oder nicht bestätigen. Aber der Bischof wiederum hatte seine eigene Gerichtsbarkeit, das sogenannte Propstgericht, zuständig für die Geistlichkeit.

Daß der Schultheiß, der oberste Richter in Regensburg, den Blutbann in München einholen mußte, war für den Rat der Stadt ein besonderes Ärgernis. Und als im Jahr 1440 in einem aufsehenerregenden Verfahren vor dem Schultheißgericht ein Adliger, Erasmus Sattelburger, wegen Mordes an einem Juden zum Tode verurteilt wurde, wandten sich Angehörige einflußreicher Familien gegen dieses Urteil. Erst nach wiederholten Appellationen vor allem fürstlicher Frauen und des Königs erklärte sich das Gericht bereit, den Adligen freizugeben, unter der Bedingung, daß sich der Täter für zehn Jahre aus dem Heiligen Römischen Reich entferne, das wurde freudig akzeptiert. So zeigte sich eine gewisse, nicht unangefochtene Rechtssicherheit für die jüdische Gemeinde in der Blütezeit von Regensburg.

Der Handel aber hatte schon am Ende des 14. Jahrhunderts in Regensburg einen Rückgang erfahren. Nürnberg und Augsburg begannen die Stadt an der Donau zu überflügeln. Die Art der Geschäfte, wie sie in Nürnberg und Augsburg betrieben wurden, hatten einen anderen Stil bekommen. Die großen Kaufleute fuhren nicht mehr selbst über Land. Von ihren Handelshäusern aus dirigierten sie Faktoreien und Bevollmächtigte in den großen Städten anderer Länder. Bereits 1471 bezeichnete der italienische Humanist Patrizzi, der den Legaten aus Rom zum Großen Christentag nach Regensburg begleitet hatte, diese Stadt nur mehr als einen Platz der Handwerker. Tatsächlich hatten die Zünfte einen größeren Einfluß auf das städtische Wirtschaftsleben gewonnen als die Kaufleute. Im Gegensatz zu Regensburg hatten große Handelshäuser, wie die Stromer in Nürnberg und später die Fugger und die Welser in Augsburg, das Verlagssystem übernommen, eine frühe Form der arbeitsteiligen Gütererzeugung, die als ein Stadium in der Entwicklung des Kapitalismus einen ersten Schritt darstellte. Im 14. Jahrhundert war dieses System in Norditalien und Flandern aufgekommen. Großkaufleute gaben die im Fernhandel eingeführten gewebten Stoffe und gegerbten Leder zur Bearbeitung an Heimarbeiter und übernahmen dann das fertiggestellte Produkt, die Kleider, die Schuhe, die Taschen. Im Laufe der Zeit erstreckte sich das Verlagssystem nicht nur auf die Lieferung der Rohstoffe, die Heimarbeiter wurden nun mit neuen, primitiven Maschinen ausgestattet. Dieses Hausgewerbe, diese dezentralisierte Form der Manufaktur, lag außerhalb des Zunftzwanges. Unter den Heimarbeitern waren verarmte Handwerker, die in der Stadt ihr Auskommen nicht mehr finden konnten, aber auch ungelernte Landarbeiter eigneten sich die Fähigkeiten des Handwerkers an.

Den Juden in Regensburg wurde von den zunftgebundenen Handwerkern immer wieder vorgeworfen, sie ließen außerhalb der Stadt ihre Waren in den Dörfern bearbeiten. Sie waren es also, die zum Verdruß der Zünfte das nun neu aufgekommene Verlagssystem für Regensburg praktizieren wollten. Aus allen Eingaben der Zünfte an den Kaiser und an den Rat der Stadt geht hervor, daß diese Tätigkeit der Hauptgrund der Feindschaft und des Neides der alteingesessenen Handwerker auf die wirtschaftlichen Erfolge der Juden der Stadt war.

Ein Jude wird in einem Gefängnis umgebracht, 1427/28 (Ausschnitt)

Ein Blick in diese Kämpfe in der Stadt Regensburg gibt ein anschauliches Bild über den Alltag, über die Sorgen und Nöte, über die Spannungen und Leiden am Ausgang des Mittelalters. So soll das Anwachsen der judenfeindlichen Stimmung an diesem Ort, der einst gefeiert war als ein leuchtendes Beispiel des harmonischen und gesicherten Zusammenlebens von Christen und Juden, ausführlich dargestellt werden, gestützt auf die Bearbeitung der *Urkunden und Aktenstücke zur Geschichte der Juden in Regensburg 1453–1783* von Raphael Straus (1887–1947).

1453 ging es noch um einen Mantel. Ein Bürger behauptete, seiner Tochter sei beim Lobetanz, einer öffentlichen Lustbarkeit, bei der in besonderen Figuren getanzt wird, ein Mantel gestohlen worden. Die Juden wurden verdächtigt, die Sache kam zur Anklage. Frau Tewbel hätte einen auswärtigen Schneider veranlaßt, den Mantel zu verkaufen oder zu ändern. Tewbel wies auf ihr Recht hin, nur von einem jüdischen Richter gehört zu werden. Der städtische Schultheiß entschied: Erklärt der Bürger unter Eid, der Mantel sei sein Eigentum, könne er ihm nicht vorenthalten werden.

Ein Vorwurf, der immer wiederkehren wird, taucht auf: Die Juden vergeben Arbeiten an auswärtige Handwerker. Und ein anderer Streitpunkt wird deutlich: die Frage, wer Recht spricht.

Zwei Jahre später, seltsamerweise im Januar, im Winter, gab es die Anklage eines Gutsbesitzers gegen dreiundachtzig Juden aus Regensburg. Eine Sache aus dem Herbst des vorangegangenen Jahres, aus der Erntezeit. Obst war entwendet worden, Getreidefelder verwüstet. Nur einer von ihnen war mit dem Namen David bezeichnet, die anderen, ungenannten, wurden dem Schultheißen als Bewaffnete aus einem Fürstengeleit geschildert. Sie waren die Obstbaumplünderer, die Getreidezertreter, sie hätten des Gutsbesitzers Gesinde blutiggeschlagen, ihm selbst aufgelauert. Nun wollte er Schadenersatz. Der Schulklopfer Joseph wurde zur Sache vernommen. Er, der Synagogendiener, hatte die Aufgabe, mit einem Holzhammer von Haus zu Haus und zu Ladentüren zu gehen und überall dort das Klopfzeichen zu geben für den Beginn des Sabbats am Freitagabend. Es gab auch da und dort die Gewohnheit, jeden Morgen vor dem Gebet zu klopfen und zu rufen «Israel, Nachkommen Heiliger, stehet auf und gehet zum Dienste des Schöpfers». Auch zum Totengeleit wurde so gerufen; jede Aufforderung hatte ihre bestimmte Klopffolge. Noch konnte an diesem 13. Januar 1455 das Wort des Schulklopfers den Ausschlag geben: es gehe nicht, eine allgemeine Klage gegen die Juden zu erheben. Die Regensburger jüdische Gemeinde kenne weder Fremde noch Einheimische, die sich eine solche Tat hätten zuschulden kommen lassen. Der Gutsbesitzer solle Namen nennen.

Um diese Zeit erneuerte Kaiser Friedrich III. von Habsburg die Privilegien der Juden zu Regensburg, und es wird ausdrücklich vermerkt, daß sie neben der Geistlichkeit der Stadt, wie die christlichen Bürger auch, die Wachtpflicht haben. Erst später wird die Rede davon sein, daß es für einen Christen unerträglich ist, neben einem Juden in der Nacht Wache zu halten, ob ein Feuer ausbricht oder ob Unrecht auf den Gassen geschieht. Die Juden werden in die erschreckende Situation gebracht werden, daß man den Wachtdienst von ihnen verlangt, sie aber beim Ausüben nicht erwünscht sind. Ihnen wird das Bezahlen eines Zwangsgeldes auferlegt. Es war das gleiche Jahr, in dem Johannes Reuchlin, der Verteidiger des Talmuds, geboren wurde, und es war die Zeit, in der Gutenberg seine ersten Drucke in die Welt gehen ließ: Ablaßbriefe und eine *Mahnung der Christenheit wider die Türken.* Dann erst erschien seine Bibel.

Im kommenden Jahr, 1456, zog ein Streit herauf über ein Kind. Man hörte von einem Mädchen, der Vater hatte sich taufen lassen, nun sei seine Tochter eine Christin und gehöre zu ihm. Die jüdische Gemeinde protestierte, die Stadt entschied: das Kind habe die Wahl gehabt, sei beim Vater und also christlich geblieben.

Es war Gezänk. Die Stadt steckte in einer Krise. Der Handelsweg nach Osten war versperrt. Die Hussitenkriege machten den Handel mit Böhmen unmöglich; und auch das Voranrücken der Türken in Europa störte den Handel mit dem Balkan. Die traditionellen Handelswege der Regensburger Kaufleute waren nicht mehr gangbar. Andere Handelsstraßen waren aufgetan, Augsburg und Nürnberg hatten Regensburg verdrängt. Der Kaiser bevorzugte Wien und begünstigte die dortigen Kaufleute. Das Zentrum des Donauhandels war Wien geworden. Früher hatte Regensburg aus dem Orient teure Luxusgüter bezogen, aber das große Geschäft jetzt war die billige Massenware aus Baumwolle und Wolle, die über Augsburg und Nürnberg eingeführt wurde.

Der kleinliche Streit mit den Juden war ein Ergebnis dieser Krisenstimmung in der Stadt. Man wollte die alte Bedeutung und die großen Geschäfte wiederhaben. Jetzt suchte man die Juden zu bedrängen, die früher so erfolgreich gemeinsam mit den anderen Regensburger Kaufleuten den Überseehandel betrieben hatten. Tatsächlich hatte Regensburg den Anschluß an die neue Zeit verpaßt. Die Stadt wurde ein Relikt des Mittelalters.

In dieser Zeit meldete sich einer der Gewaltträger, der Herzog von Bayern, mit seinem Anspruch auf die Steuern der Juden, nur dann könne er sie schützen. Damals, 1458, gab die jüdische Gemeinde die Verpflichtung ab, dem Herzog zweitausend Gulden zu zahlen, und umgehend, noch am selben Tag, wurde die Verlängerung des Schutzes bestätigt.

Aber schon 1459 im Mai wurde ihnen die Zeit abgeschnitten für ihre Einkäufe auf dem Fischmarkt. Der Alltag begann drückender zu werden.

Um das Jahr 1460 gab es einen längeren Streit zwischen dem Erzbischof von Mainz und der Stadt Regensburg. Der Erzbischof wünschte die Freilassung eines Gefangenen mit Namen Johel Eppenstein, aber der Rat ließ ihn wissen, Johel habe sich mit einer Christin vermischt und «die Werke der Unlauterkeit mit ihr mehrere Male begangen». Auf eine erneute Anforderung des Bischofs entgegnete der Rat, sie müßten eine Freilassung abermals ablehnen. In ihrem Gefängnis säßen zu viele Juden, die sich christlichen Frauen genähert hätten. Sie nannten es: «Pöberey mit Christinnen» oder «Verdacht der Buhlschaft mit Christinnen». Es gingen noch andere Behauptungen aus, die Keime von haßvollen Anschuldigungen in sich trugen: ein Jude hätte einem Christen unter die Augen gespien. Und im kleinen Gerichtsalltag zeichnete sich das Verflochtensein der Geschicke der Bürger mit der Judengasse ab: Im Juli 1463 saß der Heiratsschwindler Hanns Ottel von Thumstauff im Gefängnis der Stadt Regensburg. Er hatte einem Fräulein Kleider und Wertsachen abgeschwatzt, bei einem Juden versetzt und das Geld verbraucht.

Zu dieser Alltagsordnung mit einer gewissen rechtlichen Sicherung gehörte, daß der Domherr und Richter des geistlichen Gerichts von Regensburg über einen Priester den Kirchenbann aussprach, da dieser in einer Vorladung zu einer Gerichtsverhandlung, in der ein Jude als Kläger auftrat, nicht erschienen war. Es wurde sogar einen Monat später der schwere Bann über den Priester verhängt.

Im März 1467 zeigte sich eine Übereinstimmung zwischen den beiden Gewaltträgern Kaiser und Bischof. Das Recht des Bischofs wurde bestätigt, einen feststehenden, ständig wiederkehrenden Betrag von der jüdischen Gemeinde abverlangen zu können. Unsicherheit für Leben und Gut zeigte sich bei Reisen schon allein von Stadt zu Stadt: Nürnberg bat für einen Juden, den sie als «unseren Bürger» bezeichneten, um Geleit zur Sicherheit. Er habe Barschaft und anderes in Regensburg liegen und wolle es persönlich holen.

Immer wieder gab es Versuche für Reformen, die auch jüdische Angelegenheiten einbeziehen sollten. Da brachte ein Vertreter der Stadt, Dr. Martin Meyer, seinen Vorschlag: man solle sich auf die alten Zeiten besinnen, wie es von römischen Kaisern und Königen gehalten war, alle Juden, die im Reich wohnhaft seien, sollten mit ihrem Gut angenommen werden, und nach dem Rat der Kurfürsten sollten jährliche Abgaben dem Kaiser und Reich zugute kommen.

Während dieses nicht enden wollenden Nachdenkens über das Begründen und Verteilen der Abgaben der Bewohner der Judengassen wurden ja damals, fünfzig Jahre vor der Austreibung, schon alle Personen, die dort aus und ein gingen, argwöhnisch beobachtet. Aus den Urkunden von Anfang Mai 1470 ein Verhör des Kalman aus Regensburg, der nun den Fragen der christlichen Richter standzuhalten hatte: Wo der heimliche Ein- und Ausgang aus den Judengassen sei. Warum er am Karfreitag im Christengewand ausgegangen sei. Ob er den Willen gehabt habe, Christ zu werden und die Taufe an sich zu nehmen, oder nicht. Warum er am Ostertag mit den Augustinern gemeinsam an einer Tafel gegessen habe. Ob er das aus eigenem Antrieb oder von anderen veranlaßt getan habe. Die gleiche Frage bezog sich auf seinen Aufenthalt zu Ostern im Haus des Weihbischofs. Unaufgefordert erklärte Kalman, so sagt es das Protokoll des Verhörs, auch sein Bruder sei in Christenkleidern auf dem Fischmarkt gewesen. Es fehlt nicht die Erörterung über Bücher aus seinem Besitz, ob sie gegen Jesus Christus gerichtet seien.

Das Mißtrauen gegen jeden jüdischen Bewohner war ständiger Begleiter. Ein Arzt Abraham, der sich in der Stadt niederlassen wollte, brauchte auch eine Befürwortung des Herzogs von Bayern; jedoch war es ihm verboten, seinen Beruf in irgendeiner Weise bei Christen auszuüben.

Einschneidende Maßnahmen mußten für den sogenannten christlichen Tag ergriffen werden, die Bezeichnung für den Zeitraum, in dem von allen Kanzeln die Türkengefahr heraufbeschworen wurde, der Versuch des Papstes, noch einmal die Christenheit zu einigen für ein gemeinsames Vorgehen gegen die schon bis Ungarn eingedrungenen Türken. Da gab es im Mai 1471 in Regensburg vorsorgliche Maßnahmen: die vier Burgtore – St. Jacob, St. Haymran, St. Paul und das Ostentor – sollten mit je drei Mann bewacht werden und die zwei Tore auf der Stein- und der Holzbrücke mit zwei Mann. Diesen sechzehn Personen hatte die jüdische Gemeinde die kriegerische Ausrüstung zu leihen und dazu das Tagesgeld. Auch sollte sie vierzehn Leute zusätzlich ebenso ausrüsten, jedem ein Panzerhemd, einen Koller, den Schulterkragen, einen Eisenhut und Blechhandschuhe leihen. Auch sollte sie zwanzig Mann mit Spritzen, geeignet zum Feuerlöschen, schicken. Und es war den Juden geraten, Fleisch jetzt zu kaufen, damit sie keinen Mangel hätten, solange der christliche Tag dauerte. Und sie sollten ihr Tor verschließen. Aber einer unter ihnen, so besagt es die erstaunliche Übereinkunft, zumal es ja auch das Verhör mit Kalman gegeben hatte, sollte in einem Christengewand hinausgehen, um das Notwendige zu erledigen, alle anderen sollten zu Hause bleiben, damit durch sie kein Aufruhr verursacht werde. Gleichzeitig wurden sie aufgerufen, die geldliche Hilfe, die Pflichtabgabe für den christlichen Tag, zu entrichten.

Als im Juni 1472 der Bischof von Basel die Stadt besuchte, berichtete dessen Kanzler im Zusammenhang mit dem christlichen Tag über die Judengassen, man könne die Leute, wenn er zum Fenster seiner Herberge herausschaue, sehen und singen hören. Sie hätten eine große Gasse mit vielen köstlichen Häusern. Es seien mehr als dreihundert Einwohner, aber keiner dürfe in die Stadt ausgehen.

Und auch außerhalb jedes christlichen Tages oder Feiertages war die erzwungene Eingeschränktheit des Daseins spürbar, die Bitte zweier Juden, eine christliche Hebamme möge bei einer Geburt helfen, wurde vom Rat der Stadt abgelehnt.

Verdächtigungen, dort in den Gassen werde Gift zusammengerührt, gehörten mit zum dumpfen, wiederkehrenden Anschuldigen. So gab es im Jahr 1474, am 9. März, eine Anklage gegen Mosse. Er wurde zu einem Geständnis gebracht: er habe einige Personen in der Stadt Regensburg gelehrt, Gift zu machen, habe dafür Geld genommen, habe versucht, aus der Apotheke das Notwendige zu bekommen, habe dort geäußert, er wolle Gift herstellen, und wer dieses genieße, müsse sterben. Auch stehe in einem verdächtigen Büchlein der Name geschrieben: Mosse Jud. Er wurde verbrannt. Und es saß in diesen Apriltagen in Regensburg ein Mann im Gefängnis, den die Juden Meister Israel nannten, angeklagt des Ritualmords.

Im gleichen Monat ergab sich eine Übereinstimmung zwischen dem Herzog von Bayern und dem Bischof von Regensburg über den Dominikaner Peter Schwarz von der Universität Ingolstadt. Er war, wie der Herzog betonte, wohlgelehrt. Seine Fähigkeit, in hebräischer Sprache zu predigen, sollte nun eingesetzt werden. Ostern sollte er nach Regensburg kommen, um vor der jüdischen Gemeinde zu predigen. Der Bischof wurde ersucht, die Juden anzuhalten, daß sie zu dieser Predigt auch kämen und zuhörten.

Im Mai wurde der getaufte, wie es nun hieß, Christenjude Hanns Veyol ertränkt, andere Quellen sagen: verbrannt. Er war geständig, ein Falschspieler und ein Dieb zu sein. Der dritte Anklagepunkt kann durch eine vermeintliche Lächerlichkeit das Tragische nicht verwischen. Und noch heute, nach mehr als fünfhundert Jahren, öffnet sich am Geschick dieses Hanns Veyol der Blick auf einen grausamen Alltag, aus dem herauszukommen sich einer auf seine Weise bemüht hatte, um in der Welt der Christenheit existieren zu können: er hatte sich zweimal taufen lassen. Zunächst in Regensburg, dann in Fünfkirchen in Ungarn (Pécs). Die ihm unterstellte Aussage im Protokoll gab die Begründung: «… darumb das im vil Gelts werden solte».

Im September des gleichen Jahres wird der Stadt Regensburg mit unverhüllter Deutlichkeit mitgeteilt, wofür Kaiser Friedrich III. von den Juden zu Regensburg viertausend Gulden verlangt: für sein kriegerisches Unternehmen gegen den Herzog von Burgund. Er wollte seinen alten Traum wahr machen und dieses Zwischenreich zwischen Frankreich und den von ihm beherrschten Gebieten im Heiligen Römischen Reich seinem Besitz zuschlagen. Etwa einen Monat später bekam der Kaiser den Bescheid vom Rat der Stadt, die Sprecher der jüdischen Gemeinde hätten um Bedenkzeit gebeten. Vierzehn Tage später mahnt der Kaiser seine Forderungen wiederum an. Doch der Herzog von Bayern wollte das Geld nicht an den kaiserlichen Hof fließen lassen. Er bewies, daß die Macht und das Recht über die Juden von Regensburg an ihn verpfändet war. Er setzte sich in einen Gegensatz zum Kaiser. Am 10. November 1474 mußte die Stadt Regensburg dem Kaiser mitteilen, der Herzog habe den Juden die Zahlung verboten.

In diesem Augenblick fällt das Licht abermals auf die Härte des Alltags: am 11. November wäre die Frist für das Recht der Juden, in der Stadt zu wohnen, abgelaufen. Die Aktennotiz vom 7. November zeigt die Kürze der Zeitspannen, die jeweils gewährt wurden und dann wieder erneuert werden mußten. Nur acht Jahre. Also ließ Herzog Ludwig sich von den Juden für die neue gewährte Frist, in dieser Stadt, in der sie schon seit mehr als tausend Jahren gelebt hatten, wohnen zu dürfen, tausend Gulden zahlen. Die Summe mußte innerhalb von vier Jahren aufgebracht sein. Nun war ein unzuverlässiger Schutz weiter ausgedehnt und begrenzt nur bis zum Jahre 1482.

Es gab ein Bekenntnisbuch (Bekanntnuspuech) in der Stadt, ordnungsgemäß geführt über Straftaten von Cuntz und Hanns und Steffan und Fritz und Jörg und Peter und Karl, aber auch von Walburga und Margrete. Sie alle hatten bei ihren Verhören übereinstimmend ausgesagt, an allen ihren Übeltaten seien einzig und allein die Juden schuld.

Später, mit dem Zunehmen der gefährdeten Lage der jüdischen Gemeinde in der Stadt, werden die so Angegriffenen sich gegen die Anschuldigung wehren, daß allein durch ihre Existenz sonst brave Christen zu Übeltätern würden.

Hier aber in diesem Bekenntnisbuch taucht immer wieder der Name eines Mannes auf, den sie Haya Jud nannten, aus dem nahe gelegenen Ort Retz, der sei schuldig, wenn Hanns und Ulrich und Jörg in Kirchen eingebrochen waren und dort Monstranzen und Kelche gestohlen hatten, auch Meßgewänder, weil man ihm diese Sachen verkaufen könne. Und ein anderer, den sie Solaman Jud zu Hastaw nannten, der habe sogar dem Hanns Geheimschlüssel gegeben, «da man die Kirchen mit aufbricht».

In all diesen Gerichtsfällen schweben die dumpfen ausgesprochenen und unausgesprochenen Haßgefühle gegen die anderen, die «für Geld das Gut der Kirche kaufen wollen» oder, wie im Fall des Schusters Peter Übel, sogar darangehen, die christliche Hausfrau zu kaufen und zu schänden. So hieß es im Geständnis des Schusters: «Und so habe ich meine Hausfrau veranlaßt, einen Juden, der vormals um sie gebuhlt hat, heimzuholen in mein Haus. Und als derselbe zu ihr in die Kammer kam, da trat ich mit Ungestüm herein, da nötigten wir beide dem Juden zehn Regensburger Gulden ab.»

In ununterbrochener Kette reihten sich an die kleinen Bedrängnisse des Alltags die großen Bedrückungen. Am 29. Januar 1475 wandte sich der Kaiser abermals an die Juden von Regensburg wegen des Geldes, das er für seinen Krieg gegen den Herzog von Burgund brauchte. Er nannte dieses Unternehmen: Errettung und Behaltung deutscher Nation. Seine Forderung unterstrich er mit der Drohung, wenn sie ihm die geforderte Summe nicht zahlten, würde die Synagoge versperrt, sie verlören seine Gnade und ihren Anspruch auf Gerechtigkeit; dasselbe Mahnschreiben richtete er auch an den Rat der Stadt.

Gleichzeitig aber mit dieser Androhung verlangte er vom Bischof, die Priesterschaft solle nicht so hart mit den Juden umgehen, es solle alles nach altem Herkommen gehalten werden, ihre Freiheiten, ihre Gewohnheiten, ihre Handlungen und Rechtssachen. Er befahl der Stadt, daß die Bedrückungen abgestellt werden sollten. So erklärten die Herren vom städtischen Rat im September, daß weiter nach alter Gewohnheit Recht gesprochen werden sollte. Der Schutzbrief wurde, wie jedes Jahr, erneuert. Darin stand auch das ausdrückliche Bekenntnis zu einer gütlichen Einigung mit den Juden, «die jetzt bei uns zu Regensburg sitzen und wohnhaft sind»; es solle bei alten guten Gewohnheiten und Rechten von altem Herkommen bleiben. «Auch sollen und wollen wir sie in unserer Stadt beschützen und beschirmen.» Neu Hinzuziehende sollten, wie schon die Alteingesessenen, die gewöhnliche Steuer entrichten. Wer die Stadt verlassen wollte, der sollte ungehindert ausziehen können.

Die finanzielle Lage Regensburgs hatte sich am Ende des 15. Jahrhunderts dramatisch verschlechtert. Die Stadt war beinahe zahlungsunfähig. Sie hatte seit dreißig Jahren immer mehr Anleihen aufgenommen in Form von sogenannten Leibrenten und Ewigkeitsgeldern, das heißt, sie hatte das Geld von den eigenen Bürgern in Empfang genommen und war verpflichtet, ihnen lebenslänglich eine Rente auszuzahlen. Jährlich mußte die Stadt dafür etwa zwölftausend Gulden Zinsen aufwenden. Die geschätzten Einnahmen aber lagen bei knapp zehntausend Gulden. Natürlich schaute man dauernd auf das Judenviertel und hoffte, durch Ausplünderung der Juden aus den finanziellen Schwierigkeiten herauszukommen. Die Steuern mußten erhöht werden. Die Belastung der Handwerker wuchs. Aber sie blieben von der Stadtregierung ausgeschlossen. Das Regiment lag damals bei den Patriziern, den großen Handelshäusern. Die Zünfte wurden unruhig. Als 1485 der Rat der Stadt eine neue Steuer einziehen wollte, traten sie bewaffnet zusammen, besetzten Stadtmauern und Tore und zwangen den Rat der Stadt, einen Handwerkerausschuß zu bilden, die neuen Steuern abzuschaffen und ein ständiges Mitregieren in der Gemeinde zuzulassen. Es war der Beginn eines offenen Kampfes um die Macht in Regensburg. Den Hauptgrund für die starke Verschuldung der Stadt sah man in den Kriegen gegen die Franzosen und Türken. Der Rat der Stadt war vom Kaiser zu erheblichen Zahlungen gezwungen worden, wie auch die anderen Städte des Heiligen Römischen Reichs. Aber der wirtschaftliche Niedergang machte für Regensburg die Zahlungen besonders drückend. Der Rat der Stadt, Patrizier und Handwerker waren sich einig in ihrer Absicht, die Juden aus Regensburg zu vertreiben. Nur durch Inbesitznahme der Reichtümer, der Grundstücke und Häuser, durch Annullierung der Schulden und durch Wieder-an-sich-Reißen der Pfänder könne die Lage der Stadt und der einzelnen Bürger verbessert werden. Aber ohne die Zustimmung des Kaisers war eine Vertreibung nicht möglich.

Auf dem Handelsweg vom Süden kamen nicht nur Waren, es kamen auch Nachrichten. An der Straße nach Venedig, jenseits der Alpen, jenseits des Brenners, lag die Stadt Trient. Und der Schatten von Trient begann nun auf Regensburg zu fallen: die Legende vom Ritualmord an dem heiliggesprochenen Simon.

Ein Getaufter mit dem Namen Wolfcanus (Israel) machte seine belastende Aussage gegen Unschuldige. Um sich selbst das Leben zu retten, wurde er zum Denunzianten. Als man ihn fragte, ob er wisse oder hätte sagen hören, daß in einer anderen Stadt ein Christenkind getötet worden sei, antwortete er, nein. «Da hieß man ihn ausziehen und binden, da er ausgezogen und gebunden war, da hieß man ihn aufziehen. Da er aufgezogen war, da sprach er: es mögen nun acht Jahre oder so ungefähr sein, da er, Wolfcanus, in der Stadt Regensburg bei Samuel stand und einer mit Namen Jossel Jud kaufte ein christliches Kind. Acht Tage vor ihrem Ostern.» In dieser unter der Folter geschehenen Aussage gab der Getaufte noch etwa dreißig Namen von Regensburger Juden an, die auch schuldig am Tode eines nicht näher bezeichneten Christenkindes seien.

Da war nun das Gewünschte ausgesprochen: das Blutvergießen von Christenkindern. Aber man wollte Trient noch überflügeln. Man brachte einen anderen, sogar dreimal Getauften vor Gericht, der die Legende von der Hostienschändung aufleben lassen sollte. Aufgezeichnet ist ein ausführliches Geständnis des Reichart von Mospach. Er bekannte, daß er das Sakrament um achtzehn Regensburger Goldgulden an Juden verkauft hatte, und diese «haben das selbig Sakrament gemartert dareingestochen». Und er habe auch mit einem Hufnagel selber dareingestochen, da seien drei Blutstropfen daraus erschienen. Er, der im Geständnis aussagte, er sei mehrere Male getauft, auch mehrere Male verheiratet, hatte sich unter den Christen für einen Christen ausgegeben, unter den Juden für einen Juden. Er war immer das, was man von ihm erwartete. Jetzt nun erwartete man seine ausführlichen Angaben über Hostienschändungen mit Namensnennung. Und er entsprach diesen Erwartungen. Er brachte Namen von Bamberger Juden ein. Auch für diese hätte er die Hostie beschafft, auch diese hätten das Sakrament gemartert, auch dort seien drei Blutstropfen erschienen, und die Juden hätten ihm drei oder vier Goldgulden dafür ausgehändigt, und schließlich gibt er noch an, daß der jüdische Wasserträger zu Regensburg mit ihm zur Winterszeit auf einem Schlitten gefahren sei nach Böhmen zu. Auf dem Felde habe ein Kruzifix gestanden, und da habe dieser alte Wasserträger hineingestochen und -gehauen.

Schon jetzt, in einer Beschwerde an den Herzog von Bayern, fällt die Bemerkung: «Die Juden betrügen die armen Arbeiter und das gemeine Volk.» Die Erwägungen, die Juden aus der Stadt zu treiben, werden immer wieder ausgesprochen. Begründungen werden gesucht, den Kaiser für diesen Schritt zu gewinnen. Nach Bundesgenossen wird Ausschau gehalten, der Bischof und der Herzog von Bayern sollen zur Zustimmung bewegt werden.

Im März des Jahres 1476, in der Vorbereitung auf das christliche Osterfest, wurden sechs Mitglieder der jüdischen Gemeinde festgenommen. Ein Mord nach dem Schema von Trient sollte ihnen nachgewiesen werden. Im April beschloß der Regensburger Rat, die Mordanschuldigung um elf Personen zu erweitern, so daß nun siebzehn Gemeindemitglieder, Männer und Frauen, gefangensaßen.

Die Judengasse wurde geschlossen. Ratsmitglieder gingen mit Schreibern in die Häuser der Verhafteten. Sie fühlten sich als Ordnungsliebende, wie sie da ein genaues Verzeichnis anfertigten, festlegten und eintrugen, was sie vom Dachboden bis in die Keller fanden; das war zwischen Palmarum und Ostern.

Fünfundzwanzig Fragen waren vorbereitet, die den Mordverdacht bestätigen sollten. Vorangestellt war die angenommene Voraussetzung: «Es ist ein Christenkind hier zu Regensburg verloren und unter die Juden gebracht und da verkauft, gemartert, getötet und begraben worden.» Das solle man den Gefangenen vorhalten, dann solle man von Artikel zu Artikel fragen.

Erstens: Welche Juden das Kind gebracht und gekauft haben.

Zweitens: Wer ein solches Kind unter die Juden gebracht habe, auch diese Person oder Personen fragen.

Drittens: Wieviel Geld er dafür gegeben habe.

Viertens: Zu welcher Zeit, an welchem Tag, in welchem Jahr er das Kind gekauft habe.

Fünftens: Wie das Kind mit seinem Christennamen geheißen habe. Offensichtlich war man hier in Regensburg gegenüber Trient im Nachteil. Dort hatte man dem angeblich ermordeten Kind den Namen Simon gegeben, mit dem Anspruch, als heilig anerkannt zu werden. Hier war noch kein Name bekannt und gefunden.

Sechstens: Wohin man das Kind und in welches Haus und wer es dorthin getragen habe. Der Name eines jüdischen Hausbesitzers wurde verlangt.

Siebentens: Wer von den Juden dabeigewesen sei, als man aufhörte, das Kind zu martern.

Achtens: Was man zuerst mit dem Kind angefangen habe.

Neuntens: Was danach ein jeder dazu getan habe, wer das Kind gehalten, wer es gemartert und wie alles eigentlich zugegangen sei.

Zehntens: Wieviel Geld jeder dazugegeben habe.

Elftens: Wo in welchem Gefäß man des Kindes Blut gefangen habe.

Zwölftens: Wer dem Kind das Blut herausgelassen und genommen habe.

Dreizehntens: Wer das Kind schließlich ganz getötet habe. Man wollte Namen genannt bekommen.

Vierzehntens: Was man mit dem toten Kind danach getan habe.

Fünfzehntens: Wo man das Kind begraben habe.

Sechzehntens: Ob man das Kind ganz oder zerstückelt begraben habe.

Siebzehntens: Wem das Blut des Kindes gegeben worden sei.

Achtzehntens: Wozu sie das Blut benutzen würden.

Neunzehntens: Ob sie alle Jahre eines Christenkinds Blut haben müßten und warum und wozu.

Die folgenden Fragen sollten die Geständnisse befördern, wozu sie Nadeln benutzt und aus welchen Stellen des Leibs sie Haut und Fleisch gezerrt hätten. Und schließlich, welche Frau davon wisse, und was sie dazu gesagt und gesprochen hätten.

Mit diesem vorgefertigten Fragebogen ausgerüstet, begann die Folter, die als «allgemeine Marter mit Steinaufziehen» bezeichnet wurde.

Nicht aus Mildtätigkeit, sondern weil er sich in seinen Machtbefugnissen durch die Stadt beeinträchtigt sah, ließ der Kaiser den Rat und die Vertreter der jüdischen Gemeinde wissen, daß die Angeschuldigten, seine Kammerknechte, ohne sein Wissen ins Gefängnis gekommen seien. Sie sollten zur Stunde ohne Entgelt aus der Verhaftung entlassen werden.

Aber das Beispiel von Trient ermutigte den Herzog von Bayern. So befahl er der Stadt, man solle die Juden fragen, die noch nicht gefangen worden seien; auch sie sollten zum Bekenntnis gebracht werden, schuldig am Tod eines Kindes zu sein.

Das Zusammengehen von Herzog und Stadt festigte sich. Gemeinsam nahm man zum Muster für das zukünftige Handeln die unter der Folter erzwungenen Geständnisse der Juden von Trient. Nun konnte man die erwartete und erwünschte Anordnung ausgehen lassen, alles Gut der Gefangenen aufzuschreiben und zu verschließen, die anderen, die nicht gefangen waren, mit Leib und Gut in der Judengasse einzusperren, um auch sie fragen zu lassen, ob sie nicht mit am Tode des Kindes – das nie genannt wurde – schuldig seien.

Zur Rechtfertigung der angestrebten Vertreibung brauchte die Stadt das Bild des gemarterten Christenkindes. Das unbegreifliche Dahinsterben des Wohlstands erforderte das Sichtbarwerdenlassen von Unschuld und Schuld. Nur an einem Schuldigen konnte man sich schadlos halten. Die sich zuungunsten der jüdischen Gemeinde verändernde Lage zeigte sich am deutlichsten am 19. April 1476 in den Überlegungen zwischen dem Herzog von Bayern, dem Bischof von Regensburg und der Stadt, welche Mitteilungen, Forderungen und Wünsche dem Kaiser vorgetragen werden sollten. Der Bischof wollte in diesem Anschreiben nicht erwähnt werden, bestand jedoch darauf, es müsse auf die Vorgänge von Trient hingewiesen werden.

Es ging um eine Sprachregelung, wie man den Zustand der jüdischen Besitztümer bezeichnen sollte. Man einigte sich auf «versperrt, versecretiert und nach Notdurft mit Leuten bewacht». Auch mußte Rechenschaft gegeben werden, ob der Brief des Kaisers mit der Versicherung an die jüdische Gemeinde von Regensburg, seinen Kammerknechten beizustehen, den Gefangenen zur Kenntnis gegeben worden war.

Da nun zwischen den drei im Augenblick gemeinsam vorgehenden Gewalthabern Einigkeit über den Vorwand bestand, verhandelten sie ohne umständliche Rücksichten über den Kern ihrer Bestrebungen: Die Stadt hatte dem Herzog zugesagt, bei einer erfolgten Austreibung der Juden stehe ihm eine jährliche Geldsumme von zweihundert Gulden zu. Davon sollte der Bischof als Zins von den Judenhäusern dreißig Prozent bekommen. In einer Randbemerkung meinte der Herzog, nur dann, wenn dem Kaiser das umstrittene Gut zustände, wäre es notwendig, mit ihm darüber zu reden.

Und immer befürchtete die Stadt, der Herzog könne sich mit dem Kaiser gegen sie einigen.

Bedenken wurden geäußert, wie es der Bischof aufnehmen werde. Man erwartete vom Herzog, daß er der Stadt «Beistand tun» könnte gegen die Geistlichkeit. Man wünschte im Rat der Stadt nicht, daß sich der Bischof aus der gemeinsamen Verlautbarung an den Kaiser, in der es um den Grundzins aus den Judenhäusern und den anderen Einkünften «aus Gewohnheit» ging, ausschließe.

Die besitzergreifenden Verhandlungen über die Habe der Gefangenen wurden zwischen der Stadt, dem Herzog, dem Bischof, immer mit dem Blick auf den Kaiser, in aller Härte geführt. Die Sprache der herzoglichen Unterhändler war über die Geldsummen hinaus deutlich. Der Anspruch lautete schlicht und klar: «... und was ihm von den Häusern gefällt.»

Offensichtlich als eine Beschwichtigung gedacht, gab die Stadt Mitteilung an ihren Vertreter beim Kaiser: Man warte nun mit weiteren Fragen und Foltern auf die Weisung des Kaisers, damit das Recht seinen Lauf nehmen könne. Alles sei ordnungsgemäß zugegangen. Als Zeuge dafür wurde die Anwesenheit des herzoglichen Kanzlers erwähnt.

Zwei der Gefangenen hatten ihr unter der Folter erzwungenes Geständnis widerrufen. In der gnadenlosen Mitteilung, sich sachlich gebend, hieß es, allerdings sei nur die allgemeine Folter mit Steinaufziehen geschehen. Auch hätten die Juden noch kein Pfand für ihre Freilassung hinterlegt. Man erwartete eine Zahlung von sechsundvierzigtausend Gulden.

Die Stadt hatte ständig ihre Gesandten unterwegs in anderen Städten, wie die es mit den Juden hielten, beim Herzog von Bayern, beim Kaiser, auch beim Papst. Instruktionen mit Rechtfertigungen, Hinweise über geeignetes Vorgehen und Berichte über den Stand der Dinge erlauben uns heute Einblicke. Die Hauptsorge richtete sich auf das Hab und Gut der Gefangenen und der Nichtgefangenen. Es müsse innerhalb der Stadt «versperrt» bleiben. Wir erfahren aus diesen Verlautbarungen nicht ein einziges Mal auch nur den Anschein eines Betroffenseins über die Not und das Leid, das der jüdischen Gemeinde zugefügt wurde. Auch keine Zweifel an der Rechtmäßigkeit des Vorgehens. Mit wachsendem Eifer wurde am Bild des toten Kindes gearbeitet: Man sei der Sache nachgegangen, habe auch etwas gefunden, das Gebein eines Kindes. Es wurde ungenau formuliert, die Rede war noch von anderen Gebeinen; alle lägen beieinander. Alles sei mit Wissen des Bischofs geschehen. Unmißverständlich wurde noch einmal die Summe von sechsundvierzigtausend Gulden genannt, die man herauspressen wollte.

Bei den Verhören zwischen dem 30. März und dem 20. April 1476 waren Vertreter des Herzogs von Bayern, des Bischofs und der Stadt zugegen. Gefoltert und gefragt wurde auch an allen Feiertagen, die unter dem Begriff «Österliche Freude der Christen» standen. Gerade diese Festsetzung des Termins für das Erreichen der Geständnisse unter der Folter schien zur vorbedachten Planung zu gehören, um die Erlaubnis zur Austreibung der Juden vom Kaiser zu erhalten.

Allerdings stimmten die erzwungenen Bekenntnisse nicht überein. Ein Kind sei bereits vor acht Jahren in der Fastenzeit gekauft, ein anderes Weihnachten des vergangenen Jahres. Die Gefangenen wurden unter der Folter so weit gebracht, Namen von entfernt in anderen Städten Lebenden anzugeben. Mit Gewalt wurde das Bild vom toten Christenkind im Keller vervollkommnet. Jetzt wurde das Schema vom Blut aufgebracht, sie hätten «ihre Mazzen mit des Kindes Blut bestrichen». Die Fabel von einem noch immer ungenannten Kind schien nicht auszureichen. Ein Geständnis wurde erbracht, schon zwölf oder vierzehn Jahre zuvor sei in Regensburg ein Christenkind getötet worden. Ein anderes Geständnis nannte eine andere Zeit, es sei vor sieben Jahren gewesen. Nun wurde auch eine Angabe des Fundortes erquält. Es sei in der Synagoge geschehen.

Die Befragten waren keineswegs leicht zu Bekenntnissen von Taten zu zwingen, an die sie nicht einmal gedacht hatten. Ein Widerruf aller Geständnisse eines Gefangenen wird vermeldet. Von anderen heißt es: Die mehr als einmal gefragt worden sind, haben nichts bekennen wollen. Oder: Sie sind von ihrem Bekenntnis gefallen und sagen, daß unter der Folter dafür gesorgt wurde, welche Dinge sie bekennen müßten. So wurden sie gemartert und gefragt und erklärten, daß sie nichts zu bekennen hätten. Eine lange Reihe von Namen wird genannt, zwölf-, dreizehnmal Gefolterte. Und jede Mitteilung über jeden einzelnen endet mit der kurzen Feststellung in drei Worten: «Will nichts sagen.»

Und noch während sie unter Not und Qualen ungebrochen auf ihre Unschuld hinwiesen, gingen die Verhandlungen über den Besitz an ihren Häusern hartnäckig weiter. Die Stadt wehrte sich gegen die Geldansprüche von Kaiser, Bischof und Herzog. Aber sie brauchte Kaiser, Bischof und Herzog, um das Austreiben geschehen zu lassen. Jetzt wurde schon ein Bereich von «etlichen Meilen um die Stadt» festgesetzt, in dem Juden niemals Wohnung nehmen sollten.

Die Stadt brauchte den Herzog als Fürsprecher beim Kaiser: «Daß alle Häuser und alle Judengassen, darin sie gewohnt haben, der Stadt frei übergeben werden sollten.» Die Stadt war besorgt über die Haltung des Kaisers, der noch immer seine Zustimmung zur Austreibung vorenthielt. Das Mißfallen des Kaisers zu erregen könnte für die Freie Reichsstadt einen Verlust gewisser nur vom Kaiser verliehenen Rechte mit sich bringen. So mußte alles den Anschein einer begründeten Ordnung bekommen. Diese Besorgnisse wurden vom Herzog und Bischof geteilt. Man kam überein, Ärzte hinzuzuziehen, die ein Gutachten über den Zustand des toten Christenkindes beibringen sollten. Zwei Ärzte und zwei Wundärzte, von der Stadt vereidigt. Diese vier bestellten Herren sagten aus, sie hätten zusammengefügt: vier Körper mit allen und jeden Gliedmaßen. Die Gutachter erklärten in erstaunlicher Ungenauigkeit, es seien Kinder gewesen, ungefähr drei, vier, fünf oder sechs Jahre alt.

Im Mai 1476, bereits länger als ein Jahr, waren die Angeschuldigten noch immer gefangen. Der Wunsch des Kaisers, sie freizulassen, wurde ignoriert. Man gab dem kaiserlichen Boten zur Antwort, was mit den Juden vorgenommen werde, geschehe mit Wissen und Willen des Herzogs von Bayern. Man betonte auch, da die Stadt über entsprechende Privilegien verfüge, sei das gerichtliche Einschreiten rechtens. Aber nun geschah eine Steigerung in der Rechtfertigung: Man habe Rücksicht zu nehmen auf den Volkszorn. Die Herren vom Rat der Stadt nannten es: die Juden in Obhut nehmen. Man sagte: Es sei gut an ihnen getan, man bewahre sie ja vor Mißhandlungen. «So ist hier mancherlei Volk, einer könnte Schulden haben, der andere Neid oder Haß.» Es könne ein Aufruhr geschehen. Auch der Herzog und der Bischof stimmten dieser Ansicht zu: Schutzhaft. Sollte die Antwort an den Bevollmächtigten des Kaisers nicht ausreichen, könne dem Herrscher selbst jede Auskunft erteilt werden.

In diesem Mai tauchte ein lächerlicher Name auf, ein zufälliger Beamter des Herzogs von Bayern, dessen Vertreter am kaiserlichen

Hof: Durchzieher. Dieser Name könnte erfunden sein, um stellvertretend für die am Mord und an der Austreibung und an der Ausraubung Beteiligten zu stehen, gleichgültig, ob sie im Dienste des Kaisers, des Herzogs, des Bischofs oder der Stadt amtierten. Dieser Ausübende eines der vier Gewalthaber, immer auf dem Sprung, sich zu bereichern, Ulrich Durchzieher, betonte den Besitzanspruch seines Herzogs. Es gehörte zum Wortgebrauch dem Kaiser gegenüber, daß der Herzog an der ganzen Sache keinen Vorteil und keinen Nutzen habe, auch keineswegs aus Widerwillen gegen die Juden etwas unternommen hätte, sondern nur einzig und allein darauf bedacht sei, unterstützt durch den Bischof und die Stadt, einige Juden zu verhaften und «auf das allergeringste fragen zu lassen», um die Wahrheit herauszufinden.

Die Instruktionen des Herzogs für Durchzieher waren sehr genau. Der Ausgangspunkt wurde festgelegt: Zunächst die untertänigste Ehrerbietung erweisen, sodann die untertänigste Ehrerbietung «unserer Freunde», des Bischofs und der Stadt, zum Ausdruck bringen. Auch sollte Durchzieher glaubhaft machen, die Schreiben des Kaisers seien in allen Teilen gewissenhaft beantwortet worden. Unvermittelt in der Instruktion nach diesen Pflichtübungen sollte die Summe von vierundvierzigtausendachthundert Goldgulden veranschlagt werden, die das Heraustreiben der Juden aus der Stadt einbringen würde. Wenn die Ausweisung gelänge, solle der Kaiser jährlich zweihundert Gulden bekommen.

Die Anleitung zur Argumentation für Durchzieher lautete: Als Ursache für die öffentliche Gefahr solle, unter Bezug auf die Übereinstimmung mit dem Bischof und dem Herzog, erklärt werden, die Juden von Trient hätten bekannt, daß einige Juden zu Regensburg ein christliches Kind vom Leben zum Tod gebracht haben sollen. Ausdrücklich wurde Durchzieher mit auf den Weg gegeben, er müsse vermelden, einige noch nicht Gefangene hätten heimlich mit ihrem Hab und Gut die Stadt verlassen, seien nach Böhmen und anderen Gegenden entkommen. Eilends habe man im Beisein eines offiziellen Notars aller Juden Hab und Gut und Schuldbriefe und alles, was in den Häusern vorhanden gewesen, versiegelt und verschlossen und die noch nicht gefangenen, in der Stadt verbliebenen Juden mit fünfzig Mann bewacht. Man nannte diesen neuen, verschärfenden Schritt, daß man die Besitztümer der Gefangenen und der Nichtgefangenen «nach Gebührlichkeit» verwahren wollte.

Die rührigen Vertreter der Stadt sicherten sich in diesem Mai 1476 auch gegen die Ansprüche des Herzogs von Bayern; sie bestanden auf ihrem Recht, selbst Gericht über ihre Bürger, Juden oder Christen, halten zu können, beide, Bischof und Herzog, hätten dieses Privileg der Stadt verpfändet. Sollte der Herzog dem Kaiser vorschlagen, in der Sache der gefangenen Juden einen Richter zu berufen, so müsse die Stadt nachdrücklich auf ihre eigenen Rechte hinweisen.

Aus den Aktenstücken zeigt sich der tragische Verlauf für die Gefangenen und für die in der Judengasse Eingeschlossenen: einer sei heimlich aus der abgesperrten Gasse entkommen, diejenigen, die ihm geholfen hatten, wurden bestraft. Die von ihren Männern getrennten Frauen wurden in ihrem Viertel von den Stadtdienern geschlagen und verwundet, sie litten mit ihren Kindern Hunger. Da war es schon Sommer geworden.

Im August ließ der Kaiser die Stadt wissen, er allein habe allen Anspruch auf die Juden mit Leib und Gut. Aber der Rat von Regensburg hielt sich eng an den Herzog; man war besorgt, der Stadt könnten die Einnahmen aus der «hergebrachten Stadtsteuer» entgehen, wenn man der kaiserlichen Forderung nachgebe.

Am «Samstag nach Unserer Lieben Frauen Tag zu Himmelfahrt», am 17. August, wurden die Frauen und Kinder der siebzehn Gefangenen aus der «Verhütung» entlassen. Die drei ausübenden Gewalten, Herzog, Bischof und Stadt, verlangten von ihnen die Urfehde. Das bedeutete, sie sollten die eidliche Versicherung geben, wegen der gegen sie geführten Untersuchung sich nicht rächen zu wollen. Die aus dem Lande Verwiesenen mußten unter Eid schwören, die Stadt nie wieder zu betreten und sich auch nicht an den Bewohnern zu rächen. Die Liste der ausgewiesenen Frauen mit den Abkürzungen der jeweiligen verwandtschaftlichen Beziehungen führt auch mit kalter Genauigkeit die Witwen auf, deren Männer unter der Folter umgekommen waren.

Aus den Aktennotizen geht hervor: Während in den abgesperrten Gassen des jüdischen Viertels um die Synagoge in der Mitte der Stadt und im Gefängnis die Not der bedrängten Gemeinde wuchs, berieten sich die Herren Vertreter der Stadt bei einem Essen mit dem Bischof, was aus den noch immer verschlossenen Besitztümern würde, wenn sich nun neuerdings der Herzog mit dem Kaiser einige. Es sei zu befürchten, Regensburg könne den Status als Freie Reichsstadt einbüßen, die Stadt könne ihren Anspruch auf die Gerichtshoheit verlieren.

Damit sei schließlich der Zugriff auf die jüdischen Besitztümer in Frage gestellt. Ein Ausspruch des Herzogs mußte das Bedenken der Stadt vergrößern, man könne sich über die Köpfe der Ratsherren hinweg verständigen: «Der Kaiser gebe mir mein Geld, dann soll er seine Juden haben.»

Es zeigte sich, wie tief das Leben dieser Gefangenen und Eingeschlossenen in dem städtischen Alltag verwurzelt war; der Versuch, sich von ihren Mitbürgern zu trennen, bedrohte die eigene Unabhängigkeit. Man beeilte sich zu versichern, Regensburg habe, fußend auf den Rechten als Freie Stadt, vor dem Eingreifen des Kaisers die Geständnisse der Gefangenen bekommen. Der Kaiser habe weitere Befragungen verhindert, die anderen hätten sonst sicherlich auch noch zu Schuldbekenntnissen gebracht werden können. Das Judenviertel hätte durch Bewaffnete aus zwei Gründen versperrt werden müssen: Niemand sollte von dort unter Mitnahme der Besitztümer entfliehen können. Und es sollten die aufgebrachten christlichen Bürger dort nicht eindringen können. Niemand sollte hinaus, niemand sollte hinein, ausgenommen ein Kaufmann und ein Metzger, die das zum Leben Notdürftigste besorgen sollten.

Noch einmal im August verantwortete sich die Stadt vor dem Kaiser. Der Herzog von Bayern, dem die Juden als Pfand überlassen worden waren, wurde pflichtgemäß von den Geständnissen der Gefangenen in Kenntnis gesetzt. Man habe den kaiserlichen Einspruch, daß der Stadt die Gerichtsbarkeit über die kaiserlichen Kammerknechte nicht unterstände, zur Kenntnis genommen, aber man müsse das alte Herkommen der städtischen Privilegien geltend machen. Regensburg weigerte sich, die Gefangenen an den Kaiser auszuliefern.

Aus einer Ratssitzung wird überliefert, wie es die unterschiedlichsten Erwägungen gab: Freilassen bedeute Einstellen des Mordprozesses. An den Kaiser ausliefern bedeute Ungewißheit, ob dieser als oberster Richter den Prozeß anerkennen und Strafen aussprechen würde. Ein geistlicher Herr empfahl als Ausweg: Fünf Gefangene, deren Geständnis vorliege, sollten dem Kaiser überstellt, die anderen nach Hause entlassen werden. Es gab unter den Ratsherren Zustimmung, ja sogar die Weiterung, alle Gefangenen sollten in ihre Häuser zurückgehen dürfen, aber nur aus Protest gegen den Kaiser.

Ausdrücklich vermerkten die Herren vom Rat der Stadt: Die Christenheit zu Regensburg dürfe nicht zulassen, daß ein Jude dort an christlichem Blut, nach dem ihn allezeit dürste, Morde oder andere

Missetaten begehe. Man stritt ab, daß Gefangene unter der Folter umgekommen seien, man habe lediglich einige «nach dem Allerziemlichsten» gefragt und zu Geständnissen gebracht. Man wiederholte, untertänig in der Formulierung, aber nicht ohne Vorwurf, man habe zu Ehren der Kaiserlichen Majestät auch Gefangene ohne Folter gehalten. So hätte man ihre Schuld an dem Mord leider nicht nachweisen können.

Der alte Vorwurf kam wieder hoch: Die Juden sprächen in ihren Gebeten die tägliche Bitte um Rache am Heiligen Römischen Reich und an der Christenheit aus. Sie wollten das christliche Blut vergießen. Aus der Aufforderung des Kaisers, die Gefangenen auszuliefern, gehe nicht hervor, daß er sie bestrafen wollte. Da diese kaiserliche Forderung jedoch gegen das geistliche und weltliche Recht gehe, könne der Stadt die Weigerung, die Juden auszuliefern, nicht als Ungehorsam angelastet werden. Es wird wiederholt: Hätte die Stadt den Willen des Kaisers erfüllt und die Angeschuldigten freigelassen, wäre der Aufruhr des «gemeynen Povels» losgebrochen, Hab und Gut der Gefangenen und Eingeschlossenen wären geplündert worden. Und die Pfänder, die den größten Teil der Habe der Umstrittenen ausmachten, wären verloren gewesen, die Lage hätte sich gefährlich zugespitzt. Der Rat versicherte, er habe niemanden aus der jüdischen Gemeinde Mangel leiden lassen, weder jung noch alt. Abermals wird der religiöse Vorwand angeführt, daß die Juden Feinde Christi und seiner Mutter Maria seien. Die Herren vom Rat der Stadt wiesen dem Kaiser nach, er selber habe den städtischen Gerichtsvollzug längst anerkannt. Die Stadt habe schon zu seinen Lebzeiten einige Juden verbrannt und gehängt. Man wehrte sich dagegen, sie ohne Entgelt freizulassen. Weitere religiöse Motive wurden angegeben. Es wurde auf die Zerstörung Jerusalems hingewiesen. Die Freiheit der Juden sei aufgehoben. Sie seien in ewige Dienstbarkeit gestoßen, sie müßten Knechte der Sünde genannt werden.

Immer mehr verließen die Ratsherren ihre Verteidigungsstellung. Jetzt griffen sie an und erklärten, man müsse annehmen, daß der Kaiser selbst nicht über den Fall der Regensburger Juden Bescheid wisse. Man habe ihm vielleicht gar keine Kenntnis gegeben über die Geständnisse und die Leichenstücke. Die kaiserliche Weisung, die Verhafteten ohne Entgelt freizugeben, sei vielleicht nicht einmal durch den hohen Herrscher selbst erfolgt, sondern durch jüdische Ratgeber.

Zur Vorbereitung für das Ende des Prozesses hatte der Orden der

Dominikaner schon dem Prior Hanns Schwartz den Bescheid gegeben, er sollte bei der Hinrichtung zugegen sein.

Am 2. September entzog der Kaiser der Stadt Regensburg das Recht auf den Blutbann. Das bedeutete, die Gerichtsbarkeit über Leben und Tod sollte an den Kaiser zurückfallen. In der Begründung für diesen Schritt hieß es, die Stadt hätte Juden gefangen, schwer gefoltert und einige von ihnen vom Leben zum Tode gebracht.

Vierundzwanzig Tage später werden Vertreter der Stadt vorbereitet für den Gang zum Kaiser. Bei den Schriftstücken, die sie mitbekommen, ist das Schuldbekenntnis der Gefolterten, ein Gutachten über die Gebeine der toten Kinder, eine Bestätigung, daß die Gefangenen noch alle am Leben seien. Die zum Kaiser geschickten Vertreter der Stadt sollten darauf hinwirken, daß nun ein Reichsgericht mit Zustimmung des Kaisers die Verhandlung führte. Man solle dem Kaiser dafür tausend oder tausendfünfhundert Gulden bieten, er möge der Stadt seine Gnade wiederschenken, vor allem das Recht auf eigene Gerichtsbarkeit. Es wird angedeutet, man könnte die Gefangenen freigeben, und wenn sie dann Urfehde versichert haben, sollten sie mit allem, was sie besitzen, dem Kaiser überlassen werden, die Einwilligung des Herzogs vorausgesetzt. Allerdings müßten sie für alle Unkosten aufkommen, die der Stadt durch ihre Gefangennahme und die Beköstigung während der Haft entstanden sind. Ein ergänzender Vorschlag wurde angeheftet, man könne die Gefangenen auch dem Kaiser und dem Herzog, jedem nach Belieben, aushändigen.

Im Oktober des Jahres 1476 wird ein Bild des Alltags festgehalten: Da war ein Bäcker gewesen, der hatte seine Kühe von einem Juden melken lassen, das wurde angezeigt, und der Rat der Stadt entschied: verboten. Der kleinliche, haßerfüllte Alltag, wie er in die Akten eingegangen ist. Anfang Dezember hatte sich die Stadt gegen Verdächtigungen aus der Umgebung des Kaisers zu wehren: Die Regensburger selbst hätten die Teile der toten Kinder vergraben, um sie dann der Öffentlichkeit vorzuführen, seht her, das haben die Juden getan.

Im Rat der Stadt verhärtete sich die Meinung derer, die gegen ein Ausliefern der Gefangenen an den Kaiser waren. Aus einer Aktennotiz des Jahres 1476 werden ihre Einwände sichtbar: Wenn diese Juden ihre Freiheit erlangen würden, wenn sie dann morden, rauben oder stehlen, Leute, von denen man wisse, daß sie abgrundtief böse und ein großes Übel für die Christenheit seien, wie sollte man sie dann ohne die Erlaubnis des Kaisers richten?

Es war für die Herren vom Rat bitter, daß sie die Aburteilung der Gefangenen nicht durchsetzen konnten. Sie mußten in der Erfindung von der Legende des Kindermordes Trient übertreffen. So schrieb ein anonymer Verfasser: «Zu Regensburg an der Donau haben die Juden nicht lange vor demjenigen Kindlein zu Trient auch ein Kind getötet.» Ein Zeuge wird benannt, der habe gesehen, wie dieses Regensburger Kind gleich dem Simon von Trient «entblößt und gestochen, ihm sein Haupt abgeschnitten, aus beiden Kinnbacken Fleisch herausgerissen, mit einem Schweißtüchlein endlich erstickt und im Hof ihrer Synagoge in dem Winkel, der gegen Mittag der Sonne sei, begraben» worden sei.

Und nicht genug mit dem einen Kind. Die Legende mußte erhärten, daß Regensburg noch mehr aufzuweisen hatte als Trient: «Die von Regensburg fingen die Juden und fanden alles, wie der Zeuge bekannt hatte. Nun wollten sie noch erfahren, ob die anderen Kindesgebeine noch dort in der Synagoge waren.» Man mußte sich mit Hilfe dieser Legende gegen den Verdacht absichern, die Regensburger selbst hätten die Knochen in die Erde gelegt.

Im Februar 1477, noch immer lagen die Gefangenen in dem Verlies der Stadt, versuchte der Rat, den Herzog von Bayern zu veranlassen, beim Kaiser dafür zu wirken, daß Regensburg wieder das Recht bekommt, über Leben und Tod zu richten.

Es ist nicht notwendig, sich die Namen der Herzöge zu merken, wie sie in dieser Zeit der Regensburger Ereignisse aufeinander folgten und welche persönlichen Neigungen und Leidenschaften sie an den Tag legten. Sie waren einer wie der andere nur darauf bedacht, gleichzeitig im Einverständnis mit und doch auch gegen Kaiser, Bischof und Stadt die eigenen Interessen wahrzunehmen. Und das betraf, wenn man alle Umschreibungen und Umhüllungen religiöser und juristischer Art beiseite ließ, immer nur das eine: die Besitztümer der jüdischen Gemeinde. Und darin eingeschlossen war der ständig latent vorhandene Wunsch, das Leben derer, die das begehrte Gut besaßen, ein für allemal auszulöschen.

Gleichzeitig ausnutzen und auslöschen. Der Grund für dieses Doppelbegehren wurde im Winter 1477 in Regensburg so umschrieben: «Dem göttlichen Recht und dem heiligen christlichen Glauben zur Förderung.»

Es verging der März 1477. Die Gefangenen saßen noch immer in der Haft.

Der Herzog und die Diener, die Durchzieher, ließen sich Zeit bei der Vermittlung am kaiserlichen Hof. Alles blieb dort liegen. Man wartete auf den abwesenden Kaiser, «bis er in das Reich heraufkommt».

Da ging es wieder auf Ostern zu. Aufschub im April. Aufschub im Mai.

In diesem Monat ließ die Stadt ihre Vertreter am kaiserlichen Hof wissen, wenn es in der Sache zu keiner Absprache komme, so müßten die Juden, die etwas gestanden hätten, in einem Kerker übereinander ersticken.

Terminaufschub. Terminaufschub. Terminaufschub.

In der Stadt hieß es, wenn man die Gefangenen, «die Übeltätigen», jetzt, wie der Kaiser es wünschte, ohne Entgelt freiließe, so sei es doch schändlich, daß man sie so lange in Haft gehalten habe. Überlegungen kamen auf, die Sache an den Papst zu bringen.

Zu dieser Zeit saß der kunstliebend genannte Sixtus IV. auf dem päpstlichen Stuhl. Unter seiner Regierung wurde die verstärkte Marienverehrung gefordert, die sich noch nach seinem Tode verheerend für die jüdische Gemeinde in Regensburg auswirkte. Die völlig zerrütteten päpstlichen Finanzen wollte er durch Ablässe, erhöhte Pfründenbesteuerung und Vermehrung der käuflichen Ämter aufbessern. Der Vorwurf, Kornwucher zu betreiben, wurde gegen ihn erhoben. Unter ihm war alles käuflich, die Bestechlichkeit der Beamten war erschrekkend. Der Unwille über diese Zustände am päpstlichen Hof kam über die Berge in den Norden, aber auch die Kunde vom Aufblühen der Kunst und der Wissenschaften und der humanistischen Bildung. So zeigte sich ein Doppelgesicht dieses Machthabers: glanzlos und glanzvoll gleichzeitig. Und doch war die Autorität des Päpstlichen Stuhls zu Rom nicht in Frage gestellt. Sein Kornwucher bekam eine gewisse versachlichende Umschreibung: er habe durch Einlagerung von Getreide ein neues System der Verproviantierung Roms einführen wollen. So sei das Getreide nur nach bestimmten Preisen ausgeliefert worden, das habe den Brotpreis festgelegt. Nicht der Papst habe das Brot teurer werden lassen.

Ostern 1477 ging vorüber, Berichte von Verhandlungen über die Gefangenen von Regensburg wurden verfaßt; sie kamen nicht frei.

Im Juni verlautete es von der Stadt an die Vertreter beim Kaiser: Die Sache ruhen lassen.

Juli. Die Sache ruhen lassen.

August. Die Sache ruhen lassen.

Mitte September, unter dem Datum «am Montag nach des Heiligen Kreuzes Tag, als es erhöhet wurde», teilte die Stadt ihrem Vertreter am kaiserlichen Hof mit, für den Prozeß sei alles vorbereitet, auch sei einer unterwegs, den päpstlichen Hof zu unterrichten. Und doch wird, trotz aller Vorbereitungsmaßnahmen für Prozeß und Vertreibung, der jährliche Schutzbrief mit der Zahlungsforderung ausgefertigt. Die jüdische Gemeinde mußte im Oktober schwören, sich und ihr Hab und Gut nicht aus der Stadt zu entfernen.

Im Dezember kam mit dem nun schon zur Routine gewordenen kaiserlichen Befehl, endlich die Gefangenen freizulassen, die Einwilligung, daß der Prozeß verschoben werden könne.

Verschoben.

Ende Dezember war der päpstliche Legat als ein Vermittler zwischen Stadt und Kaiser eingeschaltet. Jeder hoffte nun, von ihm eine gewisse Gerechtigkeit erfahren zu können. Auch die jüdische Gemeinde wandte sich an ihn mit einer langen herzzerreißenden Bittschrift. Die Gefangenen waren unaussprechlich gequält worden. Die Stadt sollte ersucht werden, sie milder zu behandeln. Die Namen vorhergehender Päpste werden heraufbeschworen, die den Juden den Schutz ihres Lebens und Eigentums gesichert hatten. Es wird darauf hingewiesen, daß die Geständnisse unter der Folter erzwungen waren. Und es wird die Unsinnigkeit der Anschuldigung erklärt, die Juden hätten Kindergebeine vergraben.

Am 22. Februar 1478 waren die Gefangenen noch immer im Kerker. Aus Graz ließ der Kaiser bestellen, wegen der «Kriegsläufte» sei das Kammergericht «bisher in Übung nicht gewesen». Sollte die Stadt seinen Forderungen nicht nachkommen, wird sie alle Freiheiten verlieren. Aber auch die Vertreter der Stadt wandten sich an den päpstlichen Legaten, auch sie erwarteten seinen Beistand «zur Wiedererlangung der großen Unkosten» durch die Gefangenhaltung und das Bewachen der Juden. Und der Legat sollte darauf hinwirken, daß die Stadt das Recht bekäme, den Prozeß gegen die Juden zu führen.

In dieser Zeit wurde die Hebammenordnung der Stadt Regensburg ergänzt. Ausdrücklich wurde angeordnet, Hebammen sollen zu allen gebärenden Frauen, zu reichen und zu armen kommen, wenn man sie anfordert. Nur zu keiner Jüdin.

Im Februar war wieder der Verdacht auf Hostienschändung hochgekommen. Ein einflußreicher Mann, als Marschalk zu Passau in den Akten geführt, leistete aus der Nachbarschaft diese Hilfe. Dort sei ein

Dieb gefangen, der «einem Juden in eurer Stadt» ein gestohlenes Sakrament verkauft habe. Und in enger Gemeinsamkeit des Wunsches, die jüdischen Gemeinden nicht mehr in ihren Mauern zu dulden, wird aus Regensburg über den Vorfall nach Nürnberg berichtet.

Im März beschwerten sich die Vertreter der Stadt beim kaiserlichen Hof, daß sie noch immer nicht die Berechtigung zurückbekommen haben für die Gerichtsbarkeit über Leben und Tod.

Mitte März berichtete der Gesandte vom kaiserlichen Hof über die Unentschiedenheit des Kaisers. Einmal laute ein Beschluß so, ein anderes Mal anders. Auch die hochwillkommene Mitteilung über die Sakramentsschändung aus Passau habe nichts an der Unentschlossenheit des Kaisers geändert. Die Sache gehe nicht weiter. Er bezeichnete das im launig-schnoddrigen Ton: «Der Kaiser läßt uns ewiglich daran hängen.»

Während man in Regensburg auf den Tod des Kaisers hoffte, um dann, in einer gewissen Zeit der Verwirrung, bis seine Nachfolge festgelegt war, die Juden austreiben zu können, gab es andere im Rat der Stadt, die sich doch mehr vom Beistand des Papstes gegen den Kaiser erhofften. Sie legten dar, ihr Vorgehen gegen die Juden sei eine Sache des heiligen Glaubens und einige Verdächtige hätten ja bei der Befragung unter der Tortur gestanden, Christenkinder ermordet zu haben. Der Papst möge die Stadt vor dem Kaiser schützen.

Der Herzog von Bayern brachte die altbekannte Formel von dem schlechtunterrichteten an den besser zu unterrichtenden Kaiser, es sei nicht zutreffend, daß die Stadt ihre Juden dem Kaiser überantworten müsse; und wieder ging die Rede von den Häusern, den Besitztümern, die sie ja nicht mitbringen könnten wie eine fahrende Habe. Aber es wird, nicht ohne eine gewisse Untertänigkeit, von den Vertretern der Stadt erklärt, daß man dem Kaiser gegenüber nicht ungefällig sein wolle. Obwohl die Stadt sich unberechtigt behandelt fühle. Man sagte über den Kaiser, daß er niemandem Recht widerfahren ließe, seine Macht mißbrauche er nur für sich. Die Vertreter der Stadt hielten sich mit Formfragen auf, während die Gefangenen Monat um Monat im Kerker Not litten.

In diesem April 1478 kam ein Schreiben vom Bruder einer der Gefangenen an die Stadt: «Ich, Schtrolein, Jud von Schwobach, bitte eindringlich wegen meiner Schwester mit Namen Jacob, Jüdin, die in eurem Gefängnis liegt. Wollte ich Armer doch gern verstehen, aus welcher Ursache sie im Gefängnis ist. Und mir Armem kommt es aus brüderlicher Treue zu, für sie um Erbarmen zu bitten und für sie zu sprechen. So getraue ich Armer mir es doch wohl, daß mir eine Antwort von einem weisen Rat gegeben wird.»

Der Rat der Stadt ließ sich Zeit mit der Antwort. Hatten sie doch gerade nun im Mai die Genugtuung erlebt, daß der Kaiser ihnen unter ausdrücklicher Versicherung seiner Gnade wieder das Recht, über Leben und Tod zu richten, verlieh. Der gleichzeitige kaiserliche Befehl, seine gefangenen Kammerknechte nicht zu martern und zu töten, wurde hingenommen. Im Juni hatte Schtrolein von Schwobach, in den Akten unter der Bezeichnung «Jude des Markgrafen Albrecht von Brandenburg» geführt, noch immer keine Antwort, aus welchem Grunde seine Schwester gefangen war. Er berief sich auf ein Schreiben vom Kaiser, das er persönlich erhalten habe, er bat um die Freilassung der Schwester, es solle nicht weiter gegen sie verhandelt werden.

In diesem Sommer waren die Vertreter der vier Gewalten zu einer einhellig genannten Summe gekommen, die man als Lösegeld herauspressen könnte: zehntausend Gulden. Diese Summe, so hieß es, müsse zu erreichen sein, wenn man sie «stocket und plocket». Im Rat war man besorgt, daß die Gefangenen allen Schadensersatzanspruch an die Stadt richten könnten, dem müsse man zuvorkommen.

Im Juli erließ der Kaiser einen Befehl an seine gefangenen Kammerknechte, er schrieb, er hätte sie gnädig von der schweren Leibes- und Lebensstrafe erlöst, es sei Aussicht, daß sie aus dem Gefängnis wieder in ihr altes Anwesen kommen könnten. Er habe mit der Stadt einen Vertrag gemacht, daß er sie beschützen und beschirmen wolle und sie in Regensburg weiter wohnen könnten. Sie müßten zehntausend Gulden bezahlen. Wenn dies nicht geschehe, so würden die Folgen, die daraus entstünden, «ihnen selbst zugemessen».

Das Schreiben war an «Unsere und des Reichs Juden, die zu Regensburg gefangen liegen», gerichtet. Es waren inzwischen fünfundvierzig Gefangene. Man ließ sie zusammenkommen und teilte ihnen den Befehl des Kaisers mit. Aber im August wußten die Gefangenen, daß es unmöglich war, das Geld aufzutreiben. So mußten sie die Stadt bitten, den Kaiser zu unterrichten, sie seien zweieinhalb Jahre gefangen, sie wüßten nicht, ob ihre Schuldner zahlen können. Doch sie vertrauen auf den Kaiser, auf seine Gnade und Barmherzigkeit. Es war der verzweifelte Versuch, ein menschliches Herz zu erreichen, den Kaiser zu bewegen, er möge sich mit dem begnügen, was sie zu geben imstande sind, «damit wir mit unseren Kindern unter Dach bleiben können». Die Verhandlungen über die zu zahlenden Geldsummen dauerten bis in den November. Ausdrücklich ordnete der Kaiser an, daß ihm auch eine jährliche Summe von den Juden zu bezahlen sei.

Es wird Dezember. Noch immer sind die Gefangenen nicht frei, weil sie nicht zahlen können. Jetzt sind sich Kaiser und Stadt einig: Ohne Herausgabe des Lösegeldes wird der Kerker nicht geöffnet.

Festgehalten ist ein Gespräch zwischen den beiden Stadtkämmerern von Regensburg und von Erfurt. Der Gast aus Erfurt fragte: Habt ihr die Sache nicht an den Papst gebracht? Der Eingesessene von Regensburg antwortete: Ja, es wäre gut, wenn Seine Heiligkeit es wüßte. Der Gast erklärte: Seine Herren von Erfurt hätten viele Juden in der Stadt, die verderbten das ganze Land- und Stadtvolk, denn die Juden gehörten «dem von Mainz» zu, und seine Einkünfte seien fünfhundert Gulden jährlich von ihnen. Alles habe sich jedoch so entwickelt, daß die Juden ganz «hinweg» gezogen seien. Der Erfurter, so ist es in den Aufzeichnungen festgehalten, redete weiter: Man habe ihnen ja nur angedroht, wenn sie weiter auf Wucher leihten, würde man sie an Leib und Gut strafen. Nun aber meine der Kaiser, Erfurt habe die Juden vertrieben; so müsse er, der Stadtkämmerer, zweimal im Jahr nach Rom, dreimal zum Kaiser reiten, um die Stadt zu rechtfertigen.

Überliefert, gefunden im Gefängnis der Frau, die als Jacob, Jüdin, bezeichnet wurde, ist ein Zettel mit hebräischen Buchstaben. Ein wenig breiter als zwei Zentimeter, nicht zehn Zentimeter lang. «Liebe Freundin, du liebe Krone. Ich schreibe dir. Ich vergesse dich nicht. Ob du nicht schreiben kannst, ob sie dich foltern. Ich werde morgen mit dem Ratsherrn reden, ob ich deine Sache zum Guten wenden kann.»

Liebe Freundin, liebe Krone. Ob sie dich foltern.

Im Januar 1480 ermahnte der Kaiser die Stadt, die jüdischen Einwohner nicht zu vertreiben. Sie sollten zahlen, zahlen, zahlen. Aber im Juni waren die Eingekerkerten noch immer nicht frei. Der Kaiser schrieb aus Wien und ordnete an, sie sollten aus dem Gefängnis entlassen werden, damit er seine zehntausend Gulden bekäme. Es hieß: Damit wir in der Bezahlung nicht verhindert werden. Noch im gleichen Monat antwortete die Stadt auf das Ansinnen des Kaisers, sie könnten diese Gefangenen nicht ohne Entgelt in ihre Häuser und Wohnungen entlassen. Drei Monate später versprachen die Herren vom Rat der Stadt, die Gefangenen nicht zu töten und sie auch nicht aus der Stadt zu vertreiben.

Endlich, am 4. September 1480, wurden sie entlassen, die Stadt mußte dem Druck des Kaisers nachgeben. Am gleichen Tag verpflichtete sich die «gemain Jüdischheit von Mannen und Frauenpersonen zu Regensburg wohnend» dem Kaiser und der Stadt gegenüber «ganz frey und on allen drangsal», daß sie Leib und Gut nicht verändern wollten, bis sie ihre Verpflichtung von zehntausend Gulden dem Kaiser gezahlt hatten. Und die Stadt Regensburg verlangte von ihnen sechshundert Gulden in Jahresraten von hundert Gulden. Zahlten sie nicht, verfiel ihr Leib und Gut der Stadt.

Die Entlassenen hatten Urfehde zu schwören.

Die Namen der Kaiser, Herzöge und Bischöfe sind auswechselbar, das Bestreben unverändert; jetzt suchten die Herren der Stadt die Hilfe des Herzogs, sein Verständnis. So gab es zwischen diesen beiden Gewalten das Übereinkommen: Geld eintreiben und die Bewohner des jüdischen Viertels austreiben. Die Stadt wollte dem Herzog beim Eintreiben seines Geldes nicht hinderlich sein, ja, es sollten sogar Wachen an den Stadttoren aufgestellt werden, um ein Wegziehen oder, wie es hieß, die Flucht an Leib und Gut zu verhindern.

Im März dieses Jahres gewährte der Herzog von Bayern für acht Jahre Schutz. Eine Summe von zweihundert Pfund jährlich wurde festgesetzt. Die Beteiligung der einzelnen an der Summe sollte durch eine Steuerordnung, die sie selber zu überwachen hatten, geregelt werden.

Aber Mitte November 1488 war das Zusammenleben fast unerträglich geworden. Die jüdische Gemeinde beschwerte sich im ernsten Ton. Das alte Herkommen war verletzt. Die Juden durften auf kein Haus leihen. Sie durften nur noch am Mittwoch verkaufen, früher war es an jedem Tag gewesen. Sie durften nichts außerhalb ihrer Gassen feilbieten. Die Richter wollten keinen Schuldbrief mehr siegeln. Wenn ein Freund als Gast komme, den durften sie nicht beherbergen, es sei denn, sie geben in einer Woche vier Groschen. Die Abgaben für das Wachtgeld und «aus unseren Fleischbänken in unseren Gassen» wurden ständig erhöht. Der letzte Punkt der Beschwerdeschrift sagte: «Man will uns nicht mehr in das öffentliche Badehaus gehen lassen, darin wir seit Menschengedenken gebadet haben.»

Gewisse Regeln wurden eingehalten, die Stadt gab sich gewissenhaft. Sie antwortete auf jeden Beschwerdepunkt: Es sei schon möglich, daß ein Richter «aus einem guten Gewissen» die Schuldbriefe nicht gesiegelt habe. Über die Beschwerde, daß das Wachtgeld erhöht sei, äußerte sich die Stadtverwaltung, es sei eine gemeinsame Wache mit

Christen «nicht ziemlich» gewesen, so hätten sie eine Ablösung von zwölf, dann von zehn Gulden gegeben; ein Rückstand aber seit 1476 müsse verzeichnet und nachgezahlt werden. Im übrigen habe die Stadt schon immer große Kosten aufgewendet, sie zu schützen. Auf alles gaben sie eine ordnungsgemäß erscheinende Antwort. Auch auf die Frage, ob sie das öffentliche Bad benutzen dürften: Daß ihnen der Zugang zum Baden verweigert werde, läge nur an dem Bader, nicht am Rat der Stadt. Als ob der Bader ein unabhängiger Mensch sei und so weit außerhalb der Stadtverwaltung stehe, daß der Rat ihm keine Anweisung geben könne. Alles schien ordnungsgemäß. Erstaunlich, daß man Wert darauf legte, es ordnungsgemäß erscheinen zu lassen.

Aber schon in diesem Antwortschreiben meldeten sich Handwerker zu Wort, die Kürschner. Sie hatten sich beschwert: die Juden beeinträchtigten ihr Handwerk.

Der dumpfe, unfaßbare Haß zeigt sich in einem Bericht an den Herzog von Bayern vom Januar 1489. Ein Mann in einer Gasse des jüdischen Viertels war gestorben. Zu seinen Lebzeiten war er beschuldigt worden, zwei Silbergeschirre unterschlagen zu haben. Er hatte erklärt, diese Geschirre seien ihm gestohlen worden. Nun hatten sich die Silberstücke in seinem Haus, im Nachlaß gefunden. Der Schultheiß hatte nicht gewünscht, daß der Tote beerdigt werden sollte, mit der Bemerkung: Der Herzog hätte vielleicht noch die Absicht, ihn zu bestrafen. Die Gemeinde bestattete den Verstorbenen trotzdem. Es kam zu einer Hausdurchsuchung bis in den Keller. Dort habe man eine frisch aufgegrabene Stelle gefunden: aber nicht gewußt, was man suchen solle.

Diese Bemerkung gibt ein gewisses Licht: Aber nicht gewußt, was man suchen solle. Es ist wie eine Bestätigung für den sonst so geläufigen Vorgang: Wenn man weiß, was man sucht – Teile von toten Kindern, blutende Hostien –, findet man das Gesuchte, das Gewünschte.

Im Jahr 1492 erinnerte die Stadt den Kaiser daran, er solle dafür sorgen, daß die Bewohner des jüdischen Viertels die Verpflichtung aus der Zeit ihrer Gefangenschaft einhalten.

Ende Juli 1493 informierte die Stadt den Herzog, es seien einige Juden gefangengenommen worden. Inzwischen aber wieder freigelassen. Die Zeitläufte seien «etwas wild und schwer» gewesen. Es habe wegen dieser zeitweilig Festgesetzten der Aufruhr des «gemeinen Volkes» gedroht.

Im Frühjahr 1494 waren einige Bewohner aus dem Judenviertel gegangen, um Nahrung zu kaufen. Auch eine Frau war bei ihnen. Auf diese Frau schlugen Regensburger Bürger mit Stöcken ein. Andere Bewohner des Judenviertels wurden zu Boden geschlagen, drei von ihnen mit Steinen blutig verwundet. «Wir armen Juden stehen täglich in großen Sorgen und Nöten und sind jederzeit mehr und mehr größeren Unglücks und Schadens gewärtig.» Die Lage der Unterdrückten wird sichtbar bei der Unterzeichnung, die sie für die Statthalter und Räte des Herzogs wählten: «Die untertänige arme allgemeine Jüdischheit».

Trotz der täglichen Bedrohungen verlangte der Kaiser innerhalb einer vierwöchigen Frist Geld für seinen Krieg gegen die Franzosen in Italien. Und die Bürger der Stadt mißachteten die kleinen Freiheiten ihrer jüdischen Bewohner, sie wurden mit Steinen beworfen, geschlagen und verwundet.

Und dennoch – bei diesen Beschwernissen und Bekümmernissen war das Licht der Gelehrsamkeit nicht erloschen. Johannes Reuchlin, der sich um das Verständnis der hebräischen Sprache bemühte, schrieb an den Gelehrten Jacob Margolith, ob er in Regensburg kabbalistische Bücher erwerben könnte. Margolith bedauerte, dem Wunsch nicht nachkommen zu können, und hängte die Warnung an, diese Bücher enthielten zwar «vollkommene Weisheit», das aber sei «dem Auge gefährlich wie ein Übermaß an Sonnenlicht».

Der Zustand, bei jedem Weg bedroht zu werden, hielt an. Im Februar 1499 trug die jüdische Gemeinde der Stadt ihre Beschwerden vor: «Man bewirft uns. Man schlägt uns. Wir sind unseres Lebens nicht sicher. Wir dürfen an keinem Markttag vor drei Uhr nachmittags einkaufen, dann findet man nichts mehr. Dann müssen wir noch einmal auf den Markt gehen. Daraus entsteht großes Gerede und Unwillen. Man nimmt uns unsere Kleider, die nicht neu sind, wenn wir sie feilhalten. Am Tor zum Osten ist unser Schulklopfer und auch eine Jüdin ausgesperrt worden. Der Torschließer hat sie nicht in die Stadt hineinlassen wollen, aber Christen vorgezogen. So haben die Unseren die Nacht draußenbleiben müssen.»

Die Übergriffe nahmen zu. Im August 1499 beschwerten sich die Sprecher der Regensburger jüdischen Gemeinde wieder, daß man sie bewirft, schlägt oder in anderer Weise belästigt. Beerdigungen werden behindert. Sie verlangten, Sicherheit und Ordnung sollten herrschen. Sie wandten sich an den Rat der Stadt und an den Herzog von Bayern:

«Denn wir werden geschlagen, geworfen nach unserem Leib und Leben. Wir werden auch schmählich gehalten mit Klopfen und Nachschreien. Kein Bäcker verkauft uns Brot. Wir werden zur Erde geschlagen. Wir werden nicht gehalten, wie es aus alter Zeit herkömmlich ist.»

Aus alter Zeit war das Herkommen, daß in den Karwochen die Gassen zugesperrt wurden bis auf ein Tor, «damit die Leute ihre Pfänder einlösen können und wir unsere notdürftigen Dinge einkaufen können». Ein neuer Kämmerer hatte angeordnet, alle Tore zuzusperren. Die Anweisung ging an den Schulklopfer, aber die jüdische Gemeinde gestattete es dem Schulklopfer nicht, diese Neuerung einzuführen. Der Kämmerer schickte die Stadtknechte wieder in die Gassen, ließ den Schulklopfer suchen. «Mit Schwertern zerstachen sie ihm die Bettstatt.» Sie suchten den Schulklopfer. Wer ihn versteckte, der sollte an Leib und Gut bestraft werden. Die Knechte schlossen dann das Tor selbst, da sie den Schulklopfer nicht fanden.

Aber die Vertreter der jüdischen Gemeinde ergaben sich nicht in Hilflosigkeit. Dieses Stück Freiheit, das sie sich erkämpft hatten, verteidigten sie. Sie beschwerten sich abermals beim Herzog, daß sie erst nach drei Uhr auf den Markt gehen könnten, daß die Bäcker ihnen kein Brot verkauften. So erzwangen sie das Wort des Herzogs an die Stadt, «... daß wir von Eurer fürstlichen Gnaden nicht gar so verlassen sind, wie sie glauben».

Die Begründung, die der Herzog von Bayern der Stadt vorhielt, war eindeutig: Wenn die Bäcker ihnen kein Brot verkaufen, dann wird er kein «zyns und gült» bekommen. Aber der ehrsame Rat der Stadt Regensburg entschied sich für verschärfende Bestimmungen. Ein Bürger, der für einen Juden einkaufen wollte, sollte sich lieber, so hieß es, die Ehre Gottes und seine eigene Seligkeit zu Herzen nehmen.

Während in der Christenheit das große Jubeln über den Eintritt in das neue Jahrhundert vorbereitet wurde, wehrten sich die in ihr Viertel Eingeschlossenen gegen die Demütigungen, gegen das tägliche Leiden. Wieder schrieben sie an den Herzog von Bayern, unterzeichneten: «Die arme unterworfene Jüdischkeit». Es gab ja zu den Bedrückungen auch die Regel, die Rede, den Satz, die Festlegung: «Was Judengut ist, gibt zweifachen Zoll, es sei, was es wolle.»

Immerhin, im März 1500 wurde ein Vertrag entworfen zwischen dem Kämmerer, dem Rat und der Gemeinde und den Juden zu Regensburg durch die kaiserlichen Räte. Darin wurde festgelegt, niemand sollte mit Rufen, Klopfen oder Schimpfworten einen Juden beleidigen. Wer dagegen handelte, sollte eine Nacht ins Gefängnis kommen. Auch Minderjährige sollten zur Verantwortung gezogen werden durch den Vater oder den Dienstherrn. Personen, die einen jüdischen Stadtbewohner stoßen oder schlagen oder sonst mißhandeln, sollten bestraft werden. Die Bäcker sollten das Brot nicht mehr vorenthalten. Es hieß, kein Handwerker, wer er auch sein mag, solle sich widersetzen, an Juden etwas zu verkaufen. Ja, es stand sogar in dem Vertragsentwurf, die Handwerker sollten gleichermaßen für Juden und Christen arbeiten. Eine genaue Anordnung über das Pfandleihen wurde entworfen, auch über das Leihen von Geld ohne Pfand. Angestrebt wurde, wie es hieß, ein ewiger, beständiger und für beide Teile möglicher Vertrag. Aber die Einschränkung war ausdrücklich erhärtet worden: Es soll keinem Juden gestattet werden, ganze Tücher zuzuschneiden oder fremde Tücher einzuführen, um neue Kleider zum Verkaufen anzufertigen. Wenn ein Jude damit gefunden würde, so sollten ihm die Tücher und die Kleider genommen werden. Und Strafe war zu zahlen. Es beklagten sich ja die Schneider bei der Stadt, daß die Juden neue Tücher kauften, sie verarbeiten ließen und dann verkauften. Diesen Vorwurf werden die Schneider immer wieder geltend machen. Sie beharrten auf ihrem Anspruch, als Eingesessene in der althergebrachten Manier in ihren kleinen Werkstätten zu arbeiten. In ihrer Furcht vor der Konkurrenz wirkten sie mit am Stillstand ihres Gewerbes. Es war eine Antimanufakturordnung, zu der sie drängten. Andere Zünfte, etwa die Kürschner, auch die Schuhmacher, schlossen sich an.

Vom Juni 1501 werden wieder Verhaftungen gemeldet; die jüdische Gemeinde beklagte sich beim Herzog über die Stadt. Ein Jahr später tauschten sich, in unverschleierter Offenheit, der Herzog und der Bischof über den jährlichen Zins aus, den sie «von unserer Jüdischheit» zu Regensburg abforderten. Der Herzog bestimmte die Reihenfolge, zunächst hatte er selbst den Zins einzunehmen, dann «Eur Lieb», der Bischof.

In diesem Jahr schrieben die Juden an den Herzog von Bayern: «Es ist keine Stunde am Tag, in der unsereiner vor dem Gefängnis sicher ist.»

Die Urkunden und Aktenstücke geben Einblicke in die Stunden am Tag. In die alltägliche Bedrückung. Ein Christ stieß einen aus der jüdischen Gemeinde, als dieser Wasser schöpfen wollte, in die Donau. In Anwesenheit des Stadtknechtes. Oder: Ein Christ verlangte, daß er sein Pfand umsonst wieder herausbekäme. Oder: Noch immer bestand das Verbot, «solang bis es drei schlägt», auf den Markt zu gehen. «Danach ist dann der Markt vergangen, daß wir nichts mehr zu kaufen finden.» Oder: «Ein zehnjähriges Töchterlein hat für den Wert eines Pfennigs Hirse gekauft, bevor es drei geschlagen hat. Da sind Knechte gekommen und haben dem Töchterlein den Mantel abgezogen und es vor ein Gericht gefordert.» Oder: Einer aus diesem abgeschlossenen Viertel «hat einen Christen, der auf unserem Friedhof sitzt, zum Abendmarkt geschickt, Eier und Hühner zu kaufen. Dem haben die Stadtknechte alles, was er gekauft hat, genommen und ihn ins Gefängnis gebracht. Den haben wir auslösen müssen.» Danach wurde derjenige, der den Christen geschickt hat, vor das Gericht gefordert.

Bedrückender Alltag. Bedrückende Jahre. Anfang 1504 war der Herzog von Bayern gestorben; der Kaiser erhob Anspruch auf die Steuereinkünfte der jüdischen Gemeinde von Regensburg, da sie nun wieder zum Reich, also unter seine Oberhoheit kommen mußte. Er erhöhte die Abgabesumme auf achthundert Gulden.

Nun kam auch eine Bezeichnung für die «weißen Wecklein» auf, die Brötchen aus Weizenmehl, man ging hin und nannte sie Judensemmeln. Zu dieser Zeit war es längst nicht mehr zumutbar für einen wakkeren Wächterchristen, mit einem Juden Wache zu halten. Das Wachtgeld mußte erhöht werden. Und als der Oktober des Jahres 1507 ins Land kam – man vermerkt für Albrecht Altdorfer, den zum Stadtrat strebenden Maler, daß er am Doppelbild des heiligen Franziskus und des heiligen Hieronymus arbeitete –, machte die Stadt Regensburg dem Kaiser einen Vorschlag. Es seien unter den Juden von Regensburg eine große Anzahl armer Leute, die müßten Getreide, Holz, Schmalz und andere Notdurft haben. Das sei für die übrigen Bürger der Stadt von Nachteil. Diese Armen müßten aus der Stadt geschafft werden. Nur zwanzig oder vierundzwanzig Hauseigentümer sollten bleiben dürfen. Von diesen könnte dann die Kaiserliche Majestät nach wie vor den Tributzins und anderes haben.

Die Stadt erklärte in einem langen Schreiben, welche Rechte sie an den Juden zu Regensburg habe: die Gerichtsbarkeit. Innerhalb des jüdischen Viertels, auch außerhalb der Gassen. Niemand anderem als dem Rat stehe das Recht zu, sie für Straftaten vor Gericht zu ziehen. Ausdrücklich wird darauf hingewiesen, daß der Rat sich auch das Recht vorbehält, bei der «Pulschaft» durch die Juden mit etlichen Christen die Strafen zuzumessen. Gerade diese Vergehen sollten vor dem städtischen Gericht abgehandelt werden. Alles, was mit den Häusern im Judenviertel geschieht, das Kaufen, das Verkaufen, das Aufstellen von Kaufbriefen, und das Wachtrecht sollte der Stadt unterstehen. Das Auf- und Zusperren der Tore zum Judenviertel zur Osterzeit oder wenn Prozessionen gehalten werden sollten, wollte die Stadt unter Kontrolle haben. Und die Aufsicht über die fremden Juden. Auch das Hochzeitsgeld, ein Gulden, sollte an den städtischen Kämmerer gehen.

Ein Gesicht, ein Name eines Predigers tauchte auf, ein Minorit, er nannte sich Demütiger Kaplan Bruder Konrad Hermann, der Heiligen Schrift Lesemeister, aus dem Barfüßerorden, Prediger zu Regensburg. Er machte sich zum Sprecher des Hasses, es sei seine schuldige Pflicht, gegen die Juden von Regensburg zu predigen, «daß die greuliche, teuflische, wucherische Bosheit ausgerottet werde». Man leide so viel an den Juden, vor allem das Bauernvolk und die Untertanen. Seine Rede ging so: Wenn einer nur sechs Gulden von ihnen begehrt, so erwarten sie in kurzer Zeit sechzig Gulden Wucher darauf. Die soll ein armer Bauersmann darbringen. So entsteht, daß sie mit ihrem Wucher eine große Menge Getreide zusammenhäufen und teuer in andere Länder verkaufen. Und so verderben sie auch viele Handwerker. Sie leihen auf das ganze Tuch. Sie bringen es um die Hälfte in ihre Gewalt, schneiden es zu, verkaufen Wolle, Leinen, Garn, Barchent, Samt, Seide. All das – Barette, Ringe, Edelgestein –, wovon sich der gewöhnliche Christ enthalten soll, ist hier in Überfluß. Sie tragen es aufs Land und bieten es in der Stadt von Haus zu Haus an; dadurch wird allen Handwerkern die Nahrung entzogen. Dieser Vorwurf: «dadurch wird allen Handwerkern ihre Nahrung entzogen» wird von nun an ständig wiederkehren. Bruder Konrad steigerte sich in seinen haßvollen Anstrengungen. Er wollte die gläubigen Christen veranlassen, Geld zu spenden, damit der Papst endlich die Bulle gegen den Wucher der Juden ausfertigte.

Im Juni 1509 wurde ein Gerücht in Umlauf gebracht, das die Erregung schürte: In den Judengassen wird Gift für Mordzwecke hergestellt und herausgegeben. Dazu diente die Geschichte von Jol. Es hieß, der Bischof von Bamberg habe sich eines Widersachers entledigen wollen, dazu habe ihm Jol aus Regensburg mehr als Ratschläge gegeben. Ein Vermittler wurde verhaftet. Und sein Geständnis ist geblieben. Seine kleine, leichtfertige Lebensgeschichte ist festgehalten. Wie er nicht auf die Hochschule nach Wien konnte, weil er kein Geld hatte, wie er als Diener bei diesem und jenem Herrn sein Geld verdiente, sich von Bauern bezahlen ließ, denen er das «Gauklen» beibrachte. All das sei der Versuch gewesen, sein Studiengeld zu verdienen. Aber immer habe er das Geld zu Jol getragen und bei ihm «allerley dinglech» gekauft. Eine abenteuerliche Geschichte über Gift, das dem Bischof ins Salatöl gegeben werden sollte. Die Rede ist von «termentin». Er, der gescheiterte Student, hätte gehört, daß man damit Ratten und Mäuse tötet. All das habe er von Jol erstanden.

Es gab einen anderen Zeugen, der aussagte, Jol sei unschuldig. Doch Jol wurde nun gefangengesetzt. Unter der Folter befragt, «wie es sich so recht gehört».

Das geschah Anfang Mai 1509. Erst Ende Juni bekannte der Abenteurer, er habe all die Giftgeschichten zu seinem eigenen Vorteil erfunden und dem Jol, der dadurch ins Gefängnis gekommen war, Unrecht getan. Aber der Verdacht, daß Juden auch Giftmischer seien, lastete nun als weitere Erschwernis auf dem Leben derer, die in der täglichen Ungewißheit standen, wie lange sie noch in dieser Stadt geduldet würden.

Das Bekenntnis eines Maurers mußte die Gier nach den in Häusern im Judenviertel verborgenen Schätzen nur anfachen. Er gab an, er habe beim Ausbessern des Fußbodens in einer Kammer einen ledernen Beutel, mit einer großen Summe ungarischer Goldgulden angefüllt, gefunden. Im darauffolgenden Jahr hatte sich der sagenhafte Goldfund bis zum Kaiser herumgesprochen. Es seien achthundert Dukaten. Der Kaiser erhob Anspruch darauf.

Er verlangte von der jüdischen Gemeinde zu Regensburg, sie sollte für seinen Krieg gegen Venedig dreihundertfünfzig Gulden liefern, auch die jüdischen Einwohner von Ensisheim, Hagenau, Schweinfurt, Mühlhausen in Thüringen, Rothenburg und anderen Gemeinden wurden zu Zahlungen für diesen Zweck verpflichtet. Zwar erging im selben Jahr der Befehl an alle Juden, «so in unserer und des Reiches, auch unserer erblichen Fürstentümer, Länder, Städte und Flecken ansässig sind», sie sollten zu einem Tag nach Worms Sprecher schicken für Beschwerden und Neuerungen, doch die allgemeinen kaiserlichen Empfehlungen und ausdrücklichen Schutzzusicherungen fanden wenig Beachtung bei den christlichen Verwaltungen. In Regensburg wurden die Einschränkungen der Ein- und Verkaufszeiten auf den Wochenmärkten nicht gelockert. Hinzu kamen Beschränkungen wegen der Einfuhr von Wein und Bier.

Und es blieb die Suche nach einem toten Kind, das dumpfe Bestreben, der jüdischen Gemeinde einen Ritualmord anzulasten. Einen Grund zur Vertreibung zu finden: Im Juni 1513 zeigten zwei Regensburger Bürger an, sie hätten gesehen, wie ein Mann und eine Frau mit einem Kind auf dem Arm in die Judengasse gegangen seien und wie sie dann das Viertel ohne das Kind wieder verlassen hätten. Also sei es dorthin verkauft. Da es unsicher war, ob der Mann und die Frau, die man angeblich mit dem Kind hatte hineingehen sehen, dieselben waren, die ohne Kind hinausgingen, begann man Zeugen zu vernehmen. Es gab Gegenüberstellungen. Diejenigen, die das Gerücht aufgebracht hatten, steigerten sich in ihren Aussagen. Es seien zwei Kinder gewesen, hieß es jetzt, die ein Mann ins Judenviertel gebracht habe. Der Mann habe auf einem Stein gesessen. Einen Korb bei sich gehabt. Und gezecht. Da niemand die Leute beschreiben konnte, die mit ein oder zwei Kindern in das Judenviertel gegangen waren, wurde die Mordanklage fallengelassen.

Im Februar 1515 verlängerte die Stadt das Wohnrecht der jüdischen Gemeinde und verpflichtete sich, sie zu schützen. Die Jahressteuer und das Wachtgeld wurden erneut festgesetzt. Aber gleichzeitig trugen die Herren vom Stadtrat mit zäher Beharrlichkeit erneut die Bitte an den Kaiser heran, die Juden ausweisen zu dürfen. Der Kaiser erwiderte umgehend, er habe Kenntnis genommen von der anklagenden Anzeige gegen die jüdische Gemeinde von Regensburg, «was für ein Nachteil und Schaden die allgemeine Stadt und die Bürger von ihnen haben. Weil uns nun die Jüdischheit von Regensburg gehört, wir auch unser Oberkeit und Kammergut an ihnen haben, so wünschen wir nicht, daß sie vertrieben werden. Jedoch soll eine solche Ordnung gehalten werden, daß das allgemeine Wohl der Stadt und auch Personen nicht unbillig beschwert werden. Und die Juden sollen dennoch in Regensburg bleiben und wohnen.»

Als Muster wurden der Stadt vom Reichskammermeister zwei Polizeiordnungen zugeschickt, nach denen der Rat sich richten sollte: wie es in der Stadt Donauwörth und in der Stadt Weißenburg mit den Juden gehalten wird.

Für Donauwörth wurde vermerkt: Um Ärgernis und viel Nachrede zu vermeiden, die bisher unter dem gemeinen Mann entstanden und gewachsen seien, habe ein ehrbarer Rat angeordnet und beschlossen, daß fortan weder ein Jude noch eine Jüdin noch eine aus ihrem Gesinde hier zu Donauwörth am Heiligen Ostertag vierzehn Tage vor und acht Tage danach, am Heiligen Auffahrtstag, am Pfingsttag und die nächsten zwei Tage danach und am Heiligen Fronleichnamstag und die ganze Woche danach, am Heiligen Christtag, am St. Stephanstag und am St. Johannes, des Evangelisten Tag, am Neujahrstag und am Heiligen Dreikönigstag und an keinem Sonntag, an keinem Zwölfbotentag, am St. Marxtag, Montag danach und Mittwoch in der Kreuzwoche den ganzen Tag aus ihren Gassen gehen sollten, bei Strafe eines Guldens. Nur das Notdürftigste könnten besonders ausgewählte Personen holen. Weiterhin sollten sie an allen Werktagen, im Sommer und im Winter, beim Läuten zur Messe in ihre Gassen in ihrem Viertel gehen und darin bleiben, bis das Meßamt beendet sei. Danach dürften sie wieder hervorkommen. Wer während der Messe außerhalb der Judengassen, außerhalb ihrer eigenen Gassen angetroffen werde, der müsse, sooft es geschehe, einen Gulden Buße zahlen. Und weiter: Wenn hohe Herren als Gäste der Stadt anreisten – Anlässe gab es genug, fürstliche Hochzeiten, Jagdgesellschaften –, es sei Feier- oder Werktag, so sollten die Bewohner des jüdischen Viertels ohne besonderen Grund nicht aus den Gassen kommen. Bei der Strafe eines Guldens. Doch sollten sie ungehindert vor den Rat oder das Gericht gehen, wenn sie vorgeladen seien.

Die Unfreiheit, in die sie gedrückt wurden, zeigte das erschrekkende Doppelgesicht: Ordnung und Willkür. Wer nun durch die Tore des streng abgegrenzten und bewachten jüdischen Viertels außerhalb der festgelegten christlichen Feiertage gehen wollte, konnte an jedem beliebigen Tag zu jeder beliebigen Stunde zurückgestoßen werden mit der Begründung, ein hoher Gast werde erwartet. Erstaunlich nur, daß die Herren, die an der neuen Polizeiordnung gewirkt hatten, noch immer Begründungen suchten für ihre Verhaltensmuster. In diesen Anweisungen stand auch wieder der ausdrückliche Vermerk, sie sollten nicht mit Gewand oder anderer Ware Handel treiben.

In der Ordnung für die Stadt Weißenburg, die im wesentlichen mit der von Donauwörth übereinstimmte, findet sich nur noch einmal der ausdrückliche Hinweis, daß keiner aus der jüdischen Gemeinde auch nur eine Elle an Gewand ausschneiden soll, und wenn er es zum Pfand bekäme, sollte er das Tuch den hiesigen Gewandschneidern geben.

Zum Alltagsgesicht in den Städten gehörten auch Glücksspiele; im Donauwörther und Weißenburger Muster wurde besonderer Wert darauf gelegt, diese Zusammenkünfte zu zerschneiden. Juden sollten mit keinem Christen ein Spiel tun oder betreiben, weder in ihren noch in anderen Häusern, weder um Geld, weder heimlich noch öffentlich. Die gemeinsamen Wachen waren vollständig aufgehoben: Sie sollten niemanden zur Wache schicken, weder in ihren eigenen Mauern noch auf anderen der Stadt. Die öffentlichen Gebäude wurden ihnen versperrt: Es sollte niemand von ihnen auf den Rat oder ins Gericht kommen, er habe denn dort zu tun. Die Bewegungsfreiheit für die Augenblicke, in denen sie den Raum ihrer Eingeschlossenheit verlassen durften, wurde noch mehr eingeengt: Wer auf den Stadttoren oder Brücken oder darunter stand oder saß, sollte bestraft werden. Die Herren vom Rat der Stadt Weißenburg, so wurde hervorgehoben, hatten diese neue Ordnung einhellig miteinander beschlossen.

Nun versuchte Regensburg, dieses Muster einzuführen. Die Sprecher der Juden beschwerten sich beim Kaiser. Der Kaiser befahl, es solle nichts geändert werden, seine Kammerknechte sollten bei ihren alten Freiheiten bleiben. Sie sollten nicht unbillig beschwert werden.

Im September 1514 wurden die Anschuldigungen der Stadt gegen ihre jüdischen Einwohner ernster. «So ist klar am Tag, daß die gemeine

Jüdischheit, die in merklicher Anzahl sich zu Regensburg aufhält, dem Allgemeinwohl der Stadt, den Bürgern und Einwohnern in ihren Hantierungen und Gewerbe und sonst in mannigfalter Weise nicht die wenigste Ursache ihres Abfalls (Verfalls – d. A.) gebe. Die Juden treiben selber bürgerliche Gewerbe und Handlungen, allerhand Kaufmannschaft mit Verkaufen des Getreides, neuen Gewands, Samt, Seide, Eisen und alles andere. Auch leihen sie auf gestohlene Habe.» Die Beschwerde an den Kaiser enthielt den gewichtigen Satz: «So wird der gemeine Mann in seinem Gewerbe und in seiner Hantierung durch die Juden merklich gedrückt und betrogen. Der Gemeinnutz verfällt.»

Im März 1516 schlossen sich viele Gewerbe der Stadt Regensburg zu einer Beschwerdeführung gegen die Juden zusammen mit dem Ziel, die Austreibung zu erwirken. Krämer. Gewandschneider. Goldschmiede. Wollwirker. Schneider. Fleischhacker. Messerschmiede. Kürschner. Lederarbeiter. Küfer. Schlosser. Seiler. Schmiede. Steinmetzen. Haffner. Färber. Zinngießer. Schreiner. Schuhmacher. Bäcker. Dazu kamen Anzeigen der Zöllner.

Die Krämer beschwerten sich: Die ihnen Lästigen gehen täglich zu den Krämern und in den Läden der Stadt herum, um zu verkaufen, erklären dabei, es sei ihre Freiheit, das zu tun. Die Gewandschneider berichteten, die Unerwünschten hätten Kundschafter und Verräter, sie führten Kürschner und Schneider in ihre Räume und zeigten ihnen Ware zum Verkauf. Sie erklärten: «Die reichen Kunden oder die Edelleute werden erst dann zu uns geschickt, wenn sie nicht mehr bezahlen können.» Als Beispiel führten die Schneider die Hochzeit eines Edelmanns an, der vor allem die Kleider seiner Frau bei den Juden gekauft habe. Sie bringen vor: «Wären die Juden nicht gewesen, wäre dieser Auftrag ihrem Handwerk zu Gute gekommen.» Die Kürschner beschwerten sich über einen Mendel aus Ginsburg, der weiße Ziegenfelle gebracht habe. Die Angst vor auswärtiger Konkurrenz zeigte sich. Die Küfer boten sich mit ihrem Leib und Gut an, alles zu tun, «damit man die verfluchten Juden los wird». Die Bäcker fühlten sich durch den Getreidekauf «nicht wenig beschwert». Die Beschwerde der Zöllner kam noch hinzu: «... daß sie auf der Donau Schiffleute oder Fischer einspannen, mit denen sie den ihnen auferlegten zweifachen Zoll umgehen wollen.» Als Beispiel wird ein Fischer genannt, der Käse hereingeführt habe.

Die erbitterte Verfolgung erstreckte sich nicht nur auf die Lebenden. Die Angst vor dem «Auswärtigen» erstreckte sich auch auf die Toten. Die Strafe für das Verbringen eines Menschen zum Begräbnis in die Stadt wurde mit fünfzig Gulden bemessen. Wer es anzeigte, sollte mit zwei Gulden belohnt werden. Auswärtige jüdische Kranke sollten in der Stadt nicht geduldet werden. Für die Heirat mit einem auswärtigen Partner gab es besondere Erschwernisse. Es wurde in diesem Frühjahr 1516 festgestellt, es sei besser, wo es sich fügen könnte, «daß wir der Jüdischheit gar entladen sein möchten». Fremde Juden sollten nicht mehr aufgenommen werden, damit es in der jüdischen Gemeinde zu keiner «Anwachsung» käme.

Nach dem Muster von Donauwörth, Weißenburg und auch Nürnberg sollte das jüdische Viertel für die Zeit der christlichen Feiertage versperrt sein, niemand sollte herausgehen. Und im März 1516 kam die Anordnung über das Tragen des Zeichens. «Es soll fortan kein Jude oder Jüdin oder ihre Kinder in die Stadt gehen ohne ein Zeichen, wie es das alte Herkommen ist.»

Über das Schlachten der Rinder hieß es, sie sollten das Fleisch, das sie brauchten, lebendig hereintreiben. Und nicht bei einem auswärtigen Metzger schlachten lassen. Später wurde ihnen auch angelastet, daß es christlicher Boden sei, über den sie die Rinder in die Stadt führten.

Ein neuer Verdacht wurde sichtbar, man wollte sie bezichtigen, Silber oder Münzen zu schmelzen. So gab es die ausdrückliche Anordnung, sie sollten keine Feuerstelle in ihren Gassen haben, darin sie Metall brennen oder verändern könnten. Nur geschworene Goldschmiede, Bürger dieser Stadt, dürften solche Arbeiten ausführen. Aber auch sie dürften ihre Hände nicht an kirchliche Geräte legen. Da diese Sache besonders gefährlich sei, wurden keine Geldstrafen, sondern Leibesstrafen angedroht.

Zur Vorlage für den Kaiser wurde wiederholt, daß alle Handwerke zu Regensburg sich über die Juden beklagten. Es seien zu viele Juden hier. Man sollte ihre Zahl beschränken.

Das dumpfe Unbehagen der Handwerker wird von den Schustern und von den Schneidern am deutlichsten ausgesprochen: Die Juden lassen außerhalb der Stadt Schuhe machen. Und: Die Juden schneiden selber zu, machen Entwürfe für die Kleider und lassen sie außerhalb der Stadt arbeiten. Diese Angst, selber nicht so gut und nicht so schnell und nicht so abwechslungsreich im Angebot zu sein, nistete sich in den Handwerksstuben der Stadt ein. Und steigerte in einer gnadenlosen Starrheit den Haß auf das Auswärtige, das Fremde. Die Forderungen der Zünfte gegen die Bewohner des Judenviertels hießen: Sie sollen keinen Wechselhandel treiben. Sie sollen auch nichts kaufen, das sie wieder verkaufen wollen.

Im März 1516 richteten sich die Hoffnungen der jüdischen Gemeinde, aber auch die Erwartungen der Herren vom städtischen Rat auf das sogenannte Innsbrucker Regiment. Dieses Regiment war hauptsächlich eine Finanzbehörde, von der aus die Geschäfte des Hauses Habsburg geführt und geregelt wurden. Hier, in dieser allmächtigen Finanzkommission, entschied Herr Paul von Lichtenstein über Krieg und Frieden im Auftrage und mit ausdrücklicher Vollmacht durch den Kaiser. Kaiser Maximilian I., oft gefeiert als der letzte Ritter, Freund der Humanisten und Förderer der Künste, hatte seinen Hof, seine Erblande und das Reich in tiefer Sorglosigkeit geführt. Er war völlig verschuldet und in einen Kreislauf geraten, aus dem er nicht entkommen konnte. Um sich aus seiner mißlichen finanziellen Lage herauszuwinden, mußte er Krieg führen. So war etwa Verona für ihn unverzichtbar als ein Ort, aus dem gute Einnahmen herauszupressen waren. Und um Krieg führen zu können, mußte er alles aus seinem feudalen Eigentum verpfänden, seine Silber- und Kupferbergwerke.

In der Verhandlung mit den Beauftragten vom Rat der Stadt Regensburg und ihren jüdischen Vertretern konnte sich Herr von Lichtenstein auf zwei Erfahrungen stützen. Wie sehr auch immer die Machtfülle des Kaisers geschwächt war durch seine ununterbrochenen mörderischen Kriege, es wurde von den Ständen anerkannt, daß er sich nicht zu rechtfertigen habe. Und die Stände mußten es auch hinnehmen, daß der kaiserliche Schatzmeister außerhalb einer Überprüfung von ihrer Seite stand. So konnte die Innsbrucker Kommission davon ausgehen, daß auch die Stadt Regensburg sich einem noch zu findenden Spruch fügen würde. Die zweite Erfahrung im Dienste des Kaisers konnte als eine Voraussetzung für eine gütliche Übereinkunft mit der Stadt betrachtet werden: das aus der völlig zerrütteten Finanzlage des Kaisers herrührende Bestreben, die Regensburger Einnahmequelle aus dem jüdischen Viertel nicht zu verschütten. Es mußte von Innsbruck aus erreicht werden, daß die kaiserlichen Kammerknechte in ihren Wohnungen in Regensburg unangetastet blieben.

Die kaiserliche Weisung an die Innsbrucker Kommission war einleuchtend: Beide Parteien anhören, versuchen, zu einem Vergleich zu gelangen. Dem Kaiser sollte berichtet werden, er wollte die Sache persönlich entscheiden.

Es begann schon mit einer Verschiebung der Verhandlung. Der auf den 6. April 1516 festgesetzte Zeitpunkt konnte nicht eingehalten werden, man wollte drei Wochen später zusammenkommen. Nun waren die Einladungen an die Vertreter der jüdischen Bürger und an die Beauftragten der Stadt Regensburg nach Innsbruck für den 2. Mai 1516 ergangen.

Die Instruktionen für die beiden Vertreter der Stadt sind aufgezeichnet und aufbewahrt. Als Hauptforderung war vorgesehen, «daß die Jüdischheit gänzlich aus Regensburg weggetan würde». Es wurde von ihrer «betrüglichen Übung und Hantierung» gesprochen. Es wurde über ihren «schädlichen jüdischen Gebrauch» Klage geführt. Wenn aber kein Weg dorthin führe, sie aus der Stadt zu vertreiben, so sollte ihre Anzahl doch wenigstens auf zehn oder zwölf oder fünfzehn vermindert werden, die dann der Majestät die jährliche Steuer zahlen könnte. Wenn auch das nicht zu erreichen sei, so müsse der Kommission in Innsbruck vorgehalten werden, daß man nicht länger Geduld habe zuzusehen, wie «die Stadt an Leuten und Gut verödet werde und verarme».

Jede Einzelheit für die Verhandlung wurde genau festgelegt und zu Anklagepunkten formuliert. Wieder war Hauptgegenstand der Beschwerde, es würden Geräte aus Kirchen geraubt und bei den Juden versetzt. Der als Forderung ausgesprochene Wunsch, sie sollten in den Gasthäusern und den andern Häusern der Stadt nichts zum Verkauf anbieten, gestattet den Einblick in die Mühe des kleinen Alltags eines Hausierers. Es heißt in der Instruktion für die städtischen Unterhändler ausdrücklich, es dürfe den Juden nicht erlaubt werden, daß sie etwas zum Verkaufen «über das Pflaster tragen». Sie sollten nur in ihren Häusern und in ihren Gassen die Waren ausstellen und verkaufen.

Die städtischen Vertreter hatten den Auftrag, die lange Liste der beschwerdeführenden Handwerker vorzutragen. Vor allem die Klagen der Kürschner und der Goldschmiede sollten ausdrücklich hervorgehoben werden, auch wegen der hier möglichen Hinweise auf die Weiterverarbeitung von gestohlenem Kirchengut. Wieder waren es die Schneider, die sich über veränderte Kleider beschwerten. Die Schuster, die Leineweber, die Gewandschneider, die Krämer, sie alle waren sich einig, es müsse beim Kaiser vorgetragen werden, daß die Juden die Handwerker und dadurch die ganze Stadt zum Verderben führten. Es wurde abermals am Ende dieser Instruktion darauf hingewiesen, es gäbe eine unwiederbringliche Zerrüttung des Allgemeinwohls durch die Juden. Der beste Weg sei, sie gänzlich aus der Stadt wegzuführen.

Bei den Unterlagen für Innsbruck finden sich auch die Vorstellungen der Herren vom Rat, wie man zu weiteren Einnahmen kommen könnte. Man wollte im Einvernehmen mit den kaiserlichen Kommissaren erreichen, daß jeder aus dem jüdischen Viertel einen Kreuzer gebe, wenn er in der Stadt über eine Brücke gehe. Auch sollten die drei kleinen Türen zu den Judengassen geschlossen und nur die drei großen Tore geöffnet sein. Doch morgens und abends sollten auch diese geschlossen werden.

Die jüdische Gemeinde wehrte sich mit einer Gegenklage. Sie kämpfte um ihr Recht auf Leben und Wohnen in der Stadt Regensburg, «wie es von altem Herkommen üblich gewesen». Die Einwohner der Stadt hätten dem Kaiser vorgebracht, daß «die löbliche Stadt im Verderben und im Abnehmen sei, um uns zu vertreiben». Mit stolzer Festigkeit erklärten sie: «Hier entgegnet die allgemeine Judenheit, daß wir unschuldig sind, denn es ist offenbar, daß wir unsere Nahrung von anderen Städten hergebracht und nicht den zehnten Teil von Bürgern haben. Und was wir herbringen, geben wir kaiserlicher Majestät zum Steuer, auch dem Adel und anderen, die mit uns zu tun haben. Daraus folgen ihre Nutzung und kein Schaden. Dazu jedes Jahr jährlich 115 Gulden in die Steuer. Von 1500 Jahren an sind Juden hiergewesen und haben ihre bestimmten Freiheiten gehabt.»

Gegen die Beschwerde der Barchentweber führten sie an: «Wir leihen nicht anders als den hiesigen Meistern, bringen keinen fremden Barchent herein, wir halten es nach altem Herkommen.» Zu den Beschwerden der Schneider sagten sie, daß sie vor allem alte Kleider verändern oder verbessern lassen, «das schädigt das Handwerk nicht». Sie verlangten beim Anbieten der Waren, daß sie «in ihrer Ordnung» gehört werden, wie sie die Festlegungen in ihrer Gegenklage nannten. Sie gaben Einspruch, «daß man uns nicht beherbergen soll, nachdem viel Widerwillen und Aufruhr hier sind. Aber unsere Notdurft verlangt, daß es nicht verboten sei, bei den Mitbürgern zu sein, damit wir nicht übervorteilt werden oder in Nachteile kommen.»

Sie wehrten sich dagegen, «daß wir keinen Juden noch Jüdin beherbergen sollen». Das alte Herkommen, daß Frauen, Kinder, Schüler, Kranke sich nicht anzumelden brauchten, sollte nun außer Kraft gesetzt werden. Sie verwahrten sich dagegen, «daß wir keinen Christen beherbergen sollen». Sie verwiesen im Zusammenhang mit ihrer Verteidigung auf ihre eigenen verbindlichen Regeln, die sie sich für das Zusammenleben mit den Christen gesetzt hatten. Sie bestanden bei dem Zurückweisen jedes Anklagepunktes darauf: «Wir wollen in unserer Ordnung gehört werden.»

«Daß unsere Kinder nicht Bürger hier sein sollen, das ist wider unsere Freiheit. Damit wir abnehmen sollen.» Eine Heirat mit einem stadtfremden Juden brachte den Verlust des Bürgerrechts von Regensburg mit sich. Sie nannten als Gegenargument den einzigen Punkt, den die Herren vom Stadtrat verstehen mußten; diese Maßnahme würde «zum Abbruch ihrer jährlichen Zinszahlungen an die Obrigkeit» führen.

Sie protestierten dagegen, daß man ihnen keinerlei Pfand bringen dürfe. «So wird uns unsere Nahrung entzogen.»

Sie protestierten dagegen, «daß wir keine fremde Leiche auf unseren Friedhof legen sollen, das ist gegen die Absprache mit der kaiserlichen Majestät und andere Freiheit».

Sie protestierten gegen die verschärften Beschränkungen zu den Feiertagen. Sie verlangten, dazu gehört zu werden.

Sie protestierten: «daß wir auf keinem Platz noch Stadtmauer oder Brücke stehen sollen. Das bringt der Stadt keinen Nachteil, und wir müssen unserer Nahrung nachstehen oder nachgehen wie vor alten Zeiten und mit den anderen Mitbürgern. Darum geben wir jedes Jahr 115 Gulden.»

Sie protestierten: «daß wir nicht Wein noch Bier mit uns nehmen sollten. Es gehört zu unseren Freiheiten, unser Notwendiges einzukaufen. Darin wollen wir uns keine Neuerung machen lassen.»

Sie protestierten: «daß wir kein geschlachtetes Vieh hereinbringen sollen. Es gehört zu unserer Lebensnotdurft, weil es bei uns in der Stadt kein Fleisch gibt, wie wir es nach altem Herkommen brauchen.»

Sie verlangten die Rücknahme des Verbots, «daß wir auf Getreide nicht leihen noch es kaufen dürfen». Zu dem Verbot, in die Häuser zu gehen und dort Waren anzubieten, erklärten sie, das könne man nicht annehmen, es gehöre zum Lebensunterhalt.

Ein Einblick in ihre Festlegungen vermittelt das Bestreben, gütlich miteinander auszukommen. Sie, die immer wieder in die Demut der Knechte hineingezwungen werden sollten, ließen sich den Stolz auf ihre Eigenständigkeit nicht nehmen. Ihre Festlegungen waren gleichzeitig ein Sich-Wehren gegen die Übergriffe der anderen und ein Selbstverständnis zum Bewahren der eigenen Würde.

«Wir leihen nicht auf Kelche, Meßgewänder oder anderes, das sichtbar der Kirche zugehört, und kaufen das auch nicht.

Wir kaufen und leihen nichts von einem Dienstboten, der unter vierzehn Jahre alt ist, es sei denn mit Vorwissen des bestimmten Herrn.

Wir beherbergen keine Christen, ausgenommen unseren Hüter auf dem Friedhof, seine Magd und Hebammen, die wir notdürftig brauchen.

Wir bieten keine neuen Wollgewänder an und schneiden kein Tuch zu, nur was uns versetzt und angeboten wird. Wir gehen nicht ohne Zeichen. Jude oder Jüdin, die über 14 Jahre alt sind.

Wir spielen mit keinem Christen in unseren Gassen.

Wir haben keine Feuerstatt in unseren Gassen, in der man Silber schmelzen kann.

Wir wollen kein Getreide auf Gewinn kaufen. Aber wir wollen es zu unserem Lebensunterhalt nehmen und von den Schuldnern, um es wieder zu verkaufen.

Wir halten uns in den Osterzeiten von Mittwoch bis Montag früh versperrt, wie es das alte Herkommen ist. Den ersten Pfingsttag und den Christtag gehen wir nicht aus unseren Gassen ohne besonderen Grund.»

Sie verpflichteten sich, die Ausgangssperren für die anderen Feiertage auch einzuhalten, und erklärten: «Wir verkaufen nichts an Feiertagen, es sei denn, daß die Christen auch etwas auf dem Markt verkaufen.»

Eine Randbemerkung steht auf dem Blatt: «Juden art nye gut ward.» Dieser Zusatz, von dem nicht angemerkt ist, wann und von wem er angefügt wurde, zeigt die Voreingenommenheit der anderen Seite. Die Vertreter der jüdischen Gemeinde konnten mit allem Nachdruck versichern, was sie wollten, mit diesem Satz der Arroganz wurde jede Basis für eine Verständigung oder eine vernünftige Abmachung weggeschlagen.

Der auf Anfang Mai festgesetzte Termin für das Vortragen der Beschwerden in Innsbruck war längst verschoben worden; diesmal hatten auch die Vertreter der jüdischen Gemeinde selbst um ein Vertagen gebeten, da sie ihre Klageartikel noch ausgiebiger beraten wollten.

Die Vertreter der Stadt Regensburg ersuchten um Terminverschiebung. Sie waren vor eine nicht vorgesehene Situation gestellt. Sie hatten nicht damit gerechnet, daß die jüdische Gemeinde gegen die Anklage der Stadt ihre Klage vorbringen würde, ihre Beschwerde, ihre Einwände.

Innsbruck bestimmte: «Weil nicht fruchtbar in der Sache hat verhandelt werden können», muß der Termin verschoben werden. Der 23. Juli 1516 wurde als neuer Verhandlungstag angegeben. Bis dahin sollte keine Neuerung oder Beschwerung in der Stadt geschehen. In diesem Sommer erinnerten die Vertreter der jüdischen Gemeinde von Regensburg den Kaiser an seine Pflicht, ihre Freiheiten zu erhalten. Sie wiesen ausdrücklich darauf hin, alles in der Stadt geschehe gegen sie mit dem einen Ziel, sie zu vertreiben. Immer wieder machten sie geltend, daß sie dort länger als tausendfünfhundert Jahre gelebt hatten.

Am 31. Juli wurden die Gegenklagen der jüdischen Gemeinde gegen die Stadt Regensburg in Innsbruck überreicht. Der Kaiser erwartete von seiner Kommission in Innsbruck, es werde möglich sein, einen gütlichen Vergleich zu erreichen.

Alles geschah gründlich, umständlich, in diesem Sommer war die Kommission mit den Befugnissen, Rechtsentscheidungen treffen zu können, ausgestattet. Sie konnten also durch einen Rechtsspruch dem Streit ein Ende setzen. Die Herren in Innsbruck führten ihre Verwaltungsarbeit zäh und langsam aus. Das Laden zu Terminen. Das Verschieben der Termine.

Im August baten die Vertreter der jüdischen Gemeinde um Beschleunigung. Sie wünschten, daß ihr Anspruch auf ihre Rechte und auf ihre Freiheiten ernsthaft verhandelt würde. Sie hofften, daß die Vertreter der Stadt noch vor den Herbstfeiertagen, die in diesem Jahr am 28. August begannen und traditionsgemäß drei Wochen dauerten, antworteten. Am 22. August erinnerten sie daran. Sie erwarteten eine Äußerung. Aber die Stadt legte keinen Wert auf eine gütliche Einigung. Es wurde erwogen, ob man sich einem Spruch dieser kaiserlichen Kommission überhaupt fügen müßte. Man fragte in Augsburg an. Immer wieder ging der Blick in die benachbarte Freie Reichsstadt, beneidetes Vorbild, bewunderter Sitz der christlichen Kaufleute, der Fugger. Dort hatten die Bürger mit der Erlaubnis des Kaisers bereits 1440 ihre jüdische Gemeinde ausgetrieben. Sie hatten die Unsicherheiten im Regierungsübergang von Kaiser Sigismund, dem letzten Luxemburger Herrscher, auf Friedrich III. aus dem Hause Habsburg geschickt ausgenutzt. Die Stimmen der vornehmsten Zünfte, voran die der Weber, aus deren Reihen die Fugger stammten, hatten dort in Augsburg an Gewicht gewonnen. Beneidenswert und vorbildlich war der Übergang dieses Webers, der auch Handel betrieb in «Specereien, Seiden- und Wollengewand», zum Handel in alle Welt. Das Erweitern der althergebrachten Handelsverbindung mit Venedig. Die Herren vom Rat in Regensburg, auch Angehörige zur Macht strebender Zünfte, hatten ihre ständigen Beobachter in anderen vergleichbaren Freien Reichsstädten unterwegs, so wußte man in der Stadt an der Donau sehr genau, wie dort in Augsburg nun nur gestattet war, daß die jüdischen Kaufleute zu festgesetzten Stunden tagsüber von den umliegenden Dörfern her in die Stadt kommen durften. Aber nie, ohne das Zeichen zu tragen.

Der Kaiser, darauf bedacht, die Regensburger Juden in ihren Freiheiten zu schützen, «damit dem Haus Österreich nichts entzogen werde», setzte einen neuen Vermittler ein, Hauptmann Fuchs.

Im Oktober erhielt die Kommission in Innsbruck vom Kaiser den Hinweis, die Bemühungen im Streit zwischen den Juden und der Stadt Regensburg einzustellen; Hauptmann Fuchs habe behauptet, es sei eine gütliche Einigung erreicht. Man hatte es aber nicht für notwendig gehalten, die Einwände der jüdischen Seite abzuwarten. Deswegen lehnten die Juden Fuchs ab. Im November mußte Fuchs für unzuständig erklärt werden. So mußte die Kommission in Innsbruck erneut zusammengerufen werden. Dafür ließ man abermals die Zeit verstreichen, nicht vor Mitte Januar des kommenden Jahres war mit der neuen Konstituierung der Innsbrucker Kommission zu rechnen. Doch bereits Ende Dezember erklärte die Stadt, sie könne auch den neu angesetzten Termin nicht einhalten. Es hätten sich Vorfälle ereignet, die noch gesondert mitgeteilt würden.

Aber die jüdische Gemeinde kämpfte um ihr Wohnrecht. Sie wandte sich an Kaiser Maximilian mit der Bitte, sie vor der Vertreibung zu bewahren. Sie schrieben auch an die Kommission in Innsbruck. Sie beschwerten sich über die Behandlung durch die Stadt. Sie würden gehindert, den jährlichen Zins an den Kaiser zu bezahlen.

Zu dieser Zeit bemühte sich die Stadt erneut um das Zustandekommen einer Verdächtigung auf Ritualmord. Ein Bericht wurde verfaßt über zwei Juden aus Böhmen, die unangemeldet und heimlich über eine Brücke ins Judenviertel geschlichen seien. Der eine habe ein Bündel getragen, der andere einen Korb. Schon die Wortwahl im Bericht drückte die Mißachtung aus: heimlich geschlichen.

Der Torwächter zeigte die Ankunft der Fremden an. Beide wurden aus der Synagoge aufs Rathaus gebracht. Sie standen unter dem grundsätzlichen Verdacht auf Betrug und «gefährlichen Mord mit Christenblut». Da sich herausstellte, daß die Inhaltsangaben für das Gepäck und auch die Untersuchungen keine brauchbare Handhabe für einen Fall an Ritualmord ergaben, mußte man sie wieder freilassen.

Der Tag der Zusammenkunft, vorgesehen für Mitte Januar 1517, wurde verschoben auf den 9. März. Die Stadt tat alles, um diesen Termin nicht einzuhalten. Herr Hauptmann Fuchs wurde wieder ins Spiel gebracht; er sollte den Streit schlichten. Die Vertreter der jüdischen Gemeinde erhielten am 2. März den Bescheid, ein neuer Termin sei für den 18. Mai vorgesehen. Der Rat der Stadt ernannte einen Bevollmächtigten für die Verhandlungen vor der Kommission zu Innsbruck, sie gaben ihm Anweisung, sich gegen das Verfahren zu wenden.

Am 18. Mai verlangten die Vertreter der jüdischen Gemeinde von Regensburg, die Kommission in Innsbruck solle die Klage der Stadt Regensburg außer Kraft setzen und ihre Gegenklage anerkennen.

Eine andere Art der Zeitvergeudung begann. Der Sprecher der Stadt Regensburg brachte noch einmal den Vorwurf auf, man hätte alles mit Herrn Fuchs verhandeln müssen, dem vom Kaiser bestellten Rechtsvertreter. Am 16. Juni wurde vertagt auf den 17. August. Die Stadt bestritt die Zuständigkeit der Regierungskommission in Innsbruck. Sie erklärte abermals, durch die Schuld der Juden sei das Schiedsgericht unter dem Vorsitz des Herrn Fuchs abgelehnt; nun sollte das Reichskammergericht entscheiden. Am 3. Juli erklärte die Stadt, daß die Juden sich zu Unrecht über die Neuerungen beklagten und dem Kaiser gegenüber die Unwahrheit sagten.

Die Geistlichkeit wurde tätig. Im Sommer hieß es, der Domprediger sei von einigen Bewohnern der Judengasse verhöhnt worden.

Im August ging der Befehl des Kaisers an die Stadt Regensburg, die Innsbrucker Kommission als ein ordentliches Gericht für diese Streitsache mit den Juden zu achten. Ausweichend teilten die Herren vom Stadtrat am 13. August der Kommission in Innsbruck mit, es würde ihnen nicht möglich sein, den auf den 17. August festgesetzten Termin einzuhalten. Sie hätten erwartet, daß die Sache eigentlich vor dem Reichskammergericht verhandelt werden sollte. Der kaiserliche Befehl sei erst jetzt bei ihnen eingegangen. Sie ersuchten um einen neuen Termin. Und beklagten sich gleichzeitig über die Unkosten, die ihnen durch die Reise entstünden. Sie schlugen vor, es möge ein Kommissar nach Regensburg entsandt werden, daß hier an Ort und Stelle entschieden werden könne.

Inzwischen wurden die Freiheiten der jüdischen Einwohner mehr und mehr beschnitten; wenn sie sich beklagten, wurden sie verspottet, sie sollten doch ihren Schutzherrn in Innsbruck anrufen. Und die täglichen Quälereien gingen weiter. Die Stadt schickte keinen Vertreter nach Innsbruck für den festgesetzten Termin vom 17. August. Sie galt als entschuldigt. Ein neuer Termin wurde festgesetzt, der 29. Oktober 1517.

Auch dieser Termin wurde vom Rat der Stadt abgesagt. Am 23. Oktober baten die Vertreter der jüdischen Gemeinde die Kommission, man solle dafür sorgen, daß sie in ihren Rechten und Freiheiten unangetastet im Leben der Stadt bleiben, bis eine neue Möglichkeit einer gütlichen Einigung gefunden werde.

Nun war der Termin vom Herbst hinübergezogen in das neue Jahr, festgelegt auf den 30. April 1518.

Inzwischen waren die Prediger aufgetreten. In einer Schrift der jüdischen Gemeinde nach Innsbruck heißt es: «... daß die Prediger des Domstiftes und Barfüßerordens den gemeinen Mann gegen uns bewegen.» Aus diesem Beschwerdeschreiben an die Kommission geht der Inhalt der öffentlichen Predigten hervor. Die von den Päpsten, Kaisern und Königen aus alter Zeit zugesagten Freiheiten sollten für die jüdischen Bewohner nicht mehr gelten. Wer Schulden bei ihnen habe, der brauche sie nicht mehr zu begleichen. Kein Richter würde sich für einen Juden einsetzen. Die Prediger verkündeten außerdem, es gebe eine Bulle des Papstes, gerichtet gegen alle, die Hilfe dazu geben wollten, Schulden an Juden zurückzuzahlen. Zur Erlangung dieser Bulle habe der Fugger dreihundert Gulden aufgewendet. Und sie fügten hinzu: «Wie wir es gut wissen.»

Die Stadt erklärte, weder von den Predigten noch von der päpstlichen Bulle habe sie Kenntnis.

Im Januar 1518 taucht in den Akten der Name Balthasar Hubmayr von Friedberg, der Heiligen Schrift Doktor und Domprediger in Regensburg, auf. Er mußte sich vor Doktor Eck aus Ingolstadt, den Prioren und Lektoren der Dominikaner, Minoriten und Augustiner und dem Dompfarrer im Beisein des vom Kaiser eingesetzten Hauptmannes Fuchs wegen seiner Predigten gegen die Juden verantworten. Aber Hubmayr ließ sich nicht beeindrucken. Sein Hauptargument zur Verteidigung vor diesen Herren lautete, er habe nichts gegen den Kaiser gesagt im Zusammenhang mit dem Wucher der Juden.

Und er wird zurückkehren, nach verschiedenen Verweisen, auf die Kanzel im Dom, zurückgerufen sicherlich von den Herren der Zünfte, und mit seinen Predigten den Haß vertiefen. Wenn man sich auch mit Rücksicht auf den Kaiser zeitweilig von diesem allzu scharfen Prediger distanzierte, so ließ es sich der Bischof doch nicht nehmen, selbst nach Innsbruck zu berichten. Dabei versicherte er, man habe nicht von der Kanzel gepredigt, daß man die Juden schlagen, stoßen «noch auf andere Weise freventlich vergewaltigen» solle. Aber der Inhalt der Predigten über den Wucher sei recht und billig. Es sei eine Unterweisung in guter christlicher Lehre, für das gemeine Volk gedacht, damit sich jeder vor dem verdammenswerten Wucher hüte.

Die Antwort vom Kaiser war deutlich, er ordnete an, die päpstliche Bulle solle ihm vorgelegt werden. Er wolle sie prüfen. Vor allem jedoch ließ er den Bischof wissen: Jüdische Geldsachen gehören nicht vor ein geistliches Gericht.

In den Predigten zeigte dieser Alltag von Regensburg ein besonders haßvolles Gesicht: Ein Steinmetz verwahrte sich bei der Stadt gegen den Barfüßermönch Conrad. Dieser habe ihn, den Steinmetz, zweiundsiebzigmal als Judenverräter bezeichnet und von der Kanzel herab erklärt: Nun wird der Steinbearbeiter nach meiner Predigt zu den Juden gehen, ihnen sagen, was ich gepredigt habe, und seinen Lohn dafür nehmen. Der Geistliche wollte den Steinmetz aus der Stadt peitschen lassen. Immerhin, drei Tage später mußte sich der Prediger verantworten, er erklärte, ihm sei gesagt worden, daß einer in der Kirche zu seinen Füßen gesessen habe, dem von einem Juden befohlen worden sei, er solle aufpassen, was der Mönch sage. Und setzte hinzu: Wer das tut, ist ein Verräter des Gotteswortes, man soll ihn bestrafen.

Natürlich wurden Zeugen für die Absprache des Steinmetzen mit diesem einen Juden gefunden. Andere Zeugen jedoch erklärten, der Mönch habe auch gegen den Rat der Stadt seine Worte in der öffentlichen Predigt gerichtet: «Wenn ein Rat so fromm wäre wie wir, wollten wir die Juden wohl vertreiben.» Später verwischte er diese Worte. Er habe es anders geäußert: «Wir Geistlichen sind frommer und tapferer in diesem Fall als die Weltlichen.» Er habe nicht gesagt, «wir wollen die Juden vertreiben, sondern wir wollen sie nicht vertreiben, aber die Wahrheit wollen wir predigen, damit der christliche Richter weiß, wie er zu handeln hat». Das war auch ein Hinweis auf alte Formen der Rechtsausübung: der geistliche Arm als Zubringer für den weltlichen Arm.

Für den neuen Termin in Innsbruck, 30. April 1518, ernannten beide Seiten ihre Vertreter. Die Stadt jedoch hatte auf die Klagen der Juden nicht geantwortet. Die Bevollmächtigten der jüdischen Gemeinde wiesen darauf hin, daß die Sache sich schon seit zwei Jahren hinzog und sie währenddessen mit Gefängnis und anderen Beschwerungen gequält werden. Im Juni 1518 wies dagegen die Stadt auf ihre Verarmung hin.

Niemand ging auf die Gegenklage der Juden von Regensburg ein. Die Vertreter der jüdischen Gemeinde stellten den Antrag, die Stadt als dem Kaiser gegenüber ungehorsam zu erklären, da sie zu dem angesetzten Termin keinen Vertreter geschickt hatte.

Einem Beauftragten der Stadt gelang es, einen Kanzlisten der Innsbrucker Kommission zu veranlassen, ihm Einblick in die beabsichtigten Urteilssprüche zu geben. Danach sollte die Stadt Regensburg ihrer jüdischen Gemeinde die erlittenen Schäden ersetzen. Die Gegenklage wurde angenommen. Die Stadt sollte Punkt für Punkt beantworten.

Am 25. Juni, noch am Tag des Urteilsspruches, ersuchten die Vertreter der Stadt vor der Innsbrucker Kommission um Aufhebung der Urteile. Sie versuchten, die Vollmachten der jüdischen Verhandlungspartner in Frage zu stellen. Sie verwiesen darauf, daß jetzt Ferien seien, sie suchten tausend Ausflüchte, um sich vor dem Annehmen des Urteils hinwegstehlen zu können.

Jedoch die Herren der Regierungskommission bestanden auf der Rechtmäßigkeit der Urteile. Nun konnte es den Anschein haben, als käme die jüdische Gemeinde der Stadt Regensburg zu einem geordneten Leben in der Stadt, als könnte die Austreibung aufgehalten werden. Der Innsbrucker Schlichtungsspruch unterstrich den Anspruch des Kaisers, er hielt seine Einkünfte für besser gesichert, wenn die jüdischen Bewohner nicht aus ihren Anwesen herausgedrängt würden.

Aber schon am 28. Juni verwiesen die Vertreter der jüdischen Gemeinde schriftlich an die kaiserliche Regierung in Innsbruck, daß die Einkünfte des Hauses Habsburg nicht gewährleistet sein könnten, wenn die Stadt ihr Verhalten den Juden gegenüber nicht ändere. Sie erinnerten an den jährlichen Kammerzins.

Ihr Kampf um das Bleiben im Leben der Stadt setzte sich täglich aus vielen kleinen Forderungen zusammen. Sie bestanden auf ihrem Recht, gekaufte Ringe ausbessern oder verändern zu können. Und wie in einem Spiegel erscheinen schließlich die Beschwerden der Handwerker, ein verzerrender Spiegel.

Die Haltung der Stadt verhärtete sich, die Streitigkeiten gingen um den Eid in Schuldfragen vor Gericht. Es wurde darauf hingewiesen, daß auch die Christen dort einen Eid zu leisten hätten. Man bestritt, daß es dabei zu demütigenden Umständen für die jüdischen Bewohner käme. Man erklärte, es sei unrecht, wenn die Bewohner des Judenviertels sich beklagten, sie hätten jetzt weniger Freiheiten und Frieden.

Unentwegt, in unterschiedlicher Intensität, wurden Anschuldigungen aus dem Bereich der christlichen Religionsausübung gesucht, die eine jüdische Schuldverstrickung beweisen sollten. Jetzt war ein bisher noch nicht gehörter Vorwurf auf die Tagesordnung gesetzt: Bei den Bewohnern der Judengassen seien gestohlene Gewänder der Heiligenfiguren gefunden worden, diese «müßten nackt und bloß stehen». Es wurde angemerkt, daß jüdische Händler auch Heiligenbilder feilbieten, jedoch so, als seien sie gehängt, mit den Füßen nach oben. Und die Altarleuchter müsse man an Eisenketten legen, sonst würden sie gestohlen und von den Dieben in die Judengassen getragen.

Noch einmal ging es bei der Erwiderung der Stadt auf die Gegenklage um das Bearbeiten von goldenen und silbernen Gegenständen, es beträfe nicht allein die Ringe, sondern auch Becher, Schalen und Kredenzen, die nicht einmal in Regensburg, nein, in anderen Städten neu gemacht würden.

Zur Frage der Vertreibung hieß es mit kaltem Spott, das sei ein «altes Liedl», das die Juden von Zeit zu Zeit gesungen hätten, wenn man ihnen ihre Betrügereien nicht gestatten wollte. Es sei ihnen unbenommen, ihre Schulden einzubringen. Aber unter dem Begriff Schuld seien nicht einbeschlossen Wucher, Diebstahl und andere Betrügereien derjenigen etwa, die von Wirtshaus zu Wirtshaus hausieren gingen. Sie könnten ja an zwei Tagen in der Woche in ihrer Gasse die Pfänder anbieten.

Am gleichen Tag, an dem die Stadt versicherte, es sei nur das alte Lied der Juden, daß sie von ihrem Vertreiben sprechen, fügten sie ein Schreiben nach Innsbruck hinzu mit der dringenden Bitte der Handwerker um Ausweisung der jüdischen Gemeinde von Regensburg oder wenigstens auf Verminderung bis zu höchstens fünfzehn Personen.

Und das ist der Spiegel dieses Alltags: ganz obenan die Beschwerde der Krämer. Sie klagen über das tägliche Gewerbe der Juden, in ihren Händen seien alle Arten an Stoffen, Samt, Seide, Barchent, Leinwand, halbe und ganze Stücke. Sie messen das nach der Elle aus. Desgleichen Unzgold, Gewürz, Safran, Pfeffer und andere Spezerei. Die Juden «wiegen das nach dem Gewicht aus, bringen das in ihrer wucherischen Handlung auf manche Weise wohlfeil an sich, das alles kommt uns zum Nachteil. Des weiteren unterfangen sich die Juden und gebrauchen die Listigkeit, wenn Herrschaften, die vom Adel sind, Fremde, Geistliche oder Weltliche, nach Regensburg kommen und etwas kaufen wollen, so laufen die Juden zu ihnen in die Herberge, erfahren, was sie brauchen, und bringen ihnen alsbald dieselbe Ware mit dem Bemerken, es sei besser, bei ihnen als bei uns zu kaufen.» Und wieder kommt der Vorwurf, daß sie gestohlene Ware kaufen, mit Wucher weiterverkaufen, verändern, vermengen, verfälschen. Alles das sei Betrug und erfolge zum Schaden der Krämer.

Im Spiegelbild geben sich die Gewandschneider zu erkennen, in enger Absprache mit den Krämern, die Beschwerden stimmen fast wörtlich überein. Auch taucht wieder der Begriff von der «Listigkeit» auf, mit der die Juden sich gegen die einheimischen Zünfte, zu denen sie ja nicht zugelassen waren, behaupten. «Wenn fremde Ausländer mit Tüchern herkommen und dieselben verkaufen möchten, so führen die Juden diese zu sich und kaufen ihnen die Tücher ab mit Geld und anderen Waren, das kommt uns und dem allgemeinen Handel zur Zerrüttung.» Die altbekannte Klage über Zuschneiden, Verändern und Neues aus Tüchern Anfertigen fehlt nicht, und: «Sie führen Handwerker in ihre Häuser, verkaufen ihnen auf Borg. Schlagen so viel Wucher darauf, alles zum Verderben des gemeinen Mannes.»

Der ständige Hinweis auf den bedrohten «gemeinen Mann» gibt den Anschuldigungen das stadtväterlich Sorgende, es klingt so rechtschaffen, so verantwortungsbewußt. Und wenn die Angehörigen der jüdischen Gemeinde, ausgeschlossen von allen in den Zünften zusammengefaßten Berufen, in Zunftbereich fallende Arbeiten mit Erfolg ausübten, war das nicht ihrem Können zuzuschreiben, sondern es war Betrug, «Listigkeit».

Im Spiegel der Gehässigkeit erscheinen die Beschwerden der Riemer, der Zunftangehörigen, die Lederzeug, wie Pferdegeschirre und Reitzeug, verfertigten, sie behaupteten, daß die Juden «unser Hausgesinde» zum Diebstahl von Häuten anreizten.

Die Beschwerden der Wein- und Spezereihändler tauchen auf. Als eine besondere Infamie enthalten sie außer dem Vorwurf, daß der

Weinhandel durch die Juden zerrüttet werde, noch die Denunziation über den Transport des Weins aus den Oberländern auf der Donau. «Es sei zu bedenken, daß dieser Wein auf dem Wasserstrom nicht als Judenwein angesagt, sondern wie der Christenwein verzollt wird.» Und sie bringen weiterhin zur Anzeige, die Bewohner im jüdischen Viertel hätten «auch in ihrem Besitz viel Kaufmannsschatz, Messing, Kupfer, Blei, auch Schmalz, Schmer, Inlett, Bettfedern. Das verschleichen sie in betrüglicher Weise, sie brauchen einen geschwinden Begriff, sie wechseln das Gold und allerlei gebräuchliche Münze, sie gehen damit von Haus zu Haus, laufen auch zu den Fremden.» Zum Begriff der Listigkeit tritt nun die Formulierung vom Verschleichen.

Bei den Gesichtern im Zerrspiegel der beschwerdeführenden Zünfte finden sich die Goldschmiede, voller Gewichtigkeit, erfüllt von ihrem unanfechtbaren Anspruch auf das alleinige Ausüben ihres Berufs, erfüllt vom Haß auf die Konkurrenz. Sie erwähnen goldene und silberne Kleinode, edle Gesteine. Diese Leute, deren Austreibung auch die Goldschmiede so dringend anfordern, trügen das Geschmeide in der Stadt umher, in geistliche und weltliche Häuser, öffentliche Herbergen und Gasthäuser. «Wenn fremde Herrschaft herkommt, so laufen sie hin und tragen ihnen das Kleinod zu, erklären, daß man bei ihnen günstiger als bei anderen kaufen könne.» Und die Bemerkung der Angehörigen aus der Goldschmiedezunft wird angeschlossen: «Das können sie auch tun, denn sie bringen solches Kleinod mit Wucher an sich.» Wieder kommt die Beschwerde, daß sie in anderen Städten auch von fremden Goldschmieden arbeiten lassen. «So schneiden sie uns und unseren Kindlein das Brot vor dem Mund ab.» Die Angst vor dem Geschick der anderen versteckt sich hinter dem Vorwurf: «daß sie in die Klöster, Wirtshäuser und andere Orte laufen und erfahren, was angefertigt werden soll. Und obgleich uns dasselbe zu machen versprochen ist, haben sie es den anderen zugeeignet. Es folgt daraus, daß wir nicht genug Arbeit haben. Und können keinen Gesellen mehr halten.»

Auch die Vertreter aus der Zunft der Tuchmacher steigern sich zu Beleidigungen. Ihr Hausgesinde würde angehalten, Tuch zu stehlen, selbst die eigenen Kinder trügen als Diebe an ihren Eltern Tuche in die Judengasse. Die Schneider schließen sich an mit dem Vorwurf, daß auswärtige Schneider für die Juden arbeiten. «Der arme Christenmensch wird damit viel betrogen.» Die geringe Anzahl der Schneidergesellen wird beklagt. Es sei nicht möglich, daß das Schneiderhandwerk vor dem Betrug der Juden wieder aufkommen könnte. Die Leineweber beschweren sich, sie fühlen sich «hinuntergedrückt», weil die anderen, die Verhaßten, in der Fremde billig einkaufen, dort auch arbeiten lassen und hier, in der Stadt, teuer verkaufen.

Aus dem Spiegelbild des Alltags treten die Fleischhacker hervor: «Die Juden laufen und kaufen alles Vieh an Rindern und anderem auf dem Land. Sie lassen es beim Bauern, solange es ihnen gefällt, und verteuern uns das Vieh. So sind auch die Schafe bei den Hirten auf dem Feld nicht sicher. Sie haben auch den Brauch, daß sie das Vieh schlachten. Sie tun es mit einem Schnitt und greifen in das Vieh hinein. Gefällt es ihnen dann nicht, so lassen sie es den Bauern und geben ihnen Geld. Dennoch müssen die Christen dasselbe Fleisch danach essen.»

Die Messerschmiede schließen sich der allgemeinen Beschwerde an, die von ihnen angefertigten Waren würden aus ihren Werkstätten gestohlen und den Juden zugetragen.

Die Kürschner beklagen sich, daß sie nicht neben den Juden aufkommen und keinen Gesellen halten könnten, da diese anderen den Zobel, Marder, Hermelin, Fuchs und anderes Pelzwerk aus der Frankfurter Messe und anderen Städten an sich bringen und in der Stadt anbieten.

Aus der Zunft der Seiler heißt es: «Die Juden haben alte und neue Seile, Stricke und tun uns damit Nachteil an.»

Die Zunft der Bäcker fühlt sich von den Juden «schwerlich gedrückt», sie brächten mit ihrem wucherischen «geschwindlistigen» Betreiben auf manchem seltsamen Weg Getreide in ihre Gewalt. Es wird darauf hingewiesen, daß sie es auch außerhalb, weithin im Land verkauften. Die Angehörigen aus der Zunft des Bäckerhandwerks erklären in rührendem Selbstmitleid, sie müßten «bald selbst Bettelbrot essen». Die Juden seien schuld an allem, «was Ungutes und Übles erwächst».

Die Behauptung, wegen der Möglichkeit, gestohlenes Gut in den Judengassen abzusetzen, hätten die Diebereien zugenommen, tritt nun wie eine Absprache in den Vordergrund. Möglicherweise hatten die Diebstahlsdelikte durch den allgemeinen Niedergang in der Stadt zugenommen, hier aber dienten sie als Begründung für die Forderung der Zünfte, sich in aller Schärfe gegen die Juden zu wenden.

In einem Satz fassen die Schmiede ihre Einwände zusammen: «Man findet bei den Juden täglich alles das zu kaufen, was wir anfertigen.» In der Erläuterung dazu heißt es, jene hätten mit Gewalt den Eisenhandel an sich gerissen. Wieder kommt der Vorwurf mit ausländischen Schmieden, die täglich «Zeug» in die Stadt hineinbrächten. Und schließlich bringen sie vor, auch würden «täglich in der Stadt viele eiserne Türen, Läden, Stangen abgebrochen, bei den Juden versetzt, von ihnen verkauft».

Die Beschwerde der Steinmetzen öffnet gleichzeitig den Blick auf gewisse Nachlässigkeiten in den Werkstätten: «Es darf keiner bei der Arbeit sein Werkzeug liegen lassen, es wird ihm von Stund an gestohlen, unter die Juden versetzt und verkauft, so daß wir es zu unserer täglichen Ernährung zurückkaufen müssen. Wir können uns neben den Juden auf die Dauer nicht ernähren.»

Die Färber erklären: «Wir dürfen nichts aushängen. Es wird uns gestohlen und unter die Juden getragen.»

Die Bader fehlen in diesem Spiegel der Verleumdungen nicht, sie wissen von Diebstählen aus den Badestuben zu berichten. Und sie beschweren sich: «Geistlich und Weltlich, Arm und Reich, nehmen Arznei von ihnen, zum Schaden der Bader.»

Aus der Zunft der Zinngießer kommen die gleichen Vorwürfe, auch sie lasten den jüdischen Einwohnern das Zunehmen der Diebereien an. Auch sie beklagen sich über die Vergabe von Arbeiten aus ihrem Zunftbereich in andere Städte.

Und die Schreiner geben an, ihnen würde das Werkzeug gestohlen, zu den Juden gebracht. Sie fügen noch hinzu, daß sie dann von den Juden verspottet würden.

Die Schuhmacher erklären, sie dürften keinen Laden unbehütet lassen, es würde ihnen alles gestohlen. Ihr Vorwurf lautet: «Die Juden machen uns werklos.» Zusammenfassend wird erklärt: «So ist vor Augen, daß allein die schädlichen Juden die Stadt Regensburg zum Verfall bringen. Es sei vor Gott und den Menschen erbärmlich, daß diejenigen, die ungläubiges Geschwätz von sich geben, dem frommen Christenblut die Nahrung nehmen. Es ruft und schreit darum der gemeine Handwerksmann samt und sonderlich um Erbarmen.»

Aber die jüdische Gemeinde wehrte sich.

Sie entgegnete maßvoll auf die maßlosen Anschuldigungen. Ihr Schreiben an die Regierung in Innsbruck vom 17. Juli 1518 ist erhalten. Es wird in dieser Antwort darauf hingewiesen, wie die Stadt zu Unrecht viele gehässige Worte über die Juden ausgießt: «Alle Dinge zu Regensburg seien so unsicher. So hört man doch nicht von den Herren zu Regensburg, daß sie diesen Diebstahl den Christen zumessen. Aber daß die Juden die Ursache sind, das ist eine Ausrede. Man findet auch

Diebe und andere Übeltäter und Mörder an Orten und Enden, wo keine Juden sind.»

Sie protestierte gegen die Klagen der Handwerker und erklärte: «Der Kaiser und der Rat der Stadt, sie wissen wohl um die Ursache des Verfalls von Regensburg, und auch wir wüßten diese Ursachen anzuzeigen. Daß sich aber der Verfall aus dem Handel und dem Wandel der jüdischen Gemeinde ergeben habe, das könne niemand finden.»

Sie betonte noch einmal, die Stadt Regensburg habe keine Obrigkeit und Strafgewalt über sie. Sie wandte sich dagegen, daß sie bei Schulden, die sie durch Siegel oder andere Belege beweisen könnten, einen Eid abgeben müßte. Sie wies den Vorwurf zurück, mit Wissen auf gestohlenes Gut zu leihen.

Worte des Hasses habe die Stadt über die Juden ausgegossen. Und sie wiederholte, wie unmäßig es sei, ihre Anwesenheit in der Stadt als die Ursache für die Fülle der Diebereien, die ja Christen ausübten, ihr zuzumessen. Das sei eine Ausrede.

Im Zusammenhang mit ihrer Beschwerde, daß ihr immer weniger Tage blieben, ihre Waren feilzuhalten, machte sie geltend, wenn sie schon bis auf wenige Stunden an einem Tag in der Woche vom Handel auf dem Markt ausgeschlossen sei, könne ja von ihr keine Teuerung kommen, könne nicht sie die Ursache für eine Teuerung sein.

In dieser Erwiderung an die Herren vom Rat der Stadt Regensburg zeigt sich, wie die Juden aus dem Leben der Stadt weggeschnitten wurden. In diesen Tagen waren es nur wenige Krämer, die ihnen noch Gewürze verkaufen wollten, wenige Schneider, die ihnen Gewänder anfertigen wollten, wenige Schuster, bei denen sie Schuhe bestellen und kaufen konnten, wenige Kürschner, bei denen sie für ihren Bedarf Pelzbekleidung anfertigen lassen konnten. Da die Bäcker ihnen nichts mehr verkaufen wollten, mußten sie Zuflucht zum Gebiet des Herzogs von Bayern nehmen und das Brot in der Vorstadt kaufen. Sie führten an: «Wenn sich nun die Juden mit ihrem Notdürftigen versehen, kann man es ihnen nicht verargen, die Not und die Gefährlichkeit und die Unordnung zwingt sie dazu. Aber in Wahrheit tut den Handwerkern ihr allgemeines Klagen nicht not. Denn es sind nicht viele Juden in Regensburg, die außerhalb der angezeigten Not ohne großes Gewerbe mit Seide, Gewürz, Leinwand, Tuch, neuen Hosen, Schuhen, Korn, Wein, Getreide, Fleisch, Wolle, Garn, Silber Handel treiben.»

Sie verwahrten sich gegen die gehässigen Worte, mit denen man sich über den Kleingewinn, den sie aus diesem Alltagshandel zögen, beschwerte. Sie wiesen die Vorhaltungen der Krämer zurück, ihre Vorräte in den Gassen seien nicht so groß, wie die Herren von Regensburg vorgaben.

Auf die Beschwerden der Riemer erklärten sie, daß sie niemanden zum Diebstahl anreizten. Sie betonten, sollte einer unter ihnen das doch tun, der würde von ihnen bestraft.

In diesem Schreiben waren ihre Adressaten die Herren der Stadt, Herren, ausgerüstet mit der Macht, die Schleusen zum Haß aufzutun. Bei ihnen auch Angehörige der Zünfte mit Rat und Stimme. Herren über Leben und Tod. An sie, die Machtausübenden, war der Satz gerichtet, wie man sich wohl nun in Regensburg die Gemeinsamkeit der Bürger vorstellte: «daß die Juden nichts haben sollten, von der Luft leben und unter dem Erdreich wandeln.»

Und die Vertreter der jüdischen Gemeinde wiesen die Herren vom Stadtrat auf ihre Irrtümer hin: Es sei nicht zu vermuten, daß sie mit Schmer handelten, da sie kein Schweinefleisch in ihren Häusern hätten.

Es ist notwendig, sich dieses Erwiderungsschreiben in aller Ausführlichkeit vor Augen zu halten, um sich zu vergegenwärtigen, wie vielgestaltig die täglichen Demütigungen waren, denen sich die Bewohner des jüdischen Viertels ausgesetzt sahen. Und es ist wichtig, sich in aller Ausführlichkeit ihre Erwiderung anzuschauen, weil hier offen zutage tritt, wie die aus allen Zünften und damit aus allen Handwerken Ausgeschlossenen die den Fortschritt hemmenden stadtbegrenzten Zunftschranken durch ihr Einwirken sprengten. Der Ton ihrer Erwiderung ist gemessen und nicht ohne Stolz und nicht ohne das überlegene Aufblitzen der Ironie, dann und wann. Im übrigen hatten sie den deutschen Sprachgebrauch, nicht anders als dann auch Luther.

Sie verwahrten sich gegen den Vorwurf der Goldschmiede, daß sie wissentlich gestohlenes Kirchengut beleihen. Sie lehnten die Vorwürfe der Schneider, der Barchent- und Leineweber ab. Sie wiesen darauf hin, daß die Schneider für Juden nicht arbeiten wollten. Es habe aber auch in vorherigen Zeiten nicht viele Schneidermeister und Gesellen in Regensburg gegeben. Über die Fleischhacker sagten sie, daß sie seit eh und je eigene Fleischhacker in ihrer Gasse gehabt hätten, die zögen auf das Land, verteuerten das Fleisch nicht, sondern kauften es nach Bedarf ein, so gut sie könnten, wie andere auch.

«So gut sie können, wie andere auch.» In dieser Formulierung zeigt sich der Anspruch, neben den anderen Geltung zu haben und doch dabei das Eigenständige nicht aufzugeben. «Es sind auch nicht so viele Juden in Regensburg, daß sie eine besondere Teuerung machen können.»

Eine Beteiligung an Diebereien wiesen sie zurück, da waren Schafe auf dem Feld abhanden gekommen, sie erklärten: Es wird der jüdischen Gemeinde nicht gestattet, gestohlenes Vieh zu kaufen. Oder: Die Messerschmiede vermißten Messer, sie sagten, eine Antwort auf diesen Verdacht sei unnötig, denn es werde sich niemand finden lassen, der von der jüdischen Gemeinde zum Diebstahl angewiesen wurde. «Aber einige Meister in Regensburg wissen wohl, wer – nämlich sie selbst – bei den Juden ihre Arbeit versetzt hat.»

Sie betonten noch einmal mit Nachdruck, sie hätten niemals zum Diebstahl angereizt, und wiesen die Vorwürfe der Schlosser, Seiler, Schmiede, Steinmetzen, Bader, Zinngießer, Schreiner, Schuhmacher als gegenstandslos zurück.

Sie gaben als Beispiel einen Vorgang aus dem Alltag: Ein fremder Schmied, der sein Eisen nach Regensburg bringe und nicht sofort verkaufen könne, habe die Möglichkeit, bei einem Bewohner im jüdischen Viertel Geld zu leihen, damit er, der Schmied, seine Werkstatt unterhalten könne. Nach dem Verkauf möge er dann zurückzahlen. Dadurch entstehe dem Handwerk kein Schaden, sondern der Markt werde gefördert. Sie betonten, ohne die Möglichkeit, Geld zu leihen, würde mancher Schmied sein Eisen nicht nach Regensburg bringen. Ohne ihre Beteiligung wäre es für den fremden Schmied nicht möglich, seine Ware zu verkaufen. Abgesehen davon, daß die Stadt ja auch noch ihren Vorteil am Zoll hätte. Sie sagten, der Eisenkauf sei seit Menschengedenken in der Stadt nie so wohlfeil gewesen wie jetzt. Durch ihr Gewähren von Darlehn. Sie wiesen es weit von sich, daß sie selbst Eisentüren abbrechen und stehlen. Sie bemerkten, mit der gemessenen Ironie, es sei auch nicht glaublich, daß die Herren von Regensburg, die sich sonst «viel ungebührlicher Handlungen gegen die Juden unterziehen», dieses gestatten würden. Und in diesem Ton der Überlegenheit tun sie auch die Vorwürfe der Bader ab: Es sei in Regensburg nicht mehr als ein Jude, der in der Stadt zu arzneien pflege. Außerdem sei die ärztliche Kunst eine freie Kunst und so allgemein, daß auch die alten Weiber und die unvernünftigen Tiere Arznei trieben.

Den Vorwurf des übermäßigen Getreidekaufs wiesen sie zurück; sie führten ein Beispiel an, woher die Nachrede stammen könnte: Ein

Regensburger Christ wollte seine Schulden an einen Juden mit Getreide bezahlen. Da der Gläubiger es nicht lagern wollte, bat der Christ um das Benennen eines Kaufmanns, der ihm das Getreide abnehme und dem Gläubiger das Geld auszahle.

Noch hatten die Sprecher der jüdischen Gemeinde in diesem Sommer 1518 die Hoffnung, durch energische Einsprache ihre Lage verbessern zu können. Noch konnten sie sich der Erwartung hingeben, ihnen würde an diesem Platz nach alter, jahrhundertelanger Gewohnheit das Recht zu leben und zu wohnen nicht entzogen. Noch war ein Vertreiben in Eiseskälte außerhalb ihrer Vorstellungswelt. Noch brauchten sie sich «nur» gegen das Beschränken ihrer Rechte zu verwahren, noch konnten sie im vorwurfsvollen Ton zu bedenken geben: das sei der Dank, den die Juden erlangen, daß sie – manchmal sogar gegen ihre Absicht und gegen ihren Willen – an Meister und Handwerker von Regensburg auf deren dringendes Bitten eigenes Bargeld liehen, sie damit vor dem Verderben bewahrten. Viele Handwerker hätten sich ohne ihre Hilfe in der Stadt gar nicht mehr halten können, aber dieser Schade sei ihnen «von ihren Mitbürgern, den Christen» begegnet. Ja, es sei die Wahrheit und ihr Lebensunterhalt, daß sie, die Bewohner des jüdischen Viertels, der Stadt auf Ersuchen liehen. «Sie verbergen das nicht. Sie tun es, zugelassen durch päpstliche und kaiserliche Freiheiten. Es ist ein Wunder, daß die Herren von Regensburg bei ihrem großen Fleiß nicht auch die Drechsler, Paternostermacher (Rosenkranzhersteller – d. A.), Bogener, Faßbinder, Maler, Bildschnitzer, Haffner, Glaser, Bürstenbinder, Testler, Sporer, Spengler, Zimmerleute, Siebmacher, Schindelklieber, Balbierer, Würfelmacher, Kartenmacher und viele andere Hantierer bewegten, über uns zu klagen. Es ist zu denken, sie haben bei ihnen gesucht, aber nichts Klagwürdiges gefunden. Da scheint es wohl, daß noch so viele zu Regensburg sind, die nicht klagen, wie diejenigen, die klagen.»

Die Schrift endete mit einem Aufruf, Toleranz zu üben mit der Erwartung, sich gegenseitig ertragen zu können. «Neben den anderen zu bleiben.» Es war der Aufschrei: «Soll und will man Juden haben, so soll man sie auch menschlich halten.» Es war das ungebrochene Selbstverständnis: «Daß man aber Juden zu Regensburg halten soll und menschlich behandeln lasse, das zeigen unsere Freiheiten an. Wir bekennen, daß wir Juden und nichts Besseres als Juden sind.» Sie verlangten, daß die Herren von Regensburg sie in dem Ausüben ihrer Freiheit beschirmten.

Die Bemerkung in dieser Beschwerdeschrift über die Handwerke, die sich nicht den Klagen gegen die jüdischen Bewohner der Stadt angeschlossen hatten, zeigt, daß da keineswegs eine einheitliche Ablehnung vorherrschte. Doch den Ausschlag gaben die Vertreter der als beschwerdeführend genannten Zünfte, die sicherlich auch im Stadtrat ihren Einfluß geltend machten. Nur vier Tage später erwirkten die judenfeindlichen Sprecher im Stadtrat eine scharfe Erklärung nach Innsbruck. Die Stadt wollte die Gerichtsbarkeit des Hauses Österreich über die Juden nicht anerkennen. Es gehe nicht, daß ein Christ, wenn er von einem Juden geschädigt werde, jedesmal nach Innsbruck laufen müsse. Auch könne die Stadt ihre Juden nicht schützen, weil ihre «wucherische Hantierung» eine Todsünde sei. Dieser Hinweis machte deutlich, daß ein stärkeres Anlehnen an die kirchliche Seite nützlich schien. Aus Augsburg war gerade die Nachricht gekommen, Kardinal Matthias Lang, der dort weilte, nehme großen Anteil an dem Streit der Stadt Regensburg mit den Juden, er stehe auf der Seite der Stadt.

Jetzt war der Begriff der Todsünde eingebracht. Die Todsünde im Verständnis der zu dieser Zeit dort herrschenden Glaubensrichtung bedeutete eine schwere Störung der sittlich-religiösen Ordnung. Die Begründung für diesen schwerwiegenden Vorwand hieß, «da die Wohnungen und Häuser der Juden fast im Mittelpunkt der Stadt liegen, ja häufig an die Behausungen der Christen stoßen, entstehen Irrtümer von Geistlichen und Juden gegeneinander». Darum sei es auch richtig, bei Straftaten Juden ins Gefängnis zu geben, so wie neulich einer sich als christlicher Bote in die Stadt eingeschlichen habe. Das Wort von der Bosheit kam wieder auf.

Und immer stand neben dem Unergründlichen, neben dem Dumpfen, neben dem kaum in Worte Faßbaren das Alltägliche: Es wird beanstandet, daß die Bewohner des jüdischen Viertels ihr Vieh über das Land christlicher Bürger treiben. Es wird beanstandet: Sie hätten in ihrer Gasse auch ein eigenes Bad, und sie sollten nicht mit den Christen baden, denn dadurch würde das kirchliche Verbot einer Gemeinschaft zwischen Christen und Juden verletzt.

Und weiter ließen die Herren vom Rat der Stadt an die kaiserliche Regierung verlauten: Die Juden beklagten sich zu Unrecht, sie würden bestraft, obwohl sie das Zeichen trügen. Die Bestrafung erfolge nur, weil sie es heimlich unter ihren Kappen falteten oder mit den Händen bedeckten. Sie sollten das Zeichen öffentlich tragen. Es sei so oft auch durch die Prediger darauf hingewiesen, daß sie in Kleidern wie Landsknechte, in samtenen und damastenen Wämsern, auf hohen Pferden mit Armbrust, Spieß und Hellebarden, zu sehen seien.

Es sei richtig, nach altem Herkommen, daß in der Nacht die Gassen zum jüdischen Viertel eine Stunde zugesperrt würden. Über die Beerdigung hieß es, es spotte dem Christenglauben, wenn am Sonnabend Gestorbene erst am Sonntag beerdigt würden. Und es könnten sich, wenn die Juden nicht mit ihrer verbotenen Hantierung wären, die christlichen Handwerker ernähren; wenn christliche Handwerker aus Armut die Stadt verlassen müßten, so seien die Juden die Ursache.

Der Wucher könne den Juden gar nicht von Päpsten und Kaisern gestattet worden sein, sie hätten keine Macht dazu gehabt. Es sei gegen das Gesetz der Natur.

Vom selben Tag datiert eine Schrift des Bevollmächtigten der jüdischen Gemeinde. Es wird noch einmal über ihre Rechtssituation gesprochen. Sie seien früher dem Haus Bayern, jetzt dem Haus Österreich untertan und ständen nicht unter der Rechtshoheit der Stadt. Zwar sei ihnen diese Freiheit seit fünfunddreißig Jahren vorenthalten worden. Vorher aber hätten sie bayrische Richter gehabt, dann österreichische. Sie bestanden auf ihrem Recht, nur von einem Richter, den ihnen Österreich setzt, gehört zu werden.

Sie erklärten, die Tat eines fremden Juden, der mit einem verdeckten Korb in die Stadt gekommen sei, könne nicht als strafwürdig angesehen werden; er habe sich am Tor nicht angesagt, weil er nicht gefragt worden sei. Trotzdem habe ihn die Stadt nicht auf der Straße festgenommen, sondern ihre ausübenden Gewalthaber seien bis in die Synagoge vorgedrungen.

Sie gaben deutlich zu verstehen, daß sie nicht den Weg des Sich-Anbiederns suchten: «Wenn es die Meinung der Herren von Regensburg ist, daß das Baden der Juden nach alter Gewohnheit zu verhindern sei, so nehmen wir es an; wir begehren keine Gemeinschaft mit den Christen.» Sie wünschten nur, daß ihnen das Bad im Spilhoff einmal wöchentlich zur alleinigen Benutzung offengehalten werden sollte.

In dieser Entgegnung der jüdischen Gemeinde zur Antwort der Stadt auf ihre große Gegenklage wird noch einmal deutlich, welche Erwartung sie auf die Gerechtigkeit setzten. Sie erinnerten daran, daß sie für alles zahlen müßten und zahlten, die doppelten Beträge für Schreibgeld, Siegelgeld, auch Fastnachtsgeld.

Sie versicherten, sie trügen keine Waffen, reisten auch nicht mit

Waffen. Es könne sein, daß fremde Juden mit Waffen und reich gekleidet unterwegs seien. Neulich sei einer vom König von Ungarn nach Regensburg gesandt worden mit einigen Knechten auf Pferden. Warum sollte man das die Juden zu Regensburg entgelten lassen?

Sie wollten nicht bestraft werden, wenn sie nachts auf der Gasse mit Lichtern, wie es sich gehörte, gehen müßten. Sie wiesen darauf hin, daß sie 1517 das Schutzgeld gegeben, aber den Schutzbrief nicht empfangen hatten. Auch habe die Stadt viele von ihnen gefangen und sie zur Herausgabe der Pfänder oder Namensnennung der Pfandsetzer gezwungen. Mit knapper Sachlichkeit wird angemerkt: Sie hätten sich nicht zu rechtfertigen, da ihnen der Wucher seit Menschengedenken durch Kaiser und Kirche erlaubt sei. Und eingehend auf den Vorwurf der Todsünde, der Zerstörung der Sittlichkeit, im damaligen Sprachgebrauch Unkeuschheit genannt, sagten sie, die Stadt habe selbst das Gebot der Unkeuschheit verletzt, da sie «ayn gemayns haus» zulasse. Ein öffentliches Haus.

Aus dieser Verteidigungsschrift ihrer Gegenklage geht hervor, daß da noch die Annahme war, sie könnten mit verstandesscharfen Fragen auf eine verständnisvolle Antwort rechnen, daß sie auch zum Mitgefühl der anderen Seite vordringen könnten, daß da noch die Brücke des Wortes hielt. Sie hatten doch jahrhundertelang gute Erfahrungen in diesem gemeinsamen Garten des Friedens sammeln können und hatten hier unter dem Schirm der Stadt mehr als dreißig Häuser gebaut und bewohnt. Sie konnten es nicht für möglich halten, was dann in den kalten Februartagen des kommenden Jahres mit ihnen geschah. Sie hatten wohl erleben müssen, daß ihr Vertrauen, das sie den Herren und Einwohnern der Stadt entgegenbrachten, immer wieder gestört wurde, aber doch nicht zerstört.

So erschien es ihnen in diesem Juli 1518 noch möglich, ein Nachdenken auf der anderen Seite zu erreichen. Ein Nachgeben. Sie fragten: «Ist denn der Juden gewonnenes Gut so vergiftet und böse, warum nehmen's dann die Christen, geistliche und weltliche, so sehr gern, auch sie, die Herren von Regensburg?»

Die Regierung in Innsbruck vertagte auf den 20. Oktober.

Am 24. Juli 1518 ließ der Kaiser der Stadt Regensburg seine Ungnade mitteilen, es gehe ja den Juden jetzt schlechter als unter bayrischer Oberherrschaft. Die Äußerung des Unwillens erstreckte sich auch auf den Prediger Balthasar Hubmayr, der zum Aufruhr gegen die Stadt aufwiegelte. Der Bischof habe in geistlichen Dingen die Oberhoheit, er solle sich einschalten und den Prediger aus der Stadt weisen. Noch am selben Tag, bevor der Bischof einschreiten konnte – die Stadt beeilte sich, um ihr eigenes Recht auszuüben –, wurde Hubmayr aus der Stadt gewiesen.

Wieder taucht in diesem Zusammenhang der Kardinal Matthias Lang auf, er unterstützte Hubmayr in seinem Auftreten. So konnte der Domprediger versichern, alles, was er von der Kanzel her äußere, komme aus der Schrift. Und hier, in der Rechtfertigung des Dompredigers, öffnet sich unvermittelt hart der Blick auf sehr Ungeistliches: Aber um die Häuser würde es einen großen Streit geben. Die Juden seien stark in Regensburg, sie bekämen auch von anderen Städten Beistand; er hoffte, es würde ihnen nichts helfen.

Am 31. Juli 1518 nahmen die Bestrebungen der Stadt zu, sich in den Besitz der Häuser der jüdischen Gemeinde zu setzen und vom Kaiser die Erlaubnis für das Austreiben zu erlangen. Sämtliche Einwohner des jüdischen Viertels sollten «ohne alle unsere Kosten aus der Stadt geschaffen werden und uns alle Behausung mit allen Gebäuden, auch dem Friedhof, ohne Entgelt freigestellt werden».

Die Stadt wollte alles tun, um den Prediger Hubmayr wieder zurück auf ihre Domkanzel zu bekommen. Man hatte schließlich dem Kaiser nachgegeben und seiner Entfernung aus der Stadt nichts entgegengesetzt.

Nebeneinander, im November, zwei Berichte, der eine mit den kleinen Gehässigkeiten des Alltags, der andere mit dem nicht aufgegebenen Versuch, endlich Beweise für Hostienschändung in die Hand zu bekommen. Da ging es wiederum um einen Mantel, den eine Bäckersfrau wohl als Pfand einem Bewohner der Judengasse überlassen hatte. Zeugenaussagen standen gegeneinander, wer wem und wo diesen Mantel entrissen hätte. Ein Christ hatte durch eine Mauerzinne geschaut, draußen im Hof habe der Angeschuldigte mit Gewalt den Mantel der Bäckerin entrissen. Aber ein Dienstmädchen des Bäckers behauptete, der Beklagte sei durch eine versperrte Tür eingedrungen, in der Kammer der Bäckerin habe er der Frau den Mantel entrissen. Aus einer Nachbemerkung ist zu entnehmen, daß man am Ende den Angeschuldigten «alhie mit rute ausgehaun» hatte.

Und wenige Tage später baten die Herren der Stadt, offensichtlich um endlich ein Beispiel in der Hand zu haben, die Stadt Wien um Übersendung von Geständnissen der dort gefangenen Juden, die von einem Christen einige Partikel des hochwürdigen Sakraments gekauft haben sollten. Man wollte sicherlich Namen und Hinweise herausfinden, die einen Zusammenhang mit der Regensburger jüdischen Gemeinde erbracht hätten; mit der Beschuldigung auf einen Hostienfrevel hätte man den geeigneten Vorgang für einen Bericht an den Kaiser gehabt. Das war am 20. November 1518, da suchte man noch den Schleier des Glaubens.

Am 18. Januar 1519 vertagte die Regierungskommission von Innsbruck den Streit auf den 11. Juli 1519. Ein halbes Jahr lang sollte alles beim alten Herkommen bleiben, kein Austreiben, keine Gewalttätigkeiten.

Aber da war der Kaiser Maximilian I. schon einige Tage tot, gestorben am 11. Januar. In Wels. Die Hinfälligkeit des Kaisers war schon seit Ende Dezember bekannt gewesen. Zwei Tage nach dem Tod erfuhr die Regierung in Innsbruck das Ereignis.

Die jahrelangen Kriege hatten im gesamten habsburgisch beherrschten Gebiet große Mißstände gebracht. Kammergüter, Bergwerke, Silber, Kupfer, Salz, Herrschaften, Städte, Schlösser und Zölle waren verpfändet. Jetzt wurden im Namen des toten Kaisers Forderungen angemeldet. Aber die Stände, die Freien Reichsstädte weigerten sich, den Erwartungen auf Abgaben und Dienstleistungen für die kaiserliche Regierung zu entsprechen. Im März zeigte sich zudem, daß offensichtlich von den Beamten des Hofes Anordnungen in Umlauf gebracht worden waren, die gar nicht mehr von Maximilians Hand stammen konnten, Urkunden und Briefe waren im nachhinein ausgefertigt und gesiegelt worden. Zur Beschwichtigung konnte man annehmen: «allerdings nur Sachen, die zu Lebzeiten des Kaisers beraten und von ihm bestätigt waren.»

In dieser Zeit der Ungewißheit, in welche Hände nun die Reichsregierung gelegt werden sollte, waren die Herren vom Äußeren und Inneren Rat ihre eigenen Regenten. Sie faßten den Beschluß der Austreibung der jüdischen Gemeinde. Für den 21. Februar 1519. Am 22. Februar gab die Stadt die vollendete Tatsache bekannt. Es wurde nach allen Seiten versichert, die Klagen des «gemeinen Volks» hätten Anlaß gegeben, Unruhen befürchten zu müssen. So sei es notwendig gewesen, sie zu ihrem eigenen Schutze auszuweisen. Sonst sei kein Schaden geschehen.

In diesen Tagen waren Mitglieder der sonst in Innsbruck tagenden Regierungskommission in Augsburg anwesend. Die Vertreter der Ausgetriebenen wollten diese Herren dort aufsuchen. Augsburg weigerte sich, die Sicherheit für ihren Weg dorthin zu garantieren. So war ihnen die Gelegenheit genommen, ihre Klage mündlich vorzubringen. Nun schrieben sie es auf: «... wie sie unsere Synagoge, unseren Friedhof, unsere Häuser zerbrochen, das Unsere genommen und uns erbärmlich ausgetrieben. Wie sie die Grabsteine, auch die Toten haben ausgraben lassen. Wie sie dieselben umhergeschleift haben. Wie sie auf die Leichname einschlugen und hineinstachen.»

Sie teilten nach Innsbruck mit, am selben Tag, an dem sie ausgetrieben wurden, hat man noch das Schutzgeld von ihnen gefordert und genommen.

Sie berichteten über den Hergang der Vertreibung: Man hat ihnen am 21. Februar mitteilen lassen, daß sie bis zum Freitag die Judengassen und in zwei Stunden ihre Synagoge räumen sollten. Sie sollten aus ihren Wohnungen ziehen, in denen sie mehr als tausendfünfhundert Jahre Wohnrecht hatten. Die Gassen, Tore und Pforten wurden mit einer großen Anzahl Bewaffneter besetzt, daß niemand Zulaß bekam. So waren sie mit ihrer Habe gefangen. Sie konnten nicht einmal das Notdürftigste verkaufen. «Am 22. Februar haben die von Regensburg die Synagoge abbrechen lassen, sie haben die Pfänder und Schuldverschreibungen der Christen gegen den Willen, also mit Gewalt auf das Rathaus genommen. Sie haben am Donnerstag, Freitag und Sonnabend die armen Juden und Jüdinnen, einige krank, lahm, Wöchnerinnen, da es über die Maßen stürmisch war und geschneit hat, ohne menschliches Erbarmen, verächtlich ausgetrieben. Einige auf dem Wasser. Einige auf dem Land. So sind einige, auch zwei Wöchnerinnen darunter, gestorben. Sie haben ihren Hausrat bei Nacht umsonst hingeben müssen. Danach haben die von Regensburg die Häuser abbrechen lassen.»

Ein Mitglied des Äußeren Rates war der Maler Albrecht Altdorfer. Er war, so wird berichtet, zugegen, als Vertretern der jüdischen Gemeinde gesagt wurde: In zwei Stunden wird die Synagoge niedergerissen.

In diesen zwei Stunden des 21. Februars 1519 formierte sich die jüdische Gemeinde zu einem Trauerzug von der Synagoge zur Wohnung des Rabbiners Samuel. Sie trugen ihre Heiligtümer hinaus, die Torarollen und auch die Urkunden, die ihr Recht, in dieser Stadt zu leben, bezeugten, mit kaiserlichen und städtischen Unterschriften besiegelt. Sie gingen in Würde und langsam und sangen die uralten Klagelieder. Sie flehten zu ihrem Gott.

Es war kalt an diesem Tag, ein starker Wind und Schnee. Der fromme Rat hatte den Tag der Vertreibung feinsinnig angesetzt: der Vorabend von Petri Stuhl. Aus einem römischen Trauerfest, bei dem ein Stuhl für den Toten bereitstand, war nun die freudige Erinnerung an die Amtseinsetzung des Apostels Petrus geworden, an die Besteigung des Päpstlichen Stuhls, an die Berufung zum Schlüsselinhaber, an das Fundament der Kirche.

Auf Bitten Altdorfers war der Vorgang der Zerstörung der Synagoge für eine kleine Zeitspanne aufgehalten. Der Künstler wollte noch Zeichnungen anfertigen. So sind auf uns gekommen seine zwei Blätter der Radierungen vom Inneren und von der Vorhalle der Synagoge von Regensburg. Auf der Radierung vom Inneren der Synagoge stehen wenige lateinische Worte, sie klingen wie eine sachliche Einordnung. Jedoch verbergen sie kaum die Genugtuung. ANNO. DNI. D. XIX/IVDAICA. RATISPONA/SYNAGOGA. IVSTO/DEI.IVDICIO.FVNDIT(V)S/EST EVERSA. Im Jahre 1519 wurde die Synagoge nach Gottes gerechtem Ratschluß von Grund auf zerstört. Vernichtet. Für die Inschrift auf dem Blatt der Vorhalle hatte er das Wort Fracta gewählt. Zerbrochen. Kraftlos geworden. Der Vergänglichkeit überliefert. PORTICUS SINAGOGAE/IVDAICAE RATISPONEN/FRACTA. 21.DIE.FEB. ANN. 1519.

Altdorfer führte sein Handwerk aus, wie es allgemein üblich war. Für seine Holzschnitte überließ auch er den Holzstock dem Formschneider, von seiner Hand stammte die Zeichnung, mit Feder und Tusche angegeben. Aber in die Kupferplatten für die Kupferstiche setzte er selbst den Grabstichel. Die Eisenplatten für die Radierungen ätzte er in der Art der Waffenschmiede.

Das Abbilden von Fahnen, die Wiedergabe von Bildern auf ausgefaltetem Tuch, zeigte seine besondere Fertigkeit; er hatte sich darin so weit vervollkommnet, daß niemand ihm den Anspruch streitig machen konnte, die Wallfahrtsfahne mit dem Bild der «Schönen Maria» und dem Kind zu gestalten. Hatte er doch auf den Holzschnitten der berittenen Bannerträger und Musikanten für den Triumphzug Kaiser Maximilians sich als Fahnengestalter beweisen können. Maximilians Triumphzug sollte von der Pforte «Ehre und Macht» weiterschreiten zur Pforte «Das Lob» und schließlich die Pforte «Der Adel» passieren. Diese lange Bilderfolge sollte als Mitte den Stammbaum Maximilians tragen, dazu die Wappen aller Länder, die Habsburg erheiratet und erobert hatte. Albrecht Dürer in Nürnberg sollte den Hauptanteil der Ar-

Albrecht Altdorfer, Vorhalle und Inneres der Synagoge von Regensburg, 1519

beiten bestimmen. Altdorfers Beitrag für den gesamten Plan der Ehrenpforte, es waren hundertzweiundneunzig Holzstöcke für die Holzschnitte vorbereitet, war auf die Ecktürme beschränkt. Gegen das Signum AD aus Nürnberg stellte er sein AA. Und mußte erleben, daß es Leute gab, die es nicht auseinanderhalten konnten. Doch es kam schon ein Abglanz auf ihn, Altdorfer, der bis dahin sein Thema noch nicht gefunden und in die Welt nur Blätter mit Landschaften gegeben hatte: mit der großen Fichte, mit der kleinen Fichte, mit der Doppelfichte, mit der Weide. Noch lag die Stelle für sein Signum nicht fest, er schrieb es manchmal in den Himmel, manchmal an einen Baumstamm. Aber jetzt, nachdem der Steinmetzmeister Jacob Kern beim schnellen Abriß der Synagoge so unglücklich abgestürzt und dann doch wundersam wieder aufgekommen war, fand der Künstler seinen Platz bei der Organisation der Wallfahrt zur «Schönen Maria».

Auch konnte ihm der Anteil einiger Nürnberger Humanisten und Künstler am Geschick ihrer jüdischen Gemeinde, wie sich das Ausweisen vom Oktober 1498 bis zum Februar/März 1499 zugetragen hatte, Vorbild sein. Zwar waren einige Nürnberger Patriziersöhne noch beim Tanz auf jüdischen Hochzeiten gesehen worden, jedoch hatte der Herr Willibald Pirckheimer, Mitglied des Äußeren Rats der Stadt, am 31. Oktober 1498 gemeinsam mit anderen Ratsherren sechzehn Vertreter der jüdischen Gemeinde vorgeladen und ihnen erklärt, die Zeit der Gemeinsamkeit innerhalb der Stadtmauern sei vorbei. Noch drei Monate, dann müsse jeder Schlüssel für jedes jüdische Haus ihm eingehändigt werden. Humanisten wie Pirckheimer und Künstler wie Veit Stoß hatten die Schlüssel genommen und sich nun in Häuser, die sie nicht gebaut und nicht eingerichtet, gesetzt. Es waren jedoch nicht nur die Häuser, die von den Bürgern entweder genommen oder zerstört wurden, es war das Zertreten der heiligsten Stätten: Friedhof und Synagoge.

Nun war das Jahr 1519 für Altdorfer gekommen. Aus dem Triumphzug für Kaiser Maximilian wuchs unter seiner Hand nahtlos der Triumphzug gegen die jüdische Gemeinde von Regensburg. Die Holzschnitte zur Ehrenpforte des soeben verstorbenen Herrschers konnten nun abgelöst werden durch eine ehrende Hinwendung zum Prediger der Austreibung, dem Dominikaner Hubmayr. Jetzt gehörte Altdorfer zu den Bevorzugten des Äußeren Rates, mit dem Recht, in das abgegrenzte Leben der Bewohner des jüdischen Viertels hineintreten zu können. Übermittler des Ausweisungsbefehls zu sein. Und schon das Auge schweifen lassen: sieh an, dieses Haus, dieses Gerät, das ist meins, das ist meins, das ist meins. Und die Genugtuung dabei zu verspüren, doch alles für das Wohl der Stadt zu tun. Man durfte sich ja in der Gemeinschaft mit der beneideten Nachbarstadt Nürnberg fühlen. Von dort war das Wort ausgegangen: «Die Bürger müßten, solange Juden unter ihnen wohnten, um die Sicherheit ihres Leibes und Lebens besorgt sein.»

Neben Altdorfer stand Hubmayr, sie waren die Ausübenden, die Ausmaler und die Aussprecher der Haßvorstellungen. Mit einer gewissen Genugtuung berichteten spätere katholische und evangelische Schilderer der Austreibung, Hubmayr sei ein Wiedertäufer gewesen. Auch damals, schon 1519, hätte er, der Domprediger, insgeheim dieser Lehre angehangen; es war eine Gelegenheit, die von beiden Konfessionen einmütig abgelehnte Täuferbewegung in einen Zusammenhang mit der Austreibung zu rücken.

In diesem Augenblick jedoch, in der Vorbereitung, in der Ausführung und in der darauf folgenden Verkündung des Marienwunders war Hubmayr der beauftragte Sprecher der alleinigen Kirche. Es ist nicht Gegenstand dieser Untersuchung, wie sein Leben dann in Sprüngen zu der jeweils vorherrschenden und siegreich erscheinenden Seite weiter verlief, der Sprung von der Kanzel «Zur Schönen Maria» weg zu Luther, weg zu Zwingli, weg zu den Bauern, doch in unversöhnlicher Gegenhaltung zu Thomas Müntzer. Jedenfalls war die betende Haltung des Hubmayr vor Maria für Altdorfer in diesem Augenblick der Vertreibung der Juden geeignet als Votivbild, um an die Wallfahrer verkauft zu werden, wie die silbernen Wallfahrermedaillen, wie der Farbholzschnitt mit dem dreimaligen Anruf: «Ganz schön bist du, meine Freundin, und ein Makel ist nicht in dir. Ave Maria. Ganz schön bist du, meine Freundin, und ein Makel ist nicht in dir. Ave Maria. Ganz schön bist du, meine Freundin, und ein Makel ist nicht in dir. Ave Maria.» Angelehnt an das Hohelied (1,15): «Ja, du bist schön, meine Freundin» und (4,7): «Alles ist schön an dir, meine Freundin, und kein Makel haftet dir an.»

Von einem Holzstock Altdorfers mit der «Schönen Maria» wurden 1500 Abdrucke genommen. Aus Rechnungen geht hervor, daß 109198 bleierne und 9763 silberne Wallfahrtszeichen um 1520 verkauft wurden.

Den bunten Holzschnitt der «Schönen Maria» nennt Franz Winzinger 1963 «ein inniges, volkstümliches Andachtsbild». Die Farben: schwarz, blau, grün, hellbraun, dunkelbraun. Nach der Vorlage eines alten Bildes. Ein byzantinisches Gnadenbild war nun brauchbar gemacht worden zum Massenverkauf. Maria mit dem Sternenumhang, der in Fransen endet, im rotgerandeten Nimbus, mit dem Kind auf

Albrecht Altdorfer, Die «Schöne Maria» von Regensburg, um 1519/20

dem Arm, war von Altdorfer in einen Rahmen gestellt. Dieser Rahmen, sein Versuch, Marmorbunt im Holzschnitt nachzuempfinden, trägt in der Mitte über dem Heiligenschein der Maria das Wappen mit dem Habsburger Doppeladler, schwarz auf weißem Grund. Empfehlung und Rechtfertigung für den neuen Kaiser, auf den man hoffen konnte, den Enkel Maximilians. Und unten, in gleicher Größe auf rotem Grund, grün bekränzt, das Signum des Malers und das Wappen der Stadt mit den beiden Schlüsseln.

Innig. Volkstümlich. Die Umdeutung, wie sie das Hohelied erfuhr – schon Bernhard von Clairvaux hatte es zu seiner Angelegenheit gemacht, das poetische Werk als eine Vermählung Marias mit dem christgläubigen Menschen zu erklären –, erhielt auch hier in Regensburg den Sinn des Vermähltseins von Christus mit seiner Kirche, der Braut. Nun war der Hinweis auf das Hohelied ein nützlicher Bestandteil im Rahmen des Gnadenbildes von Altdorfer geworden, umgedeutet die symbolische Auffassung, wie sie Rabbi Akiba befürwortet hatte. Nach Akibas Vorstellung sollte dieses Lied von Sehnsucht, Hinwendung und Zuneigung und Warten und Suchen und Finden des Liebenden mit der Geliebten in dem einen Gott und in dem anderen Israel ausdrücken. Altdorfer hatte das Geschenk dieses menschlichen Liebesliedes umgemünzt; seine Farbdrucke verkündeten die hohe Freude über den Untergang der Synagoge von Regensburg.

Der Nimbus oder die Gloriole auf dem Kopf des Kindes zeigte, genau nach der Malvorschrift, den anderen Wert und den anderen Rang: Die Personen der Dreieinigkeit mußten mit dem in Kreuzform ausstrahlenden Heiligenschein umgeben werden. Altdorfer setzte dreimal die rote Lilie ein, die Feuerlilie, die, wenn sie dem Weltenrichter zugeordnet war, «Gnade» bedeutete.

Nur zögernd wird in den Lebensbeschreibungen des Malers Altdorfer sein von der Austreibung der jüdischen Gemeinde und dem Aufbau der Wallfahrt zur «Schönen Maria» herrührendes und stets anwachsendes Vermögen erwähnt. Seine um 1520 einsetzende Darstellung einer erstaunlich großen und reichen Auswahl von vielfältig verzierten Prunkgefäßen und Pokalen wird nicht in Zusammenhang mit der Ausplünderung des Judenviertels gebracht.

Ohne das sichtbare Zeichen war ein Wallfahrtsort nicht denkbar. Und ohne Wunder war keine Anziehungskraft zu erwarten. Es wurde nicht mehr zur Kenntnis genommen, daß der abgestürzte Steinmetzmeister einige Monate später an den Folgen seiner Verletzungen verstarb. Die Versicherungen seiner Frau, er habe wahrhaftig Maria gesehen, sie sei ihm erschienen und er habe sie angerufen, genügten dem Bischof, der selbst Hand angelegt hatte beim Abriß der Synagoge, um den Mechanismus der Wallfahrt in Bewegung zu setzen. Ort und Zeit schienen günstig für das verstärkte Aufrichten einer Verehrung Marias. Die wunderbare Geburt des gottgleichen Jesus aus einer Jungfrau gehörte zum Fundament des Glaubens. Durch die Kenntnisnahme von Schriften gelehrter Rabbiner, wie sie gerade im Streit mit Reuchlin aufgekommen waren, vergrößerten sich gewisse Unsicherheiten im christlichen Verständnis. Aufgegriffen war nun wieder der Zweifel aus den Lehren des Rabbi David Kimchi (1160–1235), herübergenommen in das Zeitalter der Humanisten, der Gelehrten, die sich mit den alten Sprachen beschäftigten. Mit dem wachsenden Verständnis für die alten Sprachen wurden auch die alten Texte neu durchdacht. Kimchi, als ein Verfasser einer hebräischen Grammatik und eines hebräischen Wörterbuchs, verwarf die von der Kirche angegebenen Stellen in den Psalmen und bei den Propheten, die Hinweise auf das Erscheinen von Christus enthalten sollten. Hier nun, 1519 in Regensburg, sollten mit dem Ausrotten der jüdischen Friedhöfe und Häuser, mit dem Vernichten der Synagoge auch die Gedanken und Überlieferungen ausgelöscht werden.

Wie ein Schatten des Albrecht Altdorfer tauchte ein anderer Zeichner für Holzschnittkunst auf, Michael Ostendorfer. Er fertigte ein Abbild von der Wallfahrt zu der rasch in Holz zusammengezimmerten Kirche auf dem Grund und Boden der Synagoge. Als wichtiges Zubehör für eine Wallfahrt erscheint auf Ostendorfers Abbildung unter der Wallfahrtsfahne mit Maria, dem Kind und den beiden Schlüsseln, von einer unübersehbaren Menschenmenge herangebracht, das Ereignis des Herbeitragens der Votivgaben. «Ex voto», sich verloben. Wer auf eine Wallfahrt ging, fühlte sich dem von ihm erwählten Heiligen verlobt, das Gelübde mußte eingehalten werden, gerade diesen Heiligen zu verehren. Die Erwartung, ja Forderung, Hilfe zu erhalten in Zeiten der Gefahr, bei Krieg und bei Krankheit, war eng verbunden mit dem Drang, zu spenden, auch dingliche Gaben, Votivgaben. Während begüterte Votanten Nachbildungen ihrer zu heilenden oder geheilten Glieder, ihrer Augen, ihrer Hände, ihrer Füße in Gold und Silber darbringen konnten, mußten sich diejenigen, die keinen Zugang zu solchen Kostbarkeiten hatten, mit Nachbildungen der kranken Körperteile aus Holz oder Ton oder Wachs begnügen. Es seien «fast stets rührende Äußerungen menschlicher Hilfsbedürftigkeit» gewesen, ein sichtbar gewordenes «menschliches und religiöses Urphänomen».

Auf Ostendorfers Abbild von der Wallfahrt zur «Schönen Maria» sind alle Zubehöre versammelt. Vor den nur noch als Ruinen sichtbaren Häuserwänden der nicht mehr bewohnbaren Stätte des einstmals von Herzklopfen erfüllten Lebens der jüdischen Gemeinde nun die mit Kränzen geschmückten Votantinnen. Eine Barfüßige im Vordergrund, jedoch nicht ohne deutlich zur Schau getragene Börse über der Hüfte, trägt eine überlebensgroße Kerze heran. Das wichtige Wachs. Und Wachskerzen auch an der Säule draußen vor der Kirche, auf der als Standbild Maria erhoben steht, umringt von Knienden, Fallenden, Verzückten. Und auf der anderen Seite die Menge der Pilger, auf den Stab jeweils die notwendige Kerze gesteckt. Sie drängen ins Innere der neu errichteten Holzkirche. Bauern und Bäuerinnen mit Körben und Schüsseln voller Eier, auch ein Fisch wird vorgewiesen. Das Erinnern an das Wunder ist nicht vergessen, ein Stiefel ist aufgehängt unter dem überdachten hölzernen Vorbau. Die Geräte für die Ernte sind unter Dach und Fach gebracht, Sichel und Heugabel und Harke.

Es fehlt auch nicht die Axt. Unübersehbar eingeschlagen in den Balken zur Linken: «... so zerschlugen sie mit Axt und Hammer die Tore.» So war nun aus dem 74. Psalm, dem ursprünglichen Klagelied nach der Verwüstung des Tempels zu Jerusalem, das Zerstörungswerkzeug in das christliche Verständnis gerückt, es diente als Rechtfertigung für das notwendige Niederreißen; die Axt wurde vorgezeigt als das Gerichtssymbol. Zeichen der Verhöhnung, Zeichen des Sieges. Die Axt von Regensburg. Und das Gebrüll der Wallfahrer, der Votanten und Votantinnen, der mit Maria Verlobten, die über den geheiligten Boden stampften, gab dem uralten Klagelied nach der Verwüstung des Tempels, dem Ruf der jüdischen Gemeinde an Gott, nun die Regensburger Untermalung. Es war gleichzeitig der Hinweis auf Johannes den Täufer, wie er sich beim Evangelisten Matthäus findet (3,10). «Schon ist aber die Axt an die Wurzel der Bäume gelegt; jeder Baum nun, der keine gute Frucht bringt, wird umgehauen und ins Feuer geworfen.» Es gehörte zum Gerechtigkeitsverständnis der von Hubmayr Angeführten, die Synagoge und damit die jüdische Gemeinde als den Baum zu begreifen, der keine gute Frucht bringt.

Die erst hundert Jahre später Ostendorfers Holzschnitt zugefügte Beschreibung gibt einen Einblick in «ein solches Zulaufen zu der Schönen Maria»:

Contrafactur der Kirchen zu Regenspurg/ welche zu der schönen Maria genannt
worden/ mit Beschreibung und Verzeichnüß/ der wunderbarlichen und zuvor nie erhörten Wallfahrt/
so im Jahr 1519. daselbst geschehen.

Contrafractur der Kirchen zu Regensburg/ welche zu der Schönen Maria genannt worden/ mit Beschreibung und Verzeichnis der wunderbarlichen und zuvor nie erhörten Wallfahrt/ so im Jahr 1519 daselbst geschehen.

In dem Jahr nach Christi unseres Seligmachers Geburt 1519 war zu Regensburg ein gelehrter Mann/ der Heiligen Schrift Doktor und scharfer Prediger/ Balthasar Hubmeir genannt/ der predigte so hart wider die Jüden/ daß ein Ehrsamer Rat dieselbigen allgemach/ doch mit Zulassung des Kaisers/ aus der Stadt weichen machte/ deren Häuser wurden teils mit Christen besetzt/ teils/ wie auch ihre Synagoge, in Grund niedergerissen/ und anstatt derselben eine schöne Kirche/ zu der Schönen Maria genannt/ erbauet/ zu welcher in der folge große Wallfahrten geschehen; insbesondere aber im genannten Jahr 1519/ war auch bezauberter Andacht ein solches Zulaufen zu der Schönen Maria/ daß von nahen und fernen Orten/ Junge und Alte/ Männer und Frauen/ geistliche und weltliche Personen/ Herren und Knechte da hinauf liefen/ und sobald einem die Andacht ankam/ lief er alsbald ohne längeres Säumen auf Regensburg zu/ und ist mancher einen langen Weg bei Tag und Nacht/ ohne einerlei Speise und Trank dahingelaufen. Es sind auch wohl Kinder/ so des Weges unbekannt/ mit einem Stück Brot dahingelaufen kommen/ viele liefen dahin mit allerlei Instrumenten/ also/ wie einen die Lust oder die Begierde überfallen/ ein Teil mit Heu- und Mistgabeln/ wie ein jeder an der Arbeit gewesen/ manche Frau mit einer Milchgelten/ wie sie von der Kuh aufgestanden/ andere mit Rocken und Spindeln/ desgleichen ein Handwerksmann/ was er an seiner Arbeit in den Händen gehabt/ wie der Weber mit einer Schitzen/ der Zimmermann mit einer Handaxt/ der Faßbinder mit einem Bindmesser/ in summa/ wenn einem die Lust ankam/ so lief er mit all dem dahin/ was er in den Händen gehabt/ er ließ sich nicht so viel Zeit/ solches aus den Händen zu legen/ ja sie liefen bei Tag und Nacht/ auch in dem kalten Winter/ und mancher nur im Hemd/ daß er die Scham kaum decken mocht/ Mancher lief viele Meilen nacheinander/ und wurde nicht müde/ er redete unterwegs mit niemand/ wenn er dann gefragt wurde/ warum er so lief/ so gab er zur Antwort/ sein Geist treibe ihn also/ und sagt sich keiner daheim an/ weder der Mann dem Weib/ noch das Weib dem Mann/ noch der Herr dem Diener/ wie auch der Diener dem Herrn nicht/ und lief jeder-

Michael Ostendorfer, Pilgerfahrt zur provisorischen Holzkirche auf dem Platz der zerstörten Synagoge in Regensburg, um 1520 mann anders nicht/ als wenn er aus dem Feuer gesprungen wäre/ es sind täglich aus allen Landen etliche tausend Menschen dahin gekommen/ daß einer seine Wunder hätte sehen mögen. Sonst sind andere Leute so nicht getrieben/ mit Bedacht dahingegangen/ welche Gold und Silber/ auch anderes dahergebracht/ und geopfert haben/ diese Kirche war herrlich in- und auswendig gezieret/ auch mit Singen, Orgeln/ Messehalten/ großer Gottesdienst geleistet/ solches hat 6 oder 7 Jahre gedauert/ bis endlich D. Martin Luther/ sogleich selbiger Zeit aufgestanden/ die Leute von dergleichen Wallfahrt abgewiesen/ da dann solches Wesen auch langsam abgenommen und aufgehört hat/ und zu jetziger Zeit ist es eine evangelische Kirche/ und wird Zu der neuen Pfarre genannt. Gott der Allmächtige wolle sein heiliges göttliches Wort noch länger lassen darin predigen. Amen 1610.

Aber Hans Hieber, seit 1517 Bürger von Regensburg, war noch schneller gewesen als Ostendorfer. Schon fünf Wochen nach dem Abriß der Synagoge hatte er seinen Entwurf für eine steinerne Kirche zur Hand, wie sie nach dem eilig hingestellten provisorischen Holzbau errichtet werden könnte.

Der Sohn eines Augsburger Bierbrauers, nun Baumeister und Architekt, sah im Februar 1519 seine Zeit gekommen. Nach seinem Entwurf für eine neue Kirche fertigte zwei Jahre später Ostendorfer einen Holzschnitt. Gleichzeitig wurde von Schreinern, Drechslern und Malern ein Modell aus Linden- und Pappelholz nach den Angaben von Hans Hieber hergestellt (Höhe 85, Länge 185, Breite 105 cm). Es sollte ein repräsentatives Gebäude werden, fest gefügt auf der Plattform, wie sie sich aus den jüdischen Grabsteinen und dem Bauschutt von den abgerissenen Häusern des Judenviertels ergab.

Wer etwas auf sich hielt, hatte sich zum Einmauern in seine Häuser Grabsteine vom jüdischen Friedhof verschafft. Auch Albrecht Altdorfer.

Von diesem Fundament aus sollten für die neue Kirche Freitreppen, rundgeschwungen, zu den Haupt- und Nebeneingängen führen, von einem mit steinernem Zaun eingefaßten Grund; wie eine Beschwörung, daß die Vergangenheit nie mehr auftauchen solle, ein Feststampfen und Ummauern, waren diese Treppen als Auf- und Einstieg in das prächtige Gebäude gedacht. Hiebers Modell sollte vor allem als Anschauungsobjekt für schaulustige und gebefreudige, einheimische und auswärtige Wallfahrer dienen. Das Gebäude sollte sich aus korinthischen Säulen für die Vorhalle zusammensetzen, ein Achteck der

Zentralbau, darangefügt der zu einem Zehneck geschlossene, mit Seitenschiffen erweiterte Längschor, angeschmiegt Absiden mit Zwiebelkuppeln, eingebracht zwei Türme, abgedeckt mit Doppellaternen, nach oben gezogen in gotisch erscheinender Manier. Ostendorfer versäumte es nicht, auf seinem Holzschnitt vom Entwurf der Kirche, die den Platz der Synagoge einnehmen sollte, drei Himmelserscheinungen anzubringen: Auf geflügelten Wolken getragen Maria mit dem Kind, wie sie von Altdorfer vorgebildet war. Rechts und links geflügelte Engel, die Wappen der Schirmherren für dieses Unternehmen vorweisend: den kaiserlichen Habsburger Doppeladler und die beiden gekreuzten Schlüssel der Stadt Regensburg. Später wurde darüber in Reimen der Vorgang der Vertreibung beschrieben:

«Als man nach der Geburt Christi gezählt hat tausendfünfhundertneunzehn Jahr ... sind vertrieben ... aus Regensburg beschnitten wucherische Knaben, die Jüdischheit, Weib und Mann und Jung und Alt, ich mein, auch an ihrer Synagoge ließ man gar kein Stein.» Eine fromme christliche Gemeinde und ein ehrsam frommer Rat hätte die «unleidlich Last des Wuchers» bewegt, auch seien dort nun unter der «Schönen Maria» große Wunderzeichen täglich geschehen. Krumme, Lahme, Blinde, Kranke seien hier herzlich erfreut oder befreit worden. Und im Hintergrund auf Ostendorfers Holzschnitt die Ruinen der zerstörten Häuser des Judenviertels.

Noch einmal, 1526, malte sich Altdorfer, in einer entfernten Anlehnung an Ostendorfers Holzschnitt von der über die Synagoge siegreichen Kirche, ein Bild eines mehrgeschossigen Prachthauses. Auch hier der steinerne Zaun als Einfassung ums Fundament, zweimal in der Höhe wiederkehrend. Und schließlich die Turmdächer abdeckend, alle baulichen Träume vereint: Laterne und Zwiebel und Zelt.

Aber da hatte er schon mehrere Häuser in seinem Besitz. Und hatte sich schon längst die zum Einmauern in die Wände als Prachtstücke geeigneten Grabsteine des jüdischen Friedhofs ausgesucht.

Bei den Pfandstücken, die man aus den Häusern weggeschleppt hatte, waren keine großen Reichtümer. Von einem gelben Unterrock ist die Rede, von einer Schürze, von einem alten Paar Hosen, Tischtüchern, einigen Mänteln, auch goldenen Ringen und zinnernen Schüsseln. Es fällt auf, daß die Mehrzahl der Pfänder von Frauen gebracht wurde, sie werden aufgeführt nach der Berufsbezeichnung des Mannes oder einfach als Hausfrau oder eine Frau, genannt Petrin, auch eine Amalei. Einige Namen von bestimmten Frauen tauchen immer wieder auf. Eine Barbara, eine Kunigunde, eine Margareta. Ihre Röcke, ihre Mäntel, ihre Schürzen, ihre Hauben, ihre Schnüre mit Perlen hatten sie versetzt. Aber auch Herr Wolfgang, ein Priester, hatte ein schwarzes Hosentuch gebracht, und Herr Peter, ein anderer Priester, hatte einen neuen und einen alten Chorrock als Pfand überlassen. Es waren viele Regensburger Christen, die ihre Paternoster, ihre Rosenkränze, die Schnüre mit den aneinandergereihten Kügelchen zur Zählung von Gebeten, in die Judengasse getragen hatten. Einfache oder vergoldete, mit großen und kleinen Kügelchen. Und einer, den sie nun in der Liste der Pfänder als «einen fremden Priester» aufführten, hatte sein Gebetbuch versetzt. Einige Bauern hatten Jacken mit samtenem Futter, ein Fleischhacker hatte ein großes Messer, ein Zimmermann einen Zimmerhaken versetzt. Auch ein Schwert fand sich an. Und Teller, Gürtel, silberne Ketten, Ringe. Elf Monate später waren noch immer nicht alle Pfänder eingelöst worden. Die Stadt mahnte in öffentlichen Ausrufen zum drittenmal an.

Man stritt um die Einkünfte aus der Wallfahrt zur «Schönen Maria». Der Administrator beanspruchte im Namen des Bischofs das Dargebrachte. Die Stadt beschwerte sich beim Papst. Der Papst, Leo X., gab nach und stimmte gleichzeitig dem Vorhaben zu, für das hölzerne Provisorium auf dem Fundament der Synagoge nun ein steinernes Gotteshaus zu errichten. Da war es Juni 1520. Aus dem gleichen Jahr beweist ein Rechnungsbuch die Ordnungsliebe des Rates der Stadt. Es war eine ganze Reihe von «Kundtzetteln» notwendig geworden mit den Aufrufen, die Pfänder einzulösen. Die Kosten für diese Anschläge wurden ordnungsgemäß aufgeführt, auch der Lohn und der Name jedes Boten für die Gänge nach München, Neuburg, Augsburg, Innsbruck «von wegen gemeiner Jüdischheit».

Am 2. März 1521, noch von Worms aus, teilte Kaiser Karl V. den Herren vom Rat der Stadt Regensburg mit, sie hätten die Juden, die dem Haus Österreich als Kammerknechte zugehörig seien, gewalttätlich angegriffen und ausgetrieben, er müsse dies als eine Beleidigung an «unserer Pfandschaft» ansehen. Außerhalb der Erlaubnis hätten sie seine Kammerknechte an Leib und Gut beleidigt und beraubt, auch ihre Synagoge, Häuser und Wohnungen nicht verschont. Und doch erklärte er die Stadt für «ewiglich entladen, befreit und gesichert» vor einem Wiederaufleben einer jüdischen Gemeinde. Da hatte die Stadt die Verpflichtung an den Kaiser schon abgegeben im Namen des Inneren und des Äußeren Rates und aller christlichen Bewohner von Regensburg, daß sie von nun an «jährlich und ewig» an das Haus Österreich die Einkünfte zahlen wollen, «wie es die Jüdischheit getan hat».

Viele der Ausgetriebenen hofften, im Gebiet des Herzogs von Bayern eine Bleibe zu finden. Die Umstände schienen ihnen günstig, sie brauchten nur über die Brücke zu gehen, und jenseits des Flusses, im Ort Stadtamhof, waren die Machtbefugnisse Regensburgs zu Ende. Der Herzog gestattete ihnen, sich hier aufzuhalten. Und sie errichteten eine Synagoge. Aber bereits fünfundzwanzig Jahre später wurden sie von dort vertrieben. An die Stelle der Synagoge wurde das Rathaus gesetzt.

Die Talmudschule von Regensburg, nun zerstört und verloren, hatte ihren besonderen Glanz gehabt. Sie galt als die Mutter der Gelehrsamkeit.

Hier wirkte Jehuda der Fromme, Juda ben Samuel ben Kalonymos, in den letzten Jahren des 12. Jahrhunderts. Er hatte es sich auch als Aufgabe gestellt, seine Überlegungen über den Sinn des Daseins und über die Schwierigkeiten des Zusammenlebens mit Andersgläubigen mitzuteilen. Sie standen doch unverändert unter dem Schatten des Kreuzes. Die Erinnerung an diese Zeit, als die Kreuzfahrer ihre Füße auch in diese Stadt gesetzt hatten, mit Schuhsohlen aus den Torarollen geschnitten, war nicht wegzuschieben. Da hatten fanatische Prediger ein großes hölzernes Kreuz auf die Donau gelegt und dorthin, ins Wasser, zur Zwangstaufe alle Angehörigen der jüdischen Gemeinde getrieben. Männer, Frauen, Kinder. Und hatten Hohn und Tod gebracht. In diese Ungewißheit hineingestellt, welche Schrecken aus einer feindlichen Umwelt sich für die Gemeinde ergeben könnten, schrieb Jehuda ben Samuel in Regensburg unermüdlich an seinem *Buch der Frommen.* Es war sein großer Versuch, eine Welt der Sittlichkeit zu errichten, einen zuverlässigen Standpunkt zu begründen für ein sinnvolles Leben ohne Angst. Klugheit und Liebe zu den Menschen und Ehrfurcht vor Gott sind die Säulen, die sein Buch wie ein festgegründetes Haus tragen. Und eine stolze Unbeugsamkeit, wenn er sagt: «Nie dürfen wir verleugnen wollen, daß wir Juden sind.»

Seine Anweisungen geben einen tiefen Einblick in die Mühsale des Lebens unter dem Schatten des Kreuzes, das hundert Jahre vor seiner Zeit todbringend auf das Wasser des Flusses gelegt worden war.

Er gab den Angehörigen seiner Gemeinde Beistand in den Anfechtungen und Schwierigkeiten durch seine Besonnenheit. «Täusche niemanden absichtlich durch deine Handlungen, auch keinen Nichtjuden; sei nicht zänkisch gegen Leute, wes Glaubens sie seien. Handle ehrlich in deinem Geschäfte; erzähle nicht, daß man dir eine Ware für diesen oder jenen Preis habe abkaufen wollen, wenn es nicht wahr ist. Mache nicht Miene zum Verkaufen, wenn es dir kein Ernst ist: Solche Dinge sind eines Israeliten unwürdig. Kommt ein Jude oder ein Nichtjude und will Geld von dir geliehen haben, und du magst nicht, weil du an der Wiederbezahlung zweifelst, so sage nicht, du habest kein Geld.»

Immer wieder galten seine Überlegungen denen, die anderen Glaubens waren, den Christen. «Man soll niemandem Unrecht tun, auch nicht anderen Glaubensgenossen. An dem Vermögen derer, die die Arbeiter drücken, gestohlene Sachen kaufen und zu ihrem Hausgerät heidnische Zierate halten, ist kein Segen; sie oder ihre Kinder gehen dessen verlustig.»

Er ermahnte zur Redlichkeit auch beim Umgang mit den Andersgläubigen. «Holt der Nichtjude sich bei dir Rat, so sage ihm, wer an dem Ort, wohin er sich begibt, redlich und wer ein Betrüger ist.»

Zur unbedingten Aufrichtigkeit verlangt er Mäßigkeit. «Kannst du mit dem wenigen, das du besitzest, dich ernähren, so nimm nicht von anderen, um reich zu werden, denn die meisten von denen, die von anderen nehmen, haben kein Glück. An dem Geld von Leuten, die die Münzen beschneiden, Wuchergeschäfte machen, unredlich Maß und Gewicht haben und im Handel nicht ehrlich sind, ist kein Segen; ihre Kinder und Helfershelfer müssen auswandern und kommen an den Bettelstab. Mancher wird aber auch darum arm, weil er Arme verächtlich behandelt oder mit harten Worten zurückgestoßen und gesprochen hat: Wer arbeiten kann, dem gebe ich nichts. Er sollte lieber den Armen zukommen lassen, was er für unnütze eitle Dinge, z. B. für Vögel, die er sich hält, verschwendet.»

Drei Lebensumstände schildert er und verlangt besonderes Mitleid: mit dem Vernünftigen, der von einem Wahnsinnigen beherrscht wird, mit dem Guten, der einem schlechten Menschen untertan ist, mit dem Edlen, der von einem Elenden abhängig ist. Aber Erbarmungslosigkeit soll bei drei Gelegenheiten walten: einem Grausamen gegenüber, der selbst erbarmungslos zu den Menschen ist; bei einem Dummkopf, der gewarnt wurde und doch in sein Verderben rennt; und bei dem Undankbaren. «Der größte Fehler ist die Undankbarkeit;

sie ist selbst gegen das Tier nicht gestattet. Auch der ist strafwürdig, der dem Vieh über Gebühr Lasten auferlegt, es schlägt und quält, eine Katze an den Ohren zerrt, ein Pferd mit den Sporen sticht.»

An einer Stelle, die den gütigen Hausvater zeigt, sagt er: «Läuft ein nicht gefährlicher Hund dir in dein Haus, so jage ihn mit einer kleinen Peitsche hinaus, aber hüte dich, ihn mit einem großen Stocke zu schlagen, mit siedendem Wasser zu begießen, zwischen die Türe zu klemmen, zu blenden.» Und er benutzt den Blick auf das Tier, um das Empfinden für den Menschen zu schärfen: «Noch größere Verantwortung übernimmt derjenige, der Knecht und Magd hart behandelt. Sind die Leute gut, und brauchst du Geld, so verkaufe sie keinem Grausamen, der sie unmenschlich züchtigt.»

Nirgendwo gibt er den Ratschlag zu einer demütigen Haltung des Duldens den Menschen gegenüber: «Nimm keine Verleumdung willig auf, suche vielmehr dem zuzureden, der bei dir sich über einen Dritten beschwert. Sprichst du von jemandem, so erzähle das Gute von ihm, jedoch nicht in Gegenwart seiner Feinde, die hieraus nur Veranlassung nehmen würden, sich über seine Fehler auszulassen.» Und der Wissende teilt aus seiner Lebenserfahrung mit: «Lobe nicht einen Reichen vor einem Reichen, einen Schreiber vor einem Schreiber, überhaupt nie jemanden vor seinem Geschäftsgenossen; nur den Gottesfürchtigen magst du einen Gottesfürchtigen rühmen. Stelle keinen zur Rede, von dem du überzeugt bist, daß er dir kein Gehör gibt oder daß er dadurch zu Haß und Rache verleitet würde.»

Eine große Stärke geht aus von seinen Überlegungen über das verdiente und unverdiente Geschick und über die Gerechtigkeit und Ungerechtigkeit im Leben: «Man lasse sich nicht irre machen durch das Glück der Bösen. Dem Guten geht es schlecht, damit man nicht meine, er sei nur im Glücke gut.»

DER REUCHLINSCHE STREIT

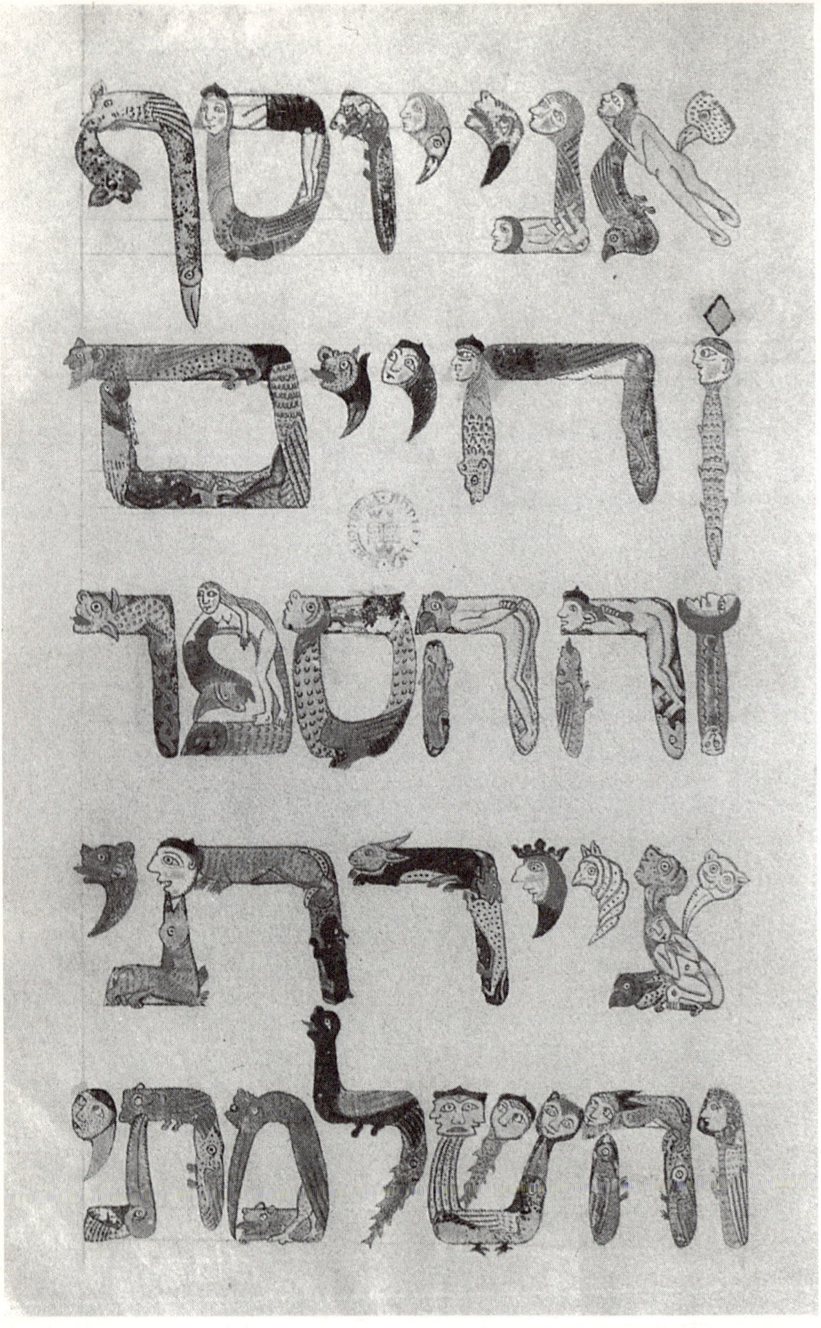

Die Welt, das Weltgefüge, das bisher bestand, war nicht mehr festgefügt.

Heutige Historiker setzen die Zäsur zwischen Mittelalter und Neuzeit auf das Jahr 1492. Ob die Menschen damals das auch so empfunden haben? Wohl kaum. Aber sie wußten, die bisherigen Erkenntnisse waren nicht mehr verläßlich. Wußten sie, welche Bedeutung für das Weltgeschehen die damals so bizarre Fahrt des Christoph Columbus mit seinen drei Schiffen hatte? Der verschrobene Gedanke, jedoch kühn und konsequent, das indische Festland durch eine Seefahrt nach Westen erreichen zu wollen.

Sie hatten wohl Kenntnis, daß in diesem Jahr der letzte Staat der Sarazenen auf der Iberischen Halbinsel durch die vereinigten Heere von Kastilien und Aragonien zerstört worden war. Die herrliche alte maurische Stadt Granada war wieder in christlich-spanischem Besitz. Nur einige Gelehrte hatten Kenntnis von der Entscheidung einer päpstlichen Kommission über die 900 Thesen des jungen italienischen Philosophen Pico della Mirandola, die da feststellte, einige der Thesen seien Häresie, andere der Häresie verdächtig, andere wieder anstoßerregend, mehrere erneuerten die längst abgetanen Irrtümer der heidnischen Philosophen, andere wieder begünstigten den jüdischen Wahnglauben.

In der Nacht vom 10. zum 11. August 1492 wurde der Vizekanzler Rodrigo de Borgia einstimmig zum Papst gewählt. Viel ist über diesen Papst Alexander VI. geschrieben worden. Wollen wir es bei einer einzigen Bemerkung belassen. Der offizielle Biograph des Vatikans, Ludwig Freiherr von Pastor, schreibt in seiner *Geschichte der Päpste* 1931 darüber: «Sie (diese Wahl – d. A.) war, wenn auch zweifelsohne gültig, so doch unerlaubt, weil sie durch maßlose simonistische (Ämterkauf durch Bestechung – d. A.) Umtriebe erzielt. Auf solchem Wege erlangte, wie der Annalist der Kirche sagt, durch Zulassung der göttlichen Vorsehung ein Mann die höchste Würde, den die alte Kirche wegen seines unsittlichen Lebens nicht einmal zu den untersten Stufen des Klerus zugelassen haben würde. Die Tage der Schmach und des Ärgernisses für die römische Kirche begannen.»

1492 war auch das Jahr, in dem die spanischen Juden, alle, aus ihrem Heimatland vertrieben wurden. Nur der durfte bleiben, der das Christentum annahm. Es waren viele, weil sie an ihrer Heimat, an ih-

Lebende Buchstaben in Tiergestalt, Spanien, 1476

rem Beruf hingen. Aber diese neuen Christen wurden beschimpft. Marranen hießen sie; Schweine wurden sie genannt. Sie waren ihres Lebens nicht sicher. Und arbeitete einer von ihnen an einem Samstag nicht, aus irgendeinem Grunde, dann wurde er als Ketzer verdächtigt, er halte noch jüdische Sitten. Er kam vor die berüchtigte Inquisition. Sie wurde eigens eingerichtet, um die Marranen auszuschalten, zu verbrennen.

Diese Kirche, dieser Vatikan hatten das Recht, Sünden zu vergeben. Das Sündengeld brauchte man, um ein neues, prächtigeres zentrales Gotteshaus in Rom zu erbauen, den Petersdom. Ursprünglich war der Ablaß gedacht als Ersatz für Kirchenstrafen. Aber er brachte nicht genug Geld in die Kassen. Man erfand den vollkommenen Ablaß: die Vergebung für alle Sünden, die Vergebung vor Gott. Ja, man konnte auch die Sündenvergebung für Verstorbene kaufen.

Auch heute ist es, nach dem offiziellen Lexikon für Theologie und Kirche, unter den Theologen immer noch strittig, «ob der vollkommene Ablaß nur der Erlaß aller kanonischen Strafen mit einer nicht genauer bestimmbaren jenseitigen Wirkung ist (so Cajetan und wenige andere) oder die direkte Nachlassung aller Sündenstrafen vor Gott intendiert – so die meisten Theologen».

Noch eine weitere, gefährliche Praxis hatte sich bei der Sündenvergebung, bei den großen Finanzmitteln, die damit nach Rom gingen, eingebürgert. Es gab das Bankhaus Fugger, das, schon bevor die Sünder ihr Scherflein zur Sündenvergebung bezahlt hatten, dem Vatikan das zu erwartende Sündengeld vorstreckte. Natürlich gegen Zinsen, Zinsen, die eigentlich verboten waren, nach kanonischem Recht.

Auch blieb es den Gläubigen nicht verborgen, daß große Teile dieser Ablaßgelder am päpstlichen Hof verbraucht wurden. Es war nicht verborgen geblieben, daß ein Unwürdiger auf den Stuhl des heiligen Petrus gekommen war, der das Geld verpraßte, mit seinen Kindern, mit seinen Huren und mit seinen Kardinälen, die ihn zum Papst gewählt hatten. Es war nicht verborgen geblieben, daß ein Vierzehnjähriger zum Kardinal ernannt worden war, ein Knabe aus dem Hause Medici, einer der reichsten Familien Italiens. Und es blieb nicht verborgen, daß Cesare Borgia, der Sohn des Papstes, ein berüchtigter Mörder, den Kardinalsrang erhielt.

Neue Fragen waren aufgetaucht. Das kanonische Zinsverbot ließ sich nicht mehr aufrechterhalten. In Nürnberg hatte man das erste städtische Leihhaus eröffnet; damit wollte man den Einfluß der jüdischen Kreditgeber zunichte machen. Es war für die christliche Kaufmannschaft in Nürnberg ein Argument, um alle Juden aus Nürnberg zu vertreiben.

Auch der Papst in Rom hatte Maßnahmen ergriffen. Schon seine Vorgänger erlaubten, daß in den großen Städten sogenannte Monti di pietà, Berge der Frömmigkeit oder Berge der Barmherzigkeit, errichtet wurden. Die fromme Umschreibung der Einrichtung eines Pfandhauses. Der Nachfolger von Alexander VI., Papst Julius II., gestattete dann, daß ein solcher Monte di pietà in Rom eingerichtet wurde. Ursprünglich hatte man vorgehabt, gegen Pfänder zinslose Kredite zu erteilen, aber das ging einfach nicht. Die Häuser der Barmherzigkeit mußten verwaltet, Angestellte bezahlt werden. Es kam zu Verlusten, bei Versteigerungen wurden oft nicht die Summen erzielt, die die Kreditnehmer gegen Pfand bekommen hatten, außerdem verdarben Pfänder. Man mußte Gebühren nehmen, Gebühren, gemessen an der Höhe der erteilten Kredite, das war die Umschreibung für Zinsen. Wirtschaftliche Notwendigkeiten kann man nicht durch fromme Wünsche ersetzen. Notwendigkeiten setzen sich durch.

Es konnte dann sogar so weit kommen, daß ein Laterankonzil im Jahre 1535 jeden mit Exkommunikation bedrohte, der die Einrichtung der Monti di pietà und die Erhebung von Gebühren oder Zinsen als Verstoß gegen das kanonische Zinsverbot anprangerte. Die Stimmen gegen den Mißbrauch der Gelder, die Stimmen gegen den Ablaßhandel, die Stimmen gegen die Sittenlosigkeit am päpstlichen Hof verstummten nicht, neben den vielen kritischen, ketzerischen Gedanken.

Überall Unruhen. Im Jahr 1493 gab es einen Bauernaufstand im Elsaß unter der Bezeichnung des Bundschuhs. In Speyer am Rhein hatten sich Bauern unter Joß Fritz erhoben. Die Bundschuhbewegung flackerte überall im Lande auf. Die Bauern wandten sich nicht mehr gegen die Juden, sie griffen die Schlösser an, die Burgen, die Sitze ihrer Fürsten, ihrer Herren, denen sie untertan waren.

Gegen all diese Erscheinungen setzten sich die alten, die bewahrenden, die konservativen Kräfte zur Wehr. Sie mußten sich zur Wehr setzen, wenn sie nicht untergehen wollten. Die Kirche stützte sich auf den Orden der Dominikaner oder Predigtherren, er sollte jeden Abfall vom katholischen Glauben verhindern. Seine Gründung lag Jahrhunderte zurück, in den Tagen des Kampfes gegen die ketzerischen Albigenser, und dieser Tradition blieb er verhaftet.

Bei der Bekämpfung der nie aufhörenden ketzerischen Gedanken setzten sich zwei Theologen aus dem Orden der Dominikaner an die führende Stelle, Heinrich Institoris und Jakob Sprenger. Sie erwirkten von Papst Innocenz VIII. im Jahre 1484 die Bulle *Summis desiderantis affectibus*. Hier wird festgestellt, der Papst habe nicht ohne schwere Bekümmernis neuerlich vernommen, daß in einigen Teilen Oberdeutschlands wie auch in den Provinzen, Städten, Ländern, Ortschaften und Bistümern von Mainz, Köln, Trier, Salzburg und Bremen «sehr viele Personen beiderlei Geschlechts, abfallend vom katholischen (allgemeinen) Glauben, mit den Teufeln fleischliche Bündnisse eingegangen und durch ihre Zaubersprüche und Zauberlieder, durch ihre Beschwörungen, Verwünschungen und andere nichtswürdigen Zaubermittel, Menschen und Tieren großes Unheil zugefügt und auch sonst argen Schaden verursacht» hätten. Institoris wurde vom Papst als Inquisitor für Süddeutschland bestimmt, Jakob Sprenger, Prior des Dominikanerordens in Köln, wurde für die Bistümer Köln, Mainz und Trier eingesetzt, außerdem wurde er Provinzial für die gesamte Ordensprovinz Teutonia.

Diese beiden Dominikaner verfaßten nun den *Hexenhammer* (malleus maleficarum), ein Strafgesetzbuch und gleichzeitig eine Strafprozeßordnung für die Inquisitionsprozesse. Dieses Buch griff die Wendung auf, die der Papst in seiner Bulle angekündigt hatte: Ketzerei kann nicht natürlichen Ursprungs sein. Es ist unnatürlich, sich gegen den allgemeinen, gegen den katholischen Glauben zu wenden. Eine solche Geisteshaltung kann nur das Werk von Dämonen sein. Und in dieser Version konnte Ketzer gleichgesetzt werden mit Zauberer, Hexer oder Hexe, denn der Dämonenglaube war nie ausgestorben.

Über die fürchterliche Wirkung des *Hexenhammers* kann hier nicht geschrieben werden, es muß aber erwähnt werden, daß diese Verfolgung eine Eigengesetzlichkeit bekam. Sie löste sich völlig von der beabsichtigten Gleichsetzung Ketzer gleich Zauberer oder Hexer. So kam es, daß diejenigen, gegen die sich der *Hexenhammer* eigentlich richtete, die Ketzer, die Lutheraner und Reformierten, das Instrumentarium ihrer Feinde weiterbetrieben und sich an den schrecklichen Hexenverbrennungen beteiligten.

Aber selbst mit diesem barbarischen Mittel der Verbrennung der Andersgläubigen war dem ketzerischen Gedanken nicht beizukommen. Die Hüter der Reinheit der christlichen Lehre, die Dominikaner, mußten neue Feinde erfinden, denen die Schuld am Niedergang der

Frömmigkeit, am Aufblühen der kritischen Gedanken angelastet werden konnte. Da gab es nur eine Gruppe, die dafür in Frage kam: die Juden.

Die Beziehungen der jüdischen Gemeinden zur übrigen Gesellschaft, ihren Klassen und Schichten, waren außerordentlich kompliziert. In den Städten standen sie meist im Gegensatz zu den Zünften, den Handwerkern, weil sehr viele der Handwerker bei ihnen verschuldet waren. Auch die Bauern mußten, wenn sie Kredite haben wollten, zu Juden gehen. So gerieten sie in eine Gegnerschaft.

Man kann der jüdischen Bevölkerung das anrüchige Pfandgeschäft nicht als eine Schuld anlasten, denn es gab in diesen deutschen Gebieten für sie wenig andere Möglichkeiten, ihren Lebensunterhalt zu bestreiten. Aus den Zünften blieben sie ausgeschlossen, nur für ihren eigenen rituellen Bedarf durften sie als Metzger, als Bäcker oder als Weinbauern tätig sein. Gern hätten sie die Überschüsse an ihre christlichen Mitbürger verkauft, jedoch gerieten sie dann in den Gegensatz zu den christlichen Gilden und Zünften.

Ihre einzige Stütze glaubten sie bei den Kaisern zu finden, bei den Landesfürsten, bei den Bischöfen, die durch die Besteuerung der jüdischen Gemeinden einen großen Teil ihrer Einkünfte bezogen. Waren jedoch Bischöfe und Fürstenhäuser zu eng den Bettelorden, die sich im allgemeinen dem Judenhaß verschrieben hatten, verpflichtet, so ließen sie, vor allem wenn sie selber an jüdische Geldleiher verschuldet waren, die Ausplünderung zu. Und sie ermunterten Bauern und Handwerker zum Eindringen in die Judengassen.

So blieb den Bedrängten kaum ein anderer Schutz als das Geld. Mit Geld versuchten sie, sich freizukaufen, eine befristete Aufenthaltserlaubnis in einer Gemeinde, in einem Landstrich zu erwerben. Und in dem Maße, wie es ihnen gelang, sich durch den Besitz von Geldmitteln zu behaupten, mußten auch sie, die Verfolgten, sich in ihrer Haltung gegen die Verfolger verhärten.

Als Ausgeschlossene, aber doch Betroffene gerieten sie in das Spannungsfeld der reformatorischen Bestrebungen der Kirche, die durch das Aufkommen an wissenschaftlichen Erkenntnissen, die nicht mit der Bibel in Übereinstimmung standen, sich in großen Schwierigkeiten befand. Und gleichzeitig entwickelten sich mit der Entdeckung neuer Länder, der Erschließung neuer Märkte und neuer Rohstoffe neue Produktionsweisen. Jedoch die strengen Gesetze der Zünfte und Gilden hemmten die Entwicklung zum Kapitalismus. Die Bauern verlangten die Abschaffung der Feudalvorrechte, die gerechtere Verteilung des Bodens. So kam es, daß sie sich gegen ihre feudalen Unterdrücker zusammenschlossen und gleichzeitig – lokal verschieden – die jüdischen Geldverleiher bekämpften.

Aber oft waren die Feinde der Juden auch die Feinde der Bauern. In der großen Auseinandersetzung zwischen den revolutionären Bauern mit dem reaktionären Adel und dem konservativen Klerus waren die Juden eine Zwischenschicht geworden. Sie standen nicht eindeutig auf der einen oder auf der anderen Seite. In manchen Fällen, wenn sie zu Geld gekommen waren, fanden sie einen Platz als Finanzberater der Fürsten, der Adligen, der Grafen und Ritter, ja der Bischöfe. Aber damit war ihre rechtliche Stellung in der Gesellschaft nicht gefestigt, im Gegenteil, wenn sich Bauern und Bürger gegen die Vorrechte des Adels und des hohen Klerus zusammenrotteten, wurde dieser Haß sehr häufig in die Judengasse gelenkt, und bei dieser Gelegenheit befreiten sich dann alle von ihren Schulden.

Bis zur Französischen Revolution hatte in den deutschen Gebieten keine einzige Klasse oder Schicht die bürgerliche Gleichstellung der jüdischen Bevölkerung auf ihr Panier geschrieben.

Die schwere Krise der alten Welt löste harte Judenverfolgungen aus, speziell in den deutschen Ländern. So wurden sie 1492 aus Mecklenburg vertrieben, nach einem Prozeß wegen angeblicher Hostienschändung in dem kleinen Städtchen Sternberg.

Der Ausweisung aus Mecklenburg folgte die Provokation, die von Brandenburgs Bischof inszeniert wurde. Einer seiner Beamten ließ den Dieb einer Monstranz so lange foltern, bis er gestand, er habe eine Hostie an einen Juden in Spandau verkauft. So war der Hebel zur Ausweisung aller Juden aus der Mark Brandenburg angesetzt. Die eine Hostie erfuhr groteske Verlängerungen, mehr als hundert Juden hätten sich an diesem Brot, das den Leib Christi bedeutete, vergangen. Unter grausamster Folter gestanden alle. Viele wurden unter der Folter ermordet. Und später wurden in Berlin fünfunddreißig Juden auf dem Platz vor dem Neuen Tor auf einem Scheiterhaufen verbrannt. Danach nahm die Austreibung aus der Mark Brandenburg ihren Verlauf.

Allüberall wurde erzählt, selbst ihre Feinde konnten das nicht verschweigen, wie tapfer und ungebrochen die Juden von Sternberg und von Berlin an ihrem Glauben, an ihrer Überzeugung festhielten.

Es ist sicher nicht leicht, heute die Motive des Priors der Dominikanerniederlassung in Köln nachzuvollziehen, Jacob van Hoogstraeten, Professor der Theologie, erst in Antwerpen, dann in Köln, Inquisitor der Erzdiözese von Köln, Mainz und Trier, in dieser Eigenschaft Nachfolger eines Jakob Sprenger.

Johannes Pfefferkorn

Warum bediente er, dieser sehr gelehrte Theologe, sich eines getauften Juden, eines Joseph, später Johannes Pfefferkorn?

Pfefferkorn stammte aus Mähren. Er war in einer kleinen jüdischen Gemeinde als ritueller Schlächter, Schächter genannt, tätig gewesen. Wegen eines Diebstahls hatte er sein Amt aufgeben müssen und war von der Gemeinde verstoßen worden. Jede jüdische Gemeinde brauchte den Schächter. Er mußte die genauen Vorschriften über das rituelle Schlachten kennen, die im Talmud mit großer Präzision niedergelegt sind. Er mußte die Segenssprüche beherrschen, die er bei diesem Beruf zu sprechen hatte. Er mußte wissen, wie der Schnitt anzusetzen war, wie er das Messer zu prüfen hatte. Er mußte die

Fleischteile heraustrennen, die für den frommen Juden tabu sind. Bevor er dieses Gemeindeamt bekam, wurde er von einem Rabbiner geprüft, ob er über die notwendige Fertigkeit verfügte. Er mußte auch Gebete kennen, die ein frommer Jude an jedem Tage, an jedem Sabbat und an jedem Feiertag zu sprechen hat. Es war selbstverständlich, daß er, wie jeder jüdische junge Mann, hebräisch lesen und schreiben konnte. Es reichte das Alltagshebräisch. Große religionsphilosophische Kenntnisse wurden von ihm nicht verlangt.

Für die Kölner Dominikaner besaß Pfefferkorn Fähigkeiten, die einem christlichen Theologen fehlten. Für sie war der Talmud ein völlig unbegreifliches, unlesbares Werk, das dazu, wie man hörte, nicht einmal ganz in Hebräisch, sondern auch noch in Aramäisch verfaßt war. Unter der Leitung ihres Priors, Jacob van Hoogstraeten, wollten sie nun einen Kampf um die Beseitigung der jüdischen religiösen Schriften einleiten. Aber sie wollten den Kampf nicht offen beginnen. Allzu peinlich war noch der Streit der beiden Bettelorden im Gedächtnis, die Auseinandersetzung der Franziskaner und der Dominikaner über die Unbefleckte Empfängnis der Anna, Mutter der Maria. Die Dominikaner bezweifelten es, die Franziskaner behaupteten es. Der Papst entschied zugunsten der Franziskaner. Und das Schlimmste geschah, was einem Dominikaner passieren konnte: In Bern waren der Prior, der Subprior und noch zwei andere hochgestellte Mitglieder des Dominikanerordens als Ketzer verbrannt worden, eines Ordens, dessen vornehmstes Ziel war, Ketzer ausfindig zu machen und von der weltlichen Macht durch Feuer zum Tod bringen zu lassen.

In ihrem Kampf gegen die jüdischen Bücher schickten sie zuerst einmal einen Mann namens Victor von Karben vor. Er bezeichnete sich als ehemaliger Rabbiner, er sei aus Überzeugung in seinem fünfzigsten Lebensjahr zum Christentum übergetreten. Er schrieb im Jahre 1504 ein Büchlein: *Von dem Leben und den Sitten der Juden*, das der Dominikaner Ortuin Gratius ins Lateinische übersetzte.

In dieser Schrift wurde behauptet, daß die Juden nicht um alle Schätze der Welt vom Judentum lassen mögen. Selbst wenn man dem Ärmsten unter ihnen tausend Goldgulden böte, um ihn zu veranlassen, seinem Glauben zu entsagen oder auch nur ein Kruzifix von der Erde aufzuheben, so würde er lieber Verzicht darauf leisten. Auch der Niedrigste unter ihnen würde sich tausendmal lieber verbrennen lassen, als sich zu Jesus zu bekennen. Weil dieses für so feige gehaltene Volk lieber die brennendsten Schmerzen ertrüge, als von seiner Religion, von seiner Überzeugung zu lassen, wurde es von Victor von Karben als das schlechteste und verdorbenste bezeichnet. Es wurde der Talmud verächtlich gemacht. Er sei vor Christi Geburt ein kleines Buch gewesen. Und jetzt sei er so groß geworden, daß er an Umfang zwei Bibeln überträfe, die Schlechtigkeit der Juden sei durch den Talmud bestärkt worden. Sie würden den Talmud höherhalten als die Zehn Gebote. Die Behauptungen des Karben waren zum Bekämpfen der jüdischen Schriften ungeeignet. Im Prinzip bedeuteten sie ein Lob für die Glaubenstreue und Unbestechlichkeit der Juden.

Wenn man doch den getauften Juden Pfefferkorn veranlassen könnte, in diesen bisher unerforschten jüdischen Büchern Schmähungen der Heiligen Dreieinigkeit und der Jungfrau Maria aufzudecken, dann könnte man diese Bücher einziehen, verbrennen, den Juden nur das Alte Testament belassen, sie von ihrem Irrglauben abbringen und sie endlich zur Taufe führen. Dann wäre, mit dem Ende des Judentums, auch jeder andere Irrglauben, jeder andere Zweifel an der göttlichen Wahrheit der Kirche beseitigt, dann wären die schweren Sorgen, die die Hüter des wahren Glaubens hatten, verschwunden. Dann gäbe es nicht mehr die Fragen über das Wesen der Dreieinigkeit, die Zweifel an der jungfräulichen Geburt der Maria und der jungfräulichen Geburt der Mutter Marias, schwere dogmatische Probleme, die den Dominikanern gerade zu dieser Zeit soviel Qualen bereitet hatten. Auch die Fragen, die noch nicht von der Kirche beantwortet waren, wer denn eigentlich der Vater der Brüder des Jesus Christus gewesen, Fragen, die beim Lesen des Neuen Testaments immer wieder auftauchten, wären dann zum Schweigen gebracht.

Die Vernichtung aller jüdischen Lehrbücher, das wäre, in den Gedanken des Inquisitors Jacob van Hoogstraeten, der endgültige Triumph der göttlichen Wahrheit der Kirche.

Die erste Schrift von Pfefferkorn war scheinbar judenfreundlich. Er bestritt, daß Juden zur Herstellung des Osterbrotes Christenblut brauchten. Auch bat er die Regierung, sie nicht auszuweisen, damit sie nicht von einem Exil ins andere getrieben würden.

Diese Schrift war auf das Missionieren ausgerichtet; Pfefferkorn behauptete, daß die Hoffnung auf die Ankunft eines Messias trügerisch sei, denn der wahre Erlöser sei schon erschienen; das hätten jetzt auch schon mehr Juden eingesehen als früher. Und immer stärker sei der Andrang, sich taufen zu lassen.

Aber es fehlte auch nicht der Hinweis auf die Schädlichkeit des

Talmud. Die Fürsten wurden gebeten, dem Wucher der Juden zu steuern, sie vor allem zu Kirchenbesuch und zum Anhören von Missionspredigten zu zwingen und ihnen den Talmud zu entziehen.

Eine Flugschrift, die unter dem Namen Pfefferkorns im Jahre 1508, also schon im nächsten Jahr, herausgegeben wurde, war bereits viel gehässiger: *Die Judenbeichte*. Hier wurden die religiösen Gebräuche der Juden lächerlich gemacht, sie beichteten vor Hähnen und Hühnern und Fischen und würden am Ende ihre Beichtväter verzehren. Die Christen werden vor jedem Umgang mit ihnen gewarnt. Die Juden seien noch gefährlicher als die Teufel. Sie seien Bluthunde, die sich vom Schweiße und dem Blut der Christen nähren. Es sei die Pflicht der Fürsten, sie zu verjagen. Nicht ohne Grund habe man sie aus vielen Ländern, aus Frankreich, aus Spanien, aus Dänemark, und vor kurzem auch aus Nürnberg, Ulm und Nördlingen vertrieben. «Ist den Christen Schaden daraus entstanden?» fragte Pfefferkorn. Man solle den Juden verbieten, Geldgeschäfte zu betreiben, sie zu niedrigster Arbeit und zum Besuch der Kirche zwingen.

Schuld aber an ihrer Verstocktheit seien die Bücher, das blieb die Quintessenz der Schmähschrift.

Im Februar 1509 folgte eine Schrift in deutscher Sprache ausschließlich über das jüdische Osterfest: *Das Osterbuch*. Hier widersprach Pfefferkorn sich selbst. Im Gegensatz zu seiner ersten Flugschrift behauptete er, daß es bei den Juden nicht nur als Verdienst gelte, Christen zu betrügen, sondern sie auch noch ums Leben zu bringen. Es sei die Pflicht jedes Christen, sie wie räudige Hunde zu verjagen. Geschickt müsse man da vorgehen. Es sei die Pflicht der Fürsten, den Juden alle Bücher mit Ausnahme des Alten Testaments wegzunehmen. Außerdem erhob er die Forderung, die Pfänder den Schuldnern auszuhändigen. Der angeblich religiöse Streit, der Glaubenseifer, wurde ein wirtschaftlicher. Die Dominikaner und ihre Marionette Pfefferkorn wollten die vielen verschuldeten Kleinbürger auf ihre Seite ziehen.

Aber sie mußten auch Kaiser Maximilian beeinflussen. Natürlich wußten die Dominikaner, wie sehr dieser Kaiser auf das Judenregal angewiesen war, wieviel Geld die Nürnberger Bürger aufbringen mußten, um seine Zustimmung zu erkaufen, die Juden von dort zu vertreiben. Er war sicher ein sehr gläubiger Sohn der Kirche, als Habsburger den Dominikanern verbunden, aber in Geldsachen ließ er sich nicht gern hineinreden.

Mit einem Empfehlungsbrief schickten die Dominikaner ihre Marionette Pfefferkorn nach München zu der Schwester des Kaisers, Kunigunde. Sie, die Lieblingstochter Kaiser Friedrichs III., muß einmal außerordentlich schön gewesen sein; gegen seinen Willen hatte sie den bayrischen Herzog Albrecht geheiratet. Es hatte ihn verärgert, daß sie die alten Habsburger Herrschaftsgebiete Tirol und das sogenannte Vorderösterreich (heute Vorarlberg) als Brautschatz dem Bayern zugeführt hatte. Wegen dieser Gebiete war es sogar zum Krieg zwischen Habsburg und dem Bayernherzog gekommen. Aber Friedrich III. und der Herzog von Bayern fanden Vermittler, es kam zu einer Versöhnung. Nach dem Tode ihres Mannes ging Kunigunde in ein Kloster; ihre Gründe für diesen Schritt sollen uns hier nicht weiter beschäftigen. Sie wurde sofort Äbtissin, man erzählte, daß sie durch Kasteiungen ihre Jugendsünden bereute.

Über den Seelenzustand von Kunigunde waren die Kölner Dominikaner informiert. Pfefferkorn sollte Frau Kunigunde über die Schändlichkeit der Juden berichten, wie sie Jesus und Maria, die Apostel und die ganze Kirche schmähten, er sollte sie mit seinen Flugschriften vertraut machen. Die Äbtissin Kunigunde war leicht zu überzeugen, vor allem da die erschreckenden Enthüllungen aus dem Munde eines ehemaligen Juden kamen. Es war recht einfach, von ihr ein Schreiben zu bekommen, in dem sie ihren Bruder Maximilian, den deutschen Kaiser, bat, den Herrn Johannes Pfefferkorn zu empfangen und seinem Anliegen Gehör zu schenken.

Jetzt schienen die Dominikaner am Ziel ihrer Wünsche zu sein. Maximilian gab dem so sicher auftretenden Pfefferkorn eine Vollmacht, er habe das Recht, alle jüdischen Schriften, alle ihre Bücher zu untersuchen, im ganzen deutschen Reich. Er, Johannes Pfefferkorn, habe das Recht zu entscheiden, welche Bücher Schmähungen gegen das Neue Testament, gegen Jesus und die Jungfrau Maria enthielten. Diese Bücher dürfe er den Flammen übergeben. Das gelte für jeden Ort. Es sollten aber bei der Untersuchung der Bücher ein Pfarrer und zwei Ratsherren zugegen sein und die Aktionen beaufsichtigen. Die drei als Begleitung Pfefferkorns gedachten Herren waren nur Kulisse, denn sie hatten nicht die leiseste Ahnung, was da in den Büchern stand.

Diesem einen Mann, dem kriminellen Pfefferkorn, war nun eine wichtige Entscheidungsgewalt durch kaiserliches Mandat zugefallen.

Johannes Pfefferkorn begann seine Aktion in Frankfurt am Main, bei der größten jüdischen Gemeinde im damaligen deutschen Reich.

Der Rat der Stadt forderte seine jüdischen Bewohner auf, sich in der Synagoge zu versammeln, und machte sie mit dem kaiserlichen Befehl bekannt, alle ihre Schriften und Bücher dem Johannes Pfefferkorn vorzulegen und ihm auszuliefern. Es ging alles ganz geordnet zu. Im Beisein von drei geistlichen Herren aus dem Bartholomäusstift und zwei Mitgliedern des Rates der Stadt wurden sämtliche Gebetbücher, die in der Synagoge vorhanden waren, beschlagnahmt. Pfefferkorn fühlte sich nun auf der Höhe seiner Macht. Ohne ermächtigt zu sein, verbot er seinen ehemaligen Glaubensgenossen, am nächsten Tag – es war ein Feiertag, das Laubhüttenfest sollte beginnen – die Synagoge zu besuchen. Alle sollten sich zu Hause aufhalten. Er verlangte von den Gemeindemitgliedern, daß sie ihm sämtliche Talmud-Exemplare in ihren Häusern vorlegen sollten. Doch schon diese Aktion war den geistlichen Herren zu rigoros, sie verschoben die Durchsuchungen auf einen späteren Tag.

Natürlich wußten die Gemeindemitglieder genau, wer dieser kaiserliche Kommissar, dieser Pfefferkorn war. Sie kannten seine verleumderischen Schriften. Der Vorstand der Frankfurter Gemeinde sandte sofort einen Vertreter zum Kurfürsten, dem Erzbischof von Mainz, Uriel von Gemmingen. Sie baten ihn, alles zu tun, was in seiner Macht stünde, um diese Aktion aufzuschieben. Sie schlugen ihm vor, den Geistlichen seines Erzbistums die Mitwirkung an dieser Aktion zu untersagen. Obwohl der Rat der Stadt Frankfurt auf die Proteste der Juden nicht eingegangen war, kam der Erzbischof der Bitte der jüdischen Gemeinde nach. Ob der Erzbischof und Kurfürst judenfreundlich war oder nicht, ist ungewiß, keinesfalls wollte er dulden, daß die Dominikaner in seinem Herrschaftsgebiet Anordnungen treffen konnten, die nicht über seinen Tisch gegangen waren.

Der Erzbischof von Mainz, seit jeher Kanzler des deutschen Reiches, richtete am 5. Oktober 1509 ein Schreiben an Maximilian, in dem er bedauerte, daß der Kaiser einem so unwissenden Menschen wie Johannes Pfefferkorn eine so weitgehende Vollmacht überlassen hatte. Er teilte dem Kaiser aber auch mit, daß, nach seinen bisherigen Erkenntnissen, lästerliche und christenfeindliche Schriften unter den Juden seines Erzbistums nicht vorhanden seien. Wenn der Kaiser aber auf der Untersuchung des gesamten jüdischen Schrifttums bestehe, dann möge er doch Sachkenner damit beauftragen.

Aber gleichzeitig tat der Erzbischof mehr; er benachrichtigte seinen Anwalt beim kaiserlichen Hof, den Ritter Ulrich von Hutten, er möge dafür sorgen, daß die Beschwerden der Juden beim Kaiser berücksichtigt würden.

Der Erzbischof war vorsichtig. Er bat Pfefferkorn zu einer Unterredung nach Aschaffenburg. Er bedauerte, daß er mit seiner Maßnahme nicht einverstanden sei. Seine Vollmacht enthalte einen Formfehler, und die Juden könnten die Gültigkeit anfechten. Es ist wahrscheinlich, daß der Erzbischof bei dieser Unterredung zum erstenmal den Namen Johannes Reuchlin aussprach. Der Erzbischof schlug Pfefferkorn vor, diesen Gelehrten, aber auch Victor von Karben zu Sachverständigen über die Schriften der Juden zu ernennen.

Johannes Reuchlin

Johannes Reuchlin, der Jurist, geboren 1455 in Pforzheim, war ein unermüdlich Suchender. Zeit seines Lebens hatte er sich bemüht, in die schwierigen Probleme der hebräischen Sprache einzudringen. Am Hofe des alten Kaisers Friedrich III., den er mit seinem damaligen Landesfürsten, Herzog Eberhard von Württemberg, besuchte, lernte er den jüdischen Leibarzt des Kaisers, Jacob Loans, kennen. Die Beziehungen zwischen beiden, dem Juristen und dem Arzt, blieben sehr herzlich. Mit Loans Hilfe vertiefte Reuchlin sein Wissen um die hebräische Sprache und Grammatik. Aber seine Kenntnisse genügten ihm nicht. Als Gesandter des Kurfürsten von der Pfalz in Rom, am Hof des Papstes Alexander VI. (1498–1500), hatte er sich bei Obadja Sforna weiter im Hebräischen unterrichten lassen. Sforna war auch ein guter Kenner des Lateinischen, und so fanden die beiden Gelehrten eine gemeinsame Sprache, in der ein Unterricht im Hebräischen überhaupt möglich war.

Es war bekannt, Reuchlin war der einzige Christ in Deutschland, der Hebräisch beherrschte. Er hatte sogar eine hebräische Grammatik herausgegeben. Seine Meinung über diese Sprache hatte der strenggläubige Katholik einmal niedergelegt: «Die Sprache der Hebräer ist einfach, unverdorben, heilig, kurz und fest, in welcher Gott mit den Menschen und die Menschen mit den Engeln unmittelbar und ohne Dolmetsch von Angesicht zu Angesicht verkehren, nicht durch das Rauschen einer Kastalischen Quelle oder durch die typhonische Höhle oder durch den dodonischen Wald oder den delphischen Dreifuß, sondern wie ein Freund mit dem anderen zu sprechen pflegt.»

Jedoch auch Reuchlin war in Vorurteilen über die Juden befangen. Er betrachtete sie, und das hatte er schriftlich niedergelegt, als barbarisch und ohne jeden Kunstsinn, er bezeichnete sie sogar als abergläubisch, niedrig und verworfen. Er beteuerte, daß er weit davon entfernt sei, die Juden zu begünstigen. Der Gelehrte beschuldigte sie, fast wie Pfefferkorn, daß die Juden Jesus und Maria und die Apostel und die Christen lästerten. Es war vielleicht ein Glück, daß diese Schriften des Reuchlin vorlagen, als der Erzbischof von Mainz vorschlug, ihn der Kommission beizuordnen, die die Gefährlichkeit der hebräischen Schriften zu untersuchen hatte, denn ohne ein solches Bekenntnis hätten die Dominikaner niemals seiner Berufung zugestimmt.

Daß die Universitäten Mainz, Köln, Erfurt und Heidelberg mit herangezogen werden sollten, komplizierte die Sache nur noch mehr, aber es gab dort keinen Juristen oder Theologen, der hebräisch schreiben oder auch nur lesen konnte. Vor allem wurde jetzt der Inquisitor Jacob van Hoogstraeten auch Mitglied dieser Kommission.

Als Reuchlin der Kommission beitrat, stand er in Deutschland auf der Höhe seines Lebens. Wegen seiner Zuverlässigkeit wurde er allgemein geliebt. Kaiser Friedrich hatte ihn in den Adelsstand erhoben. Kaiser Maximilian hatte ihn zum Rat und Richter des Schwäbischen Bundes ernannt. In den Humanistenkreisen war er hochgeachtet, er galt neben Erasmus von Rotterdam als die Leuchte humanistischer Bildung, ja, er stand sogar mit dem Dominikanerorden in freundschaftlichem Verkehr und genoß hohes Vertrauen. Schon sein Vater hatte in Pforzheim im Dienst des Ordens gestanden, und Johannes Reuchlin wurde nach seiner Italienreise Assessor des Hofgerichts von Stuttgart und Anwalt des Dominikanerordens für ganz Deutschland; ein Ehrenamt, das er neunundzwanzig Jahre lang versah.

Pfefferkorn suchte diesen Gelehrten für sich zu gewinnen. Aber wie die Quellen berichten, soll sich Reuchlin sehr reserviert verhalten haben. Er hätte, so sagen die Historiker, die Bemühungen Pfefferkorns gelobt, Schmähschriften gegen das Christentum zu vernichten.

Die jüdischen Gemeinden waren nicht untätig geblieben. Die Frankfurter Gemeinde hatte einen gelehrten Mann aus ihren Kreisen, Jonathan Levi Zion, als ihren Vertreter beim Kaiser ernannt. Auch die Regensburger Gemeinde hatte ein Glied ihrer Gemeinschaft, Isaak Triest, bestimmt, um beim Kaiser gegen die Pfefferkornschen Pläne aufzutreten. Auch hatten die Gemeinden einige christliche Rechtsgelehrte gefunden, die ihre Sache beim Kaiser vertreten sollten. All diese Anwälte machten den Kaiser auf die Privilegien aufmerksam, es sei, von alters her, von Kaiser und Papst den Juden Religionsfreiheit gewährt, niemand habe das Recht, in ihre inneren Religionsangelegenheiten einzugreifen. Man müsse ihnen ihr Schrifttum belassen. Auch konnten die Anwälte der Gemeinden dem Kaiser mit einem beglaubigten Schreiben beweisen, daß Pfefferkorn ein Dieb und Einbrecher sei, den man aus seiner Heimatgemeinde ausgeschlossen habe.

Jetzt rüstete sich Pfefferkorn noch einmal mit einem neuen Schreiben der Äbtissin Kunigunde aus, der Kaiser wurde beschworen, sich nicht durch die Einflüsterungen der Juden umstimmen zu lassen.

Sie leisteten auch Öffentlichkeitsarbeit, die Kölner Dominikaner, sie verbreiteten unter Pfefferkorns Namen eine Schrift gegen die Juden: *Zu Lob und Ehren des Kaisers Maximilian.*

Pfefferkorn machte in dieser Schrift, neben ungeheuren Schmeicheleien für den Kaiser, einige schwerwiegende Fehler. Er bezeichnete die Juden als Ketzer, das war, vom dogmatischen Standpunkt der Kirche aus betrachtet, Unsinn. Pfefferkorn warf den Juden auch vor, sie gäben ihre Töchter lieber einem Gelehrten des Talmuds zur Frau als einem Unwissenden. Er bezeichnete diesen Brauch als Unkeuschheit.

Die wirkliche Dummheit des Pfefferkorn kam in einem Vorschlag zutage: Er empfahl dem Kaiser, man solle den Juden einen feierlichen Eid auferlegen, daß sie keines der zu vernichtenden Bücher versteckt hielten. Vorher aber sollten sie einen Tag fasten, dann möge man ihnen wohlschmeckendes Fleisch, gesottene Fische, Wein, Öl, Honig und Milch hinstellen und sie bei entblößtem Haupt unter Aussprechung des geheiligten Gottesnamens schwören lassen, daß sie sämtliche Schriften ausliefern und keine behalten, keine abschreiben oder von außerhalb beziehen würden. Sollte dann einer noch im Besitz des Talmud angetroffen werden, müsse er als Meineidiger an Leib und Gut bestraft werden.

Pfefferkorn machte weitere Dummheiten in dieser Schrift. Er behauptete, wenn es jetzt getaufte Juden gäbe, die seine Behauptungen nicht bestätigen könnten, so dürfte man sie nicht als aufrichtige Christen betrachten. Es seien dann Menschen, die sich aus fleischlicher Wollust taufen ließen, sie trügen noch immer den jüdischen Glauben im Herzen. Solche getauften Juden seien wie die Teufel zu behandeln. Und Christen, die sich für die Juden einsetzten, seien entweder vom Geld der Juden bestochen oder durch den Umgang mit ihnen verdorben. Sie seien innerlich vom Christenglauben abgefallen.

Am Ende dieser Schrift drohte Pfefferkorn, wenn die Juden weiter verstockt blieben, würde er neue Anklagen erheben können. Er würde ein bisher unbekanntes Machwerk in hebräischer Sprache veröffentlichen und mit Hilfe seiner Freunde, der getauften Juden Victor von Karben und Fischel von Krakau, die gemeine Schädlichkeit der Juden aufdecken. Es gab auch eine lateinische Übersetzung dieser Schmähschrift.

Pfefferkorn verfaßte nun ein Sendschreiben an Geistliche und Weltliche, an Würdenträger und Fürsten, in dem er die Herren belehrte, der Kaiser habe das Recht, die Juden an Leib und Gut zu bestrafen. Sie seien aber nicht untätig gewesen, sie hätten versucht, ihn mit Geld zu bestechen, damit er von seinem Anliegen Abstand nähme. Mit diesem Brief wolle er alle christgläubigen Menschen ermahnen, den Märchen der Juden, es sei der Kaiser ihr Freund, keinen Glauben zu schenken.

Diese letzten Schriften des Pfefferkorn erreichten das Gegenteil. Der Kaiser ließ dem Stadtrat von Frankfurt am Main am 23. Mai 1510 einen Befehl übermitteln, der Rat möge der jüdischen Gemeinde alle Bücher, die bisher beschlagnahmt worden seien, wieder zustellen. Noch einmal wurde der Kaiser, auch von seiner Schwester, der Äbtissin Kunigunde, bestürmt, gegen die Juden vorzugehen und das gefährliche, christenfeindliche Schrifttum zu verbrennen. Der Kaiser, unschlüssig, hin und her gerissen, sah nur diesen einen Ausweg: er beauftragte den

Ich bin ain Buchlinn
der Juden veindt ist mein namen
Ir schalckhait sag ich vnnd wil mich des nit schamenn
Die lang zeyt verborgen gewest ist als ich thůn bedeütenn
Das wil ich yetz offenbarn allen Cristen leüten
Dann ich bin mit yren hebraischen schrifften wol bwart
Vnd dein verkerten geschlecht die warhait nit gespart

Jesus nazaren' rex iudeoꝝ

הַיְהוּדִים וּמֶלֶךְ נָזְרוֹת יְהוֹשֻׁעַ

yehoschua nazeros vnmelech haiehudim

Titelblatt zu Pfefferkorns «Der Juden Feind», Augsburg 1530

Erzbischof von Mainz, bei den genannten Universitäten und von den Sachverständigen Reuchlin, Victor von Karben und Hoogstraeten Gutachten einzuholen. Diese Gutachten sollten dem Pfefferkorn zugestellt werden.

Reuchlin hatte in drei Monaten sein Gutachten fertig. Er ging systematisch vor. Es sollen hier nur die wichtigsten Sätze zitiert werden, in der hochdeutschen Übertragung von Antonie Leinz-von Dessauer. An einem Grundsatz hielt er als Jurist fest: «Die Juden haben als Untertanen des Heiligen Römischen Reiches Anspruch auf den Schutz durch das kaiserliche Recht. Unser Eigentum ist geschützt und darf uns nicht ohne unser Zutun abhanden kommen. Kaiserliches und königliches Recht, sowie andere fürstliche Gesetze, sehen vor, daß niemand sein Eigentum durch Gewalt verliere. Es muß ein jeder in seiner alten Gewohnheit, Sitte und Besitz gesichert sein, selbst wenn er ein Räuber wäre. So sollen die Juden ihre Synagogen, ‹Schulen› genannt, in Ruhe, ohne Belästigung und Beeinträchtigung behalten können.»

Reuchlin teilte die jüdischen Schriften ein: «Erstens, die Heilige Schrift. Zweitens: der Talmud. Drittens: finde ich die erhabenen Geheimnisse der Aussprüche und Worte Gottes, die sie ‹Kabbala› nennen. Viertens: finde ich Schriftsteller und Gelehrte, die Glossen und ‹Commente› schreiben, insbesondere über die einzelnen Bücher der Bibel. Solche ‹Commente› oder Kommentarien heißen sie ‹Perusch›. Fünftens: finde ich Reden, Disputationen und Predigtbücher, genannt ‹Midrasch› oder ‹Draschoth›. Sechstens: finde ich Philosophen und Gelehrte aller Wissenschaften; diese werden ganz allgemein ‹Sepharim›, das ist ‹Bücher›, genannt und nach dem jeweiligen Gelehrten und seiner Wissenschaft bezeichnet. Siebtens: Zuletzt finde ich Poetisches, Fabeln, Gedichte, Märchen, Satiren und Sammlungen von Lehrbeispielen. Von ihnen hat jedes seinen eigenen Namen, wie er eben dem Verfasser eingefallen ist. Diese werden von den meisten Juden selbst für Erfindungen und Dichtungen gehalten.»

Reuchlin ging dann in seinem Gutachten auch auf einige Schriften ein, die, wie er anmerkte, «unseren lieben Herrn und Gott Jesus und seine ehrwürdige Mutter, auch die Apostel und Heiligen mit einigem Spott, übler Nachrede und Lästerung belegen. Von diesen habe ich nicht mehr als zwei herausgefunden. Das eine wird ‹Nizzachon› genannt, das andere ‹Tolduth, Jeschu ha Nozri› (Jesus von Nazareth).» Er erklärte: «Solche Schriften sind von ihnen selbst beseitigt und vertilgt worden. Und den Ihren verboten zu lesen.» Er schloß daraus:

«Wenn bei einem Juden, wissentlich aufbewahrt, ein solches Buch gefunden würde, das ausdrücklich, deutlich und geradezu zur Beschimpfung, Beleidigung und Entehrung unseres göttlichen Herrn Jesus, seiner ehrwürdigen Mutter, der Heiligen oder der christlichen Ordnung abgefaßt wäre, das könnte man auf kaiserlichen Befehl hin beschlagnahmen und verbrennen und den betreffenden Juden dafür bestrafen, daß er es nicht selbst zerrissen, verbrannt oder vernichtet hätte.»

Ausführlich beschäftigte er sich in seinem Gutachten mit dem Talmud, der nach allgemeinem Zeugnisse vierhundert Jahre nach Christi Geburt verfaßt worden sei. Er sagte: «Nun habe ich leider eben diesen Talmud nie selbst gesehen, wenngleich ich doppelt dafür hätte bezahlen wollen, wenn ich ihn nur hätte lesen dürfen – ich habe es aber bisher nicht zuwege gebracht. So besitze ich keine Kenntnis aus dem Talmud selbst, sondern nur aus unseren (christlichen) Gegenschriften … das kann ich aber nicht aus eigener Erfahrung mitteilen, da ich ja in Ermanglung eines Textes den Talmud nicht gelesen habe. Ich weiß auch keinen Christen in ganz Deutschland, der den Talmud selbst gelesen hätte. Ebenso ist zu meinen Lebzeiten in deutschen Landen nie ein Jude getauft worden, der den Talmud hätte verstehen oder gar lesen können. Ausgenommen der Oberrabbiner zu Ulm, der jedoch gleich danach, wie berichtet wird, in der Türkei wieder zum Judentum zurückgekehrt ist … Und obwohl in der genauen Bedeutung des Wortes die Juden keine Häretiker sind – denn sie sind nie im Christenglauben gestanden und daher auch nicht davon abgefallen.»

«So mag also jeder Verständige», schrieb er in seinem Gutachten, «wohl erkennen und festhalten, daß niemand den Talmud nach Recht und Gesetz verwerfen kann, der ihn nicht versteht, wie das heilige geistliche Recht sagt. Wollte einer gegen die Mathematik schreiben und wäre ohne Kenntnisse in der Mathesis oder Mathematik, so würde er zum Gespött der Leute. Ebenso einer, der mit den Philosophen disputieren wollte, und die Methoden und Lehren der Philosophie nicht kennte. Das ist der Text des kanonischen Rechts. Denn hätte man den Talmud verbrennen müssen, so wäre er schon vor vielen Hunderten von Jahren verbrannt worden, da ja unsere Vorfahren im christlichen Glauben viel eifriger waren als wir heute.»

Er kam dann auch zu den Schriften, die er als Hebraist studiert hatte und sehr verehrte. «Nun komme ich zum dritten Abschnitt meiner Aufteilung der jüdischen Schriften, betreffend das erhabene Geheimnis der Aussprüche und Worte Gottes, Kabbala genannt. Darüber könnte ich leicht sehr viel sagen – für und wider. Denn unser Heiligster Vater Papst Innocenz VIII. hat diese Materie, nämlich die Bücher der Kabbala, vor zwanzig Jahren durch viele sehr gelehrte Bischöfe und Professoren prüfen und erwägen lassen; gegenüber dem hochadligen und hochgelehrten Herrn, dem Grafen Johann Picus von Mirandola seligen Angedenkens, der sich damals in Rom zur Disputation erboten und durch öffentlichen Anschlag dazu eingeladen hatte. Unter anderen Themen und Thesen war folgende: ‹Es gibt keine Wissenschaft, die uns der Gottheit Christi gewisser werden läßt, als Magie und Kabbala›. Dagegen aber sprachen und schrieben die Exegeten der Heiligen Schrift vieles, obwohl sie kein gründliches Wissen darüber besaßen, was für ein Tier diese ‹Kabbala› denn wäre. Doch erhob der genannte Graf damals Einspruch gegen ihre Aussagen mit großer Überzeugungskraft.» Seinen Gedankengang über diese von den Dominikanern verhinderte öffentliche Disputation ließ er in eine Verteidigung der Kabbala ausklingen: «Da Papst Sixtus IV. den Auftrag gab, sie zum Nutzen für uns Christen in das Latein zu übertragen, so begnüge ich mich damit, daraus den Schluß zu ziehen, daß solche kabbalistischen Schriften nicht sollen noch rechtlich können unterdrückt oder verbrannt werden.»

Er ging in seinem Gutachten noch weiter: «Deshalb sagt das kanonische Recht: ‹Viele von den Unseren haben vieles gesagt, das sich gegenseitig widerspricht, darum sind wir genötigt und gezwungen, zu den Juden zu gehen und das wahre Wissen weit richtiger an der Quelle als in den Abflüssen zu suchen.›» Und er unterstrich: «Zuletzt nun die Schriften betreffend, welche die Philosophie, die Freien Künste, die Naturwissenschaft und andere verwandte berühren, die in meiner obenstehenden Aufteilung der Judenbücher den sechsten Abschnitt gebildet haben. Dazu habe ich zu sagen, daß es damit gehalten werden soll, wie es mit den entsprechenden Lehrbüchern gehalten wird, die griechisch, lateinisch oder deutsch abgefaßt sind: Lehren und Praktiken, die nicht verboten sind, die läßt man gelten.» Johannes Reuchlin ging bis zum Ursprung des Christentums zurück: «Doch wollen wir die Römer jetzt beiseite lassen und die Juden selbst vornehmen. Unser Apostel Paulus hat alle jüdische Weisheit erlernt und bei den Rabbinern studiert. Und was ist aus ihm geworden? Der größte aller Apostel.» Und er sagte ein sehr modern anmutendes, weises Wort: «Wir werden nicht als Christen geboren, sondern dazu gemacht, das sagt Sankt Hieronymus in seinem Brief an Athleta.»

Reuchlin wies auf einen Konzilbeschluß hin: «Bezüglich der Juden hat uns das Heilige Konzil geboten, daß wir von nun an niemanden mit Gewalt zum Glauben zwingen, denn wessen immer Gott will, dessen erbarmt er sich, und wen er will, den verhärtet er. Deshalb sind solche Menschen gegen ihren Willen nicht zur Seligkeit zu führen, sondern nur, wenn sie guten Willen haben, auf daß Geist und Buchstabe der Gerechtigkeit unangetastet bleibe.»

Die Quellen berichten übereinstimmend, daß Pfefferkorn das Reuchlinsche Gutachten, bevor es dem Kaiser vorlag, erbrochen und gelesen hat und umgehend eine seiner übelsten Schriften verfaßte. Diesmal war aber auch die Hand der Dominikaner bei der Abfassung nicht zu übersehen. Die Schrift wurde *Der Handspiegel* genannt. Er wies nicht ungeschickt darauf hin, daß, vor diesem Streit, Reuchlin über die Juden eine negative Meinung hatte, und zitierte aus dem Sendschreiben an einen Juden, das der Gelehrte einige Jahre zuvor verfaßt und veröffentlicht hatte: «Weil die Juden ehemals Jesus hingerichtet, so hätten sie Gott gelästert, kämen aus der Lästerung gegen den Stifter, gegen Maria, die Apostel, das ganze christliche Volk nicht heraus.»

Nun verwies Pfefferkorn auf die andere Ansicht dieses Gutachtens (das der Kaiser noch gar nicht zur Hand hatte), die Gesinnungsänderung sei nur so zu erklären: Reuchlin habe sich von den Juden bestechen lassen. Diese diffamierende Behauptung wurde in tausend Exemplaren verbreitet. Der offene Streit war entfacht.

Aber Reuchlin hatte viele Freunde in den Humanistenkreisen, es stellte sich heraus, er war nicht mehr allein. Der Gelehrte ergänzte sein Gutachten, das er vielleicht allzu schnell und nicht gründlich genug ausgearbeitet hatte, um zweiundfünfzig Artikel, die er wahrscheinlich dem Erzbischof von Mainz zustellen ließ. Und er wehrte sich gegen die Verleumdung.

Ende August oder Anfang September 1511 erschien die berühmte Schrift *Augenspiegel*, die Reuchlin in aller Eile zum Druck gegeben hatte. Er wandte sich in der Vorrede an alle diejenigen, welche, «weß Standes, Stellung und Würde auch immer, die Wahrheit lieben und Lügen, hinterhaltige und tückische Überfälle, wie sie sich Pfefferkorn in seiner Lästerschrift gegen mich erlaubt hat, aus dem Grunde hassen.»

Er berichtete auch, wie Pfefferkorn sich auf unehrliche Weise das Gutachten verschafft und es zu einer Schmähschrift gegen ihn umgeschrieben hatte. Er wies ihm vierunddreißig Fälschungen nach. Er forderte die Bestrafung Pfefferkorns. Dieser habe in seiner Schrift zum Aufruhr gegen die Obrigkeit gehetzt, und er habe sie zwingen wollen, die Juden zu verfolgen, ein strafwürdiges Verbrechen, das mit dem Tod durch den Henker belegt sei.

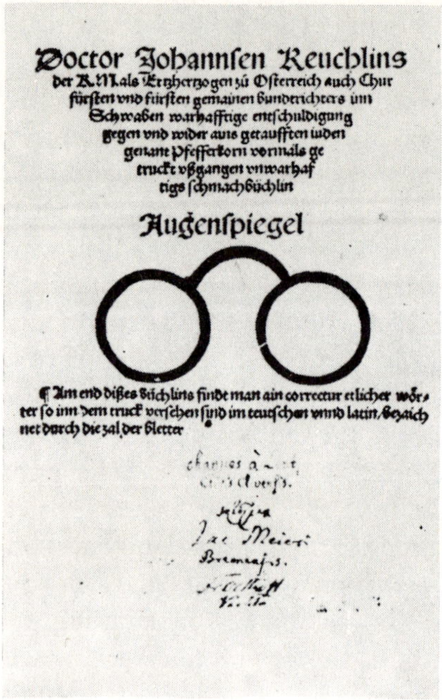

Doctor Johannſen Reuchlins
der K. M. als Ertzhertzogen zů Oſterreich auch Chur
fürſten vnd fürſten gemainen bundrichters im
Schwaben warhafftige entſchuldigung
gegen vnd wider ains getaufften iuden
genant Pfefferkorn vormals ge
truckt vßgangen vnwarhaf
tigs ſchmachbüchlin

Augenſpiegel

¶ Am end diſes büchlins findt man ain correctur etlicher wör-
ter ſo inn dem truck verſehen ſind im teutſchen vnnd latin/ bezaich
net durch die zal der bletter

Titelblatt zum «Augenspiegel»

Am meisten war Reuchlin, wie er in seiner Schrift erklärte, empört über die Beschuldigung, er habe sich bestechen lassen. Er beteuerte, daß er sein Lebtag, von seinen Kindeszeiten an, bis auf diese Stunde, von den Juden oder ihretwegen weder Heller noch Pfennig, weder Gold noch Silber, weder Kreuz noch Münz empfangen habe. Und er verwahrte sich, wer zur Verletzung seiner Ehre anders geschrieben oder gesprochen, der lüge wie ein nichtsnutziger, ehrloser Bösewicht und hätte eher eine fromme Miene wie ein Karthäuser. Dieses traf den Beichtvater des Kaisers, der sich auf die Seite Pfefferkorns gestellt und Reuchlin beschuldigt hatte, sein Gutachten sei mit goldener Tinte geschrieben.

Reuchlin erklärte, Pfefferkorn verstehe sehr wenig Hebräisch, er habe in all seinen Schriften nichts Neues berichtet, das nicht schon andere vor ihm über die Juden geschrieben hatten, nur eines ausgenommen: daß die Juden den Hühnern und Fischen beichten, das sei die köstlichste Wissenschaft, womit er die christliche Kirche beschenkt habe.

Reuchlins Entgegnung ließ die Gegenseite nicht ruhen. Ein Prediger aus Frankfurt am Main, Peter Meyer, spielte sich als Oberzensor in Frankfurt auf und verbot den Buchhändlern den Verkauf des *Augenspiegels*.

Das erbitterte die Herren des Mainzer Domkapitels, sie waren Humanisten und hatten einen großen Respekt vor Reuchlin. Auf ihre Intervention hob der Erzbischof von Mainz das Verkaufsverbot auf. Und nun geschah das, was die Pfefferkorns nicht wußten, vielleicht auch gar nicht wissen konnten: Durch dieses Hin und Her wurden die Menschen neugierig, und der *Augenspiegel* fand reißenden Absatz.

Erstaunlich war die Meinung eines Domherrn Mutian, er warf Reuchlin vor, der Jurist habe die Diskussion eines Gelehrtenkreises vor die große Menge gebracht, dadurch habe er das Ansehen des Kaisers, des Papstes, der Kirche, namentlich der geistlichen Gelehrten und Priester erschüttert. Mutian beschloß seine Überlegungen: «Darum laß uns, gelehrter Kapnion (der gräzisierte Name für Reuchlin – d. A.), unseren Glauben oder Unglauben und begünstige die Juden nicht auf der einen Seite, um auf der anderen Seite den Christen Schaden zuzufügen.»

Auch der Pfarrer Peter Meyer, der das Verkaufsverbot des *Augenspiegels* angestrebt hatte, aber auf den Widerstand seines Erzbischofs gestoßen war, blieb nicht ruhig. Er wollte jetzt Pfefferkorn in seiner Kirche gegen Reuchlin predigen lassen. Aber das verstieß ganz gegen den Brauch. Ein Laie, ein verheirateter Laie sollte das Amt des Predigers übernehmen?

So sprach Pfefferkorn vor der Kirche. Die Quellen berichten, er habe sich nicht verständlich machen können. Er hatte die Sympathie des Publikums nicht gewonnen.

Der Streit war öffentlich geführt worden. Er bewegte die Gemüter. Jetzt endlich wurden die Kölner Dominikaner aus der Reserve gelockt, sie mußten ihrem Schützling Pfefferkorn beistehen. Ein Dominikanerbruder, Ulrich von Steinheim, verfaßte eine Denunziation. Er erklärte, man sei sich im Kreise der Verteidiger des Glaubens noch nicht einig, wie man zu Reuchlins Schrift Stellung nehmen sollte. Einige der Brüder hätten geraten, sie nur zu verbrennen, andere aber wären der Meinung, man müsse den Verfasser, den sonst so gelehrten und allseits geschätzten Mann, zum Verhör laden, wieder andere hätten das härtere Mittel vorgeschlagen, einen Inquisitionsprozeß.

Diese Verlautbarung war natürlich an Reuchlin gerichtet, sie sollte ihn in Schrecken versetzen, denn mit den Dominikanern war nicht zu spaßen; wenn sie gegen ihn eine Anklage und einen Prozeß wegen Ketzerei erhoben, dann war es für den Erzbischof und den Kaiser schwer, für ihn Partei zu ergreifen. Reuchlin soll über diese Sache gesagt haben: Er würde es eher wagen, einen der mächtigen Könige zu reizen als einen der Bettelmönche, welche unter dem Schein der Niedrigkeit eine wahre Tyrannei in der Christenheit üben. Ulrich von Hutten, jener Ritter, der sich später auf die Seite der Reformation stellte, urteilte noch schärfer über den Einfluß und die Macht des Dominikanerordens: «Wenn ihnen etwas nicht recht ist, so legen sie die Stirn in Falten, schließen die Augen, stecken die Nase in die Höhe und rufen: ‹Ins Feuer, ins Feuer.›»

Reuchlin muß über die Reaktion der Dominikaner sehr erschrokken gewesen sein. Bisher hatte er immer konform mit der Macht gelebt, er war kein Revolutionär und schloß sich auch später der Reformation nicht an. Er war immer ein Mann des Ausgleichs gewesen. Er hatte damals versucht, eine Einigung mit den Dominikanern einzuleiten.

Wenige Tage, nachdem er Kenntnis von dem Sendschreiben des Dominikaners bekommen hatte, schrieb er an den einflußreichen Kölner Theologen Arnold von Tongern und entschuldigte sich für seine harten Worte im *Augenspiegel*: Er habe nicht als Theologe, sondern als Richter über den Talmud geurteilt. Er habe nicht wissen können, daß die Kölner Universität anderer Meinung über dieses Schrifttum sei. Man möge ihm nicht übelnehmen, wenn er, ein Laie, sich erlaubt habe, über theologische Dinge zu sprechen. Man möge sein Schreiben wie den ärztlichen Rat eines Priesters betrachten, der sich zuweilen erlaubt, in Krankheitsfällen mitzusprechen. Er bat darum, man möge ihm seine Irrtümer nachweisen und ihn nicht ungewarnt verdammen.

Die Dominikaner ließen sich einige Monate Zeit. Anfang Januar 1512 bekam Reuchlin zwei Briefe, einen von der Theologischen Fakultät der Kölner Universität und den anderen privat, von einem Bruder Kollin.

Die Fakultät machte Reuchlin den Vorwurf, daß er die Absicht des Kaisers, die Judenbücher zu verbrennen, durch sein Dazwischentreten gestört und sich verdächtig gemacht habe, den jüdischen Unglauben zu begünstigen, daß er den Juden, welche seinen *Augenspiegel* gelesen und verbreitet haben, Schadenfreude und Gelegenheit geboten habe, noch weiter Christus, die Jungfrau, die Apostel zu schmähen, daß er durch Verdrehungen der Worte der Schrift Ärgernis erregt habe, seine aufrichtige Gläubigkeit sei in Frage gestellt.

Der Dominikanerpater Kollin, Professor für Theologie, redete in seinem Brief Reuchlin gut zu; er sei es gewesen, der ihm den Weg bei der Fakultät gebahnt habe. Er machte ihn darauf aufmerksam, daß ein Laie, selbst wenn er noch so scharfsichtig und rechtgläubig sei wie Reuchlin, in theologischen Dingen sich kein Urteil anmaßen dürfe. Er warnte ihn auch, er, Reuchlin, habe viele Feinde, die auf seine Verurteilung nur warteten. Er möge sich den Kölner Dominikanern anvertrauen, es sei das beste, schnell sein Gutachten und auch den *Augenspiegel* zu widerrufen.

Noch glaubte Reuchlin an einen Ausgleich. Er dankte in einem Brief an die Kölner Theologische Fakultät und an den Pater Kollin, er dankte für die Hinweise und meinte, daß er als Laie und als ein zweimal Verheirateter in theologischen Dingen unwissend sei, er betonte noch einmal, daß er das Judengeschlecht gründlich hasse und die Fakultät möge ihm bitte mitteilen, wo er Ketzerisches in seinem Gutachten und in seinem *Augenspiegel* geschrieben habe, dann könne er die Dinge ins rechte Licht setzen.

Die Kölner Dominikaner forderten darauf einfach: Reuchlin möge die noch vorhandenen Exemplare des *Augenspiegels* einziehen und nicht weiter verkaufen. Nur so könne sein Ruf als aufrechter Katholik und als Feind der ungläubigen Juden erwiesen werden. Eine andere Möglichkeit gäbe es nicht, sonst müsse in einem Verfahren der Angelegenheit Fortgang gegeben werden. Das geschehe nicht aus Feindschaft gegen ihn, sondern aus christlicher Liebe.

Pater Kollin gab ihm noch den Hinweis, wie er seinen Widerruf begründen könne: Er sei Jurist und habe von den theologischen Fragen nichts verstanden, deshalb müsse man ihm verzeihen, wenn er sich geirrt habe.

Ein Widerruf war für Reuchlin unerträglich. Noch einmal schrieb er an die Dominikaner, sie mögen bedenken, daß ein Streit leicht beginne, aber schwer beizulegen sei. Er drohte, wenn er veröffentlichen würde, wie der Anfang, der Verlauf und das Ende dieses Streites verlaufen sei, «was wird die Welt dazu sagen, wenn ich erzählen werde, daß Ihr den wühlerischen, wie beweibten Laien, den Überläufer, den ehrlosen Verleumder, den getauften Juden, der gegen die Kirchensatzung vor der Versammlung der Gläubigen gegen mich gepredigt, der im Verdacht steht, zu seinen Glaubensgenossen zurückkehren zu wollen, daß Ihr einen solchen nähret, begünstiget und in den Himmel hebet. Und er hatte diese Händel nur angezettelt, um den Juden große Summen zu erpressen.»

Und er schrieb seinem angeblichen Freunde Kollin: «Du nimmst Anstoß an einigen unschuldigen Wörtchen, die ich geschrieben, und meinst, daß ich damit fromme Ohren verletzt habe, und Du verabscheust nicht solche verwerflichen Taten. Hinter meinen mächtigen Beschützer werden Dichter und Geschichtsschreiber kommen, deren es jetzt eine große Menge gibt und die mich als ihren Lehrer verehren. Diese werden die Bosheit meiner Gegner und Eurer Hochschule ewiger Schmach übergeben und mich als unschuldig Verfolgten besingen.»

Das waren stolze Worte, wie sie diese Ketzerrichter noch nie gehört hatten. Aber öffentlich war Reuchlin auf eine Verständigung eingestimmt. Eine Schrift *Klares Verständnis* in deutsch sollte der Öffentlichkeit vorführen, daß Reuchlin sich keine Ketzerei habe zuschulden kommen lassen und daß er keineswegs die Juden begünstige.

Aber damit war den Dominikanern nicht gedient. Sie veröffentlichten schon ihre Anklageschrift *Die Artikel oder Propositionen von der allzugroßen Begünstigung der Juden von seiten Reuchlins.* Hier waren zwei Dinge deutlich fixiert: Reuchlin verharre in einem an Ketzerei streifenden Irrtum. Und: Der Talmud müsse verbrannt werden. Es kam zu der Drohung mit dem Scheiterhaufen: «Möge der frevelhafte Urheber an seinem Ungehorsam zugrunde gehen.»

Diese sehr harte Sprache machte auf den unsicheren, ewig schwankenden Kaiser Maximilian großen Eindruck. Bei seiner Anwesenheit in Köln, meist pflegte er auf seinen Reisen in den Klöstern der Dominikaner abzusteigen, erließ er eine Weisung an alle Stände des Reichs und natürlich auch an den Rat der Stadt Frankfurt am Main, in Zukunft Reuchlins Schriften nicht mehr zu verkaufen, sie sollten konfisziert und vernichtet werden.

Auch der Kurfürst und Erzbischof von Köln, der die Dominikaner in seiner Hauptstadt sehr förderte, gab den Befehl des Kaisers bekannt, und er schrieb an alle geistlichen Herren in seiner Erzdiözese, das Kaiserwort gegen Reuchlins Schriften sei auf den Kanzeln zu verlesen und an den Kirchentüren anzuschlagen.

Aber merkwürdigerweise, dadurch waren die Schriften Reuchlins nicht zu unterdrücken. Sogar in Köln hatte der Gelehrte mehr Anhänger als seine Gegner, die Dominikaner. Selbst ein Dompropst, Hermann von Nuenar, setzte sich für Reuchlin und seine Schriften ein. Er behauptete, der Prior Hoogstraeten sei einer der boshaftesten aller Menschen, der einzige Störenfried, die Pest von Deutschland. Und er beschwor den Kaiser, er möge dem Prior befehlen, seine Angriffe gegen Reuchlin einzustellen. «Frage alle Gelehrten in Deutschland, so wirst Du erfahren, daß Hoogstraeten sie alle durchweg verletzt, sie alle angefeindet hat.»

Pfefferkorn verschärfte seinen Kampf. Wieder verfaßte er eine Schrift, *Der Brandspiegel*, mit den bösartigsten Angriffen auf Reuchlin. Die Torheiten dieses Pfefferkorns überschlugen sich. Unter anderem bezeichnete er Maimonides, den großen spanisch-jüdischen Philosophen, als einen Menschen, der den Juden vorgeschrieben habe, wie man die Christen totschlagen könne. In seinem *Brandspiegel* wurde Pfefferkorn kühn. Er war sich der Unterstützung der Dominikaner sicher. Er schrieb, wenn er von irgend jemand überführt würde, daß er Lügen verbreite, wolle er jede Strafe über sich ergehen lassen, er sei bereit, dafür ins Feuer zu gehen. Er beteuerte, er wolle aber nicht die Juden totschlagen. Man solle sie ihrer Güter berauben und ihren Besitz den Spitälern, Kirchen und Klöstern übereignen. Die alten Juden solle man wie die räudigen Hunde behandeln, die Kinder aber müßten mit Gewalt von ihnen getrennt und der Kirche zugeführt werden. Pfefferkorn wurde dann ein richtiger Denunziant: Es gäbe in Deutschland nur noch drei große jüdische Gemeinden, Regensburg, Worms und Frankfurt am Main. Wenn die Fürsten, Herren und Stadtregierungen mit diesen ebenso verführen, wie es in den anderen Städten geschehen sei, dann würden die Juden aus Deutschland bald verschwunden sein, und dann wäre für den Glauben der alleinseligmachenden Kirche dieses Vorgehen göttlich und löblich.

Reuchlin begriff, Pfefferkorn sprach für seine Schutzherren, für die Dominikaner. Jetzt richtete er seine neue Schrift, *Verteidigung gegen die Kölner Verleumder,* an Kaiser Maximilian. Er nahm sich zwei der Ordensbrüder vor, Arnold von Tongern und Ortuin Gratius. Diese könne man nicht mit dem Ehrentitel Theologen, sondern nur mit dem Schimpfwort Theologisten benennen. Reuchlin führte keine vornehme Gelehrtensprache mehr: «Wer hat euch, verleumderische Kölner Theologisten, euch Böcke und Schweine, den Hirtenstab über mich in die

Hand gegeben? Wer hat euch zu Richtern über mich und mein Urteil ernannt, der ich um fast fünf Bistümer von euch entfernt bin, nicht dieselbe Luft mit euch atme, nicht Feuer mit euch teile.»

Im Verlauf seiner polemischen Schrift griff er Arnold von Tongern an, er solle sich lieber Arnold aus Tongern nennen, weil er aus seiner Geburtsstadt Tongern wegen eines Verbrechens verbannt wurde. «Dieser Geistliche hat einen Halbjuden Pfefferkorn und einen Halbheiden Ortuin Gratius zu seiner Seite.» Er erinnerte den Kaiser daran, daß Gratius in einem seiner Gedichte behauptet hatte, die unbefleckte Maria sei Jupiters Mutter. «Die katholische Kirche aber hält Jupiter, wie alle Götter des Heidentums, für böse Dämonen.» Ortuin habe selber eine Gotteslästerung ausgesprochen, er sei ein Ketzer.

Mit dieser Schrift hatte sich Reuchlin an die Spitze der deutschen Humanisten gestellt.

Kaiser Maximilian war in diesem Streit unentschlossen. Er unterlag allzu vielen Einflüssen. So schrieb er einmal an Reuchlin, er, der Kaiser, werde ihn gegen die Angriffe der Kölner Dominikaner schützen. Aber die Gegenpartei konnte auch Schreiben des Kaisers vorzeigen, die eindeutig bewiesen, daß er mit der Unterdrückung der Schriften Reuchlins einverstanden war.

Am 15. September trat der Initiator der ganzen judenfeindlichen Aktion in das Licht der Öffentlichkeit. Der Prior der Kölner Dominikaner-Niederlassung, Jacob van Hoogstraeten, richtete ein Schreiben an Johannes Reuchlin, er solle sich innerhalb von sechs Tagen in Mainz einem Inquisitionsgericht stellen, er sei angeklagt wegen Begünstigung der Juden und wegen Verdachts auf Ketzerei.

Tatsächlich war Hoogstraeten nicht zu einer Untersuchung gegen Reuchlin befugt, denn seine Inquisitionsgewalt beschränkte sich auf die Erzbistümer Köln, Mainz und Trier. Reuchlin hätte sich vor einem Inquisitor verantworten müssen – wenn dieser ihn angeklagt hätte –, der für das Bistum Konstanz zuständig war. All das wußte der Jurist Reuchlin, denn auch für ein so willkürliches Verfahren wie eine Inquisitionsverhandlung mußten die Formalitäten eingehalten werden. Aber Reuchlin wollte sich dieser Anklage in der Öffentlichkeit stellen. Wegen seines Alters und seiner Körperschwäche erschien er nicht selbst, sondern schickte einen sogenannten Sachwalter nach Mainz, der den Auftrag hatte, gegen das Verfahren zu protestieren.

Hoogstraeten aber kam am 20. September nach Mainz, umgeben von einer großen Gruppe Dominikaner. Er bestimmte Richter, er setzte sie in einer Kommission zusammen, er eröffnete als Ankläger die Sitzung und ernannte sich selber auch als Richter. Die Anklage war gut vorbereitet, sie richtete sich gegen Reuchlins *Augenspiegel* und gegen den Talmud.

Hoogstraeten hatte sich mit einem Gutachten der Universität Löwen, der er als früherer Professor für Theologie in Antwerpen räumlich und geistig nahestand, ausgerüstet. Die Verfasser dieses Gutachtens hatten den *Augenspiegel* zum Thema ihres Berichts gemacht. Sie stellten fest, der *Augenspiegel* sei mit Irrtümern gespickt und besonders verdächtig, weil er den Unglauben der Juden unterstütze. Man dürfe die Schrift nicht einfach nur beschlagnahmen, sondern die theologische Fakultät von Löwen empfehle, den *Augenspiegel* zu verbrennen.

Und ein zweites Gutachten lag in Mainz vor. Hoogstraeten war offensichtlich ein Mitverfasser. Es ging über das Gutachten aus Löwen noch hinaus. Hier wurde behauptet, Reuchlins Schrift enthalte Irrtümer und Ketzereien. Die Schrift müsse dem Scheiterhaufen überliefert und aus dem Denken der Menschen ausgetilgt werden.

Die Erfurter Fakultät war vorsichtiger in ihrem Gutachten, das sie schon früher auf Verlangen nach Köln gesandt hatte. Auch die Erfurter Theologen waren dafür, den Talmud und das ganze Schrifttum der Juden zu beschlagnahmen. An Reuchlins *Augenspiegel* aber konnten sie nichts Ketzerisches und Widerkatholisches finden. Es seien zwar Irrtümer in dieser Schrift, auch sei es bedenklich, daß der Verfasser zu günstig über die Juden geurteilt habe. Die Fakultät empfehle, das Buch zu vernichten, den Verfasser aber «als ohne Makel und rechtgläubig» von jeder Anklage freizustellen.

Die Mainzer Fakultät war mit ihrem Gutachten noch nicht fertig, man konnte dieses Zögern als nicht positiv für die Absichten des Inquisitors werten.

Hoogstraeten stellte an das von ihm eingesetzte und unter seiner Leitung tagende Gericht den Antrag, Reuchlins *Augenspiegel* zu verurteilen. Mit den Worten der Gutachter aus Löwen erklärte er, die Schrift sei gespickt mit Ketzereien und Irrtümern, sie begünstige die ungläubigen Juden, sie sei beleidigend für die Kirche, der *Augenspiegel* sei zu verdammen, zu unterdrücken und «durch das Feuer zu verbrennen».

Reuchlins Sachwalter kam zu Wort. Er protestierte gegen die Anklage und wies ihre Unbegründetheit nach. Er ließ es sich nicht entgehen, einen entscheidenden Formfehler anzuprangern. Hoogstraeten habe sich so feindlich gegen Reuchlin gestellt, daß er, ohne die geringste richterliche Gewalt über ihn zu haben, gleichzeitig als Ankläger und Richter aufträte. So und hier dürfe in dieser Sache nicht entschieden werden. Er schlug vor, zwei Schiedsrichter zu benennen.

Hoogstraeten und seine Dominikaner lehnten den Antrag ab. Der Sachwalter erklärte, die Angelegenheit müsse nun von dem päpstlichen Stuhl in Rom entschieden werden. Und er verließ den Gerichtssaal. Der Inquisitor war offensichtlich beeindruckt. Er zog sich als Richter von dem Verfahren zurück.

Die Quellen sagen nichts darüber, wie sich der Erzbischof von Mainz, der Erzkanzler des deutschen Reichs, verhalten hat. Es wird vermutet, er habe Hoogstraeten davor gewarnt, in seinem ureigensten Erzbistum gegen einen Gelehrten, der ein so hohes Ansehen in Deutschland und in der Welt genieße, aufzutreten. Er habe auch den Prior der Kölner Dominikaner darauf hingewiesen, daß es für ihn gefährlich sei, gegen einen Mann Anklage zu erheben, der nicht einmal seiner Jurisdiktion unterstehe.

Nach dem Rücktritt Hoogstraetens von diesem Verfahren entschied – auf seine Veranlassung – das Gericht, den Fall einer Untersuchungskommission zu übertragen. Am nächsten Tag wurde die Kommission zusammengestellt, die, ohne Frage, Hoogstraeten selber ernannt hatte. Hier wurden die Anklagepunkte gegen Reuchlin und gegen den Talmud vorgetragen. Man nahm noch einmal ein Zeugenverhör vor. Die Zeugen waren alle Dominikaner, man erzielte Einigkeit, das Urteil sollte am nächsten Tag verkündet werden. Und in den Kirchen wurde bekanntgegeben, jeder Besitzer eines Exemplars des *Augenspiegels* sei verpflichtet, diese Schrift Hoogstraeten auszuhändigen. Gleichzeitig war auch der Talmud verdammt worden und das gesamte jüdische Schrifttum. Mit dieser Kommissionsentscheidung glaubten die Dominikaner am Ziel ihrer Wünsche zu sein.

Die Quellen überliefern, daß ein Priester des erzbischöflichen Kapitels, der Dechant Lorenz von Truchseß, sich an den Inquisitor Jacob van Hoogstraeten gewandt und ihm seine Bedenken, wahrscheinlich auch die des Erzbischofs und Kurfürsten, Erzkanzlers des deutschen Reiches, vorgetragen hat. Er regte an, den Urteilsspruch nicht zu verkünden, und bat den Ketzermeister, das Bitten des Dechanten war mehr ein Befehl, die Sache doch noch zu vertagen. Der Dechant soll vor allen Dingen gewarnt haben, ein Urteil zu verkünden, ohne den Angeklagten selber zu hören. Die Sache solle verschoben werden, man möge so lange warten, bis Reuchlin selber zu diesem Verfahren erscheinen könnte.

Was nicht erwartet wurde, geschah. Der schon stark gealterte Johannes Reuchlin erschien zu dem für später anberaumten Termin in Mainz, begleitet von zwei Räten des Herzogs von Württemberg.

Die Intervention des Domherrn, des Dechanten Lorenz von Truchseß, hatte schon einiges bewirkt. Die nun als Gericht tätige Kommission bemühte sich, eine Einigung mit Reuchlin herbeizuführen.

Hoogstraeten aber drängte. Er setzte einen Termin: Wenn nicht bis zum 12. Oktober 1512 eine Einigung erreicht worden sei, dann müsse, so verlangte er von der Kommission, das Urteil gefällt und vollstreckt werden. Wahrscheinlich hatte er gesehen, wie unbeugsam Reuchlin zu seinen Worten stand und wie er durch viele Fürsten und geistliche Herren und durch die Zustimmung in der Bevölkerung gestärkt worden war.

Hoogstraeten hatte schon den Geistlichen in Mainz und Umgebung die Weisung erteilt, von den Kanzeln einen Erlaß zu verkünden, in dem befohlen wurde, alle Exemplare des *Augenspiegels* den Dominikanern abzuliefern. Wer der Aufforderung nachkomme, könne mit einem Ablaß rechnen, vor allem wenn der Besitzer eines *Augenspiegels* sich auf dem Kirchplatz einfände, um dort dem Ketzerrichter die Schrift auszuhändigen. So sollte das Autodafé einen dramatisch-spektakulären Verlauf nehmen.

Am 12. Oktober war der Platz vor der Kirche von Zuschauern belagert. Auch in den Nebenstraßen stauten sich die Menschen. In einer langen Prozession schritten der Inquisitor, die Kommission und die anderen Dominikaner, Gelehrte und Theologen der Universitäten Köln, Löwen und Erfurt zur Tribüne. Schon hatte man die Verfluchung bereit, die Knechte waren auf ihren Plätzen, um das Feuer anzuschüren.

Hier geschah nun das wirklich Einmalige. Im letzten Augenblick erschien der Bote des Erzbischofs. Er gebot Ruhe. Und dann trat der Notar des erzbischöflichen Kapitels hervor, er befahl der Kommission und auch ihrem Initiator, die Vollstreckung des Urteils um einen Monat zu verschieben, bis es zu einer neuen Vermittlung gekommen wäre. Sollten die Mitglieder der Kommission, die das Urteil ausgefertigt hatten, nicht darauf eingehen, so wurde durch den Notar verkündet, enthebe der Erzbischof sie aller Befugnisse als Inquisitionsrichter. Und damit sei alles, was bisher beschlossen war, null und nichtig.

Hoogstraeten wagte noch einen müden Protest gegen die Eingriffe in ein schon abgeschlossenes Verfahren, aber die Menge jubelte. Und die Dominikaner wurden verspottet. Sehr leise, nicht in einem feierlichen Zuge, verschwanden sie von dem Platz vor der Kirche, von dem Platz, wo der Scheiterhaufen aufgerichtet war.

Mit diesem dramatischen Ende schien im Prinzip der Streit erledigt. Der Macht der Dominikaner war eine Grenze gesetzt. Sie konnten sich von diesem Schlage nicht mehr erholen.

Nur Reuchlin wußte, daß der Streit noch nicht endgültig gewonnen war. Die Entscheidung über das ganze Verfahren lag nun in Rom, beim Papst. Es war allgemein bekannt, Papst Leo X. hatte als Leibarzt den Rabbiner der jüdischen Gemeinde in Rom, Bonet de Lates. An ihn wandte sich Reuchlin und bat um Vermittlung. Man wußte allgemein, Leo X. war kein großer Theologe, sein Sinn stand mehr nach Macht, nach Eroberung, nach dem, was die Theologen das Weltliche nannten.

Die Vermittlung des Leibarztes hatte Erfolg. Leo X. erließ ein Breve an die Bischöfe von Speyer und Worms. In diesem Schreiben wurden sie beauftragt, den Streit zwischen Reuchlin und den Kölner Dominikanern zu schlichten und unter Ausschluß jeden anderen Gerichtshofes ein Urteil über diese Angelegenheit zu fällen, ein Urteil, gegen das kein Widerruf mehr möglich sei. So glaubte Leo X. die Sache aus der Welt geschafft zu haben.

Schon aber wurde Hoogstraeten erneut tätig, heute würden wir sagen, er lehnte den Bischof von Worms, einen Herrn von Dahlberg, wegen Befangenheit ab, er sei mit Reuchlin befreundet. So blieb die Sache bei einem sehr jungen Bischof von Speyer hängen, einem Herrn aus einem reichen Fürstenhaus, Georg, Pfalzgraf und Herzog von Bayern. Er setzte, weil er sich selber nicht für sachkundig genug hielt, zwei Richter ein. Thomas von Truchseß und einen Herrn von Schwalbach. Sie sollten die streitenden Parteien vor ihr Gericht in Speyer laden.

Und Reuchlin erschien, von einem Juristen, der sich Prokurator nannte, und anderen Freunden begleitet, zum Termin.

Hoogstraeten dagegen kam nicht selber, er sandte einen sogenannten Sachwalter und zeigte offen seine Verachtung für diese Kommission.

Die Richter beeilten sich nicht sehr. Sie wußten, wie schwierig es war, in dieser Sache ein Urteil zu finden, das alle an dem Konflikt interessierten Parteien zufriedenstellen könnte.

In Köln bekundeten die Dominikaner ihre Mißbilligung. Sie verbrannten, unter Mißachtung der päpstlichen Anordnung, Reuchlins *Augenspiegel.* Öffentlich warfen sie seine Schrift ins Feuer. Am 10. Februar 1514. Und sie beauftragten ihr Subjekt, Johannes Pfefferkorn, das Urteil der Dominikanerkommission im Gerichtssaal zu Speyer vor aller Augen auszuhängen. Reuchlin und seine Rechtsvertreter protestierten gegen diesen Aushang und verlangten seine Entfernung.

Der Bischof von Speyer ließ sich Zeit mit der Ausfertigung des Urteils, das unter seiner Leitung zustande gekommen war. Der Spruch bestätigte im wesentlichen die Argumente Reuchlins. Der *Augenspiegel,* so sagte das Urteil, enthalte weder Irrtümer noch Ketzereien, die Schrift begünstige auch nicht über Gebühr die Juden. Hoogstraeten wurde aufgegeben, weiter Stillschweigen über die Materie zu bewahren. Es wurde festgestellt, daß diese Schrift von jedermann gedruckt und auch gelesen werden könne. Hoogstraeten wurde sogar, und das war das Peinliche an der Geschichte, zu den Kosten des Verfahrens verurteilt, einhundertelf rheinische Goldgulden, er habe die Zahlung innerhalb der gesetzlichen Pflicht zu leisten. Im Weigerungsfalle müsse er mit dem leichten, im Wiederholungsfalle mit dem schweren Bann belegt werden.

Hoogstraeten appellierte gegen dieses Urteil an den Papst. Er mißachtete die Anordnung des obersten Kirchenfürsten, der festgelegt hatte, das Urteil sei endgültig und eine Appellation dagegen nicht zulässig. In einigen Berichten wird sogar behauptet, Hoogstraeten habe erklärt, er wisse, in Rom sei alles käuflich, der Dominikanerorden besäße genug Geld, um dort ein anderes Urteil erwirken zu können. Auch rechne er mit der Unterstützung einer Gruppe von Kardinälen, die ähnlich wie er über Reuchlin und die Juden dächten.

In Deutschland aber hatten die Vorgänge in Mainz und auch das Urteil des Gerichtshofs von Speyer eine fast revolutionäre Wirkung. Es bildete sich eine Reuchlinpartei. Die radikalste Gruppe der Reuchlinisten, wie sie sich nannten, waren einige junge Humanisten.

Doch die Dominikaner gaben ihren Kampf nicht verloren. Sie sammelten speziell in Rom all die Kräfte, die antihumanistisch, antijüdisch gesonnen waren, die jede Änderung, jede Reform der römischen Kirche ablehnten.

Reuchlin wußte, in Rom hatte er einen viel schwächeren Stand als in Deutschland. Er hatte, um seine Position zu untermauern, ein Büchlein herausgegeben unter dem Titel *Clarorum virorum epistolae*

(Briefe berühmter Männer), in dem er den Papst auf seinen Einfluß in Deutschland hinwies. Die letzten Briefe, die an ihn gerichtet waren, enthielten nicht nur lateinische, auch griechische und hebräische Dokumente. Die Urkunde Friedrichs III. war darin aufgenommen, der Reuchlin hohe Ehren übertragen hatte. Ein Schreiben war abgedruckt, das der Vater des jetzigen Papstes, Lorenzo de' Medici, an ihn gerichtet hatte.

Tatsächlich berief Leo X. auf das Drängen der Dominikaner noch einmal einen Untersuchungsrichter, der den Streit schlichten sollte: den hochangesehenen Kirchenfürsten, Kardinal und Patriarchen Domenico Grimani. Er war ein Kenner der rabbinischen Literatur und auch der Kabbala. Er galt als der Beschützer des Franziskanerordens, der mit den Dominikanern im Streit lag.

Hoogstraeten verlegte sein Tätigkeitsfeld nach Rom. Für ihn war ein Sieg in dem Prozeß gegen den *Augenspiegel* und gegen den Talmud zur Lebensaufgabe geworden. Die Dominikaner waren ziemlich sicher, ihrem Ziel näher zu kommen, sie taten alles, um die Autorität des Kardinals Grimani zu untergraben. Sie verbreiteten, er sei ein Dummkopf. Sie trieben außerdem ein gefährliches Spiel, sie drohten mit dem Schisma. Sollte der Papst ihnen nicht den Sieg im Falle Reuchlin zusprechen, dann würden sie sich mit den Hussiten in Böhmen verbinden, um eine Kirchenspaltung herbeizuführen. Es war die dümmste Drohung, die sie überhaupt anbringen konnten.

Der Prior des Dominikanerordens aus Köln versuchte den Papst zu veranlassen, einen zweiten Richter in die Kommission zur Bereinigung des Reuchlinschen Streits zu berufen, den Kardinal Bernardina de Santa Croce, einen dem Orden treu ergebenen Mann. Die Anhänger Reuchlins aber setzten einen anderen zweiten Richter durch, den Kardinal Pietro Anconitane de St. Eusebio. Die beiden Kommissare erließen ein Rundschreiben, in dem sie mitteilten, kein anderer Richter oder keine andere Körperschaft dürfe sich mit diesem Prozeß befassen oder ein Urteil abgeben, bis ihr Spruch in Rom veröffentlicht worden sei.

Noch immer gaben die Dominikaner nicht auf. Sie setzten sich über die Anordnung hinweg und beauftragten die Pariser Sorbonne, die Mutter aller Hochschulen, wie sie genannt wurde, ein Gutachten über Reuchlins *Augenspiegel* und über den Talmud anzufertigen. Mit diesem Gutachten in der Hand, würde der Papst nicht wagen, eine andere Meinung zuzulassen.

Trotz des päpstlichen Verbotes, weiter Urteile über die Reuchlinsche Schrift und den Talmud zu verfassen, prüfte die Sorbonne selbständig die Frage, ob der *Augenspiegel* Ketzerei enthalte und ob der Talmud zu verbrennen sei. Die Chronisten berichten, daß es außerordentlich schwer für die Theologen der Sorbonne war, eine Entscheidung zu fällen. Siebenundvierzig Sitzungen brauchte man. Maßgebend aber war schließlich die Entscheidung, die vor Hunderten von Jahren Ludwig der Heilige von Frankreich ausgesprochen hatte. Man konnte den großen königlichen Heiligen nicht desavouieren. Deshalb fällte die Pariser theologische Fakultät die Entscheidung: Reuchlins *Augenspiegel* enthalte Ketzereien, die Schrift müsse zum Feuer verurteilt werden, außerdem sei der Verfasser zum Widerruf zu veranlassen. Die Fakultät wollte ihre Autorität noch bekräftigen. Sie zeigte dabei ihre sklavische Unterwürfigkeit. Sie vergaß nicht hinzuzufügen, daß diese Verurteilung auf Drängen des Königs von Frankreich erfolgt sei.

Wieder wurde Pfefferkorn veranlaßt, sich öffentlich zu äußern. Er schrieb jetzt unter dem Namen Wigand Wirth das Pamphlet *Sturmglocke*. Das bedeutete, so hieß es dort: «Sturm über und wider die treulosen Juden, Anfechter des Leichnams Christi und seiner Gliedmaßen; Sturm über einen alten Sünder, Johannes Reuchlin, Zuneiger der falschen Juden und des jüdischen Wesens.» Das Pamphlet war ausdrücklich gegen den Befehl des Kaisers, der beiden Parteien Stillschweigen befohlen hatte, veröffentlicht. Pfefferkorn wurde vom Kaiser zur Verantwortung gezogen.

Eine Entscheidung aus Rom war schwer zu bekommen. Hoogstraeten hatte nachgeholfen und der Anklage eine Übersetzung des *Augenspiegels* hinzugefügt. Sie enthielt viele Fälschungen, wichtige Sätze waren so wiedergegeben, daß sie als ketzerisch gelten mußten. Natürlich hatte das die Partei der Humanisten erfahren und sich gegen diese Übersetzung gewehrt. Eine neue Übertragung ins Lateinische wurde von der Kommission in Auftrag gegeben, jedoch erregte diese Fassung das Mißfallen der Gegenpartei.

Die vielen Hindernisse verschleppten den Prozeß. Reuchlin mußte die Prozeßkosten tragen. Vierhundert Goldgulden.

Die Sache blieb in der Schwebe.

Dann aber erschien in Deutschland eine Satire auf die Dominikaner. Eine Satire, wie es sie in dieser Art in diesen Gegenden bisher noch nie gegeben hatte. Lateinisch geschrieben. Sie hieß: *Epistulae ob-*

Titelblatt zu den «Dunkelmännerbriefen», 1517

scurorum virorum. Briefe der Dunkelmänner. Diese Briefe waren zunächst an Ortuin Gratius gerichtet. Ganz bewußt hatte man das Latein unwissender Mönche, das sogenannte Küchenlatein, gewählt. Dadurch bekamen die Briefe, die einen so gelehrten Gegenstand behandelten, eine bewußt komische Note. Sie waren eine Persiflage auf die Denkungsweise der Dominikanermönche. Sie trieben ihre Unwissenheit auf die Spitze, ihre heimlichen Sünden, ihre Faulheit. Kein Gegner Reuchlins wurde geschont. Hoogstraeten wurde genannt. Arnold von Tongern. Ortuin Gratius. Pfefferkorn vor allem. Peter Meyer, der in Frankfurt am Main schon übereifrig den *Augenspiegel* hatte einsammeln lassen. Auch der Pariser Universität mit ihrem servilen, so unwissenschaftlichen Gutachten wurde gedacht.

Es trat in diesen Briefen ein Schüler von Ortuin auf, ein Schiruglius, der sich beschwerte, die Mainzer seien nicht so fromm wie die Kölner. Ein Mainzer habe sogar behauptet, der heilige Rock von Trier sei gar nicht Christi Gewand, sondern ein altes, verlumptes Kleidungsstück. Auch das Haar der gebenedeiten Jungfrau existiere nicht mehr auf der Welt. Vom Ablaß, den die Dominikaner verkauften, hieß es, er sei lächerlich und Schwindel. Damit könne man nur alte Weiber und Bauern täuschen. Die Pariser Universität sei von den Dominikanern bestochen. Sie sei nicht die Mutter aller Hochschulen, sondern die Mutter der Dummheit.

Es trat auch ein Mann namens Eitelnarrabianus von Pessenek auf, der angeblich mit zwei Juden in Worms über den kommenden Messias disputiert habe. Die Juden hätten ihn ausgelacht und behauptet, euer Pfefferkorn in Köln sei ein gemeiner Schwindler, vom Hebräischen verstehe er nichts. Er sei nur Christ geworden, um seine Schlechtigkeit zu verbergen. Als er noch in Mähren gewesen und Jude, habe er einer Frau, die mit Geld auf einer Bank saß, ins Gesicht geschlagen, sie sollte nicht sehen, wie er ihr mehr als zweihundert Gulden stahl. An einem anderen Ort sei schon wegen Diebstahls ein Galgen für ihn aufgerichtet worden. Die Christen hätten den Juden dann geantwortet: Dieser Pfefferkorn sei ein guter Christ. Er beichte sehr viel bei den Dominikanern. Vor allen Dingen beichte auch seine Frau. Er höre sehr oft die Messe, und wenn der Priester die Hostie in die Höhe hebe, sehe er nicht zu Boden, es sei denn, daß er gerade speie. «Meint Ihr, daß die Gottesgelehrten und die Bürgermeister in Köln so dumm sind, daß sie so einen zum Spitalaufseher und Salzvermesser gemacht hätten?» Eitelnarrabianus sagt in diesen Briefen, nur wegen seines schönen Weibchens sei Pfefferkorn den Gottesgelehrten von Köln und dem Bürgermeister so angenehm. Das stimme natürlich nicht, denn die Bürgermeister von Köln hätten selber sehr schöne Frauen, und es sei ja bekannt, Gottesgelehrte kümmern sich überhaupt nicht um Weiber. Nie, aber auch nie habe man davon gehört, daß ein solcher ein Ehebrecher gewesen sei.

Es ist heute schwierig, die Wirkung dieser Briefe zu ermessen. Alle, die in Deutschland, in Italien, in Frankreich und in England der lateinischen Sprache mächtig waren, die Gelehrten und die Studenten an den Universitäten, die Herren in den Ämtern, aber auch viele kluge und ehrliche Priester, verschafften sich diese Briefe, und sie amüsierten sich. Eine Legende berichtet von der Wirkung der Dunkelmännerbriefe auf die Humanisten. Erasmus, der anerkannt Erste unter ihnen, habe sehr über diese Briefe gelacht, und dabei sei er von einem Halsgeschwür, das ihn schon lange gequält, befreit worden.

Die Briefe waren anonym erschienen, und man rätselte darüber, wer sie verfaßt hatte. Viele meinten, Reuchlin, andere sagten, Erasmus oder Hutten vielleicht, der Adlige aus dem Ritterstand, dessen satirische Gedichte von Hand zu Hand gingen. Der Ritter soll die richtige Antwort gegeben haben, als er nach dem Verfasser gefragt wurde: «Gott selbst war es.»

Die erste Auflage der Dunkelmännerbriefe war schnell vergriffen, und eine zweite erschien mit einer Fortsetzung. In einem dieser neueren Briefe klagt Jacob van Hoogstraeten: «Ich wollte, ich hätte die Sache gar nicht angefangen. Alle lachen mich aus und necken mich. In Rom kennt man Reuchlin schon bald besser als in Deutschland. Kardinäle, Bischöfe und Prälaten und päpstliche Hofleute lieben ihn sogar. Ach, hätte ich doch nichts angefangen, so säße ich noch in Köln, äße und tränke gut, während ich hier in Rom kaum trockenes Brot habe. Alle schreiben nach Belieben Bücher über Theologie.»

Die Kölner Dominikaner mit ihrem Pfefferkorn versuchten die Wirkung der Briefe abzuschwächen und gaben eine Schrift heraus: *Verteidigung gegen die berüchtigten Dunkelmännerbriefe.* Doch sie erreichten genau die gegenteilige Wirkung. Sie wurden einfach ausgelacht.

Aber diese Sache hatte die Stellung der Juden in den deutschen Gebieten nicht erleichtert. Im Jahre 1514 wurde ein junger Markgraf, Albrecht von Brandenburg, der bisher Bischof von Magdeburg war, Erzbischof von Mainz. Er erlangte gleichzeitig die Würde eines Kurfürsten und Kanzlers des deutschen Reichs. Auch im Mainzer Domkapitel gab es Anhänger der Dominikaner. Sie bestimmten den neuen Erzbischof, eine Einladung an geistliche und weltliche Fürsten und die Freien Reichsstädte, vor allem aber an die Machthaber von

Frankfurt am Main zu schicken. Es sollte beschlossen werden, die Juden aus diesen Gebieten auszuweisen.

Am 7. Januar 1516 trafen sich Vertreter des Erzbistums Mainz, der Abtei Fulda, des Landgrafen von Hessen, der Burggrafen von Friedberg, der Städte Worms, Frankfurt, Wetzlar, Hanau, Gelnhausen, der Fürsten von Nassau und von Wertheim, von unabhängigen Ritterschaften und von Fürstentümern. Die Vertreter des Erzbischofs von Mainz, dem als geistlichen Oberherrn diese Abgesandten alle unterstanden, schlugen den Herren vor, sie sollten sich verpflichten, auf alle Judenregale zu verzichten, ihre jüdischen Bürger auszuweisen und nie mehr aufzunehmen. Man wollte Einigkeit herbeiführen und diesen Beschluß dem Kaiser übermitteln. Aber Einigung war nicht zu erzielen. Das Kurfürstentum Mainz, die Pfalz, die Landgrafen von Hessen stimmten dafür, aber Frankfurt, Worms und andere Städte meldeten Bedenken an. Der Abt von Fulda, der Graf von Wertheim und andere sprachen sich prinzipiell gegen jede Ausweisung aus, nicht aus humanitären, sondern aus finanziellen Gründen.

Den Juden dieser Gegend blieb die Gefahr nicht verborgen, sie sandten eine Deputation zu Kaiser Maximilian, um ihn zu bitten, die versammelten Fürsten und Städte zu veranlassen, von diesen Maßnahmen abzusehen.

Hier, zum erstenmal, trat ein Mann auf, Josel Loans von Rosheim. Er erinnerte den Kaiser daran, daß die Juden im Grunde seine und des Reiches Kammerknechte seien. Maximilian, in seiner Würde angesprochen, richtete ein Schreiben an die Versammlung, an den Erzbischof von Mainz und an das Mainzer Domkapitel. Er drückte in scharfer Form seine Mißbilligung aus und verbot ihnen, sich in dieser Sache weiter zu beraten.

Papst Leo X. konnte in der Reuchlinschen Frage keinen Entschluß fassen, er wurde von den verschiedenen Gruppen in die verschiedenen Richtungen gedrängt. Er fühlte sich unsicher, inkompetent. Nun ernannte er wieder eine neue Prüfungskommission aus geistlichen Würdenträgern des damals in Rom zusammengerufenen Laterankonzils.

Sämtliche Mitglieder der Kommission sprachen sich für Reuchlin aus, sie waren der Meinung, daß die Urteile der Pariser Universität und der übrigen Hochschulen als ungerechte Schmähungen zu verdammen seien. Ein Geistlicher aus der neu gebildeten Kommission verlangte den Zusatz, Hoogstraeten, der Inquisitor, müsse wegen seiner Unbotmäßigkeit bestraft werden. Nur ein Kardinal, Silvester Prierias, der aus dem Dominikanerorden hervorgegangen war, gab seine Stimme für Hoogstraeten ab. Auch dieses Urteil der von ihm ernannten Kommission wollte Papst Leo X. nicht verkünden. Hoogstraeten und die Dominikaner konnten ihn nur zu einer Weisung veranlassen: der Prozeß ist vorderhand niedergeschlagen, suspendiert. Der Inquisitor verließ Rom unter Schmach und Schande.

In Deutschland blieben die Reuchlinfreunde nicht untätig. Inzwischen hatte der Ritter und Dichter Hutten die Führung der Reuchlinpartei übernommen. Der Verfasser des *Augenspiegels* war alt und müde geworden. Er war nicht mehr fähig, den Kampf weiterzuführen. Hutten schrieb an ihn: «Einen großen Teil Deiner Bürde nehmen wir auf uns. Ich blase jetzt einen Brand zusammen, der zur Zeit auffliegen wird. Ich sammle Genossen, welche nach Alter und Lebensstellung der Kampfesart gewachsen sind. Ich sollte die Sache der Wahrheit verlassen? Wie wenig kennst Du Hutten.»

Der Ritter war es auch, der den zweiten Teil der Dunkelmännerbriefe verfaßte. Wieder ging es um Pfefferkorn und Hoogstraeten: «Von Pfefferkorns Ehrlichkeit habe ich nicht viel gehört, was ich gehört habe, ist, daß, wenn die Juden ihn wegen seiner Missetaten nicht hätten strafen wollen, er nicht Christ geworden wäre. Ein Jude aber hat gesagt, sehet, was bei den Juden nichts taugt, ist für die Christen immer noch gut genug.»

Es war bezeichnend, daß der Provinzial des Dominikanerordens für die Provinz, in der Hoogstraeten Prior war, Eberhard von Kleve, und sein ganzes Kapitel in einem offiziellen Schreiben an den Papst erklärten, dieser Streit habe ihnen nur Haß und Verachtung eingebracht. Sie gälten als Feinde der brüderlichen Liebe, des Friedens und der Eintracht. In jeder Schrift würden sie geschmäht, ihre Predigten verachtet, ihre Beichtstühle gemieden und alles, was sie unternähmen, verlacht und als Hochmut und Überheblichkeit ausgelegt. Sie, die Dominikaner, welche als erste den Kampf gegen die Albigenser, gegen die Ketzer, aufgenommen und dadurch den Aufschwung ihres Ordens herbeigeführt hatten, weil sie sittenstrenger waren als die damaligen Welt- und Ordensgeistlichen, hätten in Deutschland ausgespielt.

Sehr spät kam dem Provinzial diese Erkenntnis, er hätte ja kraft seines Amtes den Reuchlinschen Streit und die Kettung des Ordens an einen Mann wie Pfefferkorn verbieten können.

Noch während der Kampf um Reuchlins *Augenspiegel* und um den Talmud in Rom nicht entschieden war, noch während ganz Deutschland über die Dunkelmänner in Köln, über die Dominikaner lachte, gab am 31. Oktober 1517 Luther seine berühmten Thesen in die Öffentlichkeit. Er griff den Dominikaner Tetzel an, der in den Wittenberg benachbarten Kirchen und Klöstern seine Ablaßzettel verkaufte, der den Gläubigen die ewige Seligkeit versprach, nur wenn sie Geld einzahlten, auch die ewige Seligkeit verstorbener Sünder. Da wuchs in Wittenberg für das Papsttum eine viel größere Gefahr heran als der Reuchlinsche Streit um den *Augenspiegel* und den Talmud.

Hutten, der als Streiter unerbittlich war, der keine Fehde ruhen ließ, die er einmal aufgenommen hatte, veranlaßte seinen Freund, den vom Kaiser geächteten Ritter Franz von Sickingen, sich für Reuchlin und Luther einzusetzen. Sickingen lud die beiden auf seine Burg ein und versprach ihnen Schutz gegen all ihre Feinde. Was der ferne Papst in Rom und der unentschlossene Kaiser in Innsbruck nicht durchsetzen konnten, das brachte Franz von Sickingen fertig. Er sagte dem Provinzial von Kleve und seinem Konvent die Fehde an, wenn der Prior in Köln, Jacob van Hoogstraeten, nicht nach dem Beschluß des Speyerschen Urteils die einhundertelf Goldgulden Kosten zahle. Der Provinzial von Kleve wußte, mit diesen Rittern war nicht zu spaßen. Jetzt versuchte er Reuchlin als Fürsprecher zu gewinnen, aber das lehnte der ehrliche Mann ab. Der Provinzial war gezwungen, den Forderungen Sickingens Folge zu leisten. Hoogstraeten wurde als Prior und auch als Inquisitor abgesetzt, der Konvent des Dominikanerordens der Provinz Teutonia mußte den Papst anflehen, den Streit niederzuschlagen und zu begraben, da Reuchlins Charakter und Glaubenstreue über jeden Zweifel erhaben sei.

Wieder einmal wechselte Papst Leo die Fronten. Er ermunterte sogar einen christlichen Verleger in Antwerpen, eine vollständige Ausgabe auch des Babylonischen Talmuds in zwölf Foliobänden zu drukken, mit allen Kommentaren. Das Muster für sämtliche späteren Talmudausgaben. Leo X. gab dieser Herausgabe seine päpstliche Zustimmung.

Hoogstraeten wurde von seinem Provinzial gezwungen, die einhundertelf Goldgulden zu zahlen.

Dieser Sieg hat dem alternden Johannes Reuchlin kein Glück gebracht. Er konnte sich nicht entschließen, auf die Seite der Reformation zu gehen. Seinem Großneffen, Philipp Schwarzerd, genannt Melanchthon, den er vor Jahren an die Universität Wittenberg als besten Kenner des Griechischen empfohlen hatte, entzog er sogar das ihm zugedachte Erbe. Die Freunde, die Hutten, die Sickingen, aber gingen mit fliegenden Fahnen zum Reformator Martin Luther über.

Den ersten Teil der Dunkelmännerbriefe, der 1515 erschien, hat Crotus Rubeanus (Jäger) verfaßt. Er wird von seinen Zeitgenossen als ein witziger, spöttischer, aber vorsichtiger Mann beschrieben. Immer hat er versucht, seine Autorschaft geheimzuhalten. Der Reformation hat er sich später nicht angeschlossen. Hutten, der mit Rubeanus befreundet war, griff seine Idee auf. Ein Dritter wird genannt, Peter Eberbart, der sich den Namen Petrejus zulegte. Als mögliche Mitverfasser gelten auch Eobanus Hesse, Pirckheimer, Hermann vom Busch, alles Mitglieder eines heiteren Poetenkreises. Alle diese Briefe sind an den berüchtigten Professor Ortuin Gratius geschrieben. Die durchgehende Handlung der Briefe war und blieb der Reuchlinsche Streit und die Rolle, die der getaufte Jude Pfefferkorn darin spielte, und das Wesen der Dominikaner, das ganze wüste und erbärmliche Leben dieser Bettelmönche wurde enthüllt. Ihre unfruchtbaren Diskussionen, ihre dummen Argumente, ihre Haarspaltereien, ihre albernen Schlußfolgerungen, natürlich auch ihre vollkommene Sittenlosigkeit, ihre Völlerei, ihr Hochmut und ihr Unwissen, ihr scheußliches Küchenlatein, in dem sie die Worte, die sie im Latein nicht beherrschten, aus dem Deutschen übernahmen und latinisierten.

Durch die unbedingte Wahrheitsliebe, die Überzeugungstreue und den Mut eines Johannes Reuchlin wurde die lähmende Furcht vor der Macht der Inquisitoren in Deutschland gebrochen. Seine Freunde, die streitbaren jungen Humanisten, hatten mit ihren Dunkelmännerbriefen die Dominikaner vor der gebildeten Welt lächerlich gemacht. Und damit überwindbar. Das Feld für die Reformation in Deutschland lag bereitet. So eng waren die Judenverfolgungen und der Judenhaß an das deutsche Geschick, an die Stunde der Reformation und der Bauernkriege geknüpft. An der Lage der jüdischen Bevölkerung änderte sich nichts.

Dabei war es völlig unerheblich, daß, in seiner Angst vor einer Glaubenserneuerung jenseits der Berge, Papst Leo X. in seinem Schlußurteil vom 23. Juni 1520 die Speyersche Entscheidung von 1514 für ungültig erklärte. Es war unerheblich, daß er den *Augenspiegel* als ein ärgerliches, anstößiges, den Juden unerlaubt günstiges Buch verbot und Reuchlin zu den ganzen Kosten des Prozesses verurteilte. Es war auch unerheblich, daß er Hoogstraeten wieder in seine Ämter als Prior und Inquisitor einsetzte.

Zum ersten Mal in der deutschen Geschichte wurde der Kampf um das Schicksal der Juden, der Kampf um die Freiheit ihres Glaubens und ihrer Lehren in die allgemeine Öffentlichkeit getragen. Dieser Kampf wirkte revolutionierend auf den Gang der Ereignisse.

JOSEL VON ROSHEIM – LUTHER – OSIANDER

1520, als besiegelt werden sollte, was das Geld der Fugger entschieden hatte, in diesem Augenblick, als Karl, König von Spanien, zum Herrscher des Heiligen Römischen Reiches in Aachen gekrönt werden sollte, trat ein bis dahin wenig bekannter Mann in das Licht der Öffentlichkeit: Josel von Rosheim. Von nun an wird er aus der Geschichte der Zeit der Humanisten und des Bauernkriegs und der Reformation und der Gegenreformation nicht mehr abzutrennen sein. Er war der herausragende Denker und Praktiker, der es versucht hatte, ein erträgliches Leben für die jüdischen Gemeinden zu erreichen, eine einmalige Persönlichkeit, uneigennützig und mutig, mit großem Sachverstand.

Der Raum, in dem Josel von Rosheim sich bewegen konnte, war eng und für ihn unüberschreitbar vorgezeichnet. Er konnte an den vorgefundenen Strukturen nichts ändern, ja, er selber, ein Geldverleiher, war zeit seines Lebens ein Gefangener vorgegebener Berufsbegrenzungen. Von nun an werden es die Reichstage und die Ständetage sein, auf denen er durch seine Anwesenheit und sein Wirken den Anspruch auf Gerechtigkeit vertritt. Er wird sowohl in Worms 1521 als auch in Augsburg 1530 zugegen sein und die Belange der jüdischen Gemeinden mit Beharrlichkeit wahrnehmen. Und er wird auch im Laufe seines Lebens demjenigen, dem bis auf den heutigen Tag in der Geschichtsschreibung gerade auf diesen beiden Reichstagen die vornehmliche Aufmerksamkeit gilt, Martin Luther, entgegentreten.

Josel von Rosheim und die Seinen wußten, sie waren, solange sie lebten, eingeschnürt in die Ketten, für die es die amtliche Formulierung gab: «die an das Reich versprochenen Knechte». Und er wußte, jeder neue Herrscher verlangte von ihnen, damit sie weiter in seinem Herrschaftsbereich existieren dürften, die Summe «zur Bestätigung des Lebens».

So mußte er mit dem Habsburger, der aus Spanien gekommen war, dem Land der schrecklichen Vertreibung, hoffnungsvoll über die Höhe des Krönungsgeldes verhandeln, damit der Gewählte und Gekrönte die Bestätigung gab, daß die jüdischen Gemeinden im Lande und am Leben bleiben durften. Josel von Rosheim hatte der Arroganz der Hofbeamten nichts anderes gegenüberzustellen als sich selbst, gestützt auf seine Erfahrungen und auf das Vertrauen vor allem der Gemeinden aus dem Elsaß. Und diese Arroganz der Hofbeamten fand eine Ergänzung in der Verachtung der Historienschreiber durch die Jahrhunderte hindurch, sie ließen bei ihrer Auswahl von Erwähnenswertem aus Reichstagsakten über Josel von Rosheim den Schatten des Schweigens fallen. Ja, sie führten seinen Namen nicht einmal mehr in ihren sonst so genauen Registern.

In diesem Augenblick, als Joseph Loans, Josel von Rosheim, auch genannt der große Verteidiger, dem gekrönten mächtigen Mann gegenüberstand, war er das Gefäß, in dem aller Schmerz, aber auch alle Hoffnung der Juden des Heiligen Römischen Reichs sich gesammelt hatten. Mit dem schweren Wissen um den bedrängten Alltag war Josel nach Aachen gekommen, von niemandem ernannt, von niemandem bezahlt, nur getragen vom Vertrauen der Gemeinden und erfüllt von der Sorge um das tägliche Atmendürfen in diesem Staatsgebilde aus den zehn Landfriedenskreisen, das Elsaß einbeschlossen. Er war nach Aachen gekommen als einer der an das Heilige Römische Reich versprochenen Kammerknechte, und seine freiwillig übernommene Aufgabe war es, nach der Wahl dieses neuen Herrschers, der nach der Krönung zum römischen König noch durch den Papst zum Kaiser gekrönt werden mußte, die Bestätigung der Rechte aus den Zeiten der Vorgänger zu erlangen.

Als Beispiel für das ständige Infragestellen dieser Rechte soll Oberehnheim stehen, 1330 zur Reichsstadt erhoben. Aber der Bischof von Straßburg betrachtete diese Stadt an der Ehn noch immer als sein Einflußgebiet. Josels Aufzeichnungen gestatten uns einen Einblick in die Denk- und Handlungsweise der Oberehnheimer Ratsherren. Er berichtete über die Beschwerde des Rates der Stadt Oberehnheim. Sie war dem Kaiser zugestellt worden, der sich 1507 in Straßburg aufhielt: «... die Juden richteten die gesamte Bürgerschaft durch den Wucher und die Diebstähle zu Grunde.» Der Kaiser verfügte die Ausweisung. Auch das schrieb Josel auf: «Sie wurden ohne Erbarmen aus ihren Häusern und Wohnungen vertrieben, in das Feld und das Elend gejagt.»

Von den Verfolgten um Hilfe gerufen, begann Josel seine Auseinandersetzung um Recht und Gerechtigkeit mit dieser Reichsstadt. Voraussetzung für ein erfolgreiches Eintreten war seine genaue Kenntnis der Rechtslage und des möglichen Rechtsweges. Er wandte sich an den Unterlandvogt als einer, der Recht verlangt. Im Namen der vertriebenen Juden forderte er eine gerichtliche Verhandlung. Sie seien weder angeklagt noch verhört worden. Es gehörte eine starke Beharrlichkeit dazu, in das Dickicht der Willkür einzudringen, und sicher war das Maß der Demütigungen unerschöpflich; jedenfalls muß eine zwingende Kraft in Josels Auftreten schon damals gewesen sein, es wird berichtet, Kaiser Maximilian habe nun den Magistrat von Oberehnheim veranlaßt, die Ausweisung rückgängig zu machen. Aber dieser Sieg über die Ratsherren, so ist Josels Bericht zu entnehmen, war für die Betroffenen Jahre hindurch mit besonderen Grausamkeiten verknüpft. So verbot der Magistrat auswärtigen Juden den Besuch der Jahrmärkte. Sie durften nicht durch die Stadt gehen. Sie durften die Straßen der Stadt nicht betreten. An der Stadt Vorüberziehende wurden von den Bürgersöhnen geschlagen. Die Stadt bestrafte die Täter nicht. Jakob ben Judah, der, wie es hieß, in Geschäften seinen Weg auf der kaiserlichen Heerstraße nahm, wurde von einem Oberehnheimer Ackerknecht erschlagen. Das war der Auftakt für die christlichen Bewohner der Nachbarstädte und -gemeinden, nun auch den in ihrem Bereich wohnenden Juden das Leben unerträglich zu machen. In seinen Beschwerdeschriften sprach Josel von der «unmenschlichen Handlung wider Billigkeit und alle gedachte Freiheit». Er nahm es in Anspruch, auch von der Freiheit der gequälten Juden zu sprechen. Lange bevor Luther nachdachte über die «Freiheit eines Christenmenschen», fragte Josel nach der Freiheit der Juden, wenigstens ohne Lebensgefahr über die Reichsstraßen gehen zu dürfen.

Wir hören von ihm aus dem Jahr 1515, daß er, Josel, nach Koblenz gegangen sei, um dort, wie er schrieb, vor allen versammelten Völkern und Fürsten seine Anklage gegen die Stadt Oberehnheim vorzutragen. Spätestens seit er aus diesem Alltag von Oberehnheim kam, war es auf ihn gelegt, «in besonderer Fürsorge das Auge offen zu halten über die Gemeinde», und das bedeutete, ihre Selbständigkeit in juristischen und religiösen Angelegenheiten zu bewahren und sie vor den Übergriffen der Christen zu verteidigen. Das bedeutete die lebenslange Auseinandersetzung mit dem nun in Aachen neugewählten kaiserlichen Herrn, für den er, Josel, nie etwas anderes sein würde als der Kammerknecht. So war er, ausgeliefert der persönlichen, kaiserlichen Willkür, die sich nur erklären ließ durch die Zwänge, in die der jeweils Regierende geraten war.

Der neue Machthaber übernahm ja auch die Zustände, die sein Vorgänger hinterlassen hatte. So hatte die Katastrophe von Regensburg, ausgelöst duch den Haß der Zünfte, sich schon unter Maximilian I. vorbereitet. Die kurze kaiserlose Zwischenzeit war dann ein willkommener Augenblick für die Bewohner von Regensburg, das Leben der jüdischen Gemeinde zu zerstören. Als noch unentschieden war, wer von drei möglichen Kandidaten zum Kaiser gewählt werden sollte

– Franz I. von Frankreich, der Kurfürst von Sachsen, Friedrich, oder der von den Fuggern unterstützte Habsburger Karl, König von Spanien –, in dieser Zwischenzeit, 1519, hatten die Regensburger Bürger, voran einmütig alle Zünfte, diese Zeit genützt. Mit wilder Lust hatten sie die Synagoge niedergerissen, die alteingesessenen jüdischen Familien getreten, hinausgetreten, getötet und verjagt, die Wohnungen zerstört. Mit inbrünstiger Freude war umgehend auf dem Platz der altehrwürdigen Synagoge eine hölzerne Kirche errichtet und die Wallfahrt zur «Schönen Maria» aufgebaut worden.

Es gehörte schon eine starke Hoffnung dazu, in einer solchen Zeit als Sprecher der bedrängten Juden in aller Öffentlichkeit zu erscheinen und die Belange der Getretenen und Geschundenen überhaupt zur Sprache zu bringen und nicht nur Verordnungen über sich ergehen zu lassen.

Dieser zwiegesichtige Umgang mit den Christen lag wie ein Schatten über Josels Familie: Haß zu erfahren und doch auf die Hoffnung zu setzen. Seine Vorfahren seien aus dem französischen Ort Louhans eingewandert. Da habe es unter ihnen jenen legendären Jacob Jehiel Loans gegeben, den zum Ritter geschlagenen Leibarzt Kaiser Friedrichs III., der den Humanisten Reuchlin in die Geheimnisse der hebräischen Sprache eingeführt hatte.

Gegen diesen Kaiser aus dem Hause Habsburg gab es, vor allem von geistlicher Seite her, den Vorwurf, er habe seinen jüdischen Untertanen mehr Schutz gegeben als seinen christlichen. Es fanden sich auch genug Leute, die ihn mit Verachtung einen Judenkönig nannten. Er war es nicht, auch unter seiner Regierung geschah Bedrückung auf Bedrückung. Und es ereignete sich ja an der Familie des Josel die Tragödie von Endingen am Kaiserstuhl im südlichen Baden: das Todesurteil und der Vollzug vom 4. April 1470. Josels Großonkel, der Rabbiner Elias, und dessen beide Brüder Eberlin und Märklin wurden auf dem Judenhügel hingerichtet. Es war ihnen zur Last gelegt worden, sie hätten, als sie, acht Jahre zuvor, das Laubhüttenfest feierten, eine Bettlerfamilie, einen Mann, eine Frau und zwei Kinder, getötet. Das Schema, nach dem diese Verdächtigung aufgebaut wurde, wird noch zu Lebzeiten des Josel durch den evangelischen Theologen Osiander bloßgelegt werden. Hier war es der Metzgermeister, dem Nachbarn Elias verschuldet, der acht Jahre nach diesem Laubhüttenfest auftrat und erklärte, er habe damals merkwürdige Geräusche gehört, das könne von Kindern gekommen sein, denen man Blut ausgepreßt habe.

Zu den Erfahrungen, die Josel in sich bewahrte, gehörte auch das Wissen um das andere Schema: das Erpressen von Lösegeld. Welcher Krieg auch immer begann, er führte in die Judengasse. Auch in die von Oberehnheim, wo Vater Gerschon sich etwa 1470 um Wohnrecht bemüht hatte. Im Burgunderkrieg verfolgten Schweizer Landsknechte diese Gemeinde bis nach Türkheim, wo sie achtzig ergriffen; für ein Lösegeld von achthundert Goldgulden kämen sie frei, sonst würden sie alle getötet. Hier nun geschah die wie eine Legende anmutende Rettung durch Judah Pamseh aus Mühlhausen, der «nach kurzer Betroffenheit seinen Diener Mordechai losgeschickt mit dem Geld, daß er gerade noch rechtzeitig ankam». Diese Geschichte des Vaters Gerschon zeigte eine Möglichkeit für den Umgang mit Christen: das Loskaufen vom Tode.

In dem Augenblick der Krönung in Aachen 1520 war dieser Zustand unverändert: der Kaiser könne mit seinen Juden schaffen und tun, wie ihm gutdünke, da sie ihm gehörten. Sie waren preisgegeben der Verachtung und dem Haß. Längst konnten sie nicht mehr frei und ungehindert in Handelsdingen nach Spanien, Italien, Rußland oder dem Orient reisen, waren sie nur die kleinen Händler. Längst waren die großen christlichen Handelshäuser aufgekommen.

Sicherlich war es nun ein hoffnungsvoller Anfang, daß wenige Monate vor der Krönung gerade dieses Aufrichten einer neuen Wallfahrt nach Regensburg zum Bild der «Schönen Maria» von Luther als ein Aberglauben bezeichnet wurde. Es war schon beachtlich, wenn es im Juni 1520, einige Monate vor der Krönung, in der Schrift *An den christlichen Adel deutscher Nation* hieß, in einer Reihe von Vorschlägen zur Erneuerung, an zwanzigster Stelle: daß die wilden Kapellen und Feldkirchen zerstört werden sollten, zu denen die neuen Wallfahrten hingingen. «Wilsnack, Sternberg, Trier, das Grimmenthal und jetzt Regensburg und der Anzahl viel mehr.» Immerhin, eine große Möglichkeit war gezeigt worden in der Forderung: Wir sollen mutig und frei werden und den Geist der Freiheit (wie Paulus ihn nennt) nicht durch erdichtete Worte der Päpste gefährden lassen. Luther hatte den Anspruch auf diese Freiheit hergeleitet von der Überlegung: Alles, was aus der Taufe gekrochen sei, dürfe sich rühmen, daß es schon zu Priester, Bischof und Papst geweiht sei, alle seien gleichermaßen Priester. Im Schwung dieser Wendung gegen Rom kennzeichnete er die Wallfahrten als Teufelsgespinst. Er erklärte, die Bischöfe, die aus den Wallfahrten Nutzen zögen, würden schwere Rechenschaft darüber ablegen müssen. Sie sollten die ersten sein, sich dagegen zu wenden. Sie meinten, es sei göttlich und heilig, sie sähen nicht, daß sie einen falschen, erdichteten Glauben aufrichteten. «Kabernen und Hurerei» würden vermehrt, das arme Volk an der Nase herumgeführt. Die Wunderzeichen sollten bald aufhören, wenn die Bischöfe das Unwesen verbieten würden. Und gäbe es kein anderes Zeichen, so sei es schon genug, daß die Menschen tobend, ohne Vernunft, in Haufen wie das Vieh zusammenliefen. Und: Ein jeglicher gedenke nur, wie er eine solche Wallfahrt in seinem Kreis aufrichten und erhalten könne, ohne sich darum zu sorgen, wie das Volk recht glaube und recht lebe. Wo die Wallfahrten nicht angehen wollten, bemühe man sich, Heilige zu erheben, um Gelaufe und Geldbringen zu erreichen. Der Teufel richte diese Wallfahrten, Kapellen, Kirchen, Heiligenerhebungen und andere Narrenwerke mehr auf, «damit wir aus dem rechten Glauben in neuen falschen Mißglauben fahren». Und er setzte hinzu: «Gleichwie er vorzeiten dem Volk von Israel tat, daß er es von dem Tempel zu Jerusalem an unzählige Orte verführte.»

So hatte Luther in dieser Schrift nur von den Juden «vor Zeiten» gesprochen. Die aus Regensburg Herausgetriebenen hatte er mit keiner Silbe erwähnt, hatte auch darüber geschwiegen, daß diese neue Holzkirche für die Wallfahrt zur «Schönen Maria» auf dem Fundament der abgerissenen Synagoge in aller Eile errichtet worden war. Später, in seinen erbarmungslosen Angriffen gegen die lebenden Juden, wird er sie «die jetzigen» nennen, dann aber wird er längst das theologische mit dem weltlichen Tagesgeschehen unentwirrbar vermischt haben. So aber war in diesem Juni 1520 zunächst eine Möglichkeit zu einem Verständnis gesetzt, wenn er den Ratschlag gab: Solches «Narrenwerk» abzutun, ein jeglicher frommer Christenmensch solle seine Augen öffnen, bei seiner Kirche, seiner Taufe, seinem Evangelium, Glauben, Christum und Gott, der an allen Orten gleich sei, bleiben und den Papst einen blinden Führer der Blinden sein lassen. Er gab die Warnung: Solltest du auf seinem Pergament und Wachs gen Himmel fahren, so wird dir der Wagen bald zerbrechen. Und du wirst in die Hölle fallen, nicht in Gottes Namen. Die Abgrenzung, in fünf Begriffen zusammengefaßt (Taufe, Evangelium, Glauben, Christus und Gott), zeigte noch nichts Bedrohliches von seiner Seite für die jüdischen Gemeinden. Noch war da die Reinheit der Morgenröte seines Strebens, die Zusammenhänge waren aufgezeigt worden: Das Wunder vom Blut mußte aufgebaut werden, «um Gelaufe und Geldbringen aufzurichten». Die Wallfahrten waren nun gekennzeichnet als unnütze Reisen zu Orten des Aberglaubens und als Plätze des Geldeinnehmens für die Geistlichkeit. Aber es wurde nur dargestellt als ein Mißbrauch, es wurde nicht mit einem Wort darüber Auskunft gegeben, welchen Ursprung diese Plätze hatten, auf welchen Verdächtigungen diese Wunder beruhten.

Bei der Krönung in Aachen am 20. Oktober 1520 erhielt Josel auf seine Fürbitte hin für die jüdischen Gemeinden, nach seinem eigenen Bericht, günstige Privilegien für ganz Deutschland. Aber der Glanz dieser bei Hofe zu festlichen Gelegenheiten gegebenen Zusagen wurde überschattet durch den Alltag. Im elsässischen Rosheim, Josels Wohnort, wurde der Beschluß gefaßt, die Juden zu vertreiben. Die Stadt Kaysersberg schloß sich an. Josel beschrieb sein Wirken im gleichen Jahr: «Unter unsäglichen Mühen bewirkten wir ein um das andere Mal einen Aufschub. Doch ist bis zum heutigen Tag nichts entschieden.» Für Kaysersberg konnte die Austreibung aufgehalten werden, nicht aber für Rosheim.

Und nach dem festlichen Gepränge der Krönung blieb der Alltag. Jetzt kamen auch wieder die Vertreter der Reichsstadt Oberehnheim. In Worms, während des ersten Reichstags Karls V. auf deutschem Boden, erschienen sie auf dem Plan, um «Freiheit wider die Juden» zu erlangen, eine Zusage aus Kaiser Maximilians Zeiten von 1507 wollten sie bestätigt haben, der Bischof von Straßburg stand an ihrer Seite. Man erlangte die Freiheit, die Juden austreiben und ihnen den Aufenthalt versagen zu können, auch für Schwäbisch Gmünd, für Rosheim, für Donauwörth.

Diese Geschehnisse gerieten in den Schatten der Geschichtsschreibung; welche Beschlüsse auch immer in den Angelegenheiten der Juden gefaßt wurden, es schien nicht erwähnenswert. Die Anstrengungen des Mannes aus Rosheim auf dem Reichstag 1521, die Vernunft und das Gewissen zu erreichen, wurden verschwiegen. Aber viel zitiert waren nun die Lutherworte zur Verteidigung seiner Lehre: «Es sei denn, daß ich durch Zeugnisse der Schrift oder durch klare Gründe der Vernunft überführt werde – denn ich glaube weder dem Papst noch den Konzilien allein, da es feststeht, daß sie öfter geirrt und sich selbst widersprochen haben –, bin ich überwunden durch die von mir angeführten Schriftstellen und ist mein Gewissen gefangen in Gottes Wort, daher kann und will ich nichts widerrufen, da es weder sicher noch recht ist, gegen das Gewissen zu handeln. Gott helfe mir. Amen.»

Immerhin waren hier die beiden Begriffe Vernunft und Gewissen, die sicherlich im Ablauf der Jahrhunderte bis auf heute andere Verklammerungen erfahren haben, aufgerufen.

Neben dieser glanzvollen Seite aber gab es in den Beschlüssen des Reichstags die Weisung: «Juden, die wuchern oder auf Diebesgut leihen, sollen von niemandem beherbergt werden und im Reich keinen Frieden und kein Geleit haben.» Der Denunziation und falschen Anschuldigung war freier Raum gegeben.

Und möglicherweise in einer Wendung gegen den Mann, der das Vertrauen der Juden des Reichs hatte, bestimmte Karl V., nun solle Samuel von Worms als Generalrabbiner für die Abgabe des «goldenen Opferpfennigs» an die königliche Kammer Sorge tragen.

Nach diesem Reichstag überließ Karl V. die habsburgischen Länder in Deutschland seinem Bruder Ferdinand I. zur Regierung. Im gleichen Jahr eroberten die Türken Belgrad. In Wittenberg standen die von Luther so genannten «Schwarmgeister» auf, unter der Führung von Karlstadt. Sie entfernten aus den Kirchen die Andachtsbilder und verlangten soziale Reformen. In diesem Jahr aber auch wurde der von Luther empfohlene Pfarrer in Zwickau, Thomas Müntzer, abgesetzt und floh nach Böhmen. In dem Prager Manifest vom 1. November 1521 gegen eine Kirche der «Pfaffen und Affen» deutete sich Thomas Müntzers eigene Auffassung über den lebendigen Geist an, der nicht durch äußere Taufe erlangt werden könne, er begann hier schon, eine neue Gemeinde der «auserwählten Freunde Gottes» aufzurichten. Sowohl Luther als auch die päpstliche Seite werden später beides, die heranrückenden Türken und die zu einer revolutionären Bewegung gewachsene Lehre des Thomas Müntzer, den Juden anlasten.

Die Hoffnung auf die Stimme der Vernunft und des Gewissens durch die Reformation wuchs, als Luther im Jahre 1523 seine Schrift *Daß Jesus Christus ein geborner Jude sei* veröffentlichte. Jedoch war jeder Erwartung von vornherein die unüberschreitbare Grenze gesetzt, hier als Wunsch ausgedrückt: «Ob ich vielleicht auch der Juden etliche möchte zum Christenglauben reizen.» Diese Schrift war angelegt als eine Selbstverteidigung gegen den Vorwurf, er habe eine neue Ketzerei gepredigt, «daß Maria, die Mutter Gottes, sei nicht Jungfrau gewesen vor und nach der Geburt, sondern sie habe Christum von Josef und danach mehr Kinder gehabt». Hier auch steht der oft und gern zitierte Satz: «Denn unsere Narren, die Päpste, Bischöfe, Sophisten und Mönche, die groben Eselsköpfe, haben bisher also mit den Juden gefahren, daß, wer ein guter Christ wäre gewesen, hätte wohl mocht ein Jude werden. Und wenn ich ein Jude gewesen wäre und hätte solche Tölpel und Knebel (rohe, plumpe Gesellen – d. A.) gesehen den Christenglauben regieren und lehren, so wäre ich eher eine Sau geworden, denn ein Christ.»

Da stand nun schon, fast unabsichtlich, nebeneinandergereiht sein Spielen mit den Begriffen Jude und Sau.

Aber die Überlegungen führten ihn weiter in die Welt der gegenwärtigen Juden: «Denn sie haben mit den Juden gehandelt, als wären es Hunde und nicht Menschen, haben nichts tun können, denn sie schelten und ihr Gut nehmen, wenn man sie getauft hat. Keine christliche Lehre noch Leben hat man ihnen gewiesen, sondern nur der Päpsterei und Möncherei unterworfen. Wenn sie denn gesehen haben, daß der Juden Ding so stark die Schrift für sich hat und der Christen Ding ein bloßes Geschwätz gewesen ist, ohne alle Schrift, wie konnten sie doch ihr Herz stillen und recht gute Christen werden?» Und das Selbstbewußtsein des Reformators ließ ihn aussprechen: «Ich hab selbst gehört, von frommen getauften Juden, daß, wenn sie nicht bei uns jetzt das Evangelium gehört hätten, sie wären ihr lebenlang Juden unter dem Christenmantel geblieben. Denn sie bekennen, daß sie noch nie etwas von Christus gehört haben von ihren Täufern und Meistern.» Er hoffte, daß man die Juden freundlich behandele und sie aus der Heiligen Schrift «säuberlich» unterweise. In der Erinnerung, daß die Apostel auch Juden gewesen, die mit «uns Heiden» brüderlich gehandelt hätten, schloß er die Überlegung ein, ernsthaft und ohne jeden ironischen Ton: «Wir sind Heiden und Fremdlinge. Und darum, wenn man sich des Blutes und des Fleisches rühmen sollt, so gehören die Juden Christo näher zu denn wir.» Jetzt erst geschah der Umschwung in das Ironische, er bat seine «lieben Papisten», wenn sie müde werden, ihn einen Ketzer zu schelten, daß sie dann anfangen, ihn einen Juden zu schimpfen. Und er würde vielleicht auch noch ein Türke werden und was diese «Junker» nur wollten.

Er versuchte, über den Glauben hinaus, den Sinn der Schrift verständlich zu machen, wie dieses Kind der Mutter Maria geboren werden konnte. Dabei zeigte sich schon sein starres Festhalten am Wort, «auf daß die Schrift bestehe». Und er klammerte sich an dem Gedanken fest: «Gott kann nicht lügen.» Und indem er sich gegen die Verehrung der Jungfrau Maria wehrte, kam schon seine Schwierigkeit zutage, daß er sich nicht genügend im Hebräischen auskannte. Diese

Gedanken führte er mit der Überlegung ein: «So achte ich keinen Juden so grob, der Gott nicht so viel Macht gäbe, daß er möge ein Kind von einer Jungfrau machen, sintemal sie bekennen müssen, daß er Adam von der Erde und Eva von Adam gemacht hat, welches nicht geringer Gewalt bedarf.» Er untersuchte die Bedeutung der Worte «alma» und «bethula», er stützte sich auf Matthäus und Lukas, die alle beide im Jesaja Deutungen für Maria gaben, sie «verdolmetschen das Wort ‹alma› Jungfrau». Er meinte, man könne gewiß sein, daß Gott, der Heilige Geist, der durch Matthäus und Lukas rede, die hebräische Sprache wohl verstehe. Und schloß dann die grundsätzliche Wendung gegen die Juden an: «Aber weil die Juden die Evangelisten nicht annehmen, müssen wir ihnen anders begegnen.» Mit Starrheit hielt er an der Auslegung der Schrift fest, gab ihr den Vorzug vor dem Wortsinn: «Es ist aber kindisch und schimpflich, so mit Worten sich behelfen, wenn die Deutung einerlei ist.» Und seine Versuche, bei der Wortwahl exakt zu sein und das Hebräische «auf das allereigentlichste» zu verdeutschen, ließen ihn «den Juden zu Dienst» zu der Lösung kommen: «Siehe, eine Magd geht schwanger.» Das Wort Jungfrau hatte er nun herausgenommen und beendete seine Überlegung mit der Wendung: «So spricht der deutsche Mann und Mutterzunge.»

Dieses Betonen der deutschen Sprache war ja ein Stück seines Loslösens von Rom. Der unsichtbare Lettner der Sprache, die Trennwand zwischen den geweihten Geistlichen und den ungeweihten Laien, war in Allstedt, unweit vom Kyffhäuser, niedergerissen worden. Thomas Müntzer hatte als erster den gesamten Gottesdienst mit allen Gesängen und Gebeten in deutsch gehalten. In diesem Schwung, der dann auch Luther veranlaßte, seine Lieder in deutsch dagegen zu setzen, ist die Wendung vom Sprechen des deutschen Mannes mit deutscher Mutterzunge zunächst zu sehen. Aber die enge Verstrickung zwischen Gedanken und Äußerung der Gedanken läßt sich nicht auflösen mit allgemeinen Zuordnungen zu Zeitströmungen. Sich als Christ zu verstehen bedeutete auch 1523, Stücke aus dem Alten Testament umzuwandeln. Mit Begründung nur auf den Glauben, unter Zuhilfenahme des Apostels Paulus, wurde das Fundament der Überlieferung aus der Schrift gleichzeitig weggestoßen und angenommen. Ständig mußte das Übernommene gerechtfertigt werden, gerechtfertigt in Gegenwendung zu den Juden. Es blieb, wollte einer sein Christsein unter Beweis stellen, nichts anderes übrig, als die vorgefertigten Regelungen über die Verheißungen zu übernehmen. So bezog sich Luther ausdrücklich auf

Jesaja 42, auf das erste Lied vom Gottesknecht, von dem Erwählten, der nicht schreien und nicht lärmen, auch nicht ermatten und nicht zusammenbrechen wird, bis er das Recht auf Erden begründet hat. Luther wollte für die Altgläubigen nachweisen, daß er in keiner Weise von dem Glaubensgrundsatz abwich: Der vor eintausendfünfhundert Jahren erschienene Messias sei der Sohn Gottes und von der Jungfrau Maria geboren. Er verknüpfte seine Abwehr gegen die Päpstlichen schon hier mit einer Wendung gegen die Juden: «Aber weil wir dabei sind, daß wir nicht allein den unnützen Lügnern (den altgläubigen Gegnern) antworten, sondern auch gerne den Juden dienen wollten, ob wir einige von ihnen zu ihrem eigenen rechten Glauben bringen, den ihre Väter gehabt haben, wollen wir weiter mit ihnen handeln.»

Von nun an wird er immer wieder darauf hinweisen: «So können die Juden nicht ableugnen, daß sie, seit jetzt Jerusalem zerstört ist, nun wohl fünfzehnhundert Jahre, gar kein Zepter, das ist, kein Königreich, noch König, gehabt haben, darum muß zuvor der Silo oder Messias gekommen sein, vor diesen fünfzehnhundert Jahren und vor der Zerstörung Jerusalems.» Von diesem Ausgangspunkt wird er zeit seines Lebens nicht abrücken können. In dieser seiner Schrift des Verteidigens und des Angreifens ging er tief hinab in das Dunkel des Glaubens, der über den Verstand zu triumphieren hat. Und die Schwierigkeit, den Bezug von Jakobs Segen auf den Messias der Vernunft des Jahres 1523 zugänglich zu machen, führte ihn zu der alles zudeckenden Überlegung: Gott könne nicht lügen.

Hier schon erscheint dieses Wort, das er später durch die klangliche Zuordnung «von den Jüden und ihren Lügen» zu einem schweren Mühlstein machen wird. Jetzt aber, bei der Ausdeutung von Jakobs Segen (Genesis 49) war es das Wort Silo, das ihn in seiner Wendung gegen die Juden sich verhärten ließ. «Er heiße Silo oder Messias, wir handeln nicht vom Namen, sondern von der Person.» Und: «Ich will nicht streiten, was Silo heißt.» Und: «Es ist alles voll und genug, daß ich auf deutsch Silo Wohlfahrt nennen kann.» Und: «Er heiße nun Herr oder Wohlfahrt, prosper oder felix.» Indem er sich an die hergebrachte Lehre vom Messias hielt, beschwor er die Notwendigkeit herauf, die zeitgenössischen Juden zum christlichen Glauben zu bringen. Er fügte das Glaubensbekenntnis vom Auferstandenen, der sterblich und doch nicht sterblich gewesen, mit der bedrohlichen Wendung zusammen: «Aber diese lieblichen Reden sind den Juden noch zu hoch und zu schwer.» Und: «Diese Auslegung werden die Juden nicht achten, bis sie zuvor herbeikommen und erkennen, daß Christus gekommen sein muß. Nach diesem Spruch.» Etwas anderes ist in seiner Denkweise nicht enthalten und nicht zu suchen, die Juden, die zeitgenössischen, sollen herbeikommen und erkennen, daß Christus gekommen sein muß. Er bekräftigte seine theologischen Überlegungen mit dem deutlichen Hinweis auf die gesellschaftliche Lage der «jetzigen Juden», so meinte er ausdrücklich: «Ob es aber die Juden ärgern wird, daß wir unseren Jesum einen Menschen und doch wahren Gott bekennen, wollen wir mit der Zeit auch kräftiglich aus der Schrift bessern. Aber es ist am Anfang zu hart. Laß sie zuvor Milch saugen und aufs erste diesen Menschen Jesum für den rechten Messias erkennen. Danach sollen sie Wein trinken und auch lernen, wie er wahrhaftiger Gott sei. Denn sie sind zu tief und zu lange verführt, daß man muß säuberlich mit ihnen umgehen.»

Er endete seine Schrift *Daß Jesus Christus ein geborner Jude sei* mit der hoffnungsvollen und gern zitierten Stelle, in der auch seine Einwände gegen die Blutbeschuldigung einbeschlossen waren: «Darum wäre meine Bitte und Rat, daß man säuberlich mit ihnen umginge und aus der Schrift sie unterrichtet, so möchten ihrer etliche herbeikommen. Aber nun, wenn wir sie nur mit Gewalt treiben und gehen mit Lügen und teidingen (unnützem Gerede – d. A.) um, geben ihnen Schuld, sie müßten Christenblut haben, daß sie nicht stinken und weiß nicht, was des Narrenwerkes mehr ist, daß man sie gleich für Hunde hält, was sollten wir Gutes an ihnen schaffen. Auch daß man ihnen verbietet, unter uns zu arbeiten, hantieren und andere menschliche Gemeinschaft zu haben, damit man sie zum Wucher treibt, wie sollte sie das bessern. Will man ihnen helfen, so muß man nicht des Papstes, sondern christlicher Liebe Gesetz an ihnen üben und sie freundlich annehmen, mit lassen werben und arbeiten, damit sie Ursache und Raum gewinnen, bei uns und um uns zu sein, unsere christliche Lehre und Leben zu hören und sehen. Ob etliche halsstarrig sind, was liegt daran, sind wir doch auch nicht alle gute Christen. Hier will ich's diesmal bleiben lassen, bis ich sehe, was ich gewirkt habe.»

Wenn er schrieb, damit sie Ursache und Raum gewinnen, bei und um uns zu sein, so schien mit diesem Appell an die Freundlichkeit ein neuer Ton angeschlagen. Es waren fast dieselben Worte, die Josel von Rosheim vor dem versammelten Reichstag in Augsburg 1530 vortrug, in der *Verpflichtung die Gesetze und Regeln zu halten*. Das war Josels Ton stolzer Würde: «... wenn nur die Regierenden und Fürsten, die Land- und

Stadtvögte im Heiligen Römischen Reich ihrerseits nichts versäumen werden, um uns überall an unseren Wohnorten ein friedliches Dasein zu sichern, ohne unsere Ruhe durch Ausweisungsdekrete zu stören, wenn sie uns Freizügigkeit und Handelsfreiheit gewährleisten und keine falschen Anschuldigungen gegen uns ersinnen werden, um uns zu bedrücken.» Und er schließt mit der Formulierung, wie sie fast gleichlautend in der Schrift vom als Juden geborenen Jesus Christus zu finden ist: «Denn auch wir sind Menschen, von Gott dem Allmächtigen geschaffen, um auf Erden bei euch und mit euch zu leben.»

Die Vorbereitungen für diesen Reichstag in Augsburg beschränkten sich ja keineswegs auf die Aktivitäten der Protestanten, mit der Ausarbeitung der sogenannten *Augsburger Konfession*, bei deren Verlesung der Kaiser einschlief, auch die Feinde der Juden auf konservativer katholischer Seite waren dabei, sich für diese Zusammenkunft der Fürsten und Stände mit dem Kaiser einzurichten. Wieder stand für sie auf der Tagsordnung, eine allgemein gültige Kennzeichnung durchzusetzen. Der gelbe Fleck.

Wenn Josel in seinen Aufzeichnungen seine Bemühungen für diese Augsburger Zeit mit dem knappen, bescheidenen Satz umschreibt: «Ich aber war auf der Hut», dann muß man sich vergegenwärtigen, was sich in der zehnjährigen Abwesenheit des Kaisers in den deutschen Gebieten ereignet hatte. In dieser Zwischenzeit, nach der Krönung in Aachen, hatten die Landesfürsten durch den Sieg über die Bauern ihre Macht gestärkt.

Auf eindrucksvolle Weise war Josel von Rosheim in die Auseinandersetzungen mit den Bauern einbezogen. Später, in Stunden schwerer Prüfungen, erinnerte er die Seinen, aber auch die Obrigkeit von Straßburg daran. Als die elsässischen Bauern gegen Rosheim, seine Heimatstadt, zogen, hatten sich die Reformatoren Butzer und Capito schon umsonst bemüht, die Aufständischen von ihrem Vorhaben, in die Stadt einzudringen, abzubringen. Mit der Bescheidenheit des wirklich Erfolgreichen berichtete er in seinen Erinnerungen darüber: Er habe im Lager der Bauern zu Altdorf mit dem Anführer Erasmus Gerber gesprochen, und es sei ihm gelungen, ihn zu überzeugen, die Stadt solle verschont werden, «mit Gottes Hilfe».

Und auch der Ruf der Bauern nach Gerechtigkeit trug für die Juden ein zweifaches Echo. Während die Bauern im Sundgau die Vertreibung aller Juden aus dem Elsaß forderten, bezog Thomas Müntzer die Juden ausdrücklich in das von ihm angestrebte Zusammenleben in einer Ordnung der Gerechtigkeit mit ein. Thomas Müntzer wurde 1525 im Beisein der vereinten katholischen und evangelischen Fürsten vor Mühlhausen in Thüringen enthauptet.

Jetzt, in den Tagen der Vorbereitung für Augsburg, hatte Luther noch einmal seinen Schatten heraufbeschworen; in der *Vermahnung an die Geistlichen, versammelt auf dem Reichstag zu Augsburg* hieß es: «... so sollt ihr wissen, daß des Müntzers Geist auch noch lebt, und meines Besorgens mächtiger und gefährlicher, denn ihr glauben oder jetzt begreifen könnt ... so wißt ihr auch, wie treulich und fest wir gehalten haben wider alle Rottengeister. Und wenn ich rühmen dürfte, so wollte ich schier sagen, wir wären eure Schutzherren gewesen und sei unser Geschäft, daß ihr bisher seid geblieben, was ihr noch seid.» Und in diesem Schreiben Luthers war auch die Furcht vor den Türken heraufbeschworen, «... denn wir sehen, daß der Teufel mit den Türken herzu will». 1529 geschah die erste Türkenbelagerung von Wien.

«Im Einverständnis mit den jüdischen Gemeinden» überreichte Josel von Rosheim dem Kaiser, schon bevor dieser Augsburg erreicht hatte, noch in Innsbruck, dem Zwischenaufenthalt nach der Krönung durch den Papst zu Bologna, eine Rechtfertigungsschrift. Er verwahrte sich gegen die Anklage: «Siehe, die Juden verraten uns an die Türken.» Und er mußte den Verdacht abwehren, «die Juden hätten den Lutherischen ihren Glauben gelehrt». Er bemerkte, es sei nie gehört worden, daß sie einen Ausschlag gegeben hätten, «sondern wir bleiben bei unserem alten Gesetz». So erlangte Josel am 18. Mai 1530 das Edikt von Innsbruck: alle Freiheiten und Rechte, wie sie bei der Kaiserkrönung zu Aachen bestätigt worden waren, sollten erneuert sein.

Aber dann, rechtzeitig vor dem Reichstag in Augsburg, war es den konservativen Gegnern auf der katholischen Seite gelungen, einen neuen Beschuldiger aufzubauen. Antonio Margaritha. Der Enkel des Talmudgelehrten Jakob Margolis aus Nürnberg und Sohn des Regensburger Rabbiners Samuel hatte den christlichen Glauben angenommen und ein umfangreiches Buch über die «Erkenntnis der jüdischen Blindheit» geschrieben, im März, drei Monate vor Beginn des Reichstags in Augsburg, war es erschienen, schnell vergriffen. Die nächste Auflage kam schon im April. Unter dem Titel: *Der gantze Jüdisch Glaub mit sampt ainer gründtlichen und warhafften Anzaygunge/aller Satzungen/Ceremonien/Gebeten/Haymliche und offentliche Gebräuch/deren sich dye Juden halten/durch das gantze Jahr/mit schönen und gegründeten Argumenten wyder ihren Glauben.*

Der gantz Judisch glaub
mit sampt ainer gründtlichen vnd war-
hafften anzaygunge / Aller Satzungen / Ceremonien /
Gebetten / haymliche vnd offentliche Gebreüch / deren sich dye
Juden halten / durch das gantz Jar / Mit schönen vnd ge-
gründten Argumenten wyder jren Glauben. Durch
Anthonium Margaritham Hebrayschen Leser
der Löblichen Statt Augspurg / beschri-
ben vnd an tag geben.

Titelblatt zu Margarithas «Der gantze Jüdisch Glaub», Augsburg 1530

Durch Anthonium Margaritham/Hebrayschen Leser der löblichen Stadt Augspurg/beschrieben und an den Tag gegeben. 1530. Und Ende des Buchs steht: *Außgangen/im neundten Jar meiner Widergepurt/wölliche zu Wasserburgk geschehen.* Gedruckt bei Heynrich Steyner. Noch in der Leipziger Ausgabe von 1705, bei Friedrich Lanckischens sel. Erben, war ein Gedicht unter einer Abbildung, einer Versammlung von Männern mit spitzen Hüten, abgedruckt: «Schau dieses blinde Volk, das auch bey hellen Tage/Gleichwie im finstern tapt, das schöne Himmelslicht/Das alle Welt erleucht, verblendet sein Gesicht./So wiederfuhr ihm auch, rechts wegen diese Plage./Wer so wie dieses Volck, die Sonn der Gnade schändet,/wird so wie dieses Volck, mit Recht von Gott verblendet.»

Was in mühseligen Verhandlungen mit dem Kaiser erreicht worden war, was auf dem Reichstag neu erörtert und bestätigt werden sollte, war nun in Frage gestellt. Die kaiserliche Verpflichtung, Leben und Eigentum der Juden zu schützen, in Frage gestellt. Keine anderen Zölle zu nehmen als die bisher üblichen, der freie Umzug von einer Stadt in die andere, die Sicherheit gleicher Art wie die Christen in Krieg und Frieden, in Frage gestellt. Das ausdrückliche Verbot, Männer, Frauen und Kinder dürfen nicht zwangsweise getauft werden, in Frage gestellt. Unsicherheit nun auch wieder über die Aburteilung durch ein weltliches Gericht, bei dem als Zeugen nur unbescholtene Christen oder Juden zugelassen sein sollten. Margarithas Buch hatte die Tür für jede Willkür wieder weit aufgetan. Seine Erörterungen über den jüdischen Glauben waren für alle Feinde der Juden besonders nützlich, da er die Gebete übersetzt und seine Erläuterungen dazu gegeben hatte, etwa: «mit den Edomitern meinen sie (die Juden – d. A.) immer das Heilige Römische Reich».

In einer öffentlichen Disputation sollte Josel von Rosheim diesen Margaritha widerlegen. Die Beschuldigungen des Margaritha gegen die Juden wurden in drei Punkten zusammengefaßt: Sie verdammen und lästern Christus. Sie wollen die Christen von ihrem Glauben abbringen. Sie wollen die Obrigkeiten, denen sie unterworfen sind, vernichten. In seiner Schrift *Von den Jüden und ihren Lügen* und im daran anschließenden Pamphlet *Schem Hamphoras* wird Luther vor allem den Vorwurf der Zerstörung der von Gott eingesetzten Obrigkeit aufgreifen und wird in diesem Zusammenhang sein Schreckensbild von Thomas Müntzer in Erinnerung rufen.

Mit Zurückhaltung berichtete Josel über das Zusammentreffen mit

Margaritha: «Ich aber war auf der Hut, und es gelang mir, die alten Rechte aus der Zeit des Kaisers Sigismund wieder bestätigen zu lassen (1433 – d. A.), unsere Ankläger zum Schweigen zu bringen.» Große Bitternis klingt an, wenn er, Josel, später über den Verfasser des *Ganzen Jüdischen Glaubens* schrieb: «... ging nachher zu Luther in den Bund und wurde wie Dornen in unserer Seite.»

Wiederholt bezieht sich Luther auf dieses Buch von Margaritha. Schon aus dem ersten Kapitel von dem «nichtigen Grund der jüdischen Zeremonien und Satzungen» war die Bestätigung zu gewinnen: Die Juden sind herzlos, sie begnügen sich nur mit äußerlichen Menschensatzungen, können aber nicht zum rechten Glauben und zu brüderlicher Liebe kommen. Hier wurde im darauf folgenden Kapitel über die Vorschriften der Bekleidung und der Waschungen die eingängige Formel der Beschimpfung gefunden: Reinheit der Kleider, aber Unreinheit des Herzens. Margaritha, aufgewachsen und erzogen in den alten Traditionen, machte sich nun daran, den Feinden der jüdischen Gemeinden Material für Spott und Verachtung aus dem Alltagsleben zu liefern. Er begann mit dem Brot und der Brotbrechung, wobei es ihm nicht gelang, das Große klein und seine kleinlichen Gedanken groß zu machen, wenn er die Gebetsworte zitierte: «Gelobet seist du Gott, ein König der Welt, der du das Brot aus dem Erdreich ziehst.» Und er konnte die bescheidene Haltung der Dankbarkeit gegenüber den Gaben des Alltags nicht zerstören: «Gottes ist das Erdreich und alle seine Fülle.» Dagegen, vor dem Brotbrechen die Hände zu waschen, setzte er nun seinen Spott, indem er einen Rabbi Jose aus dem Talmud hervorholte, der gesagt habe, wenn jemand Brot mit ungewaschenen Händen esse, das sei soviel, als ob er bei einer Hure läge. «Das heißt aber die Schrift wohl erklären.»

Margarithas Buch war eingerichtet als gefällige Lektüre, Luther hat sich bei Tische daraus vorlesen lassen. Ohne die Blutbeschuldigung zu erwähnen, ohne diesen Verdacht anzulasten, führte Margaritha jedoch die Zubehöre, Messer, Hund, Kind, so zusammen, daß unter dem Lächerlichen das Bedrohliche herausgezogen werden konnte. «Sie lassen auch deswegen kein Messer auf dem Rücken liegen, sprechen, ein jeder Jude habe einen eigenen Engel, welcher stets bei und um ihn sei, der möchte sich vielleicht an solch einem Messer versehren oder beschädigen. Hier sieht ein jeder die närrischen Aufsätze: Ich glaube, daß ein frommer, alter, gelehrter Jude, der etwa einen lieben Hund gehabt, solche Fabel aufgesetzt und geboten, damit seinem Hund die

Beine und das Essen bald zu Teile würden; oder sie haben solche erdichtete Fabel genommen aus des 2. Buchs Moses' 12. Kapitel, da der Text von den Beinen des Osterlämmleins spricht, ihr sollt sie dem Hunde vorwerfen; auch einer vielleicht, der ein liebes Kind gehabt, solche Fabel mit dem Messer erdacht habe, damit es sich nicht schnitte.» So vertiefte er das Bedrohliche, wenn er zwei Seiten weiter anführte: «Desgleichen schreiben sie auch oft in ihrem Talmud, daß man keinen Christen in dem Namen Gottes empfangen solle oder ihm den Frieden anwünschen. Die teutschen Juden haben den Gebrauch, daß, so sie einen Christen empfangen, nicht sprechen: Seid Gott willkommen, sondern sched Willkommen, das ist: Teufel willkommen. In summa, kein Jude will einem Christen wohl, denn sie halten die Christen, nach Inhalt ihres Talmud, ganz für unrein. Und ob sie gleich den Christen etwas Gutes erzeigen, tun sie es doch nicht von Herzen, sondern aus Furcht.»

Dieser Margaritha, Enkel eines Talmudgelehrten und Sohn eines Rabbiners, war ja keineswegs eine lächerliche Figur, so wie damals der dümmliche Pfefferkorn, der für alle Welt offensichtlich als Handlanger der Dominikaner fungierte. Margarithas Buch scheint manchmal schweren Herzens geschrieben, ja es gibt Passagen darin, die so aufgesetzt und angestückelt wirken, als hätte ein anderer die Feder geführt und die gewünschten feindlichen Sätze eingebracht. Aber das liegt im Bereich der Spekulation; und es war schließlich sein Name, mit dem er dieses Buch verantwortete. Gerade aus seiner Kenntnis und aus der Fähigkeit, seine Kenntnisse zu vermitteln, kam die Gefahr für die jüdischen Gemeinden. Er war ja sprachgewandt, und manches Mal erscheint ein Abglanz aus einer Welt, die er verlassen und verraten hatte, so, wenn er den Sabbat beschreibt und jenen schwer faßbaren Augenblick für den Beginn kennzeichnet: «Wenn es schier dunkel werden will, das ist, wenn die Sonne noch auf den Bäumen liegt.» Und man spürt fast noch immer seinen Herzschlag aus diesen für ihn abgetanen Tagen, wenn er beschreibt, wie die Feiertagskleider herausgelegt, wie die Lichter angezündet werden, wie der Tisch vorbereitet wird, wie sie in die Synagoge gehen und beten, wie sie ganz ruhig und ohne Sorge beten sollen und frei vor Gott stehen. Und wie, nach Rabbi Jose, zwei Engel ihnen das Geleit zurück ins Haus geben, ein guter und ein böser. Und wie der böse Engel dem guten nachgeben müsse, wenn alles im Hause wohl vorbereitet sei. Und wie sie das Lied vom guten Sabbat in den Häusern singen. Aber dann, nach dem Heraufbeschwören der feierlichen Sitten vom Wein und Brot und Kuchen zum Gedächtnis an das Manna, verläßt er mit ganzer Härte den Bereich der Rührung, er greift den alten Vorwurf auf: «Nach diesem (Essen) tun die Juden den ganzen Sabbat nichts. Wenn sie bedürfen einzuheizen, Licht anzuzünden, Kühe zu melken etc. nehmen sie etwa einen einfältigen armen Christen, der ihnen solches tue. Des berühmen sie sich, sie bilden sich ein, sie seien also Herren und die Christen ihre Knechte, sprechen, sie haben noch das wahre Regiment und die Herrschaft, sintemal die Christen ihnen dienten in aller ihrer Arbeit und sie müßig liegen.»

Acht Jahre später wird der Reformator von Straßburg, Martin Butzer, diesen Vorwurf in aller Ausführlichkeit aufgreifen, wenn er für den Landgrafen Philipp von Hessen seinen Ratschlag ausarbeiten wird: «Ob Christlicher Oberkeit gepuren muge, das sie die Judden vnder den Christen zuwonen gedulden, vnd wo sie zudulden, welcher gstalt und mahs.» Und so wird dann in diesem schwierigen Jahr 1538 Josel auch gegen den Reformator Butzer seine Gemeinden zu verteidigen haben, gegen dessen unbarmherzigen Ratschlag: «Dan wie gesagt, jr Recht ist jnen von dem Barmhertzigen Gott vff erlegt, das sie bey den volkern, bey denen sie wonen, die vndersten vnd der schwanz sein vnd am aller herttestenn gehalten werden sollenn.»

Margaritha trat dafür ein, es solle, wie in Vorzeiten von christlichen Predigern geboten, auch noch heute kein Christenmensch den Juden an ihrem Sabbat dienen. Und er fügte den Vorwurf an: «Sie schreiben auch, daß sie am Sabbat gar nichts von weltlichen Dingen reden sollen, sondern bloß aus der Schrift von Gott und Gottesfurcht. Ich sage aber bei meiner Treue und Glauben, daß die Juden in der ganzen Woche nicht soviel von Wucher, Kaufen und Verkaufen reden und ratschlagen als am Sabbat.»

Die schwerste Anschuldigung setzte er an das Ende seiner Überlegungen um den Sabbat: «Wenn sie nach Hause gekommen sind, beginnen sie zu singen, ein jeder in seinem Hause, vielerlei Gesänge, darinnen sie den Christen öfter fluchen, nämlich sie beten, daß ihnen Gott alle Güter und den Reichtum der Völker, auch der Christen, gebe.» Er verknüpfte den Hinweis, daß sie die Christen Edomiter nennen und verderben wollen mit der Bemerkung: «Sie frohlocken sehr, wenn sich ein Krieg in der Christenheit vor allem durch den Türken erhebt. Dann beten sie weiter gegen alle Obrigkeit der Christen. Sie können nicht leugnen, daß ihr Fluchen auf die jetzigen christlichen Königreiche und das Kaisertum gehe.» Er beendete diesen Ausfall und meinte, daß sie so viel am Sabbat gegen die Christen und ihre Obrigkeit beten, der Länge wegen könne er nicht alles erzählen. Er war ja so vertraut mit allem, berichtete, wie sie den ganzen Sabbat lang den Tisch gedeckt stehenlassen in Erwartung des Elias und der Engel, wie sie am Ende des Sabbats Augen und Puls mit Wein bestreichen, um für die kommende Woche gekräftigt zu sein. Aber Andreas Osiander, der erste evangelische Prediger zu Nürnberg, bekannt als Hebraist und eigenwilliger Denker, wird ein Beispiel humanistischen Denkens geben. Wenn die Beschuldigung auftaucht, sie nehmen Christenblut, dann wird er auf der Seite der beschuldigten Juden stehen, er wird eine große Verteidigungsschrift aufsetzen.

Margarithas Beschreibung des Pesach versinkt in Beschimpfungen, wie sie Luther fast wörtlich übernehmen konnte. Margaritha beendete seine Aufzählung, was alles getan wird, um gesäuertes Brot aus dem Haus zu entfernen: «Aber dieses elende Volk sieht nicht den ehrlichen und geistlichen Verstand, sie hängen bloß an dem äußeren und meinen, wenn nur ihr ganzes Haus und Geschirr von außen, von dem Sauerteig gereinigt sei, seien sie innerlich von dem bösen Geist und von dem Sauerteig der falschen Lehre auch rein.» Hier, bei der Beschreibung, wie sie Pesach feiern, erscheint wieder dieses gefährliche Doppelgesicht desjenigen, der eine Gemeinschaft zerrissen hat, sein Heraufbeschwören des alten Vertrauten aus der Zeit des Großvaters und Vaters und sein Eifer, als nun Getaufter sich besonders gefällig zu erweisen. Neben die rührende Erinnerung, wie sie in dieser Nacht bis Mitternacht am Tisch sitzen, hoffend und glaubend, daß ihnen diese Nacht kein Schade von einem Menschen widerfahren könne, «darum etliche unter ihnen diese Nacht ihre Häuser offenstehenlassen, anzuzeigen, daß sie die seien, die Gott vertrauen und welchen kein Mensch Schaden tun könne, nennen diese Nacht eine behütete Nacht», gleich daneben setzte er seine Gedanken über ein Gebet: «Sobald sie dieses Gebet anfangen, tun sie die Tür auf und meinen, Elias komme, verfluchen aber darin alle Völker, besonders die Christen.» Er meinte die Worte: «Gieße Deinen Grimm aus über die Völker, die Dich nicht anerkennen, und über die Reiche, die Deinen Namen nicht anrufen; denn sie haben Jakob verzehrt und seine Wohnung verwüstet. Gieße Deinen Grimm aus über sie, und Dein brennender Zorn treffe sie. Verfolge sie mit Wut und tilge sie aus unter dem Himmel des Ewigen.»

Und doch kannte er, Margaritha, das Elend der kummervollen Tage in den ständig von Verfolgung bedrohten Häusern der Juden, er wußte, wie widersinnig der Vorwurf war, sie, die Schwachen, Bedrohten, Entrechteten, seien eine Gefahr. Sie öffneten ja auch die Tür, damit jedermann hereinkommen und sich von ihrer Unschuld an jedem Blutvergießen überzeugen könnte. Er meinte zwar, sie warteten an diesem Tag, zu Pesach, daß ihr Messias erschiene und Rache an den Heiden übte, aber: «Hiernächst ist zu wissen, daß sie das Osterlämmlein gar nicht schlachten, auch nicht das Blut auf die Übertüren streichen, noch gerüstet sind mit umgegürtetem Schwert und Spießen in den Händen.»

Auch bei seiner Beschreibung des Laubhüttenfestes steht beides nebeneinander: Vorwurf und Erinnerung. Aus der Erinnerung nahm er den Vorwurf, das Hosiannasingen, «Hilf uns Herr», sei gegen die Christen gerichtet. «Ich tue das meine, zeige ihre Lästerung an, soviel sich zumal jetzt zuträgt.» Doch er beschwor auch die «unaussprechliche Freude» vom ersten Tag des Laubhüttenfestes herauf, «mit Singen und allerlei Musikspielen und Tanzen und Springen», daß, wer diese Freude nicht erlebt habe, «sein lebenlang keine Freude je gesehen». Wenn er diese Freude aufzeichnen wolle, müsse er ein besonderes Buch darüber schreiben. Aber auch hier suchte er die Gelegenheit, seine Liebedienerei anzubringen, doch wenn er es nun vergliche mit den Festen an Fürstenhöfen oder in den großen Städten, dann kämen ihm diese für ihn vergangenen Feste nicht mehr so herrlich und nicht mehr so groß vor. Und wieder sprach er den Vorwurf aus, das Vorandringen der Türken sei die ganze Hoffnung der Juden; es gäbe bei ihnen kein Fest, weder der Freude noch der Trauer, da sie nicht in ihren Gebeten Rache an den Christen begehrten.

Später, in einem nur in Bruchstücken erhaltenen Buch, wird Josel von Rosheim seinen Gemeinden den Rat geben, man solle sich vor jenen, die einen Riß machen, hüten, vor Leuten, die an die Seite der Quäler und Verfolger gingen. Man müsse sich vor ihnen fürchten, ja man müsse vor ihnen fliehen, «sich von der Ferne fernhalten», sie nicht einmal mit dem kleinen Finger berühren. Nicht hinschauen.

In Margarithas Buch fehlte nicht die Anschuldigung, daß Kinder, die man des Morgens zur Beschneidung getragen, des Nachts sterben; für alle dumpfen Haßgefühle gab das einen besonderen Auftrieb. Vielleicht zeigt die kurze Betrachtung *Wie die Juden ihre Bücher halten* sehr genau den Riß im Herzen des getauften Margaritha. Er beschwört offensichtlich die Welt des Großvaters herauf, mit welcher Achtung die Bibel, das heilige Buch, behandelt wurde, niemals durfte sie mit ungewaschenen Händen berührt werden. «Auf welcher Bank die Bibel liegt, darf keiner sitzen. Fällt sie etwa auf die Erde, und ein Jude sieht's, muß er fasten. Wenn zehn Bücher aufeinanderliegen, muß die Bibel allzeit oben liegen.» Unvermittelt, danebengestellt, gibt er die Gefälligkeitserklärung des Getauften ab: «Sie halten die Bibel von außen rein und heilig, tun aber gar selten, was darinnen steht, ja verstehen es nicht, denn es ist fast kein Volk, das weniger in der heiligen Schrift liest und studiert. Wenn sie schon einen Sabbat darin lesen, geht es doch ohne Herz, Geist und Verstand zu.» Und er verglich den Umgang mit diesem Buch mit einem hebräischen Sprichwort: «Wenn ein Mann von seinen Weib und Kindern in fremde Lande zieht, ist sie eine lebendige Witwe, sie sollte Kinder zeugen, so ist ihr Mann nicht zu Hause; also sind die Bücher auch, sie liegen da im Koth und Staub, wären wohl gut und nützlich zu gebrauchen, aber es gebraucht sie niemand, denn der Verstand und Sinn dessen, der die Bücher gebrauchen soll, wird auf Geld, Geiz und Wucher angewendet.»

In seinem Bericht über das Sterben erinnerte Margaritha sich an die Zettel, auf die Sünden geschrieben werden können, mit der Erwartung, der Rabbiner wird den Zettel finden und seine Antwort auf das Begehren nach einer Buße aufschreiben. «Ich habe das wohl gesehen, daß man meinem Vater solchen Brief hingelegt hat.» Durch seine persönlichen Reminiszenzen erhielt das ganze Buch diesen ernsten Hintergrund, der es so brauchbar und so nützlich für die Gegner machte; die Verleumdungen wurden glaubwürdig. In seiner Abhandlung über den Wucher benutzte er dieselben Argumente, wie sie aus der christlichen Überlieferung üblich waren, und seine Überlegungen endeten mit dem Vorwurf der «Hartherzigkeit» der Juden. Auch die Worte verstockt und halsstarrig, die vorgefundenen, nahm er auf und gab sie weiter, so daß sie von anderen unverändert weitergeführt werden konnten. Übereinstimmend mit Pfefferkorn warnte er vor jüdischen Ärzten, man solle ihnen nicht trauen. Jedes vorgegebene feindselige Schema griff er bereitwillig auf. Im achtzehnten Kapitel über die Krankheiten und vielen Laster beschrieb er die Uneinigkeit der Juden untereinander und erklärte, elf Jahre nach der Austreibung aus Regensburg: «Denn wären sie eins gewesen, hätten sie solcher Vertreibung wohl zuvorkommen können. Doch Gott hat es so geschickt und haben wollen, damit sein heiliger Name und das hochwürdige Leiden Christi nicht mehr so gröblich dort verlästert werde.» Das Argument des Sohnes des Rabbiners von Regensburg, daß die Juden dort selbst schuld an ihrer Ausweisung gewesen seien, zeigt seinen Übereifer, sich auf der christlichen Seite beliebt zu machen. Er war befangen in seiner engen Vorstellungswelt: «Gott hat es so geschickt und haben wollen».

In seinem Kapitel von den Büchern der Juden vermittelte er einen knappen Überblick, kenntnisreich, ohne Verunglimpfungen, und fügte nur das Bekenntnis an, daß Gott durch seinen Sohn Jesus «die Bibel uns Christen auch offenbart hat, daß wir sie ebenso rein haben wie sie». Auch sein Kapitel über die Gebete gab ja gewissenhaft und darum für die Judenfeinde so brauchbar Auskunft. Er zitierte Frage und Antwort des Rabbi Eliesar aus dem Talmud im Buch über das Laubhüttenfest: «Womit ist das Gebet der Frommen und Gerechten zu vergleichen? Mit einer Windschaufel, denn wie die Windschaufel das Getreide in den Scheuern von einem Ort zum anderen wirft, so kehrt auch das Gebet der Frommen und Gerechten Gottes zornigen Sinn zur Barmherzigkeit.» Daraus schließt Margaritha, und Luther wird das später fast wörtlich übernehmen, es sei nun über fünfzehnhundert Jahre kein Frommer und Gerechter bei den Juden gewesen, weil sie den Messias, der nun gekommen sei, nicht annehmen wollten. «Darum erlangen sie keine Barmherzigkeit.» Im einundzwanzigsten Kapitel hat er die Gebete, die sie täglich in der Synagoge beten und singen, dazu die Segenssprüche übersetzt, eingangs fast ohne herabsetzende Bemerkungen, eher wie ein übereifriger Erklärer. Beim Gebet des Rabbi Ismael gab er zu, er habe Bedenken gehabt, es zu verdeutschen, es sei zu ungebräuchlich und unverständlich. «Aber der verstockten Juden wegen, die mir etwa vorher nicht sonderlich günstig seien, habe ich's aufs Verständlichste verdeutscht und ausgelegt, daß sie ja nicht sagen könnten, siehe, es ist noch kein Christ so gelehrt, daß er dieses Gebet verdeutschen könne.» So schuf er ein gefälliges Handbuch der Gebete. Und um seine Genauigkeit zu beweisen, brachte er wieder seine Erinnerung an Regensburg ein, an seinen Bruder, der dort Vorsänger gewesen. Es fehlte auch nicht im weiteren Verlauf der Erklärungen aus den Gebeten seine Bemerkung, «daß sie aber die Christen Edomiter nennen, haben sie aus ihrem Talmud gelernt», er steigerte sich zu Beschimpfungen, die jetzigen, gottlosen Juden nannte er Geizwürmer. Und am Ende seiner Verdeutschungen bezeichnete er ihre Gebete als äußerliches Gepräge, «wovon das Herz nichts weiß».

Das, was seine Aufgabe war, die Berechtigung der Anklagen und Angriffe nachzuweisen, daß die Juden in ihren Gebeten Jesus beschimpfen, führte er aus in seiner Beschreibung des Gebetes Olenu, auch Alenu. Er bezog sich auf die kirchliche Zensur in Venedig, die veranlaßt habe, daß aus den Gebetsbüchern die anstößigen Wörter herausgenommen werden mußten. Bei diesem Gebet Olenu seien es zehn. «Dennoch, wenn sie ihr Gebetbüchlein schreiben, setzen sie es wieder hinein, im Gedruckten aber zeigen sie eine Lücke, lassen zu solchen zehn Wörtern einen langen Raum, damit, wenn jemand von ihnen dahinkomme, sich wohl besinne und bedenke, diese zehn Worte zu beten. Die Juden in Deutschland schreiben sie ohne Scheu, die Juden zu Prag drucken sie sogar hinein, sie lauten: Daß sie knien und sich bücken vor einer Torheit und Eitelkeit und anbeten einen Gott, der nicht helfen kann. Wenn sie diese zehn Worte beten, speien sie dreimal gegen Christus und seine Gläubigen aus. Es bedarf hier keiner weiteren Erklärung, ein jeder Verständige greift es mit den Fingern, daß sie hier gegen die Christen und Christus beten.» Noch am 28. August 1703 gab es im protestantischen Preußen ein *Edikt wegen des Judengebets Alenu und daß sie einige Worte auslassen, nicht ausspeien und dabei hinwegspringen sollen.* Kommissare wurden als Überwacher der Gebete eingesetzt.

Hier aber, 1530, kurz vor dem Reichstag zu Augsburg, auf den Josel von Rosheim, der Sprecher der jüdischen Gemeinden, seine große Hoffnung gesetzt hatte, öffnete nun Margaritha für den deutschen Leser den Vorratskasten an Verleumdungen, er, der jetzt dem christlichen Glauben anhing, verteidigte sich, die Juden sollten nicht etwa über ihn sagen, er habe die Sache nicht recht getan und verstehe nicht, wovon er handle. So brachte er wieder den alten Vorwurf auf, wenn sie untereinander redeten, verunglimpften sie den Namen Jesus. Das Gedenken an den 9. Vers des 5. Psalms «Der du gerecht, o führe mich zum Trotz meiner Feinde, mache eben vor mir deinen Pfad», führte ihn zu der Behauptung, daß sie, um ohne Unglück über den Tag hinwegzukommen, große Zauberei in ihrer Kabbala trieben. Aber all ihre Vorkehrungen, auch eine Reise unbeschädigt zu überstehen, gaben nur Anlaß für die mitleidlose Feststellung: «Weiß aber nicht, wofür es hilft. Es ist ja kein Volk, das auf der Straße mehr angerennt, beraubt oder gar umgebracht wird, denn eben die Juden.»

Sicherlich hat seine Erörterung über die tägliche Erinnerung im Gebet an den wunderreichen Auszug aus Ägypten, die Erlösungsgeschichte, Nahrung für den andauernden Haß geliefert, da das Gefühl der Überlegenheit, im täglichen Morgengebet gesungen, sich auf einen starken Glauben an Gottes sichtbare Hilfe gründete. In diesen Zusammenhang stellte Margaritha die Legende vom Schem Hamphoras; wer die drei entscheidenden Verse aus dem Exodus von der wundersamen Spaltung des Wassers durch Gottes Wort und die Berufung der zweiundsiebzig Engel kenne, der könne solche Wunder tun, wie sie noch niemals geschehen seien. Er verwies wieder auf Regensburg, da seien zwei viereckige Marmorsteine in der Synagoge gewesen, in die der Schem Hamphoras, der Namenszug Gottes, eingegraben gewesen sei. Dieses täglich gesungene Lied vom Sieg über die Feinde, mit der unmißverständlichen Hilfe Gottes, war ein sicherlich nicht zu unterschätzender Kraftquell im Alltag der Verzweiflung. Die spätere Schrift Luthers *Schem Hamphoras* wird der Verzweiflung und der Bedrängnis noch verschärfende Töne zusetzen.

An das Ende seines Buches stellte Margaritha das Bekenntnis zu Christus, er gab dazu die spöttische Überlegung, was wohl die Juden nach der Veröffentlichung dieses Buches tun würden. Sie werden sich sicherlich zu Worms bei Rabbi Samuel versammeln und ihn, Margaritha, verfluchen. Er aber bete dafür, daß alle Juden, seine Brüder nach dem Fleische, wie er es nannte, den christlichen Glauben annähmen.

Zwar berichtete Josel von Rosheim, daß es ihm gelungen sei, diesen überaus gefährlichen Ankläger zum Schweigen zu bringen, jedoch war es nur ein Augenblick des Erfolgs während der Disputation mit Margaritha vor der Kommission beim Reichstag 1530. Josel konnte nicht übersehen, wie dieses gefällige Handbuch noch durch die Jahrhunderte weiterwirken und ständige Nahrung für den Haß bringen konnte.

Jetzt erst bat Josel die Vertreter der jüdischen Gemeinden, nach Augsburg zu kommen, es sollte eine «ehrbare Ordnung und Satzung» aufgestellt werden für die Städte, Märkte und Dörfer, zur Vorlage beim Reichstag. In zehn Punkten sollte zusammengefaßt und vorgeschlagen werden, wie der Umgang zwischen Juden und Christen neu zu regeln sei. Beim Verkauf von Waren auf Borg, beim Ausleihen von Geldsummen, beim Zurückzahlen der geborgten Summen, beim Pfänderausleihen, beim Sterben eines Schuldners, bei Betrug. Hier, aus diesen zehn Punkten, ist die strenge Gesetzgebung abzulesen, der die Juden sich selbst unterstellt hatten in ihren Handels- und Rechtsbeziehungen zu Christen. Am 19. November 1530 hatten sich die Vertreter der jüdischen Gemeinden über den Wortlaut ihrer Vorlage verständigt, die Schrift war von Josel gesiegelt und bereit zur Übergabe an den Kaiser. Am 21. November löste sich der Reichstag auf. Es war nicht mehr möglich, diese Vorschläge zur Sprache zu bringen. Harte Bestimmungen waren in den Reichstagsabschied aufgenommen worden, Juden, die wucherten, auf hohe Verschreibungen borgten, auf gestohlene Ware Geld liehen, sollten nicht mehr Schutz, Geleit und Rechtshilfe bekommen.

Nun begann der Versuch, den Kaiser zu erreichen, dem Hof nachzureisen, nach Antwerpen. «Ich aber, im Unterschied zu anderen, machte mich auf, nach diesen Ländern zu reisen, um unsere Sache mit Gottes Hilfe zu vertreten.» Ein Ritter Ruthard wollte ihn ermorden, der Anschlag mißglückte. Aus Josels Aufzeichnungen geht hervor, daß er in Antwerpen drei Monate «einsam in seinem Gemach bleiben durfte», es war das bittere Warten, endlich beim Kaiser vorgelassen zu werden. Inzwischen waren die elsässischen Juden aus fast allen Reichsstädten vertrieben. Straßburg hatte ihnen das Geleit aufgekündigt.

Die Stärke und Zuversicht, mit der Josel Tag für Tag durch den Wald an Beschuldigungen, Bedrohungen und Gefährdungen ging, kann angedeutet werden mit dem Begriff der Gerechtigkeit. Er lebte in seiner Gewißheit, daß sein gläubiges Vertrauen auf einen barmherzigen Gott in der so bedrohten Existenz Errettung bringen würde, daß ein Einhalten des ins Herz geschriebenen Gesetzes Gottes Gericht milde sein ließe und der Zugang zum ewigen Leben so gewonnen werden könnte.

In seinen Ermahnungen an die Brüder in den Gemeinden schrieb er wieder und wieder, sie mögen bei allen ihren Handlungen an die ins Herz eingetragenen Tafeln des Gesetzes denken, damit sie vor Gottes Urteil und Gericht bestehen könnten. Das Hinwenden an eine Gerechtigkeit, vor deren Spruch das Denken und Tun zu bestehen hat, erklärt die nicht zu brechende Standhaftigkeit bis zu dem qualvollsten Tod. In diesen Bereich der Gerechtigkeit gehört das Überzeugtsein von der Liebe Gottes, der in einer unergründlichen Zuneigung sich aus allen Völkern der Erde sein Israel auserwählt hat. Die Verknüpfung von Gerechtigkeit und Liebe erforderte für Josel, um davor bestehen zu können, die verantwortungsvolle Hingabe, nicht nur für sich selbst Vollkommenheit zu erstreben, sondern Tag um Tag für die bedrohten Gemeinden zu wirken. Für ihn bedeutete das Vertrauen auf die göttliche Gerechtigkeit die Verpflichtung, mit der Kraft des menschlichen

Willens das Ausgleichende im Diesseitigen anzustreben, das Gegebene, die Ungerechtigkeiten, die Verfolgungen, die Vertreibungen, die Verunglimpfungen, aber nicht kampflos hinzunehmen.

Aus einer selbstverständlichen Erwartung auf die göttliche Gerechtigkeit erwuchs für die Christen der Begriff von der Rechtfertigung, er konnte wie ein Fächer ausgebreitet werden, hinweisend und verbergend gleichzeitig. Die Christen nahmen für sich in Anspruch, bereits durch die Taufe in einen gewissen Stand der Rechtfertigung getreten zu sein, errettet durch das Blut Jesu. Die Erwartung auf einen neuen Bund mit Gott sei erfüllt. Zur Rechtfertigung aus Gnade trat hinzu die Dreigestalt von Glaube, Hoffnung, Liebe, so werde der Mensch von der Erbsünde und von schweren persönlichen Sünden befreit. Das Bekenntnis zum dreieinigen Gott war die Voraussetzung, zur Rechtfertigung zu gelangen. Die Überzeugung, vor Gottes Gericht treten und seinem Zorn entfliehen zu können, ausgewiesen durch Gnade und Glauben, besiegelt durch die Taufe, ließ den Haß und den Hohn auf die Juden in jeder Predigt von jeder Kanzel herab anwachsen. Verlacht wurde das Einhalten der Gebote des Gesetzes, das ja seit dem Erscheinen des Messias nicht mehr gültig sei, Messias, der Gesalbte, griechisch: Christus.

In der Auseinandersetzung, welche Haltungen im Diesseits eine Hoffnung auf liebevolles Empfangen im Jenseits zulassen, zerstritten sich die Protestanten auf das bitterste. Als Kennzeichnung einer abweichenden Haltung war das Wort judaisieren üblich geworden. In seiner Lehrschrift *Unterricht in der christlichen Religion* beschuldigte Calvin den zu selbständig denkenden Osiander, er verhalte sich bei der Erörterung dieser schwierigsten unter den schwierigen Fragen wie ein Tintenfisch, der unter dem Auswurf seiner tintigen Flüssigkeit seine gefährliche Vielarmigkeit, mit der er andere Meinungen ersticken wolle, verberge. So wurde Osiander aber auch von Luther und Melanchthon und den Päpstlichen verworfen.

In das Umfeld der Unduldsamkeiten warf nun Osiander eine erstaunliche Schrift. Die Stimme der Vernunft wagte sich hervor. Allerdings erschien seine Stellungnahme zu einem Prozeß wegen Ritualmordbeschuldigung in Poesing anonym. Osiander, der sich nicht nur im Gegensatz zu den Altgläubigen, sondern auch zum Reformator Luther in der Haltung zu den Juden wußte, kannte die Wege, Umstrittenes doch bekanntzumachen. Er war es auch, der für den Nürnberger Druck des Hauptwerkes von Kopernikus über den Erdumlauf das abschirmende Vorwort schrieb. Zur Beschwichtigung für die gegnerischen Auffassungen bei Altgläubigen und Protestanten hatte er die Lehre des Kopernikus in den Bereich der Hypothese, der Mutmaßung gesetzt. Über die Furcht vor den Vertretern des katholischen und evangelischen Glaubens siegte der Zwang des Gewissens, zu den Blutbeschuldigungen gegen Juden nicht zu schweigen. Osiander schrieb seine Überlegungen in der Form eines Briefes mit der Anrede: «Ehrba-

Georg Pencz, Bildnis Andreas Osiander, 1544

rer, achtbarer, günstiger lieber Herr und Freund». Es war seine Antwort auf den Bericht «von der grausamen Geschichte, die sich unter den Juden in Poesing in Ungarn ereignet haben soll». Das Schreiben wird mit den Worten eingeleitet: «Ob es wahr und glaublich sei, daß die Juden der Christen Kinder heimlich erwürgen und ihr Blut gebrauchen; eine treffliche Schrift auf eines jeden Urteil gestellt.» Er setzte die unmißverständliche Mahnung an die Richter, die das Todesurteil von Poesing anordneten, hinzu: «Wer Menschenblut vergießt, des Blut soll auch vergossen werden.»

Osiander fühlte sich aufgefordert, zu dem Vorwurf Stellung zu nehmen, daß die Juden das Blut unschuldiger Kinder brauchten und an manchen Orten Christenkinder zu sich gelockt, heimlich erwürgt und das Blut von ihnen genommen hätten. Er fühlte sich aufgefordert, nicht zu verbergen, was er davon halte, weil er eine Zeitlang mit den Juden gewohnt habe und ihre Sprache, Gesetze und Sitten kenne. Er sei sich der Sache bewußt, die der armen, elenden Juden Leib und Leben angehe, eine Sache, die aber auch Richter und Schöffen, die darüber urteilten, und die Obrigkeit, in deren Gebiet das geschieht, betreffe. Darüber hinaus gehe es um die Ehre der ganzen, allgemeinen Christenheit. Hier schon, am Anfang seiner Schrift, erklärte er, es sei notwendig, an den Tag zu bringen, ob man den Juden Gewalt und Unrecht nur darum antue, um unter einem rechtlichen Anschein ihre Güter anzugreifen. Und er wiederholte: «Wer Menschenblut vergießt, des Blut soll auch vergossen werden», diesen, seinen Leitsatz brachte er in Verbindung zu dem Gebot «Du sollst nicht töten», das für die ganze Welt, also auch für die Christen gelte.

Er wollte nicht mehr stillschweigen, «damit ich nicht vor Gott schuldig werde als einer, der in diesen Mord heimlich einwilligte und Wohlgefallen daran hätte, obwohl ich es hätte aufdecken können». Er erklärte, lange und oft und ernsthaft habe er darüber nachgedacht, «aber nie etwas finden, erdenken, noch hören können, das mich bewegt hat, solchen Argwohn und solche Bezichtigung zu glauben, sondern ich habe dagegen so viele Umstände und Ursachen gefunden, daß ich gewiß bin, es geschehe den Juden in diesem Fall Unrecht». Er versuchte Umstände zu konstruieren, die geeignet sein könnten, die Obrigkeit zu entschuldigen, wenn sie Geständnissen glaubte, die durch die Folter erzwungen waren. Aber Osiander erklärte unmißverständlich, er halte auf der Folter erzwungene Bekenntnisse für nichtig, und blieb bei seiner Meinung: Es gibt keinen Grund für die Blutbeschuldigung.

Noch einmal, um die Schwere seines Anliegens zu betonen, wiederholte er sein Leitmotiv und verknüpfte es mit dem Gedanken, daß Gott den Menschen nach seinem Bilde gemacht habe und daß das ganze Gesetz und alle Schrift der Juden voller Beispiele sei, die das Blutvergießen hart verurteilten. Da sie diese Beispiele alle Tage lernten, daß, wer Blut vergieße, bei Gott verflucht sei, sei es nicht glaublich, daß sie mutwillig gegen Gottes Gebot angehen und ihr eigenes Verderben an Leib und Seele anrichten sollten. Er untersuchte die besonderen Vorschriften, die im Zusammenhang mit dem Blut im Buch Genesis stehen. Es sei öffentlich bezeugt, daß sie «dasselbe Gesetz vom Blut noch heutigen Tages halten und darum mit den Christen kein Fleisch essen, sondern alles Blut der Tiere und Vögel scheuen. So ist es auch nicht glaublich, daß sie sich mit dem unschuldigen Blut der Kinder sollten beflecken und gegen Gott versündigen.»

Er stellte das natürliche und das geschriebene göttliche Recht nebeneinander und unternahm den Versuch, mit den Gründen der Vernunft in das unfaßbare Gebiet des Hasses einzudringen. Mit Nachdruck erklärte er, nicht nur durch das göttliche Gebot, sondern auch von der Natur sei es allen Menschen ins Herz gepflanzt: Blutvergießen ist unrecht und verboten. Mit Abscheu schrieb er vom Blutvergießen in Kriegsläuften, in denen man aber doch gemeinhin wenigstens Frauen und Kinder schonte; er holte, um überzeugen zu können, die wilden Tiere aus der Legende heran, nicht einmal sie hätten Kindern geschadet, «wie dann Romulus und Remus von einer Wölfin gesäugt worden sein sollen», und folgerte, so sei es viel weniger zu glauben, daß die Juden einen so unnatürlichen Mord begehen sollten. Er führte an, daß sie an ein ewiges Leben glaubten, auch der Apostel Paulus habe bezeugt, der einzige Weg dazu sei das Einhalten ihres Gesetzes, so sei der Kindermord nicht nur gegen das Gesetz, es stehe darauf der Verlust des ewigen Lebens.

Er erinnerte an die bedrohte Existenz der Juden, sie seien ihres Lebens nicht mehr sicher. «Des Morgens werden sie sagen, wer gibt mir den Abend, des Abends, wer gibt mir den Morgen.» Und er fragte: Wer kann nun glauben, daß diejenigen, die ihres Lebens keine Stunde in ihrem Herzen sicher sein können, danach trachten sollten, andere Leute, ja unmündige, unschuldige Kinder zu ermorden?

Er fragte, wozu sie denn das Blut brauchen sollten, und widerlegte die Lüge von Poesing, daß sie dort für ihre Zeremonien einem Priester die Finger mit Kinderblut bestrichen hätten. Er versuchte mit seiner ganzen Überzeugungskraft darzulegen, wie unsinnig eine solche Beschuldigung war, wie verlogen alle Behauptungen über den Gebrauch des Kinderbluts.

Mit der Waffe der Ironie wollte er gegen die Unsinnigkeit der Beschuldigungen angehen: «Warum soll der Christen Kinder Blut so gut sein? Darum, daß es Kinder sind? Ja, so wird der Türken Kinderblut auch nützlich sein? Wann hat man davon gehört, daß Juden Türkenkinder auch gewürgt haben? Ist es aber nur darum gut, daß sie im Christenglauben sind, so würde der alten Leute Blut auch gut sein?»

Er versuchte es weiter mit Vernunftgründen, fragte, wenn es wahr wäre, daß der Kinder Blut ihnen dienlich sei, wie etwa angeblich dieses vom neunjährigen Knaben zu Poesing, so könnte man doch ohne jeden Schaden Blut entnehmen, und das Kind bliebe am Leben. Es sei denn, jemand wollte so wahnsinnig sein und behaupten, das Blut gäbe erst seine Kraft nach dem Mord. «Wer aber will so teuflische Hirngespinste glauben, die gegen Gottes Wort, die Natur und alle Vernunft sind?» Hierher stellte Osiander seinen kühnen Entwurf einer neuen Dreiheit: Gottes Wort, die Natur und die Vernunft.

Seine Fragen gingen weiter: Wie es möglich sei, daß Juden in Ländern bestehen könnten, wo kein Christ wohne. Er fragte mit seinem bittren Ton der Ironie: Ob nur Reiche und Mächtige es bekommen und nicht Arme und Einfache. Und setzte hinzu: Sind dann diese armen, schlichten nicht rechte Juden, sind sie nicht Menschen, wie sie sein sollen?

Er teilte mit, daß auch getaufte Juden nichts von einem solchen Blutgebrauch wüßten, und stellte fest, es hätte ja niemand, auch wenn er unter Verstoßung, Verbannung und Mißhandlung getauft sei, Grund, die Angelegenheit zu verleugnen, wenn etwas daran wäre. Und die anderen – wir kennen nun Margaritha –, die aus Haß gegen die Juden Christen geworden seien, brauchten sicherlich nichts zu verschweigen. Er brachte Pfefferkorn in Erinnerung: «Hätte er aber von dem Mord an Kindern etwas gewußt, es wäre ihm und den Predigermönchen eine Freude gewesen, das anzuzeigen und in aller Welt bekannt zu machen.»

Mit Schmerz und tiefem Ernst gab er zu bedenken, man habe seit der Geburt Christi bis zu seiner, Osianders, Zeit nichts von diesem Kindermord gehört, bis auf die letzten zwei-, dreihundert Jahre, da hätten dann die Mönche und Pfaffen ihren Betrug mit den Wallfahrten und den anderen falschen Wunderwerken aufgerichtet. Sie hätten Menschen mit Gewalt zum Glauben gezwungen, genarrt und geblendet, und immer wäre ihre Furcht vor den Juden sehr groß gewesen, «über deren Glauben sie nichts zu gebieten hatten». Ihr Gewissen habe ihnen gesagt, daß die Juden mehr von der Schrift verstehen als sie, daher hätten sie die Juden hart verfolgt, verunglimpft und verhaßt gemacht, bis sie zuletzt ihnen die Bücher verbrennen wollten.

Er sagte es ausdrücklich: Die Blutbeschuldigungen sind nicht wahr. Er deckte das Herstellen solcher Anschuldigungen auf: Sie kommen aus einer «Werkstatt».

In aller Ausführlichkeit ging er auf die Geständnisse unter der Folter ein. Er wundere sich nicht, daß sie, denen jedermann feind sei, an deren Strafe und Unglück jedermann eine Freude habe, schließlich unter der großen Marter das bekennen, was sie nie getan haben. Sie wüßten, wie unschuldig sie sind, und sie meinten, so müßten auch alle anderen ihre Schuldlosigkeit kennen. Und jedermann müsse wissen, man wendete nur darum Gewalt gegen sie an, damit man ihnen ihr Gut unter dem Anschein des Rechts nehmen könnte. «Darum haben sie keine Hoffnung mehr, frei zu werden, sondern erwägen nur, wie sie möglichst bald vom Leben zum Tode kommen. Ich habe sie auch oft darum angeredet, warum sie so verzweifelte Leute seien, daß sie durch ihr falsches Bekenntnis sich selber um Leib und Leben bringen, dazu die ganze Judenschaft in einen so furchtbaren Verdacht setzen. Sie haben mir geantwortet, wenn einer von ihnen an der Marter hängt und der Henker und seine Beisteher nicht nachlassen wollen, bis sie bekennen, es sei wahr oder nicht, was sollten sie anderes tun als bekennen, was man nur wolle. Es sei genug, daß Gott ihre Peiniger so strafe, daß sie die Juden nötigen, solche Dinge zu bekennen, da jeder Verständige ermessen könne, daß es erlogen sei.»

Osiander erinnerte an einen Prozeß gegen siebzehn Juden in Regensburg, bei dem selbst die Tapfersten gezwungen wurden, etwas zu bekennen, das sie nie getan hatten, bis schließlich ein kaiserlicher Kommissar feststellte, daß einer der Beschuldigten an dem Tag, an dem er den Mord in Regensburg begangen haben sollte, bei ihm in Landshut gewesen sei, in geschäftlichen Angelegenheiten. Nur durch diesen Zufall war hier einmal die Unhaltbarkeit der Anklage herausgekommen. Die Methode, unter Bedrohung Geständnisse zu erzwingen, war bloßgelegt. Osiander wiederholte: Der einzige Grund, warum sie unter der Folter Geständnisse abgeben, wie die Peiniger sie hören wollten, sei die Zuversicht, es müsse allgemein bekannt sein, daß sie Blut nicht benützen. Er führte noch einmal das Beispiel von Poesing an. Man habe die Angeklagten genötigt zu bekennen, daß sie ihrem Priester die Finger mit Blut bestrichen. Aber es sei in aller Öffentlichkeit bekannt, daß sie zu diesem Zeitpunkt dort gar keinen Priester hatten.

Er forderte, man solle an allen Orten, an denen Juden um der Blutbeschuldigung willen gerichtet worden sind, fragen, und man würde finden, daß kein Bekenntnis mit der Wahrheit übereinstimme. Niemand brauche sich zu wundern, daß sie Bekenntnisse über nie begangene Taten abgegeben hätten. Er verwies auf die sonst übliche Gerichtspraxis, auf erzwungene Bekenntnisse nicht zu bauen und anderweitige Erkundigungen einzuholen.

Osiander nahm seine Argumente aus dem theologischen Bereich, ließ dabei seine Ironie aufblitzen: Ob etwa Gott selber, aus einem besonderen Zorn heraus, sie zu solchen Taten veranlassen könne. «Wenn Gott die Juden so hart strafen wollte, so wäre das doch nicht der Weg dazu, denn in diesem Falle wären nicht die Juden, sondern die Christen gestraft. Man müsse dann denken, Gott wäre uns vor allen anderen Völkern auf der Erde besonders feindlich, da er die Juden zwänge, unsere Kinder zu erwürgen.» Umgehend, als rufe er sich zur Ordnung, verließ er diesen leichten Ton, erhärtete die Überzeugung, eine solche Strafe sei nicht Gottes Art und Natur. Und er verwies darauf, mehr als ein Papst und mehr als ein Kaiser hätten sich gegen Blutbeschuldigungen ausgesprochen.

Seinen grundsätzlichen Erklärungen fügte er eine Untersuchung über die Fehler im Prozeß von Poesing an und kleidete seine Einwände in den Mantel der Ironie. Das Gerücht, daß ein gewisser Graf zu Poesing ein Tyrann sei und sich um die Frau eines Kaufmanns bemüht habe, solle ihn nicht anfechten. Er wünsche von Herzen, es sei nicht wahr, daß der Graf, um Erfolg bei der Frau zu haben, den Kaufmann habe gefangennehmen und im Gefängnis verfaulen lassen, sie aber noch heute als zweite Frau neben sich halte. Wahr aber und bewiesen sei, daß der Graf den Juden, die nun angeklagt waren, eine große Summe Geldes schuldete. Osiander wolle keinen Argwohn gegen den Grafen aufbringen, sondern nur zu bedenken geben, «ob das nicht eine Ursache haben kann, daß er der Juden Ankläger geworden sei». Und er gab die Begründung: «Denn was wir gern sehen und sehr begehren, das glauben wir auch gern. Wer aber sollte nicht wünschen, daß diejenigen, denen man seine Schulden zu bezahlen hätte, nirgendwo wären.» Dieses Nirgendwo brauchte nicht weiter erklärt zu werden, es bedeutete in diesem Zusammenhang getötet oder ausgetrieben.

Zum Ablauf des Prozesses in Poesing hatte Osiander eine ganze Reihe von Einwänden. Er entlarvte die Ankläger, wie sie «überaus verdächtig und gewissenlos» gehandelt hatten, als sie bei der Anzeige «zu dem Gut der Juden gegriffen und alles an sich gerissen haben, ehe die Beschuldigten etwas bekannt haben». Er wies auf die Eile hin, in acht Tagen war alles abgelaufen, der Prozeßbeginn, das Befragen, das Verurteilen, das Hinrichten durch Verbrennen, ohne dem Landesherrn davon Kenntnis zu geben.

Die Angeklagten hatten alle gleichermaßen, nach der ersten peinlichen Befragung unter der Folter, ihre Unschuld beteuert. Osiander hob diese Tatsache mit Respekt hervor. Aus allen Einzelheiten über den Fundort, über die Zeugen, über den Zustand des Kindes schloß er: «Unter einem gerechten Richter würde man einen anderen Kindsmörder gefunden haben.» Die Dummheit und die Unhaltbarkeit dieser Anklage fand Osiander empörend: «Wer dichten will und will es reimen, der braucht nicht fromm zu sein. Er muß aber wenigstens weise und klug sein und ein langes Gedächtnis haben.»

Das tote Kind war in einer Dornenhecke gefunden worden: «Ich halte dafür, es habe ein verwegener, aber doch sicher furchtloser Mensch getan, der nichts anderes begehrt hat, denn daß man das Kind bald finden soll. Das hat aber kein Jude getan, sondern einer, dem das Unglück der Juden lieb und nützlich sein konnte.»

Osiander sprach es als eine Anklage aus, nicht mehr als sechs unter den zwölf Gefangenen hätten ein Bekenntnis abgegeben. «Die anderen haben davon nichts gewußt. Und man hat doch dreißig verbrannt.» Und er fragte, wenn es nun wahr wäre, daß sie das Kind getötet hätten, warum sollte man dann auch die erwürgen, die nichts davon gewußt und, da sie es erfahren, bitterlich geweint und es als ein großes Übel sahen? Ja, warum sollte man auch die Frauen und Kinder derselben unwissenden Juden erwürgen? «Was haben aber die anderen Juden bekannt als allein dieses: Sie haben's danach erfahren und gewußt?» Er versuchte das Absurde der Beschuldigung zu zeigen: Sollte das Danach-von-einer-Sache-gewußt-zu-Haben todeswürdig sein, dann müßten jetzt alle, auch die christlichen Einwohner von Poesing, todeswürdig sein, denn sie gäben jetzt vor zu wissen, wer das Kind ermordet habe.

Osiander zweifelte nicht daran, daß den Juden von Poesing Unrecht geschehen war. Man hatte unschuldige Menschen hingerichtet. Mit Bitterkeit beurteilte er die Haltung der Obrigkeit, «daß sie den Judenfeinden zu leicht glauben und einigen falschen Ratgebern zu viel trauen».

Er unterließ es nicht, Möglichkeiten anzuführen, wo man die Schuldigen finden könnte: Ob der «Oberherr» zum Beispiel nicht ein sehr armer, geiziger Tyrann sei oder vertrunken oder verspielt oder verhurt. Wenn nun jedoch der Oberherr ein frommer, redlicher Gottesmann sei, ob nicht vielleicht sein Ratgeber, seine Amtsleute, sein Hofgesinde, seine Richter oder Schöffen solche Leute seien: arm, geizig, vertrunken, verspielt, verhurt. Oder ob nicht Pfaffen und Mönche, um den Schein großer Heiligkeit zu erlangen, begierig seien, große Wunderwerke und neue Wallfahrten einzurichten, und die Juden darum sehr gern vertilgen wollten. Auch vermutete er, ob nicht Zauberer, Teufelsbeschwörer, Schatzgräber oder andere ungeschickte Leute Kinder mordeten, in der Hoffnung, es werde den Juden angelastet. Oder ob Kinder nicht zufällig ums Leben gekommen sein könnten, etwa durch das Beil eines Knechts, das ohne dessen Willen aus der Hand oder vom Stiel gefahren sei, dann habe der alles aus Angst den Juden angelastet. Oder Vater und Mutter seien nachlässig und verwahrlost, haben das Kind selber mit dem Messer erstochen, und auch das haben sie dann den Juden zur Last gelegt. Osiander beschloß die Aufzählung der Möglichkeiten noch einmal mit dem ernsten Hinweis: daß die Ursache für diese Verdächtigungen auch in dem Begehren zu suchen sei, das Gut der Juden an sich zu bringen.

Die Wirkung dieser Schrift wird erwähnt im Zusammenhang mit der Anklage, die Juden von Tittingen hätten Ostern 1540 einen dreieinhalb Jahre alten Bauernknaben in dem Dorf Sappenfeld bei Eichstätt getötet. Der Bischof von Eichstätt, Moritz von Hutten, ordnete im Einvernehmen mit den weltlichen Obrigkeiten ein Gottesurteil an. Es sollte sich zeigen, ob beim Erscheinen der Juden in der Eichstätter Dorfkirche die dort aufgebahrte Leiche zu bluten begänne. Es ist überliefert, daß zwei der Vorgeladenen, aus Sulzbach, dem Gericht die Osianderschrift einhändigten. Nicht erstaunlich war es nun, daß der um ein Gutachten gebetene Luthergegner Doktor Johannes Eck seiner Judenfeindlichkeit freien Lauf ließ, konnte er doch damit gleichzeitig einen Schlag gegen die protestantische Richtung führen. Er gab seiner Gegenschrift den Titel: *Eines Judenbüchleins Widerlegung, darin ein Christ, der ganzen Christenheit zur Schmach, will, es geschehe den Juden Unrecht in der Bezichtigung des Christenkindermordes, durch Dr. Johannes Eck, Ingolstadt. Hierin findst auch viele Geschichten, welches Übel und welche Büberei die Juden in allen deutschen Ländern und anderen Königreichen gestiftet haben.* Gedruckt zu Ingolstadt durch Alexander Weißenhorn 1541. Eck bezeichnete den Verfasser der Verteidigungsschrift als einen Zungenverkäufer, Märchenerzähler, ungelehrten Schwätzer, unseliges Lästermaul, einen gekauften Judenschützer, einen Judenvater, einen Mameluk, einen verruchten Schänder der Christenheit, aus dem der Teufel spreche. Der lutherische Prädikant, der meine, den Juden geschehe durch die Obrigkeit Unrecht, verunglimpfe den christlichen Glauben. Für ihn, Eck, gab es keinen Zweifel, daß die Juden alle die ihnen zur Last gelegten Morde begangen hätten. Sie seien «tückisch, falsch, meineidig, diebisch, rachsüchtig, blutgierig, verräterisch, mörderisch, ein gotteslästerliches Volk». Er ging nun daran, Stück für Stück Osianders Einwände zu widerlegen, er führte sogar aus, daß ihnen doch auch in der Türkei Blut zur Verfügung stehe: getrocknet, als Pulver zugeschickt. Sie gebrauchten es für ihre Priester. Es hatte sich herumgesprochen, wer der mutige Verteidiger sein mußte, Eck sagte es: «Wohlan, es sei Osiander oder ein anderer lutherischer Verführer.»

Noch deutlicher wurden Osianders Gegner später in der Schrift: *Gründliche Anzeige, was die Theologen des Kurfürstentums der Mark zu Brandenburg von der christlichen evangelischen Lehre halten, lehren und bekennen* (1552). Dort heißt es über Osiander: «Und ihm ragen die Teufelsfüße hervor, wie er sich auch in dem Brief an den Rabbi zu Venedig vernehmen läßt, bei welchem Rabbi er sich über Doktor Luthers *Schem Hamphoras* Rat geholt, über die hohen, schweren Worte, die nicht jedermann begreift, auch wenn er schon die hebräische Sprache versteht. Desgleichen im Büchlein, da er die Juden höchlichst entschuldigt, daß sie zu ihren Mysterien und heimlichen Sachen keines Christenblutes bedürfen. Und in summa, es ist und bleibt, wie das Sprichwort lautet: Art läßt nicht von Art. Die Katze läßt das Mausen nicht. Er ist ein Jude gewesen, er ist ein Jude und bleibt ein Jude.»

Beide Gegenschriften zu Osiander fanden Ergänzungen in judenfeindlichen Flugblättern. Es ist ein Blatt darunter, das den ganzen Haß gegen Josel von Rosheim zum Ausdruck bringt. Ein kleiner Mann wird gezeigt, in der rechten Hand hält er ein aufgeschlagenes Buch mit hebräischen Schriftzeichen, die linke Hand umfaßt den prall gefüllten Geldbeutel, sonst in der Kunst üblich als Kennzeichnung für Judas. Über seinem Herzen ist ihm deutlich sichtbar angeheftet, durch eine Umrandung besonders hervorgehoben, der vorgeschriebene Fleck. Der als ein kleiner Mann Dargestellte wendet sich einer übermäßig hohen Säule zu, von der aus ein Kalb zu ihm herabschaut, als Hinweis auf seine Übereinstimmung mit Aaron im Exodus 32, der aus allem Gold der anderen sich ein Kalb zusammengeschmolzen hat und es als Gott anbetet und anbeten läßt. Die Überschrift zum Flugblatt sollte über seine bösen Absichten keinen Zweifel aufkommen lassen: «Hört, ihr Herren allgemein, arm und reich, groß und klein, und habet keinen

Verdruß darinnen, wunders sollt ihr werden innen. Ich bin ein Jud, das leugn' ich nicht, von Art ein schalkhaft Bösewicht, und heiß' der Josel unverzayt (unverzagt – d. A.), ein Herold aller Jüdischheit.»

Josel von Rosheim, zeitgenössische Flugschrift

Selbst dieses haßerfüllte Flugblatt konnte die Achtung vor diesem ungewöhnlichen Mann nicht ganz verwischen und zudecken, es nannte ihn einen unverzagten Herold. Josels ganzes Leben war ein einzigartiges Dokument des Versuchs, gegen den Haß, den Neid, die Entstellung, die Lüge und die Bösartigkeit Waffen der Einsicht und der Vernunft zu richten. Es war das Zeugnis eines ungebrochenen Mutes, gegen die Mordgier, gegen die Absicht und das Ausführen des Auslöschens sich selbst einzusetzen, «denn auch wir sind Menschen».

In diesem einen Mann, Josel von Rosheim, versammelten sich, wie in einem Brennpunkt zusammengefaßt, alle Zeiterscheinungen mit ihren Auswirkungen, Vorwürfen und Möglichkeiten, mit allen Personenkreisen kam er in Berührung, den Bauern, den Handwerkern, den Stadträten, den Fürsten, den Geistlichen beider Konfessionen, den Rabbinern. Mit den Verfolgten und Geschändeten, mit den Verfolgern und Mördern. Er hatte es ja durch die Hilferufe der jüdischen Gemeinden erlebt, wie, besonders in den Reichsstädten, Handwerker, nun da sie Sitz und Stimme im Rat hatten, aus Angst vor jeder Konkurrenz ihre einstige Armut und schweren Anfänge vergaßen und längst zu rücksichtsloser Ausübung ihrer Macht übergegangen waren. Ihre Gewalttätigkeit, ihre Überheblichkeit, gepaart mit Dünkel, ergaben den Nährboden für antihumanes Denken und Handeln.

Immer wieder versuchte Josel, in Verträgen ein Miteinander außerhalb von Willkür auf geregelten Bahnen zu erlangen. Selbst nach Jahren noch wies er auf jenes Abkommen hin, das er mit der ihm so äußerst feindlichen Stadt Oberehnheim am 22. April 1524 hatte abschließen können, ein Abkommen, das wenigstens das bescheidene Existieren gestattete: «Danach sollten die Juden nur an Markt- und Jahrmarkttagen nach Oberehnheim kommen dürfen, wofür jeder Jude jedes Mal sechs Pfennig Straßburger zu zahlen hat; über Nacht dürfen sie nicht in der Stadt bleiben. Der Durchzug ist ihnen immer gestattet, vorausgesetzt, daß sie nicht handeln und daß sie zwei Pfennig als Vergütung entrichten. Bei ihrem Aufenthalte in der Stadt sollen sie kein Geld auf Wucher ausleihen; wenn ein Bürger sich von ihnen etwas leihen will, soll das nur auf bewegliche Pfänder, nicht auf liegende Güter oder Verschreibungen gestattet sein. Wenn der Bürger die ihm gesetzte Frist nicht einhält, soll dem Juden das Pfand verfallen sein. Kein Jude darf in eines Bürgers Haus gehen ohne dessen ausdrückliche Aufforderung; es ist dagegen dem Bürger unbenommen, zwecks Abschlusses eines Geldgeschäftes den Juden aufzusuchen.» Und es war auch der ausdrückliche Vermerk in diesem Vertragswerk enthalten: «So oft die Juden in die Stadt kommen, sollen sie Zeichen an ihren Kleidern tragen.»

Alle seine Übereinkünfte mit den verschiedenen Obrigkeiten hatte er stets durch persönliche Verhandlungen erreicht, er wußte, es war notwendig, auch in den alleraussichtslosesten Angelegenheiten seine eigene Überzeugungskraft in die Waagschale zu werfen.

Und nun, im Jahr 1537, machte er sich auf die Reise nach Wittenberg, auf dem schmalen Weg der Hoffnung. Er wollte mit Luthers Hilfe gegen das Austreibungsmandat der Juden aus Sachsen bei Kurfürst Johann Friedrich vorsprechen. Als Empfehlungsschreiben hatte er den Brief des Straßburger Reformators Capito bei sich, darin stand, für den Bruder in Wittenberg, die Erinnerung an Worte, die Paulus an die Römer geschrieben hatte: «Wenn aber einige von den Zweigen ausgebrochen wurden, und Du vom wilden Ölbaum unter sie aufgepfropft worden bist, und so an der Wurzel und an dem Saft des Ölbaums Anteil bekommen hast, so brüste Dich nicht wider die Zweige. Wenn Du Dich dennoch brüstest, so bedenke, nicht Du trägst die Wurzel, sondern die Wurzel trägt Dich.»

Luther empfing Josel von Rosheim nicht und weigerte sich auch, sein Fürsprecher zu sein, beim Kurfürsten die im August 1536 ausgesprochene Ausweisung der Juden zurückzunehmen. In einem langen, überaus höflichen Brief vom 11. Juni 1537, in dem Josel sogar als «mein guter Freund» angeredet wird, zeichnete sich schon die erstaunliche Annäherung an die Haltung seines Gegners Doktor Eck ab. Er beharrte auf der Verdächtigung: «Denn Ihr seht, wie Euer Gefängnis zu lang währen will, und findet doch uns Heiden, welche Ihr für Eure höchsten Feinde haltet, günstig und willig, zu raten und helfen, abgesehen davon, daß wir's nicht dulden können, daß Ihr Euer Fleisch und Blut, der Euch kein Leid getan hat, Jesus von Nazareth, verflucht und lästert, und wenn Ihr könntet, alle die Seinen um alles brächtet, was sie sind und was sie haben.» Und er bekräftigte: «Es soll nicht gehen, was Ihr hofft.» Und endete sein Schreiben: «Solches wollt von mir freundlich annehmen, Euch, zu Eurer Vermahnung. Denn um des gekreuzigten Juden willen, den mir niemand nehmen soll, möchte ich Euch Juden allen gerne das Beste tun, ausgenommen, daß Ihr meine Gunst zu Eurer Verstockung gebrauchen sollt. Das wisset gar eben. Darum möget Ihr Eure Briefe an meinen gnädigen Herrn durch andere vorbringen.»

Es sollen keine Spekulationen angestellt werden über seinen «inneren Umbruch», über mögliche Auswirkungen von Ärger, Krankheit oder Alter, was blieb, waren die Worte, die nun die Haßvorstellungen noch tiefer eingruben. Der vorgefertigte, vorgefundene Denkmechanismus ließ auch ihn unkorrigiert übernehmen: «... und wenn Ihr könntet, alle die Seinen um alles brächtet, was sie haben.» Dieses Schema aus der alten Kirche bestimmte nun auch ungebrochen die Verhaltensweise in der neuen Kirche, der Abscheu vor denen, die eines anderen Glaubens waren, wurde verfestigt. Hier tauchte kein Zweifel an der christlichen Liebe auf, was «verstockt» war, befand sich außerhalb, wenn ein Sichbekehren nicht geschehen konnte. Es waren bestimmte Grundvoraussetzungen, die Luther nicht verließ, nicht verlassen konnte, das Ausgehen vom Verworfensein der Juden. Verworfen, weil sie Jesus gekreuzigt hätten, verworfen, weil sie Jesus nicht als Messias anerkannten. Die Verstockten mußten ruhelos über den ganzen Erdkreis laufen, so sollte ihre Bosheit überall sichtbar werden. Mit Unduldsamkeit wurde dieses Fundament verteidigt. Aus dem Spielerischen, aus der Bitte an seine Feinde, wenn sie müde würden, ihn einen Ketzer zu nennen, so sollten sie ihn doch nun einen Juden nennen, wurde, in der Selbstverteidigung, das Hinlenken zu einem tödlichen Haß.

Ein Jahr später, nachdem Josel von Rosheim vergeblich an Luthers Tür geklopft hatte, erschien, auf die Nachricht hin, einige Christen in Mähren hätten sich zum jüdischen Glauben «verführen» lassen, die Schrift *Wider die Sabbather*. Das Schreiben ist in der Form eines Briefes an einen guten Freund gehalten, mit dem Ratschlag, wie man mit ihnen überzeugend sprechen könne, daß der Messias doch erschienen sei. Aber Luther setzte schon den Endpunkt als Ausgangspunkt: «Hier ist nun die Zeit zu fragen: Lügt Gott oder lügt der Jude.» Und er antwortete: «Aber es braucht keiner zu fragen, sondern es ist erwiesen, daß die Juden lügen.» Wenn die Juden sagten, ihr Gesetz solle ewig bleiben und die Heiden müßten Juden werden, «darauf sollt ihr antworten. Wenn ich weiß, daß der Messias gekommen ist, so wissen sie selbst, daß ihr Gesetz aus ist.» Es sei nicht ein ewig bleibendes, sondern ein ewig verlassenes Gesetz geworden. Er meinte: «So laßt sie noch hinfahren, ins Land, nach Jerusalem, Tempel bauen, Priestertum, Fürstentum und Moses mit seinem Gesetz aufrichten, daß sie wieder Juden werden und das Land besitzen.» Wenn das geschehen sei, so sollten sie bald sehen, wie die Christen ihnen auf den Fersen nachfolgen und auch Juden werden wollten.

Um zu beweisen, wie abgelaufen die Zeit der Juden sei, errichtete er mit tiefen Worten das Bild vom Haß. «Also wenn wir fragen, wo ihr ganzes Gesetz vom Priestertum, Tempel, Stadt und Land geblieben sei, so zeigen sie uns ihre zerschmetterten Stücke und kleinen Scherben vom Fischessen und vom Fleischessen. Wo ist jemals eine Stätte oder ein Land zerstört, davon man nicht übrig gefunden hätte Schlacke, Brocken und Stücke? Wo verbrannte ein Haus so vollständig, daß man nicht ein Stück Kalk, Stein, Nägel, Eisen, Glas finde, das in der Asche übrig bleibt? Wenn ich nun nach dem Hause frage, und einer zeigt mir einen Brand oder zwei Nägel in der Asche, mich damit zu überzeugen, dieses wäre das Haus, nach dem ich frage, Lieber, mit welchen Augen soll ich das ansehen? Entweder muß ich ihn für einen mutwilligen Buben halten, der mich verspottet, oder ich muß sagen, ja, lieber Freund, solche Stücke zeigen an, daß hier ein Haus gewesen ist. Aber es ist weg und nicht mehr da. So zeigen uns die Juden mit ihren übriggebliebenen Scherben und Schlacken vom Fisch- und Fleischessen, daß sie das Gesetz Mosis gehabt haben. Aber es ist nicht mehr da, weil das Haus, Regiment, Stadt, Land, Tempel und das Ganze, Haupt und Körper des Gesetzes, weg sind, seit fünfzehnhundert Jahren. Darum ist die Hoffnung der Juden verloren. Sie ist nicht in Gottes Wort begründet.» Und zur Kennzeichnung ihres jetzigen Zustands führte er die Dreiheit an: Sie seien mit Blindheit geplagt, voller Lügen und Narrheit. Und um ihr Verlassensein zu schildern, holte er ein eindringliches Bild herauf: «So hier in diesem Elend nicht eine Fliege mit einem Flügel ihnen zum Trost zischt. Heißt das nicht verlassen von Gott? So mag der Teufel sich auch rühmen, er sei noch nicht von Gott verlassen.» So war die Verknüpfung gezogen von der Fliege zum Teufel, zum Juden. Er beendete diesen Brief, der ihm unter der Hand gewachsen sei, daß er über diese Sache noch mehr Gedanken habe, denn die Sache sei viel zu groß, daß sie in einem Sendbrief verfaßt werden könne.

Das Nachdenken über die Juden war für die Reformatoren ein unablösbarer täglicher Bestandteil der Überprüfung des eigenen Glaubens, des Ringens um Selbstverständnis und Selbstbehauptung gegenüber den Altgläubigen. In ihrem Anspruch auf Erneuerung verstanden sie sich als Ausersehene in der Nachfolge des Apostels Paulus. Gleichzeitig aber mit den Glaubensfragen, dem Fundament ihrer Berechtigung als neue Kirche, waren sie verstrickt in die täglichen Verwaltungsfragen ihrer Landesherren. So wurden die Erneuerer des Glaubens zu Verfestigern der alten Machtstrukturen, wenn es um die Erörterung über die Pflicht der Obrigkeit ging, wie es mit jenen Untertanen gehalten werden sollte, die der jüdischen Religion anhingen.

Ein Jahr nach seiner vergeblichen Reise nach Wittenberg mußte Josel von Rosheim erleben, wie, vom Straßburger Reformator Martin

Butzer, einem ehemaligen Dominikaner, mit heraufbeschworen, für die jüdischen Gemeinden in Hessen sich eine gefährliche Wendung abzeichnete. Der Landgraf Philipp von Hessen, auch der Großmütige genannt, hatte sich schon bei der Verfolgung der Wiedertäufer in seinem Gebiet auf die Unduldsamkeit Butzers gestützt, nun suchte er den Rat des Reformators für die Lösung der Frage, wie es mit den Juden in seinem Territorium nach dem Ablauf eines bis zum Jahre 1538 gültigen Schutzbriefes zu halten sei.

Nebeneinander und ineinander verklammert finden sich in Butzers Ratschlag Anwendungsmöglichkeiten für Bestimmungen gegen «Fremde», so wie er es auslegt «aus dem Gesetz Gottes und der Natur». Er stellt mit Schärfe ihren Zustand als Knechte fest, die in Strafe genommen werden müssen, wenn sie nicht der im Lande geltenden Religion anhängen. Er sieht es als folgerichtig an, wenn die Christen Gottes Strafurteil an den Juden schon in dieser Welt vollziehen. Und doch bleibt er dabei unter der Last der Paulusworte im Römerbrief: «Bedenke, nicht du trägst die Wurzel, sondern die Wurzel trägt dich.» Eine Last, die er nicht absetzen konnte, da die Worte des Apostels als verbindliche Richtschnur galten, hatte doch auch sein Straßburger Mitreformator Capito in seinem Geleitschreiben für Josel an Luther jene entscheidenden Worte eingebracht. Sie konnten nicht mißverstanden werden, sie waren immer ein Appell an die Achtung vor dem anderen. Aber auch für Butzer, in seinem Römerkommentar und im Judenratschlag, verwischte sich das Bild von den Juden aus dem Alten Testament und denen, die als «heiliger Rest» unantastbar bleiben müßten bis zum Jüngsten Tag, zu einer einzigen Ansicht über die «verstockten, jetzigen» Juden, die man «in Liebe» zu Christus hinführen müsse. Dieses unabdingbare In-Liebe-Hinführen, dieses zwiefache Empfinden bestimmte Butzers Denken. Einerseits konnte er sich der Voraussetzung nicht entziehen: Sie sind auserwählt und vor allen anderen ausgezeichnet. Andererseits aber sind sie verworfen und verdammt, sie haben Gottes Wort nicht gehört und seinen Willen nicht erfüllt. So trat nun auch bei ihm, in seinem Ratschlag, das Element des Neides und des Hasses hinzu: «Und es findet sich also in der Tat, daß sie, die Fremdlinge, unsere Herren und wir ihre Knechte sind und nicht umgekehrt, wie es aber der gütige Gott angeordnet hat. Denn durch ihr habgieriges Leihen, Kaufen und Verkaufen ziehen sie den Unseren das Ihre ab. Und sie gehen dabei müßig in Pracht und Mutwillen. Sie halten sich so, daß weder sie noch ihre Kinder den Unseren Knechtsdienste tun. Wie oft aber dienen ihnen die Unseren, die für sie am Sabbat Feuer machen, kochen und waschen und noch andere Arbeit verrichten.» Der Reformator Butzer rechnete auch die getauften Juden zu den Feinden Christi. Er bezeichnete sie zwar als «unsere getauften Juden», aber er kennzeichnete sie doch als Gegner, bei ihnen könnte man sehen: «Die angeblichen Kaufleute haben sich durch ihren Handel über allen Adel, Fürsten und Könige erhöht und haben fast ganz Europa in ihren Registern.» Deshalb sollte keine christliche Obrigkeit, der die Religion und gute Ordnung lieb sei, sie als Kaufleute dulden, «ja, sie (die christlichen Regierenden – d. A.) werden ihnen auch nicht die sauberen und gewöhnlichen Handwerke zulassen, sondern sie werden ihnen die allerniedrigsten, mühseligsten und ungewöhnlichsten Arbeiten verordnen, alsda sind: der Bergknappen Arbeit und Gräben und Wälle machen, Stein und Holz hauen, Kohle brennen, Schornsteine und Kloaken fegen». Und er wiederholte: «Denn, wie gesagt, ihr Recht ist ihnen von dem barmherzigen Gott auferlegt, daß sie bei den Völkern, bei denen sie wohnen, die Untersten und der Schwanz sein und am allerhärtesten gehalten werden sollen.» Und auch seine Angst vor Disputationen wird in diesem Ratschlag ausgesprochen, man dürfe eine Disputation über die Religion mit ihnen nur zulassen, wenn besonders dafür geeignete Prediger zur Verfügung ständen, denn «wer nicht wohl gegründet ist in der Erkenntnis unserer Religion und der Schrift, der mag durch die Juden, die in der Bibel und in den falschen Argumenten gegen die Christen besonders wohlgeübt sind, leicht irre gemacht und zum Schein überwunden werden».

Es herrschte keine Übereinstimmung zwischen dem Landgrafen von Hessen und seinem Berater Butzer. Der Landgraf befürchtete das abschnürende Einengen, «daß sie es bei uns nicht aushalten könnten». Er, seinerseits, berief sich auf die Heilige Schrift. Es war ihm bewußt, daß er bei seinen kostspieligen Neigungen sich jede Geldquelle erhalten mußte. So sollten die hessischen jüdischen Untertanen nach seinen Vorstellungen noch zwei Jahre im Lande bleiben mit uneingeschränkter Handelsfreiheit.

Durch Flugschriften waren Meinung und Gegenmeinung eine öffentliche Angelegenheit geworden. Und die alte, unter den Dominikanern großgewordene Denkweise, die Juden hätten bei den Christen das Geld geraubt, es müsse ihnen wieder genommen werden, wurde nun bei den Protestanten unverändert weitergeführt.

Schließlich wurde in der «Ordnung» des Landes Hessen vom Jahre

1539 auch die Todesstrafe für das Beieinandersein eines jüdischen Mannes mit einer christlichen Frau oder eines christlichen Mannes mit einer jüdischen Frau verlangt, im Rückgriff auf den *Schwabenspiegel.* Das Rechtsbuch aus dem 13. Jahrhundert, entstanden unter der Federführung eines Franziskaners, besagte: «Man soll sie beide übereinanderlegen und verbrennen, denn der Christ hat seinen Christenglauben verleugnet.» Am Ende der «Ordnung», in einer deutlichen Wendung gegen den Kaiser, hieß es: «Zum vierzehnten wollen wir haben, daß sie uns den Schutzpfennig geben, wie sie mit uns übereinkommen werden, ein jeder nach seinem Vermögen.»

Seine, vom Landgrafen Philipp nicht geteilten Grundsätze verteidigte Butzer ausdrücklich in einem für die Veröffentlichung bestimmten *Brief an einen guten Freund.*

Gegen Butzers *Ratschlag* und den *Brief an einen guten Freund* verfaßte Josel, eigens für die bedrohten Juden in Hessen, sein *Trostbüchlein an die Brüder.* Besonders verletzend erschien es den Gemeinden, daß sie mit Frau und Kindern die evangelischen Predigten mit anhören sollten. Josel versuchte, sie in diesem Punkt zu beschwichtigen. Er teilte mit, auch er habe in Straßburg die Predigten des Reformators Capito gehört, sei allerdings herausgegangen, wenn Glaubensfragen erörtert wurden. Aber er erklärte auch, nicht ohne Stolz, sie seien in Glaubensfragen gefestigt genug, wer fromm und gelehrt sei, der könne durch keine noch so kunstvolle Predigt von Gott abgewendet werden.

Natürlich hatte er das Nichtübereinstimmen zwischen dem Landgrafen von Hessen und seinem Berater Butzer zur Kenntnis genommen, und so versäumte er nicht, auf diesen schmalen Schimmer einer Hoffnung hinzuweisen. Er meinte, je größer die Herren seien, um so größer sei die Gnade, die Gott ihnen gebe, um so tiefer ihr Verständnis für die Heilige Schrift, um so milder ihre Gesinnung. Und er verwies darauf, Butzers Vorwurf, die Juden seien den Päpstlern gleichzustellen, beweise ja, daß sie nicht, wie man es ihnen so oft vorgehalten habe, schuld hätten an der Reformation.

Aus dem tiefen Grund seines Glaubens an einen wahrhaft barmherzigen Gott, fast wie ein Gebet, beschwor er die Erinnerung an Begebenheiten herauf, bei denen Gott ihnen zur Seite gestanden habe: bei den Verhandlungen mit den Anführern der Bauern im Bauernkrieg, beim Überwinden von Margaritha in Augsburg, beim Abfassen des schönen Geleitbriefes von Capito an Luther. Und schließlich erinnerte er an den Ständetag in Frankfurt am Main vom Februar 1539. Dort hatte, in dieser Öffentlichkeit, der engste Mitarbeiter Luthers, Philipp Melanchthon, die Unschuld der achtunddreißig Juden enthüllt, die 1510 wegen Hostiendiebstahls in Berlin angeklagt und verbrannt worden waren.

Bei diesem Ständetag (Frankfurter Anstand) war auch Martin Butzer zugegen gewesen. Josel schrieb in seinen Erinnerungen, daß er ihm ins Gewissen geredet habe, wie seine Schriften den Haß so geschürt hätten. Auf der Straße nach Friedberg sei ein Jude geschlagen und aller seiner Habe beraubt worden. Die Täter hätten sich auf Butzer berufen, er habe es ausdrücklich erlaubt: «Man soll euch eure Güter nehmen und sie den Armen geben.»

Sicherlich war es eine besondere Genugtuung für Josel von Rosheim, daß vor den Landesherren von Hessen, Sachsen und Brandenburg und den Vertretern des Kaisers und päpstlichen Beobachtern und den theologischen Ratgebern beider Konfessionen der Prozeß von Berlin noch einmal heraufbeschworen und die Unsinnigkeit der Anklage bloßgelegt wurde.

Die Erwartungen Josels an diesen Frankfurter Tag konnten in den zwei bescheidenen Worten zusammengefaßt werden: Leben und Wohnen unter der Voraussetzung ihres Glaubens. Aber aus Brandenburg waren sie vertrieben, in Sachsen bedroht, für Hessen war die Gefahr durch Butzers Ratschlag gewachsen. Die christlichen Vorbehalte für ein Zusammenleben waren nach dem alten Schema neu ausgesprochen. Die andauernde Angst der Theologen war laut geworden: Die Juden wissen mehr. Das dumpfe Gefühl war aufgerufen: Sie sind die Fremden. Sie sind blutgierig. Der Neid war hochgekommen: Sie haben Geld.

Es ist nicht mit allerletzter Gewißheit auszumachen, ob die Enthüllung der Nichtigkeit des Berliner Prozesses von 1510 auf Drängen Josels geschah. Jedenfalls ging die Offenlegung der mitwirkenden Umstände weit über theologische Erwägungen hinaus. Jeder der Anwesenden auf diesem Ständetag, sei es der Vertreter des Kaisers oder der des Papstes, seien es die Angehörigen der Stände, hatte in diesem Augenblick des Zusammentretens eine bestimmte Vorstellung seiner Wünsche. Jedem war bewußt, wenn der Versuch, «eine löbliche christliche Vereinigung» anzustreben, die auf dem kommenden Reichstag festgelegt werden sollte, nicht gelänge, würde es zu kriegerischen Auseinandersetzungen führen. Unter dem zudeckenden Begriff «löbliche christliche Vereinigung» lagen, geheim oder offen, Ansprüche auf Besitz an Ländereien und Einnahmen, neue oder alte Verpflichtungen zu Bündnissen und Absprachen, die bis zu Annäherungen an die so gern von allen Seiten verlästerten Türken reichten. In diesem Umfeld der kaum verhüllten Leidenschaften erhob nun Melanchthon, der Neffe Reuchlins, bekannt als ein im Grunde scheuer Mensch, seine Stimme. Er sagte, die des Hostiendiebstahls beschuldigten achtunddreißig Juden seien zu ihren Geständnissen nur durch die Folter gezwungen worden. Der wirkliche Dieb, der Kesselschmied Paul Fromm, sei in die Kirche im Dorf Knobloch im Havelland der Diözese Brandenburg eingedrungen und habe die vergoldete Monstranz und zwei geweihte Hostien gestohlen. Paul Fromm habe, um der Strafe zu entgehen, den Diebstahl dem Juden Salomon aus Spandau angelastet. Dieser habe dann auf Vorhaltungen unter der Folter das Gewünschte gestanden, er hätte die Hostie erworben. Allein die Schilderung des weiteren Ablaufs mußte eine Wendung gegen Butzer sein und eine Erinnerung und Mahnung zugleich an Luther, eine Erinnerung an seine Äußerungen gegen den Aberglauben, und eine Mahnung, seine wachsende Judenfeindlichkeit zu überprüfen. Das unter der Folter erzwungene Geständnis des Salomon aus Spandau besagte, er habe die Hostie mit Messerstichen in drei Stücke geteilt, unter lästerlichem Fluchen. Und nun ergab sich die lange Liste der Verschickung der Stücke, die beliebig erweitert werden konnte, da erklärt wurde, das letzte Drittel sei in einen Kuchen eingebacken worden. Es ist nicht überliefert, ob Melanchthon die lange Namensliste verlesen hatte derjenigen, die ein Stück vom nicht enden wollenden Kuchen bekommen und genommen haben sollten; bis nach Stendal und Pritzwalk und Braunschweig und andere Orte mehr seien die Sendungen gegangen. Das Urteil war im Anschluß an die Verkündung vollstreckt worden. Mitten im Sommer, am 19. Juli 1510. Zur Verbrennungsstätte, zum Neuen Markt in Berlin, waren viele Schaulustige von nah und fern gekommen und hatten ihre Holzstücke mit hinzugetragen.

Nun aber erklärte Melanchthon, der Beichtvater des Kesselschmieds sei zum protestantischen Glaubensbekenntnis übergegangen. Er lebe in Württemberg. Der Übergetretene habe sich nicht mehr an das Einhalten des Beichtgeheimnisses, wie es sein alter Glauben vorschrieb, gebunden gefühlt und habe ihnen, den Protestanten, gegenüber sein Gewissen erleichtert. Der Dieb Paul Fromm habe in der Beichte gestanden, nur die vergoldete Monstranz sei von ihm gestohlen worden. Die Geschichte mit den Hostien habe er erfunden. Ihm sei das wie ein rettender Ausweg erschienen, die Aufmerksamkeit auf die Hostien zu richten und alle Schuld so auf Salomon aus Spandau und andere Juden zu lenken. Der erschrockene Beichtvater sei daraufhin, noch vor der Vollstreckung des Urteils, zu seinem vorgesetzten Bischof geeilt, um ihm Kenntnis von dieser Wendung zu geben. Der Bischof habe ihm damals streng untersagt, dem Kurfürsten davon Mitteilung zu geben. Der Prozeß sollte zu Ende geführt, das Urteil an den achtunddreißig Angeklagten vollzogen und die übrigen Juden mit ihren Familien ausgetrieben werden.

Es muß eine große Stunde gewesen sein, es muß eine tiefe Stille geherrscht haben nach Melanchthons Worten über die Lüge vom Hostienfrevel der Juden. Der Beweis war erbracht, wie der Mechanismus des Tötens und der Austreibung in Gang gesetzt wurde. Es muß eine Stille der Betroffenheit gewesen sein. Eine Stille der Einkehr. Zum erstenmal hatte sich in der Öffentlichkeit einer der führenden Reformatoren für die Wahrheit über die tödliche Legende von den angeblich von Juden durchstoßenen Hostien eingesetzt.

Sicherlich, es steht in keiner Akte, welche Empfindungen Josel von Rosheim aufgewühlt haben müssen; es war ja sein Sieg. In diesem Augenblick war die Möglichkeit einer wegweisenden moralischen Kraft der evangelischen Sache in die Waagschale gelegt. Der Erwartung war Raum gegeben, die Waagschale mit nachfolgenden Worten und Taten zu füllen. Endlich den Ruf «Denn auch wir sind Menschen, bei euch zu wohnen und zu leben» anzunehmen und dem Wort Bruder die Bedeutung Bruder zu geben. Dem Wort Liebe die Bedeutung Liebe zu geben. Dem Wort Freundlichkeit die Bedeutung Freundlichkeit zu geben. Dem Wort Reue die Bedeutung Reue zu geben.

Natürlich hatten sich durch die Enthüllung dieser Wahrheit die Strukturen nicht geändert, die Einordnungen und Beschränkungen für die jüdischen Gemeinden blieben der Willkür der Feudalherren überlassen. Aber immerhin war dem Kurfürsten von Brandenburg nun eine Gelegenheit gegeben, in seinem Gebiet wieder Juden zuzulassen. Die Enthüllungen Melanchthons standen seinem Wunsch, seine Einkünfte zu verbessern, nicht im Wege.

In dem aufkommenden Zwiespalt zwischen dem Kaiser und den protestantischen Fürsten sah sich Josel vor die Entscheidung gestellt, auf welche Seite er, der Sprecher der jüdischen Gemeinden, gehen sollte. Wenn die Juden rechtlich aufhörten, Kammerknechte des Kaisers zu sein, wären sie dann als Knechte der Fürsten nicht einer Vielfalt von willkürlichen Zufällen noch viel einschneidender ausgesetzt?

Der Glanz dieses Ständetags von Frankfurt konnte Ermutigung bedeuten für seine ernsten Bemühungen, Verständnis bei den Reformatoren zu erhalten, daß sie mit der nun neu gewonnenen Einsicht aufhörten, den alten Haß von ihren Kanzeln herab zu predigen, daß sie das Wort vom verstockten, gottesmörderischen Volk aus ihren Andachtsstunden herausnahmen. Josel hatte sogar in seinem *Trostbüchlein* an seine Brüder, mit der Aufrichtigkeit, die ihm Achtung verschaffte, nicht versäumt zu ermahnen, die Brüder sollten ihren Hochmut gegen die anderen und ihre Gehässigkeit untereinander überprüfen. Sie sollten in Demut und Buße abwägen, ob und wo sie nicht selber Ursache für Feindseligkeiten gegeben haben konnten.

Sein Leben lang wehrte sich Josel gegen die Kränkung, das Kennzeichen an der Kleidung tragen zu müssen. Wieder erschien er als Sprecher für die jüdischen Gemeinden auf einem Reichstag, in Regensburg im April 1541. Auch war es erforderlich, vom Kaiser die Bestätigung der Abmachungen von Innsbruck und Augsburg zu erhalten.

Abermals stand auf diesem Reichstag als Hauptpunkt auf der Tagesordnung, neben der Türkenfrage, ob es möglich sei, die unversöhnlichen Gegensätze zwischen den Alt- und Neugläubigen auszuräumen. Es ist überliefert, wie Butzer und Melanchthon mit Eck über die Rechtfertigung, die Erbsünde, die Sakramente und das Priestertum diskutierten. Dabei waren auch wieder die Vorwürfe Ecks aufgekommen, die Juden hätten schuld am Anwachsen der lutherischen Lehre. Zwar hatte Butzer in seinem Ratschlag geäußert, die «Juden der Gegenwart» seien wie die «Päpstler», aber nun lag dem Reichstag die Schrift Ecks vor, die er gegen Osiander gerichtet hatte, mit den harten Angriffen gegen das «gottesmörderische Volk der Juden», in dem Luther ein mit Gold erkaufter Judenschützer genannt worden war.

Als Josel für eine Disputation zur Stelle war, erkrankte Eck plötzlich so schwer, daß er keinerlei Gespräche mehr führen konnte oder wollte.

Aber es gelang Josel nicht nur, die Bestätigung der Innsbrucker und Augsburger Übereinkünfte vom Kaiser zu bekommen, sondern auch eine ausdrückliche Weisung an die Stände zu erreichen, es solle bei schwerer Strafe verboten sein, «ihre jüdischen Untertanen außerhalb ihrer Wohnorte zum Tragen des Judenabzeichens zu zwingen».

Was das Tragen dieses diffamierenden Zeichens bedeutet, wie ausgeschlossen, ausgestoßen und erniedrigend das auf den Seelenzustand und auf die ganze Denkweise eines Menschen wirkt, kann nur der ermessen, der selber den gelben Fleck tragen mußte. Es gibt unter den Augenzeugen der Nazizeit einen Mann, der mit unerhörter Gründlichkeit Tagebuch darüber führte, wie er als Jude dieses Gekennzeichnetsein an jedem Tag empfunden hatte. Er konnte diese Zeit nur überstehen, weil er mit einer nichtjüdischen Frau verheiratet war. Es ist Victor Klemperer. In der berühmten Schrift *LTI*, den Aufzeichnungen eines Philologen über die Sprache des Dritten Reichs, berichtet er:

«Ich frage mich heute wieder, was ich mich, was ich die verschiedensten anderen schon Hunderte von Malen gefragt habe: welches war der schwerste Tag der Juden in den zwölf Höllenjahren?

Nie habe ich von mir, nie von anderen eine andere Antwort erhalten als diese: der 19. September 1941. Von da an war der Judenstern zu tragen, der sechszackige Davidstern, der Lappen in der gelben Farbe, die heute noch Pest und Quarantäne bedeutet und die im Mittelalter die Kennfarbe der Juden war, die Farbe des Neides und der ins Blut getretenen Galle, die Farbe des zu meidenden Bösen; der gelbe Lappen mit dem Aufdruck: ‹Jude›, das Wort umrahmt von Linien der ineinandergeschobenen beiden Dreiecke, das Wort aus dicken Blockbuchstaben gebildet, die in ihrer Isoliertheit und in der breiten Überbetontheit ihrer Horizontalen hebräische Schriftzeichen vortäuschen.

Die Beschreibung ist zu lang? Aber nein, im Gegenteil! Mir fehlt nur die Kunst zu genauerer, eindringlicherer Beschreibung. Wie oft, wenn ein neuer Stern auf ein neues (vielmehr alt aus der jüdischen Kleiderkammer erworbenes) Stück, eine Jacke oder einen Arbeitsmantel, anzunähen war, wie oft habe ich den Lappen unter der Lupe betrachtet, die Einzelparzellen des gelben Gewebes, die Ungleichheiten des schwarzen Aufdrucks – und alle diese Einzelfelder hätten nicht ausgereicht, hätte ich an jedes eine der erlebten Sterntorturen knüpfen wollen.

Ein bieder und gutmütig aussehender Mann kommt mir entgegen, einen kleinen Jungen sorgsam an der Hand führend. Einen Schritt von mir bleibt er stehen: ‹Sieh dir den an, Horstl! – der ist an allem schuld!› ... Ein weißbärtiger, gepflegter Herr überquert die Straße, grüßt tief, reicht mir die Hand: ‹Sie kennen mich nicht, ich muß Ihnen

Selektion

nur sagen, daß ich diese Methoden verurteile.› ... Ich will auf die Trambahn steigen, ich darf nur den Vorderperron benutzen, und nur wenn ich zur Fabrik fahre, und nur, wenn die Fabrik mehr als sechs Kilometer von meiner Wohnung entfernt ist, und nur, wenn der Vorderperron fest abgetrennt ist vom Inneren des Wagens; ich will aufsteigen, es ist spät, und wenn ich nicht pünktlich zur Arbeit erscheine, kann der Meister mich der Gestapo melden. Jemand zerrt mich von hinten zurück: ‹Lauf doch zu Fuß, ist dir viel gesünder!› Ein SS-Offizier, grinsend, gar nicht brutal, macht sich bloß einen Spaß, so wie man einen Hund ein bißchen neckt ... Ein Möbelträger, der mir von zwei Umzügen her zugetan ist – gute Leute alle, riechen sehr nach KPD –, steht an der Freiberger Straße plötzlich vor mir und packt meine Hand mit seinen beiden Tatzen und flüstert, daß man es über den Fahrdamm weg hören muß: ‹Nu, Herr Professor, lassen Sie bloß den Kopf nicht hängen! Nächstens haben sie doch abgewirtschaftet, die verfluchten Brüder.› Es soll ein Trost sein, es ist auch eine Herzerwärmung; aber wenn es drüben der richtige Mann hört, dann kostet es meinen Tröster

Gefängnis und mich via Auschwitz das Leben ... Ein Auto bremst im Vorbeifahren auf leerer Straße, ein fremder Kopf beugt sich heraus: ‹Lebst du immer noch, du verdammtes Schwein? Totfahren sollte man dich, über den Bauch! ...›»

Das Jahr 1542 begann mit einer Katastrophe für die Juden in Prag. Jahrelang war kein Landtag mit den böhmischen Ständen vergangen, auf dem sie nicht darauf gedrängt hätten, die Juden zu vertreiben. Doch König Ferdinand konnte nicht auf die Einnahmen aus den Schutzgeldern verzichten. Jetzt nun, in einem überaus harten Winter, war endlich die Gelegenheit herangerückt, die Bevölkerung stand unter dem Eindruck der großen Brände in den böhmischen Wäldern und unter der Angst vor den Türken. Beides, Waldbrände und Türkengefahr, griffen die Vertreter der Stände auf und lasteten den Juden die Schuld an. Die Verordnung, das Prager Judenviertel zu räumen, die Wohnungen den Handwerkern zu übergeben, mußte noch von einem Reichstag bestätigt werden. Im April traten in Speyer die Stände zusammen. Josel von Rosheim versuchte auf diesem Reichstag unter König Ferdinand einzugreifen. Es konnte jedoch nichts anderes erreicht werden als das Zugeständnis, daß einige angesehene Familien noch in der Stadt zurückbleiben durften. Josel berichtete darüber: «Auf das Drängen der Öffentlichkeit hin eilte ich brüderlich zu Hilfe, zusamt anderen einflußreichen Leuten in Prag, um den König anzuflehen.»

Im Dezember des gleichen Jahres, das über die Prager Juden das große Unglück gebracht hatte, schrieb Luther an dem Buch *Von den Jüden und ihren Lügen.* Am 21. Dezember 1542 begonnen, lag es am 17. Januar des folgenden Jahres gedruckt vor.

Man solle nicht viel mit ihnen über den Glauben disputieren, sie seien von Jugend an mit Gift und Groll erzogen. Es sei keine Hoffnung, daß sie durch ihr Elend zuletzt mürbe würden und gezwungen sein könnten zuzugeben, daß der Messias gekommen sei. Er erklärte: «Wir reden jetzt nicht mit den Juden, sondern von den Juden und ihrem Tun, das unsere Deutschen auch wissen müssen.»

Er wiederholte, im Zusammenhang mit ihrer Auserwählung durch Gott, sie seien verstockt, verdammt, elend, blind, unsinnig. Aus Margaritha zitierte er, wie die Beschneidung vor sich ging, setzte dazu, daß man den Kindlein über die Maßen weh tue, die Art, wie dieses vor sich gehe, sei vom Teufel eingegeben. Sie seien die rechten Lügner und Bluthunde. Und wenn sie nach Jerusalem heimkämen, das sei, als wenn der Teufel gen Himmel fahren würde. Und wenn man schon mit einem rede, sei es, als wenn man mit einem Klotz oder mit einem Stein rede. «Darum laß sie immer hinfahren und lügen, wie ihre Väter von Anfang an getan haben», mit dieser Bemerkung verwischte er die Trennlinie, die er sonst gezogen hatte zwischen den Juden aus der Schrift und den jetzigen. Nun nannte er sie die Fremden und setzte das ganze Instrumentarium seines Wissens aus dem Alten und Neuen Testament ein, um sie zu verunglimpfen und sich selbst zu rechtfertigen, auch um sich abzugrenzen von Melanchthon, seinem engsten Mitarbeiter, den er veranlaßte, diese Schrift umgehend an den Landgrafen von Hessen zu schicken. Es war auch eine beipflichtende Adresse an die altgläubige Seite, um die Vorwürfe zu entkräften, er sei ein mit Gold erkaufter Judenschützer. Es war ein Angriff gegen die Einwände der in der Schrift erfahrenen Rabbiner, er habe aus einer nicht genügenden Kenntnis der hebräischen Sprache manches Wort aus der Bibel beim Übertragen ins Deutsche nicht der Bedeutung nach verwendet.

In seiner Übersetzung des fünften Psalms rückte er die Stelle vom blutbefleckten Mann in den Plural, als «die Blutgierigen». Und er erläuterte: «Dieser Psalm trifft alle Menschen, sie sind beschnitten oder nicht, sonderlich und vornehmlich die Juden.» Das fast unmerkliche Hinschieben in den Plural gab den Weg frei für das Weiterbeharren auf den Blutbeschuldigungen, zumal es ergänzt wurde durch die Bemerkung: «Sie sind die rechten Lügner und Bluthunde, die nicht allein die ganze Schrift mit ihren erlogenen Glossen von Anfang bis heute ohne Aufhören verkehrt und verfälscht haben.» Die Sonne habe kein blutdürstigeres und rachgierigeres Volk je beschienen. Von ihrem Messias erwarteten sie, «er soll die ganze Welt durch ihr Schwert ermorden und umbringen». Und er wiederholte hier, was er schon in dem Brief an Josel von Rosheim geschrieben hatte, «wie sie denn im Anfang an uns Christen in aller Welt wohl bewiesen und noch gerne täten, wenn sie könnten». Der Gedanke von ihrer Mordlust wurde von ihm mit Beharrlichkeit verfolgt. Die Bücher der Propheten würden durch sie mißhandelt. «Es ist ein prophetenmörderisch Volk, können sie nicht mehr die Lebendigen, so müssen sie doch die Toten morden und martern.» Er verwies auf Numeri, 16. Kapitel, die Auflehnung des Korah gegen Moses, brachte in Erinnerung, wie die Erde unter ihm und seinen Anhängern zerriß und ihren Mund auftat und sie mit ihren Häusern und mit allen Menschen, die bei Korah waren, verschlang.

Mit all ihrer Habe. «Und sie fuhren hinunter lebendig in die Hölle, mit allem was sie hatten. Und die Erde deckte sie zu. Und kamen um aus der Gemeinde.» Auf seine zeitgenössischen Juden nahm er daraus den Bezug, daß sie nicht die frommen Juden, sondern der verlorene Haufe des «hurerischen und mörderischen Volkes» sein müßten, «denn sie sind aller Bosheit voll, voll Geizes, Neides, Hasses untereinander, Hochmut, Wucher, stolzes Wuchern wider uns Heiden».

Im Zusammenhang mit der Rechtfertigung vor Gott griff er noch einmal den Gedanken über die äußeren Werke auf, verglich das Tun und Werken und äußerliche Wesen der Juden mit dem «unserer Papisten, Bischöfe, Mönche und Pfaffen samt ihrem Anhang».

Und wieder kam seine Angst hervor, vom Umsturz der Ordnung bedroht zu sein. Das Mißtrauen gegen diejenigen, die das Regiment an sich reißen wollten, ließ ihn nicht los. «Und ist alles voll Juden, Türken, Papisten und Rotten, die allesamt wollen Kirche und Gottes Volk sein.»

Er sprach von den steinernen Herzen und eisernen Seelen der Juden und beharrte darauf, «wir haben die Schrift besser als sie, das wissen wir fürwahr. Und sollen alle Teufel uns dieselbige nicht nehmen, geschweige denn, die elenden Juden.» Er verteidigte noch einmal seine Übersetzung, sie sei treulich und gewiß verdeutscht, «das mir kein Jude noch Teufel wird verneinen können».

In nicht trennbarer Verknüpfung waren die theologischen Überlegungen mit tagespolitischen Darlegungen verbunden. «Ein jedes Land, wenn es bestehen soll, muß die zwei Stücke haben: Eine Macht und ein Recht.» Und er warnte, wo Recht ohne Macht sei, «da tut der wilde Pöbel auch, was er will, und da bleibt kein Regiment». Und er fragte: «Was ist es nun, daß du mit einem verstockten Juden viel disputieren willst? Das ist ebenso, als wenn du mit einem unsinnigen Menschen reden und beweisen willst, daß Gott Himmel und Erde geschaffen hat. Und du zeigst ihm mit dem Finger Himmel und Erde, aber er plaudert, daß dies nicht der Himmel und die Erde sei. Einen solchen Menschen soll niemand für wert erachten, daß er auch nur ein einziges Wort mit reden wollte.»

Aus der Verteidigung seiner Schriftauffassung kamen seine Angriffe. Sie seien «mutwillige Lügner, Gotteslästerer und seines Wortes Verkehrer. Doch ich hab's wollen uns Deutschen vorbringen, damit wir sehen, was die verblendeten Juden für Früchtlein sind. Und wie gewaltig die Wahrheit Gottes bei uns gegen sie steht.»

Judensau, Stadtkirche in Wittenberg

Sie wurden von ihm mit den stets wiederkehrenden Ausdrücken gleichgesetzt: Fremde, Teufel, Sau. Dazu kam die Zuordnung der beiden Begriffe Blut und Wucher. Ihre Hartherzigkeit wurde mit dem Stein und dem Diamanten verglichen. Sie könnten sich von ihrer Messiasvorstellung, nach der ihnen alles Gold und Silber der Welt ausgeteilt werden sollte, nicht trennen. «Der Odem stinkt ihnen nach der Heiden Gold und Silber. Denn es ist kein Volk unter der Sonne geiziger gewesen als sie es waren und sind und immerfort bleiben, wie man an ihrem verfluchten Wucher sieht.» Es gehe ihnen allein um das Anfüllen ihres Bauches und das Sich-Weiden in der Wollust. «Seid ihr doch nicht wert, daß ihr die Bibel von außen ansehen sollt, geschweige, daß ihr darin lesen sollt. Ihr sollt allein die Bibel lesen, die der Sau unter dem Schwanz steht. Und die Buchstaben, die daselbst herausfallen, fressen und saufen. Das wäre die Bibel für solche Propheten, die der göttlichen Majestät Wort, so man mit allen Ehren, Zittern und Freuden hören soll, so säuisch zu wühlen und so schweinisch zu reißen.» Ein Jahr später, in seiner Schrift *Schem Hamphoras*, bestätigte und erklärte er den Gebrauch dieses Bildes noch einmal. «Es ist hier zu Wittenberg an unserer Pfarrkirche eine Sau in Stein gehauen, da liegen junge Ferkel und Juden unter, die saugen. Hinter der Sau steht ein Rabbiner, der hebt der Sau das rechte Bein empor, und mit seiner linken Hand zeucht er den Pirtzel über sich, bückt und kuckt mit großem Fleiß der Sau unter den Pirtzel in den Talmud hinein, als wollt er etwas scharfes und sonderliches lesen und ersehen.» Daher hätten sie sicherlich den Schem Hamphoras, den Gottesnamen. Es seien vorzeiten viele Juden in dieser Gegend gewesen, und ein ehrlicher, gelehrter Mann habe gegen die Lügen der Juden die Tafel herstellen lassen.

So wurden die von Osiander und Melanchthon schon gewonnenen Ansätze von Freundlichkeit und Vernunft mit seiner Wortgewalt zugedeckt. Er gab die Juden der öffentlichen Verachtung preis; mit Strichen von der eigenen Hand zeichnete er nun die Züge ein, die das Bild über die Jahrhunderte bestimmen sollten. Er entsprach damit der Vorstellungswelt des verarmten Adels, der Zünfte, aber auch der geschlagenen Bauern, wenn er den Zorn in die Judengasse lenkte. Er vertiefte die Anschuldigungen, daß sie Menschen schlachteten «wie das arme Vieh». So führte er den Gedankengang in seinem Buch *Von den Jüden und ihren Lügen* zu dem Punkt, an dem er den «lieben Christ» anredete und aufforderte, nicht daran zu zweifeln, «daß du nach dem Teufel keinen bitteren, giftigeren, heftigeren Feind habest, denn einen rechten Juden, der mit Ernst ein Jude sein will». Und er blieb bei der alten, überkommenen Anklage: «Daher gibt man ihnen oft in den Historien Schuld, daß sie die Brunnen vergiftet, Kinder gestohlen und zerpfriemt haben, wie zu Trient, Weissensee etc. Sie sagen wohl nein dazu. Aber, es sei oder nicht, so weiß ich wohl, daß am vollen, ganzen, breiten Willen bei ihnen nichts fehlt, wenn sie mit der Tat dazu kommen könnten, heimlich oder offenbar. Dessen versieh dich gewißlich und richte dich danach.»

Er mahnte den einzelnen, und er mahnte die Obrigkeit. «Tun sie aber etwas Gutes, so wisse, daß es nicht aus Liebe, noch dir zu gute geschieht, sondern, weil sie Raum haben müssen, bei uns zu wohnen.» Er setzte hinzu: «Sie leben bei uns zu Hause unter unserem Schutz und Schirm, brauchen Land und Straßen, Markt und Gassen. Dazu sitzen die Fürsten und Obrigkeit und schnarchen und haben das Maul offen. Lassen die Juden aus ihrem offenen Beutel und Kasten alles nehmen und stehlen und rauben, was sie wollen.» Er meinte, die Juden als die Fremdlinge sollten nichts besitzen. «Und was sie haben, das muß gewiß unser sein.» Er wehrte ab, sollte jemand denken, er rede zuviel, «ich rede nicht zuviel, ich rede viel zu wenig. Denn ich sehe ihre Schriften, sie fluchen uns Gojim und wünschen uns in ihren Schulen und Gebeten alles Unglück. Sie rauben uns unser Geld und Gut durch Wucher.» Das waren geeignete Worte, um den sozialrevolutionären Bestrebungen der Bauern gegen die Fürsten und Feudalherren eine andere Zielrichtung zu zeigen. Das waren für einen Bauern, der im Frühjahr sein Korn für die Aussaat nur bekam, wenn er die Ernte schon verpfändete, die einfachen Gedanken mit dem Hinweis, dieser, der nichts arbeitet, der Geldleiher, trägt die Schuld am Unglück. Am großen, allgemeinen, daß Jesus gekreuzigt wurde, und an seinem eigenen Mißstand, der ihm oft genug wie eine Kreuzigung erschien.

So beschwor Luther in der Mitte seiner Schrift *Von den Jüden und ihren Lügen* noch einmal die Erinnerung an Thomas Müntzer herauf. Er holte aus dem Vorrat seines Wissens die Namen Bar Kochba und Rabbi Akiba. Er erzählte die Begebenheit um die beiden Männer wie eine schöne Legende, um dann aber den «gemütvollen, warmen Ton» zu zerreißen mit dem Aufschrei der Angst: Bar Kochba, das ist Thomas Müntzer. «Sie mochten die Person Jesus von Nazareth nicht, fuhren zu und warfen einen eigenen Messias unter sich selbst auf. Das ging also zu: Sie hatten einen Rabbi oder Talmudisten mit Namen Akiba, bei ihnen sehr hoch gelehrt und teuer gehalten, über alle Rabbiner, einen alten, grauen, ehrlichen Mann.» Der erklärte nun nach der Schrift, «es müßte im Volk Gottes ein Messias sein, die Zeit wäre da. Er wählte einen, der hieß mit Zunamen Kochab, das heißt deutsch ein Stern, der ist in allen Historien sehr wohl bekannt, und nennen ihn Ban Kosba oder Bar Kosba. Da fielen alle Rabbinen und alles Volk ihm zu, rotteten sich und rüsteten sich stark und wollten beide, Christen und Römer, aus der Welt aufräumen, denn sie hatten nun den Messias ihres Gefallens und ihres Sinnes ... Diese Unruhe fing ungefähr 30 Jahre nach der Zerstörung Jerusalems unter dem Kaiser Trajan an. Der Rabbi Akiba war des Kochbas Prophet und Geist, der blies, trieb und hetzte heftig, führte alle Sprüche in der Schrift von Messias auf seine Person vor allem Volk und sprach: Du bist Messias. (Nach Numeri 24) ‹Es wird ein Kochab ... und ein Szepter aus Israel aufkommen, der wird die Fürsten Moab zerschmettern ... Edom wird er einnehmen ... Israel aber wird den Sieg haben. Aus Jakob wird der Herrscher kommen und

Flugblatt um 1470

umbringen, was übrig ist an Städten.› Das war eine rechte Predigt für solchen tollen, unruhigen Pöbel. Und damit es ja gewiß wäre, machte sich der hohe teure Rabbi Akiba (Luther bezeichnet ihn als den alten Narren und Gauch – d. A.) zum Trabanten oder Spießbuben dem Kochbar. Armigerum nennen ihn die Historien. Hab ich's nicht recht verdeutscht, so mach's ein anderer besser. Es soll ja der sein, der dem König oder Fürsten zunächst mit der Wehr zur Seite ist im Feld oder Streit, er sei zu Roß oder zu Fuß. Obwohl hier etwas mehr ist, weil er auch ein Prophet und (wie bei uns geschehen) Müntzer ist.»

Ungezählt waren die Geschichten über Akiba Ben Josef, Rabbi Akiba genannt. Ebenso unzählbar muß die Schar seiner Schüler gewesen sein. Die Vermutungen schwankten zwischen vierundzwanzigtausend und achtundvierzigtausend. Er nahm unter den Verfassern und Gelehrten des Talmud die höchste Stelle ein. Bevor er der große Lehrer wurde, war er, der Sohn bescheidener Leute, ein Hirte gewesen. Er war für seine Überzeugung in den Tod gegangen und wurde eingereiht unter die Märtyrer. Es war nicht allein sein Wissen, das ihm die Achtung verschaffte, es war auch seine überaus bescheidene, würdige Haltung. Er lebte ohne die Eitelkeit nach äußerlichen Ehrungen, so ist diese Anweisung von ihm übermittelt: «Nimm immer einen niedrigeren Platz ein, als dir zukommt, bis man dich bitten wird, einen höheren Platz zu besteigen. Denn besser ist, man sagt zu dir, ‹komm herauf›, als man dich bitten müßte, ‹geh hinunter›.» Man erzählte von ihm, daß er als einzigen Besitz einen Strohbund hatte, der ihm und seiner Frau zur Schlafstätte diente. Als einer kam und bat, ob er für seine kranke Frau ein wenig von dem Stroh haben könnte, teilte er und sagte: «Es gibt noch ärmere Menschen als wir.» Der Bittende, so will es die Legende, sei der Prophet Elia gewesen. Und als Rabbi Akiba vor dem römischen Feldherrn Rufus stand, von ihm mit der Frage bedrängt wurde: «Weswegen hat aber Gott den Menschen nicht so erschaffen, wie er es wünschte?», antwortete Akiba: «Weil es die Aufgabe des vernünftigen Menschen ist, sich selbst zu vervollkommnen.»

Indem Luther das Ende des Aufstands unter Bar Kochba und Rabbi Akiba feierte, rechtfertigte er die Besetzung von Judäa durch die heidnischen Römer. Der römische Landpfleger Pontius Pilatus, der den Kreuzestod Jesu anordnete, war für ihn die rechtmäßige Regierung. Der Aufstand der Judäer gegen die römische Fremdherrschaft war Aufruhr für ihn, Aufruhr, der ihn, Luther, zum Vergleich mit dem Bauernkrieg unter Thomas Müntzer führte.

Bei der Auslegung des Propheten Daniel, Kapitel 9, Vers 25, über das Erscheinen des Messias und die Endzeit verteidigte er wieder seine Übersetzungen und führte dabei als ein neues abwertendes Wort die Bezeichnung «die Kochabisten» ein. Und faßte jetzt zusammen: die Rabbiner, die Talmudisten und die Kochabisten, nannte sie die beschnittenen Heiligen. Er spielte mit dem Wort Rabbiner, sagte Raben, nannte sie grobe, ungelehrte Esel, «die weder Schrift noch Historie ansehen, die aus ihrem frevlen Maul gegen Gott und die Engel speien, was sie wollen». Er zog die Summe: «Sie essen, sie trinken, sie schlafen, sie wachen, sie stehen, sie gehen, sie ziehen sich an oder aus, sie fasten, sie baden, sie beten, sie loben, und alles, was sie leben oder tun, ist alles mit rabbinischem unflätigem Mißglauben beschmeißt.» Er erneuerte den Vorwurf, daß sie den Wunsch hätten, die Heiden totzuschlagen, damit sie «aller Welt Land, Güter und Herrschaft bekämen». Die Blutbeschuldigung nahm er nicht zurück, beharrte darauf, sie seien «dürstige Bluthunde und Mörder der ganzen Christenheit». Ihr Wesen sei mit «des Messias und seiner Christen Blut dick, dick, grob, grob überzogen». Er erwähnte wohl, wie sie oftmals beschuldigt gewesen waren, als hätten sie Wasser und Brunnen vergiftet, Kinder gestohlen, zerpfriemt und zerhechelt, aber er schwächte die Vorwürfe nicht ab.

Auch über die Vertreibungen hatte er seine Kenntnisse: «Dazu wissen wir noch heutigen Tages nicht, welcher Teufel sie her in unser Land gebracht hat. Wir haben sie zu Jerusalem nicht geholt. Zudem hält sie noch jetzt niemand, Land und Straßen stehen ihnen offen. Mögen sie ziehn in ihr Land, wenn sie wollen, wir wollten gern Geschenk dazu geben, daß wir sie loswerden. Denn sie sind uns eine schwere Last, wie eine Plage, Pestilenz und Unglück in unserem Lande sind. Zum Wahrzeichen (als Beweis) sind sie oft mit Gewalt vertrieben (geschweige, daß wir sie sollten halten), aus Frankreich als einem feinen besonderen Nest sind sie vertrieben. Jetzt, neulich, sind sie von dem lieben Kaiser Karl aus Spanien, dem allerbesten Nest, vertrieben. Und dieses Jahr aus der ganzen böhmischen Krone, da sie doch zu Prag auch der besten Nester eins hatten. Ebenso aus Regensburg, Magdeburg und mehr Orten zu meinen Lebzeiten vertrieben.»

Mit der ganzen Kunst seiner Formulierungen setzte er noch einmal gegeneinander: die fleißigen eigenen Einwohner und die Fremden. «Heißt das gefangen halten, wenn man einen nicht leiden kann im eigenen Hause oder Lande? Jawohl, sie halten uns Christen in unserem eigenen Lande gefangen. Sie lassen uns arbeiten im Nasenschweiß, Geld und Gut gewinnen. Sie sitzen derweil hinter dem Ofen, faulenzen, pompen und braten Birnen, fressen, saufen, leben sanft und wohl von unserem erarbeiteten Gut, haben uns und unsere Güter gefangen durch ihren verfluchten Wucher, spotten dazu und speien uns an, daß wir arbeiten und sie faule Junker sein lassen von dem Unseren und in dem Unseren. Sind also unsere Herren, wir ihre Knechte mit unserem eigenen Blut, Schweiß und Arbeit.» Er verglich sie mit einer Krankheit, mit seiner Krankheit, «ja, wir haben und halten sie gefangen, wie ich mein Calculum (Steinleiden), Blutschwären und alle anderen Krankheiten oder Unglücke gefangen habe, für die ich sorgen muß als armer Knecht mit Geld und Gut und allem, was ich habe. Ich wollte wohl, sie wären zu Jerusalem.» Und er vertiefte den Vorwurf der Blutbeschuldigung: «Wir beherbergen sie bei uns, lassen sie mit uns essen und trinken, wir stehlen und zerpfriemen ihre Kinder nicht, vergiften ihre Wasser nicht, uns dürstet nicht nach ihrem Blut.»

Diese Erwägungen waren die Einleitungen zu seinem Rat. «Was wollen wir Christen nun tun mit diesem verworfenen, verdammten Volk der Juden?» Er gab Antwort und beschwor dabei noch einmal den Aufruhr von Bar Kochba herauf, seine Verklammerung des Aufstands unter der Anteilnahme des Rabbi Akiba mit den revolutionären Bestrebungen Thomas Müntzers.

«Erstlich: daß man ihre Synagoge oder Schule mit Feuer anstecke, und was nicht verbrennen will, mit Erde überhäufe und beschütte, daß kein Mensch einen Stein oder Schlacke davon sehe ewiglich. Und solches soll man tun unserem Herrn und der Christenheit zur Ehre, damit Gott sehe, daß wir Christen seien und solches öffentliches Lügen, Fluchen und Lästern seines Sohnes und seiner Christen wissentlich nicht geduldet, noch gewilligt haben.»

Er gab dazu ausführliche Begründungen aus der Schrift, gegen den Götzendienst, dabei setzte er ausdrücklich mit Bezug auf die Gegenwart sein «jetzt».

Als weiteren Ratschlag gab er: «Zum anderen, daß man auch ihre Häuser desgleichen zerbreche und zerstöre, denn sie treiben eben dasselbe darinnen, was sie in ihren Schulen treiben. Dafür mag man sie etwa unter ein Dach oder in einen Stall tun, wie die Zigeuner (hier nun tauchte ausdrücklich die Verbindung mit den Zigeunern auf – d. A.), auf daß sie wissen, sie sind nicht Herren in unserem Land, wie sie rühmen, sondern im Elend und gefangen.

Zum dritten, daß man ihnen nehme alle ihre Gebetbüchlein und Talmudisten, darin solche Abgötterei, Lügen, Fluchen und Lästerung gelehrt wird.

Zum vierten, daß man ihren Rabbinen bei Leib und Leben verbiete, hinfort zu lehren, denn solches Amt haben sie mit allem Recht verloren.» Er brachte den Hinweis auf den Papst, der ebenfalls das Wort Gottes nicht lehre und auch sein Amt verloren habe.

«Zum fünften, daß man den Juden das Geleit und die Straße ganz und gar aufhebe, denn sie haben nichts auf dem Lande zu schaffen, weil sie nicht Herren, noch Amtsleute, noch Händler oder desgleichen sind. Sie sollen daheim bleiben. Ich lasse mir sagen, es solle ein reicher Jude jetzt auf dem Lande reiten mit zwölf Pferden (der will ein Kochab werden) und wuchert Fürsten, Herren, Land und Leute aus.» Das war der Bericht, den er von seinem Barbiermeister Andreas bekommen hatte, über Michael von Derenburg, der sich für einen Grafen von Henneberg ausgegeben hatte. «Wenn die Fürsten und Herren solchen Wucherern nicht die Straße verbieten, so sollte sich ein Aufgebot gegen sie sammeln, weil sie aus diesem Büchlein lernen werden, was die Juden sind und wie man mit ihnen umgehen und ihr Wesen nicht schützen solle.

Zum sechsten, daß man ihnen den Wucher verbiete und nehme ihnen alle Barschaft und Kleinod an Silber und Gold und lege es beiseite zu verwahren. Das ist die Ursache: alles, was sie haben, haben sie uns gestohlen und geraubt durch ihren Wucher.

Zum siebenten, daß man den jungen, starken Juden und Jüdinnen in die Hand gebe Flegel, Axt, Karst, Spaten, Rocken, Spindel und lasse sie ihr Brot verdienen im Schweiße der Nasen, wie es Adams Kindern auferlegt ist.»

Er gab als Schlußfolgerung, «so laßt uns bleiben bei der allgemeinen Klugheit der anderen Nationen wie Frankreich, Spanien, Böhmen etc. und laßt uns mit ihnen abrechnen, was sie uns abgewuchert. Danach gütlich geteilt, sie aber immer zum Land austreiben. Darum immer weg mit ihnen.»

Und er gab einen Ratschlag an die «lieben Herrn und Freunde», die Prediger und Pfarrer waren, sie sollten sich vor den Juden hüten und sie meiden, er schränkte ein, nicht sie sollten ihnen persönliches Leid antun wollen, die Obrigkeit solle mit ihnen so verfahren, wie er es jetzt gesagt habe. Er warnte und wies an: «Wenn du siehst oder denkst an einen Juden, so sprich bei dir selber also: Siehe, das ist das Maul, das ich da sehe, das hat alle Sonnabend meinen lieben Herrn Jesus Christus verflucht, dazu gebetet, daß ich, mein Weib und Kind und alle Christen erstochen und für immer untergegangen wären.»

Er wiederholte, sie seien die Gäste, «und wir sind ihre Hauswirte». Er setzte klangvoll zusammen: «So rauben sie und saugen uns aus, die faulen Schelme», und setzte hinzu «in unserem Hause». Wiederholte, man solle sie zum Lande hinaustreiben und ihnen sagen lassen, daß sie umziehen sollen in ihr Land nach Jerusalem, dort könnten sie lügen, fluchen, lästern und speien, morden, stehlen, rauben, wuchern, spotten. Und sagte weiter, «daß ein Christ nächst dem Teufel keinen giftigereren, bittereren Feind habe als einen Juden». In dem Ton einer Predigt, einer Anrede meinte er, «nein, Geselle, es gilt hier nicht, was du weißt oder wissen willst, es gilt, was du wissen sollst und zu wissen schuldig bist». Und er erklärte noch einmal, «ja, wenn sie uns das tun könnten, was wir ihnen tun können, würde von uns keiner eine Stunde leben müssen. Weil sie es aber öffentlich nicht vermögen zu tun, bleiben sie gleichwohl im Herzen unsere täglichen Mörder und blutdürstigen Feinde. Solches beweisen ihre Gebete, ihr Beten und Fluchen und so viele Historien, da sie Kinder gemordet und allerlei Laster geübt, darüber sie oft verbrannt und verjagt sind.» Er folgerte: «Darum glaube ich wohl, daß sie viel Ärgeres heimlich reden und tun, als die Historien und andere von ihnen schreiben. Sie können sich aber aufs Leugnen und ihr Geld verlassen.» So nahm er die alten Anschuldigungen auf und führte sie in seine Gegenwart hinein. Er wußte, was er gesagt hatte, er hatte sich nicht in einem dumpfen Zorn hinreißen lassen: Es habe ihm weh getan, daß er ihre schrecklichen Lästerworte hätte nennen müssen. Er beschloß seine Ausführungen mit der Bitte an die «Oberherren», daß sie «eine scharfe Barmherzigkeit» üben. Wenn das nicht helfe, so müsse man sie «wie die tollen Hunde» hinausjagen, er habe das Seine getan, er sei entschuldigt.

Seine Schlußbemerkungen galten wieder den «blutgierigen Kochabisten». Das hartnäckige Zurückführen zu den Gedanken über den Aufruhr gegen die Obrigkeit wurde bisher in die beurteilenden Betrachtungen kaum einbezogen. Zu dem alten Spruch, die Juden seien schuld am Kreuzestod Christi, der sich längst zur Anklage auf Gottesmord gesteigert hatte, trat also 1543 der tagespolitisch gefärbte Vorwurf, die Juden seien schuld an den revolutionären Ereignissen um Thomas Müntzer. Zeit seines Lebens fürchtete Luther die Nachwirkungen des Bauernaufstands, so bezog er in seine Schrift gegen die Juden auch ausdrücklich seinen ehemaligen Mitstreiter Karlstadt ein, der später nicht mehr mit ihm übereinstimmte und zu Müntzer neigte, aber doch eine ganz eigenständige Auffassung über das Mitwirken der Laien hatte. In Luthers Schrift *Wider die himmlischen Propheten,* 1524/25, führte er für Karlstadts Bestrebungen die Bezeichnung «Schwärmer» ein. Kein Ort im Kurfürstentum Sachsen durfte ihm eine Pfarrstelle einräumen; schließlich fand der als Unruhestifter Verfemte seine letzte Wirkungsstätte an der Universität in Basel, starb dort 1541 an der Pest. Nun, im Zusammenhang mit der Verdammung der Juden, führte Luther noch einmal diese beiden Toten, den hingerichteten Thomas Müntzer und den von ihm verbannten Karlstadt, als warnende Beispiele vor. Mit dem Einbinden der «jetzigen Juden» in die erlebte Zeitgeschichte und in den gesamten Tages- und Lebensablauf eines Christen, mit der unverhüllten Aufforderung, die Juden nicht zu dulden, weil sie, nach seiner Ansicht, die Ordnung zerstören wollten, mit seiner theologisch begründeten Entschuldigung für diese Härte machte er das Fundament für den Haß fester.

Aber als er einige Monate später, im März 1543, seine Schrift *Vom Schem Hamphoras und vom Geschlechte Christi* veröffentlichte, gab es unter den maßgebenden Protestanten große Besorgnis. Im Begleitbrief Melanchthons, der auch diese Schrift wieder im Auftrag des Reformators an den Landgrafen Philipp von Hessen zu schicken hatte, fehlte diesmal die übliche Floskel der Empfehlung. Statt dessen stand nur der knappe Hinweis da: «damit E. F. G. (Eure Fürstliche Gnaden – d. A.) sehen, was jetzund seine Arbeit ist». Im Briefwechsel zwischen den Reformatoren Bullinger in Zürich und Butzer in Straßburg stellte Bullinger fest, niemand könne das Buch *Schem Hamphoras* ertragen oder gutheißen. Er schrieb: «Wenn heute wieder auflebte jener berühmte Held Capnion (Reuchlin – d. A.), er würde erklären, daß in dem einen Luther aufgestanden seien die Tungern, Hochstraaten und Pfefferkorn.»

Es war nicht die allgemeine, an die Zeit gebundene Auffassung, daß man nur gütig zu einem Menschen sein könne, der den gleichen Glauben teilte. Nun, zur Institution geworden, die sich ständig selbst bestätigen und gleichzeitig verteidigen mußte, wuchs der Hang zur Selbstgerechtigkeit, es wurde immer schwerer, die Entschlüsse und Äußerungen des Reformators zu beanstanden. So unternahmen in Wittenberg die besorgten Mitarbeiter alles, damit Luther nicht Osianders überaus kritische Meinung zu der Schrift *Schem Hamphoras* erfahre, die er Elia Levita nach Venedig geschrieben hatte. Seit Reuchlin gab es mit Elia Levita, eigentlich Elia ben Ascher Halewi, einen wissenschaftlichen Austausch über das Hebräische, er vermittelte seine Kenntnisse an katholische und protestantische Gelehrte. So wurde er als «Vater der christlichen Hebraistik» bezeichnet. Osianders Meinung war auf einem Umweg nach Wittenberg gelangt, dort wurde das Schreiben verbrannt, damit Luther es nicht zu sehen bekäme.

Auch in dieser Schrift *Schem Hamphoras*, die Bullinger so einschätzte, als wäre sie von einem Schweinehirten und nicht von einem berühmten Seelenhirten geschrieben, tauchte als ein stützendes Element und wie eine ängstliche Beschwörung die Verknüpfung an Bar Kochba wieder auf. Aber Luther beharrte auf dem unverrückbaren Standpunkt, «wer die Schrift nicht im christlichen Sinne versteht, versteht sie überhaupt nicht». Er lobte zwar die Bemühungen, daß man Sprache und Grammatik von den Juden lernte, «das ist fein und wohlgetan», doch wollte er, der sich angegriffen und getadelt fühlte, «daß er zuweilen in der Dolmetschung gefehlt habe», nun mit ihnen nichts mehr zu tun haben.

Persönliche und zeitbedingte Gründe trafen zusammen, daß Luther seine frühere freundliche Haltung zu den Juden aufgab. Sein Ziel, die Juden durch die Reformation für das Christentum zu gewinnen, war im wesentlichen fehlgeschlagen. Die Rabbiner hatten ihm bei seiner Übersetzung des Alten Testaments aus dem Hebräischen ins Deutsche Übersetzungsfehler nachgewiesen. Bei der Durchsetzung seiner reformatorischen Lehre mußte er sich auf die Fürsten stützen, die seine Reformation angenommen hatten und die aufständischen Bauern gemeinsam mit den katholischen Fürsten bekämpften und niederschlugen. Durch das Niederschlagen der frühbürgerlichen Revolution änderte sich an der wirtschaftlichen Sonderstellung der Juden in den deutschen Gebieten nichts. Selbst Josel von Rosheim, der uneigennützige Sprecher der Judenheit, konnte nur durch das Pfandgeschäft, durch Zinsennehmen existieren.

Es ist notwendig, auf diese Schriften von Martin Luther einzugehen und sich die Wirkung zu vergegenwärtigen; sicherlich gab es im Lauf der Jahrhunderte viele antijüdische Schriften, aber seine Bücher hatten eine schwerwiegendere Bedeutung als alle anderen, die sich vor oder nach ihm mit diesem Gegenstand beschäftigten. Denn er war der erfolgreiche Reformator und hatte seine eigene Kirche gegründet. Seine Reformation hatte den Anstoß gegeben für die Reformation von Calvin, für den Fortgang der Wiedertäuferbewegung. Ohne Luther gäbe es keine Baptisten, keine Mennoniten, keine anglikanische Kirche und keine der vielen weltweiten christlichen Richtungen, die in ihm ihren Vater sehen. Er hat die deutsche Schriftsprache durch seine Bibelübersetzung begründet. Seine antijüdischen Schriften haben aber auch den protestantischen Geistlichen mitgeformt, ohne ihn hätte es in der Nazizeit in der protestantischen Kirche keine Glaubensbewegung Deutsche Christen und keinen Reichsbischof Müller gegeben. Diese Richtung umfaßte die Mehrheit der damaligen protestantischen Amtsträger, sie hatte eine stark antisemitische Tendenz, ihre Forderung hieß: «Entjudung der Kirche». Sie hatte sogar die Rassenideologie der Nazis und das Führerprinzip übernommen. Gegen diese wahrhaft antichristlichen Tendenzen der Deutschen Christen schloß sich eine Minderheit der protestantischen Pfarrer unter dem Theologen Karl Barth und dem Pastor Martin Niemöller als Bekennende Kirche zusammen.

Luthers letzte in Eisleben gehaltenen Predigten enthielten noch einmal seine Verteidigung des Messias und der Dreifaltigkeit, dabei kam er wieder zurück auf das «Lästern und Lügen» der Juden und wiederholte, sie wollten Christus und die Christen totschlagen. Am 14. Februar 1546, im Anschluß an seine Sonntagspredigt, gab er von der Kanzel aus seine letzte, besondere «Vermahnung wider die Juden», in der er noch einmal forderte, «wenn sie sich nicht zu uns bekehren, so wollen wir sie auch bei uns nicht dulden noch leiden».

Dennoch, der junge Martin Luther ist für viele Revolutionäre ein Vorbild geblieben. Aus dem Gefängnis in Wronke schrieb am 28. Dezember 1916 Rosa Luxemburg an eine ehemalige Mitstreiterin, Mathilde Wurm, die nicht so konsequent und so entschieden gegen den imperialistischen Krieg wie sie aufgetreten ist: «Ach, Ihr elenden Kleinkrämerseelen, die Ihr bereit wäret, auch ein bißchen ‹Heldentum› feilzubieten, aber nur ‹gegen bar› und sei es um verschimmelte drei Kupferpfennige, aber man soll gleich einen ‹Nutzen› auf dem Ladentisch sehen. Und das einfache Wort des ehrlichen und geraden Menschen: ‹Hier stehe ich, ich kann nicht anders, Gott helf mir›, ist für Euch nicht gesprochen. Ein Glück, daß die bisherige Weltgeschichte nicht von Euresgleichen gemacht war, sonst hätten wir keine Reformation und säßen wohl noch im Ancien régime.»

Zwei Monate nach der Veröffentlichung der Schrift *Schem Hamphoras*, im Mai 1543, nahm der Kurfürst Johann Friedrich von Sachsen alle seine 1539 unter dem Eindruck von Melanchthons Enthüllungen gegebenen Zusagen zurück, verbot den Juden bei strenger Strafe den Durchzug durch sein Land. Luthers Schriften hätten ihn nun belehrt.

Im selben Monat desselben Jahres schrieb Josel von Rosheim im Namen der jüdischen Gemeinden an den Rat der Stadt Straßburg wegen Luthers Schrift *Von den Jüden und ihren Lügen.* Er bat, für Straßburg keine neue Auflage zuzulassen. Schon rufe das Volk auf den Gassen, man solle die Juden totschlagen. Er bot sich an, mit Luther oder jedem anderen vor allen Gelehrten des Reichs mündlich oder schriftlich über das Buch zu disputieren, «aufrichtig und unvoreingenommen»; so wie er einst Margaritha widerlegt hatte, wollte er sich in aller Öffentlichkeit mit Luthers Meinungen auseinandersetzen. Im Juli richtete er eine abermalige Eingabe an den Rat der Stadt Straßburg und machte darauf aufmerksam, das Buch *Schem Hamphoras* sei mit Blut geschrieben, es mache «den gemeinen Pöbel aufsässig zu Raub und Mord».

Auch der Landgraf von Hessen verschärfte nun die Judenordnung von 1539, ohne jedoch die Gemeinden aus dem Land zu treiben. In Würzburg hatte es eine Anklage wegen eines Ritualmordes gegeben. Josel versuchte an Ort und Stelle einzugreifen und den Bischof mit Geld und guten Worten zu veranlassen, das Todesurteil zurückzunehmen. Angeklagt und «fast zu Tode gefoltert» waren ein Mann, drei

Frauen und ein Mädchen, sie hätten ein Kind getötet. Josel hatte herausgefunden, daß der Grund für die Anklage die Weigerung des Mädchens gewesen war, sich von einer bestimmten Person verführen zu lassen. Für dieses Mädchen, das zweiunddreißig Wochen der Folter standgehalten hatte ohne ein Geständnis, so sagen es die Berichte, waren Josels Worte vom Martyrium der Glaubensbrüder bestimmt. «Wie es bekannt ist, daß sie seit vielen Jahren sich dem Feuertode und der Tötung preisgeben für die Heiligung Gottes, und sie schreien nicht Ach und nicht Weh, und wie viele werden gehenkt? Wie ich, der Schreiber gesehen habe. Auch war ich dabei, wie sie zur Hinrichtung hinausgingen, sie nahmen das Joch der göttlichen Herrschaft mit großer Liebe auf sich, auch wenn sie viele Qualen erduldeten. Und was ich gesehen habe, habe ich in Treue aufgeschrieben.»

Unter dem Eindruck seiner vergeblichen Fürsprache in Würzburg ging er 1544 zum Reichstag nach Speyer, er verlangte vom Kaiser als dem «rechtmäßigen Herrn» Gerechtigkeit. Noch einmal brachte er mit großem Nachdruck alle Beschwernisse der jüdischen Gemeinden vor, wie sie, auch durch das Einwirken der Lutherschriften, mehr und mehr zur Unerträglichkeit eingeengt würden. Seine Anklagen müssen von einer zwingenden Überzeugungskraft gewesen sein. Am 3. April 1544 erreichte er die Bestätigung aller «den Juden je verliehenen Freiheiten und Privilegien». In diesem Bündel war, neben dem ernstlichen Verbot ihrer Vertreibung, die Reichsstädte mit einbeschlossen, auch das erneut bekräftigte Zugeständnis, daß sie außerhalb des Ortes, an dem sie wohnten, das Zeichen nicht zu tragen brauchten. Mit ausdrücklicher Erinnerung an den «lieben Ahnherren», Kaiser Friedrich II., wandte sich das Privileg gegen die Beschuldigung, die Juden brauchten «zu ihrer Notdurft» das Blut der Christen. In diesem Zusammenhang verwies der Kaiser auf seinen Anspruch, oberster Rechtsherr im Reich zu sein. Solche Fälle müßten durch glaubwürdige Zeugen begründet werden. Er verordnete, «daß kein Jude und keine Jüdin, wes Standes sie auch seien, in Zukunft gefangengenommen, gepeinigt, gemartert, ihrer Habe beraubt und vom Leben zum Tode gebracht werden dürften», ohne sein Urteil. Zum Verständnis dieses Vorgangs gerade zu diesem Zeitpunkt gehört die Kenntnis von der Absicht des Kaisers, einen Feldzug gegen den König von Frankreich zu beginnen, zur Finanzierung brauchte er «seine Kammerknechte»; von so erschreckender Durchsichtigkeit war das Gewähren der Zusicherungen an die Juden, aber auch von ebenso erschreckender Unsicherheit.

Der unermüdliche Josel berichtete über den Reichstag zu Worms im darauffolgenden Jahr, auf dem Beschwerden der vereinten Stände über die Juden auf die Tagesordnung gekommen waren. Er vermerkte, daß er wiederum einer Forderung des Kaisers nachgekommen war, dreitausend Goldgulden aufzubringen, davon wurden für den Privatgebrauch des Kaisers vierhundert und für Geschenke tausend Gulden abgezweigt. Als Gegenleistung für diese Summe erwartete Josel die abermalige Bestätigung der von ihm bisher erlangten Privilegien. Zum gleichen Zeitpunkt verlangte der Ausschuß der vereinten Stände, die Juden aus dem ganzen Reich zu vertreiben. Wieder kamen die Vorwürfe: Wucher und Verrat an die Türken. Auf diesem Reichstag zu Worms kritisierten Sprecher der katholischen Seite Luthers Schrift *Schem Hamphoras* im Sinne und Wortlaut von Josel. Es sei «ein wütig Buch, so grausam, als sei es mit Blut geschrieben». Es mache «den gemeinen Pöbel aufsässig zu Raub und Mord. Auch habe man allbereits an mehreren Orten erfahren, wie das Volk nach den Lehren jämmerlich gehandelt, auch wohl viel Unschuldiger Leib und Leben getroffen.» Die Einwände dienten nicht so sehr der Verteidigung der Juden als vielmehr der Zuspitzung des Gegensatzes zwischen Protestanten und Katholiken. Verkündete doch Karl V. schon im darauffolgenden Jahr auf dem Reichstag zu Regensburg, 1546, er sei «entschlossen, zur Wahrung seines heiligen katholischen Glaubens, zum Besten der Christenheit das Schwert zu ziehen». Auch auf diesem Reichstag war Josel zugegen, er mußte um die Bestätigung des Privilegs von Speyer weiter kämpfen. Und er führte Beschwerde über den Rat der Stadt Straßburg. Angehörigen der jüdischen Gemeinden, die im Besitz eines kaiserlichen Geleitbriefes waren, daß sie von sechs Uhr früh bis sechs Uhr abends in der Stadt bleiben durften für den Handel, war jetzt der Aufenthalt verkürzt, von acht Uhr früh bis vier Uhr nachmittags. Die Bestrebungen, wo immer es ging, den Juden etwas zu nehmen, ließen nicht nach. Hier wurde die Zeit genommen. Zwei Stunden in der Frühe und zwei Stunden am Abend. Vier Stunden Zeit, um den Lebensunterhalt zu beschaffen, weggeschnitten. Der Alltag. Josel beschrieb das: «Ich wandte mich in öffentlicher Rede an den Herrscher, das Versprochene zu halten, und so wurden mit Gottes Hilfe die Verträge geschrieben und vom Kaiser mit eigener Hand gesiegelt.»

In dem nun folgenden Krieg, der Schmalkaldische genannt, wuchs die Bedrückung der jüdischen Gemeinden. Von der kaiserlichen Kriegserklärung in Regensburg an blieb Josel an der Seite des Kaisers.

Er hatte, wie er selber berichtete, vom Kaiser erwirkt, daß das Kriegsvolk die Juden verschonte. Aber da niemand es gewagt hatte, den feindlichen, protestantischen Hauptleuten den Befehl des Kaisers zu übermitteln, plünderten und raubten die Landsknechte des schmalkaldischen Heeres in den Judengassen und erpreßten Geld. Wer keine Quittung vorweisen konnte, verfiel der Erbarmungslosigkeit der für die evangelische Sache streitenden Kriegsknechte.

Nichts kennzeichnet die bedrückende Ausnahmesituation der jüdischen Gemeinden so genau wie die Beschreibung Josels von der Unterwerfung der Stadt Frankfurt am Main unter den kaiserlichen Sieger. Der Graf von Büren stellte die Bedingung, daß er mit der Bürgerschaft verfahren könne, wie ihm beliebe. Josel unterhandelte mit ihm, gab ihm achthundert Goldgulden als Geschenk und berichtete: «Die Juden aber waren in den Straßen der Stadt sicher. Die Söldner verkauften ihnen, was sie in Feuchtwangen und Darmstadt erbeutet hatten, so daß sie ein gutes Stück Geld verdienten. So wurde unsere Trauer in Freude verwandelt.» Sicherlich aber war das, was für Josel Genugtuung sein konnte, neue Nahrung für den Haß.

Es ist nicht zweifelhaft, daß Josel sehr deutlich die Gefahr erkennen mußte, die von den Fürsten und den Reichsstädten für die jüdischen Gemeinden aufkommen mußte; wenn sie aufhörten, als Kammerknechte des Kaisers zu gelten, waren sie einer Vielfalt von willkürlichen Zufällen noch einschneidender ausgesetzt. So blieb er folgerichtig zeit seines Lebens an der Seite des Kaisers, von dem, nach altem Herkommen, wie es ja auch wieder das Privileg von Speyer bewiesen hatte, ein Rechtsschutz wenigstens erkauft werden konnte. Und die Bestätigung für seine Haltung hatte ihm ja auch die Weisung des Kaisers an seine Landsknechte gegeben. «Es ist nicht recht, die Juden preiszugeben, siehe, es werde gesiegelt mit Befehl und Strafen, daß kein Mann aus allen unseren Heeren seine Hand und seinen Fuß erhebe, um irgendeinem Juden zu schaden oder Böses zu tun.» Boten gaben überall bekannt, wer das Gebot nicht einhalte, dem drohe die Todesstrafe. So berichtete Josel weiter: «Alsbald zeigten sich die Söldner den Juden wohlgesinnt und als der Kaiser mit dem Heer ins Feld zog, brachten die Juden den Söldnern Brot und Wein.» Auch diese Geste war sicherlich wenig geeignet, den Haß auszuräumen.

In einer Bittschrift an den Straßburger Rat betonte Josel: «Wir sind in der ganzen Welt verstreut, besitzen weder Land noch Leute. Wir haben keine Ursache für diesen Krieg auf deutschem Boden gegeben.»

Und er bekannte sich zu der Verklammerung an den Kaiser, indem er bezeugte: «Wir aber beteten in heißer Andacht morgens und abends in Frankfurt am Main, wir riefen zu unserem Vater und Gott im Himmel, daß er unseren Kaiser und mit Ihm uns Juden beschütze.»

Es hatte ja seine ernsten Versuche gegeben, Verständnis bei den Reformatoren zu gewinnen. Kein Weg war ihm zu weit gewesen, ein Nebeneinander mit den beiden Konfessionen, die sich zu Christus bekannten, zu erreichen.

In den Gedächtnisbüchern, den Memorbüchern, einiger jüdischer Gemeinden im Elsaß steht über ihn: «Gott möge gedenken der Seele des Greises, des Fürsten Rabbenu Joseph, Sohn des Gerschon, seligen Angedenkens, welcher genannt wurde mit seinem Namen Joselmann, mit den Seelen Abrahams, Jizchaks und Jakobs, weil er weder seine Ehre noch sein Vermögen geschont hat, und weil er viele Male sein Leben in Gefahr gebracht hat durch seine Fürbitte und seinen Schutz für die Gesamtheit und für Einzelne. Er ging länger als vierzig Jahre an die Höfe der Könige und Fürsten und hielt von der israelitischen Nation Austreibungen, Unterdrückungen, Verfolgungen und Ermordungen fern. Auch erlangte er Schutzbriefe am Hofe des Kaisers, Seine Majestät werde erhöht. Für alles dieses nahm er weder Dienst noch Belohnungen. Er tat es nur aus Liebe zu Gott und Israel. Um dessentwillen sei sein Anteil mit den anderen Hirten und Führern Israels und seine Seele sei eingebunden in dem Bunde des Lebens mit den anderen Frommen im Paradiese.»

Den Märtyrern und Großen aus ihren Reihen hatten die jüdischen Gemeinden Gedächtnisschriften gewidmet, hier gaben sie Josel von Rosheim den Titel Rabbenu, unser Lehrer, das war eine Huldigung, ein ehrenvoller Name, mit dem auch Moses, der Gesetzgeber, erwähnt wurde.

Josel von Rosheim kämpfte für das Leben und Wohnen der jüdischen Gemeinden in ihrem Glauben. Aber er stand allein. Er war zwar getragen vom Vertrauen vieler jüdischer Gemeinden, doch er hatte keinerlei verläßlichen Bundesgenossen bei den wohlhabenden und mächtigen Fürsten und Städten des Reiches. An die Wurzeln des Judenhasses konnte er nicht rühren. Er trat ein für die Glaubensfreiheit. Er wandte sich gegen die aufgezwungene Ausnahmestellung, gegen die Verächtlichmachung. Er hatte kein Mittel, dieses Ausgeschlossensein zu beseitigen.

BRANDENBURG – PREUSSEN – BERLIN

Der Hostienfrevel-Prozeß

Der Münzmeister Lippold

Die fünfzig reichen Familien

Blick nach Wien

Die Münzen und das Berliner Porzellan des Philosophen von Sanssouci

Die gestückelte Emanzipation

Der Hostienfrevel-Prozeß

In der Mark Brandenburg, in dem späteren Kurfürstentum, lebten nicht sehr viele Juden. Die Verfolgungen, über die allgemein berichtet wurde, so beim Beelitzer Wunderblut 1247, scheinen mehr in das Gebiet der Legende zu gehören. Es ist wenig wahrscheinlich, daß sich in dem kleinen Städtchen Beelitz um diese Zeit Juden aufhielten. Genauso fraglich sind die späteren Erzählungen über die Hostienschändung eines nicht genannten Meißner Juden im Jahre 1285 in dem Dorf Techow, unweit von Pritzwalk, mit den phantastischen Erscheinungen der blutenden Hostie, mit der Gründung des Zisterzienserinnenklosters Heiligengrabe, denn das Kloster soll bereits viel länger bestanden haben, längst vor der Zeit des sogenannten Blutwunders. Die Beschuldigung, ein Jude sei der Verursacher der Hostienschändung gewesen, kam erst Jahrhunderte später auf.

Der Bischof von Brandenburg, Stephan Bodecker, berichtete, daß erst am 17. Dezember 1446 alle Juden in der Mark Brandenburg gefangengesetzt und ihrer Güter beraubt wurden. In einem späteren Brief des damals regierenden Kurfürsten Friedrich II. an die Stadt Stendal wurde diese Tatsache bekräftigt. Hier teilte der Kurfürst mit, er habe die Juden austreiben lassen. Er berief sich – fälschlich – auf Gebote von Kaiser und Papst, die gemeinsam die Austreibung aller Juden befohlen hätten.

Nur ein Brief gibt Auskunft. Kaiser Friedrich III. hatte 1443 an den Kurfürsten geschrieben: die Juden im Erzstift Magdeburg seien wegen Ungehorsams gegen die kaiserlichen Gebote in Acht und Bann getan; daher solle auch Kurfürst Friedrich «dieselbe Judischheit» wie alle anderen Reichsfürsten in allen seinen Landen verfolgen, solle allen seinen Städten und Untertanen gebieten, die Juden als «echter (Geächtete – d. A.) zu halden», solle ihnen «keinen Schutz und Geleite» geben, bis sie aus der Acht gelöst seien.

Die Historiker bezweifeln, ob tatsächlich alle Juden die Mark verlassen hatten. Es ist erwiesen, daß sie in den Gebieten östlich der Oder, in der sogenannten Neumark, verblieben waren. So ernst eine Vertreibung von Haus und Hof, eine Vertreibung ins Ungewisse für die Betroffenen auch gewesen war, eines erscheint tröstlich: im Jahre 1447 konnten einige jüdische Familien doch wieder in den Städten der Mark wohnen.

Aber es gab Widerspruch, und in Gegnerschaft zu der Praxis des

Kurfürsten, die Juden wieder zuzulassen, verharrten die Landstände.

Die Landstände waren Körperschaften, ohne die ein regierender Fürst in Steuerfragen nicht zu handeln vermochte, sie waren zusammengesetzt aus dem Adel, meist aus der Ritterschaft, der Geistlichkeit und den Vertretern des städtischen Patriziats, auch aus Vertretern der Zünfte. Diese Stände waren fast immer in sich zerstritten, da der Adel und die Geistlichkeit in der Regel von den Steuern befreit waren. Nur in einer Frage herrschte Einigkeit: Die Juden müssen hinaus.

Den Adel drückten die Schulden, und die Zinsen für die Kredite waren nicht gering; Kredit gab es nur bei den Juden. Ähnlich erging es der Geistlichkeit, auch die Bischöfe waren verschuldet. Die Zünfte fürchteten die Konkurrenz der jüdischen Händler, sie fürchteten die Umgehung der festgelegten Zunftpreise durch das Verlagssystem. Und viele Bürger in den Städten hatten sich Geld gegen Pfänder bei den Juden geliehen.

Nur der Kurfürst hatte ein echtes und materielles Interesse am Verbleib der Juden in seiner Mark. Er war Nutznießer des Judenregals, hier konnte er allein sie als Kammerknechte besteuern und einen großen Teil ihres sogenannten Wuchers für sich abzweigen. Außerdem förderten jüdische Kaufleute den Export und brachten im Gegenzug kostbare Stoffe und Metalle ins Land, die der Kurfürst für seine Hofhaltung wünschte. So setzte er sogar in den Städten Stendal und Salzwedel durch, daß sich dort Juden niederlassen konnten, gegen den Willen der Handwerker und Kaufleute und der Städte.

Die Kurfürsten von Brandenburg waren keinesfalls Judenfreunde. Bekannt ist eine schriftliche Äußerung des Kurfürsten Albrecht Achilles, er regierte von 1470 bis 1486, aus dem Jahre 1462, vor seiner Regentschaft, als er sich noch Hoffnung machte, zum deutschen König gewählt und als Kaiser gekrönt zu werden: «Denn so eyn yeder Romischer König oder Kayser gekrönet wirdet, mag er den Juden allenthalben in rich all ir gut nemen, darzu ihr leben, und sie tötten bis auf eine anzal, der lutzel (klein oder gering – d. A.) sein soll, zu einer gedächtnus zu enthalten.»

Es ist nicht bekannt, daß er willkürlich Juden hat ermorden lassen, aber es ist bekannt, daß er nur wohlhabende Juden in seinem Land duldete. Er verlangte eine festgesetzte Summe von den jüdischen Gemeinden, tausend Gulden jedes Jahr. Als er einmal beim Verlassen seines Territoriums seinen Sohn Johann als Stellvertreter einsetzte, übergab er ihm eine Liste von Zahlungen, die er noch zu erwarten habe, darunter der Vermerk, daß die Juden auf Michaelis noch zweihundert Gulden Geschenk zu zahlen hätten, «zu Gnaden», zu seiner Hochzeit, und daß sie ihm zweihundertfünfundachtzig Gulden als Zinsen für rückständige Gelder schuldeten. Es wird vom Wucher der Juden, aber nie vom Wucher der Fürsten gesprochen.

Der Gegensatz der Landstände zu allen Kurfürsten und Markgrafen blieb. Im Jahre 1510 gelang es den Landständen endlich, ihren Willen durchzusetzen.

In aller Munde waren die Ereignisse von Sternberg; mit dem Mittel der blutenden Hostien hatte man dort achtundzwanzig Juden, Männer und Frauen, verbrannt, die anderen alle aus Mecklenburg ausgewiesen. Dieses Geschehen lag erst achtzehn Jahre zurück, aber ein Jahr danach, 1493, wurden die Juden auch aus dem anderen Nachbarland, aus dem Erzbistum Magdeburg, verjagt. Die Landstände verlangten nun auch vom Kurfürsten von Brandenburg die Vertreibung der jüdischen Gemeinden. Der Kurfürst aber tat das Gegenteil. Im Jahre 1509 gestattete er dreißig jüdischen Familien den Zuzug in einige Städte der Altmark, der Prignitz, Zuzug auch nach Brandenburg, Nauen und Cottbus. Aber wie armselig diese auf drei Jahre befristete Erlaubnis war, geht aus einem Zusatz hervor: Die Genehmigung für einen Rabbiner mußte außerdem noch erkauft werden.

Der Zuzug geschah am 10. Dezember 1509.

Nicht einmal zwei Monate später vermißte man die Monstranz aus Knobloch in der Diözese Brandenburg. Es besteht kein Zweifel, daß der Bischof von Brandenburg das Mittel gefunden hatte, um den Kurfürsten zu zwingen, die Juden, alle, aus der Mark Brandenburg zu vertreiben.

Paul Fromm, der Kesselschmied aus Bernau, der Tat verdächtigt, wurde, und das ist das Erstaunliche, von einem Untergebenen des Bischofs von Brandenburg, dem Stiftshauptmann von Brandenburg, vernommen. Der vergoldete Kelch interessierte den Stiftshauptmann nicht, es ging nur um den Verbleib der Hostien. Und er kam mit dem damals üblichen Mittel, der Folter, zu dem Ergebnis, das man von ihm erwartete: Die eine Hostie habe Fromm dem Juden Salomon in Spandau verkauft, die andere habe er, nach seiner eigenen Aussage, verschluckt.

Salomon aus Spandau wurde gefoltert und gefoltert. Und dann stand im Protokoll, der Jude habe die Hostie mit dem Messer verarbeitet, Blut sei entströmt. Und Stücke der Hostie habe er an andere Juden, in andere Städte verschickt, dort seien ähnliche Wunder geschehen. So kam es zu immer neuen Anklagen, neuen Festnahmen, neuen Foltern.

Der Kurfürst griff ein, er mußte tätig werden, die Erregung wurde zu gut geschürt. Von seinen Folterknechten ließ er Fromm und Salomon gemeinsam vernehmen. Hier erklärte Salomon, die Hostie sei dann in drei Teile zersprungen, den einen habe er an einen Glaubensgenossen Jacob nach Brandenburg, den anderen an Markus nach Stendal geschickt. Den dritten Teil aber habe er in einen Kuchen gebacken und in der Synagoge aufgehängt.

Die bischöflichen Folterknechte hatten anderes herausgepreßt. Sie hatten ein Mitglied der jüdischen Gemeinde, Jacob, unter der Folter befragt, und der hatte ausgesagt, er habe mit fünf anderen Glaubensgenossen seinen Hostienteil weiter zerstochen. Die Angeschuldigten hatten auch diesen Frevel unter der Folter eingestanden. Jetzt war ein Hostienteil noch nach Osterburg zu einem Glaubensgenossen Meyer gebracht worden, und an diesem Teil wurde auch gefrevelt, diesmal von vierundzwanzig Juden auf einer Hochzeit. Es war dasselbe Muster, nach dem Vorbild Sternberg in Mecklenburg.

Und das zerschundene und zerstochene Hostienstück war noch immer brauchbar für die Folterknechte. Weitere jüdische Männer, fünf aus Werben, einer aus Nauen, zwei aus Gardelegen, einer aus Perleberg, andere aus Kyritz, Stendal, Pritzwalk, Lenzen, Spandau und Wusterhausen bei Ruppin, wurden des Hostienfrevels angeklagt. Der Verdacht wurde weitergereicht, über die Landesgrenzen hinaus, nach Braunschweig. Eine Akte spricht sogar davon, nach Frankfurt am Main sei auch ein Stück der Hostie geschickt und dort zerstochen worden.

Hostienfrevel allein reichte nicht aus. Es wurde den armen Gefolterten darüber hinaus angelastet, sie hätten Christenkinder gekauft und ermordet. Das galt als erwiesen. Nur, es waren im ganzen Lande keine Kinder vermißt, nirgendwo war eine Leiche aufgefunden worden. Aber angeklagt waren sieben jüdische Männer, sie hätten ein unbekanntes, nicht mehr auffindbares Kind ermordet und das Blut für Ritualzwecke benutzt. In Werben in der Altmark wurden dreizehn Juden so lange unter der Folter befragt, bis sie einen Kindermord, der acht Jahre zurück lage, gestanden. Kaum ein Ort im Kurfürstentum war vergessen auf dieser Liste, die den Mord an unbekannten Kindern verzeichnete. Natürlich durfte in der Aufstellung Brandenburg nicht fehlen.

Etwa hundert der Verdächtigten wurden nach Berlin gebracht.

Ecclesia und Synagoge,
Glasfenster in der Kirche zu Werben

Und, merkwürdig, sechzehn von ihnen gehörten zu den Juden, die erst im Jahr zuvor in das Kurfürstentum Brandenburg ihren Zuzug bekommen hatten. Sie waren mit sehr hohen Auflagen belastet, sie waren die reichsten. Sie wohnten alle in den westlichen Teilen der Mark Brandenburg, also in der Diözese Brandenburg.

Die Untersuchung geschah in aller Eile und dauerte knapp vier Wochen. Von den hundert geständigen Angeklagten kamen, so berichtet eine Quelle, achtunddreißig vor den Berliner Richter. Die übrigen – es gibt keine andere Erklärung – waren unter der Folter gestorben. Drei der Angeklagten willigten ein, das Christentum anzunehmen, sie hofften, damit ihre Lage zu erleichtern.

Am 1., 3. und 4. Juli 1510 fanden die Sitzungen des Berliner Schöffengerichts statt. Paul Fromm und die anderen Angeklagten gaben noch einmal ein Schuldgeständnis ab. Dann wurde das Verfahren an den Berliner Bürgermeister Drackow abgegeben. Noch eine Gerichtssitzung am 11. Juli: Wieder bekannten die Angeklagten alles, was man ihnen vorgeworfen hatte. Die Prozedur verlief korrekt nach der Bambergensis, der Bamberger Gerichtsordnung, das haben viele Juristen bestätigt.

Alle jüdischen Angeklagten mußten das Kennzeichen der Verachtung tragen: gelbe und weiße spitze Hüte.

Für Paul Fromm wurde das Urteil verschärft: vor dem Tod Reißen mit glühenden Zangen.

Zwei der Angeklagten, die sich zur Taufe bereit gefunden hatten, konnten einen Tag länger leben, sie wurden an einem Sonnabend, an einem jüdischen Sabbat, mit dem Schwert hingerichtet. Der dritte wurde begnadigt, er trat als Mönch in das Graue Kloster ein und soll noch lange Jahre als Augenarzt segensreich gewirkt haben.

Die anderen aber wurden durch die johlende riesige Menge zum Holzstoß auf den Neuen Markt in Berlin geführt. Ein Rabbiner war unter den Märtyrern. Er stimmte das Sterbegebet an, seinen Gesang nahmen die anderen zum Tode Verurteilten auf.

Die meisten Juden hatten die Mark Brandenburg schon während der Untersuchungen fluchtartig verlassen. Die wenigen, die noch geblieben waren, wurden ausgetrieben.

Der Bischof von Brandenburg, der die ganze Wahrheit über die Unschuld der Juden wußte, hatte Schweigen geboten. Sie wurde erst 1539 auf dem Frankfurter Ständetag durch Melanchthon enthüllt.

Der Hostienfrevelprozeß in Berlin, Bilderfolge aus «Sumarius», 1511

Der Münzmeister Lippold

Hoffaktoren wurden sie meist genannt, aber auch Generalprivilegierter Jude, Bestallter Agent, Hofparfumer, in einem Fall auch Hofjuwelier Ihrer Majestät der Königin, Entrepreneur, Münzjude, Heereslieferant, Geheimer Kommerzienagent, Kommissionsrat, Kriegsfaktor, Generallandschaftsagent, Hof- und Münzjude, Münzmeister, Hof-Brillant- und Diamantschleifer, in Brandenburg sogar Schatullenverwalter, Diener und Getreuer, Unser Jude, Hofbankier.

Es gab noch mehr Namen, alle hatten sie einen klingenden Titel. In Deutschland fand sich kein Fürst, kein Graf, kein Bischof, der nicht seinen Hofjuden hatte. Nicht immer war es die Größe des Landes, die die Zahl der Hoffaktoren bestimmte. Man kann auch sagen, es war oft die Unfähigkeit der Herrscher, mit den wirtschaftlichen Erfordernissen, die nun einmal dem absoluten Gebieter zur Entscheidung vorgebracht wurden, fertig zu werden. Schon Karl der Große hatte sich eines jüdischen Kaufmanns bedient, den er als Wegweiser und Dolmetscher einer Gesandtschaft zuordnete, die den sagenhaften Kalifen Harun al Raschid in Bagdad aufsuchen sollte. Die Kenntnisse der fremden Sprachen, der Handelswege haben seither weltliche und geistliche Fürsten immer wieder veranlaßt, jüdische Kaufleute an ihren Hof zu fesseln.

Sie waren loyal zum Herrscherhaus, das sie aus der Masse der anderen heraushob, sie, die Privilegierten. Sie waren nicht besser und nicht schlechter als die Fürsten, denen sie dienten. Bei den vielfältigen Aufgaben, die sie bekamen, sorgten sie für sich und ihre Freunde, oft auch für ihre Verwandten und für die jüdischen Gemeinden, die im Territorium ihres Herrschers lebten.

In den Städten, in denen sie wohnten, waren sie aus Konkurrenzgründen unbeliebt und beneidet. Das religiöse Vorurteil lastete auf ihnen. Sie wurden Gegenstand des Spottes. Aber sie fanden auch nicht immer die Zuneigung ihrer jüdischen Glaubensgenossen. Wenn der Fürst bei Bürgern und Bauern die Steuer eintreiben ließ, dann meist durch den Hoffaktor. Er, der Eintreiber, wurde gehaßt. Der Fürst, der weit oben im Schloß oder in seiner Burg lebte, an dessen Glanz und Reichtum man sich berauschte, wurde bewundert. Die Meinung herrschte: Der Jud ist an allem schuld.

Im Jahre 1415 belehnte König Sigismund den Nürnberger Burggrafen aus dem Hause Hohenzollern mit der Mark Brandenburg und verlieh ihm auch die Würde eines Kurfürsten. Und schon dieser, der sich als Markgraf und Kurfürst Friedrich I. nannte, hatte aus Nürnberg zwei jüdische Ärzte in seine neue Residenz Berlin und Cölln mitgebracht.

Aber der erste wirklich große Hoffaktor in Brandenburg war der berühmte und berüchtigte Michael von Derenburg. Sein Name leitet sich ab von dem kleinen Städtchen Derenburg, heute im Landkreis Wernigerode, einem Städtchen, das merkwürdigerweise als der Stammsitz vieler Hoffaktoren gilt. Selbst Luther hat sich in seiner Schrift *Von den Jüden und ihren Lügen* über diesen Michael entrüstet. Ein Barbier habe ihm davon erzählt: «Es soll ein reicher Jude jetzt auf dem Lande reiten, mit zwölf Pferden, der will ein Kochab (ein Herrscher – d. A.) werden.»

Bevor Michael von Kurfürst Joachim II. (1535–1571) an den Hof nach Berlin gerufen wurde, war er Hoffaktor bei anderen Herren gewesen, bei einigen Grafen im Harz, beim Landgrafen von Hessen, wo er zum «Diener von Haus aus» ernannt worden war, bei den Grafen Ulrich und Bernhard zu Regenstein, bei den Grafen Wilhelm von Henneberg, Botho zu Stolberg, Gebhard zu Mansfeld und Wolfgang zu Barby. Es gab kaum eine Residenz in Deutschland, in Österreich und in Böhmen, wo Michael nicht aufkreuzte, Gelder verlieh und kassierte und verschwand. Viele phantastische Geschichten waren über ihn im Umlauf. Einmal bezeichnete er sich als frommen Juden, dann nannte er sich illegitimer Sohn eines Grafen von Regenstein. Als «Junker Wolf» ließ er in mehreren Anschlägen verkünden, daß er Feuersbrünste gelegt habe. Viele Untaten wurden ihm angedichtet.

Um das Jahr 1543 kam er nach Brandenburg, er bezog, wie aus Urkunden belegt ist, ein Haus in der Klosterstraße in Berlin. 1544 wurde ihm sogar gestattet, auch in Frankfurt an der Oder ein Haus zu erwerben und dort seine Geschäfte zu betreiben. Der Kurfürst von Brandenburg hatte ihn zu seinem Diener und Getreuen ernannt.

Michael war der Hofbankier großen Stils. Es gibt Belege, in denen es heißt: daß der «Bescheidne unser Diener und lieber Getreuer Michel von Derenburg auf Unser gnädigen Gesinnen und Bitten» ihm, dem Kurfürsten, die fünfundzwanzigtausend rheinischen Goldgulden gegen fünf Prozent Zinsen vorgestreckt habe.

Große Projekte hatte Michael dem Kurfürsten vorgeschlagen, so wollte er viele tausend Ochsen vom Fürsten der Walachei kaufen und dem Kurfürsten liefern, damit der sie mit großem Gewinn weiterverkaufen könne. Aber die Ochsen aus der Walachei sind nie auf dem Viehmarkt in Berlin erschienen. Über ihren Verbleib schweigen die Quellen.

Eine ungeheure Faszination muß von diesem Mann ausgegangen sein. Er hatte Beziehungen zu Höfen in ganz Europa, sein Sohn sagte von ihm: Er hatte überall Zutritt, wo ein anderer vor der Tür stehenbleiben muß.

Ein solcher Mann, mit soviel Geld und soviel Kenntnissen über die geheimsten Staatssachen, mit soviel Phantasie und Ehrgeiz, mußte Feinde haben.

In Frankfurt an der Oder beschuldigte man seine Frau, sie habe eine christliche Magd veranlaßt, die Brunnen zu vergiften. Sein Gönner, der Kurfürst, zog die Anklage an sich und schlug sie nieder.

Kurz darauf wurde Michael am 23. April 1549 in der Nähe von Frankfurt (Oder) von Räubern überfallen und nach Torgau verschleppt. Als der brandenburgische Kurfürst davon Kenntnis bekam, wandte er sich an seinen Kollegen, den Kurfürsten Moritz von Sachsen, der sollte Michael aus dieser Haft befreien. Tatsächlich wurden die Täter, die von magdeburgischen Bürgern bezahlt worden waren, gefangengesetzt und hingerichtet. Aber sehr bald war es mit Michael auch zu Ende.

Es wird berichtet: Eines Morgens sei er «aufs Secret» gegangen, verfehlte in der Dunkelheit eine Stufe, stürzte die Treppe herab und brach sich das Genick. In dieser lakonischen Meldung fällt nur ein Wort auf: Secret, das heißt geheim. Die wirkliche Todesursache ist geheim geblieben.

Nach dem Tode Michaels von Derenburg holte sich der Kurfürst einen neuen Hoffaktor nach Berlin, diesmal aus Prag. Lippold.

Schon im Jahre 1556 wurde Lippold von seinem Gönner zum «Obersten aller märkischen Juden» ernannt und zum Münzmeister. Dieses Amt bedeutete Beaufsichtigung der Ein- und Ausfuhren. Lippold hatte darauf zu achten, daß Pagament (Bruchsilber), anderes Silber, auch alte Münzen und Edelsteine weder von Juden noch von Christen aus dem Lande gebracht würden. Ihm war die Macht gegeben zu bestimmen, wieviel Silber jeder Jude an die Münze abzugeben habe. Damit war Lippold die Besteuerung der jüdischen Gemeinden anvertraut, zugunsten der kurfürstlichen Kasse. Gleichzeitig bekam er von seinem Gönner das Amt des Schatullenverwalters. Er hatte die Ein- und Ausgaben des Kurfürsten zu verwalten. Aus dieser Kasse wurden auch die Kosten für die alchemistischen Versuche des Kurfürsten bestritten.

Das Vertrauensverhältnis zu seinem «lieben getreuen Lippold», wie er ihn gern nannte, wurde immer größer. Der Hoffaktor wurde in die Bettgeschichten des Kurfürsten eingeweiht. Lippold wurde eine Art Figaro, Lippold hier, Lippold dort, überall und unentbehrlich. Douceurs, Süßigkeiten oder Süßes für die Damen oder auch nur Geld und Gold, für die Anna Sydow, die Wulffin genannt, die Bandelin und die vielen anderen, nicht namentlich aufgeführten geheimen Damen. Für Magdeleinchen, die Tochter der Anna Sydow, hat er Zucker beschaffen müssen und allerlei dergleichen, für fünf Taler. Alles ist verbucht. Ein genaues Register.

1568 wurde am Hofe und an den Nebenhöfen das Weihnachtsfest besonders prächtig gefeiert. Für Magdeleinchen «ein Schwartz-Sammeten Junkfrau Baret mit goldt aufgenedt und gestickt. Item ein Schachtel mit Puppen, ein gulden Ketten, Konfekt von allerlei Zucker für 8 Thaler in einer Schachtel, wieder ein Schachtel mit Bilder von Zucker gemacht, ein Schreibzeugk für 5 Thaler». Und aus dem Jahre 1569 notiert der gewissenhafte, aber auch hochmoralische «liebe getreue Diener»: «Ein Becher für 9 1/2 Thaler hat das Hurenkind Magdelein bekommen und zu Dokter Luthers Hochzeit geschenkt.» Der Doktor Luther war der Arzt des Kurfürsten, der wohl auch für die Gesundheit des Hurenkinds mit verantwortlich zeichnete.

Lippold war nicht nur ein Abhängiger des Kurfürsten. Er hatte noch ein Bank- und Pfandleihgeschäft in Berlin. Er war Teilhaber der Macht geworden und übte eine Art Polizeigewalt aus. Im Jahre 1567 veranlaßte Lippold im Einverständnis mit seinem Kurfürsten bei achtzehn Berliner Bürgern Haussuchungen und ließ Gold und Silber für die Münze beschlagnahmen. Er durfte Verhaftungen anordnen und Leute ins Gefängnis setzen. Er war gerecht. Er ließ jüdische und christliche säumige Zahler ins Gefängnis werfen.

In einem unterschied sich Lippold von den meisten Hoffaktoren: er übervorteilte sogar seine Familie und brachte das Erbe seiner Neffen an sich; erst durch ein Gerichtsurteil kamen die wirklichen Erben in den Besitz des Geldes.

Kurfürst Joachim II. starb in der Nacht vom 2. zum 3. Januar 1571 ganz plötzlich, in seinem Schloß zu Köpenick. Es wurde verbreitet: Lippold habe ihm ein Glas Wein gereicht. Diese Tatsache wird von einigen später bestritten. Die Bandelin, eine der vielen Geliebten des

Kurfürsten, soll die Überbringerin des Todestranks gewesen sein. Er sei eingeschlafen, dann wieder aufgewacht, er habe gehustet. Seine Lakaien ließen den Arzt kommen – zu spät, der Kurfürst war verstorben.

Es war offensichtlich, daß der Sohn des Verstorbenen sich bereits vor dem Tod seines Vaters mit den reichen Kaufleuten in Berlin, den Zünften und der Geistlichkeit verbunden hatte.

Dieser Sohn, der neue Kurfürst Johann Georg, hatte vorsorglich in der Frühe des 3. Januar alle Tore Berlins schließen lassen. Die Freunde, die Mätressen, die Günstlinge des Vaters sollten ihm nicht entkommen. Es sah aus wie ein Staatsstreich, gut vorbereitet. Anna Sydow mußte in den Turm nach Spandau. In der allgemeinen Unsicherheit kam die Devise auf: «Bereichert euch». Viele verschuldete Bürger stürmten die Läden der Juden, holten die versetzten Pfänder heraus, zerrissen die Schuldscheine. Wie viele Juden dabei erschlagen wurden, vermelden die Chronisten nicht.

In Frankfurt an der Oder wurden am selben Tage alle Juden gefangengesetzt.

Lippold versuchte zu fliehen. Er wurde, bevor er Berlin verlassen konnte, festgenommen. Man wollte ihm jetzt einen Prozeß machen. Es sollte alles nach der Ordnung geschehen. So blieb er erst einmal drei Monate im Gefängnis. Dann konnte er, während der Untersuchung, für anderthalb Jahre in sein kleines Haus in der Stralauer Straße ziehen. Hämisch wurde bemerkt, daß die Haft wohl nicht sehr streng sei, er dürfe ja mit seiner Frau zusammen leben. Zur Charakterisierung seines verwerflichen Lebenswandels wurden die Rechnungen über Gänse, feiste Kapaune und Hühner angeführt.

Vier Räte untersuchten die Bücher. Man wollte Unterschlagungen feststellen. Das Gegenteil aber trat zutage: Der Kurfürst war dem Lippold noch die Summe von neunundachtzig Talern, fünf Silbergroschen und acht Pfennigen schuldig. Außerdem hatte Lippold noch eine Summe von tausendzweihundertfünfzig Talern als Besoldung für seine Münzmeisterbeschäftigung berechnet, die der Kurfürst ihm vorenthalten hatte. Aus der gesamten Untersuchung konnte nichts Strafbares abgeleitet werden.

Es gab Stimmen, die dafür eintraten, Lippold aus der Haft zu entlassen.

Wer es aufgebracht hatte, ist heute nicht mehr ersichtlich. Irgend jemand wollte es gehört haben, Lippolds Frau soll einmal bei einem

Streit ihrem Mann zugerufen haben: «Wenn der Kurfürst wüßte, was du für ein Schelm bist und was du mit diesem Zauberbuch alles zurechtbringst, dann würde es dir bald schlimm ergehen.»

Jetzt endlich hatte man einen Vorwand gefunden. Lippold wurde gefoltert. Man wußte, was man hören wollte. Er gestand, er habe jahrelang Zauberei betrieben, habe den Teufel beschworen, habe schließlich den Kurfürsten vergiftet.

Auch ein Motiv hatten die Vernehmer nicht vergessen: Lippold habe dem Kurfürsten zwei Ketten und drei Kleinodien gestohlen, und dieses Verbrechen sei nun zutage gekommen.

Die Vernehmung oder, wie es hieß, Urgicht wurde dem brandenburgischen Schöppenstuhl zugesandt. Der Gerichtshof war mit einem Richter und vierzehn Schöffen besetzt. Vor dem Berliner Rathaus. Lippold wurde «Seigers neun» vorgeführt. Der Diebeshenker wollte ein neues Schuldbekenntnis hören. Noch einmal versuchte Lippold seine Unschuld glaubhaft zu machen. Er habe alles nur aus Marter und Pein bekannt. Er wurde ins Rathaus geschafft und weiter gefoltert. Hier brach seine Widerstandskraft endgültig. Er gab zu, was man von ihm verlangte.

Auf einem Karren wurde er durch Berlin und Cölln gefahren, dann zehnmal mit glühenden Zangen gerissen, auf dem Neuen Markt gerädert und gevierteilt. Seine Eingeweide wurden mit einem Vorzeigebuch, dem sogenannten Zauberbuch, verbrannt. Die vier Teile seines Körpers wurden an vier Galgen in den Straßen aufgehängt, sein Kopf wurde auf einer Stange hoch über dem Georgstor zur Schau gestellt.

Nun ordnete der Kurfürst die Vertreibung aller Juden aus der Mark Brandenburg an.

Umseitig: Das Ende des Münzmeisters Lippold

Warhafftige Abconterfeyung oder

sampt fürbildung der Execution/welche an jhme/seiner wolue
vnschüldigen Christlichen Blut begangen) den 28. Jenners/1573. zu B

Darneben kürtzlich seine vnd anderer Jüden tiranney/sc
gegen den Christen menschen geübt/aus glaubwirdigen Historien/
Eglen desto fürderlicher wissen zu
L.

/des angesichts Leupolt Jüden/
rausamen vnd vnmenschlichen thaten halben(so er an dem
nhalt Göttliches vnd Kayserliches Rechten/vollnzogen worden ist.

n jhnen wider alle menschliche Affecten/vnd mitleiden
Christen zů gut vnd warnung(Auff das sie sich für solchen blut:
amen gestelt/vnd an tag geben.

Die fünfzig reichen Familien

Durch Krieg, durch Heirat, durch Kauf, durch Erbschaft, durch Betrug, durch einfache Annexion haben sich die Markgrafen von Brandenburg – ab 1356 die Kurfürsten von Brandenburg und ab 1701 die Könige in und später von Preußen – einen bunt zusammengewürfelten, löchrigen Flickenteppich angeeignet:

Gebiete im äußersten Westen des deutschsprachigen Raumes, das Herzogtum Kleve, die Grafschaft Ravensberg, die Grafschaft Mark mit der Stadt Limburg, das Fürstentum Moers und die Grafschaft Lingen, ja sogar Gebiete in der französisch sprechenden Schweiz, die Herrschaft über den späteren Kanton Neuchâtel, preußisch-deutsch Neuenburg genannt; im Fränkischen die Markgrafschaften Bayreuth und Ansbach, im Westfälischen die Herrschaft Tecklenburg und wieder im Westen das Herzogtum Geldern; polnische und litauische Gebiete, Ostpreußen, Südpreußen, die polnische Stadt Thorn, die gemischt polnisch-deutsche Stadt Danzig. Auch Gebiete aus Thüringen fehlten nicht: Erfurt, Eichsfeld, Mühlhausen, Nordhausen. Hildesheim und Goslar, das Fürstentum Paderborn und Teile von Münster wurden preußisch. Dann auch Quedlinburg und Elsten. Es kamen hinzu im Westen die aufstrebende Industriestadt Essen und Verden. 1806 wurde das große Königreich Hannover annektiert, auch die Hälfte von Sachsen wurde preußisch, ebenso das ehemalige Kurfürstentum Hessen, wie die Herrschaft Nassau und kleinere Fürstentümer an der Lahn. Das geschah 1815, und als größten Gewinn konnten weite Teile der ehemaligen geistlichen Kurfürstentümer Köln, Mainz und Trier zu Preußen gerechnet werden. 1866 besetzten preußische Truppen die Freie Reichsstadt Frankfurt am Main und zwangen die Bürger, die Fensterläden schwarz-weiß, in den Farben des siegreichen Königs, zu streichen.

Drei Kriege sind bekannt geworden, die Friedrich II. von Preußen um das Herzogtum Schlesien und die Grafschaft Glatz geführt hat. Die Preußen annektierten zur Abrundung noch das Herzogtum Magdeburg, das Fürstentum Halberstadt mit den Gebieten der Grafen von Mansfeld. Und die kleine Herrschaft von Lauenburg wurde nicht vergessen. So lag das Stammland, die ehemalige Markgrafschaft Brandenburg mit ihrer alten Hauptstadt Brandenburg und ihrer späteren Hauptstadt, der Doppelstadt Berlin-Cölln, fast in der geographischen Mitte.

In all diesen Territorien, große Gebiete und kleine Flecken, hatten die neuen und alten Untertanen der Herren von Hohenzollern sehr unterschiedliche Traditionen und Gesetze. Deutsch, polnisch, litauisch, französisch wurde gesprochen. Auch die Religion war nicht einheitlich. In den westlichen Gebieten, in den ehemaligen geistlichen Kurfürstentümern, in Schlesien und in den polnischen Gebieten gab es eine Mehrheit von katholischen Einwohnern. Im mittleren Teil, vor allem in der Mark Brandenburg, waren die meisten Menschen protestantisch, in ihren Glaubensbekenntnissen aber wieder gespalten in lutherische und reformierte Richtungen.

An vielen Orten wohnten Juden, im Westen mit liberalen Auffassungen über ihre schwierigen Religionsgesetze, in den polnischen und schlesischen Gebieten streng orthodoxe jüdische Menschen, die untereinander meist jiddisch sprachen.

In den rheinischen Gebieten lebten schon seit der Römerzeit jüdische Mitbürger. Legenden sprachen davon, daß sie bereits vor Christi Geburt dort zu Hause waren. Trotz aller Verfolgungen haben viele von ihnen ihre Heimat nicht verlassen. So lebte im Herzogtum Kleve, in der Stadt Emmerich, eine sehr reiche, sehr weitverzweigte Familie Gumperts oder, wie sie sich meist später nannten, Gomperz, Bankiers und Inhaber eines großen Handelshauses mit weitreichenden Verbindungen. Sie waren ursprünglich in Spanien ansässig gewesen, hießen dort Gomez y Perez, waren über die Niederlande in das niederrheinische Gebiet übergesiedelt und hatten sich ganz den deutschsprechenden Juden angeschlossen, waren Aschkenasen geworden. Auch in der sogenannten Grafschaft Mark, die Gebiete umfaßte, die heute westfälisch sind, wohnten in den kleinen Dörfern und Städten jüdische Menschen. Es waren Städte, die heute durch die Industrialisierung groß geworden sind. Dortmund, Kamen, Unna und Hamm.

Das Stammland aber, die Mark Brandenburg, war «judenfrei».

Der Dreißigjährige Krieg (1618–1648) war über diese Länder gezogen. Die Städte waren entvölkert, die Felder nicht bestellt, der Handel war auf ein Minimum zurückgegangen. Der Kurfürst von Brandenburg, Friedrich Wilhelm I., der unter dem Namen der Große Kurfürst in die preußisch-deutsche Geschichte einging, hatte versucht, aus dem Krieg für sich so viele Vorteile wie möglich zu ziehen. Er bekannte sich zum reformierten Glauben, verbündete sich mit dem lutherischen König von Schweden, Gustav Adolf, dann wechselte er die Fronten, ging zum katholischen Kaiser über und bekriegte seine ehemaligen Bundesgenossen. Bereits 1641 schloß er Frieden mit Schweden und konnte einige bedeutende Ländereien erwerben. Er war der erste in der Mark Brandenburg, der sich ein stehendes Heer zusammenkaufte.

Aber am Ende des Dreißigjährigen Krieges war sein Stammland, die Mark Brandenburg, verwüstet, gebrandschatzt. Es gab dort keine wesentlichen Manufakturen, der dürre Boden wurde mühsam landwirtschaftlich genutzt, der größte Teil der Nutzfläche gehörte den Baronen, Rittern und Edlen, steuerfreien Feudalherren; die von ihnen abhängigen Bauern waren auch kein Steuerobjekt. Sie waren froh, wenn sie nach ihren Abgaben und Dienstleistungen ihr nacktes Leben fristen konnten. Von ihnen, von seinen Beamten und seinem Heer konnte der Kurfürst kaum Wohlstand erwarten. Früher, als dort noch Juden lebten, war das Judenregal eine wichtige Einnahmequelle für die Markgrafen und Kurfürsten gewesen.

Friedrich Wilhelm I. machte sich allmählich unabhängig von allen klerikalen Institutionen und versuchte das Kurfürstentum Brandenburg als einen einheitlichen, zentralisierten Staat zu organisieren, unter der absoluten und uneingeschränkten Gewalt des Herrschers in Berlin. Er hatte Auslandserfahrung. Seine Eltern hatten ihn während des Dreißigjährigen Krieges zur Ausbildung in die Niederlande geschickt. Drei Jahre lang. Er hatte an der Universität in Leiden studiert und war dann an den Hof und in das Feldlager des Prinzen Friedrich Heinrich von Oranien gekommen. Er sah, wie dieses Land, das sich aus den Wirren des langen Krieges heraushalten konnte, zur führenden wirtschaftlichen Nation in Europa aufgestiegen war, durch Handel, durch Geldgeschäfte, durch Errichtung von Manufakturen. Er hatte aber auch gesehen, wie gerade jüdische Kaufleute und Bankiers dort ohne Diskriminierung am Wohlstand teilhatten, ja den Wohlstand des Landes förderten. Als er mit zwanzig Jahren die Herrschaft in Berlin übernehmen mußte, hatte er seine Erfahrungen in den Niederlanden nicht vergessen. Er war reformiert, aber er war vorurteilsfrei. Er war ein Kind seiner Zeit. Er war ein Merkantilist.

In der damaligen Wirtschaftspolitik galt der Satz: Gelderwerb spielt die Hauptrolle. Für den Staat und die Fürsten kommt es vor allem darauf an, Geld zu beschaffen und im Lande zu halten. Auch müsse der Fürst darauf bedacht sein, ein großes stehendes Heer zu unterhalten, alles zu fördern, was dem Handel zuträglich sei.

Die Gründung von Manufakturen sollte mit staatlichen Mitteln unterstützt werden.

Nur einen Hofjuden gab es in der Doppelstadt Berlin-Cölln, Israel Aaron. Ihm war durch kurfürstliche Gnaden gestattet, sich in Berlin niederzulassen. Er hatte den Auftrag, für die Armee und den kurfürstlichen Haushalt die Waren und die Geräte herbeizuschaffen, die im eigenen Land nicht erzeugt wurden.

Kurfürst Friedrich Wilhelm I. ist sicher kein Judenfreund gewesen, doch er betrachtete die Juden als Kaufleute, als Unternehmer, als Finanzleute «für nützlich». Und im Mai 1650 stellte er zehn in Halberstadt wohnenden jüdischen Familien einen Geleitbrief aus, es wurde ihnen offiziell bestätigt, daß sie im Fürstentum Halberstadt wohnen, handeln, kaufen und verkaufen dürften, auch Geld ausleihen und schlachten. Sie durften ungehindert reisen und Güter einführen. Auch in den Gebieten Kleve und Mark wurden Geleitbriefe für Juden ausgestellt. Schon bestehende Geleitbriefe wurden ohne Schwierigkeiten verlängert.

Nicht erstaunlich war die Reaktion des Kurfürsten auf eine antijüdische, pogromartige Verfolgung in Halberstadt. Mehrfach hatte er den Juden verboten, Synagogen zu bauen, wohl gestattete er, privat Gottesdienst abzuhalten, auch durften Kinder unterrichtet werden. In Halberstadt jedoch stand eine Synagoge, die 1621 erbaut worden war, als dieses Gebiet noch nicht dem Kurfürsten von Brandenburg untertan war. Am 16. März 1669 drangen der Schreiber der Landstände und acht Zimmermeister und fünfzig bewaffnete Musketiere in die Synagoge ein, sie zerstörten das ganze Gebäude. Eine Menschenmenge hatte sich diesem Zerstörungswerk angeschlossen, und die Juden gerieten in Gefahr.

Sehr heftig reagierte der Kurfürst. Soldaten bekamen den Auftrag, die Häuser der Juden Tag und Nacht zu bewachen. Er nahm dieses Vorkommnis zum Anlaß, seine landesfürstliche Autorität mit allen Kräften durchzusetzen. Auch wenn er den jüdischen Bürgern das Errichten von Synagogen untersagt habe, dürfe keine städtische Regierung von sich aus Gebäude dieser Art zerstören. Im Grunde kam ihm der Vorfall gelegen. Jetzt konnte er in den Landesteilen die lokalen Verwaltungen in landesherrliche umgestalten.

In Halberstadt wurde die Aufsicht über Juden einem Kriegskommissar, Johann Friedrich Peine, anvertraut, in den Gebieten Kleve und Mark Jakob von Spaen. Bald wurden diese Kriegskommissare mit erweiterten Befugnissen ausgestattet; die Institution der Kommissariatsbehörden hatte in erster Linie für die Verpflegung und Besoldung und

Unterbringung der Truppen zu sorgen. Sie waren Vorläufer der späteren Regierungspräsidenten und Oberpräsidenten der preußischen Provinzen. Aber diese Beamten waren auch verantwortlich für den Schutz der in den Landesteilen lebenden Juden.

Erst unter dem Nachfolger von Friedrich Wilhelm I. wurde den Halberstädter Juden gestattet, eine neue Synagoge zu bauen.

Noch konnte es der Kurfürst nicht wagen, eine einheitliche Judenpolitik in allen seinen Landesteilen durchzusetzen. In den Gebieten am Rhein und in Westfalen, wo die städtische Verwaltung weit mehr entwickelt war als in den Gebieten der Mark und in den Ostgebieten, ermächtigte er einen jüdischen Bürger aus Bonn, Berend Levi, der sich oft auch Bär Warendorf nannte, die Verwaltung der Juden zu übernehmen. Bär Warendorf, ein Bankier, war durch Handels- und Finanzbeziehungen mit vielen Hofjuden in Norddeutschland verbunden, er hatte bereits dem Kurfürsten von Brandenburg Geld geliehen.

Am 7. Februar 1650 bekam er das kurfürstliche Patent ausgehändigt, das ihn zum Befehlshaber über die Juden von Halberstadt, Minden, Ravensberg, Kleve und Mark einsetzte. Er wurde ein Beamter des Kurfürsten und hatte dafür zu sorgen, daß keine Unterschlagungen vorkamen. Er konnte die Höhe der Abgaben bestimmen, er konnte über die Ansiedlung der Juden entscheiden, er mußte selber die Schutzgelder einziehen.

Die jüdischen Gemeinden waren über diesen Befehlshaber wenig erfreut, sie nannten ihn schroff und gewalttätig. Es gibt Dokumente, in denen die Juden in Minden sich beschweren, Bär Warendorf habe ihnen verboten, eine Synagoge zu bauen, weil sie die Schutzgelder an den Kurfürsten noch nicht bezahlt hätten.

Der Berliner Hofjude Israel Aaron bekam immer neue und größere Aufträge vom kurfürstlichen Hof. Als im Jahre 1667 die erste Frau des Kurfürsten, Louise Henriette, starb, mußte Israel Aaron die Gelder für eine würdige Trauerfeier vorstrecken. Dafür erhielt er die Konzession über die Mindischen Wasser an der Weser. Aus einer Aufstellung vom 20. Dezember 1667 ergibt sich, daß er für das Begräbnis Waren im Werte von achtunddreißigtausend Reichstalern zu besorgen hatte. Auch Sekt und Wein gehörten dazu. Für den Hofstaat mußten neue Livreen geliefert werden. Als sich der Kurfürst in zweiter Ehe mit der Herzogin Sophie Dorothea zu Schleswig-Holstein verheiratete, mußte Aaron «zu seiner Churfürstlichen Durchlaucht damahls vorgestandenen Bayläger und in specie für neue Liverey» Vorschüsse hergeben.

Das Beilager war allerdings weitaus teurer als die Beerdigung. Aaron berechnete dafür 41674 Reichstaler, einen Groschen und fünf Pfennig.

Er stieg in der Gunst des Kurfürsten immer höher. Im Jahre 1670 durfte er sich ein Haus in Landsberg an der Warthe, das sogenannte Judenhaus, kaufen; dort richtete er eine Synagoge ein.

All das war in der Bevölkerung bekannt.

Ein Pamphlet ist vorhanden aus dem Jahr 1673, das gegen Aaron verbreitet wurde. Es enthält sein angebliches Testament. Dem allerhöchsten und gnädigsten Kurfürsten werden Israel Aarons Schulden vermacht. Dem Amtskammer- und Schloßhauptmann ein Magenpulver. Es erbt der Oberhofmarschall von Canitz Aarons Fuchsmütze. Der Amtskammerpräsident Raban von Canstein erhält Aarons Brustlatz. Der Vizekammerpräsident Otto von Groth des Hoflieferanten spanischen Mantel, Amtskammerrat Peter Battier Aarons Pferd. Die Amtsschreiberbeamten und Arrendatoren einige Tonnen Heringe. Der Kammerschreiber Schulze Aarons alte Karosse. Alle Gläubiger die Hofsalbe Geduld. Einem unter ihnen waren Aarons tägliche Schuhe zugedacht, und die sollten weitergegeben werden an den Gläubiger Christian Frantz. Frau Carllschen Aarons geflickte Hosen und Rabbi Baruch Levi aus Wien des Hoflieferanten letzten Stuhlgang.

Dieses Pamphlet aus dem Jahre 1673 hatte einen Doppelcharakter. Es richtete sich in erster Linie gegen den Kurfürsten, denn es war bekannt geworden, daß er seit 1670 überlegte, reiche Juden in der Mark Brandenburg und vor allem in Berlin anzusiedeln, um, wie es damals hieß, Handel und Wandel zu beleben. Es hatte sich herumgesprochen, daß die Juden, die in Österreich lebten, speziell die von Wien, sehr viel zum Wohlstand des Landes beigetragen hatten. Sie standen in Handelsbeziehungen zu Italien, zu Polen, zu der Türkei, sie waren Münzverwalter, Heereslieferanten, sie gründeten neue Manufakturen. Aber es gab eine starke antijüdische Partei in dem streng katholischen Land Österreich, besonders in Niederösterreich.

Der neue Kaiser, Leopold I., war ein sehr frommer Mann, von den Jesuiten erzogen. Er begünstigte den Aufenthalt der Juden und hatte ihnen erlaubt, in einem großen Viertel, der heutigen Leopoldstadt, zu wohnen. Aber der Klerus, in Übereinstimmung besonders mit den Zünften, nutzte einige Unglücksfälle am kaiserlichen Hof gegen die Juden aus. Ein Brand im Schloß, der fast die kaiserliche Familie das Leben kostete, eine Fehlgeburt der Kaiserin, der Tod des jungen Kronprinzen wurden nun von der Geistlichkeit als Fingerzeig Gottes gedeutet.

Es war vor allem Bischof Kollonitsch, Beichtvater des Kaisers, der diese Unglücksfälle als Zeichen des Himmels auslegte, als Zorn der göttlichen Majestät wegen der Duldung der Juden in der Stadt Wien und in ganz Niederösterreich.

Mit den Jesuiten hatten sich die Wiener Zunftbürger vereint, sie boten der kaiserlichen Kasse eine Summe von vierzehntausend Gulden und später noch einen zusätzlichen Betrag von fünfzigtausend Gulden, wenn der Kaiser die Juden aus Wien vertreiben würde. Diese Summen waren als Ersatz für das von den Juden erhobene Schutzgeld gedacht.

1669 verlautete die kaiserliche Regierung, daß der Kaiser «aus sonderbaren, beweglichen Ursachen, um Beschwerden, wie sie die Christen seit einiger Zeit führen, zu verhüten, die Ausweisung einer Anzahl Juden und Jüdinnen aus Wien und dem Land Österreich unter der Enns beschlossen» habe.

Im Februar 1670 wurde durch eine kaiserliche Resolution bekanntgegeben, bis zum nächsten Pfingstfest habe die gesamte Judenschaft Wiens die Stadt zu verlassen. Am Fronleichnamsfest dürfe sich kein Jude mehr in der Stadt blicken lassen.

Der brandenburgische Kurfürst wurde durch seinen Residenten in Wien, Andreas Neumann, über diese Vorgänge unterrichtet. Der Kurfürst sah eine Chance, sein rückständiges Land, seine Mark Brandenburg, durch die Fähigkeiten und Verbindungen der Vertriebenen aus Wien neu zu beleben. Er teilte seinem Residenten mit, daß er geneigt sei, vierzig bis fünfzig österreichische Judenfamilien – er betonte, natürlich reiche und wohlhabende Leute – bei sich in Brandenburg aufnehmen zu wollen.

Dieses Schreiben wurde den jüdischen Familien in Wien zugeleitet. Kurze Zeit danach kamen drei Abgesandte der Wiener Gemeinde, Hirschel Lazarus, Benedikt Veit und Abraham Ries, nach Berlin, um die näheren Bedingungen von der kurfürstlichen Regierung zu erfahren. Sie wollten wissen, an welchen Orten die Familien sich niederlassen dürften und ob sie dieselben Privilegien, wie sie die Klever und die Mindener Juden bereits besaßen, für sich erbitten könnten.

Geheime Räte des Kurfürsten verhandelten mit den Abgesandten. Es waren die Leute, die in dem Pamphlet die Erbschaft des Hofjuden Israel Aaron antreten sollten. Die Schmähschrift war ein deutlicher

Ausdruck des Unwillens der Berliner Zunftbürger gegen die Wiederansiedlung der Juden in der Mark.

Am 19. Mai 1671 kamen die Verhandlungen mit den Wiener Juden zum Abschluß. Es wurde vom Kurfürsten ein Edikt erlassen: Für fünfzig Familien wurde für zwanzig Jahre der Aufenthalt in der Mark und im Herzogtum Krossen vereinbart. Es wurde ihnen der freie, ungehinderte Handel, der Kauf und das Mieten von Häusern gestattet. Später wurde ergänzt, daß nach dem Bezahlen eines zweijährigen Schutzgeldes jedem von ihnen dann auch wieder die Emigration aus der Mark freistehen sollte.

Einen merkwürdigen Hintergedanken hatte der Kurfürst. Er war keineswegs sparsam. Er hatte seinen Hof prächtig ausstaffiert. Er wollte es den französischen Königen gleichtun. Es war dieselbe Zeit, um 1672, da der Sonnenkönig Ludwig XIV. von Frankreich auf der Höhe seiner Macht stand; er baute das glanzvolle Schloß in Versailles. Frankreich war Vorbild geworden. In Berlin schielte man nach Versailles, und die Hofherren und Hofdamen wollten auch Luxus haben und zeigen. Aber wie konnte der kurfürstliche Hof die abgelegten, schnell aus der Mode gekommenen alten Kleider verwerten? Wer kaufte sie? Es war nun der kurfürstliche Hintergedanke, jüdische Familien anzusiedeln und ihnen die alten Kleider anzubieten. Und als sie kamen, da nahmen sie das Angebot an. Sie wohnten in der Nähe der heutigen Jüdenstraße, dem alten Judenhof an der Königstraße in Berlin.

Aber die Familien waren zahlreich, und die alten Kleider des kurfürstlichen Hofs reichten, bei aller Verschwendung der den Regierungskreisen nahestehenden Herren und Damen, nicht aus, um einen kontinuierlichen Handel zu betreiben.

Damals arbeiteten in Berlin einige Schneider, die für das große Heer des Kurfürsten Uniformen anfertigten. Dorthin gaben die klugen Kaufleute die abgelegten Kleider des Hofs zum Kopieren. Die Uniformschneider des Kurfürsten wurden die Zwischenmeister. Die neuen Einwohner erfanden damit etwas gegen die Zünfte, das Verlagswesen. Durch diese Kombination, den Ankauf der alten Hofkostüme und die Uniformschneider des Kurfürsten, entstanden um den Hausvogteiplatz die ersten Konfektionshäuser, sie sollten die Berliner Konfektion bis zum Jahre 1933 berühmt machen. Der Hausvogteiplatz wurde der Inbegriff einer neuen, billigen und doch schicken Damenmode. Ein bißchen kam auch noch der Wiener Charme der neuangesiedelten Familien hinzu.

Die Ansiedlung von, wie es damals hieß, fremden Kolonisten in den vom Krieg entvölkerten Landesteilen des Kurfürstentums Brandenburg war ein Prinzip der Politik Friedrich Wilhelms I. Er siedelte Schlesier und sorbische Lausitzer in der Kurmark an. Er lud niederrheinische Gemüsebauern aus der Gegend von Kleve und Geldern in die nördlichen Gebiete der Mark um die Stadt Löwenberg ein, um dort eine neue Art von Landwirtschaft zu betreiben.

So hatte er auch nichts gegen die Ansiedlung von Juden. Er hatte es in den Niederlanden gesehen, wie speziell die jüdischen Einwanderer aus Spanien und Portugal mit ihrer Handels- und Gewerbetätigkeit zum Aufblühen der Städte beigetragen hatten. Er glaubte auch, daß die neuen großen Städte wie Mannheim und auch das kleine Hoechst bei Frankfurt oder die Stadt Hamburg durch die Ansiedlung von ehemals spanischen Juden zu Wohlstand gekommen waren. Der berühmteste Schritt in dieser Richtung war das Potsdamer Edikt, das die Ansiedlung von französischen Hugenotten in Brandenburg begünstigte, in dem er die verfolgten Reformierten aus Frankreich einlud, sich in seinem Kurfürstentum niederzulassen.

Sie kamen. Sie kamen aus einem wirtschaftlich fortgeschrittenen Land. Sie brachten ihre Erfahrungen über die Einrichtung von Manufakturen mit in das trostlose und kärgliche Land Brandenburg. Sowohl von den Hugenotten wie auch von den jüdischen Einwanderern aus Wien wurden Seidenwebereien eingerichtet, Glashütten, ja Eisenwerke. Die Wasserwege wurden ausgebaut, die Landstraßen verbessert.

Aber die Hemmnisse im Land gegenüber der neuen wirtschaftlichen Blüte waren groß. Die Vorschriften der Zünfte standen ihr entgegen. Es gab ein Stapel- und Niederlagsrecht für jeden durchreisenden Kaufmann, mit der Weisung, alle Waren zunächst auf den städtischen Markt zu bringen und auch die städtische Kaufmannschaft damit zu versorgen. Was sie dort nicht verkaufen konnten, durften die reisenden Kaufleute dann mitnehmen. Fremden durchreisenden Kaufleuten war es verboten, selbständig über ihre Waren zu verfügen.

Auch die Bauern unterlagen Einschränkungen. Sie durften ihre Produkte nur in die Stadt liefern, die in ihrem Kreise lag. Die Preise waren festgesetzt, unabhängig von den Produktionskosten und unabhängig davon, ob Früchte, durch Verderb bedroht, schnell und nur zu geringeren Preisen abgesetzt werden konnten.

Es gab viele Beschwerden aus den Reihen der Zünfte und Gilden, vor allen Dingen gegen die Ansiedlung und gegen den Handel der

Juden in Brandenburg. Lakonisch antwortete der Kurfürst auf diese Eingaben, daß die Juden mit ihren Handlungen ihm und dem Lande nicht schädlich, sogar vielmehr nutzbar erschienen.

Von einer Gleichberechtigung der neuen jüdischen Untertanen des Kurfürsten mit seinen christlichen Bürgern konnte keine Rede sein. So besagte der Schutzbrief für die beiden Wiener jüdischen Bürger Abraham Ries und Benedikt Veit, daß nur der schon lange ansässige Schutzjude Israel Aaron sich in Berlin und Cölln und auch in Friedrichswerder niederlassen durfte. Aaron wurde zum Gutachter für die Ansiedlung weiterer Juden in Berlin und Cölln bestellt. Sein Gutachten war maßgebend für das Niederlassungsrecht in beiden Hauptstädten.

Nach dem Tode Aarons wurde ein neuer Hoffaktor vom Kurfürsten berufen. Jost Liebmann. Er galt als Hofjuwelier. Gewarnt durch das schlimme Schicksal des Schutz- und Hofjuden Lippold, machte er sich schon anfangs für den Sohn des Regierenden, den Kurprinzen, nützlich und lieferte ihm Juwelen.

Dieser Hoffaktor ist nicht zu denken ohne seine Frau Esther, eine geborene Pragerin, die Witwe von Israel Aaron. Man sagte ihr nach, sie sei eine geborene Politikerin, voller Ehrgeiz. Sie beherrschte eine Clique in der neu entstandenen jüdischen Gemeinde. Man erzählte von ihr, sie setze die Rabbiner ein, in Halberstadt, in der Neumark, in Hinterpommern. Von vielen Mitgliedern der Gemeinde wurde sie gefürchtet. Jedoch der Kurfürst und auch sein Nachfolger, der 1701 König in Preußen wurde und sich Friedrich I. nannte, schätzten sie. Ihm lieferte sie die Juwelen für die Krönung. Statt einer Bezahlung bekam sie das Recht, Münzen zu prägen. Es ist nur natürlich, daß eine solche Frau sich den Haß der christlichen Kaufleute und Handwerker zuzog.

Dieser selbe König ließ aber auch das berüchtigte judenfeindliche Werk von Johann Andreä Eisenmenger, *Entdecktes Judentum*, 1711 neu drucken.

Der Verfasser, ein Heidelberger Professor, gab vor, er habe Geheimschriften der Juden entziffert, das Buch war voller Fälschungen und Verleumdungen. Die Frankfurter Juden hatten damals durch die Fürsprache der berühmten Hoffaktoren Oppenheimer und Wertheimer den Kaiser in Wien veranlaßt, die Auslieferung der in Frankfurt am Main lagernden Ausgabe zu verbieten. So lagen dort seit 1700 die zweitausend beschlagnahmten Exemplare.

Elf Jahre später nun sah der neue Preußenkönig sich durch zwei Renegaten, getaufte Juden, veranlaßt, dieses Schandwerk neu aufzulegen. Es wurde vorgegeben, das Buch sei in Königsberg in Preußen gedruckt, denn dieses Gebiet unterstand nicht dem Kaiser, es gehörte nicht zum deutschen Reich. In Wirklichkeit war das Buch in der Mark Brandenburg, also innerhalb des deutschen Reichsgebietes, hergestellt.

Doch mit solchen plumpen Fälschungen konnte man die wissenschaftliche Welt, an die das Buch gerichtet war, nicht mehr täuschen, obwohl es immer wieder nachgedruckt wurde. Es war die Zeit, als in der neugegründeten preußischen Universität Halle an der Saale ein Christian Thomasius wirkte. Ein Gelehrter, der Kenntnisse der jüdischen Schriften hatte und für eine Besserstellung der jüdischen Mitbürger eintrat. Es war die Zeit, als der Jesuit Friedrich von Spee unerschrocken gegen den Wahn der Hexenprozesse auftrat. Doch ihre Erkenntnisse drangen sehr langsam durch. In den rückständigen Gebieten dieses neuen Königreiches war man noch immer fest davon überzeugt, Juden würden Hostien schänden, Kinder schlachten und Brunnen vergiften. An eine Gleichsetzung mit der christlichen Bevölkerung war noch nicht zu denken. Das zeigte allein schon der Leibzoll, den alle Juden, außer den privilegierten, zu zahlen hatten, auch durchreisende fremde Juden mußten ihn erlegen. Im Jahre 1684 wurde er gegen eine einmalige Ablösung von vierhundert Talern erlassen. Aber es zeigte sich, daß das ein schlechtes Geschäft für die königliche Kasse war. Am 24. Januar 1700 wurde er wieder eingeführt, und diesmal strenger. Nicht nur die fremden Juden hatten ihn zu zahlen, sondern auch die inländischen, die mit Schutzprivilegien versehen waren. Dann wurde dieses Reglement am 7. Dezember desselben Jahres zum Teil wieder rückgängig gemacht, die Schutzjuden waren ausgenommen.

Beschämend und bedrückend waren die Umstände, mit denen dieser Leibzoll entrichtet werden mußte. An jedem Ort, in jeder Stadt, wo ein Jude einreisen wollte, mußte er seinen Paß und sein Schutzpatent vorlegen, wenn er das nicht hatte, mußte er den Zoll bezahlen. Die Zollbeamten in jeder Stadt konnten Fragen stellen, über die Gründe, warum dieser Jude nun gerade in diese Stadt einreisen wolle, was für Geschäfte er habe, welchen Leumund er besitze, bei wem er zu übernachten gedenke. Der Zollbeamte war durchaus berechtigt, jeden Juden, der ihm nicht gefiel, abzuweisen.

Obwohl Seine Kö-
nigliche Majestät in Preussen/ ꝛc.
Unser allergnädigster König und Herr/
denen Juden bereits hiebevor das Hausiren und Her-
umblauffen auf dem Lande verbothen; So finden
dennoch Seine Königliche Majestät sich genöthiget/
bey itzigen der Contagion halber gefährlichen Zeiten/
da die leidige Erfahrung bezeiget/ wie durch die Ge-
winnsucht und gefährlichen Handel selbige von einem
Ort zu dem anderen verschleppet worden/ sothanes
Verboth nicht allein zu wiederholen/ sondern auch de-
nen Juden allen Handel auf dem Lande zu untersa-
gen/ zu welchem Ende dann Seine Königliche Ma-
jestät wollen und verordnen/ daß alle und jede Juden
bey Vermeydung harter Leibes-Straffe an dem
Ort ihres Auffenthalts verbleiben/ und keinesweges
auf dem Lande herumreisen/ noch von einer Stadt
zur anderen dem Handel nachgehen sollen; Wie
dann Seine Königliche Majestät allen und jeden De-
ro Land-Räthen/ Haubt- und Ambtleuten/ Ma-
gistraten in Städten und Flecken/ Gerichts-Obrig-
keiten und sonsten Männiglich allergnädigst und ernst-
lich anbefehlen/ hierüber mit Nachdruck zu halten/ die
Contravenienten sofort zur hafft zu bringen und
selbige zur Bestraffung alhier anzuzeigen. Signatum
Cölln an der Spree/ den 24ten Decembr. 1710.

Friderich.

Blick nach Wien

Die enge Verknüpfung der Wiener, ja der österreichischen Juden mit denen in der Mark Brandenburg verlangt einen Blick in die alte Kaiserstadt. Die Habsburger, die Herzöge von Ober- und Niederösterreich, waren traditionsgemäß seit dem 13. Jahrhundert zu deutschen Königen gewählt und zu deutschen Kaisern gekrönt, so waren die Juden ihre Kammerknechte. Sie hatten das Recht, von den jüdischen Gemeinden ein Judenregal zu verlangen, in barem Geld. Sie hätten auch die Pflicht gehabt, die Juden zu schützen, ganz besonders in den Freien und reichsunmittelbaren Städten. Außerdem aber waren sie Herrscher über Kärnten, Krain (etwa das heutige Slowenien), über die Steiermark, Tirol, meist auch Könige von Böhmen und von Ungarn. Die Entscheidungen, die sie in den Ländern ihrer Hausmacht faßten, beeinflußten in hohem Maße das Leben der Juden, nicht nur in diesen Gebieten, sondern auch in den vielen reichsunmittelbaren Städten im ganzen Heiligen Römischen Reich.

Die Bindungen der Habsburger an die römische Kirche waren seit eh und je sehr eng. Lange Zeit beherrschte der Dominikanerorden Denken und Verhalten der Habsburger Familie. Später traten die Jesuiten seine Nachfolge als Beichtväter und Berater an.

Das Reich der Habsburger wurde zum Weltreich, als im Jahre 1519 Karl V. den deutschen Kaisertitel mit dem Königstitel von Spanien verbinden konnte. Dadurch wurde er auch Herrscher über neuentdeckte Gebiete in Nord-, Mittel- und Südamerika. Das Machtzentrum dieses gewaltigen Reiches, in dem die Sonne nicht unterging, lag in der beliebtesten Residenz der Habsburger, in Wien.

Es scheint so, das Leben der Juden in dieser Stadt an der Donau verlief leichter, geregelter als das Leben ihrer Glaubensgenossen am Rhein und an der Mosel. Als die Bedeutung Wiens für den Handel in einer Urkunde erwähnt wurde, da fand man auch gleichzeitig Berichte über die Tätigkeit der Juden in dieser Stadt.

Die Kreuzfahrer, die durch Wien zogen, sollen im allgemeinen die Juden nicht belästigt haben. Nur ein Zwischenfall zeigt die Unsicherheit: Ein Wiener Jude Schlom, der auch Zoll- und Finanzverwalter des Herzogs von Österreich war, wurde von einem seiner Diener bestohlen, dieser hatte sich taufen lassen. Schlom ließ den Dieb ins Gefäng-

Umseitig: Edikt von Friedrich II. von Preußen

nis bringen. Die Frau des Dieners rief die Kreuzfahrer zu Hilfe, sie ermordeten Schlom und fünfzehn andere seiner Glaubensgenossen. Der Herzog von Österreich griff ein und verurteilte zwei der Kreuzfahrer zum Tode.

Bis zum Jahre 1237, so wird angenommen, haben die Juden alle Bürgerrechte in Wien besessen. Erst der Stauferkaiser Friedrich II. gab den christlichen Bürgern eine Bestätigung, Juden von öffentlichen Ämtern auszuschließen.

1238 jedoch bekamen die Wiener Juden das Privileg, das König Heinrich IV. den Juden in Worms erteilt hatte: Freiheit des Handels, Befreiung von allen Zollbeschränkungen.

Das relativ gesicherte Leben der jüdischen Gemeinden in den Stammländern der Habsburger fand ein Ende in der ersten Hälfte des 15. Jahrhunderts, als der Aufstand der Hussiten das Glaubensmonopol der römischen Kirche und das Herrschaftsmonopol des Hauses Habsburg in Südosteuropa in Frage stellte.

Damals wurden die Juden vertrieben. Nur einige jüdische Familien, die dem Schutz von Großgrundbesitzern unterstanden, konnten in Nieder- und Oberösterreich bleiben. Es wird berichtet, daß im Jahre 1512 ein Dutzend jüdischer Familien in Wien lebte.

Es gab einen immerwährenden Kampf der Stände, das heißt der Versammlung der Adligen, der Geistlichkeit, der Zünfte und Gilden gegen die Niederlassung von Juden. Sie beschimpften die Juden als Feinde Christi und der Jungfrau Maria. Und im gleichen Satz beschwerten sie sich über die jüdischen Bankgeschäfte, diese würden große Summen auf Immobilien verleihen – was das Vorrecht der christlichen Bankherren war, die Feinde Christi sollten doch nur geringfügige Summen gegen Faustpfänder verleihen.

Der Kaiser fügte sich oft, und die Juden mußten eine Stadt, ein Land verlassen, aber dann holte er sie wieder zurück, da er ohne das Judenregal nicht regieren konnte, da er auch an dem Handel der Juden mit dem Ausland interessiert war. Er habe, so betonte er, als Kaiser das alleinige Recht, über seine Kammerknechte so zu verfügen, wie er wolle.

Der Ritualmordprozeß in Trient war der Anlaß, daß die Juden um 1492 aus der Steiermark und 1520 aus dem Lande Tirol hinausgestoßen wurden. Kaiser Maximilian I. stimmte der Maßnahme erst dann zu, als die Stände bereit waren, den Steuerausfall zu übernehmen.

Die Wiener Kirchenversammlung um 1528 bestand auf einer neuen

Meßkram vor die Jüden, o

Es thut iederman nachfragen,
Warumb die Jüdn Ringlin tragen?
Merckt auff ich will es sagen fein,
Vielleicht mags die recht vrsach sein.

Odr weil sie sehr schinden vnd schabn.
Müssen sie solche Notam habn:
Denn sie ein grosse Summa macht.
Wenn sie der Ziffer stehet nach.

Jüdischer gelber Ring

Regelung, sie hatte streng befohlen, daß die Verachteten das Judenabzeichen, den gelben Fleck, tragen mußten. 1554 gab sie eine Verlautbarung heraus, daß die Juden innerhalb von sechs Monaten Wien und Niederösterreich verlassen sollten.

All das war nie so ganz konsequent in Wien verstanden worden. 1575 aber wurde die Vertreibung tatsächlich durchgeführt. Wahrscheinlich war der Handel der jüdischen Kaufleute mit Galizien, der Bukowina und Polen jedoch so umfangreich, daß Wien nicht ohne Juden auskommen konnte. Man lud wieder wohlhabende Juden in die Stadt an der Donau ein. Um 1600 sind einunddreißig Familien dort registriert. Aber auch sie sollten wieder ausgewiesen werden, nachdem sie sich geweigert hatten, zwanzigtausend Gulden ihren Peinigern zu zahlen.

In der Zeit des Dreißigjährigen Krieges wurde den Juden ein gesichertes Siedlungsgebiet vom Kaiser Ferdinand III. zugewiesen. Sie durften sich auf der Donauinsel niederlassen, einem Bereich zwischen dem alten, im 16. Jahrhundert gebauten Donaukanal und der Donau. Der Raum wurde abgesperrt und den Juden auf ewig überlassen, unter kaiserlichem Schutz. Der Oberhofmarschall führte dort die Gerichtsbarkeit. In dieser Judenstadt durften sie sich ohne Abzeichen bewegen und sollten vor jeder Gewalttätigkeit bewahrt bleiben. Ihre Gemeindeangelegenheiten konnten sie in eigner Verantwortung regeln.

Es war erstaunlich, der Kaiser, der am energischsten die katholische Partei im Dreißigjährigen Krieg unterstützte, hatte den Wert der Juden und des jüdischen Handels für sein Land erkannt. Aber der Magistrat von Wien, dem die neue Judenstadt nicht unterstand, sah mit Erbitterung auf den dort wachsenden Wohlstand.

Kritisch wurde die Situation, als Kaiser Ferdinand III. im Jahre 1656 starb. Und das Unglück wollte es, daß er keinen direkten Erben hatte. Sein Nachfolger wurde Leopold. Dieser Bruder Ferdinands III. war zur geistlichen Laufbahn bestimmt, erzogen von Jesuiten. Er stand kurz vor dem Erreichen der Kardinalswürde, vor dem Empfangen der geistlichen Weihe. Der knapp siebzehnjährige Herrscher hielt es auf Grund seiner Erziehung für eine schwere Sünde, Juden in seiner Hauptstadt zu dulden, und er konnte sich in dieser Meinung auf den Klerus, die Händler und Handwerker und die Konkurrenten des jüdischen Handels stützen. Die kaiserliche Hofkammer in Wien, die einen Hauptteil ihrer Einnahmen aus den Besteuerungen und den Abgaben der Judenstadt bekam, versuchte mit all ihren Mitteln, diese Einnahmequelle nicht versiegen zu lassen.

Als Kaiser Leopold I., so nannte er sich, 1664 gegen die Türken zu Felde zog, wurde von der Geistlichkeit das Gerücht verbreitet, die Juden ständen mit dem türkischen Erzfeind in Verbindung. Gleichzeitig hatte man in die Judenstadt eine Frauenleiche eingeschmuggelt. Eine Ritualmordanklage sollte konstruiert werden. Flugblätter wurden verteilt, um gegen die Juden eine Pogromstimmung zu entfachen. Die kaiserliche Hofkammer, verantwortlich für die Finanzen, versuchte die Ruhe wiederherzustellen. Während des Osterfestes 1668 drangen Studenten mit anderem Gesindel, wie es in den Chroniken heißt, in die Judenstadt ein, um dort «einmal mit den Juden abzurechnen». Noch konnte die Hofkammer verhindernd eingreifen. Erschwerend für die Sicherheit der Juden wirkte sich die Heirat Kaiser Leopolds mit der Infantin von Spanien, Margarethe Theresia, aus. Jetzt wurde verbreitet, die spanische Verwandtschaft bestärke den Kaiser in seiner Judenfeindschaft.

Bei Beginn des Jahres 1669 richtete der Kaiser eine Untersuchungskommission ein, eine Judeninquisitionskommission. Der Hauptjudenfeind in diesem Gremium war Bischof Kollonitsch, ein fanatischer Jesuitenzögling, der Juden und Protestanten mit gleichem Haß verfolgte. Das Gutachten, das diese Kommission anfertigte, trug seine Handschrift. Die jüdischen Gemeinden und Synagogen seien nichts anderes als ein Werkzeug antichristlicher Verschwörung. Die Bosheit der Juden gehe so weit, daß sie sich selbst an christliche Frauen heranmachen, um sie in ihre Netze einzufangen. Auch politisch seien sie gefährlich, sie sympathisierten mit den Türken und seien bereit, die Österreicher an die Türken zu verraten. Das Geld, das man im Staate durch sie einnehme, sei nicht so bedeutend wie der Schaden, den sie den guten christlichen Bürgern zufügten.

Das Gutachten erklärte unmißverständlich, im Falle einer Judenausweisung seien die christlichen Bürger gern bereit, den finanziellen Schaden dem Wiener Magistrat und der kaiserlichen Hofkammer zu ersetzen. Der Wiener Magistrat schloß sich dieser Eingabe an. Sie versprachen, die zehntausend Gulden, die von der «vermaledeiten Judenschaft» alljährlich als Steuern und Schutzgelder gezahlt wurden, durch eigene Kraft aufzubringen.

Der Kaiser folgte dem Druck, der auch seiner eigenen Anschauung entsprach. 1669 wurden zwei Dekrete erlassen. Erst einmal wurden die mittellosen, dann die wenig bemittelten Juden ausgewiesen. Eintausendsechshundert Personen, darunter auch Rabbiner, wurden gezwungen, die Judenstadt zu verlassen. In ihren Pässen wurde ausdrücklich vermerkt, sie seien nicht wegen begangener Übeltat, sondern nur «um Willen Ihrer Kaiserlichen Majestät fortgeschafft». Es schien immerhin angebracht, eine Rechtfertigung zu geben.

Die Ausweisung der wohlhabenden Juden machte die größten Schwierigkeiten, man mußte ihnen, um nicht das ganze Kreditwesen zu erschüttern, Zeit lassen, ihre Gelder einzuziehen und ihr Vermögen und ihre Grundstücke zu liquidieren. Sie versuchten, durch eindringliche Eingaben das Unrecht aufzuhalten. Vergeblich.

Am 26. Februar 1670 unterzeichnete Leopold das Dekret, und am 1. März wurde unter Trompetenschall in Wien verkündet, daß bis zum nächsten Fronleichnamsfest, also bis zum 20. Juni, alle Juden samt und sonders Wien und alle Dörfer und Städte Nieder- und Oberösterreichs für immer verlassen müßten.

Der Wiener Magistrat tat noch mehr. Alle Häuser in der Judenstadt wurden enteignet und an Christen verkauft. Ein Jude, jetzt entschlossen, sich zum katholischen Glauben zu bekehren, hätte in Wien bleiben können. Die christliche Bevölkerung Wiens wunderte es sehr, daß unter den drei- bis viertausend jüdischen Menschen sich nicht einer fand, der in dieser Drangsal, in dieser Unsicherheit der menschlichen Existenz seine angestammte Religion verließ und die Taufe nahm.

Der Magistrat faßte einen devoten Beschluß: Zu Ehren des Kaisers wurde das Gebiet zwischen Donaukanal und Donau Leopoldstadt genannt. So heißt es noch heute. Die große Synagoge wurde in eine Kirche umgewandelt. Sie heißt noch heute Leopoldskirche.

Die Ausweisung der Juden aus Wien und den beiden österreichischen Ländern wirkte sich ökonomisch außerordentlich negativ aus. Schon 1673 machte die Hofkammer den Kaiser Leopold I. in einem Gutachten darauf aufmerksam, daß die Ausweisung der Juden einen Niedergang im Handel bewirkt habe. Die Waren seien teurer geworden, da die christlichen Händler im allgemeinen höhere Preise nähmen als die jüdischen. Außerdem müßten jetzt alle noch höhere Steuern mittragen, die bisher von den Juden bezahlt wurden, das wirke sich auf die Preise aus. Auch einige Handwerker, die früher für die jüdische Bevölkerung gearbeitet hatten, klagten über Beschäftigungslosigkeit. Der Staatsschatz sei durch den Ausfall der Judenabgaben seiner wichtigsten Einnahmequellen beraubt. Es fehle auch der Kredit der jüdischen Finanzmänner, denn die Staatskasse konnte bisher zu jeder Zeit

Auszug der Juden aus Wien, 1678

von ihnen ganz kurzfristig billigen Kredit bekommen, in wenigen Stunden standen fünfzigtausend bis hunderttausend Gulden zur Verfügung. Das sei jetzt alles weggefallen. Die Hofkammer beantragte, der Kaiser möge die Juden wieder in Wien zulassen, sie schränkte ein, wenigstens die Wohlhabenden. Es wurde angedeutet, daß die jüdischen Herren ihnen mitgeteilt hätten, sie seien bereit, einen einmaligen Betrag von dreihunderttausend Gulden an die Staatskasse abzuführen. Und dann erwähnten die klugen Beamten der Wiener Hofkammer noch, daß viele der aus Wien vertriebenen Juden vom Kurfürsten von Brandenburg das Wohnrecht in Berlin bekommen hätten. Die Wiener Hofräte drohten mit der Berliner Konkurrenz.

Der Kaiser, so fromm erzogen und in finanzieller Bedrängnis, tat das, was man in solchen Fragen zu tun pflegt, wenn man sich keinen Rat weiß: Er verlangte ein Gutachten, diesmal von den Theologen der Wiener Universität. Die Theologen wußten ganz genau, wo Gott wohnt, und sie stimmten in ihrem Ergebnis mit der Meinung der Hofkammer, also dem Finanzministerium, überein. Sie gaben zu bedenken, daß weder die Apostel noch die Kirchenväter noch die Kirchenkonzile es den Monarchen verbieten, Juden Zuflucht zu gewähren. Auch der Heilige Vater dulde Juden in Rom.

Natürlich hatten die Theologen völlig recht. Das Argument, daß die Apostel Juden geduldet hätten, war nahezu lächerlich, die Apostel waren ja in ihrem Selbstverständnis alle Juden, aber das hatte man längst vergessen.

Der Kaiser ging zögernd auf diese Argumente ein, er wies an, nur «stückweise» wohlhabende jüdische Kaufleute in Wien und den österreichischen Ländern wieder zuzulassen. In Niederösterreich, also in der Umgebung von Wien, wurde sehr schnell jüdischen Kaufleuten der Aufenthalt zugesichert.

Österreich war in diesen Jahren durch Koalition und Verwandtschaftsbande mit Spanien in einen Krieg gegen Frankreich verwickelt. Da sie auch noch einen neuen großen Krieg gegen die Türkei führten, der 1683 begann, wurden ergiebige Kriegskredite benötigt. Man brauchte Heereslieferanten. Die jüdischen Hoffaktoren mit ihren weitreichenden Beziehungen.

Der reichste dieser Hoffaktoren, der allgemein der Fugger seiner Zeit genannt wurde, bekam das Privileg, mit seiner Familie und seinem Gesinde in Wien bleiben zu dürfen. Samuel Oppenheimer, geboren etwa 1635 in Heidelberg.

Durch Vermittlung Samuel Oppenheimers erteilte Kaiser Leopold auch Samson Wertheimer das Privileg, sich mit seiner Familie in Wien niederzulassen. Oppenheimer stellte ihn, den soviel Jüngeren, als Geschäftsführer in seiner Bank ein. Das Angestelltenverhältnis hatte wahrscheinlich nur den einen Grund, dem Kaiser zu helfen, seine eigenen Anordnungen zu mißachten. Wertheimer galt als sehr vermögend, und die Finanzierung und Verproviantierung der kaiserlichen Armee im spanischen Erbfolgekrieg unternahmen die beiden Freunde gemeinsam.

Als 1703 Samuel Oppenheimer verstarb, ernannte Kaiser Leopold den Samson Wertheimer zum alleinigen Kreditgeber der Regierung.

Es war eine höchst merkwürdige Stellung, die Wertheimer damals in Wien einnahm. Er besaß große Kenntnisse im jüdischen Schrifttum, er galt als ausgezeichneter Talmudkenner. Dieser reiche Bankherr von Wien wurde, getragen vom Vertrauen der jüdischen Gemeinden, Landesrabbiner von Ungarn. Seinem Einfluß war es auch zu verdanken, daß der so judenfeindliche bigotte Kaiser Leopold das Buch *Entdecktes Judentum* von Eisenmenger beschlagnahmen ließ. Schon im Titel zeigte sich die Tendenz, durch das Wiederholen aller Lügen vom Ritualmord, von der Brunnenvergiftung, von der Hostienschändung den Judenhaß

Johann Andreä Eisenmengers/
Professors der Orientalischen Sprachen bey der
Universität Heydelberg
Entdecktes Judenthum/
Oder
Gründlicher und Wahrhaffter Bericht/
Welchergestalt
Die verstockte Juden die Hochheilige Drey-Einigkeit/
GOtt Vater/Sohn und Heil. Geist/erschrecklicher Weise lästern
und verunehren/ die Heil. Mutter Christi verschmähen/ das Neue
Testament/ die Evangelisten und Aposteln/ die Christliche Religion
spöttisch durchziehen/ und die gantze Christenheit auff das äusserste
verachten und verfluchen;
Dabey noch viel andere/ bißhero unter den Christen
entweder gar nicht/ oder nur zum Theil bekant gewesene Dinge
und grosse Irrthüme der Jüdischen Religion und Theologie/
wie auch viel lächerliche und kurtzweilige Fabeln/ und andere
ungereimte Sachen an den Tag kommen.
Alles aus ihren eigenen/ und zwar sehr vielen mit grosser Mühe
und unverdrossenem Fleiß durchlesenen Büchern/ mit Ausziehung
der Hebräischen Worte/ und derer treuen Ubersetzung in die Teutsche
Sprach/ kräfftiglich erwiesen/
Und
In Zweyen Theilen
verfasset/
Deren jeder seine behörige/ allemal von einer gewissen Materie
außführlich-handelnde Capitel enthält.
Allen Christen zur treuhertzigen Nachricht verfertiget/ und mit
vollkommenen Registern versehen.
Mit Seiner Königl. Majestät in Preussen Allergnädigsten
Special-Privilegio.
Gedruckt zu Königsberg in Preussen/ im Jahr nach Christi Geburt 1711.

Titelblatt zu Eisenmengers «Entdecktes Judentum»

zu schüren. Die Unkenntnis dieses Professors vom jüdischen Schrifttum, die Unfähigkeit, davon auch nur einen Satz aus dem Hebräischen oder Aramäischen ins Deutsche zu übersetzen, war nicht zu verkennen. Den Wert seines zweibändigen Werkes schätzte der Verfasser selbst hoch ein: *Johann Andreä Eisenmengers, Professors der Orientalischen Sprachen bey der Universität Heidelberg, Entdecktes Judenthum, oder Gründlicher und Wahrhaffter Bericht, welchergestalt die verstockte Juden die Hochheilige Drey-Einigkeit, Gott Vater, Sohn und Heil. Geist, erschrecklicher Weise lästern und verunehren, die Heil. Mutter Christi verschmähen, Das Neue Testament, die Evangelisten und Aposteln, die Christliche Religion spöttisch durchziehen, und die gantze Christenheit auf das äusserte verachten und verfluchen; dabey noch viel andere, bißhero unter den Christen entweder gar nicht, oder nur zum Theil bekant gewesene Dinge und grosse Irrthüme der Jüdischen Religion und Theologie, wie auch viel lächerliche und kurtzweilige Fabeln, und andere ungereimte Sachen an den Tag kommen. Alles aus ihren eigenen, und zwar sehr vielen mit grosser Mühe und unverdrossenem Fleiß durchlesenen Büchern, mit Ausziehung der Hebräischen Worte, und derer treuen Übersetzung in die Teutsche Sprach, kräfftiglich erwiesen, und in Zweyen Theilen verfasset, deren jeder seine behörige, allemal von einer gewissen Materie außführlich-handelnde Capitel enthält. Allen Christen zur treuhertzigen Nachricht verfertiget, und mit vollkommenen Registern versehen. Mit Seiner Königl. Majestät in Preussen Allergnädisten Special-Privilegio. Gedruckt zu Königsberg in Preussen, im Jahr nach Christi Geburt 1711.*

Wie es zu der Angabe des Druckortes Königsberg kam, ist eine Geschichte, die im Zusammenhang mit dem sogenannten Soldatenkönig von Preußen abgehandelt wurde. Hier aber in Wien hatte Wertheimer ungeheuer geschickt argumentiert. Er wies den Kaiser darauf hin, daß Eisenmenger evangelischer Theologe sei und bei seinen Verleumdungen der jüdischen Religion auch das Papsttum heftig angegriffen habe. So wurden die zweitausend gedruckten Exemplare des *Entdeckten Judentums*, die in Frankfurt am Main lagerten, in Beschlag genommen und durften nicht ausgeliefert werden.

Das Ziel der Schrift Eisenmengers hatte auch die Frankfurter jüdische Gemeinde herausgefunden. Sie bot ihm eine Summe von zwölftausend Gulden, wenn er auf die Herausgabe des Buches verzichtete. Der Verfasser, der Professor an der Heidelberger Universität, ging gern darauf ein, verlangte jedoch dreißigtausend Gulden für die Nichtveröffentlichung seiner, wie er prahlend behauptete, weltumspannenden Erkenntnisse.

Drei Kaisern, Leopold I., Joseph I., dann Karl VI., diente der

Samson Wertheimer

Oberhoffaktor Samson Wertheimer. Er versuchte, dem Staat durch Monopole neue Einnahmen zu verschaffen. Die Kaiser schenkten ihm ihr Vertrauen, er konnte immer wieder jüdischen Familien das Wohnrecht in Wien verschaffen, entweder als Angestellte seines

Bankhauses oder als Mitglieder seiner Familie. Der Zuzug von verfolgten Juden nach Wien wurde immer größer. Es kamen Auswandererscharen aus Polen, die vor den Pogromen des Kosakenhetmans Bogdan Chmelnicky flohen. Es gab also jetzt auch in Wien die Gruppe der privilegierten Juden, die für das Recht, in Wien zu leben, hohe Beträge an die kaiserliche Kasse abführen mußten. Die anderen Juden wurden geduldet, aber sie hatten keinen legalen Status. Ganz überraschend wurden Razzien veranstaltet. Es gab eine Regel: Allmonatlich wurden die jüdischen Wohnungen visitiert, ob nicht die Privilegierten andere Glaubensgenossen aufgenommen hatten, ob die Dienstboten und Verwandten wirklich Dienstboten und Verwandte waren.

Die christliche Kaufmannschaft von Wien richtete an den kaiserlichen Hof Eingaben, immer wieder Eingaben. So schrieben sie 1712: «Falls die Judenschaft nicht ganz von der Stadt abgeschafft würde, müßten die Bürger den Bettelstab ergreifen.»

Der kaiserliche Hof hatte aber keinesfalls die Absicht, wieder zu einer Maßnahme wie 1670 zurückzukehren. Doch durch Schikanen versuchten die kaiserlichen Behörden, den Juden das Leben in der Stadt zu verleiden. Es wurde eine Anordnung erlassen, in jeder privilegierten Familie dürfe nur der älteste Sohn eine Ehe eingehen. Nur die Angestellten der Privilegierten durften in der Stadt wohnen, auf keinen Fall die Frau und die Kinder der Angestellten. Auch das Privilegium, in Wien zu leben, mußte immer wieder neu durch ein Toleranzgeld erkauft werden.

Und das Zeichen, der gelbe Fleck, sollte wieder eingeführt werden.

Eine Gruppe von Juden in Wien war von all diesen Schikanen und Beschränkungen und Sondersteuern ausgenommen: die Untertanen des Erbfeindes der Christenheit, des Sultans der Türkei. Im Friedensvertrag von 1718 war die gleiche Behandlung aller türkischen Untertanen zwischen Sultan und Kaiser festgelegt worden.

Die Münzen und das Berliner Porzellan des Philosophen von Sanssouci

Der letzte Vertreter des Absolutismus in Preußen, Friedrich II., meist Friedrich der Große genannt, beherrschte seinen Staat wie sein Eigentum. Eigenwillig und exzentrisch war er in seiner Politik. Menschenverachtend. Dennoch, seine Verehrer nannten ihn den Philosophen von Sanssouci.

Indes, von der deutschen Philosophie, von der deutschen Dichtkunst, dem deutschen Geschmack, ja von seinen Untertanen hielt er nicht viel. Er dachte, schrieb und regierte französisch. Das Deutsch, das er manchmal gebrauchte, war fehlerhaft. Kenner behaupten, auch seine französischen Gedichte taugten nicht viel.

Er galt als Zyniker, als der größte Menschenverächter unter allen preußischen und brandenburgischen Herren. Als seine Garde in einer Schlacht nicht mutig genug voranstürmte, schnauzte er sie an: «Hunde, wollt ihr ewig leben!» Sein oft zitiertes Wort: «In meinem Staate kann jeder nach seiner Fasson selig werden» war die Devise, die er seinen Truppenwerbern mit auf den Weg gab, damit Landsknechte aller Glaubensrichtungen in seinen Dienst traten.

Gotthold Ephraim Lessing, der mehrere Jahre unter Friedrich II. in Berlin gelebt, hatte die berlinische Freiheit so beurteilt: «Sie reduziert sich einzig und allein auf die Freiheit, gegen die Religion soviel Sottisen zu Markte zu bringen, als man will.»

Ein anderes Mal schrieb er es in einem Brief genauer: «Lassen Sie es aber doch einmal einen in Berlin versuchen, über andere Dinge so frei zu schreiben, als Sonnenfels in Wien geschrieben hat; lassen Sie es ihn versuchen, dem vornehmen Hofpöbel so die Wahrheit zu sagen, als dieser ihm gesagt hat; lassen Sie einen in Berlin auftreten, der für die Rechte der Untertanen, der gegen Aussaugung und Despotismus seine Stimme erheben wollte, wie es itzt sogar in Frankreich und Dänemark geschieht: und Sie werden bald die Erfahrung haben, welches Land bis auf den heutigen Tag das sklavischste Land von Europa ist.»

Die Windspiele waren König Friedrich II. mehr ans Herz gewachsen. Als er nach siebenjährigem Feldzug von seiner Frau begrüßt wurde, sagte er: «Madame, Sie sind korpulenter geworden.» Sein Volk verachtete er. «Dieses Volk ist grob, faul und zur Bildung unfähig», heißt es in seinem Testament. Goethes Schriften bezeichnete er als «geschmacklose Plattheiten». Indessen, wenn auch diese Urteile über die deutsche Sprache, die Dichtung und die Philosophie grandiose Fehlurteile waren, seine leidenschaftliche Beschäftigung mit französischer Philosophie, Dichtkunst und Sprache, seine Hingabe zur Musik heben ihn aus der Reihe der durchschnittlichen Hohenzollern, der Markgrafen, Kurfürsten, Könige und Kaiser heraus. Es ist bekannt, daß er den französischen Philosophen und Theaterdichter Voltaire, den leidenschaftlichen Kämpfer gegen Aberglauben und Bigotterie, an seinen Hof zog. Er verehrte diesen Großen der französischen Aufklärung, diesen Vorläufer der Französischen Revolution. Doch in der politischen Praxis regierte er anders, despotisch und absolut.

Nach seinem Tode galt er als der preußischste aller Könige, der Unbestechliche, der sich für sein Volk aufopferte. Durch seine Regierung, seine Verwaltung, seine Kriege und seine Eroberungen legte er die Grundlagen für die Errichtung des späteren deutschen Kaiserreichs, dieses Kaiserreichs unter preußischer Führung. Friedrich der Große, Fridericus Rex, unser König und Herr nannten ihn die vielen Verehrer, auch Männer und Frauen aus dem Volke, das er selber so tief verachtete.

Paul Rilla hat in seiner Betrachtung über die historische Situation zu Lessings Zeiten geschrieben: «Indessen, Friedrichs Verständnis (für die bürgerlichen Aufklärer – d. A.) war ein hochmütiger Zynismus, welcher vor allem Wert darauf legte, sich vom Köhlerglauben des Pöbels zu distanzieren: Des Volkes, das in seiner Unwissenheit und Autoritätsfrömmigkeit zu halten eines der vornehmsten Ziele des aufgeklärten Despotismus war.»

Man ist geneigt, seine Politik der jüdischen Bevölkerung gegenüber als widerspruchsvoll zu deklarieren. Sie ist es nicht. Sie ist einzig und allein von einem Prinzip beherrscht: Was nützt mir der einzelne Jude, was bringt er dem Staat ein. Wenn ich den unnützen vertreibe, gewinne ich Sympathien bei den Kaufleuten und Gewerbetreibenden, den Innungen und Gilden.

Friedrich II. reorganisierte in Berlin die Preußische Akademie der Wissenschaften. Sie wurde auf sein Betreiben fast ausschließlich mit französischen Philosophen und Naturwissenschaftlern besetzt. Die Gedanken der französischen Aufklärung wurden von einigen Professoren an deutschen Universitäten aufgegriffen.

Die Universität in Halle an der Saale, mit den Gelehrten, die von der Universität zu Leipzig wegen der dort herrschenden lutherischen Dogmatik weggegangen waren, wurde ein Zentrum der deutschen Aufklärung. Hier lehrte Christian Thomasius (1655–1728), ein Philosoph und Jurist, und trat entschieden gegen Folter, gegen Hexenverfolgung und gegen die Ritualmordlüge auf. Er war in Preußen der erste Universitätslehrer, der seine Vorlesung in deutscher Sprache hielt. Er war es auch, der offen für religiöse Toleranz eintrat. Er hatte seine wissenschaftliche Laufbahn in Leipzig begonnen. Dort war er zwar mit siebzehn Jahren Magister für Philosophie geworden, mit zwanzig konnte er seine Doktorexamen in Jurisprudenz an der Universität in Frankfurt an der Oder ablegen. Aber als Universitätslehrer konnte er weder in Leipzig noch in Frankfurt an der Oder bleiben. In Halle wurde er sogar Dekan der juristischen Fakultät. Er tat auch etwas, das heute noch bei Universitätsprofessoren ebenso selten wie anrüchig ist: er betätigte sich als Journalist, sogar als Satiriker. Er begründete eine Zeitschrift, *Scherz*, und versuchte seine neuen Gedanken in populärer Weise unter das Volk zu bringen. Der Einfluß dieses ungewöhnlichen Mannes in Preußen war nicht zu übersehen.

Es ist seinem Wirken und auch der Gesamttätigkeit der Universität Halle zuzuschreiben, daß im Jahre 1745 ein preußischer Geheimer Finanzrat, Manitius, schrieb, es sei zu untersuchen, ob die Gesetze und Edikte gegen die Juden «bei einer gesunden, von den Praeiudiciis autoritatis (von den Vorurteilen der Behörden – d. A.) gereinigten Vernunft in der Wahrheit gegründet» seien. Er sah die Beschränkungen gegen die Juden in falschen politischen Vorurteilen und im mittelalterlichen Haß gegen die jüdische Religion begründet. Er bat zu untersuchen, ob diese Verfügungen, die wegen verschiedenartiger religiöser Meinungen und Begriffe beständen, noch zu billigen seien. Und er brachte neue Begriffe in den preußischen Verwaltungsapparat: Toleranz, Schutz und Menschenrechte.

Natürlich gab es Gegenstimmen. Ein Steuerrat Lamprecht, der gleichzeitig Stadtpräsident von Halle war und Steuerrat in Halberstadt, warnte davor, ob es denn einem Staat zuträglich sei, daß die Juden sich weiter vermehren. Denn der letzte Krieg (der Siebenjährige Krieg) habe durch nichts anderes als durch die Christen und deren Gut geführt werden können. Dieser Krieg, in welchem kein Jude gebraucht worden sei, habe verursacht, daß sozusagen die beste junge Brut und Mannschaft im Alter von fünfzehn und sechzehn Jahren habe eingezogen werden müssen, die wohl im Krieg umgekommen seien. Die Juden dagegen hätten sich in aller Ruhe vermehrt und durch Geldwechsel und andere Geschäfte sich derart bereichert, daß kein Ende der Pracht und des Hochmuts abzusehen sei.

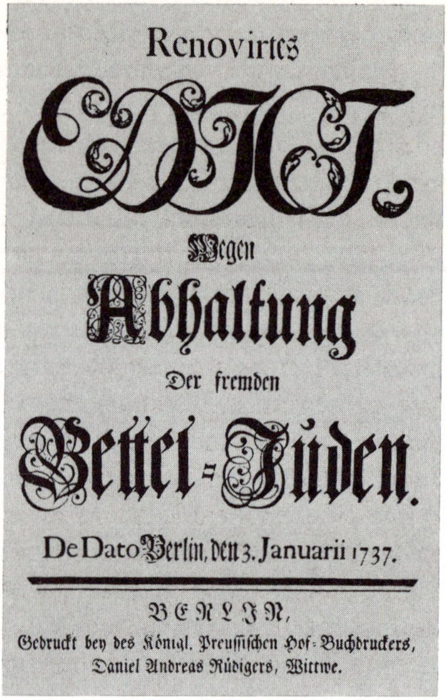

Renovirtes
EDICT,
Wegen
Abhaltung
Der fremden
Bettel-Juden.
De Dato Berlin, den 3. Januarii 1737.

BERLIN,
Gedruckt bey des Königl. Preussischen Hof-Buchdruckers,
Daniel Andreas Rüdigers, Wittwe.

Edikt gegen die fremden Betteljuden

Ähnliche Ansichten vertrat, vor allem in seinen ersten Regierungsjahren, König Friedrich II. Für ihn war die Judenschaft ein betrügerisches, wucherisches, zu Schurkereien neigendes Element. Es sei die Aufgabe und Pflicht der Regierung, diese gefährlichste aller Sekten von der übrigen Bevölkerung fernzuhalten. Der König wünscht, so heißt es zehn Jahre nach seinem Regierungsantritt in der Einleitung zum Generalreglement vom 17. April 1750, eine Proportion zwischen der Christen und der Juden Nahrung und Gewerbe zu stiften, damit die christlichen Kaufleute und Einwohner durch die Juden keinen Schaden erleiden würden.

Zahllos waren seine Edikte gegen die Zulassung von mehr Söhnen der jüdischen Einwohner als geduldete Bürger seines Staates. Da aber in den verschiedenen Landesteilen ganz andere Vorschriften und Gesetze gegen die Juden bestanden, beauftragte er seinen Generalfiskal

Uhde im Jahre 1743, über einige Punkte eine Untersuchung zu veranstalten.

Erstens: Welche Juden seit 1714 eigene Privilegien erhalten hätten, wie diese lauteten, ob sie sie selbst genießen und ob sie unter die Stammjuden gerechnet würden.

Zweitens: Welche Juden von privilegierten Eltern oder Großeltern abstammten, welche nicht zu den einhundertzwanzig Stammjuden gehörten und welche Konzessionen sie besäßen.

Drittens: Wie viele Söhne oder Schwiegersöhne in das Privileg der noch lebenden Enkel aufgenommen worden seien.

Viertens: Welche Juden in gemeinsamen und welche in getrennten Wohnungen lebten.

Fünftens: Welche Konzessionen die anderen vorzeigen könnten, die keine eigenen Privilegien erhalten hätten, von keinen privilegierten Eltern abstammten, und auf was für Fundament sie ruhten.

Sechstens: Ob die angesetzten Kinder, Kinder-Kinder und Verwandten sich legitimieren könnten, im Besitz eines Vermögens zu sein, und Abgaben an die Rekrutenkasse für ihre Konzessionen und Trauscheine bezahlt haben.

Siebtens: Was für ein Gewerbe sie betrieben, wie hoch ihr Vermögen sei und ob ihnen eigene Häuser gehörten.

Achtens: Welche Juden beizubehalten und in das neue Generalprivilegium einzubeziehen, welche fortzuschaffen seien.

Es galt ein schrecklicher Grundsatz bei diesem so aufgeklärten König: Kindern von heruntergekommenen oder armen Schutzjuden sollte keine Konzession gegeben und keine Heirat erlaubt werden, es sei denn, daß sie durch eine reiche Frau ein größeres Vermögen erworben hätten.

Wie unsicher die Existenz eines Juden im Königreich Preußen war, zeigt eine Praxis. Als das Generaldirektorium, die vom König eingesetzte oberste Verwaltungsbehörde, während des Siebenjährigen Krieges es wagte, einige Juden zu «vergleiten», das heißt ihnen die Aufenthaltsgenehmigung zu erteilen, wurden von dem erzürnten König alle bereits erteilten Konzessionen und Schutzbriefe kurzerhand wieder aufgehoben und die neu privilegierten Juden aus Berlin ausgewiesen. Das geht aus einer Kabinettsorder an das Generaldirektorium vom 12. 1. 1761 hervor.

Selbst die unmenschlichen Einteilungen, die die kaiserlich-österreichische Regierung für die Juden in Schlesien erlassen hatte, übernahm der Philosoph von Sanssouci ohne Einschränkung. Da gab es nach der alten österreichischen Ordnung sechs verschiedene Klassen für Juden in Breslau. Neben den wenigen «Generalprivilegierten» gab es die «Tolerierten», nach dem Reglement von 1744 ad dies vitae (bis

EDICT,
Wie es
die Judenschaft
in denen
sämtlichen Königl. Landen,
in Ansehung
derer gestohlenen
oder
verdächtigen Sachen
die ihr zum Kauf gebracht werden,
halten,
Imgleichen,
wie gegen diejenige Juden,
so dergleichen kaufen, verfahren werden solle.
De Dato Berlin den 15 Jan. 1747.

STETTIN,
Gedruckt bey Johann Friderich Spiegeln Königl. Preußis. Pommersch.
Regierungs-Buchdrucker.

Edikt gegen die Juden von 1747

zum Ende des Lebens), also privilegierte Handelsjuden, die nur mit bestimmten Waren handeln, nur zu Meß- und Jahrmarktszeiten offene Gewölbe mieten durften. Dann ging es hinunter bis zu der fünften Klasse, alten und kranken Menschen, die nur gegen Bezahlung einer gewissen Gebühr und mit ihrer Verpflichtung, keinem Broterwerb nachzugehen, sich für eine bestimmte Zeit in Breslau aufhalten durften. Zur sechsten Klasse gehörten die bei den Privilegierten und Tolerierten angestellten Diener, deren Anzahl genau festgesetzt war.

Noch härter waren die Bestimmungen Friedrichs II. für die neu annektierten Gebiete Westpreußens, die im wesentlichen von Polen bewohnt wurden. Am 1. März 1773 wurde ein Patent erlassen, daß alle besitzenden Juden bis zum 1. Mai das Land verlassen mußten. Selbst der Geheime Finanzrat von Breckenhoff hatte dagegen ernste Bedenken. Er schrieb: «Ich bin bekanntermaßen kein Judenfreund, allein ich halte es dem wahren Finanzinteresse von größtem Nachteil, schon jetzt auf einmal soviel tausend Einwohner aus dem Land zu jagen, manche Städte ganz zu entvölkern, ehe nicht andere christliche Einwohner dafür angesetzt sind.» Daraufhin erklärte sich der gnädige König Friedrich einverstanden, die Auswanderung, also Ausweisung, sukzessive und langsam zu betreiben. Die Verhandlungen, wie viele Juden nun fortzuschaffen seien oder ob man sie umsiedeln könne, zogen sich über mehrere Jahre hin. Die Beamten der westpreußischen Kammer, aber auch das Generaldirektorium leisteten ganz offen passiven Widerstand.

Des großen Friedrichs Judenpolitik war in den Jahren des Siebenjährigen Krieges (1756–1763) und in der Zeit danach eine kühl durchdachte und raffinierte Interessenverknüpfung. Menschen ohne Vermögen, vor allem Betteljuden, ließ er ohne Gnade aus dem Lande vertreiben, aber reichen Juden gab er königliche Privilegien. Er nutzte, wo er konnte, ihre Verbindungen. Sie wurden – neben christlichen Bankiers – die bekannten «preußischen Münzen-Entrepreneurs», Münzunternehmer. Die Namen Chajim ben Ephraim – Itzig – Isaak Gomperz oder Gumperts – Fränkel werden genannt. Das hatte in Brandenburg schon Tradition. Auch Friedrich Wilhelm I. hatte jüdische Hoffaktoren zum Münzprägen herangezogen.

Die Münzunternehmer bekamen Privilegien. Sie durften sich niederlassen, durften Häuser und Grundstücke kaufen, wo sie wollten. Auch ihre Religion durften sie ausüben. Es gab für ihre gesellschaftliche und wirtschaftliche Betätigung keine Grenzen. Aber eines wußten sie: Ihre Gewinne, die sie bei der Münzprägung erzielten, mußten sie in Manufakturen, in Fabriken anlegen, im Lande Preußen. So wirkten sie bei der Industrialisierung in Brandenburg-Preußen mit. Der reichste von allen, Veitel Heine Ephraim, schuf Samt- und Seidenfabriken, er ließ in Waisenhäusern Klöppelspitzen herstellen. Kinderarbeit scheute er nicht.

Nach Ausbruch des Siebenjährigen Krieges wurde die Münzprägung kriminell. Sehr schnell hatten die preußischen Truppen das Kurfürstentum Sachsen besetzt. Friedrich II., nun im Besitz von Leipzig und Dresden und ihren Münzprägeanstalten, bot den sächsischen christlichen Kaufleuten an, diese Münzstätten für ihn zu betreiben. Aber sie weigerten sich, weil sie wahrscheinlich nicht auf seine Forderung eingehen wollten, an einer Münzfälschung teilzunehmen – wir würden heute sagen: Besatzungsgeld.

Aber Veitel Heine Ephraim widmete sich diesem Geschäft. Die

Familie Ephraim kam ursprünglich aus Altona, sie war verschwägert mit einer der fünfzig Wiener Familien, die durch den Großen Kurfürsten nach Brandenburg eingeladen worden waren. Ephraim wurde das große Geschäft der Prägung sächsischer und polnischer Münzen übertragen. Es heißt in seiner Bestallung: «Seine königliche Majestät haben die Gnaden resolviert auf der zu Leipzig befindenden Münze, und solche, da sie eine zeitlang stillegestanden, wieder in Gang zu bringen, unter polnisch-sächsischem Stempel Tympfe (polnische Sechs-Groschen-Unzen), wie auch halbe und ganze Schostak nebst anderer Scheidungen prägen zu lassen, auch zu Dero Silberlivranten, bei dieser Münze die Hofjuweliers Ephraim und Söhne aus Berlin angenommen und bestellet.»

Die ausländischen Geldsorten, Tympfe und Schostaks, sollten zu einem erheblich leichteren Münzfuß als die in Sachsen kursierenden geprägt werden. Dieses Geld durfte nicht in Preußen in Umlauf gebracht werden. Die in Leipzig mit dem sächsischen Stempel der Jahre 1753, 1754 und 1755 geprägten Münzen sollten nur im Ausland, in Polen und in Ungarn, vertrieben werden, im wesentlichen waren sie zur Bezahlung des Unterhalts der in Feindesland stehenden Truppen bestimmt. Der König glaubte dadurch das eigene Land vor den Folgen der Geldverschlechterung schützen zu können.

Ähnliche Abmachungen trafen die Beamten des Königs mit Ephraim bei der Dresdner Münze. Dort sollten für anderthalb Millionen österreichische Zehn-, Siebzehn- und Zwanzigkreuzerstücke ausgeprägt werden, um damit die in Böhmen stehende preußische Armee zu bezahlen. Auch die Dresdner Münzen durften nicht nach Preußen eingeführt werden. Mit diesem Betrug konnte Friedrich II. einen großen Teil seiner Kriegskosten bezahlen. Daß das Bankhaus Ephraim bei diesem Betrug einen kräftigen Schnitt machte, war selbstverständlich. Die minderwertigen Tympfe wurden beim Volk mit dem Spottnamen «Ephraimiten» genannt, der Münzstempel E C des ehemaligen Münzmeisters Ernst (Dietrich) Croll wurde in «Ephraim und Consorten» umgeändert. Veitel Heine Ephraim baute sich ein prächtiges Palais in der Poststraße in Berlin, ein Palais, das im Jahre 1985 wiederhergestellt wurde.

Nichts hat zu der antijüdischen Stimmung in Preußen und in Berlin so beigetragen wie die Geschäfte, die das Bankhaus Ephraim in engster Verknüpfung mit dem so verehrten König Friedrich dem Großen, dem Fridericus Rex, betrieben hatte. Denn natürlich gelangte auch dieses wertgeminderte Geld durch die preußischen Truppen in die preußischen Gebiete. Kleine Gewerbetreibende wurden damit betrogen, da äußerlich nicht ersichtlich war, welches nun rechte oder gefälschte Geldstücke waren.

Es wird berichtet, daß die preußische Kriegskasse durch diesen Betrug um fünf Millionen und sechshundertfünfzigtausend Taler bereichert wurde. Im Jahre 1760 sollen es sogar neun Millionen gewesen sein.

Aber wer weiß, daß der christliche Kaufmann Peter Friedrich Damm das prächtige Ermelerhaus, damals in der Breiten Straße, mit dem Geld kaufte, das er mit Lieferungen zu überhöhten Preisen an die preußische Armee während des Siebenjährigen Krieges verdiente? Wer weiß, daß er genauso protzig wie Ephraim sich kleidete und wohnte? Wer kennt den Namen des Herrn Gotskowsky? Er verdiente Millionen durch die Ausnutzung der verschiedenen Kurse, lieh Geld in den sächsischen Städten und lieferte Münzen, die Ephraim mit Wissen des Königs aus minderwertigem Material prägte. Er verlangte Rückzahlung in vollwertigen Geldern. Der Herr Heinrich Karl Schimmelmann, der als Kriegslieferant und als stiller Teilhaber mit den betrügerischen Münzprägungen in Holstein-Plön Millionen Taler verdiente, ist niemandem mehr bekannt. Auch der hugenottische Bankier Leveaux hatte mitgemacht und mitverdient, mit Jude und Christ, und hatte das preußische Herzogtum Minden mit schlechten Münzen beliefert. C. F. Werstler ist durch Kriegsgewinne reich geworden und kaufte ein prunkvolles Palais in der Wilhelmstraße, heute Grotewohlstraße. Wer war die Firma Schweiger & Sohn, wer weiß heute noch etwas von ihren sehr dunklen Wechselgeschäften?

Christliche Kriegsgewinnler, Heereslieferanten, Währungsspekulanten – längst vergessen.

Mit Verachtung hat der damals bekannteste und beliebteste jüdische Bürger von Berlin, der Philosoph Moses Mendelssohn, diese Erscheinungen ein großes Ärgernis genannt. Er hatte sehr genaue Kenntnisse, denn sein Freund Gotthold Ephraim Lessing war in Breslau Sekretär des Generals Tauentzien, Festungskommandant dort.

Es ist auch bekannt, daß Veitel Heine Ephraim an Mendelssohn herangetreten war, um ihn als Mitarbeiter in seinem Bankhaus zu gewinnen. Trotz aller verlockenden Angebote wies der Philosoph das Ansinnen weit von sich. Er warnte auch seinen Freund Lessing, sich in irgendeiner Weise von Ephraim mißbrauchen zu lassen.

Tatsächlich hätte eine Verbindung mit Ephraim dem Moses Mendelssohn sehr genützt. Er war als sogenannter unvergleiteter Jude nach Berlin gekommen, ohne rechte Aufenthaltserlaubnis. Beim Betreten der Stadt hatte er den Judenzoll gezahlt. Er hätte jeden Tag ausgewiesen werden können. Er wollte weiter bei David Hirschel Fränkel studieren. Fränkel war sein Lehrer in jüdischer Religionsgeschichte in Dessau gewesen und als Rabbiner nach Berlin berufen worden. Um überhaupt in Berlin zeitweise weilen zu dürfen, nahm Moses Mendelssohn eine Hauslehrerstelle bei einem Seidenfabrikanten an. Dort schrieb er seine philosophischen Werke. Er übersetzte für die deutschen Juden die hebräische Bibel, das Alte Testament, neu; um es für sie lesbar zu machen, schrieb er das Deutsch noch in hebräischen Buchstaben. Der Seidenwarenfabrikant erkannte die großen Fähigkeiten dieses kleinen, verwachsenen Mannes. Er machte ihn später zum Prokuristen seiner Fabrik und schließlich zum Teilhaber. Nur dadurch konnte der Unvergleitete das dauernde Aufenthaltsrecht für Berlin erreichen.

Seine philosophischen Schriften sind heute fast vergessen. Sie übten aber damals einen großen Einfluß aus. Viele gebildete Christen bekamen durch ihn einen Einblick in die jüdische Religionslehre und Philosophie.

Mendelssohns Freundschaft mit Lessing und nebenbei auch mit dem Buchhändler Nicolai war auch von Bedeutung für die deutsche Literatur. Das Genie Lessing hatte sich schon als sehr junger Mann für die Gleichachtung und Gleichberechtigung der Juden eingesetzt, obwohl sein Vater strenger Pastor einer lutherischen Gemeinde in Kamenz war. Mit siebzehn Jahren hatte Lessing, wahrscheinlich ohne je einen Juden kennengelernt zu haben, ein kleines Theaterstück geschrieben, *Die Juden*, in dem er energisch gegen die Vorurteile der Christen gegen ihre jüdischen Mitbürger auftrat. Dieser Einakter wurde von der Theatergruppe der Neuberin in Leipzig aufgeführt. Daß später Lessing in Berlin diesen kleinen, klugen, gütigen Moses Mendelssohn kennenlernte, der ihm etwas vom Wesen und der Philosophie des Judentums und seiner Geschichte erzählen konnte, war ein historischer Glücksfall.

Durch die Kenntnis der Ringerzählung aus Boccaccios *Dekameron* wurde Lessing veranlaßt, seinen *Nathan der Weise* zu schreiben. In ihm hat er seinem Freund Moses ein Denkmal gesetzt, das dauernder wirkt als die eigenen Schriften des Philosophen.

Der Nathan von Lessing trägt viele Züge des Herrn Moses; philosophisch ist er weiter voran. Während Mendelssohn noch fest der religiösen Tradition der jüdischen Überlieferung und Offenbarung verhaftet ist, geht Lessing darüber hinaus. Er begreift Gott und Natur als ein Wesen, er nähert sich in seiner Aussage den philosophischen Gedanken des großen holländischen Philosophen Spinoza, der auch jüdischer Herkunft war, aber von den Rabbinern in Amsterdam wegen seiner Ablehnung der offenbarten Religion aus dem Judentum ausgestoßen wurde.

Lessing stand nicht allein mit seiner so wirkungsvollen Forderung der Toleranz. Auch hohe preußische Beamte traten für eine Verbesserung der rechtlichen Stellung jüdischer Bürger in der Gesellschaft ein. Der Kriegsrat Christian Wilhelm von Dohm veröffentlichte 1781 eine Schrift, die schon in ihrem Titel sagte, was sie forderte: *Über die bürgerliche Verbesserung der Juden.*

Der bedeutendste Wirtschaftspolitiker des Königreichs Preußen, der Kammerdirektor Hille, hat es kurz und bündig erklärt, im Stil seiner Zeit und seines Königs, halbfranzösisch: «En matière du commerce (was den Handel betrifft – d. A.), ist es gleichgültig, ob ein Jude oder ein Christ handelt.» Immer wieder wird von diesen um das Wohl des preußischen Staates bedachten Beamten darauf hingewiesen, wie erfolgreich und wohlhabend die Generalstaaten der Niederlande sich entwickelt haben, in denen die jüdischen Bürger alle Freiheiten genossen, die in hohem Maße zu dem dortigen Wohlstand beigetragen hatten. Sie waren zu damaliger Zeit die fortgeschrittenste und blühendste Nation in Europa.

Aber die Feinde der Gleichberechtigung der Juden waren nicht ausgestorben, es waren, ganz einfach gesagt, die Konkurrenten. Es beschwerten sich die Kaufmannsgilden, die Tuch-, Seiden-, Spezerei- und Materialhändler, die Vereinigungen der deutschen und französischen Kaufmannschaft, die Lederhändler, die Tabakhändler, die Spediteure, das Lohgerbergewerbe über den uneingeschränkten Handel der jüdischen Kaufleute. Sie denunzierten ihre jüdischen Kollegen, daß sie auch mit ihnen verbotenen Waren handelten. Sie wandten sich gegen die Ausdehnung ihrer Manufakturen, sie beschwerten sich über die Tüchtigkeit, die sie eine unverschämte, betrügerische, listige Art nannten. Sie behaupteten, die christlichen Kaufleute erlitten immer größere Einbußen an ihren Verdiensten und seien oft sogar gezwungen, ihre Läden zu schließen. Und wenn die Juden dann auch noch Handwerker waren, wie in den westpreußischen, meist von Polen bewohnten Gebieten, beschwerte sich das Schneidergewerk von Filehne über die ständige Pfuscherei der dortigen Juden: Die sechsunddreißig jüdischen Schneider arbeiteten nicht allein in der Stadt, sondern auch in den umliegenden Dörfern und fügten dadurch den christlichen Schneidern ungewöhnlichen Schaden zu.

Dieser Christian Wilhelm von Dohm, der unbeirrt für die Gleichstellung der jüdischen Bürger mit allen anderen eingetreten war, hat sich auch mit allen Vorwürfen, die man den in Preußen lebenden Juden gemacht hat, auseinandergesetzt. Er führte die Übertretung der Handelsgesetze, die Einfuhr und Ausfuhr verbotener Ware, ja auch die Verfälschung der Münzen nicht auf eine besondere Denkweise der Juden zurück, sondern auf ihre bürgerliche Entrechtung und Unterdrückung und auf ihre ausschließliche Beschäftigung mit Geldleihe und Geldhandel. Er schlug vor, den Juden jede Art von Handwerk zu erlauben, ihnen die Bebauung der Äcker durch Anweisung von brachliegenden Ländereien zu übertragen. Die adligen Junker sollten ihnen Land als Pächter übergeben. Er betrachtete die große und edle Aufgabe der Regierung darin, die schroffe Trennung zwischen Adligen und Bürgern, Bürgern und Bauern, Gelehrten und Laien, Katholiken und Protestanten, Lutheranern und Calvinisten, Juden und Christen zu mildern, damit sich alle in der großen Harmonie des Staates vereinten. Es waren Gedanken eines klugen Beamten, eines großen Verehrers des preußischen Königs, der die Tendenzen seiner Zeit erkannt hatte, der das durch Reformen verwirklichen wollte, was dann wenige Jahre später in Frankreich mit der Revolution durchgesetzt wurde.

Die Aufnahme der fünfzig jüdischen Familien aus Österreich war 1671 durch den Kurfürsten Friedrich Wilhelm I. ohne jede Einschränkung veranlaßt worden. Das Aufnahmeedikt hatte ihnen weitgehende Möglichkeiten eingeräumt. Es gestattete ihnen, ungehindert im ganzen Land Großhandel und Kleinhandel zu treiben. Sie durften Läden eröffnen. Sie waren nicht auf einzelne Branchen beschränkt, es war ausdrücklich festgelegt, daß sie Handel mit Tuch und dergleichen Waren, den Handel mit alten und neuen Kleidern, mit Wolle und Spezereien, mit Fleisch ausüben durften, es gab keine Ausnahme.

Aber schon unter dem König Friedrich Wilhelm I., der in die Geschichte als der Soldatenkönig eingegangen ist, war 1730 ein Generalprivilegium und Reglement ausgegangen, daß die Juden nicht auf dem

Katholischer Bischof als Götzenstatue, Pesach Haggada, Hamburg, 1740

Lande und in den Städten hausieren sollten, sie durften nur die Jahrmärkte und die Messen besuchen.

Die Einschränkungen wurden auf Druck der Zünfte in den Städten immer einschneidender. Zum erstenmal wurde ein Unterschied gemacht zwischen den Schutzjuden, den direkten Nachkommen der fünfzig Familien, und den anderen, die sich ohne eine so anerkannte Abstammung im Lande niedergelassen hatten. Nur den konzessionierten Juden, wie es hieß, war es gestattet, offene Läden und Buden zu betreiben, die übrigen hätten sich dem Wechselverkehr und dem Pferdehandel zuzuwenden.

Es gab eine beschränkte Liste von Waren, meist Zubehöre für die Bekleidung, alle Arten an Stoffen für den höfischen Bedarf, auch Pelzwerk war ihnen gestattet, und mit Tee und Kaffee durften sie handeln.

Im Jahre 1750 wurde ihr Handel noch mehr verengt, es war schon unter der Regierung Friedrichs II. Den konzessionierten Juden wurde sogar der Handel mit einheimischem Vieh, mit Wolle, mit rohen Rinder- und Pferdehäuten, mit rohem und gefärbtem Leder verboten. Das Verbot umfaßte auch landwirtschaftliche Produkte. Es wurde ausdrücklich erwähnt, die Juden hätten sich nur auf den Vertrieb von Manufakturwaren und Luxusgegenständen zu beschränken.

Die Steuern, die sogenannten Akzisen, wurden erhöht. Sie waren in den Städten und Provinzen des Königreichs Preußen sehr unterschiedlich festgesetzt. Es kamen absolut schikanöse Bestimmungen heraus. Grundsätzlich wurde nur das erste Kind eines jüdischen Ehepaars als Schutzjude anerkannt. Wer einem zweiten Kind dieses Privileg zukommen lassen wollte, mußte jährlich für eintausendfünfhundert Taler inländische Manufakturwaren exportieren. Daß dieser Export oft nur mit großem Schaden zu bewerkstelligen war, kann man sich bei dem geringen Umfang des preußischen Exports vorstellen.

Exportförderung durch Druck auf die jüdischen Familien wurde nach 1769 eine preußische Spezialität. Es war die Königlich Preußische Porzellanmanufaktur gegründet worden, die als ein Konkurrenzunternehmen zu der bekannten Königlich Sächsischen Porzellanmanufaktur in Meißen gedacht war. Man produzierte nun in Berlin Porzellan, aber man hatte große Schwierigkeiten, es abzusetzen. Die Qualität reichte an die des Meißner Porzellans nicht heran. Der König gab nun die Anweisung, jedem privilegierten Juden den Ankauf von Porzellan in Höhe von dreihundert Gulden zu befehlen, wenn er für sein erstes

Kind die Zulassung als Schutzjude erwerben wolle. Für ein zweites Kind mußte er wiederum für dreihundert Taler Porzellan übernehmen. Für ein Generalprivilegium war der Erwerb von Porzellan in Höhe von fünfhundert Talern erforderlich. Und bei jedem Hauskauf mußte er für dreihundert Taler Porzellan erwerben. Und wenn er dieses Haus einem anderen Juden verkaufen wollte, war er zur Abnahme von weiterem Porzellan in Höhe von dreihundert Talern verpflichtet. Für jede besondere Genehmigung mußte sein Porzellanlager um Produkte für weitere dreihundert Taler aufgestockt werden. Da die Juden weder im Hause soviel Porzellan gebrauchen noch im Ausland absetzen konnten, erreichten sie schließlich eine Ermäßigung dieser Porzellankaufpflicht. Für die Anerkennung des zweiten Kindes als Schutzjude wurde für Berlin und Königsberg die Übernahme von Porzellan auf hundert Taler, in den mittleren Städten auf fünfundsiebzig Taler, in den kleinen Städten und Dörfern auf fünfzig Taler reduziert. Wie unsicher das ganze Geschäft war, wird bewiesen durch den Befehl vom Jahre 1779, in dem diese Ermäßigung rückgängig gemacht und die Menge für das erste und zweite Kind auf die alte Summe festgesetzt wurde, und die Juden mußten weiteres Porzellan ankaufen.

Natürlich waren sie nicht frei im Aussuchen der Stücke. Es wurde eine Grundregel festgesetzt: Ein Drittel wird in feiner, ein Drittel in mittlerer und ein Drittel in ordinärer Ware geliefert.

Welche Verluste die jüdische Bevölkerung beim weiteren Verkauf des Porzellans erlitt, war für den König und seine Beamten kein Gegenstand von Erörterungen oder Überlegungen. Tatsächlich hat sich später herausgestellt, daß diese Produkte der neugegründeten Königlichen Porzellanmanufaktur in Berlin großen Seltenheitswert bekamen, die Sammler zahlten dafür hohe Preise. Wer also damals von den Juden in Preußen genug Geld besaß und das Porzellan nicht weiterverkaufen mußte, kam allmählich in den Besitz großer Raritäten.

Die gestückelte Emanzipation

Die vollständige Niederlage der preußischen Heere gegen die französischen Revolutionsarmeen unter Napoleon bei der Stadt Jena und dem Dorf Auerstedt im Oktober 1806 bedeutete auch die völlige Niederlage des feudalen Militärstaates Preußen, in dem die Ungleichheit der Bürger Staatsprinzip war.

Der so zaghafte und unentschlossene König Friedrich Wilhelm III. mußte eine neue Staatsverfassung entwerfen lassen. Er mußte dem Wunsch der bürgerlichen Kräfte Rechnung tragen, sie wollten Mitsprache in einem Staat, der Opfer von ihnen verlangte. Der König beauftragte seinen Minister Freiherrn vom Stein mit dem Entwurf. Die Grundprinzipien sollten festgelegt werden.

Der Minister war keineswegs ein Judenfreund. Er zeigte seine Abneigung gegen die Juden sehr deutlich in seinem Memorandum. Aber er kam nicht darum herum, seine Vorurteile zu revidieren.

Er faßte seine Ideen in einem politischen Testament vom 24. Oktober 1808 zusammen. Darin forderte er, die Disharmonie, die im Volke stattfinde, aufzuheben, den Kampf der Stände, der uns unglücklich mache, zu vernichten, gesetzlich die Möglichkeit aufzustellen, daß jeder im Volke seine Kräfte frei in moralischer Richtung entwickeln könne. Der letzte Rest der Sklaverei, die Erbuntertänigkeit, sei vernichtet. Und der unerschütterliche Pfeiler jedes Thrones, der Wille freier Menschen, sei gegründet. Das unbeschränkte Recht zum Erwerbe des Eigentums proklamiert, die Städte mündig erklärt.

Stein wußte, was er sagte. Diese Prinzipien konsequent durchgeführt, bedeutete die Emanzipation der Juden als vollberechtigte Bürger.

Auch sein Nachfolger, ein Mitarbeiter, Freiherr von Schroetter, der im Jahre 1795 als Chef des Ostpreußischen Provinzialdepartements in das Generaldirektorium eingetreten war, galt als ein Gegner der Juden. Ihm waren jetzt vom König das Reformwerk und die Reformpläne übertragen worden, er sollte die Ideen des Freiherrn vom Stein in die Praxis überführen. Und diese Aufgabe, der er sich mit großem Eifer unterzog, veränderte sein Vorurteil gegen die Juden. Am 20. Oktober 1808 unterbreitete Schroetter dem König eine Vorlage, in der er die Unerläßlichkeit einer völligen Reform des Judenwesens auf gänzlich neuen Grundlagen eindringlich darlegte. Er verwies darauf, daß die Juden in Preußen von fast allen bürgerlichen Gewerben ausgeschlossen und nur auf den Handel beschränkt seien. Das habe zu einer einseitigen Ausbildung ihrer Fähigkeiten geführt. Das solle in Zukunft rigoros geändert werden. Sein Entwurf gipfelte in dem Satz, den er an den Anfang seines Schriftstücks stellte: «Alle gegenwärtig in Unserem Staate wohnhaften, mit Schutzbriefen und Concessionen versehenen Juden und deren Familien sind als einländische Juden und als preußische Staatsbürger zu betrachten.» Er erklärte in diesem Dokument, daß den «einländischen» Juden grundsätzlich gleiche Rechte und gleiche Pflichten wie den Christen zugebilligt werden müssen. Als wichtigste Konsequenz hob er hervor: Die Juden sind keinen besonderen Abgaben unterworfen, jede besondere Gerichtsbarkeit und jeder besondere Gerichtsstand müsse für sie aufhören, sie sind grundsätzlich denselben bürgerlichen Gesetzen unterworfen wie die Christen, besonders beim Erb- und Eherecht.

Schroetter allerdings gab doch noch zahlreiche Ausnahmebestimmungen in seinem Memorandum an. Es sollten den Juden zwar die akademischen Lehr- und Schul- und auch Gemeindeämter eröffnet werden, von den öffentlichen Staatsämtern sollte die jetzige Generation «wegen der noch schwankenden Moralität der Mehrheit» ausgeschlossen bleiben. Er sah auch Beschränkungen für die Landwirtschaft vor, ländliche Grundstücke sollten von den Juden nur mit Genehmigung der Landespolizeibehörden käuflich oder pfandweise erworben werden können. Auch Mühlen, Krüge und Schenken und andere nicht landwirtschaftliche Grundstücke auf dem platten Land sollten in der Regel nicht in jüdischen Besitz übergehen.

Konsequenter als alle anderen traten in Preußen zwei Männer auf, die durch Herkunft an feudale Traditionen gebunden waren. Es war vor allem der Fürst Karl August von Hardenberg, einer der größten Grundbesitzer in Preußen, den der König 1807 zu seinem leitenden Minister ernannte, und es war Wilhelm Freiherr von Humboldt, der, auf den Vorschlag des Freiherrn vom Stein, zum Direktor der Sektion für Kultus und Unterricht im Ministerium des Inneren unter dem Minister Dohna-Altenstein berufen wurde.

Dieses Amt hatte Humboldt zwar nur vierzehn Monate inne, aber er und Hardenberg führten die preußischen Reformen durch: den Abbau der städtischen Zunftverfassung zugunsten einer Gewerbefreiheit, die Judenemanzipation im Jahre 1812, die vollständig und ohne jede Einschränkung war, und die Unterstützung der Humboldtschen Bildungsreform, die mit der Gründung der Berliner Universität ihre Krönung fand.

Humboldt hat die Frage der Judenemanzipation am klarsten und am konsequentesten vertreten. Für ihn gab es nur eine völlige und sofortige Gleichstellung der Juden in allen Rechten, nur dies erschien ihm gerecht, politisch und konsequent.

Gerecht: denn es sei kein Rechtspunkt denkbar, dem Juden, der alle Pflichten erfüllen will, die Rechte der übrigen Untertanen vorzuenthalten.

Politisch: weil dem Juden die Achtung, ohne die seine Verbesserung nicht denkbar ist, nur verschafft werden könne, wenn man das Vorurteil beseitigt, das in der Menge gegen ihn besteht, dies aber nur geschehen könne, wenn der Staat laut und deutlich erklärt, daß er keinen Unterschied zwischen Juden und Christen mehr anerkenne.

Konsequent: denn eine allmähliche Aufhebung der Schranken unterstreiche nur in allen denjenigen Punkten, die nicht mit aufgehoben würden, die Absonderung; die Gewährung eines Teils der Freiheiten mache die noch verbleibenden Beschränkungen nur um so fühlbarer.

Es gab für Humboldt nur eine einzige politische Möglichkeit: «Juden und Christen vollkommen gleichzustellen».

Die Hardenbergschen Reformpläne gingen im allgemeinen durch, einige Ausnahmebestimmungen wurden zwar noch in das Edikt eingeführt, so konnten Juden nicht ohne besondere Genehmigung des Königs zu höheren Staatsämtern zugelassen werden. Aber es war ein gewaltiger Schritt in die Freiheit aus der Bedrückung der bisherigen Verhältnisse. Die Hardenbergsche Reform vom 11. März 1812 fand die begeisterte Zustimmung in den jüdischen Gemeinden in ganz Preußen. Sie veranstalteten Gottesdienste, und sie gelobten, dem König von Preußen durch echte Treue und unbedingten Gehorsam die Wohltat zu vergelten.

Auf den Schlachtfeldern der Freiheitskriege 1813 bis 1815, auf die sie das neuerworbene Vaterland in der Stunde der Not rief, haben sie mit allen anderen Untertanen für diesen neuen Staat und für diesen ihren König ihr Leben eingesetzt.

Aber der Sieg über Frankreich, der Sieg über die Heere der Französischen Revolution, den die Heere des Vielvölkerstaates Österreich, des zaristischen Rußlands und Preußens erfochten, änderte die gesamte politische Situation in Preußen. Es gab keinen freiheitlichen demokratischen preußischen Staat mehr, sondern einen christlichen Staat mit dem absoluten König an der Spitze. Die Schroetter, Humboldt und

Hardenberg wurden abgelöst oder auf unbedeutende Posten versetzt.

In Preußen begann eine Restauration der Reaktion.

Die formale Gleichberechtigung in den altpreußischen Gebieten blieb, aber sie wurde mehr und mehr eingeschränkt. Nachdem erst einmal festgelegt wurde, daß ein Jude, wenn er ein Grundstück erwarb, nicht auch das alte feudale Recht des Patronats über eine christliche Kirche erwerben konnte, ein Postulat, das im Prinzip nicht unvernünftig war, wie ja das gesamte Patronatsrecht ein Überbleibsel aus der feudalen Ordnung blieb, so wurde, hiervon ausgehend, 1831 eine revidierte Städteordnung bekanntgegeben, die den Ausschluß der Juden von den wichtigsten Kommunalämtern forderte. «Juden sind zu den Stellen der Bürgermeister oder Oberbürgermeister nur dann für fähig zu erklären, wenn sie sich zur christlichen Religion bekennen.» Diese Bedingung wurde 1833 auch auf die Schulzenämter ausgedehnt und auf Magistratsstellen.

Eine Kabinettsorder des Königs vom Juni 1822 sprach den Juden die Berechtigung zur Bekleidung höherer Militärchargen ab.

Eine Kabinettsorder vom 18. August 1822 hob das Recht zur Bekleidung von akademischen Lehr- und Schulämtern auf, ein Recht, das ihnen ausdrücklich im Edikt von 1812 zugesprochen worden war.

1835 wurden die Juden für unfähig zur Bekleidung des Amtes eines Schiedsmannes erklärt.

Auch wurden weitere Einschränkungen bekanntgegeben. So durften gewisse Grundstücke nicht von Juden erworben werden, wenn man dort Bodenschätze vermutete.

Das galt für die altpreußischen Gebietsteile. Aber durch die verschiedenen Friedensabkommen von 1814 und 1815 fielen das Herzogtum Warschau, Teile von Sachsen, Hessen-Darmstadt, Hessen-Nassau, Teile von Dänemark, das Königreich Westfalen, Teile des französischen Kaiserreiches und andere Länder an Preußen. Allen Juden in diesen Ländern war die Einführung des Edikts vom 11. März 1812 zugesichert worden.

Aber daraus wurde nichts. Am 5. September 1817 wurde bekanntgegeben: «Da die staatsbürgerlichen Verhältnisse der Juden in den neu akquirierten Provinzen noch nicht festgestellt worden sind, auch das Edikt vom 11. März 1812 in denselben noch nicht zur Anwendung gezogen werden kann, so ist überall das Prinzip aufgestellt worden, die Verhältnisse der in den neuen Provinzen sich befindenden Juden in eben der Lage zu belassen, in welcher sie bei der Okkupation angetroffen worden sind, bis die neuen allgemeinen Bestimmungen deshalb ein anderes einführen werden.»

Dabei blieb es. Neben der relativ liberalen Judenordnung in den altpreußischen Gebieten und Provinzen, die sich ungefähr noch an das Edikt vom 11. März 1812 hielt, standen nun eine französische Verfassung, eine sächsische, eine schwedisch-pommersche, eine südpreußische, eine kur-kölnische und andere Judenverfassungen. Die ganze Stufenleiter der Judengesetze, von der unduldsamsten Ausschließung des Mittelalters bis zur unbeschränktesten politischen Gleichstellung der französischen Gesetzgebung, wurde in ein und demselben Staat zur Geltung gebracht.

Am peinlichsten war das in der neu annektierten Provinz des Großherzogtums Posen. 1840 wohnten zwei Fünftel aller preußischen Juden in dieser Gegend. Es werden siebenundsiebzigtausend Juden in Posen angenommen, bei einer Anzahl von hundertvierundneunzigtausend in ganz Preußen. In Posen gab es eine Verordnung, daß dort zwei Klassen von Juden lebten. «Die naturalisierten und diejenigen jüdischen Einwohner, welche zur Erlangung der gedachten naturalisierten Klasse verliehenen Rechte noch nicht sich eignen.»

Die naturalisierten Juden wurden im allgemeinen denen der alten Provinzen gleichgestellt. Die nichtnaturalisierten, doch mit Aufenthaltsrechten versehenen Juden durften ohne besondere Erlaubnis vor dem vierundzwanzigsten Jahr nicht heiraten und hatten nur ein Wohnrecht in den Städten. Sie waren vom städtischen Bürgerrecht ausgeschlossen.

Andere Länder, die nun zu Preußen gehörten, bildeten in ihrer politischen Struktur gesonderte Provinzen. Und überall blieb das zum Zeitpunkt der Okkupation geltende Recht der Juden bestehen. So hatten einige preußische Provinzen drei, andere vier, die Provinz Westfalen und Sachsen hatte sogar sieben verschiedene Judenverfassungen. Alles in allem gab es in diesem christlichen Preußen nach den Befreiungskriegen von 1815 dreißig verschiedene Judenbezirke.

Erst durch die bürgerliche Revolution von 1848 wurde dieser unwürdige Zustand der Rechtsunsicherheit beseitigt.

Die Verfassungsurkunde vom 5. Dezember 1848 besagte: «Alle Preußen sind vor dem Gesetze gleich, Standesvorrechte finden nicht statt, die öffentlichen Ämter sind für alle dazu Befähigten gleich zugänglich.»

Im Paragraph 11 heißt es: «Der Genuß der bürgerlichen und staatsbürgerlichen Rechte ist unabhängig vom religiösen Bekenntnis und der Teilnahme an irgendeiner Religionsgesellschaft.»

Damit war die formale Emanzipation der Juden im größten deutschen Staate vollendet.

DIE ERFINDUNG DER JÜDISCHEN RASSE

Die Erfindung

Xanten

Tisza-Eszlar

Die Gescheiterten

München

Walther Rathenau

Der erste Boykott und die Folgen

Die Erfindung

Im 19. Jahrhundert verlor die Religion allmählich ihren Einfluß auf das Denken der Menschen in der Mitte Europas. Durch die Forschungen moderner Theologen setzte eine umfassende Bibelkritik ein. Das Zeitalter der Vernunft, das wissenschaftliche Zeitalter, rüttelte an Dogmen der herrschenden Religion. Die Religion verschwand zwar nicht aus den Vorstellungen der Mehrheit der Menschen, aber die biblischen Geschichten wurden mehr und mehr als Gleichnisse, als Legenden verstanden.

Ein Ergebnis dieser neuen Bibelkritik war die Einsicht, wie sich langsam aus dem jüdischen Glauben die christliche Religion entwickelt hatte; beide Glaubensbekenntnisse waren in ihren Ursprüngen nicht voneinander zu trennen. Viele der bisher gegen die Juden vorgebrachten Anschuldigungen wurden als absurd erkannt, so, die Juden seien Gottesmörder, oder sie hätten zur Zeit des schwarzen Todes die Brunnen vergiftet, um die christliche Bevölkerung auszurotten. Die Theorien Darwins über die Entstehung der Arten in der Natur hielten ihren Einzug.

Damit entfielen die religiösen Gründe des Judenhasses. Aber diese Aufklärung erfaßte nur eine dünne Schicht, der Haß blieb. Mit den neuen Erkenntnissen, trotz des Zeitalters der Aufklärung, starben die Vorstellungen über den ewig schachernden und wuchernden Juden nicht aus, ganz besonders wurden sie in den deutschsprachigen Gebieten am Leben gehalten. Das Fortbestehen der antijüdischen Tendenz lag in der verhängnisvollen aufgezwungenen Berufsschichtung des jüdischen, des Minderheitsteils der Bevölkerung. So blieb das Ressentiment gegen die Juden bestehen, auch als der religiöse Gegensatz nicht mehr als relevant empfunden wurde. Man hat das oft, auch gelegentlich heute noch, als Gegensatz zwischen Wirtsvolk und Gastvolk bezeichnet. Diese Begriffe stammen aus der Vorratskammer des Judenhasses.

Zwei bedeutende Schriftsteller, beide jüdischer Herkunft, die sich aus Gründen des beruflichen Fortkommens taufen ließen, haben das Aufkommen eines Judenhasses gespürt, der nicht mehr religiös verbrämt war, bevor es überhaupt einen Antisemitismus gab: Ludwig Börne und Heinrich Heine.

In einem Essay, *Für die Juden*, den Börne 1819 veröffentlichte, schrieb er: «Vormals hatte man aus Glaubenswut Juden und Ketzer verbrannt; aber weil dieses unmenschlich war, kann es nicht menschlich gerichtet werden. Man beraubte die Gemordeten; denn das Fett der Schlachtopfer war stets der Lohn der priesterlichen Dienste. Aber jetzt, da auch der ruchloseste Heuchler nicht zu sagen wagt, daß er die Juden wegen ihres Glaubens verfolge, womit wird jetzt die Bosheit beschönigt? Sonst dachte man, die Juden kämen nicht in den Himmel, und darum wollte man sie auch nicht auf Erden dulden; aber jetzt, da man ihnen den Himmel gönnt, warum möchte man sie immer noch von der Erde vertilgen?

Es wird mit der schamlosesten Heuchelei gegen die Juden zu Werke gegangen. Es werden lügnerische Behauptungen mit solcher Keckheit geführt, daß selbst Gutgesinnte dadurch getäuscht werden, weil sie nicht glauben können, daß man sie so plump betrügen wolle.»

Und indem er 1819 Umschau hielt, enthüllte er mit Klarsicht die neuen Begründungen des alten Judenhasses: «Die ruhmvollen öffentlichen Redner, welche das deutsche Volk entflammten und bewaffneten, wollten lehren, was sie gelernt, nämlich daß das Vaterland nur darum unterjocht werden konnte, weil es zerstückelt war. Die Einheit der Herrschaft konnten sie nicht herstellen, so wollten sie wenigstens die Einheit des Volkes bewirken durch gleichen Geist, gleiches Herz und gleiche Nahrung für beide. Diese Nahrung aber, urteilten sie, müsse der kindlichen Natur und Schwäche der deutschen Freiheit angemessen sein, einfach und leicht aufzulösen. Die Juden mit ihrem Fremdartigen, mit ihrer abgeschlossenen Bildung erschienen ihnen zu selbständig, um mit der allgemeinen Freiheit assimiliert werden zu können, sie dünkten ihnen eine harte unverdauliche Speise. Dazu kam noch allerlei theatralischer Spuk. Man wollte wie in einer Oper ein unisones und uniformes Chor; man wollte nur Deutsche, wie sie aus den Wäldern des Tacitus gekommen, mit roten Haaren und hellblauen Augen. Die schwarzen Juden stachen häßlich ab.»

In Paris, am 22. April 1844, schrieb Heinrich Heine Gedenkworte für einen alten Freund, den er in dem Verein für Kultur und Wissenschaft des Judentums kennengelernt hatte, Ludwig Marcus. Heine denkt ähnlich wie Börne: «Die Antipathie gegen die Juden hat bei den oberen Klassen keine religiösen Wurzeln mehr, und bei den unteren Klassen transformiert sie sich täglich mehr und mehr in den sozialen Groll gegen die überwuchernde Macht des Kapitals, gegen die Ausbeutung der Armen durch die Reichen.»

In seinem Ton schärfster Ironie gibt er den reaktionären Regierungen Ratschläge: «Bedächten ja die Regierungen, wie entsetzlich der Grundpfeiler aller positiven Religionen, die Idee des Deismus selbst, von neuen Doktrinen bedroht ist, wie die Fehde zwischen dem Wissen und dem Glauben überhaupt nicht mehr ein zahmes Scharmützel, sondern bald eine wilde Todesschlacht sein wird – bedächten die Regierungen diese verhüllten Nöte, sie müßten froh sein, daß es noch Juden auf der Welt gibt, daß die Schweizer Garde des Deismus, wie der Dichter sie genannt hat, noch auf den Beinen steht, daß es noch ein Volk Gottes gibt, statt sie von ihrem Glauben durch gesetzliche Beschränkungen abtrünnig zu machen, sollte man sie noch durch Prämien darin zu stärken suchen, man sollte ihnen auf Staatskosten ihre Synagogen bauen, damit sie nur hineingehen und das Volk draußen sich einbilden mag, es werde in der Welt noch etwas geglaubt. ... Fördert, beschleunigt die Emanzipation, damit sie nicht zu spät kommt und überhaupt noch Juden in der Welt antrifft, die den Glauben ihrer Väter dem Heil ihrer Kinder vorziehen. Es gibt ein Sprichwort: ‹Während der Weise sich besinnt, besinnt sich auch der Narr.›

Aber die deutsche Nationalität, wird sie nicht Schaden leiden durch die gänzliche Verschmelzung mit den Juden? Unsere Nationalisten, sogenannte Patrioten, die nur Rasse und Vollblut und dergleichen Roßkammgedanken im Kopfe tragen, diese Nachzügler des Mittelalters werden bald mit Gegnern zusammentreffen, die all ihren Träumen von germanischer, romanischer und slawischer Volkstümlichkeit ein schreckliches Ende machen dürften, daß es ihnen nicht mehr in den Sinn kommen wird, an der Deutschheit der Juden zu mäkeln. Ich spreche hier namentlich von jener Verbrüderung der Arbeiter in allen Ländern, von dem wilden Heer des Proletariats, das alles Nationalitätenwesen vertilgen will, um einen gemeinsamen Zweck in ganz Europa zu verfolgen, die Verwirklichung der wahren Demokratie.»

Was sich schon in der deutschen Romantik nach dem Sieg über das napoleonische Frankreich andeutete, wurde von den bürgerlich-revolutionären Kräften als Deutschtümelei erkannt. Es ist aber eine Ironie der Geschichte, daß die theoretischen Grundlagen für den Rassismus ausgerechnet ein Franzose, der Graf Josef Arthur von Gobineau, niedergelegt hat. Er schrieb ein vierbändiges Werk, *Versuch über die Ungleichheit der Menschenrassen*, in dem er die Gleichwertigkeit der verschiedenen Rassen leugnete und die Überlegenheit einer «arischen Rasse» herausarbeiten wollte.

Diese «arische Rasse» sei befugt, die Herrschaft über die anderen in der ganzen Welt vorhandenen Rassen anzutreten. Gobineau war französischer Diplomat. Er wollte mit seiner Theorie das Herrschaftsrecht des französischen Imperialismus über die Völker Afrikas begründen.

Gobineau war mit seiner Rassentheorie an die Grenzen der Vernunft gekommen. Jetzt benutzte er das Wort Arier als Rassenbegriff. Er war von der schöpferischen Begabung der arischen Menschen und ganz besonders der blondhaarigen und blauäugigen Germanen fest überzeugt. Mit den sonderbarsten Konstruktionen führte er alle Kulturleistungen der Menschen auf Arier zurück. Auch die großen Gestalten der biblischen Geschichte David, Salomon, Jesus, Paulus und die Propheten seien nicht Juden oder Semiten gewesen, sondern verirrte Germanen. Zu diesen Thesen erfand er die Theorie von der Überlegenheit bereits der arischen Amoriter über die Urbevölkerung von Palästina. Und aus ägyptischen Abbildern wollte er arische Menschen, rothaarig und blauäugig, erkennen. Von ihnen stammte, nach Gobineau, die Schöpfung der Bibel, die er als kulturell wertvoll einstufte.

Viele Nachfolger fand der französische Graf, Nachfolger, die seine Theorie weiterspannen. Einer der merkwürdigsten war der englische Kulturphilosoph Houston Stewart Chamberlain, auch er war ein Anbeter der arischen, speziell der germanischen Rasse. Das begründete er in seinem zweibändigen Werk *Die Grundlagen des 19. Jahrhunderts*. Er war ein glühender Verehrer von Richard Wagner und teilte mit ihm seine antisemitische Gesinnung. Er heiratete Wagners Tochter Eva und siedelte 1909 nach Bayreuth über, Wagners Domizil. Während des ersten Weltkrieges war Chamberlain begeisterter Anhänger des Alldeutschen Verbandes, in seiner Weise konsequent. Er ließ sich 1916, als das deutsche Kaiserreich im Krieg mit seinem Vaterland England war, als Deutscher naturalisieren.

Auch Richard Wagner war lange Zeit ein überzeugter Antisemit. In einem Aufsatz über das Judentum in der Musik, den er unter einem Pseudonym, Karl Freigedank, veröffentlichte, hob er die Schwäche und Unfähigkeit der nachbeethovenschen Periode der deutschen Musikproduktion hervor. Die Schuld gab Wagner den Juden, hauptsächlich Meyerbeer und Mendelssohn-Bartholdy. Ihre, wie er es nannte, Einmischung in die deutsche Musik bezeichnete er als gestaltlose, seichte Erscheinung. Er behauptete, eine allgemein künstlerische Impotenz zeichne die jüdische Rasse aus, und stellte fest: «Das ganze Judentum hat nur durch die Benutzung der Schwächen und der Fehlerhaftigkeit unserer Zustände Wurzeln unter uns fassen können.»

In seinen späteren Jahren hat Wagner seine antisemitischen Behauptungen zurückgenommen. Bei der Uraufführung seines Bühnen-Weihspiels *Parsifal*, diesem letzten seiner großen Werke, dem er einen besonderen Rang zukommen ließ, von dem er anordnete, es dürfe nur im Festspielhaus Bayreuth aufgeführt werden, überließ Wagner die musikalische Leitung dem Münchner Generalmusikdirektor Hermann Levy, einem bedeutenden Musiker jüdischer Herkunft.

Das Wort Antisemitismus als Bezeichnung für den Judenhaß soll von einem bekannten französischen christlichen Historiker, Ernest Renan (1823–1892), zuerst gebraucht worden sein; er hatte sich mit dem Leben Jesu beschäftigt.

Fast gleichzeitig, im judenfeindlichen Sinne, wurde das Wort auch von Dr. Bernhard Förster benutzt. Er war mit der Schwester von Nietzsche verheiratet. Friedrich Nietzsche war in seinen Werken von der Überwertigkeit eines germanischen oder indogermanischen Menschen überzeugt. Im Gegensatz zu seinem Schwager Förster und Freund Wagner hatte Nietzsche aber den Antisemitismus als Dummheit bezeichnet. Förster hingegen verfaßte eine Denkschrift an den Reichstag des gerade gegründeten Deutschen Kaiserreichs und sammelte Unterschriften, um die jetzt in allen deutschen Staaten beschlossene Emanzipation der Juden rückgängig zu machen. Damals soll seine Petition zweihundertfünfzigtausend Unterschriften bekommen haben.

Zu dieser Zeit traten die antisemitischen Ideologen in Deutschland in Massen auf. Die Gleichberechtigung der deutschen Staatsbürger jüdischen Glaubens blieb formal. Sie war, genau wie die deutsche Einheit, nicht durch den Kampf der Volksmassen erreicht worden, sondern von den Fürsten, unter der Regie des preußischen Ministerpräsidenten Bismarck, angeordnet und eingerichtet. Wo es die bürokratische reaktionäre Verwaltung konnte, verhinderte sie die Einstellung und, wenn dies nicht zu umgehen war, die Beförderung von Menschen jüdischer Herkunft. So kam es, daß in der höheren Verwaltung, in den entscheidenden Richter- und Staatsanwaltspositionen kein jüdischer Beamter mehr anzutreffen war. In der Armee wurde nur selten, ganz selten ein Jude in den Offiziersrang zugelassen, da half auch die Taufe nichts.

Nach dem Sieg der preußisch-deutschen Armee über Frankreich im Jahre 1871, nach der Einigung Deutschlands unter preußischer Vorherrschaft, nach der sehr schnellen Zahlung der Kriegsentschädigung durch die Französische Republik in Milliarden Franc Höhe begann im Deutschen Kaiserreich die Zeit der Gründerjahre. Die Kohle- und Eisenproduktion wurde erhöht. Es wurde investiert, nicht nur in Berg- und Hüttenwerken, auch in Banken, in Baugesellschaften, in Brauereien, in Eisenbahnen, in chemischen Fabriken.

Die Gründung von Aktiengesellschaften wurde gesetzlich gefördert. Im Jahre 1870 entstanden vierundfünfzig, im Jahre 1871 zweihundertneunundfünfzig, im Jahre 1872 fünfhundertvier neue Aktiengesellschaften. Hohe Gewinne wurden den Aktionären versprochen. Die Banken empfahlen jedem, der Geld oder Kredite hatte, den Kauf von Aktien an deutschen Börsen. Ein Wirtschaftshistoriker der damaligen Zeit, Max Wirth, schrieb in seiner *Geschichte der Handelskrisen* über diese Epoche: «Damals wollten der hohe Adel und die Geheimen Räte ebenso mühelos verdienen wie die Kutscher und die Dienstmänner, die Bankherren wie die Briefkopisten, die Männer wie die Frauen, man jobberte an der Börse wie zu Hause, im Hotel wie in der Kneipe, in politischen Versammlungen wie im Gesangsverein.» Ein anderer Historiker schrieb: «Die Leichtgläubigkeit und die Gewinnsucht betörte das Volk an den abenteuerlichsten Projekten.» Schon 1873 war diese Hochkonjunktur zu Ende. Die Quistorpsche Vereinsbank, ein Zusammenschluß von siebenundzwanzig kleineren Banken, mußte ihre Zahlungen einstellen. Durch diesen ersten Konkurs verunsichert, wollten viele Aktienbesitzer sich von ihren Wertpapieren trennen. Die Aktienkurse fielen ins unermeßliche.

Es entstand eine Kreditkrise. Der Staat, der nun große Ausfälle bei der Einkommenssteuer hatte, mußte seine Investitionen in der Eisen- und Stahlindustrie einschränken. Durch all das kam es zu einem Preisverfall, auch die Löhne und die Gehälter wurden heruntergedrückt. Die Krise, die Arbeitslosigkeit wirkte sich auf alle Zweige der Volkswirtschaft aus. Vorher war die Produktion erhöht worden; auf der Weltausstellung in Philadelphia sprach man von dieser neugegründeten deutschen Industrie: «Billig, aber schlecht.»

Natürlich suchten die vielen kleinen Spekulanten einen Schuldigen, der sie um ihr Geld gebracht hatte. Und man fand den Schuldigen. Man suchte die Schuld nicht in den zu hohen Investitionen der deutschen Rüstungsindustrie, nicht in der Spekulationssucht der vielen Groß- und Kleinbürger, nein, die Schuld lag bei den Banken, die vom jüdischen Kapital dirigiert wurden, und bei der Börse, die, wie allgemein verbreitet wurde, von jüdischen Maklern beherrscht wurde. Die Börse, das ist für jeden Menschen klar, ist nur das Barometer, das anzeigt, wie die Gewinnchancen eines Unternehmens bewertet werden. Ein Barometer ist nie der Schuldige am Regen, am Gewitter, am Sonnenschein.

In der sehr weit verbreiteten Zeitschrift *Gartenlaube* wurde 1874 eine Serie von Artikeln eines Otto Glagau veröffentlicht, in denen bewiesen werden sollte, daß an dem ganzen Gründungsschwindel die Juden und die Börse schuld seien, das Judentum sei «das angewandte, bis ins Extrem durchgeführte Manchestertum». Das jüdische Kapital verursache die Krisen, es arbeite nicht selber, sondern lasse andere für sich arbeiten.

Hier schon wurde die Nazi-Theorie von dem Unterschied des nützlichen, schaffenden und des parasitären, raffenden Kapitals vorprogrammiert.

Diesem Ton der kleinbürgerlichen *Gartenlaube* schloß sich auch die altkonservative *Preußische Zeitung* an, die im Mittelpunkt ihres Titels das Eiserne Kreuz als Symbol führte. Sie wurde allgemein «Kreuzzeitung» genannt. Auch hier wetterte man gegen die liberale Politik eines Bismarck und seines jüdischen Bankiers von Bleichröder. Es war die Stimmung der Großgrundbesitzer, die ihre Interessen nicht mehr genug durch die kaiserliche Regierung berücksichtigt sahen. Selbst die streng katholische Zentrumsparteizeitung *Germania* stimmte in diesen antisemitischen Feldzug ein, sie behauptete: «Nicht der religiöse Fanatismus hat je Judenverfolgung hervorgerufen, sondern das ist immer der Protest der germanischen Rasse gegen das Eindringen eines fremden Stammes.»

Der bekannteste Antisemit in den ersten Jahrzehnten des Deutschen Kaiserreichs wurde Adolf Stöcker, ein protestantischer Theologe. Von 1864 bis 1890 hatte er als Dom- und Hofprediger am Berliner Dom ein sehr repräsentatives Amt inne. Außerdem hatte er seit 1877 die Leitung der Berliner Stadtmission übernommen, einer kirchlichen Organisation, die als Hilfe für die Gestrandeten, Gestrauchelten, die Arbeitslosen, aber auch die seelisch Kranken gedacht war. Politisch wollte Stöcker den Einfluß der damals revolutionären Sozialdemokratie bekämpfen. Zu diesem Zweck gründete er 1878 die Christlich-Soziale Arbeiterpartei. Stöcker verlieh ihr ganz bewußt eine antisemitische Tendenz. Er bekämpfte den «jüdischen Geist», den Einfluß der Juden in Börse, in Banken und im Zeitungswesen. Mit diesem «jüdischen Geist» versuchte er die wirtschaftliche Krise im kapitalistischen Deutschland zu erklären.

Als Theologe war er kein konsequenter Antisemit. Der «jüdische Geist», so lehrte er, könne durch die Taufe überwunden werden. Seine Partei war christlich-konservativ-monarchisch, national und antisemitisch. Durch Rassenhaß versuchte er den Klassenkampf zu ersetzen.

In der Arbeiterklasse fand der Hof- und Domprediger keine Anhänger. Er bekam Zulauf von den vielen Kleinbürgern, die hofften, durch einen utopischen konservativen christlichen Sozialismus ihre eingebildeten Feinde bekämpfen zu können. Diese eingebildeten Feinde waren die aufkommenden Warenhäuser, die sehr häufig von jüdischen Kaufleuten gegründet wurden. Es war auch der alte Haß gegen die Banken, die Geldverleiher. «Finanzkapital» und Judentum waren für diese Anhänger der Stöckerschen Partei ein und dasselbe. Stökker mußte den Namen seiner Partei bald ändern, das Wort Arbeiter strich er 1881, nun blieben nur noch die beiden Bezeichnungen christlich-sozial. Er ging ein Bündnis mit den Deutsch-Konservativen ein, einer Partei, die sich bei den Differenzen zwischen Kaiser Wilhelm II. und dem Altreichskanzler Bismarck auf die Seite des Kaisers gestellt hatte und im Deutschen Reichstag zweiundsiebzig Abgeordnete und im preußischen Abgeordnetenhaus, das nach dem Dreiklassenrecht gewählt wurde, hundertneunundvierzig Mitglieder einbrachte. Die Großgrundbesitzer waren dort stark vertreten. Auch hier machte sich ein starker antisemitischer Zug bemerkbar. Die Deutsch-Konservative Partei legte Wert auf christliche Lebensanschauungen und bekämpfte den jüdischen Einfluß. Sie wollte die Emanzipation der Juden im Deutschen Reich rückgängig machen und das Bürgerliche Gesetzbuch durch ihr deutsch-nationales Rechtsbewußtsein abändern. Der Einfluß dieser Deutsch-Konservativen Partei ging zurück. Im Jahr 1903 hatte sie im Reichstag nur noch zweiundfünfzig Sitze.

Einer der ersten Propagandisten des extremen Antisemitismus wurde in Deutschland Wilhelm Marr. Er soll der Sohn eines jüdischen Schauspielers gewesen sein. Marr gebärdete sich sozialdemokratisch, doch wegen trüber Geschäfte aus dem Kreis linker Journalisten verbannt, versuchte er sich nun als Antisemit. Er schrieb eine Broschüre, *Der Sieg des Judentums über das Germanentum*, mit dem Motto «vae victis», wehe den Besiegten. Marr sagte es deutlicher als Stöcker, «die Judenfrage ist keine Religionsfrage, sondern eine Rassenfrage». Die Juden seien im ganzen Morgenland ein verhaßter Semitenstamm gewesen;

seit sie aus dem Boden Palästinas losgerissen, wollten sie Europa versklaven. Daß diese wüste antisemitische Hetze, die im *Stürmer* fortgesetzt wurde, ausgerechnet von einem getauften Juden ausging, ist besonders verwunderlich. Seit 1880 gab Marr *Zwanglose antisemitische Hefte* heraus und versuchte, in Berlin eine Antisemiten-Liga zu gründen. Er wollte das Vaterland «vor der vollständigen Verjudung» retten.

Auch ein Philosoph schloß sich dieser antisemitischen Hetze an. Er hatte schon eine gewisse Berühmtheit erlangt: Eugen Dühring. Herr Eugen Dühring, Privatdozent an der Berliner Universität, hatte, wie er glaubte, ein völlig neues, umwälzendes System der Philosophie, der Nationalökonomie und des Sozialismus gefunden. Er hielt sich für «den einzig wahren Philosophen der Gegenwart und der absehbaren Zukunft», wie es Friedrich Engels im Vorwort zu seiner Streitschrift *Herrn Eugen Dührings Umwälzung der Wissenschaft* spöttelnd erklärte. Engels, der ausdrücklich in seinem Vorwort gegen den Ausschluß Eugen Dührings von der Berliner Universität protestierte, wandte sich in seiner Streitschrift gegen diesen Allerweltsphilosophen. Dühring hatte mit seinen seichten Theorien schon einen gewissen Einfluß auf die Sozialdemokratische Partei in Deutschland erlangt.

In seinem Vorwort zur dritten Auflage dieser Streitschrift schrieb Engels 1878: «Freiheit der Wissenschaft heißt, daß man über alles schreibt, was man nicht gelernt hat, und dies für die einzige streng wissenschaftliche Methode ausgibt. Herr Dühring aber ist einer der bezeichnendsten Typen dieser vorlauten Pseudowissenschaft, die sich heutzutage in Deutschland überall in den Vordergrund drängt und alles übertönt mit ihrem dröhnenden – höhern Blech. Höheres Blech in der Poesie, in der Philosophie, in der Politik, in der Ökonomie, in der Geschichtsschreibung, höheres Blech auf Katheder und Tribüne, höheres Blech überall, höheres Blech mit dem Anspruch auf Überlegenheit und Gedankentiefe im Unterschied von dem simpeln, plattvulgären Blech andrer Nationen, höheres Blech das charakteristischste und massenhafteste Produkt der deutschen intellektuellen Industrie, billig aber schlecht, ganz wie andere deutsche Fabrikate, neben denen es leider in Philadelphia nicht vertreten war.» (In Philadelphia wurde am 10. Mai 1876 zur 100. Wiederkehr der Unabhängigkeitserklärung der Vereinigten Staaten von Nordamerika eine Industrie-Weltausstellung eröffnet.)

Diese tödliche Widerlegung all seiner Theorien ließ Eugen Dühring nicht ruhen. 1881 veröffentlichte er das Buch *Die Judenfrage als Ras-*

sen-, Sitten- und Kulturfrage. Er zeigte sich hier als Vorläufer von Julius Streicher. Der jüdische Stamm, so schrieb er, sei der minderwertigste Zweig der semitischen Rasse. Dieser verachtungswürdige Menschenschlag habe der Welt nichts geschenkt und alles, was er sein eigen nenne, anderen Völkern entwendet. Die Weltanschauung der Bibel stehe nicht nur unter dem Niveau des Hellenismus, sondern auch unter dem der altgermanischen Mythologie. Juden in der deutschen Literatur, wie Börne, Heine und Marx, seien ein öffentliches Ärgernis. Lessing bezeichnete er als «eine literarische Niete». Der Staat sei verpflichtet, so forderte Dühring, die Juden aus dem Wirtschaftsleben auszuschalten. Man müsse «zur Vermeidung der Verjudung des Blutes dem Übel der Mischehen steuern». Man müsse zwischen Deutschtum und Judentum eine unübersteigliche Scheidewand aufrichten.

Engels hat sich mit Dühring nie mehr beschäftigt. Es wird ihn gereut haben, daß er sich für Dühring eingesetzt hatte, als dieser die Lehrbefugnis der Berliner Universität verlor.

Ein anderer Professor der Berliner Universität, Heinrich von Treitschke (1834–1896), wurde der Wortführer des Antisemitismus in den gebildeten Kreisen. Er griff die Juden an, weil sie sich angeblich der Tagespresse bemächtigt hätten, die liberal- und sozialdemokratischen «jüdischen» Journalisten wandelten in den Fußstapfen Börnes, der in der deutschen Presse den eigentümlich schamlosen Ton eingeführt habe. Der Professor für Staatswissenschaften und für Geschichte, der Nachfolger Leopold von Rankes als Historiograph des Preußischen Staates, wandte sich gegen eine Zurücknahme der vollzogenen Emanzipation, die Juden sollten sich eines Besseren besinnen, sie sollten sich entschließen, gute Deutsche zu sein; gut in seinem, Treitschkes Sinn: konservativ und kaisertreu.

Am 9. April 1891 wurde ein nationaler Schutz- und Agitationsverein unter dem Namen Allgemeiner Deutscher Verband gegründet, ab 1894 Alldeutscher Verband. Vor dem ersten Weltkrieg hatte er sich die Aufgabe gestellt, das deutsche Nationalgefühl zu vertiefen und die deutsche Weltmachtstellung auch in überseeischen Ländern zu fördern. Sein Ziel war, alle außerhalb der Reichsgrenzen wohnenden Deutschen in ihrem Volkstum zu erhalten, Österreich-Ungarn einzubeziehen, das Deutschtum vor slawischer und angelsächsischer «Erdrückung» zu bewahren, die Schaffung eines mitteleuropäischen Zoll- und Wirtschaftsgebietes unter Führung des Deutschen Reiches, kurzum die Zusammenfassung aller Deutschen auf der Erde zu propagieren.

Die Mitglieder dieser reaktionären Vereinigung gehörten den verschiedensten bürgerlichen Parteien an, ihre Zahl war nicht sehr groß, aber sie hatten weitgehenden Einfluß, selbst als liberal bekannte Politiker wie von Kardorf und Stresemann gehörten dazu. So wurde sie vor allem von Schwerindustriellen-Kreisen des Ruhrgebietes unterstützt und gefördert. Es waren dieselben Leute, die auch von Anfang an Hitler unterstützten.

Ein Gründungsmitglied war Geheimrat Alfred Hugenberg, ehemaliger Direktor der Krupp-Werke in Essen und Interessenvertreter der deutschen Schwerindustrie mit Verbindungen zu den Großagrariern. Im Auftrag dieser Interessengruppe und mit ihrem Geld schuf er ein Presseimperium – er kaufte unter anderem den Berliner Scherl-Verlag auf und konnte das größte deutsche Filmunternehmen der Weimarer Republik, die UFA, an sich bringen. Offen propagierte er die Ziele des Alldeutschen Verbandes. 1928 wurde Hugenberg der Vorsitzende der Deutsch-Nationalen Volkspartei, die gemeinsam mit den Nazis die Staatsmacht am 31. Januar 1933 eroberte. Unter der Reichskanzlerschaft Adolf Hitlers wurde Geheimrat Alfred Hugenberg Wirtschaftsminister.

Im Gründungsaufruf dieses Alldeutschen Verbandes heißt es wörtlich: «Wir sind bereit, auf den Ruf unseres Kaisers in ‹Reih und Glied› zu treten und uns stumm und gehorsam den feindlichen Geschossen entgegenführen zu lassen, aber wir können dafür auch verlangen, daß uns ein Preis zufalle, der des Opfers wert ist, und dieser Preis ist, einem Herrenvolk anzugehören, das seinen Anteil an der Welt selbst nimmt.» Die Schlußworte dieses Aufrufs sind: «Deutschland, wach auf!» Ein Aufruf, den die Nazis übernahmen und mit «Juda verrecke» ergänzten.

In seinem didaktisch angelegten Taschenbuch *Faschismus, Regime des Verbrechens* weist Joachim Petzold 1984 auf einen Mann hin, der wie kein anderer an der Organisation der Finanzierung und der Herausbildung der antisemitischen Massenpartei mitgewirkt hat: Justizrat Heinrich Claß, seit 1908 Vorsitzender des Alldeutschen Verbands. Claß hatte seine Kritik an der ihm zu liberal erscheinenden Politik des Deutschen Kaiserreichs in einem Buch niedergelegt, das 1912 in der Dieterich'schen Verlagsbuchhandlung in Leipzig erschien, allerdings unter dem Pseudonym Daniel Frymann. Er wählte den damals provokatorischen Titel *Wenn ich der Kaiser wär'*.

Es ist erstaunlich, wie Justizrat Claß, der Interessenvertreter der gewinnsüchtigen Eisen- und Stahlindustrie und der Kohlenbergwerke,

Juden beschrieb: «Der Deutsche steht über dem Besitz, bleibt ihm gegenüber innerlich frei und beweist seine Freiheit, indem er sich ausleben will ohne Rücksicht auf den wirtschaftlichen Erfolg. Ehre, Unabhängigkeit, Eigenwilligkeit sind die Triebfedern seines Handelns, das oft unzweckmäßig sein mag, aber jedenfalls eine Gedankenrichtung beweist, die nicht allein ‹von dieser Welt› ist; der Jude aber stellt sein Leben unter die Zweckmäßigkeit und Nützlichkeit; der Erwerb, der Besitz sind ihm alles; ihnen gegenüber ist er unfrei; ihnen ordnet er seine ganze Persönlichkeit unter.» Die Quintessenz seines Denkens läßt er im Kapitel *Die Juden* gesperrt drucken: «Die Träger und Lehrer des heute herrschenden Materialismus sind die Juden; seine deutschgeborenen Anhänger sind den angeborenen Instinkten entfremdete Verführte.»

Claß und sein Alldeutscher Verband waren Gegner des allgemeinen und geheimen Wahlrechts, sie haßten die damals revolutionäre Sozialdemokratie, sie waren für das absolute Verbot. Claß nahm die nationalsozialistische Propaganda vorweg, er formulierte sie wahrscheinlich als erster: «Wer zu der Sozialistengefahr für das Reich die richtige Stellung gewinnen will, muß sich darüber klar sein, daß die Massenvergiftung deutscher Wähler ohne die Mitwirkung des Judentums gar nicht möglich gewesen wäre, daß die wahren Führer Juden sind, daß auch diejenigen, auf denen die Hoffnung der Mauserung ruht, diesem Volk angehören.» Claß forderte, «daß die Grenzen vollständig und rücksichtslos gegen jede weitere jüdische Einwanderung gesperrt werden, aber das genügt längst nicht mehr. Ebenso selbstverständlich ist es, daß die fremden Juden, die noch kein Bürgerrecht erworben haben, schnellstens und rücksichtslos bis auf den letzten Mann ausgewiesen werden – aber auch das genügt nicht. So hart es der deutschen Gerechtigkeit wird: Wir müssen die Rechte der ansässigen Judenschaft allgemein beschränken ... Die Forderung muß sein: Die landesansässigen Juden werden unter fremdes Recht gestellt.» Er definierte auch, wer Jude sei: «Jude im Sinne des geforderten Fremdenrechts ist jeder, der am 18. Januar 1871 der jüdischen Religionsgemeinschaft angehört hat, sowie alle Nachkommen von Personen, die damals Juden waren, wenn auch nur ein Elternteil jüdisch war oder ist.» Fremdenrecht bedeutete für Claß: «Dem Juden bleiben alle öffentlichen Ämter verschlossen, einerlei ob gegen Entgelt oder Ehrenamt, einerlei ob für Reich, Staat oder Gemeinde. Zum Dienst in Heer und Flotte werden sie nicht zugelassen. Sie haben weder aktives noch passives Wahlrecht. Der Beruf der Lehrer und Anwälte ist ihnen versagt. Die Leitung von Theatern desgleichen.»

Zeitungen, an denen Juden mitarbeiteten, seien als solche kenntlich zu machen, die anderen, die man allgemein deutsche Zeitungen nennen könne, dürften weder in jüdischem Besitz sein noch jüdische Leiter oder Mitarbeiter haben. In seinem allumfassenden System vergaß er nicht anzuführen: «Banken, die nicht rein jüdische Unternehmen einzelner sind, dürfen keine jüdischen Leiter haben. Ländlicher Besitz darf in Zukunft weder in jüdischem Eigentum stehen noch mit solchen Hypotheken belastet werden. Als Entgelt für den Schutz, den die Juden als Volksfremde genießen, entrichten sie doppelte Steuern wie die Deutschen.» Diesen «hemmungslosen Erwerbssinn» schien die sonst so wohltätige preußisch-christliche Montanindustrie von den ihnen so verhaßten Juden übernommen zu haben. Auch wußte Justizrat Claß bereits im Jahre 1912, wie der erste und der zweite Weltkrieg zu führen seien. Er sprach davon: «Jede Ausdehnung in Europa ist von vornherein nur durch siegreiche Kriege herbeizuführen, da weder Frankreich noch Rußland so menschenfreundlich sein werden, uns Teile ihres Gebietes abzutreten; haben wir nun gesiegt, erzwingen wir Landabtretungen, so erhalten wir Gebiete, in denen Menschen wohnen, Franzosen, Russen, also Menschen, die uns Feind sind, man wird sich fragen, ob solch ein Landzuwachs unsere Lage verbessert.» Er erklärte zwar, so weit seien «wir noch lange nicht in der Härtigkeit nationaler Selbstsucht gekommen, daß wir vom besiegten Gegner die Abtretung menschenleeren Landes verlangen; freilich ist ein Idealist, wie Lagarde, vor fast fünfzig Jahren nicht davor zurückgeschreckt». Nein, auch Claß schreckte nicht davor zurück, wenn es dann eben sein müsse, darüber nachzudenken: «Da wir die ‹Evakuierungsfrage› im Vorbeigehen angeschnitten haben, sei gesagt, daß es vielleicht gar nicht so unzweckmäßig ist, gelegentlich davon öffentlich zu reden, damit die Gegner erkennen lernen, daß so verzweifelte Maßnahmen in Deutschland schon ihre Vertreter finden; sie werden dann finden, daß eine gewisse Vorsicht doch geboten ist, da man den furor teutonicus nicht allzusehr reizen soll.»

Furor teutonicus, deutscher Terror, Claß wußte, die Evakuierung eroberten Gebiets stand im Widerspruch zum modernen Völkerrecht. «Aber wenn man gerade der besonderen Lage des deutschen Volkes ganz auf den Grund geht, das in Europa eingeschnürt ist und unter Umständen bei weiterem starkem Wachstum ersticken würde, wenn es sich nicht Luft macht, so wird man anerkennen müssen, daß der Fall eintreten kann, wo es vom besiegten Gegner im Westen oder Osten menschenleeres Land verlangen muß – es sei denn, wir hätten besiedlungsfähige Kolonien in Übersee oder wir wären entschlossen, wieder eine Auswanderung Deutscher in fremde Staaten zuzulassen.» Claß war dafür, sich französischen Kolonialbesitz einzuverleiben, Belgien und die Niederlande hätten als Kleinstaaten ihr Daseinsrecht an sich schon verloren, «denn nur der Staat kann das Recht auf Selbständigkeit geltend machen, der es mit dem Schwerte in der Hand durchsetzen kann».

Seinen anmaßenden Gedanken, auch ein Stück Land aus Rußland herauszureißen, drückte er klar, aber doch «diplomatisch» aus: «Von deutscher Seite ist kein vernünftiger Anlaß zu einem feindlichen Zusammenstoß zu erblicken; anders sieht die Sache auf russischer Seite aus. Denn der Russe haßt den Deutschen mit dem instinktiven Hasse des in jeder Begabung Unterlegenen gegen den Überlegenen; alles am Deutschen ist ihm zuwider, sein Fleiß, seine Redlichkeit, seine Ordnungsliebe, seine Reinlichkeit, und er erblickt mit der Tätigung dieser Eigenschaften eine ihm unerträgliche Überhebung.» Man kann nur lachen über das Wort «Redlichkeit» aus seinem Munde.

Gewiß, Herr Justizrat Claß war ja im Prinzip für den Frieden. Ihm hatte er auch in seinem schönen Buch ein eigenes Kapitel gewidmet, mit dem Beginn: «Den Frieden lieben sollen alle – alle den Krieg auch ehren. Den Frieden lieben heißt aber nicht, mutlos und ruheselig den Entscheidungen ausweichen, die getroffen sein wollen, wenn nicht unser Volk an Ehre und Bestand Schaden leiden soll; den Krieg ehren heißt nicht, zum frechen Friedensbrecher zu werden, nur um die größere Macht zu zeigen. Der Krieg sei uns heilig wie das läuternde Schicksal.» Er wiederholte es noch einmal: «Heilig sei uns der Krieg, wie das läuternde Schicksal, denn er wird alles Große und Opferbereite, also Selbstlose, wecken in unserem Volke und seine Seele reinigen von den Schlacken der selbstischen Kleinheit.» Und Claß ersehnte einen Führer: «Das Bedürfnis lebt heute noch in den Besten unseres Volkes, einem starken, tüchtigen Führer zu folgen.» Sein Ideal, sein ganzes Glück wäre der Kaiser gewesen und «wenn in dem Träger der Krone dieser Führer ihm (dem Volk – d. A.) erstünde.» Seinen geheimsten Wunsch hatte er nun bloßgelegt, er, Justizrat Claß, wenn er der Kaiser wäre.

Als im Herbst 1918 die Niederlage des deutschen Imperialismus im ersten Weltkrieg offenkundig wurde, beschloß der Alldeutsche Verband, die Stoßrichtung zu ändern. «Es ist nicht mehr genug», so erklärte Justizrat Claß, der Vorsitzende dieses Verbandes, «die Gebildeten zu gewinnen, es kommt jetzt darauf an, die Massen einzufangen.» Und er schlug vor, den Volkszorn wie in früheren Zeiten auf die Juden abzulenken: «Ich werde vor keinem Mittel zurückschrecken und mich in dieser Hinsicht an den Ausspruch Heinrich von Kleists, der auf die Franzosen gemünzt war, halten: ‹Schlagt sie tot, das Weltgericht fragt euch nach den Gründen nicht.›» Dieses Wort hat er mißbraucht und entstellt wiedergegeben, um eine neue Taktik einzuleiten. Das Ziel war klar, der Judenhaß oder, modern ausgedrückt, der Antisemitismus sollte für die imperialistischen Ziele eines wiedererstarkten Deutschlands mißbraucht werden. Er sollte eine Waffe gegen die Kommunistische und Sozialdemokratische Partei werden, gegen die Gewerkschaften. Die Judenverfolgung war nur ein Mittel zum Zweck, nicht Hauptzweck des deutschen Imperialismus. Der Hauptzweck war die Bekämpfung der Arbeiterbewegung, die Ausschaltung der Gewerkschaften, die Beseitigung von Gesetz und Recht, die Durchsetzung der Ziele der deutschen Herrenrasse: die Weltherrschaft.

Diese neue Taktik wurde wörtlich befolgt. Der Mann des Schicksals, der Mann des Alldeutschen Verbands, wurde Adolf Hitler, der, und das ist bezeichnend für diese ganze Gesellschaft, als Spitzel zu einer Versammlung einer kleinen Gruppe entsandt wurde, die sich Deutsche Arbeiterpartei nannte und von einem Anton Drexler in München gegründet war. Eine Partei mit sieben Mitgliedern, aber sie hatte einen Vorteil für den Alldeutschen Verband, sie war antisemitisch.

Im Dezember 1920 kam es zu einer Begegnung von Adolf Hitler mit Claß. Hitler küßte ihm die Hände und bezeichnete sich als sein treuer Schüler. Mit innerer Erregung habe er seine Publikationen gelesen; nach der Lektüre seines Buches *Wenn ich der Kaiser wär'* hätte er die Überzeugung gewonnen, daß in dieser Schrift alles für ihn Wichtige und Notwendige enthalten sei.

Der Alldeutsche Verband konnte noch bis 1939 existieren, dann wurde er von der Nazipartei aufgelöst. Justizrat Claß hat alle Stürme des ersten und zweiten Weltkrieges überlebt. Er ist im Alter von fünfundachtzig Jahren, 1953, friedlich gestorben.

Ein antisemitischer Agitator aus Marburg, Otto Böckel, gewann von allen Parteigründern vor dem ersten Weltkrieg die meiste Anhängerschaft. Er nannte seine Gründung Deutsch-Soziale Partei. Sie bekämpfte die jüdischen Pfandleiher, die Getreide- und Viehhändler. Mit seiner sozialen Demagogie fand er Mitläufer im wesentlichen in Hessen, später in Sachsen und Franken. 1887 zog Böckel als erster antisemitischer Abgeordneter in den Deutschen Reichstag ein. 1893 konnte er mit sechzehn weiteren Parteianhängern schon eine Fraktion bilden. Als in Konitz in der damaligen Provinz Westpreußen der christliche Gymnasiast Winter tot aufgefunden wurde, versuchte Böckel das alte Schema vom Ritualmord neu aufleben zu lassen. Es kam zu Pogromen.

Xanten

Auch die Legende vom Ritualmord in Xanten, einer kleinen Stadt im Rheinland, wurde zu einer großen antisemitischen Hetze aufgebaut. Es zeigte sich, wie die sogenannten wissenschaftlichen Antisemiten sofort die uralten, mittelalterlichen Blutbeschuldigungen in ihre Agitation aufnahmen, wenn sie sich damit einen Zulauf versprachen. Wider besseres Wissen wurde versucht, an alte, rückständige Vorurteile, an Haßgefühle zu appellieren. Judenhaß, Rassenhaß sollte von den wirklichen Vorgängen ablenken.

Xanten, ein Städtchen mit einem alten Dom, dicht an der holländischen Grenze, war eine Gründung der Römer. Vermutlich hatten schon damals auch dort Juden gelebt. Zu dieser Zeit führte eine große Handelsstraße an Xanten vorbei, später allerdings verlagerte sie sich. Als am 30. Mai 1096 die Kreuzfahrer in Köln das Judenviertel plünderten, entkamen viele jüdische Bürger unter dem Schutz des Erzbischofs Hermann III. Sieben Ortschaften, zu denen auch Xanten gehörte, nahmen sie auf. Aber schon einen Monat später erstürmten die Kreuzfahrer die Stadt, an einem Freitagabend, bei Beginn der Sabbatfeier. Sie erschlugen die Juden von Xanten. Nur einige Verwundete, die unter den Toten lagen, kamen davon.

Allmählich bildete sich eine neue Gemeinde, aber auch sie war, wie alle Juden im Heiligen Römischen Reich, immer wieder Verfolgungen preisgegeben. Das Städtchen ist klein geblieben, nur wenig Industrie hat sich angesiedelt. Im Jahr 1905 lebten dort viertausendneunzehn Einwohner, sechsundzwanzig waren jüdischen Glaubens. Die überwiegende Mehrheit hing der katholischen Kirche an.

Am 29. Juni 1891, dem Peter-Paul-Tag nach der katholischen Überlieferung, fand man in der Scheune des christlichen Stadtverordneten Küppers die Leiche des fünfeinhalbjährigen Johann Hegmann. Dem Knaben war der Hals bis zum Rückenwirbel durchgeschnitten, auch am Kinn waren Schnittwunden sichtbar. Sofort wurde in dem Städtchen das Gerücht verbreitet, die Juden hätten dieses Kind zu rituellen Zwecken geschlachtet.

Einer der Verbreiter dieses bösartigen Gerüchts war der Händler und ehemalige Metzgermeister Junkermann. Er lenkte den Verdacht auf den rituellen Schlächter der Xantener jüdischen Gemeinde, Adolf Wolff Buschhoff. Buschhoffs Metzgerei lag neben der Küpperschen Scheune. Es fand sich auch ein notorischer Trinker, Nölders, dazu ein

Kind, Gerhard Heister, beide sagten, sie hätten gesehen, wie man den kleinen Johann Hegmann in das Geschäft des Schlächters Buschhoff zog. Es meldeten sich nach vielen Tagen Zeugen, die behaupteten, beobachtet zu haben, daß man vom Buschhoffschen Laden aus einen schweren Gegenstand in die Scheune des Küppers getragen habe.

Ein Mediziner, Dr. Steiner, der die Leiche kurz nach ihrer Entdekkung untersucht hatte, erklärte, es sei nicht so viel Blut vorhanden, wie man hätte finden müssen, der Mord sei also mit Sicherheit nicht in der Scheune verübt worden. Es erschien besonders verdächtig, daß Adolf Wolff Buschhoff sich weigerte, in die Scheune zu gehen, wo der tote Knabe lag. Das hatte seinen Grund. Buschhoff leitete nach der Familienüberlieferung seine Abstammung von den Kohanim, dem Priestergeschlecht, her, sie unterliegen seit biblischen Zeiten bestimmten religiösen Ordnungen. So dürfen sie keinen Raum aufsuchen, in dem ein Toter liegt, nur bei Blutsverwandten kann eine Ausnahme gemacht werden.

Die Gerüchte verdichteten sich. Der Haß gegen die jüdischen Einwohner von Xanten steigerte sich zu einem Pogrom, ihre Wohnungen und Geschäfte wurden mit Steinen bombardiert. Das Hepp-Hepp-Geschrei aus dem hessisch-fränkischen Raum vom Jahre 1819 tauchte wieder auf.

Die jüdische Gemeinde richtete an den preußischen Minister des Inneren das Ersuchen, einen tüchtigen Kriminalbeamten nach Xanten zu schicken, um den wirklichen Mörder zu entdecken. Kriminalkommissar Wolf, der am 14. Oktober 1891 eintraf, verhaftete Buschhoff mit Frau und Tochter. Am 20. Dezember wurden die drei Verhafteten freigelassen, da sich nicht der geringste Anhalt für die Täterschaft ergab. Im Februar 1892 wurde Adolf Wolff Buschhoff wieder verhaftet, der Kreisphysikus Dr. Bauer aus Moers hatte gemeldet, er habe in der Schlächterei des Buschhoff ein Messer gefunden, mit dem der Mord hätte geschehen sein können. Das war das einzige Indiz, das gegen den allgemein angesehenen und beliebten Adolf Wolff Buschhoff vorlag. Die Eröffnung dieses Prozesses vor dem Schwurgericht in Kleve war eine Konzession an die Antisemiten und an die ihnen nahestehenden Parteien im Reichstag und im preußischen Abgeordnetenhaus. Alle Indizien sprachen gegen eine Täterschaft des Adolf Wolff Buschhoff. Medizinische Sachverständige hatten bei der näheren Untersuchung festgestellt, der Mord konnte auch in der Scheune geschehen sein.

Buschhoff hatte ein vollkommenes Alibi. Es ist erwiesen, daß der angenommene Tattag für den unschuldigen Angeklagten eine ganz besondere Bedeutung hatte, es war der Sterbetag seines Vaters. Er fastete bis zum Mittag. Er war morgens und abends in der Synagoge.

Die Verteidigung hatte auch christliche Theologen geladen, sie sollten darlegen, ob im Talmud etwas über den rituellen Gebrauch von Menschenblut stehe. Professor Doktor Nöldecke erklärte: «Ebenso bestimmt, wie ich behaupten kann, im Talmud steht nichts von dem Eisenbahnwesen, mit derselben Bestimmtheit kann ich sagen, im Talmud steht nichts vom Ritualmord.» Übereinstimmend sagten die Gutachter, der Genuß von Menschenblut ist im Judentum verboten. Professor Doktor Nöldecke unterstrich: «Sogar der Schein sei zu vermeiden, so lehrt es der Talmud.»

Achtzig Zeugen und Sachverständige wurden gehört. Nach diesem sehr gründlichen Verfahren beantragten beide Staatsanwälte den Freispruch. Und die Geschworenen verneinten in einer eigenständigen Beratung den Mordvorwurf.

Die preußische Justiz mußte handeln, denn die antisemitische Hetze verbreitete immer größere Schauergeschichten über den «brutalen Mörder» Buschhoff. In der Zeitung *Volk*, die der Christlich-Sozialen Partei des Dom- und Hofpredigers Adolf Stöcker nahestand, hieß es am 10. Januar 1892: «Buschhoff, der stets frech leugnete, muß endlich gestehen, den geschlachteten Knaben Johann Hegmann noch wenige Stunden vor der Auffindung der entbluteten kleinen Leiche auf grausame Weise in seinem Schlachthause gezüchtigt zu haben.» Die radikal antisemitische *Neue Deutsche Zeitung* schrieb: «Über den kleinen Grabhügel des geschächteten Kindes wächst bereits Immergrün, und – wer kann das Ungeheuerliche fassen? – nun soll dieser blutige Frevel unaufgeklärt bleiben!» Die Zeitung behauptete: «Das internationale Rabbinertum» versuche Buschhoff der gerechten Strafe zu entziehen. Das Blatt fragte dann polemisch, wer als Mörder für den kleinen Hegmann in Frage käme, «gar die bösen Antisemiten, um den armen Hebräern einen Strick zu drehen? Wer kann das Rätsel lösen? Das Blut des ermordeten Knaben schreit inzwischen zum Himmel.» Die *Neue Preußische Zeitung*, das Organ der Deutsch-Konservativen, verlangte, die ganze richterliche Untersuchung müsse veröffentlicht werden. Buschhoff war nach dieser Untersuchung erst einmal entlassen worden. Diese Zeitung erklärte: «Unser deutsches Volk hat ein Recht darauf zu verlangen, daß über die schändliche Mordtat, welche an dem Knaben

Johann Hegmann verübt wurde und als deren Täter die Stimme des Volkes sofort den Juden Buschhoff bezeichnete, amtlicherseits die vollste Klarheit geschaffen werde ...» Es wurde angefügt: «Es besteht der Verdacht, daß ein Mitglied desjenigen Volkes, von welchem siebenhunderttausend Angehörige das Gastrecht im deutschen Volke genießen, zu jüdisch-rituellen Zwecken die Ermordung eines deutschen Christenkindes verübt hatte. Die nachsichtige Behandlung des Judentums, deren man sich seit langem in unseren amtlichen Kreisen befleißigt, kann aber nicht so weit gehen, daß man das allgemeine Verlangen unseres Volkes nach Klarstellung dieses Vorfalls einfach unberücksichtigt läßt.»

In Xanten wurde die Ritualmordanklage schon als bewiesen betrachtet. *Der Bote für Stadt und Land,* der zweimal wöchentlich als Regionalblatt erschien, war die Zeitung des einfachen Xantener Bürgers. Auch der katholische Geistliche Kaplan Bresser, der selber sagte, er habe maßgebenden Einfluß auf den Inhalt dieses Blattes, tat nichts, um die Bevölkerung über den Verlauf der Untersuchung aufzuklären. Im Gegenteil, er ließ ein Schandgedicht in dieser Zeitung veröffentlichen:

Christen, seid euch alle einig,
kaufet bei den Juden nicht!
Denn sie sind ja sehr freundlich,
schlagt die Hunde ins Gesicht.

Denn in Xanten sie doch haben,
diese koschere Nation,
gemordet einen Christenknaben,
des Hegemanns geliebten Sohn.

Doch sie sollen alle büßen,
daß des Hegemannes Sohn so litt;
daß sie's getan, das läßt sich schließen,
denn es war ein kosch'rer Schnitt.

In Küppers Scheune ward gefunden
Hegemanns Sohn als Leiche dort;
wo man gelegt in stiller Stunde
ihn an diesen finstren Ort.

Was das Söhnchen dort gelitten,
dieses kleine unschuld'ge Blut,

es war durch den Hals geschnitten,
was ein Talmudjude tut.

Die Mutter weint ja klagend,
händeringend nach ihrem Kind,
schrecklich ist dies zu ertragen,
wenn man so den Sohn tot findt.

Es ist gar nicht zu ermessen
für ein armes Mutterherz;
diese Tat nicht zu vergessen,
denn zu groß ist doch der Schmerz.

Die Juden, das sind Sünder,
sie schlachten Christenkinder,
schneiden ihm das Hälschen ab,
das verdammte Judenpack.

Während der Voruntersuchung im preußischen Abgeordnetenhaus in Berlin kam es zu einer erregten Debatte. Auch der Dom- und Hofprediger Adolf Stöcker ergriff das Wort. Er betonte zwar zu Anfang, daß er nicht zu denen gehöre, die mit dem Fall Buschhoff die öffentliche Meinung aufgeheizt hätten. Er halte es auch für undenkbar, daß der jüdische Ritus ein Abschlachten von Menschen zu rituellen Zwecken fordere. Aber ganz unbestreitbar gäbe es doch geschichtlich belegte Fälle, in denen Juden aus Aberglauben und Fanatismus Christenkinder umgebracht hätten. Auffallend sei überdies, bei Prozessen wegen jüdischer Morde würde der Beschuldigte immer freigesprochen. Es sei durchaus erklärlich, daß in der Bevölkerung die Meinung aufkomme, wenn es sich um jüdische Angelegenheiten handele, dann würde man die Dinge nachsichtiger betrachten. In einer Sitzung des Abgeordnetenhauses im März 1892 wurde der Fall Buschhoff wieder behandelt. Der konservative Abgeordnete von Wackerbarth-Linderode erklärte, Millionen deutscher Männer seien noch nicht vom «jüdischen Zeitgeist» angekränkelt, sie wehrten sich gegen den «zersetzenden Einfluß des Judentums». Er betonte: Ritualmorde entspringen nicht der Einbildung, sie seien bei Juden üblich. Dies könne von einer Reihe von Experten auf dem Gebiet des Talmuds und durch Blätter wie den *Osservatore Romano* (das Sprachrohr des Papstes) nachgewiesen werden. Er wies darauf hin, daß gerade diese Experten immer wieder an die Tatsache erinnert hätten, daß die katholische Kirche Heilige besitze, die von Juden geschächtet worden seien. Der Abgeordnete stellte die Frage an die Regierung, ob sie in der Lage sei festzustellen, was in den Talmud-Tora-Schulen gelehrt werde, welche Wahnvorstellungen in den Köpfen unreifer Menschen dort erzeugt würden. Er erklärte: «Wir sehen, wie den Talmud'schen Lehren gemäß der Wohlstand und das Eigentum unserer deutschen Nation so unaufhaltsam in die Hände des Judentums übergeht. Wir sehen, daß das Judentum im Handel, an der Börse, in der Presse einen fast ausschlaggebenden Einfluß erlangt hat. Wir sehen ferner das Judentum an der Arbeit, unser Volk der christlichen Religion zu entfremden und mit allen Mitteln gegen das Christentum zu kämpfen, wie es der Talmud lehrt und befiehlt.»

Trotz erwiesener Unschuld konnte sich Buschhoff mit seiner Familie in seiner Heimatstadt nicht mehr halten. Er zog nach Köln, starb dort und wurde am 8. Juni 1912 begraben. Er und seine Frau sind auf dem Deutzer Judenfriedhof am Judenkirchhofsweg beigesetzt. Das Grab hat die Leiterin der großen Bibliothek Germania Judaica in Köln, Frau Dr. Bohnke-Kollwitz, ausfindig gemacht. Es steht dort in deutsch und hebräisch sein Name, und die Worte sind eingemeißelt: «Ein Märtyrer seines Glaubens».

Tisza-Eszlar

Eine Ritualmordanklage in Ungarn hat die deutsche Öffentlichkeit ebenfalls sehr beschäftigt. Sie löste eine unerhörte Hetze in der damaligen Doppelmonarchie Österreich-Ungarn aus. Eine in dieser Art bis dahin noch nicht bekannte Provokation gab den antisemitischen Propagandisten einen großen Aufschwung.

Am 1. April 1882 war das vierzehnjährige christliche Mädchen Esther Solynossi in der ungarischen Großgemeinde Tisza-Eszlar verschwunden. Es muß dazu bemerkt werden, daß diese Gemeinde dicht neben dem Anwesen des Großgrundbesitzers von Onody lag. Der Magnat gehörte zur Führung einer Gruppe von Reichsratsabgeordneten, die sich mit all ihrer Macht und ihrem Einfluß dem Antisemitismus verschrieben und schon achtzig antisemitische Vereine im Königreich Ungarn gegründet hatten.

Ihre Argumente bezogen sie von den deutschen Antisemiten und färbten sie ungarisch ein. Ihr Schlachtruf war: Kampf der Verjudung Ungarns. Sie förderten den Nationalhaß. Damals sprach im Lande nur eine knappe Mehrheit der Bewohner ungarisch. Die anderen Staatsangehörigen, Rumänen, Slowenen, Slowaken, Kroaten, Ukrainer und Deutsche, darunter jiddisch sprechende Juden, bedrohten, in den Augen der Magnaten, die Vorherrschaft der ungarischen Sprache. Sie wollten sich mit aller Gewalt durchsetzen, der niedrigste Judenhaß war ihnen dazu recht.

Vom Schloß des Herrn Onody ging das Gerücht aus: Das Mädchen Esther sei vom Synagogendiener Joseph Scharf in der Synagoge ermordet worden. Ihr Blut, so behaupteten nun die Judenfeinde, sei benötigt worden für die Herstellung der Mazzen zum Osterfest.

Zum Zeitpunkt, der für die Anschuldigung angenommen wurde, hatte in der Synagoge nichts anderes stattgefunden als die feierliche Verpflichtung eines neuen Schlachtmeisters auf sein Amt.

Eine andere Spur nach anderen Mordverdächtigen wurde nicht aufgenommen. Die Zeugen waren vom Schloß zu übereinstimmenden Aussagen ausgerichtet worden. Tatsächlich fanden zwei Monate nach dem Verschwinden der kleinen Esther slowakische Flößer im Fluß die Leiche einer stark verwesten jungen Frau. Sie trug die Kleider der Verschwundenen, aber ihr Gesicht war nicht mehr kenntlich. Die Leiche wies keine Schnitt- oder Stichwunde auf. Vom Untersuchungsrichter wurden diese einfachen Flößer gezwungen, zu Protokoll zu geben, sie hätten die Leiche von den Juden geliefert bekommen, bekleidet mit den Sachen der Esther Solynossi. Später, vor Gericht, widerriefen die Flößer ihre Aussage, sie erklärten übereinstimmend, der Untersuchungsrichter habe ihnen das Protokoll vorgesetzt und sie zur Unterschrift gezwungen.

Zur Untersuchung des Falles wurde ein zweiundzwanzigjähriger Referendar, Joseph Bary, nach Tisza-Eszlar gesandt. Er bemächtigte sich zunächst eines kleinen Sohnes des Synagogendieners Scharf. Es geht aus den vorliegenden Akten nicht ganz klar hervor, ob er vier oder sechs Jahre alt war. Dieses Kind sagte aus, sein Bruder, der dreizehn- oder vierzehnjährige Moritz, habe ihm erzählt, der Vater habe das Mädchen geschlachtet.

Jetzt wurden die Juden verhaftet, die an diesem Morgen in der Synagoge geweilt hatten. Sie wiesen die Anschuldigung zurück und legten sehr genau dar, wie die Zeremonie der Einweisung eines neuen Schlächters in sein wichtiges Amt vor sich geht.

Nun ließ der übereifrige Referendar das Kind Moritz Scharf in Ketten legen und brachte es in die Kreisstadt Nyiregyháza. In eine Einzelzelle gesperrt, wurde Moritz bearbeitet. Er sollte die Aussage seines Bruders bestätigen. Er wurde geschlagen, er bekam nichts zu essen und zu trinken. Als er vor Ermüdung einschlief, prügelte man ihn aus dem Schlafe. Alles hatte keinen Erfolg. Nun versprach der eifrige Untersuchungsreferendar, Moritz Scharf bekäme genug Speisen und Getränke, auch würde, wenn er sich taufen ließe, in bester Weise für ihn gesorgt. Wenn er aber weiter bei seinen Lügen bleibe, wenn er weiter sage, er habe nichts gesehen, würde er in einen Graben geworfen und dort elend zugrunde gehen.

Das half. Moritz Scharf, der gequälte Junge, gab zu Protokoll, durch ein Schlüsselloch der Synagoge habe er gesehen, daß fünfzehn Juden, darunter auch sein Vater, das Mädchen Esther geschlachtet und ihr Blut in einem Gefäß aufgefangen hätten, um daraus Mazzen herzustellen. Daraufhin ließ der so tüchtige Referendar die fünfzehn Männer verhaften.

Vor dem Kreisgericht in Nyiregyháza wurde nun der Prozeß gegen die fünfzehn Angeklagten durchgeführt. Der Vertreter der Oberstaatsanwaltschaft und die Verteidigung beantragten einen Lokaltermin in der Synagoge von Tisza-Eszlar. Alle Prozeßbeteiligten waren zugegen. An der Synagoge war nichts verändert worden. Moritz Scharf mußte die Stelle angeben, wo er den Mord gesehen hatte. Dann wurde er hinausgeschickt, er sollte durch das Schlüsselloch beobachten, was geschehe. An einer Puppe wurde das Schlachten simuliert. Moritz sah nichts, er konnte nichts sehen, der Blick durchs Schlüsselloch ging nicht zu dem angeblichen Tatort in der Synagoge.

Einundeinviertel Jahr hatten die Angeklagten im Gefängnis gesessen. Sie wurden alle freigesprochen.

Diesen Stoff gestaltete Arnold Zweig 1918 in einem Drama. In seiner kritischen Betrachtung der gesellschaftlichen Zusammenhänge hatte er als den wirklich Schuldigen am Mord den Großgrundbesitzer von Onody dargestellt. Das Stück nannte er: *Die Sendung Semaels oder Ritualmord in Ungarn.* Auch ein Film entstand nach diesem Drama.

In der damals ungarischen Stadt Preßburg, heute Bratislava, einem Zentrum des jüdischen Lebens, kam es während der Vorbereitung des Prozesses am 28. und 29. September 1882 zu einem Pogrom. Die führenden Antisemiten wurden gefeiert, sie gaben das Signal für das Einschlagen der Fenster und das Ausplündern der jüdischen Häuser. Die Polizei griff nicht ein, schließlich mußten Truppen herangezogen werden. Die Pogrome wurden nun auch in die kleineren und kleinsten Städte im damaligen Ungarn getragen.

Die antisemitische Welle, die im Verlauf der Untersuchung von Tisza-Eszlar zu schweren Pogromen geführt hatte, fand in Österreich und speziell in der Hauptstadt Wien einen sehr starken Widerhall. Damals war Wien ein Anziehungspunkt für die jüdische Bevölkerung aus allen Teilen der Vielvölker-Doppelmonarchie Österreich-Ungarn. Im Leben dieser Stadt spielten die seit langem dort ansässigen Juden in Wirtschaft, Wissenschaft und Kultur eine große Rolle. Viele von ihnen hielten noch an der jüdischen Religion fest, andere waren nicht mehr im Glauben gebunden, wieder andere hatten sich taufen lassen. Sie waren ein Teil der deutsch-österreichischen Kulturwelt geworden. Ohne sie, die Philosophen, die Dichter, die Maler, die Musiker, war die Kaiserstadt Wien nicht denkbar.

In die Stadt zogen auch Juden aus Galizien, sie kamen aus einem Gebiet, wo die christliche Bevölkerung ukrainisch oder polnisch sprach, wo sie sich als Minderheit fühlten und an der jiddischen Sprache festhielten. Sie kamen aus der Bukowina, aus Siebenbürgen, aus slowenischen und serbokroatischen Landesteilen, aus Bosnien und Herzegowina, aus Gegenden der heutigen Tschechoslowakei, in denen sie deutsch oder tschechisch oder slowakisch oder ungarisch oder jiddisch sprachen. Sie alle stammten aus sehr unterschiedlichen Traditionen und Kulturkreisen. So unterschieden sich die aus den ungarischen, galizischen und bukowinischen Landesteilen Hinzugezogenen durch ihren starken Hang zu ihrer Religion und auch durch ihre Kleidung merkbar von den Alteingesessenen. Sie blieben im allgemeinen bei der Tradition der Landschaften, in denen sie aufgewachsen waren. Die einzige Gemeinsamkeit dieser Juden war die Zugehörigkeit zur israelitischen Religionsgemeinschaft; doch in ihren Synagogen, ihren Gebetsstuben waren sie streng voneinander geschieden.

All diese Vorgänge des Sicheinfindens geschahen inmitten der christlichen Bevölkerung, in der große Teile von einem ständigen dumpfen Mißtrauen gegen die Hinzugekommenen erfüllt waren. Einen besonders unheilvollen Einfluß gewann hier ein katholischer Priester, ein Kanonikus, ein Professor der Theologie, August Rohling. Er stammte aus Neuenkirchen im Kreise Münster in Westfalen. Mit dreißig Jahren, 1869, wurde er zum Priester geweiht, 1871 bekam er seine erste Professur in Münster in Westfalen. Drei Jahre nach seinem Amtsantritt verließ er die Stadt schon wieder und ging nach Amerika, nach Milwaukee, als Professor für Moral. Kaum zwei Jahre später wurde seine nächste Station Prag; er wirkte an der Deutschen Universität als Professor für Altes Testament. Die Kirche verlieh ihm die Würde eines Kanonikus. Das Ergebnis seiner angeblichen Forschungen legte er in seinem Buch *Der Talmudjude* nieder und ließ es zur Verbreitung seiner Ansichten drucken. Als die Anklage im ungarischen Ritualmordprozeß von Tisza-Eszlar vorbereitet wurde, veröffentlichte Rohling eine Schrift unter dem Titel: *Das Menschenopfer des Rabbinismus.* Der Professor für Theologie behauptete, daß der Ritualmord von den Rabbinern im Talmud begünstigt, ja gefördert würde.

Gegen diese maßlosen Verunglimpfungen wandte sich der Gemeinderabbiner von Floridsdorf bei Wien, Dr. Joseph S. Bloch. In einem Artikel in der *Wiener Allgemeinen Zeitung* stellte er fest, daß Rohling in bezug auf talmudische und rabbinische Schriften ein völliger Ignorant sei, keines seiner Zitate, die Rohling in seinen beiden Schriften angeführt habe, entspreche auch nur im entferntesten der Wahrheit. Rabbiner Bloch wies nach, daß Rohling den Talmud nie im Original gelesen haben könne. Und er teilte der Öffentlichkeit mit, daß er eine Buße von dreitausend Gulden bezahlen wollte, wenn Rohling den Gegenbeweis antreten könne. Er, Rabbiner Bloch, erklärte: Der Professor Rohling sei nicht imstande, eine aufs Geratewohl herausgegriffene Seite aus dem Talmud richtig zu übersetzen.

Nun konnte Rohling nicht dazu schweigen. Er könne die Richtigkeit seiner Zitate vor Gericht beeiden, er wolle im Tisza-Eszlarer Prozeß als vereidigter Sachverständiger gegen die Juden auftreten.

Bloch ließ nicht nach. Er erläuterte, Rohling sei bereit, einen Meineid zu leisten. Jetzt zwang er also Rohling, Bloch wegen übler Nachrede zu verklagen. Bloch war Mitglied des Reichsrates. Das Parlament mußte erst seine Immunität aufheben. Das geschah 1884. Der Prozeß sollte nun in Wien ausgetragen werden. Bloch beantragte, als Sachverständige Gelehrte aus der Deutschen Morgenländischen Gesellschaft zu laden. Die Autorität dieser Gelehrten würde er nicht in Zweifel ziehen.

Die vorgeschlagenen Sachverständigen aber erklärten, sie seien nicht in der Lage, dieses Gutachten zu erstellen.

Das Gericht benannte den Straßburger Wissenschaftler der semitischen Sprachen Nöldecke. Nun wieder versuchte Rohling andere Gutachter zu benennen, einen völlig unbekannten Dozenten der hebräischen Sprache an der Katholischen Akademie von Münster, Dr. Ecker, und den ehemaligen Rabbiner Brimann. Der Anwalt des Rabbiners Bloch konnte nachweisen, Aaron Brimann sei als sogenannter Talmudgelehrter in Holland und Deutschland herumgereist. Dort habe man ihn als Betrüger entlarvt. Er sei dann zum Protestantismus übergetreten, habe im Lauf der Zeit zum Katholizismus gewechselt. Im Jahr 1883 hatte dieser «Gelehrte» auf Veranlassung Rohlings unter dem Pseudonym Dr. Justus eine Schrift im Stile Pfefferkorns veröffentlicht, unter dem Titel *Der Judenspiegel oder hundert neue entdeckte noch geltende Gesetze über das Verhältnis der Juden zu den Christen mit einer sehr interessanten Einleitung.*

Beide «Sachverständige» wurden vom Gericht abgelehnt, weil sie einen notorisch üblen Leumund hatten. Das Gericht lud nun Professor Nöldecke und einen Dresdner Gelehrten Wünsche, der sich als Hebraist einen Namen gemacht hatte durch seine Übersetzung von Teilen aus dem Talmud. Beide Gutachten dieser anerkannten Wissenschaftler bestätigten: Die von Rohling angeführten Stellen sind falsch übersetzt. Rohling wurde von den Gutachtern Ignoranz und betrügerische Manipulation nachgewiesen; sie milderten ihre Ausdrucksweise etwas, sie kennzeichneten seine Unwissenheit mit dem schönen Begriff des «Selbstbetrugs».

Rohling ließ es nun in dem von ihm angestrebten Prozeß nicht zu einem Gerichtsurteil kommen. Er zog seine Klage zurück und beantragte die Einstellung des Verfahrens. Die kaiserliche Regierung in Wien legte Rohling durch den Unterrichtsminister nahe, seine Professur an der Deutschen Universität in Prag aufzugeben. Rohling wurde 1898 auch kirchlich zensuriert und im selben Jahr vom Lehramt entfernt. Zu seiner Entschuldigung behauptete er, die Juden seien für das liberalistische Wirtschaftssystem verantwortlich.

Mit ähnlichen Argumenten versuchte der Abgeordnete Georg von Schönerer Einfluß auf die österreichischen Arbeiter zu gewinnen. Er wollte es dem reichsdeutschen Dom- und Hofprediger Adolf Stöcker gleichtun und einen christlichen Sozialismus in Österreich begründen. Doch gleichzeitig war dieser Herr von Schönerer ein Mitglied der Alldeutschen im österreichischen Reichsrat, und dieser Pangermanismus stieß die Österreicher ab.

Die antisemitische Agitation aber fiel auf fruchtbaren Boden, als sie sich mehr und mehr an das Kleinbürgertum wandte. Dr. Patai, der Rechtsanwalt Rohlings in dem Prozeß gegen Rabbiner Bloch, bekam Sitz und Stimme im Reichsrat. Dort waren die antisemitischen Abgeordneten mit dreizehn Mann eingezogen. Sie wurden zu einer Macht, als sich der ehemalige liberale Rechtsanwalt Dr. Karl Lueger ihnen zugesellte. Er trennte sich von seinen liberalen Prinzipien, wurde Sprecher des christlichen Wiens; er hatte fest den kleinen Ladenbesitzer im Auge, war ein glänzender Demagoge, auch er vertrat einen «christlichen Sozialismus», griff das Judentum, die liberale Partei und auch das Großkapital an. 1890 bekam der Wiener Gemeinderat bei den Wahlen fünfunddreißig Sitze einer christlich-sozialen Partei, die von Karl Lueger angeführt wurde. Ihre demagogischen Angriffe setzte sie auch auf der Straße fort. Es kam zu Überfällen auf jüdische Passanten, jüdische Geschäfte, und ganz besonders schlossen sich dieser Partei nationalistische Studenten an.

Bei den Kommunalwahlen 1895 bekamen die Antisemiten, das war die Christlich-Soziale Partei mit den Alldeutschen, eine Mehrheit im Wiener Stadtparlament. Sie wählten Lueger zum Bürgermeister von Wien. Der Kaiser aber bestätigte diese Wahl nicht. Der Ministerpräsident gab eine Erklärung ab, daß es nicht ratsam sei, mit der Würde des Stadtoberhaupts einen Mann zu betrauen, dessen Grundanschauung keine Gewähr für eine sachliche, leidenschaftslose, von allen agitatorischen Tendenzen freie und dem Prinzip der Bürgergleichheit gerecht werdende Verwaltung biete.

Aber der Gemeinderat von Wien bestand auf der Entscheidung.

Noch einmal versuchte die kaiserliche Regierung, diese Wahl nicht zu bestätigen. Es kam zu einem Kompromiß. Lueger sollte auf das Bürgermeisteramt zugunsten eines Mannes seines Vertrauens verzichten. Wenn er dann bei der nächsten Wahl wieder gewählt würde, hätte die Regierung nichts mehr gegen sein Bürgermeisteramt einzuwenden.

1897 wurde Lueger zum Bürgermeister gewählt und im Amt bestätigt. Noch heute heißt ein Teil der berühmten Ringstraße in der Umgebung des Rathauses Lueger-Ring.

Der Magistrat tat nun alles, was in seiner Macht stand, um die jüdischen Wiener Bürger zu schikanieren. Sie wurden aus den höheren städtischen Ämtern entlassen. Aufträge wurden nicht mehr an jüdische Firmen ausgegeben. Neu einwandernden Juden aus den österreichischen Ländern Galizien und Bukowina wurde das Leben erschwert, sie bekamen keine Konzessionen. Unbemittelten jüdischen Schülern der städtischen höheren Schule wurde das Schulgeld nicht erlassen. Auch in dem österreichischen Land Niederösterreich, das die Umgebung von Wien bildet, gewann die antisemitische Partei die Mehrheit. Es wurden dort ähnliche Maßnahmen wie unter Lueger in Wien eingeleitet.

Bis zu seinem Tode im März 1910 blieb Karl Lueger Bürgermeister der österreichischen Hauptstadt.

Auf einen Mann, einen deklassierten, stellungslosen, in Männerheimen hausenden Kunstmaler, hat die Politik Karl Luegers einen tiefen Eindruck gemacht, sein Leben und seine Weltanschauung mitbestimmt: Adolf Hitler. Er schrieb über Lueger in *Mein Kampf*: «Lueger ist der gewaltigste Bürgermeister aller Zeiten. Hätte Dr. Karl Lueger in Deutschland gelebt, würde er in die Reihe der großen Köpfe unseres Volkes gestellt worden sein.»

Die Gescheiterten

Es waren die Gescheiterten und die Entwurzelten, die im Deutschen Kaiserreich ihre Mißerfolge vor sich und anderen auf den übermächtigen und gefährlichen Einfluß einer jüdischen Rasse, einer jüdischen Weltverschwörung zurückführten. Und mit dieser antisemitischen Gesinnung, mit dieser Propaganda fanden sie Widerhall bei den in ihrer Existenz bedrohten Kleinbürgern, den kleinen Ladenbesitzern und Handwerkern, den so oft und so schwer verschuldeten Klein- und Mittelbauern.

All diese Propagandisten hier zu erwähnen ist sinnlos, sie sind längst vergessen, mit Recht vergessen. Eintagsfliegen. Einige jedoch sollen hier erwähnt werden, denn sie haben mit ihren Gedanken zur Ideologie der sogenannten nationalsozialistischen Bewegung eines Adolf Hitler beigetragen.

Da gab es einen verkrachten Bodenspekulanten Otto Glagau, der in der Krise der Gründerjahre seinen Ruin als das Werk des Weltjudentums bezeichnete. Zu diesem Thema schrieb er viele Beiträge in der *Gartenlaube* und benutzte in seinen Artikeln den Begriff vom «raffenden und schaffenden» Kapital, der in der Nazipropaganda und -politik eine so große Rolle spielte. Wilhelm Marr, selbst jüdischer Herkunft, hatte mit seinen *Zwanglosen antisemitischen Heften* dasselbe Schema aufgegriffen.

Eine kurze Bedeutung erlangte ein ehemaliger Berliner Schulrektor, Hermann Ahlwardt, der wegen krimineller Delikte aus dem Schuldienst entfernt werden mußte. Er bezeichnete sich nun selber als Rektor a. D. und ließ sich in seiner maßlosen Bescheidenheit als «Rektor aller Deutschen» anreden.

Dieser Ahlwardt verlegte sich auf eine anscheinend antikapitalistische und auch antifeudale Judenhetze. Er gab um 1890 die Broschüre *Judenflinten* heraus. Dort behauptete er, die Waffenfabrik Ludwig Löwe in Berlin habe mit Einverständnis der Alliance Israelité Universelle in Paris dem preußischen Heer minderwertige Waffen geliefert, damit Frankreich den nächsten Krieg gewinnen könne. Mit Reden gegen «Junker und Juden» hatte er in Pommern für sein Reichstagsmandat geworben und es 1892 auch bekommen. Dort forderte er sogar die Überführung der großen Güter in Gemeinbesitz. Diese Parolen hatte Ahlwardt aufgegriffen, um der Sozialdemokratie, die damals revolutionär war, Wählerstimmen zu entziehen.

Eine gescheiterte Existenz von gewichtigerem Format war der im

Weltkrieg so allmächtige Erste Generalquartiermeister der kaiserlichen Armee, Erich Ludendorff, extremer Annexionist, Exponent einer Kriegführung, die alle Teile des industriellen und gesellschaftlichen Lebens einbezog. Zunächst mit Hindenburg und später allein, stellte er die ganze Politik in die Erfordernisse der expansionistischen Bestrebungen. Bei Beginn des Krieges gab er sich als biederer Judenfreund aus. Als Generalstabschef des Oberkommandos Ost (Oberost) ließ er im ersten Kriegsjahr für das damals von der deutschen Armee besetzte «Russische Polen» einen Aufruf in jiddischer Sprache ausgehen: «An meine liben Jiden in Poilen». In dieser Proklamation versprach er der jüdischen Bevölkerung im besetzten zaristischen Gebiet die Befreiung vom russischen Joch und bot den so liebevoll Angeredeten eine Zusammenarbeit mit der deutschen Besatzungsarmee an. Ludendorff versprach sich viel von einer leichten Verständigungsmöglichkeit mit der deutschen Armee durch die jiddische Sprache. Damals erklärte Ludendorff: «Der Jude ist für uns unentbehrlich.» Aber selbst vage Hoffnungen einer im äußersten Elend lebenden jüdischen Bevölkerung in Polen auf Erleichterung ihres Loses wurden bitter enttäuscht. Der Generalstab Oberost verschickte Zehntausende von ihnen in die Zwangsarbeit, in die Waffenschmieden des Reiches.

Als sich aber die Niederlage der deutschen Armee für den allmächtigen Generalquartiermeister abzeichnete, diesen Organisator einer Expansion des Deutschen Reiches nach Ost und West, versuchte er, schon während des Krieges, den Schuldigen für seine Niederlage zu finden. Er fand ihn: den Juden. Bereits 1916 hatte die Heeresleitung unter dem Befehl von Ludendorff eine Anregung des deutschvölkischen, also antisemitischen Reichstagsabgeordneten Professor Dr. Ferdinand Werner aufgegriffen, die Statistik der jüdischen Frontsoldaten aufzustellen. Um sie für die jüdische Bevölkerung besonders ungünstig zu manipulieren, bekamen viele jüdische Soldaten am Zähltag Urlaub von der Front. Aber all diese Retouchen waren umsonst. Man konnte damit nicht beweisen, daß durch die «jüdischen Drückeberger» der Krieg eine so schlechte Wendung genommen habe. Die übergroße Mehrheit der jungen jüdischen Menschen war 1914 begeistert zu den Fahnen geeilt – ähnlich wie schon im Deutsch-Französischen Krieg 1870 –, genauso wie ihre christlichen Kameraden. Sie wollten die formale Gleichberechtigung mit ihrem Blut besiegeln.

Als extremer Annexionist war Ludendorff gescheitert. Nach dem Zusammenbruch der kaiserlichen Armee floh er aus Angst vor der deutschen Revolution nach Schweden. Als sie niedergeschlagen war, kehrte der deutsche Held, nun Zivilist, als extremer Antisemit zurück. Mit seiner Frau Mathilde gab er Broschüren heraus, in denen er nun als die Schuldigen an der Niederlage des Deutschen Reiches das Weltjudentum und die katholische Kirche bezeichnete. Er schloß sich der Nazibewegung an. Beim Hitler-Putsch 1923, der durch das bewaffnete Eingreifen der bayrischen Polizei zerschlagen wurde, stand Ludendorff in voller Generalsuniform als Aspirant für den Präsidentenposten dabei – an der Feldherrnhalle.

Ähnlich betätigte sich ein anderer hoher Befehlshaber der schimmernden Wehr des kaiserlichen Deutschland, Großadmiral Alfred von Tirpitz (1849–1930). Er drang, vom Beginn des ersten Weltkriegs an, auf einen uneingeschränkten U-Boot-Krieg gegen alle Handelsschiffe, feindliche und neutrale, die das gegnerische England anliefen. Die kaiserliche Regierung erklärte noch am 4. Mai 1916 den damals neutralen Vereinigten Staaten von Amerika, daß die Reichsleitung der Flotte die Weisung erteilt habe, Handelsschiffe nicht ohne Warnung und Rettung von Menschenleben zu versenken. Der Großadmiral, der oberste Befehlshaber der Flotte, Herr von Tirpitz, war mit dieser Erklärung der kaiserlichen Regierung nicht einverstanden. Er trat von seinem hohen Amt zurück.

Jedoch am 1. Februar 1917 folgte die Regierung dem Rat des zurückgetretenen Großadmirals und erklärte den uneingeschränkten U-Boot-Krieg, sie werde in Zukunft ohne Warnung auch neutrale Handelsschiffe versenken. Als am 3. Februar 1917 ein deutsches U-Boot ohne Warnung ein USA-Handelsschiff versenkte, erklärte die Regierung der Vereinigten Staaten am 6. April 1917 dem Deutschen Kaiserreich den Krieg und beschleunigte damit die Niederlage des kaiserlichen Heeres. Tirpitz hatte sich durchgesetzt.

Am 24. September 1917 beschäftigte er sich mit der Gründung einer neuen Partei, der Deutschen Vaterlandspartei, der Großadmiral außer Dienst übernahm den Vorsitz. Obwohl sich schon für jeden aufmerksamen Beobachter die kommende Niederlage des Deutschen Reiches abzeichnete, verstand sich diese Gruppierung als eine Einigungspartei, als Zusammenfassung aller vaterländischen Verbände zur Stärkung des Siegeswillens. Sie war für Durchhalten, sie war für Annexionen, sie war extrem antisemitisch. Der Alldeutsche Verband unter Justizrat Claß beteiligte sich mit einem starken Aufgebot. Auch Konservative, Nationalliberale und sogar die bisher sich liberal dünkende Fort-

Alfred von Tirpitz (Mitte)

schrittspartei fanden sich ein. Zu ihren prominenten Gründungsmitgliedern gehörten der Großindustrielle Wilhelm von Siemens und der Vorsitzende des Zentralverbandes Deutscher Industrieller, Max Röttger. Eine wichtige Rolle in dieser neuen Partei nahm ein bisher unbekannter Mann ein, der ostpreußische Generallandschaftsdirektor Kapp. Nach der Niederlage des Deutschen Kaiserreichs im November 1918 löste sich die Deutsche Vaterlandspartei Ende des Jahres auf.

Kapp war es, der 1920 mit General von Lüttwitz und der Schwarzen Reichswehr und den Freikorps einen Putsch gegen die Reichsregierung unternahm mit Parolen gegen «die Judenrepublik», sie stellten sich unter Hakenkreuzfahnen. Kapp hatte sich selbst zum Reichskanzler proklamiert. Diese Putschistenregierung wurde nach wenigen Tagen durch den Generalstreik der geeinten Arbeiterklasse gestürzt.

Die politische Entwicklung in den Ländern des Deutschen Reiches verlief nach der Niederlage nicht einheitlich. In Berlin bildeten die Sozialdemokratische Partei, die katholische Zentrumspartei und die bürgerlich-liberale Deutsche Demokratische Partei, nach den Wahlen zur Nationalversammlung in Weimar 1919 die erste Regierung. Der rechte Sozialdemokrat Noske übernahm das Reichswehrministerium. «Einer muß der Bluthund sein», sagte er. Die Weimarer Koalition mußte sich militärisch auf die reaktionären Freikorpsbanden stützen; sie waren bei Ausgang des Krieges von der deutschen Heeresleitung organisiert worden, um in den baltischen Ländern die sozialistische Revolution zu unterdrücken. Diese Freikorps kämpften für ihren Auftraggeber, die Weimarer Republik, mit Verachtung, ja mit Haß, sie beschimpften sie als Judenrepublik – obwohl in den neunzehn Kabinetten dieser Republik von 1919 bis 1933 von dreihundertsiebenundachtzig Ministern nur fünf jüdischer Herkunft waren. Die schwarzrotgoldene Fahne dieser Republik hieß bei den Freikorps die Judenfahne.

So hatte die ganze Rechte, die ganze Reaktion, die sich zu den alten Verhältnissen des Kaiserreichs zurücksehnte, eine betont stark antisemitische Färbung. Für sie war es nicht nur ein Kampf gegen die bürgerlich-demokratische Republik, es war auch ein Kampf gegen alle sozialistischen Tendenzen, sie nannten es: gegen den jüdischen Bolschewismus.

Der bekannte Alldeutsche Verband unter Justizrat Claß hatte ohne große Erschütterung alle Stürme des verlorenen Krieges und der Neuordnung des Deutschen Reiches überstanden. Seine einzige Sorge war, 1919 einen Sonderausschuß zu bilden, mit dem Ziel, eine reaktionäre antisemitische Massenorganisation zu gründen. Und mit ihr wollte man das verhaßte bürgerliche demokratische «System» stürzen. Zweihundert antisemitische Parteien, Gruppen, Verbände sollten vereinigt werden. Der Ruf nach dem Führer wurde laut. Man formierte sich am 18. Februar 1919 zum Deutschvölkischen Schutz- und Trutzbund. Große Gelder kamen von der Industrie. Eine führende Rolle in der Finanzierung übernahm Baurat Lucius, Hauptaktionär der Höchster Farbwerke. Dieser Konzern gehört zu den drei großen Gründungsfirmen der sich später formierenden I. G. Farben. Aber alles Bemühen des Deutschvölkischen Schutz- und Trutzbundes, in die Arbeiterklasse einzudringen, schlug fehl. Eine Massenbasis konnte diese reaktionäre Sammelorganisation nicht gewinnen. Nur in Bayern hatte eine antisemitische Bewegung großen Zulauf.

Siegfried Elfinger, Bildnis Erich Mühsam

München

Am 7. November 1918 zog ein großer Demonstrationszug in München zum Bayrischen Landtag. An der Spitze marschierte der Unabhängige Sozialdemokrat (USPD) Kurt Eisner. Auf die Nachricht, daß der König von Bayern geflohen sei, proklamierte er den Freien Volksstaat Bayern. Eisner war in München als brillanter Journalist bekannt, beliebt in der Arbeiterklasse, weil er sich schon seit langem gegen die Fortsetzung des Krieges gewandt hatte. Aber Kurt Eisner war jüdischer Abstammung. Und die Reaktion hetzte gegen diesen bürgerlich-demokratischen Ministerpräsidenten.

Am 21. Februar 1919 erschoß der Offizier Anton Graf Arco-Valley den bayrischen Ministerpräsidenten auf der Fahrt zum Landtag. Während der Stellvertretende Ministerpräsident, Erich Auer, dem Landtag den Tod Eisners mitteilte, wurde er durch einen Revolverschuß schwer verletzt, ein Besucher der Tribüne, ein Metzger Alois Lindner, war der Täter.

Diese Attentate brachten die Arbeiter Münchens auf die Straße. Weit über hunderttausend Menschen beteiligten sich an dem Trauerzug und demonstrierten gegen die Konterrevolution. Es erscholl der Ruf nach der Errichtung einer Räterepublik. Am 7. April 1919 proklamierten führende Mitglieder der Unabhängigen Sozialdemokratischen Partei (USPD), ein großer Teil der Sozialdemokratischen Partei (SPD), Anarchisten, Vertreter des Bayrischen Bauernbundes eine Bayrische Räterepublik.

An der Regierung beteiligten sich: der Dichter Ernst Toller, Vorsitzender der USPD in München, der Schriftsteller Ernst Niekisch, Mitglied der SPD, und die beiden anarchistischen Schriftsteller Gustav Landauer und Erich Mühsam. Die junge Kommunistische Partei warnte vor dem Experiment und trat dieser Regierung nicht bei. Die neugebildete Räterepublik tat nichts, um die reaktionären bürgerlichen bayrischen Beamten von ihren Schreibtischen zu entfernen.

Schon der Name Räterepublik brachte die gesamte Bourgeoisie Münchens in Harnisch. Sie bildeten eine Gegenregierung, ihr schlossen sich auch die rechten Führer der Sozialdemokratischen Partei an. Aber diese Regierung war in München aktionsunfähig, sie verlegte ihren Sitz nach Bamberg. Von dort aus arbeitete sie mit der schwärzesten Konterrevolution zusammen.

Ein großer Teil der Reichswehr, die in München stationiert war, putschte am 13. April gegen die Räteregierung. Nun erhoben sich die revolutionären Arbeiter auf Veranlassung der Kommunisten gegen diesen konterrevolutionären Putsch und schlugen ihn nieder. Die Vollversammlung der Münchner Betriebs- und Soldatenräte wählte einen fünfzehnköpfigen Aktionsausschuß, der aus Mitgliedern der Kommunistischen Partei, der Unabhängigen Sozialdemokratischen Partei und der Sozialdemokraten bestand. Der Aktionsausschuß wählte ein vierköpfiges Organ, den Vollzugsrat, unter dem Vorsitz des Kommunisten Eugen Leviné. Die neue Räteregierung versuchte alles bisher Versäumte nachzuholen: die Bewaffnung der Arbeiter in den Betrieben, die Bildung einer Roten Armee. Man begann die bürgerlichen konterrevolutionären Banden zu entwaffnen, man wechselte die reaktionären Beamten in der Staatsverwaltung aus und übernahm die Kontrolle der Produktion in den Betrieben und bereitete die Nationalisierung der Banken vor.

Die Konterrevolution griff zu den Waffen. Es kam zu Gefechten. Im Anfang erzielte die Rote Armee bei Dachau und Hohenhein militärische Erfolge. Leider kam es zu Differenzen in der Leitung des Vollzugsrates. Die Führer der USPD schwächten die Kampffront der Münchner Arbeiter. Bürgerliche Zeitungen durften in München weiter erscheinen und gegen die bestehende Rätemacht agitieren. Die Kommunisten traten deswegen aus dem Aktionsausschuß aus. Jetzt wurde der neue Ausschuß von Ernst Toller geleitet.

Am 1. Mai drangen die Truppen der Gegenregierung, unterstützt von den Freikorpsbanden, in München ein. Drei Tage wurde hart gekämpft. Die Reichswehr unter General Ritter von Epp setzte Flammenwerfer und Panzerwagen ein. Der Terror der Konterrevolution. Wer mit der Waffe in der Hand von den Soldaten der Reichswehr und der Freikorps angetroffen wurde, der wurde standrechtlich erschossen. Es gab auf seiten der Verteidiger der Räterepublik über tausend Tote. Eugen Leviné wurde ergriffen, vor ein Sondergericht gestellt, zum Tode verurteilt und erschossen. Ebenso der Schriftsteller Gustav Landauer und der Oberbefehlshaber der bayrischen Roten Armee, Rudolf Egelhofer. Ernst Toller und Erich Mühsam wurden von den Sondergerichten zu langjährigen Zuchthausstrafen verurteilt. Nach Errichtung der Nazidiktatur mußte Ernst Toller ins Exil gehen, Erich Mühsam wurde unter unsäglichen Qualen im Konzentrationslager ermordet.

Es war merkwürdig. An der Spitze dieser Räterepublik hatten fast nur Intellektuelle gestanden. Schriftsteller, die sich durch ihren tapfe-

Hitler und Göring

ren Kampf gegen den Krieg in München bei den Arbeitern einen Namen gemacht hatten. Ernst Toller, Erich Mühsam, Gustav Landauer und auch Eugen Leviné stammten aus jüdischen Familien. Sie hatten, wie Eisner, längst mit der jüdischen Religion gebrochen, aber für die

Presse der Konterrevolution, für das gesamte Groß- und Kleinbürgertum, für alles, was schwarz und rückständig war in Bayern, waren sie die leibhaftigen Vertreter des gefürchteten jüdischen Bolschewismus.

In diesem München von 1919 hatte nun die Reichswehr tatsächlich die Macht in der Hand; sie stellte in ihrer Presse- und Propagandaabteilung des bayrischen Reichswehrgruppenkommandos den stellungslosen Adolf Hitler ein, einen Österreicher aus Braunau am Inn, der sich 1914 freiwillig zur deutschen Armee gemeldet hatte. Diese Abteilung interessierte sich sehr für alle politischen Vorgänge in München nach der Zerschlagung der Räteherrschaft. Sie richteten für ihre Soldaten politische Kurse ein. Sie schickten ihren Angestellten Adolf Hitler als Beobachter dort hin. Er ergriff plötzlich das Wort, um einem Teilnehmer, der für die Juden eingetreten war, zu widersprechen. Das sagte den Offizieren der Reichswehr zu, sie übertrugen dem Mann den Posten eines Bildungsoffiziers bei einem Münchner Regiment.

Im September 1919 bekam Hitler von der politischen Abteilung der Reichswehr in München den Auftrag, eine politische Gruppe zu beobachten, die sich Deutsche Arbeiterpartei nannte. Er wurde als Spitzel hingesandt. Man vermutete in dieser Arbeiterpartei sozialistische oder gar kommunistische Tendenzen. In dieser Deutschen Arbeiterpartei war ein Mann, der Hitlers Interesse erregte. Gottfried Feder. Er hatte die sogenannte Brechung der Zinsknechtschaft erfunden. Ein anderes Mitglied, das Hitler «den Professor» nannte, bezweifelte die Richtigkeit der Federschen Behauptung. Der Professor schlug statt dessen die Loslösung des Freistaats Bayern von Preußen und den Anschluß an Deutsch-Österreich vor. Hitler war empört, vergaß seinen Auftrag als stiller Beobachter, redete und redete. Der Vorsitzender dieser Deutschen Arbeiterpartei, Anton Drexler, ein unbeholfener Schriftsteller und noch ungeschickterer Redner, war von diesem Mann fasziniert. Er soll gesagt haben, «diese Goschen müssen wir für uns gewinnen». Drexler hatte seine Theorien in einer kleinen Broschüre Adolf Hitler mitgegeben. Es war sein Ziel, die Arbeiterschaft von den marxistischen Parteien, wie er sie nannte, loszulösen und sie für eine nationale Bewegung zu gewinnen. Für solch eine reaktionäre Zielsetzung war Antisemitismus, und ganz besonders in dem Klima von München, selbstverständlich. Hitler wurde Mitglied Nummer 7 in Anton Drexlers Deutscher Arbeiterpartei. Hier lernte er zwei Leute kennen, die wichtig für ihn wurden, den Hauptmann Ernst Röhm, rücksichtslos, tatkräftig, homosexuell, er organisierte den militärischen Schutz, die Sturmabteilung, die SA. Der andere, Dietrich Eckart, von Hitler der geistige Begründer des Nationalsozialismus genannt, einundzwanzig Jahre älter als Hitler, Journalist, ein völkischer Dichter, Alkoholiker und Morphinist. Er hatte über die neue Partei, die da zu gründen wäre, nachgedacht: «Ein Kerl muß an die Spitze, der ein Maschinengewehr hören kann. Das Pack muß Angst in die Hosen kriegen. Einen Offizier kann ich nicht brauchen, vor dem hat das Volk keinen Respekt mehr. Am besten wäre ein Arbeiter, der das Maul auf dem richtigen Fleck hat. Herrgott, wenn Noske nicht so ein Arschloch gewesen wäre. Verstand braucht er nicht viel. Die Politik ist das dümmste Geschäft auf der Welt ... Ein eitler Affe, der den Roten eine saftige Antwort geben kann und nicht vor jedem geschwungenen Stuhlbein davonläuft, ist mir lieber als ein Dutzend gelehrter Professoren, die zitternd auf dem feuchten Hosenboden der Tatsachen sitzen. Er muß ein Junggeselle sein, dann kriegen wir die Weiber.» Der Mann war für Dietrich Eckart gefunden: Adolf Hitler. Im letzten Satz seines Buches *Mein Kampf* dankt Hitler diesem Mentor, «der als der Besten einer sein Leben dem Erwachen seines, unseres Volkes gewidmet hat im Dichten und im Denken und am Ende in der Tat».

Das war das München 1919. München, Hauptsitz der Konterrevolution, von Hitler später Hauptstadt der Bewegung genannt.

Walther Rathenau

Die Errungenschaften der Novemberrevolution wollte eine starke Gruppe der Militärs beseitigen. Schon im Sommer 1919 wurde unter dem Vorsitz des Hauptmanns Waldemar Pabst, des Hauptorganisators des Mordes an Karl Liebknecht und Rosa Luxemburg, eine Nationalvereinigung gegründet. Diese Gruppierung wurde von den Eisen- und Stahlgroßindustriellen unterstützt: Borsig, Kirdorf, Stinnes und Vögler. Auch deutschnationale Politiker, Karl Helffrich und Alfred Hugenberg, der spätere Wirtschaftminister Hitlers, waren dabei. Sie wollten bei den Siegermächten militärische Forderungen durchsetzen: die Reichswehr sollte nicht auf hunderttausend Mann beschränkt werden; die Freikorps und Marinebrigaden, die sogenannte Schwarze Reichswehr, sollten bestehenbleiben; die laut Waffenstillstandsvertrag abzuliefernden Waffen sollte die Reichswehr behalten. Außerdem verlangten sie den Rücktritt der Reichsregierung und des Reichspräsidenten und eine Neuwahl der Nationalversammlung. Reichspräsident Ebert und Reichskanzler Bauer, beide Sozialdemokraten, wollten die Reichswehr gegen die Putschisten einsetzen. Aber Generalmajor Hans von Seeckt, der Chef des Truppenamtes und faktisch Oberbefehlshaber der Reichswehr, erklärte: «Reichswehr schießt nicht auf Reichswehr.»

Am 13. März 1920 zog die Marinebrigade Erhard in Berlin ein. Mit dem Lied «Hakenkreuz am Stahlhelm, schwarzweißrotes Band, die Brigade Erhard werden wir genannt». Sie sangen auch noch anderes:

Schlagt alle Juden tot.
Haut alle Juden tot.
Schlagt alle tot.
Ebert und Scheidemann
kommen auch noch dran.
Schlagt alle Juden tot.
Haut alle Juden tot.

Der militärische Führer dieses Putsches war der ehemalige General von Lüttwitz, zum Reichskanzler ernannten die Putschisten den ehemaligen Generallandschaftsdirektor von Ostpreußen, Wolfgang Kapp (1858–1926). Es war der Versuch der politischen und militärischen Reaktion, eine Militärdiktatur in Deutschland zu errichten, die antikommunistischen und die antibolschewistischen Parolen waren neben den antisemitischen unüberhörbar.

Walther Rathenau

Die Regierung floh erst nach Dresden, dann nach Stuttgart. Die Arbeiterklasse, die Kommunistische Partei, die Unabhängige Sozialdemokratische Partei und die Sozialdemokratische Partei, alle Gewerkschaften riefen zum Generalstreik auf.

Am 17. März 1920 mußten die Putschisten fliehen.

Die Marinebrigade Erhard löste sich nicht auf. Sie zog sich nach München zurück, nannte sich Organisation Consul oder O. C. und wurde die bewaffnete Terrorgruppe aller nationalistischen Parteien und Gruppierungen.

Die O. C. ermordete den Zentrumspolitiker Matthias Erzberger, sie machte ihn für die Unterzeichnung des Versailler Vertrages verantwortlich. Die Mörder wurden festgestellt, verhaftet, aber, da sie aus der O. C. kamen, von der reaktionären Justiz freigesprochen.

Am 24. Juni 1922 wurde der deutsche Außenminister Walther Rathenau von den beiden Mitgliedern der O. C. Ernst Werner Techow und dem ehemaligen Offizier Erwin Kern ermordet.

Walther Rathenau war vorher in maßloser Weise von der Rechtspresse und von den antisemitischen und reaktionären Parteien angegriffen worden. Er wurde «Gerichtsvollzieher der Entente» genannt, «die Peitsche Judas über dem Rücken des deutschen Volkes».

Einer der ältesten antisemitischen Propagandisten, Theodor Fritsch, wußte genau, wen er sich als Zielscheibe ausgesucht hatte. Er schrieb über Rathenau: «Rathenau ist gewiß einer der Besten seiner Rasse und sichtlich von dem Streben bewegt, sich von jüdischer Engigkeit loszuringen, bemüht, allgemein menschlich zu empfinden und gemeinnützig zu wirken. Und doch verrät er unwillkürlich, daß er mit seinem noch so vorzüglichen jüdischen Gehirn letzten Endes nur mechanistisch und kapitalistisch denken kann, nicht organisch aufbauen, nicht ethisch und ideal-förderlich, nicht menschheit-erhebend, nicht gemeinsinnig, sondern nur privat-vorteilig, nicht beseelend, sondern nur verstofflichend, nicht schenkend, sondern ausbeutend.»

Auf der Straße grölte man:

«Schlag tot den Walther Rathenau,
die gottverfluchte Judensau.»

Rathenau hatte im Auftrag der Regierung und unter dem linken Zentrumspolitiker Reichskanzler Wirth am 16. April 1922 den Rapallo-Vertrag mit der Russischen Sozialistischen Föderativen Sowjetrepublik unterzeichnet; dieser Vertrag wurde später auf alle Sowjetrepubliken ausgedehnt. Er normalisierte die diplomatischen Beziehungen, verzichtete beiderseits auf Erstattung von Kriegskosten. Die Sowjetrepublik erkannte auch den Versailler Vertrag der Westmächte nicht an. Mit dem Rapallo-Vertrag hatte die Weimarer Republik ihre außenpolitische Bewegungsfreiheit vergrößert. Aber gerade das war für die Rechtskreise – weil nicht sie es geschafft hatten – ein besonderer Haßimpuls.

Auf der Fahrt von seiner Villa in Wannsee ins Außenministerium wurde er aus einem überholenden Wagen erschossen. Rathenau hatte, obwohl ihm die Morddrohungen täglich ins Haus flatterten, auf jeden Begleitschutz verzichtet.

Die Mordtat erregte die Republik. Der Reichstag beschloß daraufhin ein Republikschutzgesetz. Aber das wurde von der reaktionären Justiz nur gegen die linken Parteien, vor allem gegen die Kommunisten angewandt.

Zehn Tage nach der Ermordung von Walther Rathenau wurde der Schriftsteller und Herausgeber der politischen Wochenschrift *Die Zukunft*, Maximilian Harden, im Grunewald von zwei O. C.-Angehörigen mit Knüppeln niedergeschlagen und lebensgefährlich verletzt. Harden stammte aus einer jüdischen Familie, wandte sich aber schon frühzeitig dem Christentum zu. Er wurde einer der brillantesten Journalisten der Kaiserzeit, in seiner Haltung war er jedoch voller Widersprüche. Zuerst griff er in seiner Wochenschrift die Politik Wilhelms II. an, er kämpfte offensiv gegen die abenteuerlichen Propagandareden des Kaisers und unterstützte die vom Kaiser abgelehnte Politik des Altkanzlers Bismarck. Er griff auch die Berater des Kaisers an, enthüllte Hofskandale, wurde vielfach wegen Majestätsbeleidigung angeklagt und sogar oft in aufsehenerregenden Prozessen freigesprochen.

Bei Beginn des ersten Weltkriegs war er ein glühender Verfechter der deutschen Eroberungspolitik, erst im Verlauf des Krieges änderte er seine Haltung, wurde Pazifist und Gegner jedes Nationalismus. Deswegen wurde er von allen reaktionären Kreisen gehaßt und verfolgt. Tatsächlich war aber seine Wirkung in der Weimarer Republik gering geworden, doch er galt bei den Nationalisten als ein Vertreter der «jüdisch beherrschten» Presse.

Die Organisation Consul trat später geschlossen in die SS ein.

Der erste Boykott und die Folgen

Nachdem die Nationalsozialisten mit Hitler als Reichskanzler am 30. Januar 1933 die Staatsmacht in Deutschland übernommen hatten, wurden die Vorgänge im Reich in der ausländischen Presse stark beachtet. Die Führungsgruppe der Nazis glaubte, die kritischen Berichte, die im Ausland über die Verhaftungen, die Einrichtungen von Konzentrationslagern erschienen, seien das Werk von «jüdischen Drahtziehern», von der «jüdischen Weltverschwörung gegen Deutschland» eingeleitet. Es ist immer schlimm, wenn Reaktionäre ihre eigene Propaganda glauben. Und das taten sie.

Mit einem Juden-Boykott wollten sie dieser «Greuelpropaganda» entgegentreten. Die Reichsleitung der NSDAP rief ein Zentralkomitee ins Leben, um die Gegenmaßnahme zu organisieren. Der antijüdische Boykott sollte am 1. April 1933 Punkt 10 Uhr beginnen.

An die Spitze dieses Zentralkomitees wurde als Symbolfigur der Gauleiter von Franken und berüchtigte Herausgeber des *Stürmers*, Julius Streicher, berufen. Sofort wurden in Stadt und Land Aktionskomitees gebildet; Streicher unterstanden dabei SA und SS und alle anderen Parteiformationen. Es wurde angeordnet, die jüdischen Geschäfte am 1. April 1933 geöffnet zu halten. Alle jüdischen Angestellten sollten vollständig anwesend sein, die nichtjüdischen hätten den Arbeitsstellen fernzubleiben; das aber geschah in den wenigsten Fällen.

Auch jüdische Ärzte, Rechtsanwälte, Professoren und andere Hochschullehrer sollten boykottiert werden.

Vor jedem Laden, vor jedem Rechtsanwaltsbüro, vor jeder Arztpraxis wurden SA-Wachen aufgestellt mit Plakaten und Farbtöpfen. Noch war angeordnet, «einem Juden soll kein Haar gekrümmt werden». Die Fensterscheiben, Türen und Wände jüdischer Geschäfte wurden mit Plakaten beklebt, mit Farbe beschmiert: «Juda verrecke!» und «Achtung, Lebensgefahr!» und einfach nur das Wort «Jude».

Es kam zu Tätlichkeiten. In Regensburg wurden einhundertsieben jüdische Geschäftsleute in sogenannte Schutzhaft genommen. In kleinen Orten bedrohten örtliche Parteiorgane jeden Einwohner der Gemeinde, der einem jüdischen Mitbürger Lebensmittel verkaufte, mit einem Lieferboykott. Ärzten und Dozenten wurde gekündigt. Der weltberühmte Professor Bernhard Zondek, der gemeinsam mit Professor Selmar Aschheim unter anderem den Schwangerschaftsnachweis

aus dem Harn entwickelt hatte, wurde von der Berliner Universitätsleitung und dem Krankenhaus in Berlin-Spandau «beurlaubt».

Aus einem Aufruf des Krefelder Sturmbannführers Aigeltinger im bürgerlich-konservativen Krefelder *Generalanzeiger* vom 11. April 1933 wird eine Gegenbewegung sichtbar:

«An die gesinnungslosen Damen Krefelds! Da uns nicht unbekannte Frauen und Mädchen Krefelds den SA-Boykott gegen die jüdische Greuelpropaganda mit einem Boykott des christlich-gewerblichen Mittelstandes beantworten, warnen wir diese. Sie sollen sich schließlich nicht wundern, wenn die SA sie demnächst genauso behandelt, wie einst die ehrlosen Weiber behandelt wurden, die mit den belgischen Soldaten und den belgischen Offizieren in der Besatzungszeit verkehrten. Wir haben die Augen offen.»

In der Berliner Universität wurden am 13. April 1933 *Thesen wider den undeutschen Geist* angeschlagen. Darin hieß es: «Unser gefährlicher Widersacher ist der Jude und der, der ihm hörig ist. Der Jude kann nur jüdisch denken, schreibt er deutsch, dann lügt er. Der Deutsche, der deutsch schreibt, aber undeutsch denkt, ist ein Verräter! Der Student, der undeutsch schreibt und spricht, ist außerdem gedankenlos und wird seiner Aufgabe untreu.

Boykott 1933

Wir wollen die Juden als Fremdlinge achten. Wir wollen das Volkstum ernst nehmen. Wir fordern deshalb von der Zensur: Jüdische Werke erscheinen nur in hebräischer Sprache. Erscheinen sie deutsch, sind sie als Übersetzungen zu kennzeichnen. Schafft ein Schreiben gegen den Mißbrauch der deutschen Schrift. Deutsche Schrift steht nur den Deutschen zur Verfügung. Der undeutsche Geist wird aus öffentlichen Büchereien ausgemerzt.»

So wurde die Bücherverbrennung vom 10. Mai 1933 vorbereitet. Es wurden nicht nur die Bücher fortschrittlicher Autoren, sondern auch völlig unpolitische Werke von Autoren jüdischer Herkunft auf den Scheiterhaufen geworfen.

Die Angriffe gegen Wissenschaftler wurden öffentlich geführt. Es hieß im gleichen Jahr in der *Preußischen Zeitung* in Königsberg: «Die Aufräumung dieses Judenwissenschaftsbetriebes nimmt ihren Anfang. Sie wird fortgesetzt, bis die Wissenschaft wieder auf deutsche Art und von deutschen Männern verwaltet wird. Wenn die Juden Wissenschaft betreiben wollen, dann sollen sie jüdische Wissenschaft betreiben und können nach Jerusalem ziehen.

Aber sie sollen uns damit verschonen. Wenn sie jüdische Machwerke als wissenschaftliche Erzeugnisse veröffentlichen wollen, dann können sie es in jüdischer Schrift und Sprache tun. Aber sie sollen unsere Schrift und unsere Sprache nicht dazu mißbrauchen.»

«Machwerke» dieser Art hatten weltberühmte Nobelpreisträger veröffentlicht: die Physiker Albert Einstein, James Franck und Gustav Hertz, die Chemiker Fritz Haber und Richard Willstätter, die Mediziner Otto Loewi und Otto Meyerhof und der Biologe Otto H. Warburg. Mit diesen mittelalterlichen Erklärungen wurden Forschung und Lehre an den deutschen Universitäten nahezu unmöglich gemacht.

Auch nichtjüdische Gelehrte und Forscher waren von diesen Dunkelmännern bedroht und betroffen. Mit Nachdruck hatte der mit dem Nobelpreis ausgezeichnete Physiker Werner Heisenberg sich gegen die Naziverfemungen gewandt und betont, daß die Relativitätstheorie zu den absolut gesicherten Grundlagen der Physik zähle. Da er sich bei seinen Erklärungen außerdem auch auf die Versuche des amerikanischen Physikers Albert Michelson stützte, wurde er von den Nazis hart angegriffen. Schon meldete sich am 10. November 1934 ein Oberstudienrat, Rosskoten, aus Berlin. Er schrieb an den Chefphilosophen der NSDAP, Alfred Rosenberg; seine Formulierungen zeigen den beflissenen und mörderischen Ton der Denunzianten: «Wenn es schon ein Skandal ist, daß der amerikanische Jude Michelson und der niederträchtige Jude Einstein von den rasseverräterischen Schweden den Nobelpreis erhielten, den ihnen die jüdische Internationale zuschanzte, so ist es doch noch weniger zu verstehen, wenn ein deutscher Hochschulprofessor, der schon aufgrund seiner Lehrtätigkeit der nationalsozialistischen Bewegung anzugehören hat, für diesen Verbrecher eintritt.

Gehört ein solcher Mann auf den Lehrstuhl einer deutschen Hochschule? Nach meiner Ansicht sollte man ihm Gelegenheit geben, sich einmal gründlich mit den Lehren der Juden von der Sorte Einsteins und Michelsons zu befassen. Das Konzentrationslager ist zweifellos der geeignete Platz. Auch dürfte eine Anklage wegen Volks- und Rasseverrat fällig sein.»

Heisenberg kam, wie das Amt Rosenberg dem Beschwerdeführer mitteilte, damals noch mit einem Verweis davon, Rücksicht auf das Ausland, war die Begründung.

Die Liste von jüdischen Wissenschaftlern, Ärzten, Schriftstellern, Schauspielern, Theaterleitern, Musikern, die Deutschland verlassen mußten, ist hier nicht anzuführen. Auch Nichtjuden schlossen sich ihnen an. Thomas Mann, der eher eine konservative Haltung eingenommen hatte, emigrierte. Der berühmteste deutsche Schauspieler der damaligen Zeit, Albert Bassermann, Träger des legendären Ifflandringes – die höchste Ehrung, die ein deutscher Schauspieler bekommen konnte –, verließ Deutschland. Er war mit einer jüdischen Schauspielerin verheiratet und weigerte sich, sich von ihr zu trennen oder sie auch nur zu verleugnen.

Max Liebermann, Ehrenpräsident der Preußischen Akademie der Künste, schrieb am 9. Mai 1933 dieser angesehensten Stätte des deutschen Kulturlebens: «Ich habe während meines langen Lebens mit allen Kräften der deutschen Kultur zu dienen gesucht. Nach meiner Überzeugung hat Kunst weder mit Politik noch mit Abstammung etwas zu tun. Ich kann daher der Preußischen Akademie der Künste, deren Ordentliches Mitglied ich seit mehr als dreißig Jahren und deren Präsident ich durch zwölf Jahre gewesen bin, nicht länger angehören, da dieser mein Standpunkt keine Geltung mehr hat. Zugleich habe ich das mir verliehene Ehrenpräsidium der Akademie niedergelegt.»

Die soziale Zusammensetzung des jüdischen Teils der Bevölkerung wies einige Besonderheiten auf, die sich aus der Geschichte der Juden in Deutschland ergeben hatten. Als Bauern hatten sie kaum einen Zugang zu einer Erwerbsmöglichkeit gefunden. Als Handwerker hatte man ihnen durch Zünfte jede Tätigkeit unmöglich gemacht, erst nach der Auflösung der Zunftordnungen in der ersten Hälfte des

Max Liebermann vor einem Wahllokal 1932

19. Jahrhunderts hatten sie sich nach und nach Handwerksberufen zuwenden können. Der Beruf des kaufmännischen Angestellten wurde gern ergriffen, denn es bestand die Möglichkeit, in Handelsunternehmen beschäftigt zu werden. Der Anteil jüdischer Besitzer im Groß- und Kleinhandel war relativ hoch, auch im Bankgewerbe. Oft wurden Berufe vom Vater auf den Sohn vererbt.

Die Nazipropaganda hatte jahrelang gegen den Einfluß jüdischer Warenhausketten gekämpft; sie hatte dagegen eine Mittelstandsorganisation, den Kampfbund für gewerbliche Wirtschaft, gegründet. Ihre Anhänger, die Besitzer kleiner Läden, waren fest davon überzeugt, mit der Machtübernahme durch die Nazis würden auch die Warenhäuser verschwinden.

Das war natürlich eine Illusion. Die Warenhäuser wurden «arisiert». So wurde die Warenhauskette Leonhard Tietz AG in Köln von einer Kapitalistengruppe unter Führung von Abraham Frowein aus Elberfeld, einem Vertreter der Kunstseidenkonzerne Bemberg und Glanzstoff, übernommen, unter der Firma Kaufhof weitergeführt. Der Warenhauskonzern Hermann Tietz in Berlin wurde von einem «rein arischen» Kapitalisten aufgekauft, in Hertie umbenannt. Die Kaufhauskette Gebrüder Alsberg in Duisburg, die nur im rheinisch-westfälischen Raum einige Kaufhäuser errichtet hatte, wurde von einem kapitalkräftigen Angestellten der Firma Alsberg, einem Herrn Horten, übernommen und zu einer der größten Warenhausketten in Deutschland umfunktioniert. Der Kaufhauskonzern von Rudolf Karstadt, nur von einem Teil jüdischer Aktionäre getragen, geriet mit den zugehörigen EPA-Betrieben (Einheitspreisläden) in die Hände der Didier-Werke Wiesbaden, der Versicherungsgruppe Münchmeyer und weiterer vier Banken.

Die Warenhäuser und Banken wurden nicht abgeschafft, wie so viele Anhänger der Nazis geglaubt hatten, die unter der Parole von der «Brechung der Zinsknechtschaft» diese Partei unterstützt und gewählt hatten, im Gegenteil: Sie wurden beträchtlich vergrößert.

Die Konzentration des Kapitals schritt voran. Die Waffenfabrik Simson in Suhl, deren Inhaber Arthur Simson der jüdischen Konfession angehörte, war den Nazis ein besonderer Dorn im Auge. Nach der Errichtung der faschistischen Diktatur organisierte die NSDAP Demonstrationen, um den Inhaber zu veranlassen, sein Unternehmen zu veräußern. Es wurden kriminalpolizeiliche Untersuchungen eingeleitet unter dem Vorwurf der Korruption und der Entgegennahme von

Antijüdisches Plakat

Überpreisen für Reichswehraufträge. Die Anklageerhebung führte zu keinem Ergebnis. Doch der Druck auf die Familie Simson wurde unerträglich. Sie mußte am 1. Februar 1934 die Leitung ihres Unternehmens abgeben.

Das Heereswaffenamt fragte beim Flick-Konzern an, ob man dort ein Interesse am Erwerb der Suhler Fabrik habe. Die Verhandlungen blieben erfolglos. Nun wurde ein konzentrierter Angriff unternommen: Das Reichswehrministerium, das preußische Innenministerium, der Reichsführer-SS und der Bevollmächtigte Hitlers für Wirtschaftsfragen, Keppler, verlangten den Verkauf. Die Familie Simson mußte Deutschland verlassen.

Gauleiter Sauckel wandelte die Fabrik 1936 in die Wilhelm-Gustloff-Stiftung um. Im Verwaltungsrat saßen Vertreter der Gauleitung, des Reichsstatthalters, des Heereswaffenamtes und der Zeiss-Werke Jena, die für die Rüstung unentbehrlich waren.

Die beiden großen Zeitungskonzerne Ullstein und Rudolf Mosse in Berlin, die auch von jüdischen Inhabern verwaltet wurden, unterstanden nun, «arisiert», dem Reichspropagandaminister Goebbels. Jüdischen Angestellten auch von Großbanken und Warenhäusern wurde gekündigt. «Die Zugehörigkeit zur jüdischen Rasse», behauptete die Nazizeitung *Der Angriff* in Berlin, «ist ein legaler Grund zur Entlassung.» Die Berichte des *Stürmers* wurden von Tagespresse und Rundfunk übernommen. Im Mai 1934 brachte der *Stürmer* sogar eine Sondernummer, *Ritualmord*, heraus, mit der Überschrift: «Jüdischer Mordplan gegen die nichtjüdische Menschheit aufgedeckt!»

Die Arbeiterfunktionäre, Funktionäre der KPD, der SPD und der Gewerkschaften, waren zu Zehntausenden verhaftet und in die Konzentrationslager gebracht worden. Funktionären jüdischer Herkunft erging es dort besonders hart. In Dachau wurden in den ersten zwei Jahren der Naziherrschaft sechzig Arbeiterfunktionäre jüdischer Herkunft und bürgerliche Juden ermordet.

Der Terror wurde auch über die Grenzen hinaus geführt. Der Heidelberger Geschichtsphilosoph Theodor Lessing, der in der Weimarer Zeit offen gegen Faschismus und Krieg aufgetreten war, wurde am 30. August 1933 von Fememördern, die über die Grenze geschleust waren, in Mariánské Lázně (Marienbad) ermordet.

Innenpolitische Schwierigkeiten der Naziregierung zwangen die Behörden zu einer Atempause in der antijüdischen Gesetzgebung und der Praxis.

Im systematischen Zusammenhang mit dem Juden-Boykott vom 1. April 1933 ging der «Arisierungsprozeß» vonstatten. Noch im gleichen Monat wurden auf dem Verfügungs- und Verwaltungswege einschneidende Maßnahmen gegen die bürgerliche Gleichberechtigung der jüdischen Mitbürger erlassen, wie das Verbot der Neuzulassung von jüdischen Rechtsanwälten. Bestehende Zulassungen sollten zurückgenommen werden. In einer Durchführungsverordnung zum Berufsbeamtengesetz wurde der Begriff des Nichtariers bestimmt. Sogenannte Mischlinge ersten und zweiten Grades wurden von dem Gesetz betroffen. Am 22. April erging als eine ausgesuchte Schikane das Verbot des Schächtens, des Schlachtens nach religionsgesetzlicher Vorschrift. Am nächsten Tag kam das Verbot der Neuzulassung von jüdischen Patentanwälten, am gleichen Tag auch der Ausschluß jüdischer Ärzte aus den Krankenkassen. Noch Ende April wurde der Erlaß eines Numerus clausus für Schulen und Hochschulen herausgegeben. Es durften nur so viel jüdische Schüler und Studenten zugelassen werden, wie es der Prozentzahl des jüdischen Bevölkerungsanteils entsprach.

Im Mai griff man zurück auf die Durchführungsverordnung zum Berufsbeamtengesetz vom 11. April, das den Begriff des Nichtariers festgesetzt hatte. Honorarprofessoren, Privatdozenten und Notare unterlagen nun den gleichen Bestimmungen. Am gleichen Tag, dem 6. Mai 1933, wurde auch das Verbot der Zulassung von jüdischen Steuerberatern verkündet. Anfang Juni wurden jüdische Zahnärzte und Zahntechniker aus den Krankenkassen ausgeschlossen.

Anfang Juli wurde verkündet, daß Ehestandsdarlehen nicht mehr gewährt werden, wenn einer der Ehegatten «nichtarisch» ist. Im gleichen Monat kam das Gesetz über den Widerruf von Einbürgerung ehemals ausländischer oder staatenloser jüdischer Menschen. Das galt auch für das Einbürgern von Emigranten, es betraf zahlreiche Bürger, die aus Polen nach Deutschland verzogen waren. Am 18. Juli wurde das Gesetz über die Einziehung volks- und staatsfeindlichen Vermögens verkündet. Es richtete sich in erster Linie gegen Kommunisten und Sozialdemokraten. Später wurde dieses Gesetz auch gegen parteipolitisch völlig neutrale jüdische Bürger angewandt. Zwei Tage später wurde die Anordnung veröffentlicht, daß eine Zulassung zur Rechtsanwaltschaft versagt werden kann, wenn der Antragsteller als Beamter, also als Richter oder Staatsanwalt oder Notar, aufgrund des Arier-Paragraphen aus seinem Amt entlassen wurde.

Am 22. September trat das Gesetz über die Errichtung der «Reichskulturkammer» in Kraft. Dieses Gesetz wurde zu einer Maßnahme für den Ausschluß jüdischer Bürger aus allen kulturellen Bereichen, da sie nicht Mitglieder werden konnten. Eine Mitgliedschaft in dieser Institution war Voraussetzung für die Ausübung eines kulturellen Berufs.

Sieben Tage später kam das «Reichserbhofgesetz». Nun konnte nur noch Bauer und vor allem Erbhofbauer werden, wer unter seinen Vorfahren bis zum Jahre 1800 kein «jüdisches Blut» hatte.

Anfang Oktober bestimmte das «Schriftleitergesetz», daß Redakteure, nun Schriftleiter genannt, «arischer Abstammung» sein mußten, dieses Gebot dehnte sich auch auf die Ehefrauen aus.

Diesen Bestimmungen mit dem Anstrich einer legalen Regelung folgten weitere Einzelmaßnahmen. Mit neuen Anordnungen, Verordnungen und Gesetzen sollten die Juden diffamiert und jeder Existenzmöglichkeit beraubt werden.

Eine Verordnung vom 21. Dezember 1935 regelte, wer als jüdischer Beamter zu gelten habe, hier wurden auch die Ärzte einbezogen, die nun nicht mehr an öffentlichen Krankenanstalten tätig sein konnten.

Am 14. Juni 1938 wurde der Begriff des «jüdischen Gewerbebetriebes» geschaffen. Die Registrierung dieser Betriebe wurde angeordnet, und das Reichswirtschaftsministerium bekam die Ermächtigung, diese Betriebe besonders zu kennzeichnen. Das war die erste Voraussetzung für die Enteignung der jüdischen Handwerker, Geschäftsleute und Kleinbetriebe. Die völlige «Arisierung» der noch vorhandenen jüdischen Unternehmen war in Gang gesetzt.

Am 25. Juni 1938 wurde allen jüdischen Ärzten die allgemeine Approbation entzogen. Im September des gleichen Jahres wurde allen zugelassenen jüdischen Rechtsanwälten die Tätigkeit an den Gerichten untersagt. Eine zusätzliche Verordnung vom 31. Oktober verbot auch die Tätigkeit von jüdischen Patentanwälten.

Am 17. August 1938 wurde eine sogenannte zweite Verordnung zum Namensänderungsgesetz erlassen. Alle jüdischen Bürger, die keinen alttestamentarischen Vornamen trugen, mußten als zweiten Vornamen neben dem eigenen den als jüdisch erkennbaren Vornamen «Israel» oder «Sara» annehmen. Dazu hatte man vorher eine Bekanntmachung erlassen, daß Juden ihre Kennkarten neu vorlegen müssen. Sie bekamen den sichtbaren Aufdruck «J». Offiziell hieß es, diese Maßnahme sei notwendig, um die Auswanderung der Juden zu beschleunigen oder zu ermöglichen. In Wirklichkeit bewirkte sie genau das Gegenteil. Es ist bekannt, daß daraufhin der Leiter des Eidgenössischen

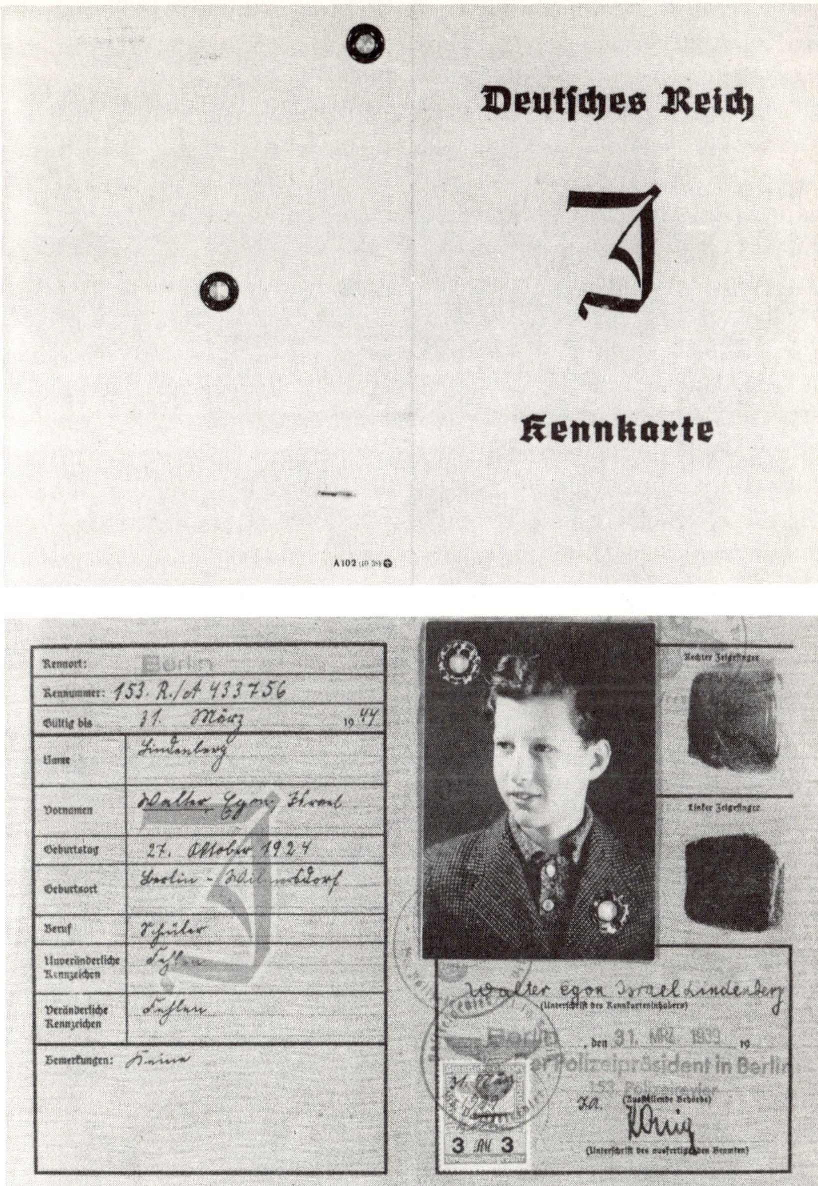
Deutsches Reich

J

Kennkarte

A 102 (10 38)

Kennort: Berlin
Kennummer: 153 R./A 433756
Gültig bis 31. März 1944
Name: Lindenberg
Vornamen: Walter Egon Israel
Geburtstag: 27. Oktober 1924
Geburtsort: Berlin-Wilmersdorf
Beruf: Schüler
Unveränderliche Kennzeichen: Fehlen
Veränderliche Kennzeichen: Fehlen
Bemerkungen: Keine

Rechter Zeigefinger
Linker Zeigefinger

Walter Egon Israel Lindenberg
(Unterschrift des Kennkarteninhabers)
Berlin, den 31. MRZ 1939 19
Der Polizeipräsident in Berlin
153. Polizeirevier
I.A. (Ausstellende Behörde)
König
(Unterschrift des ausfertigenden Beamten)
3 RM 3

Kennkarte für Juden

Justiz- und Polizeidepartements, Dr. Heinrich Rothmund, die Polizei- und Grenzbehörden anwies, keine deutschen Staatsangehörigen mit dem Kennzeichen «J» in die Schweiz einreisen zu lassen.

Im Januar 1939 wurde das Verbot, ihre Berufe auszuüben, auch auf Zahnärzte, Tierärzte und Apotheker ausgedehnt.

Nach der Annexion Österreichs regelte eine neue Verordnung vom 5. Mai 1939 die Übernahme all dieser antijüdischen Maßnahmen auf das Gebiet von Österreich.

Am 4. Juli 1939 verlautete, alle jüdischen Bürger werden in der «Reichsvereinigung der Juden in Deutschland» zusammengefaßt. Diese «Reichsvereinigung» wurde vom Reichssicherheitshauptamt geschaffen und von ihm kontrolliert. Alle anderen jüdischen Vereinigungen und Gemeinden galten als aufgelöst.

Adolf Hitler wiederholte am 30. Januar 1939 in einer Reichstagsrede seinen Massenmordplan gegen die jüdische Bevölkerung. Er hatte ihn schon in seinem Buch *Mein Kampf* (1925/26) fast in denselben Worten angekündigt. Doch damals hatte das kaum jemand ernst genommen. Aber im Januar 1939 war er Führer und Kanzler des Großdeutschen Reiches, durch keine Kontrollinstanz gehindert, seine Absichten zu verwirklichen. Er erklärte: «Ich will heute wieder ein Prophet sein. Wenn es dem internationalen Finanzjudentum in und außerhalb Europas gelingen sollte, die Völker noch einmal in einen Weltkrieg zu stürzen, dann würde das Ergebnis nicht die Bolschewisierung der Erde und damit der Sieg des Judentums sein, sondern die Vernichtung der jüdischen Rasse in Europa.»

Am 1. September 1939 überschritt die deutsche Wehrmacht mit ihren Soldaten und SS-Verbänden die polnische Grenze und entfesselte den Weltkrieg.

Schon in den ersten Tagen des Krieges gegen Polen wurde mit der systematischen Ermordung der jüdischen Bevölkerung begonnen. Auch deutsche Juden wurden in das besetzte Polen deportiert.

Vor der deutschen Bevölkerung wurde der Judenmord verheimlicht. Man sagte nur, Juden werden zum Arbeitseinsatz in den Osten abgeschoben. Die Nazipartei war sich nicht sicher, wie die deutsche Bevölkerung auf Morde an unschuldigen Menschen reagieren würde. Doch von den internen Verordnungen wurde einiges ruchbar, so ein Geheimerlaß des Chefs der Sicherheitspolizei, Reinhard Heydrich, vom 12. Juni 1937, wonach angebliche «Rassenschänder» nach Verbüßung ihrer Strafe in Konzentrationslager eingewiesen wurden. Das bedeutete das Ende ihres Lebens. Die Meinung der polnischen Bevölkerung war der Nazipartei und der Wehrmacht gleichgültig. In Polen lebten die Menschen unter einem brutalen Besatzungsrecht.

Mit dem Beginn des Krieges wurden neue Beschränkungen für die jüdische Bevölkerung angeordnet. Ab 1. September 1939 erhielten die Juden im ganzen Reichsgebiet ab 20.00 Uhr (im Sommer ab 21.00 Uhr) Ausgehverbot. Die rationierten Lebensmittel konnten sie nur in besonders bezeichneten Geschäften und zu begrenzten Zeiten einkaufen. Mit dem 1. Oktober 1942 bekamen die Juden keine Lebensmittelmarken mehr für folgende Artikel: Fleisch, Fische, Geflügel, Obst, Eier, Milch und Konserven. Gemüse war schwer erhältlich, da Juden nur nachmittags zwischen 15.00 Uhr und 17.00 Uhr einkaufen durften. Die nichtjüdische Bevölkerung sollte vorher mit dem Notwendigen versorgt sein. Im September 1939 mußten die Juden ihre Rundfunkgeräte abliefern. Das Mithören bei Nichtjuden war verboten. Die Fernsprechanlagen der Juden wurden gekündigt, sie durften keine Zeitungen mehr kaufen, keine Kriegsauszeichnungen aus dem ersten Weltkrieg tragen und keinen Friseur mehr in Anspruch nehmen. Ab 1940 erhielten sie grundsätzlich keine Kleiderkarten. Ab 7. März 1941 wurden sie zur Zwangsarbeit verpflichtet, sie waren meist im Einsatz für die Rüstungsindustrie.

Als erdrückende Verordnung kam der Zwang, ab 15. September 1941 mußten alle Juden über 6 Jahre den Judenstern offen an der linken Brustseite tragen.

Wer von ihnen nicht in der Rüstungsindustrie tätig sein konnte, und das war bei der Überalterung der in Deutschland verbliebenen jüdischen Bevölkerung der größte Teil, war praktisch ohne jedes Einkommen. Bargeld durften sie nur bis zu zweihundert Reichsmark in der Wohnung haben, ihre Bankkonten waren gesperrt, sie durften monatlich nur einhundertfünfzig Reichsmark abheben.

Eine 11. Verordnung vom 25. November 1941 sprach allen nicht in Deutschland lebenden Juden die deutsche Staatsbürgerschaft ab und verfügte die Beschlagnahme ihres Vermögens.

Am 15. April 1942 mußten ihre Wohnungen durch den Judenstern gekennzeichnet sein.

Der Mieterschutz für Juden war schon am 17. Januar 1939 aufgehoben worden. Ab 24. April 1942 durften sie keine Verkehrsmittel mehr benutzen, eine Sondergenehmigung wurde nur selten erteilt, wenn sie allzuweit von den Rüstungsbetrieben entfernt wohnten.

Als kleinste und kleinlichste Schikane blieb: Ab 15. Mai 1942 durften Juden keine Haustiere, Hunde, Katzen, Vögel, mehr halten.

Im Juni desselben Jahres mußten sie alle entbehrlichen Kleidungsstücke abliefern. Die 12. Verordnung vom 25. April 1943 bestimmte, daß Juden und Zigeuner nicht mehr die deutsche Staatsangehörigkeit haben können. Die 13. und letzte Verordnung, vom 1. Juli 1943, stellte die noch überlebenden deutschen Juden außerhalb jeden Rechts, strafbare Handlungen sollten nicht mehr von den Gerichten, sondern nur noch durch die Polizei geahndet werden. Das Vermögen ermordeter Juden wurde generell beschlagnahmt.

Nach den Ausführungsbestimmungen zu den Nürnberger Gesetzen verlor jeder Jude, der auswanderte, seine Staatsbürgerschaft und sein Vermögen. Aber diese Durchführungsbestimmung bezog sich nicht auf Juden, die gegen ihren Willen deportiert wurden. Sofort war der Mitverfasser der Nürnberger Gesetze zur Stelle, der Staatssekretär im Innenministerium, Wilhelm Stuckart. In der 11. Durchführungsverordnung zum Reichsbürgergesetz wurde der Wille des Betroffenen als unwesentlich erklärt.

Schon vorher waren etwa zwanzigtausend Juden deutscher Staatsbürgerschaft nach Łódź deportiert worden. Sie hätten im Ghetto Anspruch auf eine Altersrente gehabt. Aber auch diesen Fall regelte Stuckart nach dem Willen seines Führers: Er bezog sich hier auf eine Verordnung des Finanzministeriums, nach der das Vermögen aller Personen, die als Volks- und Staatsfeinde zu betrachten seien, zugunsten des Reichs eingezogen würde. Es war leicht, die deportierten deutschen Staatsbürger als Volks- und Staatsfeinde zu deklarieren. So konnte das Reich das Erbe der Ermordeten nach Recht und Gesetz antreten.

Es wird berichtet, daß der Führerbefehl für die Ermordung der Juden, Zigeuner, der sogenannten rassisch Minderwertigen und der sogenannten Asozialen, nur zögernd und stückweise den Generalen der Wehrmacht bekanntgegeben wurde.

Nach dem Überfall auf die Sowjetunion wurde das Morden systematisiert. Vier Einsatzgruppen wurden organisiert und den verschiedenen Heeresgruppen zugeordnet. Sie setzten sich aus verschiedenen Verbänden zusammen. Die meisten waren Angehörige der Waffen-SS, etwa zehn Prozent Gestapo-Angehörige und Kriminalpolizisten. Hilfspolizisten wurden hinzugezogen und andere Polizeiformationen zusätzlich abkommandiert, aber auch Soldaten der Wehrmacht.

SS-Männer schnitten den Juden Sterne in die Haut

Die Einsatzgruppen, unter dem Oberbefehl von Himmler, hatten den Auftrag, die jüdische Bevölkerung und sowjetische Soldaten zu ermorden, speziell die Soldaten, von denen angenommen wurde, sie seien Kommissare. Die Einsatzgruppe A, zugeteilt der Heeresgruppe Nord, ermordete 136421 Menschen. Einsatzgruppe B, zugeteilt der Heeresgruppe Mitte, in Belorußland stationiert, hat 45467 Menschen ermordet. Die Einsatzgruppe C, zugeteilt der Heeresgruppe Süd, Ukraine, hat schätzungsweise 95000 Menschen ermordet. Die Einsatzgruppe D, zugeteilt der 11. Armee auf der Krim und in den Gebieten vor dem Kaukasus, ermordete 92000 Menschen.

Von der Wehrmacht wurde das Morden der Einsatzgruppen in jeder Weise unterstützt. Generalfeldmarschall von Manstein erließ einen

Befehl: «Das jüdisch-bolschewistische System muß ein für allemal ausgerottet werden. Nie wieder darf es in unseren europäischen Lebensraum eingreifen. Für die Notwendigkeit der harten Sühne am Judentum, dem geistigen Träger des bolschewistischen Terrors, muß der Soldat Verständnis aufbringen. Sie ist auch notwendig, um alle Erhebungen, die meist von Juden angezettelt werden, im Keime zu erstikken.»

Am 2. Dezember 1941 berichtete General Georg Thomas aus der Ukraine: «Erschießungen werden öffentlich unter freiwilliger Beteiligung von Wehrmachtsangehörigen durchgeführt.»

Keiner der Generale und Feldmarschälle, erzogen in der preußischen Tradition, ist gegen dieses Morden eingeschritten. Sie haben es gesehen, sie haben es oft gefördert, oder sie haben es nur geduldet. Das eine ist so schlimm wie das andere. Denn die Wehrmacht war der Waffenträger der Nation. Wenn sie eingeschritten wäre, hätte es nicht geschehen können.

Im Juli 1942 berichtete der ehemalige Ordinarius für Anatomie an der sogenannten Reichs-Universität Straßburg, Professor Dr. August Hirt, SS-Hauptsturmführer, an den Reichsführer SS:

«Sicherstellung der Schädel zu wissenschaftlichen Forschungen in der Reichs-Universität Straßburg.

Nahezu von allen Rassen und Völkern sind umfangreiche Schädelsammlungen vorhanden. Nur von den Juden stehen der Wissenschaft so wenig Schädel zur Verfügung, daß ihre Bearbeitung keine gesicherten Ergebnisse zuläßt. Der Krieg im Osten bietet uns jetzt Gelegenheit, diesem Mangel abzuhelfen. In den jüdisch-bolschewistischen Kommissaren, die ein widerliches aber charakteristisches Untermenschentum verkörpern, haben wir die Möglichkeit, ein greifbares wissenschaftliches Dokument zu erwerben, indem wir ihre Schädel sichern.

Die praktische Durchführung der reibungslosen Beschaffung und Sicherstellung dieses Schädelmaterials geschieht am zweckmäßigsten in Form einer Anweisung an die Wehrmacht, sämtliche jüdisch-bolschewistischen Kommissare in Zukunft lebend sofort der Feldpolizei zu übergeben. Die Feldpolizei wiederum erhält Sonderanweisung, einer bestimmten Stelle laufend den Bestand und Aufenthaltsort dieser

Umseitig: Kind bei der Einnahme des Warschauer Ghettos, 1943
Kind in SA-Uniform, Reichsjugendtag 1934

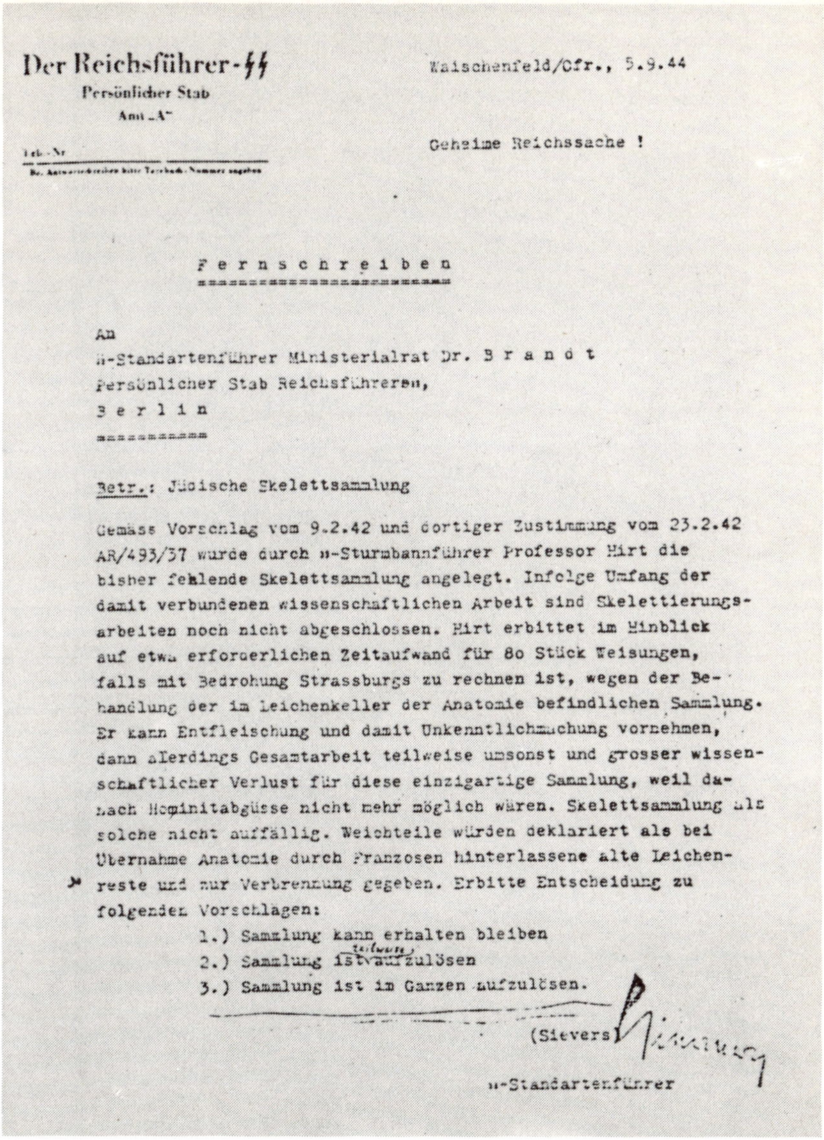

Der Reichsführer-SS
Persönlicher Stab
Amt „A"

Waischenfeld/Ofr., 5.9.44

Tgb.-Nr.
Bei Antwortschreiben bitte Tagebuch-Nummer angeben

Geheime Reichssache !

F e r n s c h r e i b e n

An
SS-Standartenführer Ministerialrat Dr. B r a n d t
Persönlicher Stab Reichsführer-SS,
B e r l i n

Betr.: Jüdische Skelettsammlung

Gemäss Vorschlag vom 9.2.42 und dortiger Zustimmung vom 23.2.42 AR/493/37 wurde durch SS-Sturmbannführer Professor Hirt die bisher fehlende Skelettsammlung angelegt. Infolge Umfang der damit verbundenen wissenschaftlichen Arbeit sind Skelettierungsarbeiten noch nicht abgeschlossen. Hirt erbittet im Hinblick auf etwa erforderlichen Zeitaufwand für 80 Stück Weisungen, falls mit Bedrohung Strassburgs zu rechnen ist, wegen der Behandlung der im Leichenkeller der Anatomie befindlichen Sammlung. Er kann Entfleischung und damit Unkenntlichmachung vornehmen, dann allerdings Gesamtarbeit teilweise umsonst und grosser wissenschaftlicher Verlust für diese einzigartige Sammlung, weil danach Hominitabgüsse nicht mehr möglich wären. Skelettsammlung als solche nicht auffällig. Weichteile würden deklariert als bei Übernahme Anatomie durch Franzosen hinterlassene alte Leichenreste und zur Verbrennung gegeben. Erbitte Entscheidung zu folgenden Vorschlägen:

1.) Sammlung kann erhalten bleiben
2.) Sammlung ist ~~ist~~ teilweise aufzulösen
3.) Sammlung ist im Ganzen aufzulösen.

(Sievers)
SS-Standartenführer

Dokument

gefangenen Juden zu melden und sie bis zum Eintreffen eines besonderen Beauftragten wohl zu behüten. Der zur Sicherstellung des Materials Beauftragte (ein der Wehrmacht oder sogar der Feldpolizei ange-

Aufgabe 88: Der Profilwinkel α, der für die Schädelforschung ebenfalls von Wichtigkeit ist, wird von der ‚deutschen Horizontale' (Ohr-Augen-Ebene) und der Profillinie (Nasenwurzel-Oberkieferrand) gebildet. Man nennt einen Schädel vor- oder mittel- oder geradkiefrig, je nachdem α 80° oder 80° ≤ α 85° oder 85° ≤ α ist. – Bestimme hiernach den Profilwinkel verschiedener Schädel.

Rechenaufgabe aus einem „Handbuch für Lehrer" von 1935[26]

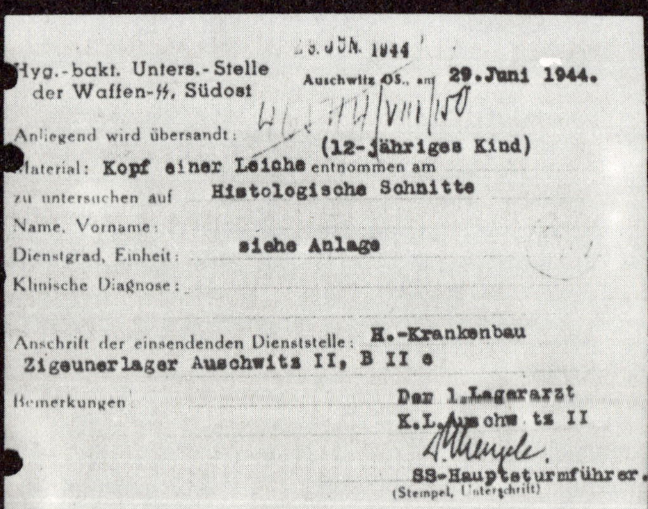

Hyg.-bakt. Unters.-Stelle der Waffen-SS, Südost

Auschwitz OS., am 29.Juni 1944.

Anliegend wird übersandt: (12-jähriges Kind)

Material: Kopf einer Leiche entnommen am

zu untersuchen auf Histologische Schnitte

Name, Vorname:

Dienstgrad, Einheit: siehe Anlage

Klinische Diagnose:

Anschrift der einsendenden Dienststelle: H.-Krankenbau Zigeunerlager Auschwitz II, B II e

Bemerkungen:

Der 1.Lagerarzt
K.L.Auschwitz II
Mengele
SS-Hauptsturmführer.
(Stempel, Unterschrift)

hörender Jungarzt oder Medizinstudent, zugerüstet mit einem Pkw nebst Fahrer) hat eine vorher festgelegte Reihe photographischer und anthropologischer Messungen zu machen und, soweit möglich, Herkunft, Geburtsdatum und andere Personalangaben festzustellen.

Nach dem danach herbeigeführten Tode des Juden, dessen Kopf nicht verletzt werden darf, trennt er den Kopf vom Rumpf und sendet ihn, in eine Konservierungsflüssigkeit gebettet, in eigens zu diesem Zwecke geschaffenen und gut verschließbaren Blechbehältern zum Bestimmungsort. An Hand der Lichtbildaufnahmen, der Maße und sonstigen Angaben des Kopfes und schließlich des Schädels können dort nun die vergleichenden anatomischen Forschungen über Rassenzugehörigkeit, über pathologische Erscheinungen der Schädelform, über Gehirnform und -größe und über vieles andere mehr beginnen.

Für die Aufbewahrung und Erforschung des so gewonnenen Schädelmaterials wäre die neue Reichsuniversität Straßburg ihrer Bestimmung und ihrer Aufgabe gemäß die geeignetste Stelle.»

Am 31. Juli 1941, also kurz nach dem Überfall auf die Sowjetunion, beauftragte Hermann Göring den Sicherheitsdienst-Chef der SS, Heydrich, sich mit der «Endlösung» der Judenfrage zu beschäftigen: Endlösung, das war der Tarnbegriff für die industrielle Ermordung. Heydrich brauchte eine nachträgliche Legitimation. Tatsächlich waren schon die Vorbereitungen im Gange. In Polen wüteten die Einsatzgruppen.

Am 20. Januar 1942 berief Heydrich die sogenannte Wannsee-Konferenz ein, in das Büro der Internationalen Kriminalpolizei-Kommission, Adresse: Am Großen Wannsee 56–58. Das Protokoll erwähnt vierzehn Teilnehmer neben dem einladenden Heydrich. Fünf der Anwesenden vertraten die SS und Polizei; auch das Amt des Generalgouverneurs von Polen, Franck, war vertreten. Natürlich war der Sachbearbeiter des Reichssicherheitshauptamtes für Judenfragen, Adolf Eichmann, an führender Stelle dabei. Die anderen fünf Herren kamen von den beteiligten Ministerien. Wichtigster Mann war der Staatssekretär Stuckart. Er wußte, was die Endlösung der Judenfrage bedeutete.

Die Wannsee-Konferenz hat die Ermordung der Juden nicht beschlossen, sie hat nur beraten, wie sie in geordnete, bürokratische Bahnen zu lenken sei, wie das Ausland darauf reagieren würde und wie man dem begegnen könne.

Dokument

Selektion

Heydrich hatte erklärt: «Die großen Arbeitskolonnen (der Juden – d. A.) werden unter Trennung der Geschlechter nach dem Osten abgeschoben. Die arbeitsfähigen Juden werden straßenbauend in diese Gebiete geführt, wobei zweifellos ein Großteil durch natürliche Verminderung ausfallen wird. Der allfällig endlich verbleibende Restbestand wird, da es sich bei diesem zweifellos um den widerstandsfähigsten Teil handelt, entsprechend behandelt werden müssen, da dieser, eine natürliche Auslese darstellend, bei Freilassung als Keimzelle eines neuen jüdischen Aufbaus anzusprechen ist.» Es wird berichtet, daß Heydrich dann noch eine Liste von Ausnahmen bekanntgab. Von der Deportation sollten Juden von über 65 Jahren ausgenommen werden, auch Schwerkriegs-

beschädigte und Juden mit Kriegsauszeichnungen aus dem ersten Weltkrieg. Sie sollten in ein besonderes Ghetto, Theresienstadt (heute Terezín), kommen. Selbst diese Konzession ist später fallengelassen worden. Terezín wurde eine Durchgangsstation für Auschwitz.

Die Tarnsprache war für jeden, der das Nazideutsch verstand, offen, jeder wußte, was gemeint war. Das Protokoll wurde an dreißig verschiedene Stellen weitergeleitet. Zehntausende haben sich dann an der Verwirklichung dieses industriellen Massenmordes beteiligt. Gewußt haben es erfahrungsgemäß Hunderttausende. Eine solche Aktion, die Millionen Menschen in den Gastod schickte, konnte nicht geheim bleiben. Und sie blieb nicht geheim.

Noch heute wird dann und wann, auch von jungen, völlig unbeteiligten Menschen, wenn sie ausdrücken wollen, eine Sache bis zum quälenden Ende durchgeführt zu haben, das schreckliche Wort «bis zum Vergasen» benutzt.

NÜRNBERG

Anfänge der jüdischen Gemeinde

Die Rindfleisch-Banden

Die Armleder-Banden

Das Handelshaus Stromer

Capestrano und Cusanus

Die Schlüsselübergabe

Das Schicksal des armen Michel

Der Gauleiter

Der 5/8 Jude

Pogrom 1938

Nürnberg. In beklemmender Gedrängtheit finden sich hier Geist und Ungeist, Glanzvolles und Grauenvolles im Ablauf der Geschichte nebeneinander. Hier trafen sich die Landwege der alten Handelsstraßen von Nord nach Süd und von Ost nach West zu einem Schnittpunkt. Hier ist nun alles, was menschlicher Verstand aufgewendet hat für das Ingangsetzen von Aufblühen und Vernichten, versammelt wie in einer prächtigen altdeutschen Truhe.

Große Persönlichkeiten, die zur Schönheit und Würde des Daseins der Menschen ihren Beitrag gegeben haben, wie Dürer und Osiander, gestatten beim Nennen des Namens Nürnberg ein gewisses Gefühl einer anteilnehmenden Zuwendung. Der eine trug in das Buch der Menschheit seine Auffassung über die Kunst der Bildschöpfung ein, der andere gab – zu verhältnismäßig früher Zeit für diese Landstriche – ein ermutigendes Beispiel für die Möglichkeit und Notwendigkeit, endlich in den Beziehungen zu Juden Toleranz zu üben.

Wenn diese prächtige altdeutsche Truhe weit genug geöffnet wird, dann finden sich die lieben, vertrauten, großen und kleinen aufs deutsche Gemüt zugeschnittenen Spiele und Spielzeuge beieinander. Sinnreiche Spiele mit dem Einfangen der Zeit, die sich verdichteten bis zu dem berühmten Nürnberger Ei, der Uhr, die in der Tasche getragen werden konnte. Damals, damals, damals, in der Glanzzeit, als, wie es die Historiker übereinstimmend meinen, die wirtschaftliche Blüte der Stadt am höchsten stand. Als der frühe Einsatz von Maschinen, von wassergetriebenen Hammerwerken, dort am romantischen Ufer der Pegnitz das Werk der Waffenschmiede beförderte. Als die Bäcker sich der Oblaten bemächtigten und aus Honig und Mandeln und Mehl und dem Geheimnis ihrer Gewürzmischung die weißen und braunen Nürnberger Lebkuchen schufen. Als die hochangesehenen Metzger ihre Hackmesser in Gang setzten für die geeignetste Zerkleinerung der verschiedensten Fleischsorten zu den legendären Nürnberger Bratwürsten. Als sich mit diesen erfolgreichen Vertretern ihrer Zünfte die Zinngießer und die Drahtzieher und die Geschützgießer und die Glasschneider und die Buchdrucker und die Elfenbeindreher und die Tuchweber und die Schuhmacher zum ergreifenden Männergesang zusammenfanden. Als sich die Meistersänger aus den Reihen der Handwerker formierten.

Als Kunst und Handwerk zu verschmelzen schienen, damals

mochte vielleicht das Wort Innigkeit die kleine Zärtlichkeit umschließen, die beim Anblick des «Schönen Brunnens» ins Herz ziehen konnte.

Nun aber ist der Name Nürnberg gebunden an die grauenvollsten Verfolgungen von Juden. Gebunden an die Namen der Mörder.

Spätestens seit dem Jahr 1356, in dem Kaiser Karl IV. die Goldene Bulle verabschiedete, in der festgelegt war, jeder neugewählte deutsche König sei verpflichtet, seinen ersten Reichstag in Nürnberg abzuhalten, übte sich die Stadt in der Rolle des Vorreiters für Reichsangelegenheiten. Im Zusammenleben mit ihrer jüdischen Gemeinde hatte sie das bereits bewiesen: Der Rat der Stadt hatte Raum geschaffen, hatte das Leben der jüdischen Mitbürger ausgeräumt. Und diese Manier, sich zu beeilen, um Verhaltensmuster in die Welt zu setzen, blieb. Blieb auch am 18. Juni 1938.

Die Entstehungsgeschichte dieses Platzes im Reichswald – am Anfang war die feste Burg am Felsen unter der Herrschaft von Burggrafen, angelehnt an diesen Schutz ein Königsgut – verlieh den Bewohnern ein stolzes Selbstgefühl der Auserlesenheit. Die Burggrafen beanspruchten eine gewisse Unabhängigkeit dem König gegenüber, doch sie konnten es nicht verhindern, daß da zu Füßen ihres Anwesens das Reichsgut anwuchs zu einer Reichsmünzstätte, später auch Zollstätte, und schließlich um 1200 das Stadtrecht erhielt. So war das Leben oben am Felsen und unten am Flußlauf zwar gemeinsam unter die Hand des Königs gegeben, aber mit dem «großen Freiheitsbrief», ausgestellt durch den Staufenkaiser Friedrich II., war den Ansiedlern, den Patriziern, dem Unten eine starke Rechtsstellung zur Abgrenzung des Druckes vom gräflichen Oben eingeräumt. Bis die Stadt so reich wurde, daß sie sich zeitweilig von den Grafen loskaufen konnte. Dazwischen, in Erkenntnis der zunehmenden Bedeutung dieses Ortes für den Fernhandel auf dem Landweg, war es der Geistlichkeit gelungen, am Fuße des Burgfelsens für die kleine Peterskirche einen zu Wallfahrten geeigneten Heiligen einzusetzen. Sebald. Das bedeutete im althochdeutschen Verständnis: der Sieg-Kühne oder der See-Starke. Sonst war außer dem Namen wenig von ihm bekannt. Die Kirche gehörte in das Einflußgebiet des Bischofs von Bamberg.

Die Vermutungen über die ersten Niederlassungen einer jüdischen Gemeinde in diesem Dreieck der Kräfte gehen auseinander. Ein Chronist aus der Zeit der starken Bemühungen, die Juden endgültig aus Nürnberg auszutreiben, Ende des 15. Jahrhunderts, Meisterlin, knüpft an seinen Bericht über die Anfänge schon bereits die haßerfüllte Mitteilung, Nürnbergs Juden hätten einen bevorzugten Platz in der Stadt nur erhalten, weil sie Verräter seien: Um 1105 habe das Königshaus der Salier, der Sohn (Heinrich V.) gegen seinen Vater (Heinrich IV.), um den Besitz Nürnbergs gekämpft, die Juden hätten dem einen gegen den anderen geholfen. Bemerkenswert erscheint hier nur die rücksichtslose, von Neid auf Besitz geprägte Geschichtsschreibung in einer Zeit, die mit dem Aufblühen des Humanismus in Verbindung gebracht wird. Offensichtlich trat die historische Genauigkeit hinter die Absicht des Diffamierens zurück. Erklären doch gesicherte Nachrichten über die Gründung einer jüdischen Gemeinde am südlichen Ufer der Pegnitz, daß sie außerhalb der Stadtmauer lag. 1146, zur Zeit des zweiten Kreuzzuges – etwa vierzig Jahre später, als der von Meisterlin angeführte Augenblick des angeblichen Verrates –, hatten die vor dem wütenden Mönch Radulf und seinen Anhängern aus den rheinischen Städten Geflohenen einen Raum unter der Obhut des Reichs in Nürnberg gefunden. Und hatten ihre Kenntnisse und ihre Fähigkeiten mit eingebracht, auch zum Gedeihen und allgemeinen Aufstieg der Stadt. Sie hatten mitgebracht das Wissen um die alten, erprobten Handelswege.

Doch der ihnen von Konrad III. auf Anraten der Stadt zugewiesene Platz lag, heutige Kenntnisse lassen diesen Einblick zu, auf einem schwarzen, schwierigen Grund des von der Pegnitz bei Hochwasser überschwemmten Bodens; die Häuser konnten nur mühselig auf Pfählen errichtet werden.

Die Rindfleisch-Banden

Der 15. November 1296 wird als der Tag genannt, an dem in einer neu erbauten Synagoge der Einweihungsgottesdienst stattfand. Gemeindemitglieder hatten ihre Beiträge geleistet, so ist eine Aufstellung über die Geräte und Zubehöre für die zeremoniellen Handlungen mit den Namen der Spender erhalten. Bei diesem Anlaß wurde das Memorbuch, von Isaak ben Samuel aus Meiningen angelegt, seiner Bestimmung übergeben, das Buch zum Gedächtnis Verstorbener, deren Leben ein Beispiel für die jüdische Gemeinde gegeben hatte an Pflichterfüllung, an ertragenem Leiden. Es wurde das Buch der Märtyrer.

Nur zwei Jahre später, am 1. August 1298, mußten die Namen von Märtyrern, Opfer der Mörder, die sich unter einem adligen Anführer aus Röttingen, genannt Rindfleisch, zusammengerottet hatten, eingetragen werden. Siebenhundertachtundzwanzig Opfer aus der jüdischen Gemeinde der Stadt Nürnberg, Männer, Frauen und Kinder.

Über die Zusammensetzung der Rindfleisch-Banden sind nur allgemeine Hinweise überliefert; am Ausgangspunkt, dem Städtchen Röttingen in Franken, an der Tauber, sei das Gerücht von einer im Mörser zerstoßenen und blutenden Hostie aufgetaucht. Der Vorwand war geliefert. Da es seit 1215 zu den christlichen Glaubensgrundlagen gehörte, in der Hostie den Leib Christi zu verehren, fiel der Ruf des Rindfleisch, alle Juden vom Erdboden zu vertilgen, auf vorbereiteten Boden. So fand er schon in seinem kleinen Städtchen Zulauf genug, um seine Bewegung in Gang zu setzen. Seine Erklärung, er sei vom Himmel dazu berufen, brachte genügend Helfer für diesen Vernichtungszug. Töten oder taufen war ihre Parole.

Im Sommer erreichte die fanatisierte Menge Würzburg. Hier hatten sich neunhundert Mitglieder jüdischer Gemeinden, auch Zufluchtsuchende aus anderen Orten, zusammengefunden. Sie wurden von den Verbrecherbanden so grauenvoll gequält und zu Tode gemartert, daß diese Stadt noch lange Zeit danach «der Blutort» genannt wurde. Aber die Totschläger waren nicht nur Stadtfremde, überall, wo sie auftauchten, kamen scharenweise vernichtungswillige christliche Einwohner hinzu.

Dreimal fielen die Rindfleisch-Banden in die Stadt Rothenburg ob der Tauber ein, um dort nach vielleicht wieder Zurückgekehrten zu suchen. Ein Klagelied gibt Zeugnis von dem erbarmungslosen Morden.

Der Name der Stadt war nun ein Schmerzensschrei geworden. Rot vom Blut der Märtyrer.

In diesem zeitgenössischen Klagelied kommt das Wissen um die haltlose Unterstellungsabsicht, um das Abwegige der Beschuldigungen sehr deutlich zum Ausdruck: «Beschmutztes Brot (angeblich zerstoßene und blutende Hostie – d. A.) gebrauchten sie als heimtückischen Vorwand, indem sie zu den Söhnen des heiligen auserwählten Volkes sprachen: Ihr habt unseren Gott gestohlen und ihn in einem Mörser zerstoßen, bis das Blut zu fließen begann, das ihr dann unter all euren Kampfgenossen verteilen ließet.»

In Nürnberg griffen die Männer der jüdischen Gemeinde zu den Waffen, sie fanden mit ihren Familien Zuflucht in der Burg. Und konnten sich gegen die anrennenden Mörder lange verteidigen. Bis sie mit der Burgbesatzung überwältigt wurden. Sie wurden alle getötet. Das Memorbuch verzeichnet das Ende einer blühenden Gemeinde mit ihren Zuwanderern aus Speyer, Köln, Rothenburg, Meiningen, Frankfurt am Main, aus Frankreich und auch aus Würzburg.

Unter den Gemordeten war auch Mordechai ben Hillel, einer der großen Schüler und Vertrauten des Rabbi Meïr ben Baruch aus Rothenburg. Ein Talmudgelehrter und Dichter. Wenn die Namen der Possekim genannt werden, der Gesetzesentscheider, dann nimmt dieser Märtyrer aus Nürnberg seinen Platz in vorderster Reihe ein. Mordechai ben Hillel hatte, bevor die mörderischen Rindfleisch-Banden in mehr als einhundertvierzig süddeutschen jüdischen Gemeinden das Leben von mehr als hunderttausend Menschen auslöschten, gemeinsam mit seinem verehrten Lehrer in Rothenburg und dessen anderem Vertrauten, Ascher ben Jechiel, ein Denkgebäude geschaffen, das die Tore für ein sinnvolles Leben öffnen sollte. In diesem unsicheren Dasein als Kammerknechte von nicht regierungsfähigen Königen, schutzlos der Willkür dieses oder jenes Herrn, an den sie gerade verkauft waren, preisgegeben, ausgeliefert den täglichen Schikanen der Bewohner der Städte, der Patrizier und der Handwerker, war eine verbindliche innere Ordnung für die jüdischen Gemeinden lebensnotwendig.

In alle das Diesseitige berührenden Fragen war unablässlich mit eingegeben die letzte Verantwortung vor Gott, so lag ein tiefer Ernst über allen Hinweisen und Vorschriften, die Glaubenssätze neu begründeten, ergänzten und erklärten. In Mordechai ben Hillels Werk lebt die Gedankenwelt des Philosophen und Arztes Moses ben Maimon (Maimonides) weiter, der das Unlösbare versucht hatte, den Glauben mit der Vernunft zu durchdringen. Für den hundert Jahre vor Mordechai ben Hillel in einer islamischen Umwelt lebenden Maimonides war es möglich, sein wissenschaftliches Denken in Einklang mit den Glaubenslehren zu bringen. Er versperrte nicht mit überstrengen Forderungen den Weg zu neuen Erkenntnissen, er stützte sich dabei auf seine Erfahrungen in der Medizin. Unter seinen Büchern, die einen durch Jahrhunderte andauernden Einfluß – auch auf Vertreter des christlichen Glaubensbekenntnisses – ausübten, war es vor allem sein Werk *Führer der Verirrten* oder *Führer der Schwankenden,* das in der Unsicherheit des Lebens Halt und Haltungen vorzeichnete. Doch schon zu seinen Lebzeiten stellten jüdische Gelehrte Gegenmeinungen auf, die das Vordringen zu neuen wissenschaftlichen Ergebnissen, die nicht mit der Bibel übereinstimmen konnten, als Ketzerei verurteilten.

Hier aber in Nürnberg wirkte Mordechai ben Hillel als Dezisor, Antwortgeber, auf Fragen nach der Bewältigung des Alltags und nach dem Sinn des Lebens. Dabei konnte er auf den von Maimonides vorgelebten Anschauungen fußen, denn auch er war mit seiner Gemeinde in eine gefährdete Existenz gestellt, auch ihn erreichte der tägliche hilfesuchende Aufschrei der ihm anvertrauten Gläubigen: Wo bleibt die Barmherzigkeit Gottes? Nach dieser Barmherzigkeit suchen bedeutete nicht nur, sich als Gelehrter in einer Schau nach innen zu verlieren. Es gehörte dazu das Offensein für die Tagesanliegen der Gemeinde, das setzte eine den Nöten der Zeit angemessene verständliche Sprache voraus.

Das Unbegreifliche und das Begreifbare mußten bedacht werden. Die Antworten auf Anfragen nach Tischsitten, nach Kleiderordnungen mußten Hinweise auf die Gefahren in sich tragen für eine Welt, die ihnen die Schuld am Tod Gottes unterstellte. In diesen Tagen richteten sich die Verantwortlichen der jüdischen Gemeinden vorwiegend nach den Empfehlungen des Rabbi Meïr von Rothenburg, so konnte auch für Nürnberg eingehalten werden: Einer Einladung zu Tische solle man nur dann nachkommen, wenn man wisse, daß man nicht mit Unwürdigen zusammensitzen müsse. Und: In der Zeit der Not könne das strenge Verbot für eine Frau, Männerkleidung zu tragen, hinfällig werden, unterwegs auf Reisen oder auf der Flucht sei es zu ihrem Schutz erlaubt, sich zu verkleiden und sogar einen Bart umzutun.

Mordechai ben Hillel nahm es als seine ihm auferlegte Aufgabe an, das Leiden, die Verfolgung und den Tod benachbarter Gemeinden in Klagelieder als Gebet zu fassen, und er, der, solange er lebte, nach dem verzeihenden und dem gerechten Gott suchte, mußte in den tiefsten Zweifel fallen. Als er von dem Mord in Sinzig Kenntnis bekam, einundsechzig Männer, Frauen und Kinder waren dort in der Synagoge verbrannt worden, weil ein Proselyt mit Namen Abraham, der von der christlichen zur jüdischen Religion übergewechselt war, ein Kruzifix zerbrochen hatte, fragte Mordechai ben Hillel in einer Elegie: «Wieviel des Guten hast du, Herr, für diejenigen übrig, die treu auf deinen Wegen wandeln und sich auf dem Altar deiner Ehre opfern?»

In diese maßvolle, nach Vollendung strebende Welt, in der nach den tiefsten Erkenntnissen über Gott und die menschliche Natur geforscht wurde, brachen die Rindfleisch-Banden wie eine Krankheit ein. Die Wut, mit der sich diese mordwilligen Menschen von Ort zu Ort bewegten, entzieht sich der erklärenden Beschreibung. Die Lust am Quälen hatte sich mit dem dumpfen Genuß der Überlegenheit von Leuten vermischt, die nur die rohe Gewalt ihrer Fäuste kannten. Die Rechtfertigung hatten sie in den Predigten der Geistlichen gefunden, speziell der Bettelorden, die mit ihren sich ständig wiederholenden Bezeichnungen von den Gottesmördern und von den Wucherern dem Glaubensfanatismus täglich Nahrung gaben. Die von Rindfleisch Geführten hofften, ihrer wirtschaftlichen Bedrängnis zu entkommen; sie sahen eine Möglichkeit, sich in den Judenvierteln straflos bereichern zu können. Diesem Drang zur völligen Vernichtung unter dem schützenden Schleier der Religion – wer sich nicht taufen läßt, den müssen wir töten – stand die unerschütterliche Überzeugung der Opfer gegenüber. Für ihr Bekenntnis zu einem verstehenden, verzeihenden und gerechten Gott gingen sie ungebrochen in den Tod. Mehr als hunderttausend Gemordete. Jeder einzelne von ihnen ein unverwechselbarer, mit seinen Hoffnungen und seinen Fähigkeiten ausgestatteter Mensch.

Niemand weiß, welch eine Fülle an Gedanken zu poetischen, philosophischen und forschenden Werken unter dem Gebrüll der Totschläger zugrunde gegangen ist. Das Nürnberger Memorbuch nennt unter den Märtyrern einen Dichter, Abraham ben Joseph. Aber niemand weiß, wie viele beschriebene Blätter von nun Ungenannten allein in der Nürnberger Burg mitverbrannten.

Selbst wenn es einem einzigen, Süßkind von Trimberg, gelungen war, seine Stimme hörbar zu machen, in dieser Zeit, bevor die Rindfleisch-Banden ihr Werk der Zerstörung ausführten, so ging doch der Name dieses Dichters und Sängers in den bürgerlichen Geschichtswerken unter, er wurde zugedeckt durch Erörterungen über Walther von der Vogelweide und Wolfram von Eschenbach. Das Zugrundegehen dieser Welt wurde in der deutschen Kulturgeschichte nicht beachtet.

Süßkind von Trimberg

Süßkind von Trimberg aber hatte in diesem sich ritterlich gebenden, nach Minne strebenden weltschmerzlichen Kreis den Ton der Distanz zum Adel eingebracht mit seiner Überlegung: Nur wer aus seinen Handlungen Adliges erkennen läßt, den will er als edel anerkennen. Und er schuf seinen Gesang von der Unüberwindlichkeit allgegenwärtiger Gedanken mit dem ihm eigenen Hauch von Ironie und Selbstironie eines Mannes, der sich mit einer gewissen stolzen Beharrlichkeit in der Rolle des «Toren» sieht und damit seinen Abstand zu der Welt des auch die Kunst beherrschenden Adels sichtbar machen kann. So setzte er das Gefühl seiner Freiheit in Verse, daß niemand die Gedanken des Weisen, aber auch nicht die des Toren verwehren kann. «Gedanken schlüpfen durch den Stein, durch Stahl und durch Eisen.» Er wendet sich schließlich ab von seinen Versuchen, Anerkennung und Gewinn durch die Herren der Burgen und Schlösser zu erreichen. Und erkennt, wie töricht seine Erwartung war, von diesen Leuten Achtung und Verständnis für seine Gesänge zu erhoffen. Er gab es auf, ihren Geschmack zu beeinflussen. Er schrieb nieder, wie sinnlos es war, Zugang zu den Fürstenhöfen zu erstreben.

Nur der Platz seines Herkommens ist bekannt, der Geburtsort Trimberg bei Schweinfurt (Bayern) ist überliefert. Und sechs seiner Lieder. Sie sind in einem Liederbuch des 14. Jahrhunderts enthalten, der *Manessischen Handschrift*.

Ich war uf der toren vart
mit miner künste zwore,
Daz mir die Herren nicht wullent geben,
daz ich ir hof wil vliehn,
und wil mir einen langen bart
lan wachsen griiser hare,
ich wil in alter Juden leben
mich hinnan vürwert ziehn,
Min mantel der soll wesen lang
tief unter einem huete,
demueteklich sol sin min gank,
unt selten me gesingen hovelichen sank
sit mich die herren scheident von ihr guote.

Ich war auf der Toren Fahrt
mit meiner schweren Kunst,
das wollten die Herren mir nicht vergeben.
Da will ich ihre Höfe fliehen.
Und will mir einen langen Bart
wachsen lassen. Grauer Haare.
Ich will wie ein alter Jude leben.
Weg von hier. Mich vorwärts ziehen.
Mein Mantel, der soll mein Haus werden.
Lang.
Tief unter einem Hute
soll mein Gang demütiglich sein.
Und nie mehr singen höfischen Gesang,
seit mich die Herren von ihren Anwesen
verwiesen.

Als am 28. September 1298 König Albrecht von Habsburg in Nürnberg zwar Strafen verhängte und einige am Morden mitschuldige christliche Bürger auf Lebzeiten aus der Stadt verbannte, geschah sein Rechtsspruch nur zum Beweis seiner Macht und seines Anspruchs auf Leben und Gut seiner Kammerknechte auch in der Freien Reichsstadt. Das blühende Geistesleben in der Nürnberger Gemeinde unter Mordechai ben Hillel war vernichtet.

In einem Klagelied aus dieser Zeit wird auch ausdrücklich der Opfer aus der Nürnberger Gemeinde gedacht. So rief der Dichter Moses ben Eleasar Ha'kohen Himmel und Erde an:

«O Himmel, sind wir denn elender als andere Völker? Ist denn unsere Widerstandskraft der gleich eines Steines oder ist unser Fleisch aus Erz, daß wir so schweres Leid ertragen sollen? O Erde, nimm unser Blut nicht auf, unsere Klagen sollen über das ganze Erdenrund gehen, Klagen über unsere unbarmherzigen Nachbarn, die haßerfüllten Bedrücker. Mehr als eintausendzweihundertdreißig Jahre sind vorüber, seit der Feind uns geschlagen, seit er Jerusalem zerstört. Und noch immer würgt er uns mit seinen scharfen Krallen. Alle nur möglichen Todesqualen ersinnt er, um uns zu vernichten: mit dem Schwert, mit Feuer und mit Wasser. Die Unseren werden verbrannt und geschlachtet, Alte und Kinder, Männer und Frauen. Fragt alle, die auf der Erde wandeln: Hat je ein Volk so großes Leid getragen?»

Wie gnadenlos der königliche Anspruch auf Leib und Gut der Kammerknechte geltend gemacht wurde, zeigt sich am Geschick des Ascher ben Jechiel aus Köln. Er, der andere große Schüler des Meïr von Rothenburg, war zwar den mörderischen Rindfleisch-Banden entkommen, aber nun ließ ihn der König mitleidlos verfolgen. Er wollte von ihm das Lösegeld für den von seinem Vorgänger, König Rudolf I., gefangenen und vor fünf Jahren im Gefängnis verstorbenen Rabbi Meïr ben Baruch von Rothenburg eintreiben.

In der Zeit vor dem Rindfleisch-Pogrom wurde Meïr ben Baruch, um 1220 in Worms geboren, für Jahrzehnte die größte Autorität in Entscheidungsfragen des täglichen Lebens für die Mehrzahl der jüdischen Gemeinden im Heiligen Römischen Reich. Sein beständiges Wirken in Verantwortung und Pflicht war Kraftquell und Vorbild für die Zweifelnden und Bedrängten. Aus seinem Leben ist abzulesen, wie er aus einer Tradition großer Lehrer kam, wie er dann sein Wissen an nachfolgende Schüler weitergab und so ein Glied in der nicht abreißenden Kette der überlieferten Lehre wurde. Mit all den Geschichten des beispielhaften Verhaltens, wie etwa vor seinem Vater, der ihm den ersten Unterricht erteilt hatte. Er besuchte ihn selten, weil er ihn mit einer überkommenen Zeremonie nicht belästigen wollte, nach der ein Schüler vor dem Lehrer aufzustehen hatte. Für den Fall, daß ein Sohn der Lehrer des Vaters geworden war, hatte sich der Brauch ergeben, auch der Alte solle sich vor dem Jungen erheben. Beide sollten voreinander aufstehen. Dieser Zumutung für den Vater entzog sich der Sohn durch achtungsvolles Fernbleiben.

In seinen Lehrjahren um 1240 in Paris war Meïr ben Baruch Zeuge geworden, wie der Talmud öffentlich verbrannt wurde. Er hatte gesehen, wie die vierundzwanzig Wagenladungen mit den kostbaren handgeschriebenen Büchern dem Feuer übergeben wurden. Sein Klagelied, das er damals verfaßte, klingt mit seinen Anfangszeilen wie eine Vorahnung des Satzes: «Wer Bücher verbrennt, verbrennt auch Menschen.» Er schrieb: «Frage nun, du vom Feuer Verzehrte, was aus denen geworden ist, die über dein furchtbares Los Tränen vergießen.»

Als sein Lehrer wird Jechiel von Paris genannt, der Verteidiger des Talmud gegen den Ankläger, den getauften Donin, in der öffentlichen Disputation vor der Königin Blanche. Es war der Pariser Gemeinde nicht gelungen, trotz hoher Geldzuwendungen an den Klerus die Katastrophe der Bücherverbrennung aufzuhalten, zumal Jechiel in seinen Argumenten eine gewisse Enge bei der Verteidigung des Talmud hatte erkennen lassen, die sich aus seiner Gegnerschaft zu Maimonides' Auffassung, ein forschendes Vergleichen sei zugelassen, entnehmen ließ. Haß und Mißtrauen gegen den Talmud waren zu tief bei der entscheidenden kirchlichen Zensurkommission verwurzelt. So hatte sich auch der Dominikaner Albertus Magnus für das Verbrennen der Bücher ausgesprochen, obwohl er die Grundlage für sein eigenes Wissen aus dem Talmud, wie er sich für ihn durch die Arbeiten des Maimonides offenbarte, genommen hatte.

Nach dem Untergang dieser gelehrten Welt in Paris, nach dem Weggang des Lehrers Jechiel, der nach Palästina auswanderte, hatte sich Meïr ben Baruch die Aufgabe gestellt, im Heiligen Römischen Reich eine neue Talmudschule zu gründen, eine Stätte des Lernens und Forschens. Um den Fehler der Enge nicht zu wiederholen, suchte er eine Annäherung an die Methode einer freieren Auslegung der Lehre, wie Maimonides es vorgelebt hatte. So wurde der von ihm gewählte Ort Rothenburg ob der Tauber zu einem neuen Mittelpunkt der Gelehrsamkeit.

Damals in Frankreich, nach der Katastrophe der Talmudverbrennung, hatte er den Entschluß seines Lehrers Jechiel nicht mitvollzogen, im Leben zu verwirklichen, was die Gebete trostverheißend versprachen, einen Platz der Hoffnung und des Friedens in Jerusalem zu finden. An einem Tag aber im Frühsommer 1286 war die Last der Kammerknechtschaft zu drückend geworden, war die unfaßbare, Tag für Tag von allen Kanzeln in allen christlichen Predigten wiederholte Anschuldigung, Gottesmörder zu sein, nicht mehr erträglich, war die Hoffnung, die Pflanzstätte des Geistes in Rothenburg blühend zu erhalten, angesichts der Totschläger zerbrochen. Meïr ben Baruch war gezwungen, seine Wirkungsstätte zu verlassen. Es blieb ihm nur der Traum von Jerusalem.

Zu diesem Zeitpunkt trat die Verlautbarung von König Rudolf in Kraft: «Alle Juden sind samt und sonders unsere Kammerknechte und gehören mitsamt ihrem Vermögen einzig und allein uns oder denjenigen Fürsten, denen wir sie nach lehnsherrlichem Recht abgetreten haben; wenn also manche Juden ohne unsere besondere Genehmigung davonlaufen, um sich jenseits des Meeres anzusiedeln, so ist es rechtens, daß all ihr Hab und Gut, bewegliches wie unbewegliches, unser werde.»

Meïr von Rothenburg hatte nicht um Erlaubnis gebeten. Er war mit seiner Familie gegangen und unterwegs von einem Getauften erkannt worden. Er wurde gefangen und als Eigentum an den König ausgeliefert. Gerade bei dieser Autorität war es für den Inhaber der höchsten Macht wichtig, seine Gewalt nicht nur über das bewegliche und unbewegliche Hab und Gut, sondern auch über die Person der Juden zu demonstrieren.

Ascher ben Jechiel wollte noch unter König Rudolf I. durch seine Bürgschaft für eine Auslösungssumme den verehrten Lehrer befreien, obwohl Meïr ben Baruch es mit aller Entschiedenheit ablehnte, seinetwegen Geld auszugeben. Nun, fünf Jahre nach dem Tod, der Leichnam war noch immer einbehalten (erst 1307 wurde er gegen eine hohe Summe herausgegeben und in Worms zur letzten Ruhe gebettet), forderte der neu etablierte König Albrecht aus dem Haus Habsburg von Ascher die Beibringung des Lösegelds. Gnadenlos ließ er den vor den Rindfleisch-Banden Flüchtigen verfolgen. So lebte dieser Gelehrte, wohin auch immer er sich in den deutschen Gebieten wandte, in der Gefahr, auch als Gefangener an den König ausgeliefert zu werden, weil er die geforderte Summe nicht aufbringen konnte.

Doch er versuchte seiner Verantwortung und Pflicht als Gesetzesentscheider nachzukommen und die Fülle der auf ihn einstürzenden Fragen von Überlebenden zu beantworten. Was zum Beispiel sollte in Gemeinden geschehen, wo die Mörderbanden alle Männer totgeschlagen hatten, nun aber einige Zwangsgetaufte zum alten Glauben zurückgekehrt waren? Sollten diese als befleckt gelten, oder durften sie jetzt als vollwertige Gemeindemitglieder anerkannt werden? Ascher, dem zwar nachgesagt wurde, er habe sich mehr und mehr zu einer strengen Glaubenshaltung verhärtet, entschied sich für eine versöhnliche Aufnahme. Vielleicht konnten seine Kritiker in den südfranzösischen und spanischen Gemeinden, wo er schließlich Zuflucht und Aufnahme fand, die Bedingungen seiner Herkunft zu wenig einsehen. Er aber, angegriffen wegen seiner strengen Lehrmeinung, verteidigte sich, er sei der Verwalter der reinen, unverfälschten Tradition, wie sie nur in jenen Städten Frankreichs und Deutschlands erhalten sei, wo schon vor der Zerstörung des Tempels jüdische Gemeinden bestanden hätten.

Sicherlich hat sein vergeblicher Versuch, nach der Vernichtung so vieler Gemeinden irgendwo Fuß zu fassen und im Sinne seines Vorbilds Meïr von Rothenburg von einem bestimmten Platz aus zu wirken, Nahrung gegeben für die unzähligen Geschichten aus christlicher Feder vom unsteten, ewig wandelnden Juden. Das unstete Leben dieses Gelehrten und so vieler anderer seiner Glaubensgenossen lag nicht in seinem Charakter oder in einem «Nomadentrieb».

Er war heimatlos gemacht worden. Ausgestoßen, entrechtet, gemieden, geächtet.

Ein Klagelied für diese Tage des Jahres 1298 überliefert uns als ein ergreifendes Zeugnis den Atem einer auch in tiefster Trauer ungebrochenen Kraft.

> Ich weine über die Härte des Geschickes und klage mit
> betrübtem Gemüt über die Trümmer meiner Heiligtümer,
> welche öffentlich verbrannt wurden. Abermals rinnen
> meine Tränen über die Opfer, über die Märtyrer auf dem
> Scheiterhaufen.
> Es blieb zum Klagelied meine Harfe und meine Flöte
> zum Trauerklang.
>
> Mit einer besudelten Hostie sannen sie auf heimtückische
> Anschläge und zeigten ihre Treulosigkeit, indem sie

zu den Besten des heiligen, auserwählten Volkes sprachen:
Ihr habt unseren Gott gestohlen.
Es blieb zum Klagelied meine Harfe und meine Flöte
zum Trauerklang.

Sie sprachen, freventlich habt ihr ihn zermalmt, im Mörser ihn
zerstoßen, um das ausfließende Blut zu sammeln. Ihr
verteiltet es, hängtet es auf eine Stange und schicktet
es in die ganze Diaspora eures in die Irre gehenden Lagers.
Es blieb zum Klagelied meine Harfe und meine Flöte
zum Trauerklang.

Im Jahre 5058 (1298) brachtest Du uns zu Falle, ver-
stießest und verließest uns. Jetzt kehrt die Taube
zu Dir zurück, denn sie hat keine Ruhe gefunden, und
Kinder und Greise liegen auf den Straßen.
Es blieb zum Klagelied meine Harfe und meine Flöte
zum Trauerklang.

Ach, wie ist der zweite Monat, an welchem einst der
Tempel erbaut wurde, verwandelt zu Herzeleid, Angst und
Schmerz. In der Stadt Röttingen begann unsere Trauer,
denn dort wurden die Edelsten unseres Volkes erschlagen,
sie, die den Perlen glichen.
Es blieb zum Klagelied meine Harfe und meine Flöte
zum Trauerklang.

Wehe, wehe Blutstadt!, rufe und schreie ich über Rothenburg,
das freventlich vom Blut gerötete. Ach wie sind die
Helden gefallen und verloren die Kriegswaffen, ach wie ward
durch ihre Großen und Bedrücker die Stadt so fluchbeladen.
Es blieb zum Klagelied meine Harfe und meine Flöte
zum Trauerklang.

Ist das die Tora und ihr Lohn für den, der sie lernt
und lehrt? Mardechai Halevi, der Schatz aller Kostbar-
keiten, dessen Einfluß groß war, er, der oberste in der
Versammlung der Gelehrten – ach wie ist er in die Hand
des rohen Volkes gefallen.
Es blieb zum Klagelied meine Harfe und meine Flöte
zum Trauerklang.

Mein Herz schlägt im Gedenken an den weisen Prediger, Meïr Hakohen, der Felder bebaute und den Weg für die Nachwelt erhellte, der forschte und ergründete und erklärte. Seine Stimme ist nun im Feuer vergangen.
Es blieb zum Klagelied meine Harfe und meine Flöte zum Trauerklang.

Die rechte Art der Wahrheit, der Redlichkeit, der Gerechtigkeit und Bescheidenheit war in der fröhlichen Stadt, die jetzt entsetzt und elend ist. Mit dem Schwert hat der Feind sich Raum geschaffen für seinen Durst zu Laster und Trunksucht.
Es blieb zum Klagelied meine Harfe und meine Flöte zum Trauerklang.

Der Monat Ab blieb bestimmt fürs Unglück. Trauernd werfe ich meinen Schmuck fort und schere mein Haupt kahl, wegen des berühmten Würzburg, der heiteren Stadt, die ein Raub der Flammen, des Hohns und der Plünderung ward, so daß keiner übrig blieb in Jakobs Zelten. Alle von uns wurden zur Schlachtbank geschleppt.
Es blieb zum Klagelied meine Harfe und meine Flöte zum Trauerklang.

Mein Herz zergeht wegen der Märtyrer Nürnbergs, meine Augen fließen von Tränen, wie die Rinne am Regentage. Zu viele sind der Opfer, als daß ich sie zählen könnte. Für Dich, o Gott, ward voll das Tausend der edelsten Männer und Frauen und zarten Kinder.
Es blieb zum Klagelied meine Harfe und meine Flöte zum Trauerklang.

Nimm der um Deinetwillen Gekränkten Dich an, die wie Silber im Schmelzofen zergangen sind.

Die Armleder-Banden

«Der Tod stieg ein in unsre Fenster, drang ein in unsere Paläste. Er raffte hinweg das Kind von der Straße und die Jünglinge von den Plätzen. Und die Leichen der Menschen liegen umher wie Mist auf dem Acker und wie Garben hinter dem Schnitter. Und niemand ist da, der sie sammelt.»

Das Totenlied aus Jeremia (9,20-21) könnte der Ausdruck sein für die Kette der Leiden der Nürnberger jüdischen Gemeinde, dieses gnadenlose Ausgeliefertsein. August 1298 die Rindfleisch-Banden. 1336 die Judenschläger und Armleder. Am 5. Dezember 1349 der Mord an der jüdischen Gemeinde nach der Absprache mit König Karl IV. und den Patriziern und den Handwerkern. Allein für diesen Wintertag verzeichnet das Memorbuch fünfhundertsechzig Märtyrer.

Der Tod stieg ein in unsre Fenster. Aber er trug immer einen Namen, er hatte immer einen Rechtfertiger und einen Machthaber als Urheber und Mittäter.

Das Abebben des Wütens der Rindfleisch-Banden, dieser Zusammenrottung von verarmten Adligen und entwurzelten Stadtbewohnern, Handwerkern, die ihr Handwerk aufgegeben, und Bauernsöhnen, die kein Land geerbt hatten, hinterließ den Sumpf des nun einsetzenden Zusammenwirkens. König Albrecht I. von Habsburg (1298–1308), dessen kräftiger Hand eine hoffnungsvolle Hinwendung zum Landfrieden zugeschrieben wird, bestrafte die Städte und Länder, die seine jüdischen Kammerknechte nicht genügend geschützt und verteidigt hatten, mit Geldbußen. Das Hab und Gut der Ermordeten, das die Gemeinden an sich gerissen hatten, zog er als sein ihm rechtens zustehendes Eigentum ein. So war den Stadtregierungen die Gelegenheit geboten, sich von der Schuld an den Morden freizukaufen. Alle diese Abmachungen wurden ordnungsgemäß verbucht; und die Regelungen lieferten für künftige Vertreibung und Vernichtung jüdischer Gemeinden das wiederaufzunehmende willkommene Muster. Die Kammerknechte waren ein Gegenstand mit Warencharakter geworden. Sie konnten in dem schmalen Bereich der ihnen zugestandenen Bedingungen zur Bestreitung ihrer Existenz sich auf keinen anderen Schutz verlassen als auf Geld. So waren sie gezwungen, den Haß der kleinen Leute auf sich zu ziehen, um den Herrschenden, die sie aussaugten, dienlich sein zu können. Preisgegeben der allgemeinen Verachtung, täglich geschmäht in den christlichen Andachten für mächtige und machtlose Fromme, konnte es nicht ausbleiben, daß sie, die fest daran glaubten, ihre guten Taten würden von Gott in ein großes Buch der Gerechtigkeit eingetragen, die unter überaus streng bewachten sittlichen Anforderungen in ihrer Gemeinde lebten, sich enger zusammenschlossen in ihrer Verachtung gegen die rohen Totschläger, die geldgierigen, plündernden Mörder. Zwischen den Herrschenden, dem Oben, in welcher Schattierung auch immer es sich ausbreitete, und den Beherrschten, dem Unten, wie auch immer es sich veränderte in seinem Bestreben, in die Machtstrukturen einzudringen, waren in diesem christlichen Umfeld die jüdischen Gemeinden ein gehaßtes und gehütetes Wesen.

Auch die Bandenbewegung der Jahre 1336 bis 1338, die sich die Judenschläger, manchmal auch die Armleder nannten, nach einem Kennzeichen, das sie um den Arm trugen, setzte sich aus verarmten Adligen und besitzlosen Bauern zusammen. Auch dieser Schankwirt Johann Zimberli oder Zimberlein aus dem Elsaß, der sich als der König der Armleder bezeichnete, trat den Mord- und Brandschatzerweg an mit der Parole: Töten oder taufen. Er fand bei diesen verelendeten landlosen Bauern seine ergebenen Gefolgsleute, die nach seiner Aufforderung, den Tod Jesu an den Juden zu rächen, willig mit ihm zogen. Sie nahmen das Kreuzeszeichen für sich in Anspruch und brachen mit dem Schlachtruf «Rache für den Gekreuzigten» in die Häuser ein. Es war für die heruntergekommenen Bauernrotten so einfach, Juden auszuplündern und zu erschlagen, einfacher, als gegen ihre wahren Feinde, die Grundherren, aufzutreten. Und sie wurden in ihrem Judenhaß vom Klerus unterstützt, so fanden sie sich bestärkt.

Wieder war es Rothenburg ob der Tauber, diese schöne alte Stadt, die sie als eines ihrer ersten Ziele ausersehen hatten. Sie fielen auch über die jüdischen Gemeinden in Mergentheim her und näherten sich verwüstend der fruchtbaren Gegend um Nürnberg. Sie griffen auch Frankfurt am Main an, aber der Kaiser forderte den Magistrat auf, die Juden zu schützen, und so konnten die Armleder-Banden dort nicht eindringen.

Gleichzeitig mit diesen Judenschlägern im fränkischen Raum wütete im Elsaß und in Rheinhessen die ähnlich zusammengesetzte Bauernbewegung unter dem König der Armleder. Viele Juden flohen nach Colmar, die christlichen Mitbürger erklärten sich bereit, sie zu schützen. Die Armleder-Banden begannen die Stadt zu belagern, sie drangen in die bäuerlichen Anwesen der Umgebung plündernd und raubend und mordend ein, sie fühlten sich stark genug, den Belagerungsring enger zu ziehen und abzuwarten, bis die erhoffte Beute, die sie in reichem Maße bei den nach Colmar Geflüchteten vermuteten, ihnen zufallen würde.

Jetzt aber griffen elsässische Feudalherren und Ritter ein, auch der Kaiser wurde um Hilfe gebeten. Die adligen Herren befürchteten, die Armleder-Bewegung könne sich zu einer gefährlichen, ihre feudale Ordnung angreifenden Gruppierung entwickeln. Für einen kleinen Augenblick in diesem vom Judenhaß gespeisten Kampf standen sich bewaffnete Feudalherren und streitbare Bauern gegenüber. Aber dieser Konflikt, bei der die unterdrückende Klasse zum Beschützer gedemütigter und unterdrückter Menschen wird, bei dem die ausgebeuteten Bauern selber bereit sind, andere Entrechtete zu berauben und zu ermorden, bietet für eine nach vorgefertigten Kategorien bestimmte Auffassung vom Ablauf der Geschichte keine Stütze.

Auch der Versuch, bei dem oder jenem Kaiser und dem oder jenem Papst judenfreundliche Haltungen aufspüren zu wollen, öffnet nicht die Möglichkeit für ein glattes Einordnen. Einige Quellen behaupten, der Kaiser habe den König der Armleder hinrichten lassen, andere meinen, er sei begnadigt worden.

Zu offensichtlich gingen um diese Zeit die das Heilige Römische Reich jeweils Regierenden ihren Hausmachtinteressen nach. Gegenkönige ließen sich aufstellen. Das alles kostete Geld. Nur nach dem erhofften Gewinn beurteilten diejenigen, die Befehle ausgehen lassen konnten, ob es lohnte, die jüdischen Gemeinden zu schützen oder ihren Untergang herbeizuführen und dann Beute und Strafgelder einzuziehen. Dabei wurde die jüdische Gemeinde von Nürnberg, die, vierzig Jahre nach dem Rindfleisch-Pogrom, wieder ihren Anteil zum Aufblühen der Stadt beitrug, immer mehr beachtet und beargwöhnt. Jedenfalls bekamen die Burggrafen von Nürnberg im April 1337 den ausdrücklichen Befehl des Kaisers, sich der bedrängten Juden anzunehmen. Es wird gerechnet, daß in dieser größten jüdischen Gemeinde in der Mitte Europas um das Jahr 1338 mehr als tausend Menschen lebten, zweihundertzwölf von ihnen hatten das Bürgerrecht. Für das Jahr 1340, so besagen es Aufstellungen, sollen in dieser Reichsstadt unter siebzehntausend Christen zweitausend Juden gezählt worden sein.

Nürnbergs Umgang mit den Juden wurde für andere Städte als Muster angesehen: der besondere Nürnberger Judeneid, der keineswegs die Demütigungen aussparte. Die Festsetzung ihrer Abgabe für ihren Schutz. Die Verordnung über das Pfandrecht. Das Verbot, Handel zu treiben. Die Möglichkeit, Ausnahmen bei der Zulassung zu Berufen zu gewähren, etwa für einen Arzt. Das Einengen des Lebens griff tief in den Alltag ein. Zu bedrückenden Verordnungen kamen Nachträge, zu den Nachträgen wurden Zusätze geschrieben. Ein Vorgang, der den besonderen Haß der Patrizierfamilien entfachte, zeigte schon im Jahre 1344 wie ein Wetterleuchten den Untergang der jüdischen Gemeinde an. Es war ruchbar geworden, daß ein Mitglied der angesehenen Familie Holzschuher sein gutes christliches Haus an Juden verkauft hatte. Der Sturm der Entrüstung bei den alteingesessenen Reichen war so stark, daß die Angelegenheit bis vor den Kaiser gebracht wurde; Ludwig der Bayer mußte die Versicherung abgeben, nie wieder zuzulassen, daß Juden christliche Häuser kaufen dürften.

Das Handelshaus Stromer

Als Beispiel für den Vorgang, der die allgemeine Umschreibung erfuhr, die großen christlichen Kaufleute verdrängten nach den Kreuzzügen die Juden aus dem Fernhandel, soll der Name eines solchen Handelshauses herangezogen werden: Stromer. In alter Schreibweise auch Stromeyr, herrührend sicherlich von dem alten Begriff des Waldhüters. Es gehörte zu den frühen Wegbereitern des wirtschaftlichen Aufschwungs Nürnbergs.

Der größte Glanzpunkt seines Lebens mag gewesen sein, als er, Ulrich Stromer, im Auftrag der Städte des Heiligen Römischen Reiches dem Kaiser Karl IV. bei seiner Krönung in Rom 1355 Geschenke und Hilfsgelder von hohem Wert überreichte, und es wird von den Chronisten ausdrücklich angemerkt, daß er sich damals noch einmal eine Bestätigung holte: Der Mann, der nun die böhmische Königskrone mit der deutschen Kaiserkrone vereinigte, hatte ihm vor sechs Jahren bei der Austreibung und Zerstörung der jüdischen Gemeinde von Nürnberg Häuser der Ausgetriebenen geschenkt. Der erfolggewohnte christliche Kaiser und der erfolggewohnte christliche Kaufmann bekräftigten hier in Rom noch einmal das Einverständnis über ihr Vorgehen von 1349. Auch der christliche Handelsherr Fritz Schopper konnte in seinem Besitzanspruch auf jüdisches Hauseigentum beruhigt werden. Und die alteingesessenen Familien Pirckheimer und Mendel und Schopper stellten sich mit ihren Handels- und Bankhäusern dem kaiserlichen Hof für das Aufbringen von Geldern zu Kriegs- und Repräsentationszwecken zur Verfügung.

Der Kaiser hatte mit den Mördern der jüdischen Gemeinden aus der Pestzeit immer seinen Vergleich gefunden, sie waren zur Regel geworden, die gewinnbringenden Übereinkommen.

Für Nürnberg hatte Ulrich Stromer mit dem Kaiser den «vom Pöbel» zu erwartenden Mord an der jüdischen Gemeinde schon vorher abgesprochen. Stromer war damals, als man in Nürnberg unter der ängstlichen Erwartung stand, die Seuche, der schwarze Tod, würde auch in die Mauern der Stadt Nürnberg eindringen, zum Sprecher am Königshof in Prag ausersehen. Er sollte dem Kaiser das Anliegen vor Augen halten, es war der Wunsch von Patriziern und Handwerkern gleichermaßen, einen Mangel zu beheben: Es fehle in Nürnberg ein großer Platz, auf dem Markt gehalten werden könne ohne Gedränge. Aber ausgerechnet auf diesem begehrten Fleck Erde stand das Juden-

Aus einer deutschen Stadt vertriebene Juden, um 1427/28

viertel. Das Haus Stromer hatte es längst gelernt, die Macht des Geldes einzusetzen. Sie schickten Vertreter aus der eigenen Familie an die wichtigen Handelsplätze.

Der christliche Kaufmann hatte nicht nur die Segensworte aus dem Alten Testament für sich herausgezogen, er beanspruchte auch die Namen Israel und Jerusalem als ureigenes Anliegen für sich. Er und seinesgleichen ließen sich nun in jeder Predigt aufrufen als das Volk Israel, sie bezogen ohne Umwege das Gefühl, auserwählt zu sein, auf sich. Mit dem gleichen unerbittlichen und unerschütterlichen Anspruch betraten sie auch die von den jüdischen Kaufleuten erkundeten und gesicherten Straßen. Jetzt gingen sie, in unlösbarer Verknüpfung mit dem alten, übernommenen Segen, die uralten erprobten Wege zu den begehrten Waren. Sie bauten unter dem Königsmantel ihre Bastionen, sie trugen den Anspruch der Ehrbarkeit auf ihren Gesichtern und in ihren Handelsregistern. Den Eigennutz verschleierten sie kaum. Und doch war in ihnen unablässig das Bestreben, die anderen, die Erfolgreichen, die alles schon längst gekannt hatten, die Märkte und das Vaterunser, ganz und gar auszulöschen. Die Erinnerung bis in die Grundmauern auszutilgen. Die jüdischen Friedhöfe zu zerstören und mit den Grabsteinen die Fundamente für ihr eigenes Wohlergehen zu legen.

Die unlösbare Verknüpfung von christlichem Gebet mit christlichem Geldhandel liegt für diese Pestjahre von Nürnberg schamlos offen, angerichtet wie auf einem Tablett.

Der Vorbereitungstag ist auf einem Dokument festgehalten, das Stromer aus Prag von seinen Unterhandlungen am Königshof mitbrachte, der Markturkunde. Da hieß es also, daß in Nürnberg ein großer Platz fehle, an dem die Leute ohne Gedränge kaufen und verkaufen könnten. Die Zustimmung zum Abreißen des Judenviertels war gegeben, zwei Plätze sogar sollten entstehen. Und als sie dann entstanden waren, hießen sie Haupt- und Obstmarkt. Und es war im herzlichen Einvernehmen zwischen Kaiser und Kaufmann festgelegt, «daß man aus der Judenschule solle machen eine Kirche zu St. Marien Ehre, Unserer Frau, und dieses Gebäude auf dem großen Platz an einer solchen Stelle anlegen, wo es die Bürger für das Beste halten».

In diesem Augenblick der Ausfertigung der Markturkunde, da hatte der Handelsherr Stromer schon die Schrecken des Aufstands der Handwerker in der Stadt hinter sich. Da war das halbe Jahr, in dem nach einem Aufruhr die Handwerker das Stadtregiment übernommen hatten, vom 15. Oktober 1348 bis in die Maitage 1349, für die reichen Handelshäuser glimpflich abgelaufen.

Es war ja auch eine der ersten Maßnahmen dieser neuen Handwerker-Stadtregierung gewesen, daß sie sich von der jüdischen Gemeinde die Schutzgebühr von dreizehntausend Goldgulden auszahlen ließ. Man war um ein korrektes Verhalten zu den Juden bemüht gewesen, man hatte auf Beschluß dieses neuen Rates sogar einen Handwerker aus der Stadt verbannt, weil er zu einem Aufstand gegen das Judenviertel aufgerufen hatte. Am 15. Oktober 1348. Jedoch bei aller angestrebten Korrektheit hatten in der kurzen Zeit ihrer Stadtherrschaft die Zunftmeister ihre Handwerker ermuntert, aus den Häusern der Juden ihre Pfänder wieder an sich zu reißen. Auch dafür gab es eine Weisung des Königs an die Burggrafen, sie sollten Sorge tragen, daß den Aufrührern aus der Zunft das geraubte Gut wieder abgenommen und zugunsten des Königs eingezogen werde.

Zu dieser Zeit waren längst die Verhandlungen über den Untergang der jüdischen Gemeinde abgeschlossen. Da war der Nachlaß der Lebenden schon verteilt. Da herrschte Übereinstimmung zwischen dem König, dem Bischof von Bamberg und den Burggrafen über die erwarteten Anteile des Raubes. Bevor der Raub ausgeführt war.

Zweimal also hatte der gottesfürchtige König Karl IV. aus dem Haus Luxemburg im voraus über das Eigentum seiner Kammerknechte von Nürnberg verfügt, ein Anteil dem Bischof, ein Anteil den Burggrafen. Großzügig verschenkte er die Häuser der Nürnberger Juden «für den Fall, daß diese erschlagen würden». Seine einzelnen Verfügungen und Versprechungen an die fürstlichen und geistlichen Herren sind sämtlich überliefert. Man war sich einig, daß die jüdische Bevölkerung von Nürnberg auszutilgen sei. Das war, als die Handwerker noch regierten.

Ein Jahr später war die alte Ordnung wieder eingekehrt. Es war auch wieder die Zeit der Patrizier geworden. Das Haus Luxemburg hatte sich gegen alle Widersacher durchgesetzt. So zog König Karl am 1. Oktober 1349 in Nürnberg ein. Da wurden all die Kämpfe um Macht und Vormacht in dem Satz einer Erklärung zusammengefaßt, «daß es zwischen den Bürgern und den Juden zu mancherlei Feindschaft gekommen sei und daß die Bürger, solange die Juden in der Stadt wohnten, um die Sicherheit ihres Leibes und ihres Gutes fürchten müßten».

Nun aber meldeten die Patrizier, die reichen Handelsfamilien, ihren Anspruch auf die schon an die Adligen verteilten Häuser an. Und erwarteten vom König für ihre Dienste, im Sinne seiner Hausmacht zu wirken, Straffreiheit. Sie erwarteten diese Zusage schon im voraus: Straffreiheit für den Fall, wenn die jüdische Gemeinde «beschädigt» würde.

Mit brutaler Durchsichtigkeit zeigte sich, wie die Kämpfe um die Macht in der Stadt Nürnberg zurückschlugen auf das Judenviertel. Jeder, gleichgültig ob König, Bischof, Burggraf, Patrizier, Handelsherr oder Handwerker, hatte, in welchem Kampf er sich auch sonst befand, seine Augen auf die Besitztümer im jüdischen Viertel gerichtet.

Marienkirche auf dem Platz der ehemaligen Synagoge in Nürnberg

Noch während die Bewohner dort lebten, hatten die zwar zeitweilig durch die Handwerker von der Stadtherrschaft ausgeschlossenen Herren vom Adel und die Reichen sich im Geiste schon in die schönen Häuser gesetzt.

Aufmarsch des Reichsarbeitsdienstes, Parteitag der NSDAP 1934 in Nürnberg. Im Hintergrund die Marienkirche.

Bei nicht einer dieser Erwägungen ging die Rede von christlicher Vergeltung für einen Ritualmord oder eine Hostienschändung. Es war in diesem Jahr der angestrebten und dann verwirklichten Vernichtung der jüdischen Gemeinde von Nürnberg von keinem Stand mehr für nötig befunden, nach einem anderen Vorwand zu suchen; der Mantel der Religion wurde nicht einmal mehr zur Hand genommen, geschweige denn übergebreitet.

Sie wollten den Platz. Sie rechneten mit dem Mord an der Gemeinde. Es war keine beginnende Armut in der Stadt, sie begann gerade jetzt neben der Regierungsstadt Karls wie eine zweite Sonne zu glänzen. Man hat gezählt, daß er mehr als fünfzigmal seinen Aufenthalt hier genommen hatte. Auch schien die Versorgung aus dem Reichswald mit der Holzkohle unerschöpflich. Es herrschte keine Not, auch die Pest war nicht in die Stadt eingedrungen. Das Wort von der Brunnenvergiftung konnte hier nicht angewendet werden, um den Mord auszulösen.

Am 5. Dezember 1349 gingen Nürnbergs Mörder in das jüdische Viertel. Sie stiegen ein in die Fenster, sie drangen ein in die Häuser, sie erschlugen oder verbrannten alle, Männer, Frauen, Kinder. Fünfhundertsechzig sind eingetragen in das Memorbuch. Märtyrer. Bei den Namen stehen immer wieder die beschwörenden Worte: «Gott möge ihrer gedenken, weil sie ihr Leben für die Heiligung des göttlichen Namens hingegeben haben. Dieses Verdienstes wegen möge ihre Seele in den Bund des ewigen Lebens aufgenommen werden.»

Und dann wurde verteilt.

Ulrich Stromer der Jüngere, der auf jedem Strom Schwimmende, vor dem Aufruhr der Handwerker, während der Zeit der Zunftregierung und nun danach, immer Mitglied des Rates der Stadt, jetzt schon bezeichnet als «lieber Getreuer» des Königs, bekam zwei Häuser der Ermordeten. Und vom Friedhof wurden die Grabsteine weggeschleppt, Bausteine für Bürgerhäuser, aber auch zu Treppenstufen entweiht für die Lorenzkirche.

Nun, nach dem Abriß der Synagoge und der anliegenden Häuser, war der Platz, wo man ohne Gedränge kaufen und verkaufen könnte, gewonnen, war der Augenblick, «daß man aus der Synagoge eine Kirche zur Ehre der Heiligen Maria, Unserer Lieben Frau, machen sollte», gekommen.

Immer werden die allgemein sich abzeichnenden Strömungen und Bewegungen gespeist durch die Eigenarten und Eigenheiten der einzelnen am Geschehen Beteiligten. Die Historiographen, die am Bild des Kaisers Karl IV. im Laufe der Geschichte wirkten, berichteten gern von seiner Frömmigkeit, die sich noch steigerte durch die erschütternden Meldungen über das Wüten des schwarzen Tods in seinem Reich.

Die Besessenheit wird registriert, aus der heraus er bis zum Diebstahl Reliquien sammelte. Wie ihm gleichzeitig daran gelegen war, die Reliquien als sogenannte Heiligtümer an einem Ort, nur für ihn gedacht, zu verbergen, wie sie aber gleichzeitig als ein Zeichen für seinen Anspruch auf Gegenwart auch in seiner Abwesenheit dem Volk vorgewiesen werden sollten.

Aber diese Untersuchung ist nicht der Gefühlswelt des Mannes aus dem Hause Luxemburg, der die böhmische Königskrone mit der deutschen Kaiserkrone trug, gewidmet. Es kann nur festgestellt werden, daß der Platz für eine neue Kapelle, in der die von ihm zur Verfügung gestellten Reliquien gezeigt werden sollten, in äußerster Nüchternheit, weitab vom Überschwang der Frömmigkeit, in engstem Zusammenwirken mit den Nürnberger Kaufleuten ausgesucht war.

In manchen Kunstgeschichtswerken, die das aufstrebende Gotische dieser neu errichteten Marienkirche feiern, wird die Frage, auf welchem Fundament wurde denn diese Kirche errichtet, nicht gestellt. So bedurfte sie auch keiner Antwort. Man kann sich erschöpfen im Erkennen und Anführen der Stilrichtung des Langhauses mit ihren Merkmalen und Betonungen in Pfeilern, Jochen, Umgängen. Man kann die Vorbilder in Aachen oder in Frankreich erwähnen und dabei die Zusammenhänge des Entstehens verlieren.

Die persönliche Beziehung Karls zu dem Bau, gerade auf diesem Platz, war so groß, daß er seinen Anteil nicht nur in einem Stiftungsbrief deutlich machte, sondern auch zur Einweihung des Chores und, drei Jahre später, zur Weihe des vollendeten Baus nach Nürnberg kam. Hatte er doch in der Stiftungsurkunde ausdrücklich erklärt, es sei «die neue Kirche oder Kapelle errichtet, gegründet und geschaffen zu Lob und Ruhm seines Kaisertums, zu Ehren der glorreichen Jungfrau Maria, der Mutter Gottes und unseres Herrn Jesu Christi, zu seinem und seiner Vorfahren Seelenheil, in seiner kaiserlichen Stadt Nürnberg».

Und das Handelshaus Stromer hatte sich beeilt, seine enge Verknüpfung zum Kaiserhaus in deutlichen Zeichen zu demonstrieren. Es stiftete eine Wenzelsstatue, den von Karl IV. bevorzugten Heiligen, der seinen Anspruch auf Böhmen unterstreichen sollte, und schmückte sie mit dem Wappen der Familie Stromer.

Capestrano und Cusanus

Es wird berichtet, daß im Jahr 1452 der weithin geachtete, gefürchtete, geliebte, gehaßte Wanderprediger aus dem Orden der Franziskaner (Minoriten), Johannes von Capestrano, vier Monate lang täglich über mehrere Stunden auf dem Markt vor der Frauenkirche in Nürnberg seine von Haß und Liebe durchtränkten Reden hielt. Haß gegen die Ungläubigen, Liebe zu Jesus. Mit diesen einfachen, starken Formeln brachte er auf seinem Wanderzug durch Deutschland und Böhmen und Polen Begriffe und Beispiele ein, die geeignet waren, die Gemüter der jeweils zu Tausenden zählenden Zuhörer aufzuwühlen und anzureizen zu Ausbrüchen fanatischer Wendungen gegen die Ungläubigen in der eigenen Umgebung, die Juden. Ihm eilte der Ruf voraus, durch Handauflegen erreiche er wundersame Heilungen, da durch ihn die Liebe Jesu, des wirklichen Arztes, den Menschen aufrichte. In den jüdischen Gemeinden verbreitete allein schon sein Name lähmendes Entsetzen. Der Name «Judengeißel» kennzeichnete ihn.

Zu diesen täglichen Predigten auf dem Nürnberger Markt, dem ehemaligen Wohngebiet der jüdischen Gemeinde, vor der Frauenkirche auf dem Fundament der Synagoge, waren, auf ausdrückliche Weisung des Klerus, die jüdischen Einwohner als Zuhörer befohlen. So standen sie deutlich abgetrennt von den Christen. Bewacht von den Stadtknechten.

Und es geschah ihnen nichts.

Die Mitteilung, daß sie unangetastet blieben, gerade hier in dieser Stadt und gerade hier an diesem Platz, mag erstaunlich klingen. Doch zu diesem Zeitpunkt brauchte Nürnberg seine Juden.

In Untersuchungen über die Lage der Nürnberger Juden in der Mitte des 15. Jahrhunderts wird ausdrücklich auf den «nüchternen Wirklichkeitssinn» der Nürnberger Ratsherren verwiesen, die als Kaufleute die Stadt regierten. Sie ließen es nicht, auch wenn da und dort Anschuldigungen aufflackerten, zu Ritualmord- oder Hostienfrevelprozessen kommen. Der Rat der Stadt hatte nach der Vertreibung von 1349 wieder jüdische Familien zugelassen. Die Nürnberger Ratsherren hatten sich das Recht, Zuzug zu gewähren oder abzulehnen, vorbehalten. Die Zahl der jüdischen Einwohner sollte begrenzt bleiben. Ausgeklügelte Anordnungen griffen tief in das Familienleben der jüdischen Gemeinde ein. Die Aufenthaltszeit der Kinder wurde abgeschnitten; sie standen unter dem Druck der Verordnung, bei einer Heirat mit einem jüdischen Nürnberger Bürger die Stadt nach einem Monat verlassen zu müssen. Heiratete jemand einen Angehörigen einer außerstädtischen jüdischen Gemeinde, war sein Recht, weiter in Nürnberg zu leben, bereits nach vierzehn Tagen verfallen.

So blieb die Zahl der Gemeinde fortan unter zweihundert Personen. Zum Leben war ihnen der Platz auf ihrem alten Friedhof angewiesen. Auch die Lage dieser zweiten Ansiedlung ist bekannt, es ist alles zu rekonstruieren: die Zugänge zum nichtummauerten Anwesen mit Synagoge, Bad und Tanzhaus.

Obwohl nicht umgeben von einer sichtbaren Mauer, war die Begrenzung um die jüdische Gemeinde deutlich und eng gezogen. In starrer, feindseliger, fester Geschlossenheit standen ihnen die Zünfte gegenüber, diese waren in ihren dumpfen, religiös gefärbten Ängsten vor der Konkurrenz aus dem jüdischen Viertel das dunkle Bild einer «verschworenen Gemeinschaft», von der später Hitler immer sprach.

Lediglich die Erwägungen, daß der Großhandel in die fernen Länder Kredite brauchte, Kredite aber nur gegen Zinsen zu bekommen waren, gaben den Ausschlag für die Haltung der Stadt, denn nur die Juden durften nach dem kanonischen Recht Zinsen nehmen. Der Großhandel aber und die Landwirtschaft konnten ohne Kredite nicht auskommen. Die Stadt konnte ohne ihre Juden nicht leben.

So wie die Herren vom Rat der Stadt sich bereits vor zwei Jahren gegen gewisse ausgleichende Weisungen des päpstlichen Legaten Nikolaus von Kues, Cusanus, mit Erfolg gewendet hatten, so verschlossen sie sich für diesen Augenblick in ihrer Stadtgeschichte dem Anstacheln zu judenfeindlichen Ausbrüchen. Es wird zwar berichtet, wie sie auf ihrem breiten Raum des Marktes einen Scheiterhaufen an einem jener Sommertage errichteten und, dem Aufruf gegen übermäßigen Luxus folgend, 76 Paar modisch überspitzter Schuhe, 3640 Brettspiele, 40000 Würfel und dazu Spielkarten verbrannten. Aber noch keine Menschen.

Die Aufgaben des Capestrano, der im Auftrag des Papstes Nikolaus V., unterstützt durch Friedrich III. aus dem Hause Habsburg, durch die Lande zog, waren vielschichtig: Der Einfluß, der noch immer von der Hussitenbewegung ausging, sollte eingedämmt werden. Die Gefahr, die mit dem Heranrücken der Türken drohte, sollte in aller Deutlichkeit heraufbeschworen werden. Konstantinopel war schon aufgegeben. Und schließlich sollten die Gläubigen, insbesondere diejenigen, die in Klostergemeinschaften lebten, schärfer zum Gehorsam gegen den Papst in Rom und auf die Kirche verpflichtet werden. Und er sah es als seine Aufgabe an, die «teuflischen Privilegien» der Juden zu zerstören, und sein Ziel war das physische Auslöschen der jüdischen Gemeinden. Als Mittel bediente er sich des Inquisitionsverfahrens. Mit den beiden schwersten Anklagepunkten, Hostienschändung und Ritualmord, gestützt durch auf der Folter erzwungene Geständnisse.

Im Laufe der Geschichtsschreibung hat das Wirken gerade dieses Mannes die unterschiedlichste Bewertung erfahren. So wird ihm einhellig der Sieg von 1456 gegen die Türken vor Belgrad zugeschrieben, ihm, dem «Apostel Europas», dem «Sohn eines nach Italien eingewanderten nordischen (vielleicht deutschen) Barons». Eine Betrachtungsweise, die Licht nur auf diesen einen, 1690 Heiliggesprochenen lenkt, läßt den Anteil des ungarischen Feldherrn Johannes Hunyadi klein werden.

Und das Ausklammern der verheerenden Folgen für die jüdischen Gemeinden in den von Capestrano aufgesuchten Städten führt zu einem einseitigen Bild, wie es von Pastor 1931 in der *Geschichte der Päpste* festgehalten ist: «Während Nikolaus von Cusa in Norddeutschland als Träger einer aus dem Wesen der Kirche hervorwachsenden Reform wirkte, entfaltete im südlichen, später auch im mittleren und östlichen Deutschland der berühmte Prediger aus dem Minoriten-Orden, Giovanni da Capestrano, eine gleichfalls großartige Reformtätigkeit. ‹Wohin er kam›, erzählt Enea Silvio Piccolomini in seiner Geschichte Friedrichs III., ‹gingen ihm Priester und Volk mit heiligen Reliquien entgegen, nahmen ihn als Gesandten des Papstes und Verkündiger der Wahrheit, als einen großen Propheten und Himmelsboten bei sich auf; ja selbst von den Bergen strömten, als ob der Heilige Petrus oder Paulus oder ein anderer Apostel daherwallte, die Bewohner zu ihm herab und sehnten sich, nur den Saum seines Gewandes zu berühren, indem sie ihre Kranken zu seinen Füßen hintrugen, von denen gar mancher gesund von ihm zurückgekehrt sein soll. Capestrano war bereits 65 Jahre alt, von kleiner Statur, mager, dürr und abgezehrt, lauter Bein und Haut, aber stets heiteren Mutes, kräftigen Geistes, unermüdlich in der Arbeit, sehr gelehrt und beredt. Er predigte alle Tage, hoch erhabene und tiefbedeutsame Gegenstände behandelnd, zur Lust und Freude von Gelehrten und Ungelehrten, denen er beiden Genüge tat und deren Gemüter er nach Gefallen lenkte. Zu seinen Predigten kamen täglich an zwanzig- bis dreißigtausend Menschen zusammen und horchten ihm, obwohl sie nicht verstanden, was er sprach, mit größerer Aufmerksamkeit zu als dem Dolmetscher; denn er pflegte seine Rede zuvor ganz lateinisch vorzutragen, und dann erst ließ er den Dolmetscher auftreten. Die Wiener konnten ihn kaum erwarten, und als er auf ihre Bitte endlich in die Stadt kam, strömten sie ihm in solcher Menge zu, daß die Gassen für sie zu eng wurden; Männer und Weiber drängten sich übereinander, und als sie den Mann erblickten, vergossen sie Freudentränen, streckten die Hände zum Himmel, lobpriesen ihn, und die sich ihm nähern konnten, küßten sein Gewand und begrüßten ihn als einen Boten des Himmels. Er nahm seine Wohnung bei den Minoriten, den Brüdern seines Ordens, wurde auf Kosten der Stadt verpflegt und beobachtete mit seinen Ordensbrüdern folgende Tagesordnung: Er schlief angekleidet, stand mit der Morgendämmerung auf und las, nachdem er viel gebetet, die Heilige Messe. Dann predigte er öffentlich dem Volke lateinisch, von einem hohen Gerüst bei den Karmelitern, das eigens auf dem Platze für ihn erbaut war, da es anderswo an Raum gebrach. Einige Stunden darauf, wenn auch der Dolmetsch geendet, kehrte er wieder in sein Kloster zurück, und nachdem er wieder eine Zeit mit Beten zugebracht, besuchte er Kranke; er legte ihnen allen die Hände auf, berührte jeden einzelnen Kranken, deren es selten unter fünfhundert waren, mit den Reliquien des Heiligen Bernhardin und schloß alle in seine Fürbitte ein. Dann aß er zur Nacht, gab Audienzen, verrichtete die Vespergebete, kehrte zu den Kranken zurück und machte mit ihnen bis in die Nacht hinein Andachtsübungen. Hierauf erst, nach neuen Gebeten, gönnte er dem Körper Ruhe, schlief aber äußerst wenig. Zum Studium der Heiligen Schrift stahl er sich die Zeit ab. So führte dieser Mann auf Erden sozusagen ein himmlisches Leben, ohne Makel, ohne Tadel, ohne Sünde, ich sage kühn ohne Sünde, obwohl es nicht an Leuten fehlte, die ihn eitler Ehrsucht beschuldigten.›

Von Wien aus durchzog Capestrano, überall mit ernster Strenge und Entschiedenheit Buße predigend, einen großen Teil Deutschlands. In Augsburg, Eichstädt, Regensburg, Nürnberg, Bamberg, Erfurt, Weimar, Jena, Halle, Magdeburg, Leipzig, Dresden, Breslau und an vielen anderen Orten verkündete er mit unermüdlichem Eifer das Wort Gottes und gewann Tausende für ein besseres Leben. … Er verstand es in wunderbarer Weise, die Massen anzuziehen und zu fesseln … Häufig bewirkten seine Predigten, daß Männer und Frauen tief erschüttert in den Ruf ‹Jesus, Barmherzigkeit!› ausbrachen und ihre Luxusgegenstände, Würfelspiele, Spielkarten, den Putz falschen Haares, Schminke usw. auf offenem Markt verbrannten. Hans Schäufelein hat eine solche Verbrennung der Eitelkeiten durch den gewaltigen Bußprediger in einem Holzschnitt dargestellt.

An manchen Orten brachten Capestranos Predigten Wirkungen hervor, die fast unglaublich erschienen, aber einstimmig berichtet werden. So traten z. B. in Leipzig, nachdem er über den Tod gepredigt und dabei einen Totenkopf vorgezeigt, gegen hundertzwanzig Studenten in verschiedene Orden; etwa die Hälfte kleidete er selbst ein. In Wien gewann er fünfzig, in Krakau hundertdreißig Jünglinge, darunter viele Studenten, für seinen Orden. Der Papst ehrte den außergewöhnlichen Prediger, den das Volk kurzweg den ‹Heiligen Mann› oder ‹Geistlichen Vater› nannte, und um dessen Erscheinen die Stadtmagistrate sich auf alle Weise bemühten, durch Erteilung von Vollmachten und durch Verleihung von Ablässen für alle, die seinen Predigten beiwohnten.»

Das Gegenbild, wie die Spur des so Gefeierten von Blut gezeichnet war, gab Otto Stobbe in seinem Werk *Die Juden in Deutschland während des Mittelalters* (1866). Der gläubige Christ Stobbe schrieb in seiner Einleitung, «die Werke über Geschichte der Juden sind in nicht jüdischen Kreisen so wenig bekannt, daß selbst die Gebildeten, wie ich mich häufig zu überzeugen Gelegenheit hatte, über die Geschichte dieses Volks in Deutschland nur unvollkommen unterrichtet sind ... Trotz aller Fortschritte, welche die neuere Zeit machte, trotz unserer staatlichen Entwicklung und der auf den Bahnen der Humanität und der Freiheit fortschreitenden Gesetzgebung, haben die mittelalterlichen Auffassungen bis tief in das 18. Jahrhundert hinein nicht bloß im Leben, sondern auch in der Gesetzgebung da geherrscht, wo Nationalhaß, Glaubenseifer und Neid den alten Zustand den Wünschen gemäß fand.»

Ausdrücklich war also Capestrano mit der päpstlichen Vollmacht ausgestattet worden, Ablaß zu erteilen. Zu dieser Zeit gewann der Ablaß als ein müheloses Mittel, sich Geldquellen zu erschließen, mehr und mehr an Bedeutung für den Klerus, zeigte er doch ungeahnte Möglichkeiten, sich auch ohne jüdische Geldverleiher ständig fließende Einnahmen zu sichern. Darüber hinaus war der Ablaß ein Machtmittel, eng verbunden mit der Rechtsprechung. Das System wurde verfeinert, Unterschiede, Abstufungen eingeführt, der vollkommene und der unvollkommene Ablaß, das bedeutete: völliger Straferlaß oder teilweiser Straferlaß unter der Voraussetzung der reumütigen Beichte. Auferlegt wurden eine bestimmte Anzahl von Gebeten, Kirchenbesuch, aber vor allem Almosengaben. Dazu Pastor in seiner *Geschichte der Päpste*: «Der Eindruck, daß für die römische Kurie die Geldfrage im Vordergrund stand, wurde noch vermehrt, als 1394 der Verkündigung des der Stadt Köln bewilligten Jubiläums offizielle Vertreter der päpstlichen Kammer, ein Abt und ein Bankier, beiwohnten. Es war dies der erste Fall dieser Art.» Dieser Jubelablaß, schon rechtzeitig für das sich vollendende Jahrhundert eingesetzt, hatte das Beispiel gegeben, wie unter christlicher Verantwortung ein christlicher Bankier die Einkünfte überwachte. Das kanonische Zinsverbot war durchbrochen. Capestrano verknüpfte nun den Ablaß mit dem Aufruf zur Teilnahme am Kreuzzug gegen die Türken. Das Abbild, das für ihn gewählt wurde, zeigte einen Franziskaner, mit der Kreuzfahne und der Bibel in den Händen, mit einem sechseckigen Stern über dem Kopf. Und ein Türke unter seine Füße getreten. Und steht noch heute an einem Portal des Stephansdoms in Wien.

Sicherlich, wenn auch der Rat der Stadt Nürnberg sich nicht sogleich zu fanatischen Handlungen gegen seine jüdischen Einwohner hatte hinreißen lassen, so mußte die bilderreiche Sprache des «Apostels Europas» ihre Spuren in den Gemütern der Zuhörenden hinterlassen, wie er vor Augen hielt, das beste sei, alle Juden auf einem Schiff zu versammeln und mitten auf dem Meer auszusetzen.

Doch die nüchternen Kaufleute von Nürnberg und der welterfahrene päpstliche Legat Nikolaus von Kues, der es gelernt hatte, in mathematischen Kategorien zu denken, bevor er sich der Theologie verschrieb, trafen sich in der Erkenntnis, daß sie die einfältigen Geschichten des Capestrano von Hostienschändung und Ritualmord ablehnten. In der Person des Cusaners aber stand den Kaufleuten aus den großen Familien Nürnbergs ein Scholastiker gegenüber, der, ohne auch nur eine Handbreit Raum zu geben für den Verdacht, sich von den Grundregeln der Kirche zu entfernen, neuen Erkenntnissen, die nicht mit der offiziellen Lehrmeinung übereinstimmten, nachjagte. Ausdrücklich wählte er für die Suche nach Erkenntnissen den Begriff von der Jagd. Und immer war in die Vieldeutigkeit seiner geschliffenen lateinischen Ausdrucksweise auch das Spielerische eingeschlossen. Der Begriff von der Jagd konnte das Ausspähen bedeuten, das Nachspüren der Gedanken, aber auch die Tierhetze, wie sie im Zirkus oder im Amphitheater üblich war. Der Spürsinn dieses Mannes aus

Kues hatte sich im päpstlichen Auftrag mit höchster Machtbefugnis nun mit lebendigen Menschen zu beschäftigen und nicht nur mit philosophischen Erwägungen.

Als er auf der Bamberger Synode des Jahres 1451 bei seinem Bemühen, das päpstliche Zinsverbot durchzusetzen, auf den erbitterten Widerstand der Nürnberger Kaufleute stieß, brachte er eine erstaunliche Forderung auf: Wenn es sich so darstelle, daß die jüdischen Einwohner Nürnbergs, zur Diözese Bamberg gehörend, infolge der Weisung, kein Christ dürfe von ihnen Geld auf Zinsen borgen, ihre Existenz verlören, so solle ihnen doch die Möglichkeit eingeräumt werden, zu arbeiten wie auch die Christen. Dieser gewiß kühne Vorschlag, der auf einhellige Ablehnung der fest geschlossenen Reihen der Zünfte und Patrizier stieß, lag für Cusanus, der darangehen sollte, Wege des Ausgleichs zu finden, im Bereich des Erfüllbaren. Seine erstaunliche Forderung auf das Gewähren von Arbeit zeigt zum mindesten, daß er die Juden nicht aus dem Land entfernen und auf einem Schiff der offenen See aussetzen wollte wie Capestrano, sie weist darauf hin, daß er wußte, mit dem Einhalten der päpstlichen Verordnung auf Zinsverbot werden die Mitglieder der jüdischen Gemeinden ihrer Grundlage zur Lebenserhaltung beraubt.

Auf seiner Visitationsreise, die ihn von Nürnberg weiter über Magdeburg bis in die niederländischen Gebiete führte, gewann er Einblicke in die Betriebsamkeit der Geistlichen zur Forderung von Wallfahrten. Es ist bemerkenswert, daß er in Halberstadt, offensichtlich in Verbindung mit der Wallfahrt nach Wilsnack, sich gegen die Verehrung blutiger Hostien wandte. Das geschah im selben Augenblick, in dem der von ihm auf den Weg geschickte Capestrano die Judenverfolgung mit Hilfe der blutigen Hostien anfachte.

Unter zögerndem Vorbehalt könnte man in einem Teil seines Wirkens Ansätze erkennen, die zu einem neuen Verständnis im Zusammenleben der Menschen führten. In seiner Abhandlung *Der Friede im Glauben,* die er aus Anlaß der Eroberung Konstantinopels durch die Türken verfaßt hatte, entzog er sich mit einer deutlichen Wendung gegen Papst Nikolaus V. dem Kreuzzugsgedanken, fand Annäherungsmöglichkeiten zur Haltung der Hussiten, beklagte die Lage der aus Gründen des Glaubens Unterdrückten, «daß viele um der Religion willen die Waffen gegeneinander kehren und in ihrer Macht die Menschen zur Abschwörung lange beobachteter Lehre zwingen oder sie töten». Sein Gespräch um den Glauben hatte er in eine elegante, spielerische Form gebracht. Unter denen, die Gott ihre Sorgen vortragen und mit den Aposteln Petrus und Paulus diskutieren dürfen, sind ein Inder, ein Araber, ein Böhme, auch ein Jude. Cusanus zeigte Einsichten in soziale Zustände: «Du weißt jedoch, o Herr, daß eine große Masse nicht ohne viel Verschiedenheit sein kann und daß beinahe alle gezwungen sind, ein mühsames und mit Sorgen und Nöten volles Leben zu führen, und in knechtlicher Unterwerfung den Königen, die herrschen, untertan sein müssen. Daher ist es gekommen, daß nur wenige von allen Menschen Zeit und Muße haben, um die Freiheit ihres Willens zu gebrauchen und zur Kenntnis ihrer selbst zu gelangen. Sie werden von vielen körperlichen Sorgen und Diensten in Beschlag genommen. So können sie nicht dich, der du der verborgene Gott bist, suchen.» Und um sein Anliegen, das Verbot der Verehrung blutiger Hostien, noch einmal zu bekräftigen, ließ er den Böhmen darauf hinweisen, wie schwierig, ja wie unvernünftig es sei, «an die Umwandlung des Brotes in das Fleisch Christi und des Weines in sein Blut zu glauben und anschließend das Geheiligte zu verschlingen». Doch es konnte durch das Wort des Apostels Paulus kein Zweifel an seine Eingebundenheit in die römische Kirche aufkommen: «Die Notwendigkeit des Glaubens verlangt also, dies zu glauben.» Doch er unterstrich noch einmal, unter dem Schutzschild des Paulus: diese Verwandlung könne nur geistig sein, «da sie ganz weit von dem entfernt ist, was für die Sinnlichkeit erreichbar ist». Und er beschloß sogar die Erörterung über das Brot, über die Hostie als Leib Christi, im Gegensatz zur Lehrmeinung. Er ließ Paulus sagen: «Seinen sinnenhaften Zeichen nach ist dieses Sakrament, sofern der Glaube da ist, nicht von solcher Notwendigkeit, daß es ohne dieses kein Heil gäbe.»

Bisher unausgesprochene Weiten schienen sich aufzutun, wenn er den Apostel Paulus, den Teilnehmer an der Diskussion, die Erkenntnis vortragen ließ: «Der Mensch will nichts sein als Mensch, nicht Engel oder eine andere Natur. Er will aber ein glücklicher Mensch sein, der letzte Glückseligkeit erlangt.» Ein Schlüssel zu einem Raum, in dem Toleranz wohnen könnte, schien nun in der Hand dieses Sohnes eines Moselschiffers zu liegen. Eine Klarheit im Denken schien sich anzukündigen, die auch durch den Lebenswandel nicht in Frage gestellt wurde. Seine Einkünfte überließ er einem Spital, das er nicht weit vom Ort seiner Herkunft, Kues, gegründet hatte. Einsichten in das menschliche Sehnen waren ausgesprochen, die Formel von der «wissenden Unwissenheit», seine Abwandlung vom «Ich weiß, daß ich nichts weiß», war neben die Zuwendung zum Nächsten gestellt. Es war sogar die Erkenntnis mitgeteilt: «Das Leben ist durch sich liebenswert.» Aber es blieb auch sein Verharren in der herkömmlichen Verurteilung der Juden. Sie seien der teuflischen Verblendung verfallen, sie leugneten, daß Jesus Gott sei. Und es war seine Art des Erkennens, des Aussprechens des Erkannten, des gleichzeitigen Zurücknehmens und Verwischens der Äußerungen, wenn er, wie in einem Spiel, großzügig dem anderen das Wort gab und doch bei der vorgefaßten Meinung blieb. Der Friede im Glauben war aus der Sicht seines Apostels Paulus für die Juden nur möglich, wenn sie sich zu Christus bekannten. «Die Juden nehmen sehr oft den Tod auf sich für die Befolgung des Gesetzes und seine Heiligung. Würden sie nicht glauben, daß sie nach dem Tode das Heil dadurch erlangen, daß sie den Eifer für das Gesetz dem Leben vorziehen, dann würden sie nicht sterben. Der Glaube der Juden besagt also nicht, daß es kein ewiges Leben gebe und daß sie jenes nicht erlangen könnten. Andernfalls würde niemand für das Gesetz sterben. Das Glück jedoch, das sie erwarten, erwarten sie nicht auf Grund von Gesetzeswerken, da jenes Gesetz ihnen dieses nicht verspricht, sondern auf Grund des Glaubens, der ja Christus voraussetzt.»

Er, der um die Leiden der Unterdrückten wußte, hatte auf der Bamberger Synode nicht vermieden, die von Haß gespeisten Begriffe der Blindheit und des Wuchergeistes der Juden zu gebrauchen, er hatte ausdrücklich verlangt, sie sollten an ihrer Kleidung das Zeichen der Absonderung deutlich sichtbar tragen. Aber er hatte gleichzeitig die Aufforderung gegeben, den Juden den Zugang zur Arbeit zu öffnen wie auch den Christen.

Noch verwurzelt in der Spätscholastik, stand er mit seinen *Mutmaßungen* am Beginn des naturwissenschaftlichen Denkens. Er dachte nach über die Erde und kam zu dem Ergebnis, sie könne nicht fest stehender Mittelpunkt des Universums sein, sie sei nichts anderes als ein sich bewegender Stern, bevölkert wie andere Sterne vermutlich von anderen Lebewesen auch und ihre Form sei nicht die einer vollkommenen Kugel.

Sein Kampf gegen den Aberglauben im Zusammenhang mit dem Verehren blutiger Hostien blieb ohne erleichternde Wirkung für die jüdischen Gemeinden, so blieb eine Kluft zwischen dem, was er wollte und was er bewirkte.

Etwa hundert Jahre nach seinem Tod brachte Giordano Bruno in seiner Wittenberger Abschiedsrede noch einmal die Erinnerung an ihn auf: «Wo findet sich ein Mann, vergleichbar jenem Cusaner, der je größer, um so weniger zugänglich ist? Hätte nicht das Priesterkleid sein Genie da und dort verhüllt, ich würde zugestehn, daß er dem Pythagoras nicht gleich, sondern bei weitem größer ist als dieser.»

Die Schlüsselübergabe

Im Sommer des Jahres 1498 erging eine Gnade von Kaiser Maximilian aus dem Haus Habsburg an die Bürger Nürnbergs: Von nun an sollten sie, da es sich erwiesen habe, man könne in der Stadt nicht gut ohne Darlehen von anderen bestehen, eigene Wechselbänke errichten. Städtische Amtsleute und Schreiber waren jetzt ausersehen, das Zins- und Pfandgeschäft zu übernehmen.

Eine Grundregel, die den Juden den Wucher überlassen hatte, war durchbrochen. Nun wurde hier in Nürnberg, wahrscheinlich zum erstenmal in der deutschen Geschichte, das Zinsgeschäft durch Christen legalisiert. Es zeigte sich, daß der Kredit der jüdischen Pfandhäuser, eine Einrichtung der Feudalwirtschaft, von den aufstrebenden Patriziern übernommen und erweitert wurde. Das kanonische Zinsverbot stand der wirtschaftlichen Entwicklung im Wege, es mußte weggeräumt werden.

Es gab niemanden im Rat der Stadt, der die Idee von Cusanus aufgriff, den jüdischen Einwohnern den Zugang zu anderen Arbeiten zu öffnen, wie den Christen auch. Die einmütige Überzeugung hatte sich breitgemacht, mit der Errichtung einer städtischen Wechselbank sei die Anwesenheit von Juden in der Stadt überflüssig geworden. Es gab keine anderen Vorwände, keinen Verdacht auf einen Hostienfrevel. Es wurde den Juden kein totes Kind untergeschoben, wie noch vor einundzwanzig Jahren, als achtzehn Angeschuldigte auf dem sogenannten Juden-Bühl hingerichtet wurden. Dem Kaiser Maximilian war lediglich nahegelegt worden, in seiner Verlautbarung an den Rat der Stadt Nürnberg zu vermerken, er, als Herr über seine Kammerknechte, entziehe diesen jüdischen Einwohnern von Nürnberg jede Hilfe, da ihm glaubwürdig zugetragen worden sei, sie hätten die Verschuldung ihrer Mitbürger verursacht.

Aber da waren die Häuser, die Synagoge, der Friedhof, der ganze Grundbesitz. Da war die Erinnerung an das glückselige Vereinnahmen des Besitzes der alten jüdischen Gemeinde von 1349 und wie es dann die hochangesehene Handelsfamilie Stromer so herrlich weit gebracht hatte, bis hinein in die auf dem Fundament der Synagoge von Kaiser Karl IV. errichtete Frauenkirche. Auf das Standbild des heiligen Wenzel das Wappen der Stromer gedrückt. Und höher hinaus, ins Fenster derselben Kirche, das ergreifende Abbild, wie der über die Juden siegreiche Stromer vor dem Kaiser kniet.

Es fällt schwer, den Namen Willibald Pirckheimer an das Datum vom 31. Oktober 1498 gebunden zu sehen. An diesem Herbsttag bekamen die Vertreter der jüdischen Gemeinde eine Vorladung auf das Rathaus.

Sechzehn waren gekommen. Da standen sie nun in der Fünferstube, und es heißt: «Der Rat verkündete ihnen durch die Ratsherren Jacob Groland, Sebolt Schürstab und Willibald Pirckheimer das königliche Mandat vom 21. Juli in Gegenwart von zwei Zeugen und einem Notar. Jacob Groland warnte sodann die Juden, in den nächsten drei Monaten Habe, Leib und Gut zu ‹verändern, verrücken und zu verkehren›, nach deren Ablauf sie die Stadt endgültig zu verlassen hätten.»

Nun setzte, getragen vom bekannten und gerühmten nüchternen Geist der Nürnberger Patrizier, das eiserne Spiel mit den Regeln ein. Die sechzehn Vertreter der jüdischen Gemeinde mußten vor den christlichen Herren des Stadtrats schwören, dem kaiserlichen Mandat Folge zu leisten. Sie durften, so gestattete es die Regel, Einwände erheben. Pirckheimer mit den anderen hörte die Einwände an und verwarf sie mit den anderen. Sie zwangen, nur mit ihren humanistisch gebildeten Worten, nur mit Hinweis auf das kaiserliche Mandat, die Vertreter der jüdischen Gemeinde, den geforderten Eid zu leisten.

Die Regel verlangte das Aushändigen der Schlüssel zu allen Häusern an den Reichsschultheiß.

Die Regel gestattete eine Gnadenfrist.

Die Regel gestattete auch noch eine Verlängerung der Gnadenfrist.

Die Frist bis zum letzten Aufenthalt, dem 2. Februar 1499, wurde verschoben auf den 10. März als den endgültigen Termin der Ausweisung. Am 20. Februar 1499 wurden feierlich und zeremoniell auf der alten Kanzlei des Ratshauses den Vertretern der jüdischen Gemeinde die Schlüssel zu den Häusern abgenommen. Der Vertreter des Kaisers übergab den Vertretern des Rates der Stadt sämtliche Besitzungen der Ausgewiesenen. Für achttausend Gulden hatte die Stadt die Liegenschaften erworben.

Die Geldgier, den Juden immer nachgesagt, veranlaßte Kaiser Maximilian, diesen «letzten Ritter», wie er in der deutschen Geschichtsschreibung so gerne genannt wird, für achttausend Gulden ausdrücklich auf den Schutz seiner Nürnberger Kammerknechte zu verzichten.

Nun begannen einige vom Rat der Stadt beauftragte Herren, die Häuser zu veräußern. Es ging schnell. Peter Imhoff kaufte die Synagoge, das Tanzhaus und einige Häuser. Auch der Bildschnitzer Veit Stoß nahm von einem Haus Besitz. Das Hospital wurde dem Erdboden gleichgemacht, man brauchte Platz für eine Gasse. Die Grabsteine wurden teilweise der Stadtmauer einverleibt.

Es ist wie ein flüchtiger Atemzug im Gang der Ereignisse bei der Schlüsselabgabe. Ein Aufhalten des Ablaufs. Urkundlich festgehalten unter dem Datum des 7. November 1498. Vormittags.

Alles schien sich im Sinne der hochgebildeten christlichen Vertreter, der kaiserlichen und der städtischen Macht, harmonisch zu fügen. Die Kammerknechte waren zum Gehorsam, der überkommenen Gewohnheit entsprechend, gebracht: Nichts, was sie Jahre hindurch mit ihrer Hände Arbeit und mit ihrem Verstand an sichtbaren Gütern geschaffen hatten, gehörte ihnen. Auch nicht der abgelegenste Verschlag im vergessensten Winkel ihres Viertels.

Da war zwischen den an diesem Vormittag Versammelten eine unüberschreitbare Kluft. Nicht die zwischen Reich und Arm, nicht die zwischen Anderssprachigen. Ja, einige unter den Machtausübenden hatten sich noch gestern mit den Machtlosen im Tanzhaus nach einer Melodie in einem Kreis bewegt. Die Kluft ist mit einem einfachen Satz zu benennen: Ich, Pirckheimer, ich, Holzschuher, ich, Behaim, ich, Imhoff, ich, Veit Stoß, will dein Haus, Johel Mair.

Die Aktennotiz vom 7. November 1498 enthält die Erklärung des Johel Mair, das Haus, das er bewohne, gehöre nicht ihm, es sei an einen Auswärtigen, Abraham zu der Freyenstat, verpfändet. Die in diesem Augenblick für die christlichen Ausübenden unangemessene Aufrichtigkeit des Auszutreibenden störte die Zeremonie der Schlüsselabgabe. Dem Zugriff nach den Gütern der jüdischen Gemeinde schien nun eine juristische Barriere entgegenzustehen. Zur Gier nach dem Besitz gehörte die Hast, den Zugriff zu verwirklichen. Schon für den Nachmittag des gleichen Tages wurde ein Verhör mit den Vertretern der jüdischen Gemeinde über die Besitzverhältnisse der Häuser angeordnet.

Nicht überliefert sind die Einzelheiten, wie der Rat der Stadt verfuhr. Am Ende jedoch war jedes der begehrten Häuser und jeder Fußbreit an Boden in christliche Hände gelangt.

Wer von den Ausgewiesenen auch immer sich ohne Erlaubnis des Rates in der Stadt von nun an aufhielte oder länger als drei Stunden verweilte, der sollte durch die Stadtknechte gefangen und eingekerkert werden.

An dieser Verweigerung wurde dreihundertfünfzig Jahre lang festgehalten.

Das Verfahren der Ausweisung, bei der nichts von den Gütern verbrannt oder zerschlagen wurde, erschien den Herren vom Rat der Stadt so vorteilhaft, daß sie es als ein nachahmenswertes Beispiel mit ihren besonderen Empfehlungen an andere Städte wie Weißenburg und Rothenburg und Donauwörth und später an Nordhausen weitergaben. Das ermutigte die Stadt Weißenburg zu einer Anfrage in Nürnberg, ob man sich nicht den Abriß der Synagoge ersparen und eine Kapelle einbauen könne.

So wie es ja in Spanien nach der Vertreibung aller Juden 1492 auch vielfach geschehen war.

Das Schicksal des armen Michel

Die aus den Mauern der Reichsstadt Ausgetriebenen fanden Aufnahme in den Gebieten geistlicher und weltlicher Fürsten. So waren sie einerseits aus der dumpfen Enge eines städtischen Zunftdenkens, das ihnen den Zugang zu den Handwerken verschloß, entkommen, aber andererseits waren sie nun wieder der Zufälligkeit des Wohlwollens fürstlicher Herren ausgeliefert.

Der Rat der Stadt Nürnberg blieb bei seiner judenfeindlichen Haltung. Sie verstärkten ihre Kontrollen bei den Reichstagen. Sie überwachten die auswärtigen Gesandten, ob in deren Begleitung sich für Nürnberg unerwünschte Personen befänden. Sie ordneten an, man müsse ihnen königliche Geleitbriefe für die Fremden vorweisen. Und es war ihre Grundbedingung für jüdische Anreisende, ein besonderes Zeichen zu tragen, daß man sie besser beaufsichtigen könne, ob sie nicht etwa das Wuchern oder das Wechseln betrieben.

Aber der Rat der Stadt Nürnberg hatte trotz aller Einwendungen und Einsprüche den Markgrafen von Ansbach, Georg den Frommen, nicht davon abhalten können, die Familie Perman in Fürth aufzunehmen. So begann mit dem 17. April 1528 in allernächster Nähe von Nürnberg eine neue jüdische Gemeinde anzuwachsen. Nürnbergs Kampf gegen diese Gemeinde ging mit Zähigkeit durch die Jahrhunderte. Sie griffen in den Streit dieser Gemeinde mit dem evangelischen Pfarrer von Fürth, der sich auf Luther berief, ein. Er hatte die Anschuldigung von der Brunnenvergiftung wieder hervorgeholt. Aber Fürth war eine Ausnahme, die jüdischen Bewohner wurden fast als gleichberechtigt angesehen, sie hatten im Stadtrat zwei ständige Vertreter. Sie wurden so geachtet, daß ein Passus in die Stadtordnung eingefügt werden mußte, Juden könnten nicht Bürgermeister werden. So mußte Nürnberg mit vorsichtigem Taktieren dieser besonderen Situation Rechnung tragen. Man gab den Rat: «Der Pfarrer von Fürth solle die Laster der Juden und der Christen angreifen, aber nicht zur Tathandlung auffordern.»

Die häufige Beschwerde der Nürnberger Goldschmiede, die Juden in Fürth nähmen gestohlene Waren als Pfand an, wirft ein Licht auf die Art und Weise, wie die Nürnberger Zunftmeister sich gegen die Konkurrenz, wie sie in Fürth aufkommen könnte, wehrten.

Im Dreißigjährigen Krieg wurden die Juden von Fürth besonders hart bedrängt, die Synagoge wurde zweimal verwüstet. Am 7. Juli 1632 erschien eine Gruppe von dreißig Juden, Männer, Frauen und Kinder, vor der Stadt Nürnberg, sie bat um Schutz. Sie sei von kroatischen Landsknechten überfallen und ausgeplündert, einige ihrer Glaubensbrüder seien getötet, andere verschleppt worden. Die Bewohner des Vororts von Nürnberg, Gostenhof, gaben Unterkunft. Der Rat der Stadt Nürnberg, zu dieser Zeit dem Schwedenkönig verpflichtet, hatte kein Verständnis für die Geflohenen, er versuchte sogar, einen Vorwand zu finden, um sie gefangenzusetzen. Ein ganz allgemeiner Verdacht wurde gegen sie ausgesprochen: «Umtriebe gegen die Stadt». Die Schablone paßte nicht. So konnte ihnen nur der Ausweisungsbefehl zugestellt werden.

Die Flüchtenden fanden Verständnis beim König von Schweden. Mit seinem Geleitbrief gelangten sie nach Schnaittach, unweit von Nürnberg. Arnd Müller hat 1968 auf die Verknüpfung der Schnaittacher jüdischen Gemeinde mit Nürnberger Handwerkern hingewiesen, wie sie in einem Fastnachtsspiel von Hans Sachs, *Die sechs Klagenden*, auftaucht:

> Losung und Hauszins tut mich drucken,
> Deshalben mein Werkzeug und Beth
> Zu Sneitach untern Jüden steht.

Der Anspruch, beispielhaft in der Verfolgung der Juden zu sein, blieb an dem Namen Nürnbergs. Die Verdächtigungen waren simpel, sie seien Aufkäufer gestohlenen Gutes. Man suchte wie unter einem Zwang in der weiteren und näheren Umgebung Nachrichten über die Tätigkeit von Juden zu erhalten. Man korrespondierte mit Amtsleuten, Burggrafen, Kurfürsten, um Gründe zu finden für Festnahmen. Das Auftauchen von Falschgeld gab willkommenen Anlaß, einen neuen Verdacht gegen die Juden auszusprechen. Auf Münzfrevel stand die Todesstrafe. So wurde 1566 ein Beklagter, nur mit dem Namen David benannt, wegen erwiesenen Umgangs mit Falschgeld dem Henker übergeben. Wenn aber die Stadtverwaltung in Geldschwierigkeiten war, dann schickten sie einen Beamten zu den Juden; so setzten sie sich über ihre eigenen Ordnungen hinweg.

Sehr merkwürdig sind Akten, die man aufgefunden hat, in der Sache des Juden Michel aus Humelshausen in Franken. Sie werfen auf die Haltung, die Nürnbergs Beamte Juden gegenüber an den Tag legten, ein bezeichnendes Licht der Menschenverachtung. Man könnte diesen Vorgang komisch nennen, wäre nicht am Ende dieser Jude Michel zum Tode verurteilt und durch das Schwert gevierteilt worden und wären die Teile seines Körpers nicht in der Öffentlichkeit auf vier Pfählen ausgestellt worden mit der Inschrift: «Das ist Michel Jud, Nürnbergischer Verräter.» Seine Geschichte beginnt 1582 und endet am 14. Juli 1596. Anfangs hatte er sich als Spitzel geeignet gezeigt, er sollte die Wildschützen des Markgrafen beobachten. Während dieser auf ein Vierteljahr befristeten Tätigkeit durfte er Nürnberger Stadtgebiet frei betreten. Fünf Jahre später stellte die Stadt Nürnberg ihn erneut ein. Seine Spitzeldienste waren so erfolgreich, daß es die Gegenseite, die markgräfliche Regierung, anregte, sich selbst dieses hervorragenden Polizeiagenten zu bedienen. Er sollte nun in ihrem Auftrag die Wilddiebe Nürnbergs, die in den markgräflichen Wäldern ihr Unwesen trieben und ihre Ware in die Reichsstadt brachten, auskundschaften und der markgräflichen Regierung angeben.

Doch der Jude Michel blieb den judenfeindlichen Nürnbergern treu und meldete dieses Ansinnen auf Verrat im Nürnberger Rathaus. Das aber erfuhren die markgräflichen Polizeigewaltigen, nahmen ihn fest, sprachen das Todesurteil aus und vollzogen es. Es klingt wie eine Ironie der Geschichte, daß Nürnberg sich zutiefst gekränkt fühlte und Rechtsschritte gegen den Markgrafen erwog. Das Schicksal des Doppelagenten Michel, der wahrscheinlich gezwungen den Herrschenden zu Diensten sein mußte, der zwischen die Fronten geriet, ist eine seltsame, aber fast gleichnishafte Episode aus der Stellung der Juden im ausgehenden Mittelalter.

Der Gauleiter

In der NSDAP hat keiner bei der antisemitischen Propaganda eine so große, so üble Rolle gespielt wie der Gauleiter dieser Partei in Nürnberg, der Gauleiter des Gaues Franken, Julius Streicher.

1885 wurde er als neuntes Kind eines Lehrers in Fleinhausen bei Augsburg geboren. 1909 zog er, nachdem er seine Lehrerprüfung abgelegt hatte, nach Nürnberg. Im ersten Weltkrieg war er Soldat. Danach wurde er in den Schuldienst übernommen, aber von dort 1923 entlassen, weil er während einer angeblichen Krankheit öffentlich politische Reden gehalten hatte. Er hatte sich rechtsradikalen und antisemitischen Gruppierungen angeschlossen. Doch selbst im Deutschvölkischen Schutz- und Trutzbund wurde er wegen seiner maßlosen Mordhetze nicht geduldet. Dann, Mitbegründer einer neuen Partei, der Deutschen Sozialistischen Partei, gab er 1920 als Privatunternehmer das Wochenblatt *Deutscher Sozialist* heraus. Es wurde das Parteiorgan.

In der Nummer 16 dieses Blättchens brachte er Auszüge aus den *Protokollen der Weisen von Zion.* Diese Protokolle waren in der antisemitischen Propaganda schon längst bekannt. Sie waren von der zaristischen Geheimpolizei, der Ochrana, 1905, möglicherweise schon 1901, herausgegeben worden. Die Geheimpolizei hatte behauptet, die Protokolle seien auf einer Geheimsitzung während des ersten Zionistenkongresses in Basel 1897 verfaßt worden. Mit ihnen sollte bewiesen werden, daß die Juden die Weltherrschaft erstrebten.

Tatsächlich fand ein Korrespondent des englisch-konservativen Blattes *Times* in Konstantinopel den Ursprung. Er entdeckte in einem Archiv eine anonyme Broschüre mit dem Titel *Dialog aus der Unterwelt zwischen Macchiavel und Montesquieu oder die Politik Macchiavels im 19. Jahrhundert von einem Zeitgenossen.* Bereits 1864 erschienen, dreiunddreißig Jahre vor dem ersten Zionistenkongreß. Es stellte sich heraus, der Verfasser dieser Flugschrift, Maurice Joly, hatte sie gegen den französischen Kaiser Napoleon III. gerichtet. Hier war von Juden und Judentum nicht die Rede; den Begriff Zionismus gab es damals nicht. Fast wörtlich war die Schrift von der Geheimpolizei des Zaren in die *Protokolle der Weisen von Zion* umgeschrieben worden im Kampf gegen die sozialistischen Parteien im alten Rußland. Diese Zusammenhänge waren längst von Wissenschaftlern veröffentlicht worden. Jedem, der es wollte, war die Quelle dieser Protokolle bekannt oder hätte ihm bekannt sein müssen.

Streicher war nun auch der Deutschen Sozialistischen Partei zu radikal. Er wurde ausgeschlossen. Er trat 1921 zur Deutschen Werkgemeinschaft über und änderte sein Blatt auf den Namen *Deutscher Volkswille*. Bei einer Parteiversammlung dieser Gruppierung, auf der Streicher sprach, kam es zu einer wüsten Schlägerei. Seine Propaganda gefiel selbst diesen Antisemiten nicht. Streicher mußte gehen.

Als am 20. Oktober 1922 eine Ortsgruppe der Hitlerpartei, der NSDAP, in Nürnberg gegründet wurde, war Streicher dabei und sprach sofort über sein Spezialthema, die Judenfrage. Auf dieser Versammlung verleumdete er den jüdischen Rechtsanwalt Rauh aus Fürth. Streicher behauptete, der Rechtsanwalt hätte zwei Arbeitermädchen vergewaltigt und sie dann getötet. Es kam zu einem Prozeß, der Rechtsanwalt wurde freigesprochen. Streicher trat nun in die NSDAP ein, ab 21. April 1923 hieß dann seine Privatzeitung *Der Stürmer*. Durch diese pornographisch-antisemitische Zeitung baute er seine Stellung in Franken zur Alleinherrschaft aus. Wer sich ihm und seinen Methoden widersetzte, wurde beseitigt. Da er 1934 den örtlichen SA-Führer von Obernitz in der Röhm-Krise vor dem Erschießen gerettet hatte, wurde auch die örtliche SA sein Machtinstrument. Bereit, jedem Befehl dieses maßlosen Hetzers zu gehorchen.

Immer wurden Streicher und sein *Stürmer* von Hitler unterstützt. Ständig versorgte die Gestapo Streicher mit Informationen, die seine Journalisten gehörig ausschmückten. Diese Zeitung blieb Hitlers Lieblingslektüre, er las sie von Anfang bis Ende. In jeder Stadt, in jedem Dorf des Nazireiches gab es rot angestrichene *Stürmer*-Kästen, in denen das Blatt ausgehängt wurde. Jedes Kind, jeder Jugendliche konnte es lesen. Jeder Politiker, der Streicher unbequem war, wurde als Judenknecht bezeichnet. Auch Ritualmordmärchen brachte er wieder auf.

Vor dem 30. Januar 1933 wurden der *Stürmer* und sein Besitzer und Herausgeber Julius Streicher oft verklagt. Von den Nürnberger Richtern wurde er meist freigesprochen; wurde er aber dennoch zu geringen Strafen verurteilt, beschimpfte er die Vertreter dieser Justiz als «Judenknechte». Nach 1933 war der *Stürmer* ein Bestandteil der Nazipropaganda geworden. Für die beleidigten und verleumdeten Juden oder die sogenannten weißen Juden, die sich schützend vor ihre jüdischen Mitbürger stellten, gab es keinerlei Rechtsschutz mehr.

Die Karikaturen des *Stürmers* wurden von einem Philipp Ruprecht angefertigt. Auf seinen Bildern hatte der Jude eine übergroße Nase, eine immense Leibesfülle, krumme Beine, übermächtige Plattfüße und

Der Stürmer

Deutsches Wochenblatt zum Kampfe um die Wahrheit

HERAUSGEBER: JULIUS STREICHER

Nummer 35	Nürnberg, im August 1935	13. Jahr 1935

Jud Rennert

Der Rassenschänder in Mannheim / Wie er die Notlage einer deutschen Frau ausnützen wollte / Vom Schäferstündchen ins Konzentrationslager

In der größten Stadt des „Musterländchens" Baden, in **Mannheim**, lebt die deutsche Frau F. Sie ist Witwe und versucht sich von dem kümmerlichen Lohn, den ihr ihr jüdischer Brotherr bezahlt, zu ernähren. Aber es will nicht reichen. Die Witwe muß all ihre Wertsachen veräußern. Aber nur für kurze Zeit ist die Not gebannt. Nun wandert ein Möbelstück nach dem andern aus dem Hause. Vor ungefähr 6 Wochen mußte sich die Frau zum Verkaufe ihres liebsten Möbelstückes, des Klavieres, entschließen. Sie gab in einer Mannheimer Zeitung eine Anzeige auf.

Ein Interessent meldet sich

Einige Tage später meldete sich als einziger Interessent für das Klavier der Jude **Salomon Rennert**. Jud **Rennert** ist nach dem Weltkriege von **Rumänien** ausgewandert. Die judenfreundliche Novemberrepublik nahm den Fremdrassigen mit Freuden auf. Seit dieser Zeit lebt Jud **Rennert** als Fell- und Häutehändler in **Mannheim**.

Die Witwe F. benötigte dringend Geld. Sie war darauf angewiesen mit dem Juden handelseins zu werden. In der Angst den einzigen Interessenten zu verlieren verlangte sie für das Klavier den Spottpreis von nur **60 RM**. Sie hoffte auf diese Weise mit dem **Rennert** sofort einig zu sein.

Rennert feilscht

Jud **Rennert** aber war mit allen Wassern gewaschen. Er wußte sofort, daß die Frau in bitterster Not lebte. Er wußte sofort, daß er den geringen Preis noch mehr drücken konnte. Er wußte sofort, daß hier ein „gutes Geschäft" zu machen sei. Und darum schlug er bei der Forderung von 60 RM. entsetzt die Hände über den Kopf zusammen. Er mauschelte, daß dieser Preis viel zu hoch wäre. Das Klavier sei höchstens die Hälfte wert. Er wolle der Frau aber „entgegenkommen" und **40 RM.** bezahlen. — — — Frau F. mochte einwenden,

Aus dem Inhalt

Freie Bahn

Keine Angst Kindchen, laß mer nur machen, ä Hotel is schließlich ka Rassenforschungsinstitut, da genügt hinzuschreiben, verheiratet, und es Paradies steht uns offen

Die Juden sind unser Unglück!

Titelseite des «Stürmers»

eine bucklige Körperhaltung. Nach 1945 wurde dieser Mord-Karikaturist von Springers *Welt* weiter beschäftigt. Er veröffentlichte unter dem Pseudonym «Fips» Karikaturen. Im *Stürmer* ergänzten sich Zeichnungen und Berichte. Es war das tiefste Niveau des Journalismus.

Streicher war in der Hierarchie der Nazigrößen keine Ausnahme. Ihm war die Rolle des Rassenfanatikers zugewiesen, und das entsprach ganz seiner Persönlichkeitsstruktur. Mit seiner *Stürmer*-Propaganda bereitete er die Vertreibung der jüdischen Menschen vor. Die Lieferanten für Streichers Blatt waren auch Tausende von Nazigefolgsleuten, vorzugsweise sogenannte Intellektuelle, Lehrer und Beamte. Das Blatt organisierte das Denunziantentum. Es war ein Herrschaftsinstrument. Jede Woche hielt es den Lesern vor: Juden sind keine Menschen, sie sind Untermenschen. Man muß sie vernichten. Die Propaganda mit den Begriffen vom Untermenschen, den man vernichten muß, ging in die Gedanken- und Gefühlswelt von Millionen Menschen ein. So formten sich Überzeugungen. Aus Überzeugungen wurden Handlungen. Taten. Und Untermenschen, zu Ermordende waren alle, die sich dem Herrschaftsanspruch der deutschen Herrenrasse entgegenstellten und Widerstand leisteten.

Als die Nazipartei den ersten Judenboykott am 1. April 1933 beschlossen hatte, wurde ein Zentralkomitee für diese Aktion gebildet. Streicher übernahm den Vorsitz. Er ließ zu dieser Zeit viele Nürnberger Juden in das KZ Dachau einweisen, darunter auch Rechtsanwälte, die gegen ihn Prozesse eingeleitet hatten. Alle von Streicher nach Dachau verschleppten jüdischen Bürger wurden dort erschlagen.

Der Gauleiter von Franken oder der Frankenführer, wie er sich gern bezeichnen ließ, bereicherte sich maßlos. Als 1939 alle Juden gezwungen wurden, ihre Grundstücke und Geschäfte zu verkaufen, mußten die Eigentümer, wenn sie geeignete Grundstücke hatten, auf Veranlassung des Nazi-Polizeipräsidenten Martin, eines persönlichen Freundes von Streicher, sich verpflichten, ihre Grundstücke zu zehn Prozent des Einheitswertes Herrn Julius Streicher anzubieten. Der Einheitswert eines Grundstückes war ein von der Steuerbehörde angenommener Wert, er war immer niedriger als der Verkaufswert.

Von einem anderen wohlhabenden jüdischen Kaufmann, den Streicher ins KZ Dachau gebracht hatte, um ihn besser ausplündern zu können, kaufte Streicher durch seinen Finanzberater Max Fink für 5600 Reichsmark Aktien der Mars-Werke, die nominell einen Wert von 112500 Reichsmark besaßen.

All das wurde der NSDAP-Leitung in Berlin mitgeteilt. Es wurde hingenommen. Aber als Streicher sich auch Vermögenswerte seiner Mitarbeiter, seiner engsten Freunde aneignete, da kam es zum großen Krach. Unter anderem hatte er einigen *Stürmer*-Redakteuren die Eheringe abgenommen mit der Begründung, ein echter Kerl brauche so etwas nicht. Aus dem Gold ließ er dann ein Schmuckkästchen machen, das er einer seiner Favoritinnen, der Schauspielerin Anni Seitz, überreichte. Anderen Schauspielerinnen ließ er von der amtlichen Parteizeitung *Fränkische Tageszeitung* Honorare überweisen, ohne daß die Damen je eine Zeile geschrieben hatten. Es wurde auch nach Berlin berichtet, wie sexuell abnorm er war. Inhaftierte prügelte er blutig. Nach seinen sadistischen Handlungen sagte er seinem Adjutanten König: «Jetzt bin ich erlöst, das habe ich wieder einmal gebraucht.»

Sein besonderer Günstling, der Polizeipräsident Martin, und der von ihm 1933 eingesetzte Oberbürgermeister Liebel sammelten nun solches Belastungsmaterial, es wurde auf einer von Göring einberufenen Gauleitersitzung vorgelegt. Im Herbst 1939 bekam Streicher von Hitler Redeverbot. Der Gauleiter aber richtete sich nicht danach; jetzt entschloß sich Hitler zu einem Parteigerichtsverfahren. Reichsleiter Buch, der oberste Parteirichter der NSDAP, ließ ein Gericht von sechs Gauleitern zusammentreten, sie sollten über ihren so prominenten Parteigenossen richten. Sie stellten nur das Material zusammen, das Hitler vorgelegt wurde. Hitler verfügte: Streicher wird seines Amts enthoben. Streichers engster Freund und Mitarbeiter, Holz, wurde als stellvertretender Gauleiter für Franken eingesetzt, Streicher aber blieb nominell Gauleiter, es wurde ihm jede politische Tätigkeit untersagt. Er zog sich, wie berichtet wird, auf sein Gut Pleickershof zurück. Tatsächlich blieb Streichers Sturz in der Öffentlichkeit völlig unbemerkt. Der *Stürmer*, der ja auch sein Privatbesitz war, erschien weiter. Kein *Stürmer*-Kasten mit den ständigen Aufschriften «Der Jude ist an allem schuld» und «Juda verrecke» wurde beseitigt. Streicher hatte mächtige Freunde, darunter den Reichsleiter der Presse, Max Amman, den NS-Jugendführer Baldur von Schirach, den Reichsärzteführer Dr. Wagener, den Reichspostminister Ohnesorge und vor allem den mächtigsten Mann nach Hitler, den Reichsführer der SS, Himmler. Der *Stürmer* lieferte diesem Chef aller Terrorverbände die Ideologie für die Judenmorde in den ihm unterstellten Konzentrations- und Vernichtungslagern. Der *Stürmer*-Verlag, auch Eigentum des Streicher, gab weiter Bücher heraus, so unter anderem noch im Jahre 1942 das Buch *Der Jude im Sprichwort der*

Völker. Darin wurden Sprichwörter und Redensarten als fränkisch oder süddeutsch bezeichnet, die einfach gefälscht waren. Sie hatten ihren Ursprung nur in der *Stürmer*-Redaktion. Sprichwörter, die auf andere Menschengruppen bezogen waren, wurden auf Juden umgeschrieben. Es wurde alles getan, um den Haß auf die Juden zu lenken, um ihre Ermordung zu rechtfertigen.

Bis 1945 blieb Streicher nominell Mitglied des Reichstags und bezog weiter seine Diäten.

Der Internationale Militärgerichtshof, der nicht ohne Grund in Nürnberg zusammengetreten war, verurteilte Julius Streicher wegen Verbrechen gegen die Menschlichkeit zum Tode. Er wurde am 16. Oktober 1946 durch den Strang hingerichtet.

Der $^5/_8$ Jude

Parteitage der NSDAP wurden jedes Jahr in Nürnberg abgehalten. Es waren keine Parteitage, wie wir sie heute verstehen. Es waren Paraden, Reden, Tanzvorführungen von «Glaube und Schönheit», sie trugen ihre besonderen Namen. Der im September 1934 abgehaltene Parteitag wurde *Triumph des Willens* genannt. Es wurde ein Sieg gefeiert. Der Sieg über die alten Mitkämpfer der NSDAP, der Sieg über den ältesten Freund Adolf Hitlers, den Stabschef der SA, Röhm. Die Freude über die Ermordung Röhms und vieler alter Parteifreunde des Führers. Der Sieg der SS Himmlers über die alte Schlägertruppe der sogenannten Kampfzeit, die SA.

Dem Parteitag der NSDAP 1935 wurde der Name *Parteitag der Freiheit* gegeben. Hier sollte das antisemitische Programm der Partei einen juristischen Rahmen bekommen, die Juden sollten gesetzlich zu einer minderen Menschengruppe gestempelt werden. Der arische Übermensch wurde die neue Herrenrasse nach dem Motto des alten Lieds der SA: «Heute gehört uns Deutschland und morgen die ganze Welt.» Der völlig gleichgeschaltete Reichstag sollte in Nürnberg das Gesetz hierzu beschließen. Eine Diskussion über dieses Gesetz gab es nicht, nur eine Führerrede, dann sollte abgestimmt werden, Einstimmigkeit war programmiert, und so geschah es auch.

Natürlich mußte der Text vorher entworfen und genehmigt werden. Ein Text mit klaren juristischen Paragraphen. Es sollte endlich festgelegt werden, wer eigentlich ein Jude war – es galt hier nicht das Religionsprinzip, sondern das Prinzip der jüdischen Abstammung –, es mußte das leidige Mischlingsproblem darin enthalten sein.

Dr. Bernhard Lösener, der Judenreferent im ehemaligen Reichs- und Preußischen Ministerium des Innern, berichtete nach dem Sturz des Naziregimes, daß er und sein Vorgesetzter, der Staatssekretär Dr. Wilhelm Stuckart, von Hitler eiligst nach Nürnberg gerufen wurden, um in zwei Tagen den Text der Nürnberger Gesetze zu verfassen.

Es ist heute erwiesen, daß diese Darstellung nicht stimmt oder sehr unvollständig ist. In den Panzerschränken des Ministeriums des Innern lagen schon Gesetzentwürfe für ein Reichsbürgergesetz und für das Ehe- und Liebesverbot zwischen Juden und sogenannten Ariern. Schubladengesetze. Daß zwei Tage vor der Nürnberger Reichstagssitzung aus diesen Entwürfen die endgültigen Gesetze zusammengestellt wurden, ist möglich.

Nach einem Urteil des Obersten Gerichts der DDR steht fest, daß auch ein Dr. Hans Globke, Oberregierungsrat im selben Ministerium, an diesen Ungesetzen mitgewirkt hat. Er war es, der vor den Nürnberger Gesetzen die Standesbeamten im ganzen Reich angewiesen hatte – ohne gesetzliche Grundlagen –, Ehen von Juden und «Ariern» nicht mehr zu schließen. Derselbe Globke war es auch, der mit seinem Chef Stuckart gemeinsam die Kommentare zur deutschen Rassengesetzgebung in zwei Bänden verfaßt hatte. Es ist wahrscheinlich, daß Lösener seinen Kollegen Globke schonen wollte, denn Globke ist bis zur Kapitulation des Nazireichs im Innenministerium geblieben. Er, Dr. Bernhard Lösener, hatte, nach seiner Darstellung, Charakter bewiesen. Er ist tatsächlich 1941 aus dem Ministerium ausgeschieden. Darüber gibt es eine eidesstattliche Erklärung von ihm, in der es heißt: «... ich ließ mich daher am 21. Dezember 1941 bei Stuckart dringend melden und trug ihm folgendes vor: ich sagte, mein Mitarbeiter, Dr. Feldscher, habe von einem völlig vertrauenswürdigen Freund als Augenzeuge eine Schilderung bekommen, in welcher Weise letzthin abtransportierte Juden in Riga abgeschlachtet worden seien. Dem Inhalt nach sagte ich folgendes: Die Juden des betreffenden Lagers mußten lange Gräben als Massengräber ausheben, sich dann völlig entkleiden, ihre abgelegten Sachen in bestimmte Haufen sortieren und sich dann nackend auf den Boden des Massengrabes legen. Dann wurden sie von SS-Leuten mit Maschinenpistolen umgebracht. Die nächste Gruppe der zum Tode Verdammten mußte sich dann auf die bereits Hingerichteten legen und wurde in derselben Weise erschossen. Dies Verfahren wurde fortgesetzt, bis das Grab gefüllt war. Es wurde dann mit Erde zugeworfen und eine Dampfwalze darüber geleitet, um es einzuebnen. In dieser Weise wurden sämtliche Massengräber gefüllt. Ich sagte Stuckart, daß diese Greuel mich nicht nur als Menschen berührten, wie es bei sonstigen Greueln der Fall war, sondern daß ich diesmal auch als Referent des Innenministeriums betroffen wurde, da es sich diesmal um Juden *deutscher* Staatsangehörigkeit handelte. Meinen Verbleib in meiner bisherigen Stellung und im Ministerium könnte ich fortan nicht mehr mit meinem Gewissen vereinbaren, auch auf die Gefahr hin, daß sich die bisherige Handhabung der Mischlings- und Mischehefragen nicht mehr halten lasse. Stuckart entgegnete hierauf wörtlich: ‹Herr Lösener, wissen Sie nicht, daß das alles auf höchsten Befehl geschieht?› Ich entgegnete: ‹Ich habe in mir innen einen Richter, der mir sagt, was ich tun muß.›»

Es ist bekannt, daß Lösener zunächst ohne weitere Folgen aus dem Innenministerium entlassen wurde. Es ist auch bekannt, daß er 1944 von den Nazis in ein KZ gesperrt wurde, dort konnte er befreit werden.

Globke aber blieb bis zum bitteren Ende und hatte danach sofort Kontakt zu dem prominenten Politiker Konrad Adenauer, der ihn zu seinem Staatssekretär machte. Ihn und nicht Lösener.

Stuckart, der Amtsvorgesetzte von Lösener und Globke, wurde im sogenannten Wilhelmstraßenprozeß wegen seiner aktiven Beteiligung an der Judenverfolgung von den Amerikanern im April 1949 zu einer Gefängnisstrafe verurteilt, aber sofort aus der Haft entlassen, die erkannte Strafe sei durch die Untersuchungshaft verbüßt.

In den Nürnberger Gesetzen vom 15. September 1935 wurde neben einer deutschen Staatsangehörigkeit eine Reichsbürgerschaft erfunden. Reichsbürger, so hieß es in dem Gesetz, konnten nur deutsche Staatsbürger sein, die deutschen oder artverwandten Blutes waren. Der Reichsbürger war alleiniger Träger der vollen politischen Rechte nach Maßgaben der Gesetze.

Es wurde postuliert: «Ein Jude kann nicht Reichsbürger sein. Ihm steht ein Stimmrecht in politischen Angelegenheiten nicht zu; er kann kein öffentliches Amt bekleiden.»

Wer war denn Jude, wieviel nichtjüdische Elternteile oder Großelternteile brauchte ein Mensch, um Reichsbürger zu werden?

Es wurden nun die Begriffe «deutschblütig» oder «dem deutschen Blut artverwandte» Menschen erfunden, denn bisher gab es nur Arier und Nichtarier. Aber diese Bezeichnungen hatten viele juristische Haken, die mußte man vermeiden. Mit den neuen Begriffen wurde das *Gesetz zum Schutz des deutschen Blutes und der deutschen Ehre* vom 15. September 1935 von Stuckart, Lösener und dem Oberregierungsrat Globke verfaßt und von dem gleichgeschalteten Reichstag einstimmig angenommen. Es hieß im § 1: «Eheschließungen zwischen Juden und Staatsangehörigen deutschen oder artverwandten Blutes sind verboten. Trotzdem geschlossene Ehen sind nichtig, auch wenn sie zur Umgehung dieses Gesetzes im Ausland geschlossen sind ...» Im § 2: «Außerehelicher Verkehr zwischen Juden und Staatsangehörigen deutschen oder artverwandten Blutes ist verboten.» Und im § 3: «Juden dürfen weibliche Staatsangehörige deutschen oder artverwandten Blutes unter 45 Jahren in ihrem Haushalt nicht beschäftigen.» Daß dann noch im § 4 das Hissen der Reichs- und Nationalfahne und der Reichsfarben für

Juden verboten war, konnte damals verschmerzt werden. Aber der § 5 war bitter ernst: «Wer eine Ehe trotzdem abschließt, wird mit Zuchthaus bestraft.» Und im 2. Absatz hieß es: «Der Mann, der dem Verbot des § 2 zuwiderhandelt, wird mit Gefängnis oder mit Zuchthaus bestraft.»

Man hatte also herausgefunden, die Begriffe Arier und Nichtarier waren nicht brauchbar. Sie konnten in einem Reichsgesetz nicht verwandt werden. Der Begriff arisch oder indogermanisch stammt aus der Sprachwissenschaft. Zu den arischen oder indogermanischen Sprachen gehören die am meisten in Europa gebräuchlichen Sprachen und Dialekte. Auch die meisten der indischen, iranischen und in Afghanistan gebräuchlichen Sprachen und Dialekte werden zum Indogermanischen gerechnet. Ebenfalls werden zu dieser Gruppe alle romanischen und slawischen Sprachen gezählt. Im Ostseeraum gehören Litauisch und Lettisch dazu.

Hingegen Estnisch und Finnisch werden genauso wie Ungarisch zur finnisch-ugrischen Sprachgruppe gerechnet. Die Bürger der zeitweilig mit den Nazis eng verbündeten Länder Ungarn und Finnland wären diskriminiert worden als Nichtarier. Wäre diese Rassengesetzgebung in ganz Europa geltendes Gesetz geworden, dann wäre auch die Ehe einer Estin mit einem Litauer Rassenschande gewesen. Ja, eine finnisch sprechende Finnin hätte niemals einem schwedisch sprechenden Finnen näherkommen dürfen.

Dagegen: Ein sehr dunkelhäutiger Bengale ist ein Arier.

Und wenn wir ganz konsequent sein wollen im Durchdenken eines Wahnsinns, dann sind die deutschsprechenden Juden ebenso Arier wie die Juden Osteuropas, die eine arische oder indogermanische Sprache sprechen, das Jiddisch. Das Hebräisch, das nach der Wissenschaft der Sprachforscher zur hamitosemitischen Sprachgruppe gehört, ist nur Gebetssprache und durchaus nicht allen Juden verständlich.

Deswegen hatten die so gelehrigen und beflissenen Juristen, die die Nürnberger Gesetze entworfen hatten, dieses verfängliche Wort Arier aus ihrem Sprachschatz gestrichen. Sie folgten dabei einem alten Naziideologen, einem sogenannten Rassenforscher Günther, der nun viele europäische Rassen konstatierte, die nordische, die fälische, die dinarische, die westische, die ostische, die ostbaltische, die vorderasiatische, die innerasiatische, die orientalische, äthiopische und die jüdische Rasse. Stuckart und Globke sagten: Es gebe ein deutsches Volk, aber keine deutsche Rasse. Wie es keine deutsche Rasse gebe, so gebe

Eine sogenannte Rassenschänderin wird bloßgestellt

es auch strenggenommen keine jüdische. Die Juden seien ein Rassengemisch. Sie würden «in ihrer heutigen Zusammensetzung irrtümlicherweise als jüdische Rasse bezeichnet». Im Gegensatz zum jüdischen Volk seien im deutschen Volk in der Hauptsache die artverwandten europäischen Rassen in einem bestimmten Mischungsverhältnis vertreten. Mit diesen nebulösen Begriffen wurde dann, auch nach Günther und nach den Führererklärungen, postuliert, welche Charaktereigenschaften die deutsche Mischung und welche Charaktereigenschaften die jüdische Mischung habe. Weshalb die deutsche Mischung sich nicht mit der jüdischen Mischung mischen dürfe. Es war zwar Unsinn, aber es hatte Methode. Die Zitate aus Hitlers *Mein Kampf* wurden als wissenschaftliche Postulate verwandt. Globke und Stuckart kamen zu dem Ergebnis: Menschen deutschen und artverwandten Blutes sind alle Völker, die in Europa wohnen, mit Ausnahme der Juden und Zigeuner. Daß sie mit den «Zigeunern» besonderes Pech hatten, die Rassenkundler, ist offensichtlich, denn diese sind ursprünglich Inder, gehören also unbedingt der arischen Sprachgruppe an. Außerdem sind sie meist katholisch, sie haben Indien verlassen, weil sie als niedrigste Kaste dort diffamiert wurden. Aber all das, was die Wissenschaft schon längst festgestellt hatte, interessierte diese gefälligen Juristen nicht. Daß die Blutgruppenzusammensetzung jüdischer Deutscher die gleiche ist wie die der christlichen Deutschen, interessierte diese Herren nicht. Sie hatten es mit dem Blut, und durch Blut wateten sie.

Sie hatten es wahrlich schwer, die beflissenen Juristen, Übersinnliches, das jenseits der erkennbaren Welt existieren soll, in ein logisches, handhabbares System zu bringen. Es gab da das Mischlingsproblem. Nach ihren Statistiken waren mindestens 2,3 Prozent der gesamten Bevölkerung Mischlinge. Sollten diesen Menschen alle staatsbürgerlichen Rechte aberkannt werden, hätte man sie nicht zum Wehrdienst einziehen dürfen. Die Wehrmacht war jedoch auf jeden nur halbwegs gesunden Rekruten scharf. Was man mit den Nürnberger Gesetzen auf jeden Fall vermeiden wollte, das Entstehen von «Mischlingen», mußte man nun auch noch anerkennen; daß Mischlinge, also Halbjuden, Reichsbürger werden konnten, zur Wehrmacht tauglich. Es gab das Problem der Viertel- und Dreiviertel-Mischlinge. Ja, die beflissenen Bürokraten erfanden auch noch den Dreiachtel- und den Fünfachteljuden und bezogen diese Menschen in ihre Überlegungen und ihre Gesetze mit ein.

Wenn diese Züchtungsanalyse, die einem Besitzer eines Hundezwingers vielleicht alle Ehre gemacht hätte, nicht so tragische und so fürchterliche Konsequenzen gehabt hätte, wäre das ein Stoff für ein Lustspiel. Da hieß es in der 1. Verordnung zum Reichsbürgergesetz, § 2, im Absatz 6: «Eine Erleichterung der Entscheidung ist weiter darin zu erblicken, daß ein Großelternteil, wenn es sich um die rassische Einordnung eines Enkels als Mischling handelt, nur dann als jüdisch zu bewerten ist, wenn er volljüdisch ist; ein Großelternteil, der nicht volljüdisch ist, wird dagegen nicht als jüdisch angesehen. Es scheiden damit bei der rassischen Einordnung einer Person alle Fälle aus, in denen die Großeltern selbst nicht reinblütige Juden, sondern blutmäßige Mischlinge waren. Wenn eine Person mehrere Großelternteile besitzt, die jüdischen Bluteinschlag aufweisen, aber nicht volljüdisch sind, wird das Blut dieser Großelternteile bei der rassischen Einordnung eines Enkels nicht zusammengerechnet, sie fallen vielmehr als Juden aus. Die Zahl derartiger Fälle fällt praktisch nicht ins Gewicht. Die Regelung in § 2, Absatz 2, hat demnach von einem Zurückgehen auf die Urgroßelterngeneration grundsätzlich abgesehen; sogenannte Dreiachteljuden und Fünfachteljuden spielen entgegen dem bisherigen Zustand nunmehr in der Praxis keine Rolle mehr. Der Dreiachteljude, der einen volljüdischen und einen halbjüdischen Großelternteil besitzt, gilt als Mischling mit einem volljüdischen Großelternteil, der Fünfachteljude mit zwei volljüdischen und einem halbjüdischen Großelternteil als Mischling mit zwei volljüdischen Großeltern.»

Und so ging das weiter. Diese ganze Rassengesetzgebung wurde von den Bürokraten durchgerechnet und durchgespielt. Sie konnten präzise ermessen, wer Jude war. Wer Jude war, hatte in ihrem großdeutschen Reich keine Chance.

Unerheblich für sie war das Leben, das Lieben, das Hoffen, das Sehnen, das Träumen, das Glück der von ihnen so Gezeichneten, so Verachteten, so Verachtelten.

Pogrom 1938

Nürnberg war auch in der Vernichtung der Synagogen fast allen anderen deutschen Städten voraus. Nur in München, der sogenannten «Hauptstadt der Bewegung», war vorher die Hauptsynagoge zerstört worden. Am 9. Juni 1938 war der Vorsitzende der jüdischen Gemeinde in München, Geheimrat Neumeyer, zur Regierung bestellt worden. Ihm wurde mitgeteilt, daß man beschlossen habe, die Synagoge abzureißen. Nur noch einmal, am Abend des 9. Juni, traf sich dort die Gemeinde zu einem Abschiedsgottesdienst. Es gelang, die Torarollen vor der Vernichtung zu bewahren. Am nächsten Tag begann schon der Abriß dieses Bauwerks.

Nürnberg konnte natürlich nicht zurückstehen, die Stadt der Reichsparteitage, die Stadt eines Julius Streicher. Aus den beispielhaft gründlichen Forschungen von Arnd Müller werden die Vorgänge deutlich.

Der Gemeindesekretär der jüdischen Gemeinde Nürnbergs, Bernhard Kolb, der das Nazireich, die Schreckensherrschaft, überlebt hat, schreibt in seinem Erinnerungsbericht über diese Vorgänge: «Der 18. Juni 1938 ist der schicksalsschwerste Tag für das religiöse Leben in Nürnberg. Mit einem Telefonanruf wurde ein Vorstandsmitglied zum Stadtrat befohlen, um eine Erklärung entgegenzunehmen. Herr Fechheimer kam mit folgender, mündlicher Anordnung zurück: Die Gemeindeverwaltung hat sofort freiwillig dem Abbruch der Synagoge zuzustimmen. Alle Anwesenden waren sich der Schwere der Entscheidung bewußt, und nach einer eingehenden Aussprache wurde einstimmig der Beschluß gefaßt, daß keine jüdische Verwaltung freiwillig ihr Gotteshaus aufgeben werde und man nur der Gewalt weichen würde. Dieser Entschluß der Verwaltung wurde der Stadtverwaltung schriftlich mitgeteilt. Die nächsten Tage waren alle Beteiligten von schwerer Sorge erfüllt, denn man mußte gegebenenfalls mit einer Festnahme aller Verwaltungsmitglieder rechnen. Die Gemeindemitglieder hatte man von dem bevorstehenden Ereignis noch nicht verständigt, doch war man schon durch den einige Wochen vorher in München begonnenen Synagogenabbruch nicht unvorbereitet. Noch einige Male im Laufe der nächsten Wochen wurde von der Stadtverwaltung versucht, die Stellungnahme der Gemeinde zu ändern, man wollte wie in München durch einen freiwilligen Verzicht das Odium der Gewalt vertuschen. In der Sitzung der Stadtverwaltung vom 3. August 1938 wurde nun das Enteignungsverfahren beschlossen.»

Am 10. August 1938 fand vor der Synagoge in Nürnberg eine sogenannte Volksversammlung statt. Die Größen der Partei und alle Parteiverbände waren angetreten. Über diese Kundgebung berichtete die parteiamtliche *Fränkische Tageszeitung*: «Der Oberbürgermeister Liebel eröffnete die Kundgebung ...: ‹Mein Gauleiter! Volksgenossen und Volksgenossinnen! Als der Gauleiter von Franken, unser Frankenführer Julius Streicher, mich 1933 nach den Jahren des Kampfes im Nürnberger Rathaus mit der Führung dieser Stadt beauftragt hatte, da gab ich ihm und der ganzen Nürnberger Einwohnerschaft das Versprechen, daß wir alles tun würden, aus dieser Stadt wieder eine wahrhaft deutsche Stadt, das Schatzkästlein des Deutschen Reiches, zu machen. Fünfeinhalb Jahre haben wir uns bemüht, dieser uralten, dieser deutschesten aller Städte ihren Charakter wieder zurückzugeben ... Wenn am Reichsparteitag Hunderttausende von Menschen aus dem In- und Auslande hierher gekommen sind und die Formationen der Bewegung hier in dieser alten deutschen Stadt marschierten, da mußten wir oft die unangenehmen Fragen hören: Alles habt ihr gemacht, nur diesen alten, staubigen orientalischen Bau da unten, wollt ihr den noch immer stehen lassen ... Ich meine die Synagoge, die mit Recht in diesen Wochen wieder und wieder als die Schande von Nürnberg bezeichnet worden ist ... und ich habe die Anweisung gegeben, diese Synagoge, diesen Schandfleck zu beseitigen. Und wenn ich Sie, mein Gauleiter, heute bitte, den ersten Handgriff zum Beginn dieses Werkes zu tun, so tu ich es mit einem Gefühl der Dankbarkeit Ihnen gegenüber, der Sie vor nunmehr zwanzig Jahren begonnen haben, hier in Nürnberg den Kampf gegen die Juden zu führen. Ich bitte Sie, das wahre Zeichen der Judenherrschaft in Nürnberg, die Hauptsynagoge, nunmehr dadurch dem Erdboden gleich zu machen, daß Sie das Zeichen zum Beginn des Abbruches geben, und ich verspreche Ihnen, daß bis zum Beginn des Reichsparteitages 1938 die Synagoge verschwunden sein wird.›»

Nun sprach der Frankenführer, der Gauleiter Julius Streicher, selbst. Er konnte sich auf die Geschichte berufen: «Als am 8. September 1874 zur Einweihung der Synagoge, an der die hochstehendsten Persönlichkeiten der Stadt und des Staates teilgenommen hatten, ein Festmahl stattfand, da stand der damalige Bürgermeister Freiherr von Stromer, ein Nachkomme des alten Ratsherren Ulrich Stromer, auf und brachte folgenden Trinkspruch aus: ‹Ich habe mich besonders gefreut, bei der heutigen Einweihung der Synagoge die Pforten derselben zu öffnen, nachdem vor Jahrhunderten einer meiner Vorfahren die Juden mit Feuer und Schwert aus Nürnberg vertrieben hatte.› Wie mag damals der Rabbiner Levin, dem dieser Trinkspruch galt, innerlich gegrinst haben! Dieser Freiherr von Stromer brachte es fertig, so schamlos vor den Juden seinen Vorfahren, der einst die Stadt vom Judenjoch befreit hatte, ins Grab hinein zu beschimpfen. – Ich frage euch nun heute, wer war größer, jener Ulrich Stromer, der 1349 die Juden aus der Stadt hinaustrieb, oder jener Freiherr von Stromer, der fünfhundert Jahre später die Pforten der neuen Synagoge öffnete?»

Und dann betätigte sich Julius Streicher als Prophet: «Ich prophezeie hier: Es wird niemals der Augenblick kommen, auch nicht in fünfhundert Jahren, an dem jemand, der meinen Namen trägt, den Juden die Pforten zu einer neuen Synagoge öffnen wird, wie es 1874 jener Freiherr von Stromer tat. Es kommt die Zeit, in der einmal die Judenfrage in der ganzen Welt radikal gelöst werden wird, weil die Menschheit keinen anderen Ausweg mehr findet. Heute brechen wir hier eine Synagoge ab, und niemals wieder wird sie errichtet werden.»

In der Nacht vom 9. zum 10. November 1938 brannten im Deutschen Reich fast alle Synagogen. Es wird geschätzt, daß zwanzigtausend jüdische Menschen, meist wohlhabende, aus ihren Wohnungen herausgeholt und in die Konzentrationslager gebracht wurden. Die Wohnungen und Geschäfte wurden zerstört und geplündert. Viele der Entrechteten begingen Selbstmord.

Wie es nach dieser Nacht in den Konzentrationslagern zuging, hat Emil Carlebach, ein langjähriger Redakteur der *Frankfurter Rundschau* und später Mitglied des Hauptvorstandes der KPD, als Zeuge der Zeit erlebt und geschildert. Er war schon seit Jahren in Buchenwald inhaftiert.

«Bei ihrem Einmarsch stand die SS, mit Knüppeln und Peitschen bewaffnet, an der Straße von Weimar Spalier, so daß nur ganz wenige unverletzt das Lager erreichten. Die von blutigen Gepäck- und Kleidungsstücken bedeckte Straße, auf der zahlreiche Verwundete lagen, glich einem Schlachtfeld ... 70 jüdische Häftlinge wurden in Folge der furchtbaren Quälereien wahnsinnig. Man warf sie vorläufig in einen Holzverschlag. Von dort wurden sie nach einiger Zeit gruppenweise in den Bunker überführt und von SS-Hauptscharführer Sommer erschlagen.»

In den folgenden Wochen wurden weitere Hunderte in den Konzentrationslagern umgebracht, zu Tode geprügelt, entkräftet oder zum Selbstmord getrieben. Dann wurden Übriggebliebene entlassen, ausgeplündert und erpreßt, wurden sie gezwungen, völlig mittellos in die Emigration zu gehen.

Im Heydrichschen SD(Sicherheitsdienst)-Bericht wurde behauptet, es seien nur einundneunzig Tötungen im Verlauf des Pogroms vorgekommen. Die tatsächliche Zahl ist unbekannt, sie liegt wesentlich höher. Gegen keinen der Mörder wurde ein ordentliches Gerichtsverfahren durchgeführt. Alle Fälle wurden dem Naziparteigericht überwiesen. Es bestätigte den Mördern, daß sie aus «anständiger nationalsozialistischer Gesinnung» über das Ziel hinausgeschossen seien. Einige erhielten eine Verwarnung, anderen, die sich zu schamlos bereichert hatten, wurde die Ämterfähigkeit auf drei Jahre aberkannt. Ganz offiziell also wurde der Mord für erlaubt erklärt.

Die «Kristallnacht», so wurde der Pogrom verniedlichend von der Nazipresse genannt. Im Nürnberger Stadtarchiv gibt es den sehr umfassenden Bericht von Bernhard Kolb: «Sämtliche SA-Männer waren am 9. November nachts zwölf Uhr auf den Hauptmarkt in Nürnberg zu einem Appell befohlen. Es war auch aus allen umliegenden Orten die SA dazu beordert. Dann erfolgte durch die Führer die Belehrung bis zur eindeutigen Mordanstiftung. Es ist bekannt, daß mancher dieser seit Jahren einexerzierten Terrorbanden sich seitwärts in die Büsche schlug, um hier nicht mitmachen zu müssen. Zuerst kamen die großen Ladengeschäfte dran, mit mitgebrachten Stangen wurden die Schaufenster eingeschlagen, und der am Abend vorher schon verständigte Pöbel plünderte unter Anführung der SA die Läden aus. Hierbei kam es, wie nicht verwunderlich, auch zu Schlägereien zwischen den Räubern selbst. Dann ging es in die von Juden bewohnten Häuser ... wurde auf das Läuten die Wohnung nicht sofort geöffnet, wurde die Wohnungstüre eingeschlagen. Jeder Teilnehmer war mit Revolver und Dolch ausgestattet; auch hatte jede Gruppe die nötigen Einbrecherwerkzeuge, wie Äxte, große Hämmer und Brechstangen dabei. Selbstverständlich trug jeder SA-Mann einen Brotbeutel zur Sicherstellung von Geld, Schmuck, Fotos und sonstigen Wertgegenständen, die auf einen Mitnehmer warteten.»

Dann beschreibt Bernhard Kolb, wie die einzelnen Wohnungen demoliert, wie Wertgegenstände, Bilder, Porzellan sinnlos zertrümmert wurden ... «Das schlimmste waren aber noch die schweren Ausschreitungen gegen die Wohnungsinhaber, wobei anwesende Frauen oft ebenso mißhandelt wurden wie die Männer. 160 Männer wurden von den SA-Männern unter ständigen Mißhandlungen und unter dem

Gejohle der Menge zum Polizeigefängnis getrieben. Die ebenfalls dort hingeschleppten Frauen wurden von den Polizeiorganen nach einigen Stunden wieder entlassen ...» Bernhard Kolb erinnert sich auch, wie Fritz Lurch, der am Tag zuvor im jüdischen Krankenhaus in Fürth operiert worden war, in der Nacht aus dem Bett gezogen und so schwer geschlagen wurde, daß er bald danach verstarb. «Paul Astruck aus Nürnberg wurde ebenfalls aus seinem Bett geholt, in einen Wald nahe bei Nürnberg verschleppt und später nahezu tot aufgefunden. Paul Lebrecht, wohnhaft in Nürnberg, Mittlere Pirckheimer Straße 20, wurde erschlagen; man versuchte, ihn hierauf in den Hof zu werfen, er blieb aber mit seinen Kleidern an dem eisernen Gitter des Balkons hängen, wo er tot aufgefunden wurde. Nathan Langstadt, in Nürnberg, Rankestraße 47 wohnhaft, wurde mit durchschnittener Kehle im Badezimmer seiner Wohnung aufgefunden. Simon Lob, wohnhaft in Nürnberg, Mittlere Pirckheimer Straße 22, wurde ebenfalls in seiner Wohnung tot aufgefunden. Jakob Spaeth, Nürnberg, Hochstraße 33 wohnhaft, wurde die Treppe hinuntergeworfen, so daß er unten tot liegen blieb.»

Selbst der Nazioberbürgermeister von Nürnberg, Liebel, hat vor seinen Ratsherren einen Bericht abgegeben, daß sechsundzwanzig Juden die Pogromnacht nicht überlebten. Die betroffenen Familien durften keine Traueranzeigen veröffentlichen.

Bernhard Kolb erwähnt aber auch in seinem Bericht, daß einige jüdische Mitbürger von ihren Nachbarn verborgen wurden.

Auch die zweite Nürnberger Synagoge in der Essenweinstraße, die von orthodoxen Mitgliedern der jüdischen Gemeinde gebaut worden war, wurde verbrannt. Hier leitete SA-Obergruppenführer von Obernitz, der besondere Günstling von Streicher, den Einsatz.

Die Nazis hatten einen willkommenen Anlaß für diesen Pogrom: die Erschießung des Legationssekretärs der Deutschen Botschaft in Paris, Ernst-Eduard vom Rath, durch einen jungen siebzehnjährigen Mann, Herschel Grynszpan, einen polnischen Staatsangehörigen.

Die Familie Grynszpan hatte lange Jahre in Hannover gewohnt, der Sohn Herschel war dort geboren. Doch sie hatten versäumt, die deutsche Staatsangehörigkeit zu erwerben. Der Sohn war schon ausgewandert, lebte in Paris – allerdings illegal –, als er erfuhr, daß in einer Nacht-und-Nebel-Aktion, am 29. Oktober 1938, seine Verwandten, sein Vater, seine Mutter und seine beiden Geschwister, mit siebenundzwanzigtausend anderen jüdischen Menschen polnischer Staatsangehörigkeit plötzlich aus ihren Wohnungen geholt und ohne Vorankündigung nach Polen abgeschoben worden waren. Die polnische Obristen-Regierung, eine Diktatur mit stark antisemitischen Tendenzen, hatte kurz zuvor eine Verordnung erlassen, in der polnischen Staatsangehörigen – und das betraf meist Juden –, die längere Zeit im Ausland gelebt hatten, die polnische Staatsangehörigkeit aberkannt werden sollte. Sie mußten ihre Pässe zur Abstempelung oder zur Einziehung den polnischen Konsulaten vorweisen. Die polnischen Behörden ließen diese bedauernswerten Menschen nicht in das Land hinein. Tagelang, oft wochenlang, irrten sie ohne Nahrung, ohne hygienische Fürsorge im Niemandsland zwischen den beiden Grenzen umher.

Die unerhörte Brutalität gegen seine Leidensgenossen, vor allem auch die eigene Familie, empörte den jungen Herschel so, daß er sich zu einem Attentat entschloß. Er wollte den deutschen Botschafter in Paris erschießen. Er konnte aber nur den Botschaftssekretär vom Rath sprechen. Auf ihn richtete er seine Pistole, ihn erschoß er.

Herschel Grynszpan ließ sich ohne Zögern von der französischen Polizei festnehmen und erläuterte dort die Motive seiner Tat.

Es gibt Anzeichen, daß dieser Verzweiflungsakt des Herschel Grynszpan gefördert, daß ihm die Pistole in die Hand gedrückt wurde. Eines dieser Anzeichen ist: Herschel Grynszpan, der bei der Besetzung von Paris den Nazibehörden in die Hände fiel und in die Gefängnisse der Gestapo kam, sollte vor den Volksgerichtshof gebracht werden. Aber der Prozeß kam nie zustande. Immer wieder bewirkten Interventionen vom Reichssicherheitshauptamt, also von Himmler, seine Vertagung. Goebbels hingegen, also das Reichspropagandaministerium, wollte unbedingt die Durchführung.

Das weitere Schicksal des Herschel Grynszpan liegt im dunkeln.

Auf jeden Fall, der Naziregierung kam diese Tat gelegen. Alle Anzeichen deuten darauf hin, daß man eine Großaktion plante. Man wollte etwas demonstrieren.

Und wieder einmal war es Streicher, der zeigte, was beabsichtigt war. In einem kleinen Städtchen in Franken, Leutershausen bei Ansbach, wurde die «Kristallnacht» geprobt, als niemand etwas von einem Herschel Grynszpan ahnte. Am 15. Oktober 1938 warf die SA dort die Scheiben der Häuser jüdischer Bewohner ein. Am 17. und 18. Oktober 1938 hatte man SA-Männer aus den umliegenden Dörfern nach Leutershausen gebracht, man stürmte jetzt die Häuser der Juden. Die Synagoge wurde geplündert und in Brand gesteckt, weder Polizei noch

Feuerwehr griffen ein. Die jüdischen Einwohner aus Leutershausen flohen, sie wurden von der jüdischen Gemeinde in Nürnberg aufgenommen und untergebracht.

Wie sehr der Pogrom wohlbedacht und wohlvorbereitet war, erklärte Goebbels 1938 in seiner Rede in einem Münchener Bierkeller zum Gedenken an den Hitler-Putsch von 1923. Er ging auf die Politik des britischen Premierministers Chamberlain und des französischen Ministerpräsidenten Daladier ein, die in München zugestimmt hatten, die Tschechoslowakei zu zerstückeln und die Sudetengebiete an das Deutsche Reich abzutreten. Sie verrieten dabei ihren eigenen Verbündeten. Beide Politiker wurden damals von einer großen Menschenmenge in ihren Hauptstädten begrüßt, weil sie, wie sie erklärten, jetzt den «Frieden in unserer Zeit» bewahrt hätten. Goebbels bezog sich auf diese Stimmung in England und Frankreich: «Die Haltung Chamberlains und Daladiers in München, der Empfang, der ihnen nach der Rückkehr bereitet wurde, ließen es als gewiß erscheinen, daß eine Ausnutzung des Attentats zur Verschärfung der Judenpolitik die außenpolitische Situation vielleicht kurzfristig stören, jedoch kaum nachhaltig verändern würde. Also konnte gehandelt werden.»

Warum aber damals gehandelt werden mußte, auch das ist von Hitler erklärt worden. Auf seiner Rede am 10. November 1938 vor den «Schriftleitern» der «deutschen Presse»: «Die Umstände haben mich gezwungen, jahrzehntelang nur vom Frieden zu reden. Nur unter der fortgesetzten Betonung des deutschen Friedens und der Friedensabsichten war es mir möglich, dem deutschen Volk Stück für Stück die Freiheit zu erringen und ihm die Rüstung zu geben, die immer wieder für den nächsten Schritt als Voraussetzung notwendig war. Es ist selbstverständlich, daß eine solche jahrzehntelang betriebene Friedenspropaganda auch ihre bedenklichen Seiten hat ... Es war nunmehr notwendig, das deutsche Volk psychologisch ein wenig umzustellen und ihm langsam klarzumachen, daß es Dinge gibt, die, wenn sie nicht mit friedlichen Mitteln durchgesetzt werden können, mit Mitteln der Gewalt durchgesetzt werden müssen. Dazu war es aber notwendig, nicht etwa nun die Gewalt als solche zu propagieren, sondern es war notwendig, dem deutschen Volk bestimmte außenpolitische Vorgänge so zu beleuchten, daß die innere Stimme des Volkes selbst langsam nach der Gewalt zu schreien begann. Das heißt also, bestimmte Vorgänge so zu beleuchten, daß im Gehirn der breiten Masse des Volkes ganz automatisch allmählich die Überzeugung ausgelöst wurde: Wenn man das eben nicht im Guten abstellen kann, dann muß es eben mit Gewalt abgestellt werden; so aber kann es auf keinen Fall weitergehen. Diese Arbeit hat Monate erfordert, sie wurde planmäßig begonnen, planmäßig fortgeführt, verstärkt. Viele haben es nicht begriffen, meine Herren; viele waren der Meinung, das sei doch alles etwas übertrieben. Das sind jene überzüchteten Intellektuellen, die keine Ahnung haben, wie man ein Volk letztenendes zu der Bereitschaft bringt, geradezustehen, auch wenn es zu blitzen und zu donnern beginnt.»

Sie wußten, was sie taten und wie sie es taten.

In diesem Pogrom von 1938 wurde deutlich: Was wir wollen, setzen wir mit Gewalt durch. Wir sind die Herrenrasse. Die anderen sind zum Dienen geboren, auf der letzten Stufe stehen dabei die Juden. Wir setzen uns über jede humanitäre Regung hinweg. Und so wird es gemacht, erst im Inneren und dann, wenn es zu blitzen und zu donnern anfängt, auch im Äußeren.

Wie genau diese Absicht von der Kommunistischen Partei erkannt wurde, geht aus einer Erklärung vom November 1938 hervor: «Getreu den stolzen Traditionen der deutschen Arbeiterbewegung, im wahren Geist der größten deutschen Dichter und Denker hebt die Kommunistische Partei Deutschlands ihre Stimme gegen die Judenpogrome Hitlers, die vor der gesamten Menschheit die Ehre Deutschlands mit tiefster Schmach belegt haben.

Es ist eine elende Lüge, daß die Pogrome ein Ausbruch des ‹Volkszorns› gewesen seien. Sie wurden von langer Hand vorbereitet, befohlen und organisiert allein von den nationalsozialistischen Führern ... Immer in der Vergangenheit hat die Reaktion, wenn sie ein Volk auf's Schlimmste ausplünderte und die Erbitterung des Volkes fürchtete, sich der schmutzigen Mittel der Judenhetze und der Pogrome zum Zwecke der Ablenkung von den wahren Schuldigen am Volkselend bedient.

Die Kommunistische Partei wendet sich an alle Kommunisten, Sozialisten, Demokraten, Katholiken und Protestanten, an alle anständigen und ehrbewußten Deutschen mit dem Appell: Helft unseren gequälten jüdischen Mitbürgern mit allen Mitteln ... Die deutsche Arbeiterklasse steht an erster Stelle im Kampf gegen die Judenverfolgungen. Gegen die mittelalterliche barbarische Rassenhetze bekennt sie sich mit allen aufrechten Deutschen zum Wort Johann Gottlieb Fichtes von der ‹Gleichheit alles dessen, was Menschenantlitz trägt›.»

FRANKFURT AM MAIN

Die Judengasse

Die Judenschlachten

Der neue Haman

Rothschild

Blick nach Stuttgart

Ludwig Börne

I.G. Farben

Auschwitz

Zu Ehren dem Gemäld / so erst renoviret unter dem Franckfurter Brücken-Thurn / Anno 1678. im May.

1475 am Grünen Donnerstag war das Kindlein Simon 2½ Jahr alt von den Juden umbracht

Der Rabbi Schilo ich / bin lang herumb geritten /
Auff dieser dürren Sau / und habe sehr gestritten /
Vor meine Brüder all / nun sie erlöset seyn /
So schenck ich ihnen gern auß diesem Becher ein.
Den Schwantz ich hebe auff / der Teuffel wolle halten /
Eines jeden Juden Kopff / von Jungen und von Alten /
So spritzt die liebe Muck von hinden ihren Safft /
Dem Schmülgen in die Gosch / es giebet ihnen Krafft.
Die allerliebste Milch läßt sie ein jeden saugen /
Sie heilet euren Krind / sie dienet euch zur Laugen /
Zu zwagen eure Bärt / zu reinigen den Wust /
Ach! allersüste Milch / O lieblich Schweinen-Brust.
Die Sarle meine Frau / bemäntelt und zerschleyert /
Auff einem weissen Hengst / andächtig reit und feyert /
Zwey Hörner hat das Roß / als wie der Sünden-Bock
Mit dem sie durch die Lufft / fährt über Stein und Stock.

Ihr Brüder kommt herbey / auch brauchet solche Pferde /
Versammlet euch zu mir / daß wir nun eine Heerde
Uffs zierlichst machen all / denn es ist die hohe Zeit /
Daß wir ins Heilig-Land Marchieren ohngescheut.
Es möcht sonst unser Mord / den wir vor längst erwiesen /
An eines Gärbers Kind / kundt werden und verdriessen
Die Goyen wiederumb / die That dort zu Trient
Gar brechen Hals und Bein / und machen uns ein End.
Drumb fort und säumbt euch nicht / wir haben lang gestuncken /
Der Christen Schweiß und Bluth / mit Boschlit eingetruncken /
Verderben manchen Mann / entzogen sein Gewerb /
Eilt euch so viel ihr könnt / wir seind allschon zu merb.
Den Galgen und das Rad / wir haben längst verschuldet
Ob schon zu einer Straff wir worden sein geduldet /
So ist es nun mehr auß / weil wir so unverschämbt /
Kein Buß nicht nehmen an / so sein wir all verdambt.

(o)

Gedruckt und zu finden in der Juden Gassen am obersten / mittelsten und untersten Thor / wo man bey dem Wollgraben hinein gehet.

Flugblatt, 1678

Die Judengasse

«Zu den ahnungsvollen Dingen, die den Knaben und auch wohl den Jüngling bedrängten, gehörte besonders der Zustand der Judenstadt, eigentlich die Judengasse genannt, weil sie kaum aus etwas mehr als einer einzigen Straße besteht, welche in frühen Zeiten zwischen Stadtmauer und Graben wie in einen Zwinger mochte eingeklemmt worden sein. Die Enge, der Schmutz, das Gewimmel, der Akzent einer unerfreulichen Sprache, alles zusammen machte den unangenehmsten Eindruck, wenn man auch nur, am Tore vorbeigehend, hineinsah. Es dauerte lange, bis ich allein mich hineinwagte, und ich kehrte nicht leicht wieder dahin zurück, wenn ich einmal den Zudringlichkeiten so vieler, etwas zu schachern unermüdet fordernder oder anbietender Menschen entgangen war. Dabei schwebten die alten Märchen von Grausamkeit der Juden gegen die Christenkinder, die wir in Gottfrieds ‹Chronik› gräßlich abgebildet gesehen, düster vor dem jungen Gemüt. Und ob man gleich in der neuern Zeit besser von ihnen dachte, so zeugte doch das große Spott- und Schandgemälde, welches unter dem Brückenturm an einer Bogenwand, zu ihrem Unglimpf, noch ziemlich zu sehen war, außerordentlich gegen sie: denn es war nicht etwa durch einen Privatmutwillen, sondern aus öffentlicher Anstalt verfertigt worden.

Indessen blieben sie doch das auserwählte Volk Gottes und gingen, wie es nun mochte gekommen sein, zum Andenken der ältesten Zeiten umher. Außerdem waren sie ja auch Menschen, tätig, gefällig, und selbst dem Eigensinn, womit sie an ihren Gebräuchen hingen, konnte man seine Achtung nicht versagen. Überdies waren die Mädchen hübsch und mochten es wohl leiden, wenn ein Christenknabe, ihnen am Sabbat auf dem Fischerfelde begegnend, sich freundlich und aufmerksam bewies. Äußerst neugierig war ich daher, ihre Zeremonien kennen zu lernen. Ich ließ nicht ab, bis ich ihre Schule öfters besucht, einer Beschneidung, einer Hochzeit beigewohnt und von dem Lauberhüttenfest mir ein Bild gemacht hatte. Überall war ich wohl aufgenommen, gut bewirtet und zur Wiederkehr eingeladen: denn es waren Personen von Einfluß, die mich entweder hinführten oder empfahlen.»

Dieser Raum der Absperrung, wie ihn Goethe in *Dichtung und Wahrheit* beschreibt, war erst 1460 als eine neuerliche Einengung der jüdischen Gemeinde Frankfurts vom Rat der Stadt geplant; so wurden sie aus ihren Häusern in der Umgebung des Doms ausgewiesen, wie man lästiges Ungeziefer über die Schwelle kehrt. Da wurden sie in den

Protokollen der Bürgermeister- und Rechenbücher ja auch ausdrücklich als «Hundejuden» bezeichnet.

In beschwörenden Bittschriften wandten sie sich an die Stadtgewaltigen, sie wollten sich aus ihrem «Wesen», ihrem Anwesen dort in der Nähe der Brücke, nicht lösen. Sie hofften überzeugen zu können mit der Ermahnung, es möge so bleiben, «wie es von alters hergebracht sei».

Von alters hergebracht, das beinhaltete immerhin die Zeit um 1180, als sie hier ihre Häuser gründeten.

Der nun vorgesehene Platz war der Wollgraben genannt. Das Fischerfeld sein nördlicher Teil. Ein Stück der alten Befestigung, ein Graben. Eine verlassene Ödnis, abgesehen von einigen einsamen Behausungen, in denen Fischer oder Gärtner lebten. Weit weg vom Main. Kein Brunnen war dort.

Für den christlichen Rat der Stadt gab es nur die eine Entgegnung, wer nicht dort hinziehen wolle, dem sei es freigestellt, die Stadt ganz zu verlassen. Und diese Erlaubnis wurde bekanntgegeben wie ein hochherziges Angebot.

Unerbittlich wurde auf den alten Graben Haus neben Haus gesetzt, mit den Giebelseiten zur Gasse, die von da an für neue Ansiedlungen der jüdischen Gemeinde nicht mehr erweitert wurde. Mit drei Toren wurde alles zugeschlossen: Das Wollgrabentor versperrte den Zugang zum Fischerfeld, das Judenbrückentor hielt vom Zugang zur Predigergasse ab, und das Bornheimer Tor verwehrte den Ausgang zur Fahr- und zur Allerheiligengasse. So waren sie eingeschlossen. Zu der Zeit waren es etwa hundert Menschen, die dort, inmitten der verächtlichen Absonderung, ihr Leben in der neuen Umgebung begannen. Da hatten sie einen gelben Ring auf ihrer Kleidung zu tragen und eine besondere, sie kennzeichnende Kopfbedeckung; das Barett war ihnen streng verboten. Sie durften es nicht wagen, sich zu zweien außerhalb des Ghettos zu zeigen. Der Aufenthalt in der Nähe des Römers, also des Rathauses, war ihnen streng verboten. Und kamen die christlichen Feiertage oder die großen Hochzeiten oder die Fürstenbesuche oder andere willkürlich festgesetzte städtische Feierlichkeiten, so mußten sie im Raum zwischen den drei Toren bleiben. Der Frankfurter Rat hatte sich für fremde durchreisende Juden eine besondere Schikane ausgedacht. Sie hatten sich selbstverständlich beim Magistrat zu melden, aber darüber hinaus war ihnen vorgeschrieben, zeitig schlafen zu gehen. Und wenn sie krank wurden, sollten sie keine Aufnahme im jü-

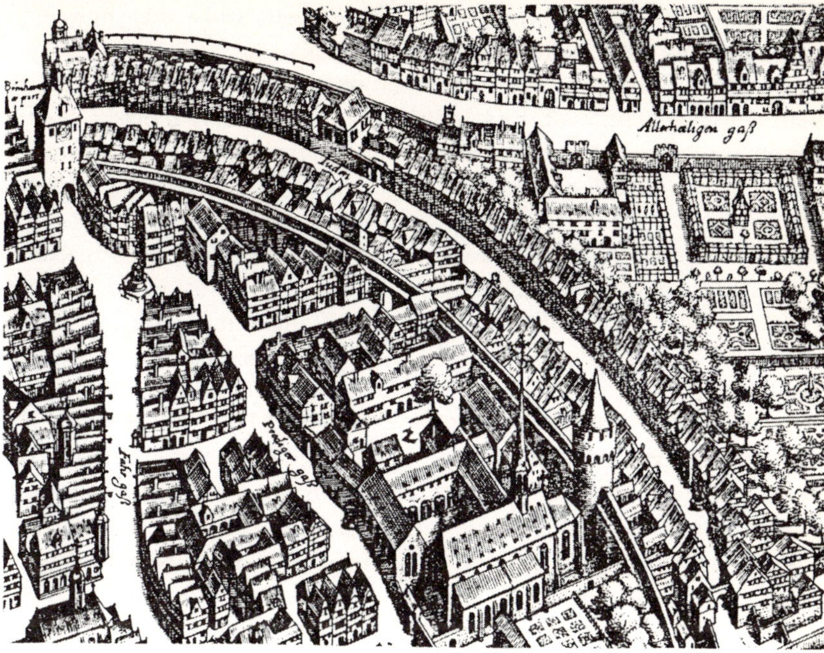

Ghetto, 17. Jahrhundert

dischen Spital finden. Niemand aus der Judengasse durfte auf dem Markt gleichzeitig mit Christen Lebensmittel einkaufen.

Die Herren vom Rat, in deren Händen das schreckliche Instrument der «Stättigkeit» lag, mit dem sie jederzeit ohne Begründung jedem einzelnen aus der jüdischen Gemeinde den Aufenthalt kündigen konnten, hatten sich feinsinnige Namen ausgedacht zur Kennzeichnung der Häuser auf dem alten Graben. Sie wollten allein schon mit den anzubringenden Schildern das große Gelächter heraufbeschwören: Zum Knoblauch, Zum Esel, Zum Drachen, Zum roten, grünen, schwarzen Schild. Und dann konnten sie die Einwohner nach Herzenslust rufen: Nathan zum Esel, Moses zum Drachen; es waren dumme, schikanöse, einfältige Bestimmungen, um die Juden zu diffamieren, um sie zu Menschen dritter Ordnung zu stempeln.

Da nun über die Jahrhunderte bis in die Zeit der Goethe-Beschreibung den Einwohnern keine Handbreit an Boden zugebilligt wurde, mußte Anbau um Anbau übereinandergeschachtelt werden. Da auch das für die Reinigung der Straßen notwendige Wasser, besonders in den Sommermonaten, kaum gewährt wurde, entstand zu der drangvollen Enge eine zusätzliche Qual.

Ludwig Börne hinterließ uns seine Beschreibung dieses Platzes, an dem er 1786 geboren war. Er schilderte die Umstände in der nur ihm eigenen, einmaligen Art einer Überlegenheit, die aus seiner ungebrochenen Aufrichtigkeit herrührte, mit der er sich dem Fortschritt verschrieben hatte. Der Einblick, den er uns in die Judengasse gibt, ist auch gleichzeitig ein Angriff gegen reaktionäres Denken. Er, der sich als ein Kind der Französischen Revolution verstand, «unsere Mutter, die Revolution, lebt noch», hatte auch den Sarkasmus zu seiner Waffe erwählt, den bitteren, schneidenden, bissigen, spöttischen, höhnischen Ton. So schrieb er über die *Juden in der Freien Stadt Frankfurt*:

«Ehemals wohnten sie in einer eigenen Gasse, und dieser Fleck war bestimmt der bevölkertste auf der ganzen Erde, Malta nicht ausgenommen. Sie erfreuten sich der zärtlichsten Sorgfalt ihrer Regierung. Sonntags durften sie ihre Gasse nicht verlassen, damit sie von Betrunkenen keine Schläge bekämen. Vor dem fünfundzwanzigsten Jahre durften sie nicht heirathen, damit ihre Kinder stark und gesund würden. An Feiertagen durften sie erst um 6 Uhr Abends zum Tore hinausgehen, daß die allzugroße Sonnenhitze ihnen nicht schade. Die öffentlichen Spaziergänge außerhalb der Stadt waren ihnen untersagt, man nötigte sie, ins Feld zu wandern, um ihren Sinn für Landwirthschaft zu erwecken. Ging ein Jude über die Straße, und ein Christ rief ihm zu: ‹Mach Mores Jud›, so mußte er seinen Hut abziehen; durch diese höfliche Aufmerksamkeit sollte die Liebe zwischen beiden Religionsparteien befestigt werden. Mehrere Straßen der Stadt, die ein schlechtes unbequemes Pflaster hatten, durften sie niemals betreten. Der Handel mit Materialwaren war ihnen verboten. Bediente durften sie nicht halten, denn dieses ist ein Verbrechen gegen die Grammatik, sondern nur Knechte, und als einst ein Actuar im Taumel des Sonntags einem Juden das Wort Bedienter in den Reisepaß gesetzt hatte, und dieser bereits abgereist war, schickte ihm der regierende Bürgermeister einen Husaren nach, der ihn zurück holen mußte, worauf im Passe das Wort Bedienter ausgestrichen, und dafür Knecht geschrieben wurde. Noch viele andere Vorrechte genossen die Frankfurter Juden und üben sie heute noch aus. Mehrere wichtige Plätze der Stadt, wie die Post, die neuen Kräme, die Börse halten sie militärisch besetzt, und es darf kein Christ ohne ihre Erlaubniß durchgehen. Es ist ihnen verstattet, jeden Fremden oder Einheimischen, der an ihren Warenläden vorübergeht, so lange an den Kleidern festzuhalten, bis er ihnen etwas Beträchtliches abkauft. Sie dürfen ihre Toten in den ersten 24 Stunden beerdigen, die Christen müssen drei Tage damit warten. Letztere werden in das wöchentlich erscheinende Geburts- und Sterberegister nur dann hinein gesetzt, wenn sie wirklich geboren werden oder sterben, die Juden hingegen sogar auch dann, wenn dieses nicht geschieht; denn es wird im Intelligenz-Blatte ausdrücklich gemerkt, von der israelitischen Gemeinde sei in dieser Woche Niemand gestorben, Niemand geboren worden, damit sich Jedermann erfreue, nämlich an Ersterem.

Mit allen diesen Auszeichnungen noch nicht zufrieden, hatten die Juden vor zehn Jahren den Revolutionsschwindel, der sich von Frankreich her nach Deutschland verbreitet hatte, benutzt und sich unter der Großherzoglichen Regierung die sogenannten angebornen Rechte für ein Spottgeld, für eine halbe Million, gekauft. Darauf maßten sie sich an, Doktoren, Schuhmacher und Schneider zu werden; sie trieben Wissenschaften und die ganze Technologie, sprachen deutsch wie Adelung (berühmter Sprachforscher – d. A.), und aßen mehrere Sorten Wurst. Besonders in Spedition und Kommission haben sie der Menschheit ungeheuern Schaden zugefügt, und hierdurch Europa in die Barbarei des Mittelalters zurückgeworfen. Aber der Tag der Erlösung nahte herbei; nach der Schlacht bei Hanau (1813 – d. A.) erwachte die freie Stadt Frankfurt aus ihrem Siebenschlafe, und mit der neuen Ordnung der Dinge kehrten die Juden in die alte zurück.»

Ein ehemaliger Mitstreiter von Heine und Börne, ein radikaler Burschenschafter, der aber in der Zeit der Heiligen Allianz und der Romantik ein erbitterter Feind jedes Fortschritts und vor allem des französischen Einflusses wurde, Wolfgang Menzel (1798–1873), ein Literat, beschrieb den eingegrenzten Platz: «In Frankfurt am Main, wo der große Goethe als Patricier-Kind aufgehätschelt wurde, kam ein kleines kränkliches Kind zur Welt, der Jude Baruch. Schon den Knaben verspotteten die Christenkinder. Täglich sah er an der Sachsenhäuser Brücke das schändliche Steinbild, das Juden vorstellt, auf das anstößigste gruppiert mit einer Sau. Der Fluch seines Volkes lastete schwer auf ihm. Als er auf Reisen ging, setzte man ihm höhnisch in den Paß: Juif de Francfort. Bin ich nicht ein Mensch wie Ihr Andre? rief er aus. Hat Gott nicht meinen Geist ausgestattet mit jeder Kraft, und Ihr solltet mich verachten dürfen? Ich will mich auf die edelste Weise rächen, ich will Euch kämpfen helfen für Eure Freiheit.»

Börne mokierte sich über diesen Erguß:

«So oft sich meine Gegner in der Gefahr sehen, am Börne zu scheitern und mit ihrem Verstande Schiffbruch zu leiden, werfen sie ihren Notanker Baruch aus. Herr Menzel ist noch vorsichtiger als die Andern; er fängt nicht eher gegen mich zu manövriren an, als bis er sich in meinem Judentume fest geankert. In der Verzweiflung, mich mit Gründen der Wahrheit und des Rechts zu widerlegen, macht er mich interessant und weiß mich so romantisch zu schildern, daß man eine Novelle aus mir machen könnte.»

Die Judenschlachten

29. Mai 1241. Das Herannahen der Mongolen, die schon über Polen bis Schlesien vorgedrungen waren, gab in der christlichen Vorstellungswelt Anlaß zu neuer Nahrung für haßvolle Vorstellungen gegen die jüdischen Mitbewohner ihrer Stadt Frankfurt. Gerüchte wurden in Umlauf gesetzt, in denen eine merkwürdige Anschuldigung verborgen lag: Die Juden hätten erklärt, sie wollten bei der Abwehr gegen die Mongolen mitwirken, sie wollten zur Schwächung des feindlichen Heeres vergiftete Nahrungsmittel dorthin liefern. Beim Öffnen der Fässer hätten sich allerdings Waffen gefunden.

Schon damals, hundert Jahre vor dem Ausbruch der Pest, standen sie im Ruf, Giftmischer zu sein. Und spätestens von da an wurde die Verdächtigung, als Waffenlieferanten den Feinden zu dienen, ständig wachgehalten.

Andere, religiöse Ängste traten hinzu. Die zehn verlorenen Stämme kamen wieder ins Gerede. Wenigstens ein Teil davon zöge mit den Mongolen heran. Vielleicht hatten sich einige zum jüdischen Glauben übergetretene Männer aus dem Chasarenreich dem Mongolenheer eingegliedert. Jedenfalls mischten sich Haß und Weltuntergangsstimmung in den christlichen Stuben, geschürt durch die Predigten fanatischer Mönche.

Nur christliche Berichte sind erhalten, die auf ihre Weise das Licht auf den Anlaß für den Ausbruch der offenen Feindseligkeiten in der Stadt lenken. Ein Sohn eines Mitglieds der jüdischen Gemeinde sei gegen den Willen der Eltern getauft worden. Eine andere Geschichte zeigt das Bild eines jungen christlichen Mannes aus reichem Hause, der von einer großen Liebe zu einem jüdischen Mädchen ergriffen gewesen sei. Die schon mit einem anderen Verlobte habe die Zwangstaufe über sich ergehen lassen müssen.

Ein jüdisches Klagelied ist zu einem Zeugnis des Kampfes geworden, der in der Geschichte der Stadt als «die erste Judenschlacht» bezeichnet wird.

Zwei Tage lang wehrten sich die in ihren Häusern Überfallenen gegen eine erdrückende Übermacht. Das Klagelied, von Siegmund Salfeld aus dem Machsor Salonichi aufgenommen, beschreibt die rohe Gewalt: Sie kamen wie Holzfäller mit Äxten in der erhobenen Hand und zerschlugen Türen und Tore. Mit Gebrüll.

Von einem Turm wird berichtet, der für siebzig der Todbedrohten im Dunkel der Nacht ein Zufluchtsort geworden war. Am zweiten Tag, bei Helligkeit, wurden sie auch dort überwältigt und auf die Straße hinuntergestoßen. Unten waren schon die Leichenfledderer, die ihnen die Kleider vom Leibe rissen und sie nackt liegenließen. Fast zweihundert Angehörige der Frankfurter jüdischen Gemeinde fanden den Tod. Ihre Häuser brannten aus.

Einige Frauen kamen mit dem Leben davon, weil sie die Taufe annahmen.

Auch die Toten wurden geschändet. Auf ihren Gebeinen wurden, nach der Entfernung nützlich erscheinender Grabsteine, die Anlagen für den Weckmarkt und die Mehlwaage errichtet.

25. Juni 1349. An diesem Sommertag schloß Kaiser Karl IV. einen Vertrag mit der Stadt Frankfurt am Main. Der christliche Kaiser überließ seine Kammerknechte dem christlichen Rat der Stadt für die Summe von fünfzehntausendzweihundert Pfund. Es war die Zeit des schwarzen Todes. Die Geißler, die Flagellanten, liefen durch die Lande und hatten schon in Österreich und Bayern jüdische Gemeinden vernichtet. Die Plünderer und Mörder waren unterwegs nach Frankfurt.

Man hatte in diesen regierenden Kreisen im vergangenen Jahr beim Umsichgreifen der Seuche genügend Erfahrungen gewonnen, wie man trotz aller Angst ein angenehmes Leben führen konnte: Sich selbst vor den Ereignissen, die mit Sicherheit hier hereinbrechen würden, die Güter der am meisten bedrohten Menschen nehmen. So besagte dieser Vertrag vom 25. Juni 1349, daß Frankfurt nicht bestraft würde, sollten dort die Juden erschlagen werden. Der Kaiser bestätigte, daß in diesem Fall die Stadt sich am Eigentum der Opfer schadlos halten könne, allerdings nicht ohne Abgabe eines Anteils an den Kaiser. So hatten die beiden Vertragspartner sich bereits über die Erbschaft verständigt, als die Frankfurter jüdische Gemeinde noch lebte und atmete.

Man hatte die Zustimmung des Mainzer Erzbischofs für dieses barbarische Abkommen eingeholt. Und man hatte die Legende vom Brunnenvergiften auch hier für die bedeutende Frankfurter jüdische Gemeinde zur Hand. Man bereitete den Mord durch begleitende und bewährte Methoden vor. Gefangennahme unschuldiger jüdischer Bürger, Folter, Erpressung von Geständnissen, Verbreitung der unter der Tortur erzwungenen Aussagen. Die zurechtgezimmerte Geschichte erzählte nun von Geißlerbrüdern: wie sie in das Dorf Bergen bei Frankfurt gekommen seien, wie einen unter ihnen ein Unwohlsein ergriffen habe, nachdem er aus dem dörflichen Brunnen Wasser getrunken. Man habe, allerdings unter der Folter, von drei Angehörigen der jüdischen Gemeinde, zwei Männern und einem Mädchen, die Aussage erfahren, sie hätten die Brunnen vergiftet. Die Beschuldigten wurden verbrannt.

Am 24. Juli 1349 wurden die Geißlerscharen in der Stadt Frankfurt erwartet. Zwar hatte der Rat befohlen, zum Schutze des Judenviertels Geschütze aufzustellen, aber nicht ein Schuß wurde abgefeuert. Die mörderischen Plünderer drangen in die Gasse und in die Häuser ein. Und wenn es schützende Hände aus den Reihen der christlichen Bürger gegeben haben sollte, so waren sie nicht stark genug, den Untergang ihrer Mitbürger aufzuhalten.

Nun war das Viertel verwüstet, die Einwohner tot, erschlagen oder verbrannt.

Danach setzte die Geschäftigkeit der Erben ein: Der Rat der Stadt ließ die Häuser der Opfer durch Bretterverschläge versperren. Man schickte sogar einen Richter zur Erläuterung der Umstände an den kaiserlichen Hof und zum Erzbischof von Mainz. Trotz des Abkommens schien man seiner Sache nicht sicher zu sein, die Besitzansprüche mußten bestätigt und gleichzeitig abgegrenzt werden. Es hieß, Kaiser Karl IV. habe im August das Haus des Kaufmanns Salman Fischelin einer Gräfin Irmentraut von Nassau zum Geschenk gemacht, obwohl er doch ausdrücklich auf alle Ansprüche verzichtet hatte und abgefunden war. Schwierig wurde die Abrechnung mit dem Erzbischof von Mainz. Noch 1357 beschwerte sich der geistliche Herr beim Kaiser über die Stadt, bisher habe er vom Rat keine Ersatzleistung für die ihm doch nun verlorengegangenen Einkünfte bekommen. Ihm ging das Ausbleiben der Gelder näher als das Auslöschen der Menschen. Ein Jahr später kam es zu einer Einigung, die Stadt zahlte siebentausendfünfhundert Gulden an die erzbischöfliche Kasse.

Zwei Jahre nach dem gewaltsamen Ende der jüdischen Gemeinde von Frankfurt erweiterte die Geistlichkeit der Bartholomäuskirche, das ist der heutige Dom, ihren Friedhof durch Einbeziehung der Grundstücke, die zum jüdischen Viertel gehört hatten. In der Kirche wurde ein mächtiger Altar errichtet. Dafür nahm man die Grabsteine vom Friedhof der Ausgelöschten, die Schriftseite nach innen gekehrt. Dort stünden sie noch heute, wäre nicht im zweiten Weltkrieg eine Bombe in den Dom gefallen, wodurch der Altar gesprengt wurde.

Jüdische Handwerker am Bau, um 1460

31. August 1366. Dieses Datum bedeutete für die Frankfurter jüdische Gemeinde, mutige Menschen, die trotz allen Grauens einen Neubeginn in ihrer alten Heimat gewagt hatten, das Festschreiben einer niederdrückenden Ordnung, die bis in die Zeit der Emanzipation, bis ins 19. Jahrhundert erhalten blieb, die «Stättigkeit». Die Frankfurter Bestimmungen sind ausführlich erhalten, Verfügungen, die das Aufenthaltsrecht eines Juden in der Stadt betrafen, auch besondere bindende Vorschriften und Festlegungen für die Abgaben. Die Bezeichnung «Stättigkeit» kennzeichnete einen Zustand, der als dauerhaft, beständig, unbeweglich angesehen werden sollte. Angelehnt auch an das stättig, wie es auf nutzlose Zugtiere angewendet wurde, die keinen Befehlen gehorchen wollten, die stehenblieben, wenn sie laufen sollten, die zum Schlachten preisgegeben waren.

Die Stadt Frankfurt sah sich um diese Zeit genötigt, ihr Judenregal wieder aufleben zu lassen. Die Herren Patrizier wollten aber gleichzeitig die Rechte und Freiheiten der nun wieder in der Wollgasse sich Einrichtenden auf das äußerste beschränkt halten. Sie mußten sich aber auch der Ansprüche der Zünfte auf Sitz und Stimme im Rat erwehren. Die argwöhnisch die Patrizier beobachtenden Handwerker fürchteten sich vor der Konkurrenz durch jüdische Kaufleute und Pfandleiher. Es wurden ja nicht nur die nicht eingelösten Pfänder verkauft, es wurden auch von den Bewohnern der Wollgasse aus anderen Ländern Schuhe, Pantoffeln, Kleider, Stoffe und Spezereien nach

Frankfurt gebracht. Gegen den Neid und den Haß aus den Handwerkerstuben wurde die Frankfurter jüdische Gemeinde nur durch sich selbst geschützt: Sie mußte genügend Einkommen aufbringen, um die notwendigen «Schenkungen und Ehrungen» an die jeweiligen Machtausübenden geben zu können.

Die Differenzen zwischen den aufstrebenden Zunftbürgern und den Patriziern nahmen oft bedrohliche Ausmaße an, so mußte der Rat der Stadt 1390 und 1391 mit Waffengewalt Zunftangehörige von den Toren zum jüdischen Viertel zurückdrängen, um Morden und Plündern zu verhindern.

Und alljährlich, über Jahrhunderte hinweg, mußten sich die ständig Bedrohten in der Synagoge versammeln, um der öffentlichen Verlesung der «Stättigkeit» zuzuhören, während draußen der Kaiser, der Erzbischof, der Rat der Stadt, auch heruntergekommene Patrizier und Zunftmeister, jeder für sich, Überlegungen anstellten, wie man sich durch einen Zug zur Wollgasse bereichern könnte.

Die steuerlichen Überlastungen und die Rechtsunsicherheiten veranlaßten viele Bewohner der Judengasse, der Stadt den Rücken zu kehren. Überliefert sind die schwindenden Zahlen. Waren es 1412 noch neunundzwanzig Haushaltungen, so wurden schließlich 1416 nur noch drei registriert.

In ihrer Steuernot hatten sie sogar auf ihre Synagoge eine Hypothek zu hohem Zinsfuß von einem christlichen Bürger aufnehmen müssen. Sie waren dem erstarkenden christlichen Bürgertum als Geldgeber anscheinend entbehrlich geworden.

1462 war es ihnen verboten, sich Bürger zu nennen, in der Stadt Fleisch zu kaufen, später wurde ihnen der Schuhhandel verboten, dann der Viehhandel, dann der Waffenhandel, auch der Handel mit Kalbfellen.

Natürlich prägte das jährliche Verlesen der «Stättigkeit» mit den immer wieder abgewandelten schikanösen neuen Beschränkungen für das Recht, in dieser Handelsstadt am Main wohnen zu dürfen, bestimmte Verhaltensweisen. Den fast lebensabschneidenden Bedingungen mußte begegnet werden. Was nun von der Seite der Festleger der «Stättigkeit» als «krumme Wege» beanstandet, was als feiges Hintergehen angekreidet wurde, das waren in der Regel die Versuche, Gänge zu finden, um die existenzbedrohenden Begrenzungen zu überlisten. Dazu gehörte Tapferkeit. Wie denn die Beschreibung einer Lebensperspektive sich grundverschieden anhört, wenn man die Berichte desjenigen, der seinen Stiefel auf die Brust des zu Boden Getretenen setzt, mit denen des aussichtslos Niedergehaltenen vergleicht.

Und damit niemand diese Lage vergesse, hatten die Regierenden der Stadt an die Hauptbrücke über den Main, an die wichtigste Verkehrsader, nicht nur das Bildnis des Simon von Trient angebracht, dieses frommen Christenknäbleins, das angeblich von Juden ermordet sein sollte, sie hatten darunter noch ein anderes bezeichnendes Bildnis angebracht. Es zeigte einen Juden, wie er von einem Schwein zu Boden getreten wurde.

Der neue Haman

«Unter den altertümlichen Resten war mir von Kindheit an der auf dem Brückenturm aufgesteckte Schädel eines Staatsverbrechers merkwürdig gewesen, der von dreien oder vieren, wie die leeren eisernen Spitzen auswiesen, seit 1616 sich durch alle Unbilden der Zeit und Witterung erhalten hatte. Sooft man von Sachsenhausen nach Frankfurt zurückkehrte, hatte man den Turm vor sich, und der Schädel fiel ins Auge. Ich ließ mir als Knabe schon gern die Geschichte dieser Aufrührer, des Fettmilch und seiner Genossen, erzählen, wie sie mit dem Stadtregiment unzufrieden gewesen, sich gegen dasselbe empört, Meuterei angesponnen, die Judenstadt geplündert und gräßliche Händel erregt, zuletzt aber gefangen und von kaiserlichen Abgeordneten zum Tode verurteilt worden. Späterhin lag mir daran, die näheren Umstände zu erfahren und, was es denn für Leute gewesen, zu vernehmen.» (Goethe, *Dichtung und Wahrheit*)

Was es denn für Leute gewesen.

Die Geschicke der Freien Reichsstadt Frankfurt wurden von einem streng lutherischen Rat geleitet, der sich im wesentlichen aus Mitgliedern der reichen und alteingesessenen Familien zusammensetzte. Mit einer abgrenzenden Frömmigkeit betrachteten sie die Anwesenheit der Kommissare des katholischen Herrscherhauses Habsburg in ihrer Stadt. Ihren Bürgern kalvinistischen Glaubens gaben sie das Gefühl, schlechter als Juden behandelt zu werden, da sie keine Kirchen bauen dürften. Die Unzufriedenheit der Nicht-Lutheraner gegen die Willkürherrschaft des Rates hatte sich auch bei den Zünften eingenistet.

Bevor wir den Anführer der Rebellion gegen das Stadtregiment, den Lebkuchenbäcker oder Waffenschmied Vincenz Fettmilch, in unsere Untersuchungen über Wurzeln und Wirkungen des Judenhasses aufnehmen, sei ein Blick über die Mauern Frankfurts hinaus getan. Ein Blick auf das Jahr 1612. Zu diesem Zeitpunkt hatte Galilei bereits durch sein Fernrohr die Jupitermonde entdeckt, und Kepler formulierte seine Gesetze über die Bewegung der Planeten. Die Wege des Handels hatten sich im Lauf der Zeit verlagert. Einmal war Regensburg der größte Umschlagplatz, ein Zentrum für Kaufleute gewesen, Regensburg wurde von Nürnberg und Augsburg überflügelt. Jetzt blickte die Welt nach Frankfurt am Main.

Für Mitte Mai 1612 war die Krönung von Kaiser Matthias in Frankfurt am Main vorgesehen. Ein Fest, das der Vorbereitung bedurfte. Der Rat forderte die Zünfte auf, nach altem Brauch für den Schutz der Fürsten Sorge zu tragen. Dem Rat mußte an einer ordnungsgemäßen

Vincenz Fettmilch

Abwicklung gelegen sein zum Beweis seiner Treue dem neuen Kaiser gegenüber, als eine Versicherung, daß an den bestehenden Verhältnissen nichts geändert werde. Es war bekannt, daß der nun auf den Thron gehobene Fünfundfünfzigjährige sich nicht im Vollbesitz all seiner Kräfte fühlen konnte. Er hatte als engsten Berater den Bischof von Wien, Melchior Klesl, zur Seite, Sohn eines protestantischen Bäckers. Nun aber, längst zum alten Glauben zurückgekehrt, sah Klesl es als sein Lebensziel an, die «von den Protestanten widerrechtlich in Besitz genommenen Reichsbistümer» mit all den verlorenen Einkünften zurückzugewinnen. Es sollten möglichst keine Zugeständnisse an die Neugläubigen gemacht werden. Für den als «Direktor des Kaisers»

Handelnden mußten die verschiedenen Bündnisse und Annäherungen der Neugläubigen über die Reichsgrenzen hinaus, mit England, mit Holland, Schweden, auch dann und wann mit den Türken, bedrohlich erscheinen. Jedoch wurde vom kaiserlichen Hof und auch von Papst Paul V. nicht ausdrücklich bestätigt, daß man sich gegen die Neugläubigen mit kriegerischer Gewalt wenden wollte. Andrerseits war Gerede im Umlauf, daß man bei den Protestanten mit ernster Aufmerksamkeit die Kinderlosigkeit des neuen Kaisers und damit die Frage der Nachfolge erörtert hatte; es hieß, mit dem Ende der Herrschaft des Hauses Habsburg könnten auch Einfluß, Recht und Anspruch des alten Glaubens völlig verschwinden.

Die Aufforderung des Rates der Freien Stadt Frankfurt an die Zünfte, den Schutz des Kaisers zu garantieren, hatte eine merkwürdige Folge. Die Zünfte forderten als Gegenleistung ein Vorgehen gegen die jüdischen Einwohner der Stadt. Sie verlangten dreierlei: Ihre Anzahl sollte verringert werden. Der Zinsfuß für Darlehen, wie er bisher mit zwölf Prozent gewährt worden war, sollte auf acht Prozent gesenkt werden, mit rückwirkender Kraft. Und schließlich sollten die Juden den so berechneten Gewinn nachträglich herausgeben.

Diesen Gewinn vor Augen, machte sich Fettmilch zum Sprecher im «Ausschuß» der Zünfte. Der Lebküchler mit dem lächerlichen Namen, der nun nach der Regierungsgewalt über die Stadt griff, getragen von einer Woge eines ineinander verfilzten Hasses gegen den alten Stadtrat, gegen den Kaiser, gegen die Juden, bezeichnete sich selbst in einer unglaublichen Beschränktheit als «der neue Haman». Er setzte sich mit dem obersten Minister des Perserkönigs aus dem Buch Esther gleich, der gefordert hatte: «Man solle vernichten, ermorden und zugrunde richten, alle Juden vom Knaben bis zum Greis, Kinder und Frauen an einem Tag ... und was zu erbeuten sei, solle man plündern.» Aber er hatte das Ende des Haman außer acht gelassen, wie der Judenfeind an einem hohen Baum aufgeknüpft wurde, mitsamt seiner Anhängerschar. Die Legende von den Taten und dem Sturz des Haman wird in der jüdischen Religion im Purimfest gefeiert, einer Art jüdischem Karneval.

Der Anspruch des Lebküchlers, die Dinge in der Stadt ändern zu wollen, trug ein Doppelgesicht. Zunächst schien es, als ob der Aufstand gegen das Patriziat, die Herrschaft der reichen Kaufleute, einen bürgerlich-demokratisch-revolutionären Grundzug hatte. Aber Fettmilch war ein Vertreter der Zünfte, diese wollten zurückkehren zum

Mittelalter, zur Erhaltung ihrer Zunftprivilegien, die durch die kapitalistischen Methoden, durch das Verlagswesen der Handelshäuser erschüttert wurden.

Es war eine kleinbürgerlich-demokratische Bewegung, sie richtete sich auch gegen den Kaiser, der als der oberste Schutzherr der Juden galt, und sie richtete sich gegen den Stadtrat. Kaiser und Stadtrat, die angeblichen Beschützer, sicherten sich ihren Anteil an den Erträgen aus der Judengasse. Die Revolte wurde nun zu einer grausamen Judenhetze.

Seinen Anspruch, die Dinge in der Stadt ändern zu wollen, hatte der Lebküchler von vornherein mit einer Wendung gegen die Juden verknüpft. Er schwamm mit ganz oben auf der Woge des Hasses, die in einer Beschwerde der Zünfte an den Kaiser in Worte gefaßt wurde: «Eure Majestät werden es wohl begreifen, wieviel Nahrungsmittel uns die Ernährung dieser Tausende von Müßiggängern verschlingt, denn sie können ja nicht von Luft leben und müssen folglich von unserem Blute und Schweiß zehren und uns so als Kostgänger zur Last fallen.»

Da war auch schon die Rede davon, es sei nicht zu dulden, daß die zu ewiger Knechtschaft in christlichen Landen Verdammten noch weiter bewirtet werden sollten; so wurde der Begriff vom guten, fleißigen Wirtsvolk in die Denkweise und Sprache der Zünftler eingeführt und verankert.

Die Macht des Fettmilch erreichte im August 1614 ihren Höhepunkt. Seit seinem ersten Auftreten, zwei Jahre zuvor, hatte er Schritt für Schritt den Augenblick des Überfalls auf das Judenviertel angestrebt. Für diesen Mord- und Plünderungszug gelang es ihm, die gegen den Stadtrat oppositionell eingestellten Kräfte zu mobilisieren. Zu tief und zu breit wucherten im Frankfurter Stadtvolk die haßvollen Vorurteile. Die Stimmung war angeheizt worden mit den altbekannten Vorwürfen. Der Aufruf der Vertreter des Kaisers, der die Bürger der Stadt davor warnte, Hand an seine Kammerknechte zu legen, wurde mit Fettmilch-Argumenten beantwortet: Der Kaiser habe gar kein Recht mehr auf die Frankfurter Juden, sie seien laut Vertrag von 1349 der Stadt verpfändet. Die ganze Liste der Vorwürfe schloß sich an. Die Verpfändeten machten arme Christen an Feiertagen zu ihren Dienern. Die Anschuldigungen steigerten sich. Die Wucherzinsen der Juden bedeuteten den Ruin der guten Zunftbrüder, sie ermordeten die kleinen Christenkinder, sie hielten geheime Beziehungen zu den Türken. Sie

Plünderung der Judengasse

müßten aus der Stadt vertrieben werden, ihr gesamtes Vermögen sollte dem Stadtschatz zugeschlagen werden.

Noch wurde von Besonnenen im Stadtrat die Antwort der jüdischen Gemeinde auf die Vorwürfe entgegengenommen. Sie wehrte sich in ihrer «Defensionsschrift» und erklärte, wie die Zünfte rechtswidrig sie in ihrem Handel und ihren Kreditgeschäften eingeschränkt hätten. Sie wies darauf hin, wie sie durch ihre vorgestreckten Gelder einer ganzen Reihe von Meistern des Bäcker-, Fleischer- und Schuhmacherhandwerks geholfen hätten, zum Wohle des gesamten Stadtwesens. Mit dem gemessenen Ton einer Überlegenheit, die selbst in der bedrängtesten Lage das Prinzip nicht aufgab, sich der Waffe der Ironie zu bedienen, erklärten sie zu den Punkten Ritualmord und Verrat an die Türken, das seien die bekannten «alten Lieder» von Leuten, die sich von ihren Schulden befreien, indem sie ihre Gegner totschlagen.

Am 22. August 1614 überfiel Fettmilch an der Spitze seiner Anhänger mit Waffengewalt das Judenviertel. Da sie von entschlossenen Verteidigern erwartet wurden, konnten sie erst in den Abendstunden mor-

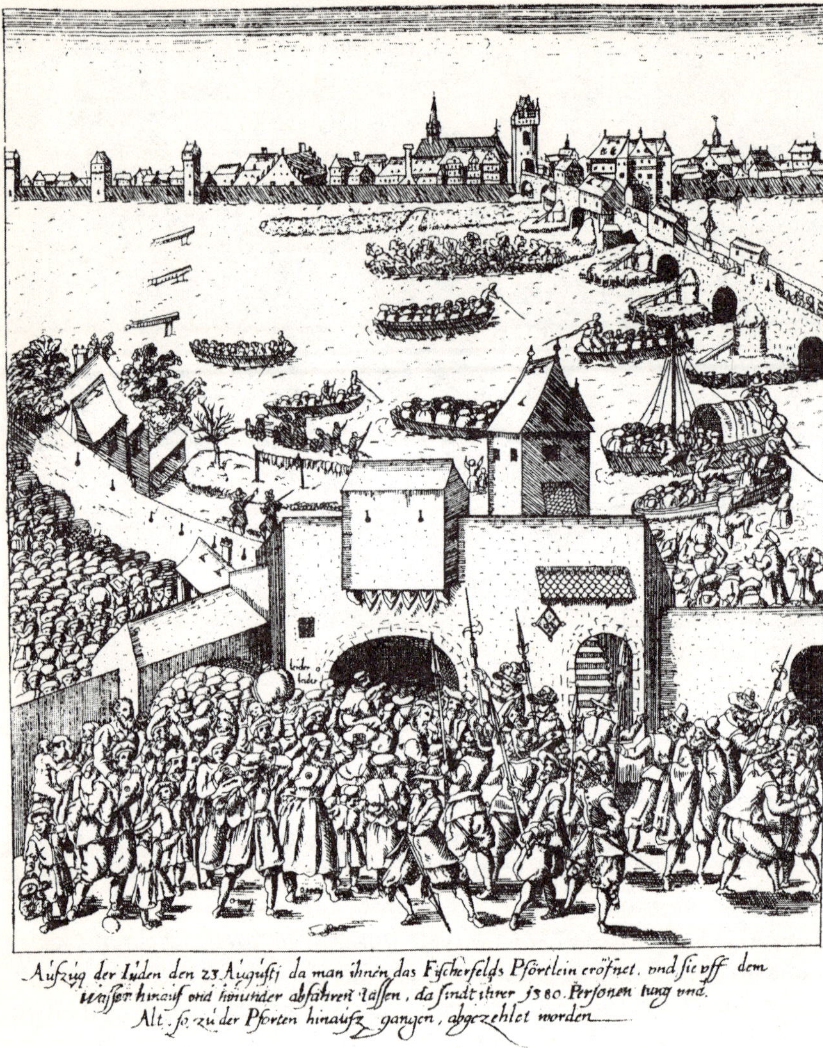

Auszug der Juden aus Frankfurt/M.

dend und plündernd eindringen. Verwüsten. Die ganze Nacht hindurch bis in den Morgen. Was sie nicht wegschleppen konnten, brannten sie nieder. Von Buchbindern wird berichtet, wie sie danach gierten, die pergamentenen Torarollen zu ergattern, um Einbände für Erbauungsbücher zu gewinnen. Fettmilch hatte vorsorglich Säcke für seinen Bedarf mitgebracht, er wählte aus, er suchte Gold und Juwelen. Die Synagoge wurde zerstört.

Zwar, aus Furcht, selber Opfer der Plünderer zu werden, bewaffneten sich nun auch die Patrizier, zum Schutz für sich selbst. Die Überlebenden des Judenviertels blieben in der Hand Fettmilchs, sie waren seiner Willkür preisgegeben. Unter seinem Kommando wurden sie auf dem Friedhof zusammengetrieben. Merkwürdig, Simon Dubnow setzte in seiner Geschichtsschreibung 1927 den Ausdruck «Konzentrationslager» dafür ein.

Es waren eintausenddreihundertachtzig Menschen. Sie rechneten mit ihrem Tod. Sie stimmten die Sterbegebete an.

Töten oder vertreiben, darüber gab es bei den Bewachern des Friedhofs Unentschlossenheit. Schließlich wurde den Eingepferchten von Fettmilch eine Ansprache gehalten, in der er ihnen verkündete, Frankfurts Bürger wollten sie nicht mehr unter sich dulden. Sie seien unerwünscht. So mußten sie die Stadt verlassen.

Erst etwa zwei Jahre später, fast am Vorabend des Dreißigjährigen Krieges, konnte die kaiserliche Gewalt sich durchsetzen und den Stadtrat veranlassen, Fettmilch als einen Verbrecher zu betrachten, ihn zu verhaften und ihm den Prozeß zu machen. Der Kopf des Gevierteilten wurde, wie noch zweihundert Jahre später von Goethe bezeugt, aufgespießt und öffentlich zur Schau gestellt.

Und es klingt wie eine kaum glaubliche Legende, inmitten der ununterbrochenen Kette der Verfolgungen geschah zu Frankfurt am Main am 10. März 1616 dies: Eine Abteilung des kaiserlichen Heeres war angetreten, sie hatte die Rückkehr der Ausgewiesenen feierlich zu gestalten. Es war den nach Offenbach, Hanau und anderen Städten Ausgewichenen durch ein kaiserliches Mandat verkündet, sie sollten «wieder in ihre Gasse aufgenommen, alle ihre Häuser repariert, auch alles geraubte Silber, Gold und Geschmeide usw. ihnen innerhalb dreier Monate wieder zugestellt, und sie sollten fortan bei Strafe der Acht nicht mehr belästigt werden».

Zur Stunde dieser Rückkehr erklangen Trommeln und Trompeten. Das Hereinholen der jüdischen Gemeinde, an der Galgenpforte, erfolgte mit fliegenden Fahnen. Es mag wie eine ausgleichende Gerechtigkeit in der Geschichte aussehen, daß es für die jüdische Gemeinde von Frankfurt an diesem Tag möglich wurde, das Purim-Vincenz zu feiern, den Sieg über den «neuen Haman».

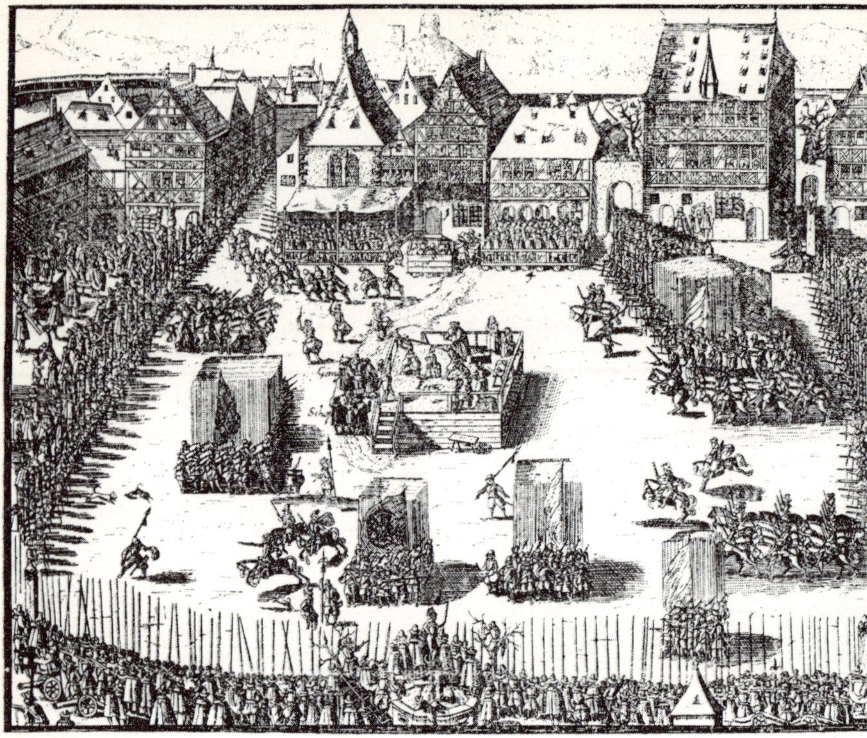

Hinrichtung des Vincenz Fettmilch

Rothschild

Wer von Frankfurt und seiner Judengasse spricht, kommt an der markantesten Familie nicht vorbei, den Rothschilds. Sie haben in der Geschichte des 19. und noch im Anfang des 20. Jahrhunderts eine große Rolle gespielt, in der Finanzwelt und in der Politik.

Unzählige Anekdoten wurden von Rothschild erzählt, dabei war nicht ein bestimmter gemeint, sondern der Inbegriff des Reichtums. Beliebt waren die Anekdoten von Rothschild und dem Schnorrer, dem jüdischen Bettler.

Heute ist der Stern der Rothschilds etwas verblaßt. Es gibt wohl noch Rothschild-Banken in Paris, in London, auch in Zürich, und in New York haben sie eine Vertretung. Noch ist es für einen reichen Mann ein Prestige, bei einer Rothschild-Bank ein Konto zu haben. Die amerikanischen, englischen, japanischen, Schweizer und bundesdeutschen Banken haben an Kapitalmacht und Einfluß die Rothschilds längst überflügelt. Bei den Emissionen von Staats- und Industrieanleihen in der kapitalistischen Welt, bei der Börsenzulassung von neuen Aktien multinationaler Konzerne stehen auch heute noch manchmal auf der Liste der Banken, die diese Anleihen durch Zulassungen lancieren, die Namen der beiden großen Rothschildhäuser: Rothschild Frères in Paris und N. M. Rothschild & Sons in London. Aber nie mehr an der Spitze, sondern in der Mitte, wie bei einem Rennbericht, nachdem Sieger und Plazierte genannt sind, unter der Rubrik «ferner liefen».

Es wäre falsch, anzunehmen, daß die Familie Rothschild zu ihrem Reichtum kam, weil sie jüdisch war. Sie hatte durch ihre langjährige Erfahrung mit dem Pfandgeschäft und dem Geldwechsel Kenntnisse erworben, wie sie in der sich nun entwickelnden kapitalistischen Wirtschaft gewinnbringende Geschäfte abwickeln konnte. Ihre besonders begabten Mitglieder Mayer Amschel und sein zweiter Sohn Nathan verstanden es, sich in das große Geschäft der Staats- und Industriefinanzierung einzuschalten. Die kapitalistischen Bedingungen hatten nicht sie, die Rothschilds, geschaffen; sie verstanden es aber, diese Bedingungen auszunutzen, jedoch nicht, weil sie der jüdischen Religion angehörten. Ihr jüdischer Glaube war vielfach ein Hindernis für die christlichen Staatsmänner und Großkapitalisten, mit ihnen Geschäftsverbindungen einzugehen. Man vertraute ihnen zunächst nicht, weil sie Juden waren.

Für die Judenfeinde, für die Antisemiten, waren die Rothschilds ein oft benutztes Thema. Sie galten als Beweis, wie «der» Jude über das Geld Macht und Einfluß auf das Weltgeschehen erlangt. Der mittellose Jude, die übergroße Mehrheit der Juden, war für die Propaganda unbrauchbar. Auch die Nazis haben sich das Thema Rothschild nicht entgehen lassen.

Am 17. Juli 1940 wurde ein UFA-Film, *Die Rothschilds*, im Berliner UFA-Palast am Zoo uraufgeführt. Die gleichgeschaltete Presse jubelte. Über dieses Ereignis schrieb Goebbels' Wochenzeitung *Das Reich:* «Es wird ausgezeichnet gespielt, die Avantgarde der deutschen Charakterspieler scheint in dieser gemeinsamen Arbeit vereint.» Der *Filmkurier* meinte: «Am raffiniertesten und skrupellosesten operierte Nathan in London. Karl Kuhlmann spielte ihn, rundlich, ölig, brutal, eine dämonische Studie.» Der *Völkische Beobachter*, das offizielle Zentralorgan der NSDAP, ging noch weiter und bereitete die deutsche Bevölkerung auf die schon in Polen begonnene Ermordung der Juden vor: «Die Tragweite dieses Films reicht weiter und entrollt zugleich das Thema der Entscheidung.» Die *Deutsche Allgemeine Zeitung*, ein ehemals bürgerliches Blatt mit gemäßigt rechter Tendenz, bemerkte im gleichen Stil: «Von dem Hexenkessel der jüdischen Jagd nach dem Gold wird der Deckel aufgehoben.» Die Fachzeitschrift *Der Film* versuchte Goebbels noch zu übertreffen: «Waschnicks Nathan Rothschild trägt die Züge Ahasvers: So war der Jude, so hat er durch die Jahrhunderte sein Gesicht getragen, ohne sonderliche Abweichung zwischen dem Gauner der östlichen Ghettos, dem eingewanderten Betrüger von Riesenformat und dem internationalen Finanzschieber.» (Erich Waschnick war der Regisseur dieses Filmes.)

Wer waren die Rothschilds, wie kamen sie zu Reichtum, wie groß war ihre Macht? Auch ihr Aufstieg ist eng mit der deutschen Geschichte, mit der Kleinstaaterei, der Misere und mit der Sonderstellung der Juden verknüpft.

Der erste Träger des Namens war Isaac Rothschild, der jüngste Sohn des seit 1530 in der Judengasse wohnenden Elchanan zum Hahn und seiner Frau Fogele Worms. Sie zogen etwa 1567 in das damals neugebaute Haus *Zum roten Schild* am südlichen Ende der Judengasse in Frankfurt am Main. Aus diesem Kennzeichen des Hauses leitete die Familie nun ihren Namen ab. Etwa hundert Jahre später verließ Rothschild Naftali Hirz zum roten Schild das Haus, das der Familie den Namen gegeben hatte, und zog in das Haus *Zur Hinterpfann*.

Stammhaus Rothschild

Fünf Jahre vor Goethe, 1744, wurde der Begründer der Finanzdynastie, Mayer Amschel Rothschild, geboren. Mit zwölf Jahren Waise geworden, erbte er ein kleines Vermögen und mußte seine Schwestern und Brüder durch einen bescheidenen Warenhandel ernähren. Er beschäftigte sich aber auch mit dem Geldwechsel, denn die vielen Kleinstaaten und Freien Städte in Deutschland hatten ihr eigenes Münzregal, und nur Spezialisten kannten sich in den Wechselkursen aus. Und Geldwechsler wohnten oft in der Judengasse. Der aufmerksame Junge verschaffte sich Einblicke in den Wert von alten, nicht mehr im Umlauf befindlichen Münzen. Sein Vater hatte ihn sehr früh schon auf die bekannte jüdische Religionsschule nach Fürth geschickt, ihm dann eine Stelle bei dem angesehenen Handelshaus Oppenheimer in Hannover vermittelt. Die Familie Oppenheimer war in der Finanzwelt angesehen. Sie waren Hoffaktoren bei vielen Fürsten, einer sogar beim Kaiser in Wien. Der bekannteste aus dieser Familie wurde Hoffaktor und Günstling des württembergischen Herzogs Karl Alexander: Joseph Süß Oppenheimer.

Damals betrat ein General des Königs von Hannover die Szene: Herr von Estorff, Kunde im großen Handelshaus Oppenheimer. Mayer Amschel, ein Kind noch, unterhielt sich mit dem wohlhabenden Adligen und entdeckte, daß dieser Herr ein leidenschaftlicher Münzsammler war. Hier schon konnte er ihn auf manche Rarität aufmerksam machen. Als Mayer Amschel Rothschild das väterliche Geschäft in der Frankfurter Judengasse übernehmen mußte, um seine Geschwister zu ernähren, zog der General von Estorff in das kleine Städtchen Hanau, nicht weit von Frankfurt am Main, dort residierte als regierender Graf ein Wilhelm von Hessen-Hanau, Herr über ein kleines Stückchen hessischen Territoriums, Enkel des schwerreichen alten Landgrafen Wilhelm VIII., der seinen Wohnsitz in Kassel hatte.

Der alte Landgraf von Hessen-Kassel betrieb sehr anrüchige Geschäfte. Er war einer der übelsten Typen der deutschen Kleinstaaterei. Er verkaufte seine Landeskinder, die er zwangsweise zum Militär einzog, als Soldaten nach England. Dort herrschte großer Bedarf, denn die amerikanischen Kolonien waren in den Aufstand getreten, sie wollten sich vom Mutterland losreißen. Der Landgraf von Hessen-Kassel, der reichste unter allen Potentaten des deutschen Reichs, betrachtete seine Untertanen als persönliches Eigentum. Bei ihm gab es keinen Unterschied zwischen Staats- und Privateinnahmen. Die sogenannten Subsidiengelder wuchsen ins unermeßliche, je härter der Kampf zwischen den Aufständischen in Nordamerika und den englischen Truppen wurde. Denn für jeden toten, für jeden verwundeten Hessen bekam der Landgraf von seinem britischen Vetter noch eine Summe.

Aber auch der Enkel des alten Landgrafen, Wilhelm von Hessen-Hanau, beteiligte sich am Verkauf von Soldaten, obwohl sein Gebiet nur von knapp fünfzigtausend Einwohnern bevölkert war. Doch Wilhelm brauchte noch mehr Geld. Er hatte auf Veranlassung seines Großvaters eine Tochter des dänischen Königs heiraten müssen. In der Ehe klappte gar nichts. Und der unglückliche Graf der Grafschaft Hessen-Hanau mußte sich notgedrungen unter den Töchtern seines Landes umsehen, dessen Söhne er zu Höchstpreisen verkaufte. Mindestens siebzehn seiner Favoritinnen sind mit Namen bekannt, seine unehelichen Kinder zahllos. Alle mußten versorgt werden, denn er glaubte, sehr gewissenhaft zu sein, und Gewissenhaftigkeit in diesem Stil ist teuer.

Außerdem hatte ihm sein neuer General von Estorff das Sammeln von Münzen empfohlen und ihn auf den kenntnisreichen und erwiesen zuverlässigen jüdischen Handelsmann im nahe gelegenen Frankfurt hingewiesen.

Mayer Amschel Rothschild erfuhr davon und ließ Kataloge herstellen. Aber der Graf von Hessen-Hanau war für ihn, den kleinen Juden, nicht zu sprechen. Doch die Lakaien nahmen Kataloge und Trinkgelder in Empfang. Und die Preise, die Rothschild dem Grafen übermitteln ließ, waren Billigpreise, Schleuderpreise, denn Rothschild drängte ins große Geschäft, ins Englandgeschäft.

Von den Hofschranzen hatte Rothschild erfahren, daß der Graf ab und zu auch zur Messe nach Frankfurt reise, denn der Herr Graf war ja in kaufmännischen Dingen sehr bewandert und interessiert. General von Estorff vermittelte die Bekanntschaft; und bei dieser Gelegenheit bot Rothschild dem Grafen nicht nur Münzen, sondern auch schöne Edelsteine und kleine Antiquitäten an, die er zufällig bei sich hatte.

Der Kontakt war hergestellt. Und nun entschloß sich Mayer Amschel zu einem weiteren Schritt.

In einem Schreiben vom Jahre 1779, das im Stil der Zeit untertänigst verfaßt war, bat er den gräflichen Prinzen von Hanau «um den Vorzug, ihn zum hochfürstlichen Hoffaktoren zu begnadigen». Seine Bitte hatte Erfolg. Den Herrscher von Hessen-Hanau kostete es keinen roten Heller, und Mayer Amschel durfte sich nun «Fürstlich Hessen-Hanauischer Hoffaktor» nennen. Dieser Titel besagte eigentlich gar nichts, aber in der Judengasse war er etwas Besonderes. Sein Haus war erhöht worden, ganz offiziell stand er in Geschäftsverbindung mit einem Fürsten, der Beziehungen zum Königreich von Dänemark und zum König von England hatte.

Mayer Amschel heiratete. Von seinen zehn Kindern waren fünf Söhne; sie wurden die berühmten «Fünf Frankfurter», sie wurden zur

Legende. Der Vater weihte sie in seine Geschäfte ein und gab ihnen zwei unabdingbare Prinzipien mit auf den Weg: Immer sollten sie zusammenhalten, der eine mußte den anderen unterstützen. Und zum zweiten: Niemals sollten sie ihre Religion verlassen, auch nicht um eines Vorteils willen zum Christentum überwechseln. Diese Regeln haben sich bei den Enkeln, Urenkeln und Ururenkeln erhalten. Im Hause

Mayer Amschel Rothschild

Rothschild heiratete sehr häufig ein Vetter seine Cousine; die Familie blieb, wenn es nur eben möglich war, unter sich. Man war auch wohltätig, unterstützte vor allem arme Juden. Das Interesse an den bedürftigen Glaubensgenossen war so groß, daß die Rothschilds arme polnische und russische Juden schon in Palästina ansiedelten und ihre landwirtschaftlichen Betriebe unterstützten, lange bevor es einen politischen Zionismus gab.

Vorläufig aber widmete sich Mayer Amschel Rothschild neben einem Warenhandel auch dem Münzgeschäft. Er ließ Kataloge drucken und versandte sie an fast alle deutschen Fürstenhäuser; so hat auch der Gönner Goethes, Herzog Karl August von Sachsen-Weimar, einen Rothschildschen Münzkatalog bekommen.

Graf Wilhelm von Hessen-Hanau erwies sich als außerordentlich geschäftstüchtig. Die Subsidiengelder, die er für seine Hanauer Untertanen bekam, ließ er in England stehen; die Verwaltung der Anlagen hatte er einem guten christlichen Bankhaus von Amsterdam, der Firma van der Notten, übertragen. Die Engländer zahlten langsam, die Kriege kosteten viel Geld, und sie zahlten nicht mehr in bar, sondern in Wechseln, sie gaben also schriftliche Zahlungsversprechen, daß sie diesen Wechsel innerhalb einer Frist von drei, sechs oder zwölf Monaten einlösen würden. Es war das Geschäft eines Bankhauses, diese Wechsel anzukaufen und auch weiterzuverkaufen, natürlich nach Abzug der üblichen Spesen und Zinsen. So konnte der Empfänger dieser Wechsel das Geld schon eher bekommen. Das Wechselgeschäft war sehr lohnend, wenn der Schuldner, der diese Wechsel ausgab, ein sicherer und zuverlässiger Zahler war. Mayer Amschel Rothschild wußte um das Lohnende dieser Transaktionen, aber der Graf hielt das Bankhaus in der Judengasse für zu unbedeutend. Mayer Amschel arbeitete vor; er pflegte freundschaftliche Beziehungen zum Berater des Grafen, dem Herrn Karl Friedrich Buderus. Wäre das Land nicht so klein gewesen, hätte man ihn als den Finanzminister bezeichnen können.

Gern nahm Herr Buderus die Geschenke des Mayer Amschel an, große und kleine. Herr Buderus hatte ein schweres Amt, ihm war die Sorge um die Kinderschar des Prinzen auferlegt, für ihre standesgemäße Versorgung mußte ununterbrochen Geld herangeschafft werden. Um aus den Finanznöten herauszukommen, erfand Herr Buderus schließlich noch eine Salzsteuer, die jeden Untertanen in Hessen-Hanau auf das schlimmste belastete. Es gärte in der Bevölkerung. Alles konnten die guten Hessen vertragen, auch den Verkauf ihrer Söhne, aber eine Verteuerung des Salzes war unerträglich.

Mit einem Schlage änderte sich alles. Am 31. Oktober 1785 starb der Vater des Grafen von Hessen-Hanau, Friedrich II., der inzwischen regierende Landgraf von Hessen-Kassel. Ihn traf der Schlag beim reichlichen Dinner in seinem Schlosse zu Kassel. Jetzt wurde Wilhelm von Hessen-Hanau Landgraf und herrschte als Wilhelm IX. über das große und reiche Hessen-Kassel. Statt Schulden, die sonst jeder deutsche Fürst zu verwalten hatte, waren in der Kasse des Verstorbenen riesige Guthaben. Kenner schätzten sie auf mindestens zwanzig Millionen Taler. Andere Finanzfachleute behaupteten damals, es seien sogar sechzig Millionen Taler gewesen. Ein Überschuß, den wohl kaum ein anderes Land auf der Erde aufweisen konnte. Von seinem kleinen bescheidenen Wohnsitz in Hanau zog der neue Landgraf Wilhelm IX. in das große und reiche Kassel.

1787 reiste Mayer Amschel Rothschild mit einer beachtlichen Kollektion von Münzen, Juwelen und Antiquitäten nach Kassel, mit Sonderpreisen für den neuen Herrn Landgrafen. Diesmal gab es ein freundschaftliches Gespräch. Rothschild erwähnte, daß er auch gern in das große Englandgeschäft einsteigen würde; er könne zu sehr günstigen Bedingungen die Englandwechsel diskontieren, das heißt, dem Landgrafen ganz besonders günstige Zinssätze anbieten, um die Zahlungsversprechen des Königs von England zu bevorschussen. Und er sei bereit, die zu erwartenden baren englischen Geldsummen zu einem sehr günstigen Kurs in die Landeswährung umzutauschen.

Aber erst zwei Jahre nach diesem Besuch in Kassel schaltete der Landgraf das Bankhaus Rothschild in das große englische Wechselgeschäft ein. Der Landgraf, ein vorsichtiger Mann, wenn es um seine eigenen Geschäfte ging, hatte erst Erkundigungen über die Finanzsituation und die Moral des Bankhauses Rothschild eingeholt. Nach den Auskünften, die man ihm gab, galt Rothschild als einer der besten Zahler, er sei ein rechtschaffener Kaufmann.

So entwickelte sich das Englandgeschäft. Den Hauptanteil hatte sich das alte christliche und hochangesehene Frankfurter Bankhaus Simon Moritz von Bethmann reserviert, ein Bankhaus, das noch heute in Frankfurt besteht, das alle Stürme der Zeit überstanden hat. Es war ein harter Schlag für die Herren von Bethmann, daß sie eines Tages von dem kleinen Handelsmann Mayer Amschel Rothschild aus der Judengasse überholt wurden.

1785 konnte der Inhaber des aufstrebenden Bankhauses ein neues stattliches Domizil erwerben: das Haus *Zum grünen Schild.*

Die Truppenverkäufe nach England häuften sich, und die Zahlungen aus England flossen reichlich. Auch der Anteil, der dem Bewohner des Hauses *Zum grünen Schild* überlassen wurde, wuchs. Es gab keine Bedenken, weder bei den christlichen noch bei den jüdischen Bankherren, woher das Geld kam. «Pecunia non olet», Geld stinkt nicht; das hatte der römische Kaiser Vespasian einmal gesagt, und das blieb ein Geschäftsprinzip.

So trug das Bankhaus Rothschild dazu bei, daß hessische Soldaten die nordamerikanische Revolution unterdrückten. Aber schließlich eroberten sich die Siedler in Neuengland ihre Unabhängigkeit, und der

DECLARATION DES DROITS DE L'HOMME ET DU CITOYEN
XXXV Quand le gouvernement viole les droits du peuple, l'insurrection est pour le peuple, et pour chaque portion du peuple, le plus sacré des droits et le plus indispensable des devoirs.
Signé COLLOT-D'HERBOIS Président DURAND MAILLANE, DUCOS, MEAULLE, CH. DELACROIX, GOSSUIN, P.A. LALOY, Secretaires.
A PARIS, chez les Citoyens Esnauts et Rapilly, rue S. Jacques, à la Ville de Coutances Nº 259.

nun neu entstandene Staat, die Vereinigten Staaten von Nordamerika, entwickelte sich später zur größten kapitalistischen Macht der Welt.

Sorgenvoll betrachtete der Landgraf von Hessen die Vorgänge in Frankreich. 1787 hatte der König von Frankreich, Ludwig XVI., auf Anraten seines Finanzministers Necker die drei Stände, den Adel, die Geistlichkeit und die Bürger, den sogenannten dritten Stand, zu einer Nationalversammlung einberufen. Sie sollten über eine Finanzreform beraten, um dem drohenden Staatsbankrott zu begegnen. Am 17. Juni 1789 erklärte der dritte Stand sich allein zur Nationalversammlung und forderte die beiden anderen Stände auf, sich ihm anzuschließen. Die Abgeordneten schworen dann drei Tage später, nicht eher auseinanderzugehen, bis der König einer Verfassung zugestimmt habe. Am 14. Juli des gleichen Jahres wurde die Bastille gestürmt, die politischen Gefangenen wurden aus diesem Staatsgefängnis befreit. Kurz darauf verzichtete der Adel auf seine Privilegien, und am 26. August wurden die allgemeinen Menschenrechte für alle Franzosen verkündet. Gegen die Gleichberechtigung der Juden, der französischsprechenden und der deutschsprechenden im Elsaß, gab es von reaktionären Kräften Widerstände, die erst nach monatelangem Ringen in der Nationalversammlung und auf den Straßen niedergekämpft wurden.

Die Entwicklung im benachbarten Frankreich sahen die deutschen Fürsten mit Angst. Immer neue Schreckensnachrichten kamen aus dem Westen. Die adligen Besitzer der großen Güter dort flohen Frankreich in Scharen. Der französische König, der mit den deutschen Fürsten gegen die Revolution konspirierte, wurde verhaftet. Ihm wurde der Prozeß gemacht, er wurde hingerichtet. Der Landgraf von Hessen fürchtete diese Entwicklung wie kein anderer. Er schloß sich einer großen Koalition deutscher Fürsten an unter der Leitung des Kaisers von Österreich, Franz. Ihm hatte der Landgraf in einer Erklärung seine «ausgezeichnete Ergebenheit für deroselben Wünsche» zugesagt und seine Unterstützung für einen Feldzug gegen Frankreich in Aussicht gestellt. Begeistert dankte Franz von Österreich und schrieb: «Je überzeugender nicht nur jeder Landesfürst und jede Regierung, von welcher Beschaffenheit sie sey, sondern auch jeder Privatmann, der irgend mit einem Vermögen, mit ererbten oder erworbenen Besitzungen und Gerechtsamen von Gott gesegnet ist, einsehen muß, daß der Krieg ein allen Staaten, allen Regierungsformen, selbst allen Privatbesitzern und jeder ordentlichen Menschengesellschaft angekündigter allgemeiner Krieg ist.»

Die deutschen Fürsten fielen mit ihren Heeren in das revolutionäre Frankreich ein unter der Führung des Kaisers von Österreich, des Königs von Preußen und des Landgrafen von Hessen. Sie wurden von der freiheitsliebenden Revolutionsarmee der neuen französischen Republik geschlagen. Sie mußten den Rückzug antreten. 1793 kamen die Revolutionsheere über den Rhein. Sogar bis nach Frankfurt am Main. Landgraf Wilhelm mußte Sorge um seinen Kronschatz haben. Die französischen Revolutionäre wußten, mit wem sie es hier zu tun hatten, und sie erließen ein Manifest an die Bevölkerung, sie sollten «dem Tyrannen und Tiger, der ihr Blut verkaufte, um seine Schatzkammer zu füllen», nicht mehr die Untertanentreue halten. Dem Landgrafen gelang es, die kleinen französischen Verbände aus seinem Gebiet zu vertreiben.

Trotz dieser Bedrohung aus Frankreich verkaufte der Landgraf erneut zwölftausend hessische Landeskinder an England und füllte seine Privatschatulle auch während der Revolutionskriege auf. Die hessischen Truppen kämpften unter britischem Oberbefehl in Flandern gegen das französische Revolutionsheer. Es muß berichtet werden, daß Mayer Amschel Rothschild, mit einigen anderen jüdischen und christlichen Bankherren, eifrig dabei war, die ausgestellten Wechsel für diesen Menschenhandel – nach Abzug der Spesen und Zinsen – dem Landgrafen in barem Geld zu übermitteln.

Der Landgraf zog sich von dem riskanten Geschäft der Kriegführung zurück. Er überließ den Kampf gegen die Französische Revolution den Österreichern, den Preußen und den Engländern. Er hatte anderes im Sinn, er strebte danach, nicht nur mehr Landgraf zu heißen, sondern Kurfürst. Aber die Franzosen erkannten seine Neutralität nicht an, sie rückten gegen das hessische Land vor.

Frankfurt, die Freie Reichsstadt, kam unter Beschuß. Und viele der aus Holz gebauten Häuser in der Judengasse fingen Feuer. Es wird berichtet, daß dort einhundertsechsundfünfzig Häuser, auch die Synagoge, niederbrannten.

Unter dem Feuer der Französischen Revolution gestattete nun der Magistrat von Frankfurt den jüdischen Mitbürgern das Wohnen und den Handel außerhalb des Ghettos. So zogen die Rothschilds aus dem Haus *Zum grünen Schild* und verlegten ihr Geschäft in die Schnurgasse.

Der Verkauf seiner Landeskinder, diese finanzielle Heldentat, brachte dem Landgrafen von Hessen den Dank des deutschen Kaisers in Wien ein. Nun endlich wurde er Kurfürst und gab sich den Namen Wilhelm I., Kurfürst von Hessen. Er durfte auch sein Land um einige kleine Gebiete aus dem Rest des Kurfürstentums Mainz erweitern. Das Vermögen des Kurfürsten wuchs und wuchs. Jetzt begann er selbst sich als Bankier zu betätigen, verlieh Gelder auf Zinsen, lieh den deutschen Fürsten, großen und kleinen Kaufleuten, sogar Juden bekamen von ihm Kredit, natürlich zu hohen Zinsen, auch Handwerker standen auf seiner Schuldnerliste.

In diesen Jahren hatte Mayer Amschel Rothschild seine beiden ältesten Söhne, Amschel Mayer und Salomon, als Teilhaber in sein Frankfurter Geschäft aufgenommen. Der drittälteste Sohn, Nathan, wollte selbständig arbeiten; und der Vater wußte, daß Nathan der begabteste seiner Söhne war. Er schickte ihn nach London. Er gab ihm eine Summe von zwanzigtausend englischen Pfund mit, das entsprach etwa einer Summe von vierhunderttausend Goldmark. Nathan war damals ein junger Mann, der nicht einmal englisch sprechen konnte, der nie im Ausland gewesen war. Nach wenigen Jahren hatte er in der damals stärksten Industrie-, Handels- und Kolonialmacht England ein großes Tätigkeitsfeld als Finanzmann erschlossen; er hatte in dieser vom Geld beherrschten Welt Erfolg, obwohl er ein Jude und außerdem noch ein Ausländer war.

Auf dem europäischen Kontinent hatte sich Frankfurt zum zentralen Handelsplatz entwickelt. Rothschild nutzte diese Chance. Die Beziehungen zum Kurfürsten wurden immer enger, er konnte sich bei ihm gegen Sicherheiten Geld leihen, und seine Geschäfte nahmen an Umfang zu. Auch mit dem Kaiser in Wien trat er in Verbindung. Er war stolz darauf, den Titel «Kaiserlicher Hoffaktor» tragen zu dürfen.

In Frankfurt war es leicht, zu den Fürsten von Thurn und Taxis Berührungspunkte zu finden. Jeder wußte, seit 1516 hatte sich das Fürstenhaus auf die Postdienste verlegt. Der Titel «Generalpostmeister» war in diesem Hause erblich. Die Kutschen der Fürsten von Thurn und Taxis fuhren durch ganz Europa, und die Zentrale war Frankfurt am Main.

Nun hüteten diese edlen Fürsten das Postgeheimnis auf ihre Art. Sie verschafften sich Einblicke in die geheimsten Briefsachen und konnten diese Nachrichten gewinnbringend nutzen. Auch der Bankier Rothschild erhielt durch das Haus Thurn und Taxis manche geheime Mitteilung; wir würden heute sagen, zu gegenseitigem Nutzen. Er erfuhr eher als andere Bankhäuser, wer in welcher Schlacht gesiegt hatte. So konnte er seine Spekulationen dementsprechend einrichten.

Inzwischen war Frankreich die größte europäische Militärmacht. Und der erfolgreichste Revolutionsgeneral, Napoleon Bonaparte, konnte schließlich die ganze Staatsmacht an sich reißen. Er krönte sich selber in Notre-Dame zu Paris zum Kaiser von Frankreich. Kaiser Napoleon verlangte nun vom Kurfürsten von Hessen, er solle sich dem sogenannten Rheinbund anschließen, einer Vereinigung von deutschen Fürsten. Das Ziel Napoleons war es, ein Gegengewicht gegen die Vormachtstellung Preußens und Österreichs in den deutschen Gebieten zu gewinnen. Der Landgraf zögerte, ihm lag die Verbindung mit den konservativen, feudalen und reaktionären Regierungen Preußens und Österreichs näher.

Im Oktober 1806 erklärte Napoleon den Kriegszustand, am 14. Oktober wurde Preußen in der Schlacht bei Jena und Auerstedt militärisch völlig geschlagen. Napoleon wußte genau, wie er die hessische Neutralität einschätzen konnte. Er besetzte das Gebiet von Hessen-Kassel. Der neuernannte Kurfürst war ein Fürst ohne Land geworden, er floh zunächst nach Holstein und versuchte noch einmal, 1809, sein Land wiederzugewinnen. Aber er wurde von den mit Elan kämpfenden französischen Truppen geschlagen.

Nach dem Frieden von Tilsit wurde das Kurfürstentum aufgelöst. Napoleon gründete für seinen Bruder Jérôme ein neues Königreich, Westfalen. Als Hauptstadt bestimmte er Kassel.

Napoleon und die französische Finanzverwaltung hatten ein ganz besonderes Interesse an dem legendären Reichtum des Kurfürsten. Kisten mit Juwelen, Münzen und Edelsteinen konnte die französische Regierung in Kassel beschlagnahmen. Das Silber, das man fand, wurde eingeschmolzen und in Münzen verwandelt.

Der Kurfürst, der nun in Holstein wohnte, hatte aber noch immer seine Verbindungen nach Kassel und auch nach Frankfurt. Durch seinen Hauptfinanzagenten Buderus gelang es ihm, viele Kisten mit Schätzen beiseite zu schaffen. So ahnten Napoleon und seine Finanzverwaltung nicht, daß sie nur einen kleinen Teil des gesamten Reichtums erbeutet hatten. Ein ehemaliger kurfürstlicher Hauptmann brachte einige Kisten nach Frankfurt. Aber er lieferte sie nicht bei Rothschild ab, sondern lagerte sie in einem Speditionshaus. Dort bereicherten sich daran der Spediteur und andere Leute, wahrscheinlich auch der Hauptmann. Es blieb wenig für den Kurfürsten übrig. Doch vier der Kisten gelangten zu Mayer Amschel. Er verbarg sie im Keller des Hauses seines Schwiegersohnes Moses Worms in der Judengasse. Die Keller in der Judengasse standen in Verbindung. Es gab Gänge, vorsorglich gebaut gegen die Übergriffe von Plünderern. Dort konnten die Bewohner sich verbergen und auch ihre Werte verstecken.

Ständig stand Rothschild mit dem geflüchteten Kurfürsten in Verbindung. Durch geheime Boten meldete er, wenn neue Gelder bei ihm einkamen, denn die Schuldner des Kurfürsten waren angewiesen, ihre Rückzahlungen an das Haus Rothschild zu tätigen. Er benachrichtigte auch den Kurfürsten, daß seinem Bankhaus von französischer Seite angeboten wurde, es könnte zwanzig bis fünfundzwanzig Prozent aller Summen des kurfürstlichen Schatzes für sich behalten, wenn es behilflich sei, Gelder in der Höhe von neuntausend Gulden, die der tüchtige Kurfürst an andere Leute verliehen hatte, in französische Kassen zu leiten.

Mayer Amschel Rothschild rechnete fest mit der Rückkehr des Kurfürsten in sein Land. Er setzte sogar sein Leben aufs Spiel, um heimlich zu ihm zu reisen und mit ihm persönlich die finanziellen Fragen zu besprechen. Einige Male veranlaßte er seine beiden ältesten Söhne, Amschel Mayer und Salomon Mayer, später auch seinen Sohn Kalman, meist Karl genannt, diese gefährlichen Fahrten zu unternehmen.

Jetzt lebte der Kurfürst noch weiter vom Schuß, in Itzehoe. Natürlich war der Herr ohne Land auch von Mißtrauen gegen den Juden Rothschild nicht frei. Er machte seinem Vertrauten Buderus schwere Vorwürfe, daß er das ganze Vermögen dem Juden Rothschild anvertraut habe. Nun kamen dem kurfürstlichen Gemüt Bedenken, die Herkunft des Inhabers des Bankhauses sei doch dunkel, und deswegen sei dieser Mensch unzuverlässig. Buderus, der genau wußte, wie sorgsam Rothschild mit ihm anvertrauten Geldern umging, verteidigte ihn, verteidigte sich selbst.

Rothschild war auf Untersuchungen durch die französischen Behörden vorbereitet. Er hatte eine doppelte Buchführung begonnen, eine geheime für sich und den Kurfürsten und eine speziell für die französischen Finanzkontrolleure.

Als der Kurfürst mit seinen Vorwürfen und Klagen nicht aufhörte, er hätte das Geld doch besser bei dem christlichen Bankhaus Bethmann anlegen sollen, antwortete Buderus, Bethmann könne es sich bei seiner Stellung als Patrizier der Stadt Frankfurt und als Chef einer großen Firma, die viele Angestellte habe, nicht leisten, Gelder des Kurfürsten heimlich zu verstecken. Außerdem sei bekannt, Bethmann habe schon 1806 dänische Anleihen schlecht verwaltet; Rothschild sei in diesen Dingen viel tüchtiger. Auch sei die Treue des Juden Rothschild zum angestammten Herrscherhaus weitaus größer als die des Bankiers Bethmann. Es sei bekannt, daß Bethmann einträgliche Geschäfte mit der französischen Regierung betreibe.

Buderus gelang es sogar, den Kurfürsten ohne Land zu überzeugen, daß der Sohn Mayer Amschels, der Londoner Nathan, die englischen Interessen seines Herrn hervorragend vertreten könne. Auf die Dauer erkannte der Kurfürst an den Berichten seiner Vertrauensleute, wie zielstrebig und gewissenhaft Rothschild seine Kapitalinteressen verwaltete, und nach 1807 übertrug er auch Nathan Rothschild in London das Geschäft mit den englischen Subsidiengeldern.

Die Lage in Norddeutschland wurde für den Kurfürsten immer prekärer. Er bat den österreichischen Kaiser um Asyl und wurde von dem mächtigen Monarchen nicht nach Wien eingeladen, sondern bekam als Domizil den Kurort Karlsbad angewiesen.

Inzwischen war man zu einer neuen Regelung gekommen, Buderus hatte erreicht, daß Rothschild alle Neueingänge von Gläubigern des Kurfürsten in seinem Bankhaus in Empfang nahm. Dort wurden sie mit vier Prozent verzinst. Der Kurfürst konnte sich überzeugen, daß über all diese Gelder exakt Buch geführt wurde.

Aber Rothschild hatte auch seine Fühler zu den franzosenfreundlichen Kreisen ausgestreckt. Die Freie Reichsstadt Frankfurt am Main war von den Franzosen besetzt. Napoleon machte aus ihr ein Großherzogtum Frankfurt und setzte einen Großherzog ein, einen geistlichen Herrn, Karl Theodor Anton Maria Freiherr von Dalberg. Ein Mann, der als wohlwollend und liebenswürdig galt, der 1768 Domkapitular von Mainz gewesen, in Würzburg zum Domherrn geweiht worden und später sogar zum Kurfürsten und Erzbischof von Mainz aufgestiegen war. Er war der einzige geistliche Fürst, der gute Beziehungen zum revolutionären Frankreich gepflegt hatte. Das hatte Napoleon nicht vergessen.

Dalberg beeilte sich, bei allen für Napoleon wichtigen Anlässen zugegen zu sein. Bei der Kaiserkrönung in Paris und bei der Taufe des lange heiß ersehnten Sohnes und Thronfolgers. Die Reisekosten für sich und seine Begleitung, die Ausstattung und die Geschenke, maßlose Summen, die er sich leihen mußte. Man sprach von achtzigtausend Gulden. Die Frankfurter Kaufmannschaft, obwohl sie durch die Verbindung zu Frankreich wohlhabend geworden war, zeigte sich nicht geneigt, ihrem Großherzog das Geld zu leihen. Das Haus Rothschild war weitblickender und großzügiger, man wußte dort, wie wichtig es sein konnte, auch mit dem jetzigen Regime Frieden zu machen. Es streckte dem Großherzog Dalberg die Summe vor gegen den bescheidenen Prozentsatz von fünf Prozent. Doch gleichzeitig schickte Rothschild seinen jüngsten Sohn James nach Paris. Dort sollte, ähnlich wie in London, ein neues Bankhaus gegründet werden.

Nach der Rückkehr des Großherzogs von Dalberg aus Paris gelang dem alten Mayer Amschel Rothschild das Verwirklichen eines lang ersehnten Wunsches. Der Großherzog Dalberg gewährte den Frankfurter Juden das Bürgerrecht. Nicht so wie in Paris, wo in einer einmaligen Nacht die Erklärung der Menschenrechte für alle Bürger Frankreichs verkündet wurde. Hier in Frankfurt war es eine Finanztransaktion. Statt der jährlichen Abgabe von zweiundzwanzigtausend Gulden für die bisher vereinbarte «Stättigkeit», das Recht, in Frankfurt wohnen zu dürfen, wurde nun zwischen dem Bankhaus Rothschild und dem Großherzog eine einmalige Zahlung des zwanzigfachen Betrages vereinbart. Mayer Amschel Rothschild erreichte, daß von den berechneten vierhundertvierzigtausend Gulden nur einhundertfünfzigtausend Gulden sofort bezahlt werden mußten, und davon übernahm der jetzt reichste Bankier der Frankfurter Judengasse allein einhunderttausend Gulden. Der Rest dieser Summe wurde von anderen Banken vorgestreckt, dafür gaben sie festverzinsliche Wertpapiere.

Ohne die Erklärung der Menschenrechte durch die Nationalversammlung in Paris aber wäre dieses Geschäft überhaupt nicht möglich, ja nicht denkbar gewesen. Bei den Patriziern der Stadt, bei den alteingesessenen christlichen Kaufleuten herrschte helle Empörung. Natürlich wurden Gerüchte verbreitet, Dalberg habe sich persönlich bereichert. Und man spottete darüber, daß Mayer Amschel Rothschild nun auch zum herzoglich-frankfurtschen Hofbankier ernannt war.

Die Beziehungen Rothschilds zu Dalberg waren herzlich geworden. Mit seiner Genehmigung wurde auch ein Vorstand der israelitischen Religionsgemeinde gegründet. Und Dalbergs Oberpolizeidirektor von Itzstein wurde der erste Vorsitzende, der Parnass. Schon aus dieser seltsamen Kombination konnte man ersehen, daß der Erzbischof von Dalberg keine religiösen Vorurteile hatte. Vorsichtig lavierend, unterhielt das Haus Rothschild gleichzeitig feste Beziehungen zu der neuen regierenden und zu der alten kurfürstlich-hessischen Partei.

Es ist schwer, sich in die Denkweise des alten Mayer Amschel zu versetzen, aber es spricht alles dafür, er und auch seine fünf Söhne waren fest davon überzeugt, daß die alten Mächte den Vollstrecker der Französischen Revolution, Napoleon, besiegen würden. Als, nach der Schlacht bei Leipzig im Oktober 1813 und nach der Flucht von Napoleons Bruder Jérôme aus Kassel, der Kurfürst in seine alte Residenz wieder einzog, konnte leider nicht der Seniorchef des Bankhauses Rothschild, Mayer Amschel, dem Rückkehrer melden: Die großen Vermögenswerte des Herrschers im Keller des Frankfurter Judenviertels sind gerettet. Nicht er konnte ihm melden, daß große Schuldverschreibungen vom Bankhaus Rothschild eingetrieben und günstig verzinst worden waren. Mayer Amschel war 1812 gestorben. Nun fuhr sein ältester Sohn Amschel Mayer zum Kurfürsten. Wilhelm I. konnte zufrieden sein.

Der Ruf des Bankhauses Rothschild als der zuverlässigste Partner von Fürsten und reichen Kapitalanlegern verbreitete sich. Nun hieß es: Wenn man dem Bankhaus Rothschild sein Vermögen anvertraut, dann kann man ruhig schlafen, es vermehrt sich sogar. Nichts hat dem Ansehen des Bankhauses so sehr genützt wie die Vermögensverwaltung dieses Landgrafen, dieses Kurfürsten ohne Land.

Die Zeit nach der Niederschlagung Napoleons wurde die Hochblüte der Reaktion. Der Staatskanzler des Kaisers von Österreich, eines Vielvölkerstaates, Metternich, schuf die Heilige Allianz, sein Bündnis mit dem zaristischen Rußland und den reaktionären Kräften Preußens. All das, was der Einfluß der französischen bürgerlichen Revolution in den deutschen Ländern an fortschrittlichen und liberalen Ideen und Taten durchgesetzt hatte, wurde in Frage gestellt. Die Burschenschaften, studentische Verbindungen, die sich so begeistert für den Kampf gegen Napoleon zur Verfügung gestellt hatten, für den Kampf gegen die Fremdherrschaft, ja auch für ein demokratisches einheitliches Deutschland, wurden verboten. Der Krieg gegen Napoleon wurde gegen den Usurpator, gegen den Eroberer von Europa geführt. Und daran beteiligten sich auch die fortschrittlichen demokratischen Kräfte. Aber die Führung der Armeen lag bei den alten Mächten. Und als die österreichischen, die zaristischen und die preußischen Truppen in Paris einzogen, wurde es ein Triumph über Frankreich. In den Jubel über die Niederlage Napoleons mischte sich ein gefährlicher Chauvinismus. Heine nannte es die Deutschtümelei. Es gingen viele der Reformen, die mit den Revolutionsarmeen in die deutschen Lande getragen worden waren, verloren. Der Stolz auf den Sieg über Frankreich bedingte auch eine Veränderung in der Denkweise vieler alter Barden des Freiheitskrieges.

Noch waren die Studenten begeistert, als einer der Ihren, Sand, den Agenten des russischen Zaren, den Dichter Kotzebue, erschoß. Aber sie paßten sich immer mehr der romantischen Mode an. Das war ihre Sehnsucht nach einem starken deutschen Kaiser, nach einer Welt, längst vergangen.

Der Haß gegen Frankreich blieb. Die revolutionären Gedanken der französischen bürgerlichen Revolution traten in den Hintergrund.

Dieselben Studenten, die noch gejubelt hatten, als Kotzebue vom Leben zum Tode gebracht war, der Vertreter des Zaren, wurden nun wie er, der Zar, selber Gegner des Fortschrittes. Als erstes: Sie schlossen die Juden aus ihren Burschenschaften aus, Burschenschaften, die noch verboten waren. So wurden sie auch die ersten, die so etwas wie einen Arierparagraphen in ihren Verbindungen praktizierten. Sie begründeten ihre Judenfeindschaft noch religiös.

Die Niederlage Napoleons, die Vertreibung des Großherzogs von Dalberg brachten den Juden in Frankfurt bittere Enttäuschungen. Das alte Regiment der Freien Reichsstadt wurde wieder etabliert.

Der Senat der Freien Stadt Frankfurt hatte der jüdischen Gemeinde mitgeteilt, daß sie die Emanzipation der Juden, die von dem ehemaligen Großherzog Dalberg gewährt worden war, nicht anerkenne. Sie sollten fortan wieder in das Ghetto zurückkehren, mit all den Diffamierungen, mit den Heiratsverboten, mit den Ausgehvorschriften, mit all den schandbaren Beschränkungen, überkommen aus den Zeiten des Mittelalters. Genauso erging es den jüdischen Gemeinden in den anderen Freien Reichsstädten Hamburg, Bremen und Lübeck. Auch dort hatten die Franzosen als Besatzungsmacht die Gleichberechtigung durchgesetzt.

Über die Neuordnung der Verhältnisse in der europäischen Welt nach dem Sieg über Napoleon sollte ein Kongreß in Wien entscheiden. Die jüdische Gemeinde entsandte zwei Bevollmächtigte nach Wien, um die Gleichberechtigung der Frankfurter Juden mit den anderen Bürgern zu verteidigen, Jacob Baruch, den Vater Ludwig Börnes, und

J. J. Embel. Wie feindlich die Atmosphäre in der Stadt Wien war, erfuhren die beiden Sachwalter, als die Wiener Polizei sie als unerwünschte Fremde aus der Stadt entfernen wollte. Metternich, der sonst so konservative Staatskanzler Österreichs, verhinderte ihre Ausweisung. Sie konnten an den Beratungen des Kongresses als Vertreter der jüdischen Gemeinde Frankfurts teilnehmen.

Doch nicht immer waren die beiden Herren geschickt; sie versuchten den liberalen Vertreter der preußischen Regierung, Wilhelm von Humboldt, zu bestechen, wie es der Brauch war. Sie versprachen ihm drei kostbare Ringe und vier Börsen Dukaten. Humboldt lehnte ab. Aber Gentz, der engste Vertraute von Metternich, hatte eine offene Hand, er nahm immer, er nahm später auch von Rothschild.

Die jüdische Gemeinde von Hamburg hatte als Vertreter den christlichen Rechtsanwalt Karl August Buchholz nach Wien geschickt, der dem Kongreß eine gründliche Denkschrift überreichte unter dem Titel: *Über die Aufnahme der jüdischen Glaubensgenossen zum Bürgerrecht.*

Es lebte in Wien eine adlige Dame, Fanny von Arnstein, Tochter des bekannten Berliner Bankiers Daniel Itzig. Sie hatte den wohlhabenden Geschäftsmann Nathan Arnstein geheiratet, einen gewandten Mann mit den besten Verbindungen zu Hofkreisen; er war vom österreichischen Kaiser zum Freiherrn erhoben worden. In Fannys Salon traf sich alles, was Rang und Namen hatte. So kam es hier zur Begegnung der Vertreter der jüdischen Gemeinden mit dem preußischen Staatskanzler Hardenberg und dem österreichischen Kanzler Metternich. Man konnte nun privat den beiden mächtigsten Politikern erläutern, welche Vorteile es für Österreich und Preußen bieten würde, den jüdischen Mitbürgern das gleiche Recht wie den christlichen einzuräumen. Man sprach davon, wie wichtig es für Handel und Wirtschaft sei, alle Schranken, die wieder für Juden in deutschen Ländern aufgerichtet werden sollten, zu beseitigen.

Ihre Argumente führten zu einem Teilerfolg. Es kam im Kongreß zu einem Kompromiß, er lautete: «Die Bundesversammlung wird in Beratung ziehen, wie auf eine möglichst übereinstimmende Weise die bürgerliche Verbesserung der Bekenner des jüdischen Glaubens in Deutschland zu bewirken sei, und wie insbesondere denselben der Genuß der bürgerlichen Rechte gegen die Übernahme aller Bürgerpflichten in den Bundesstaaten werde gesichert werden können; jedoch werden den Bekennern dieses Glaubens bis dahin die denselben in den einzelnen Bundesstaaten bereits eingeräumten Rechte erhalten.»

Der Schlußpassus wurde dann plötzlich, vor allem auf das Betreiben der sogenannten Freien Städte Frankfurt, Hamburg, Lübeck und Bremen, gefälscht. Diese Umwandlung geschah fast unmerklich. Ein einziges Wort. Die Resolution hatte nun folgenden Schluß: «... jedoch werden den Bekennern dieses Glaubens bis dahin die denselben von den einzelnen Bundesstaaten bereits eingeräumten Rechte erhalten.» Das Wort «von» war an die Stelle des Wortes «in» gerückt, das bedeutete, daß die einzelnen Bundesstaaten nun wieder über ihre Juden verfügen konnten, wie sie wollten. Das bedeutete, es blieb alles beim alten, die Judenregelungen, die vor der Napoleonischen Zeit bestanden hatten, konnten willkürlich wieder in Kraft gesetzt werden.

Dem preußischen Königshaus paßte auch die liberale Denkungs- und Handlungsweise der Regierungsvertreter Wilhelm von Humboldt und Hardenberg nicht. Sie wurden abgelöst. Die reaktionäre Richtung setzte sich durch. In der neuen von Wilhelm von Humboldt begründeten Universität in Berlin herrschten jetzt die Schöpfer der «historischen Rechtsschule» Savigny und Eichhorn. Hier wollte man juristisch konservieren, was reaktionär und rückschrittlich am preußischen Verfassungswesen war. Alle liberalen Versprechungen wollte man vergessen. Der preußische König, Friedrich Wilhelm III., ein begeisterter Anhänger der Heiligen Allianz, feierte sich als Selbstherrscher, als Oberhaupt eines christlichen Staates.

Nun nahm man fast alles zurück, was man an Besserstellung den Juden zugestanden hatte. Alles war nicht mehr rückgängig zu machen. Aber man konnte mit der gefälschten Wiener Erklärung manipulieren.

Ein Vertreter des Finanzministeriums mit dem schönen Namen Wohlfahrt sprach den Regierungsgrundsatz aus: «Es wäre zu wünschen, wir hätten gar keine Juden im Land. Die wir einmal haben, müssen wir dulden, aber unablässig bemüht sein, sie möglichst unschädlich zu machen. Der Übertritt der Juden zur christlichen Religion muß erleichtert werden, und mit dem (Übertritt) sind alle staatsbürgerlichen Rechte verknüpft. Solange der Jude aber Jude bleibt, kann er keine Stellung im Staat einnehmen, in welcher er als Repräsentant der Regierung über christliche Staatsbürger gebieten würde.»

Die jüdische Gemeinde von Frankfurt sollte in die alte «Stättigkeit» zurückversetzt werden. Zwar war es für den Senat unmöglich, die Juden wieder in ihre enge Gasse zurückzuzwingen, doch sie sollten ein Sonderviertel zugewiesen bekommen, und ihre Einwohnerzahl sollte sich nicht vermehren. Die «schöne alte Ordnung» sollte wieder

Einzug halten. All das geschah unter dem Mantel der Rechtlichkeit. Für die Änderungen der Reformen des Großherzogs von Dalberg wurde ein Gutachten der Berliner Juristen-Fakultät beigebracht. Kein Geringerer als der Schöpfer der «historischen Rechtsschule», Savigny, wurde dafür ausersehen, und er beeilte sich, im Namen seiner Fakultät wissenschaftlich zu erklären: Die Juden seien immer Kammerknechte, Leibeigene des deutschen Kaisers, gewesen, man habe diese Gewalt an den Senat von Frankfurt abgetreten, und deswegen könne der Senat ihnen jede beliebige Bedingung diktieren. Der Bundestag, der ständige Kongreß der Gesandten der deutschen Bundesstaaten, der von 1815 bis 1866 in Frankfurt am Main tagte, sei überhaupt nicht zuständig, die inneren Angelegenheiten einer Freien Reichsstadt könne diese selbst entscheiden.

Die Vertreter der jüdischen Gemeinde von Frankfurt wandten sich gegen das entehrende Gutachten des hochberühmten Juristen Savigny, sie griffen seine «historische Rechtsschule» mit ihren historisch fundierten Argumenten an. Die Institution der Kammerknechte sei eine mittelalterliche Einrichtung. Die Juden seien als freie Bürger des römischen Reiches nach Deutschland gekommen.

Das war der Hauptinhalt eines Gegengutachtens, das die juristische Fakultät der Universität Gießen erarbeitet hatte, es entsprach auch den Forderungen des Bundestages, der die Gleichberechtigung der Bürger jüdischen Glaubens gefordert hatte.

Diese Diskussionen waren keineswegs nur akademisch; beide Parteien bedienten sich der Presse. Dort kamen die in Deutschland nun bekannten Dichter, Philosophen und Schriftsteller zu Wort, pro und contra. Es waren Stimmungen der Zeit, rückwärts gewandte, das Mittelalter verherrlichende, und neue, bürgerlich-fortschrittliche Strömungen.

Die Sänger des Freiheitskrieges gegen die französische Fremdherrschaft in Deutschland stellten sich im Laufe der Zeit fast alle auf die Seite der «historischen Rechtsschule» des Herrn Professor Savigny, auf den Standpunkt der christlich-deutschen Staatsauffassung.

Fichte, der noch zu Zeiten der Napoleonischen Herrschaft die «Gleichheit all dessen, was Menschenantlitz trägt», gefordert hatte, predigte nun: «Ein reines Volk, wie die Deutschen, kann kein Volk anderen Ursprungs in seiner Mitte dulden.»

Ihm sprang Turnvater Jahn zur Seite, rief Burschenschaftler und Turner zu «einem heiligen Kreuzzug gegen alles Fremde, gegen Polen,

Franzosen, Junker, Pfaffen und Juden» auf. Nun hatte er alle und alles in einen Topf geworfen.

Auch Ernst Moritz Arndt stimmte in den Haßgesang ein. Er wandte sich gegen die «Demagogen der Allerweltsliebe». Er faßte sein Urteil in dem Ruf zusammen: «Verdammt sei die Humanität, dieser Allerwelts-Judensinn!»

Nur Hegel, der große Philosoph der Berliner Universität, distanzierte sich entschieden von diesen christlichen deutschen Haßtiraden. Leider aber waren seine Gedanken in seiner so schwer verständlichen, nicht volkstümlichen Sprache geschrieben: «Heerführer der Seichtigkeit stellen die Wissenschaft statt auf die Entwicklung des Gedankens und des Begriffes vielmehr auf die unmittelbare Wahrnehmung und die zufällige Einbildung.» Bezeichnend sei, so formulierte der Philosoph, «die Beredtsamkeit, mit der sich diese Seichtigkeit aufspreizt». Er erreichte nicht so leicht das Ohr der Massen wie die neuen Barden des Judenhasses.

Eine Flugschrift von Friedrich Rühs fand große Verbreitung, er, der Professor für Geschichte an der Berliner Universität, schrieb im Jahre 1815 gegen die Gleichberechtigung der Juden: «Ein fremdes Volk kann nicht Rechte erlangen, welche die Deutschen zum Teil nur durch das Christentum genießen. Der Staat ist christlich-germanisch. Christentum und Deutschtum sind engstens miteinander verknüpft.» Professor Rühs, ein Kollege des großen Hegel, forderte die Wiedereinführung des gelben Flecks, «damit ein Deutscher, sei er durch Aussehen, Verhalten und Sprache irregeführt, seinen hebräischen Feind erkenne».

Ein Schüler des großen Humanisten und Philosophen Immanuel Kant, der Heidelberger Philosophie-Professor Jakob Friedrich Fries, wollte die Deutschen vor dem Freihandel und der Industrie retten; es bliebe kein anderer Ausweg, als das Judentum mit Stumpf und Stiel auszurotten.

Wie weit die Inhumanität in den sogenannten gebildeten Kreisen durch die Deutschtümelei gediehen war, zeigt die Ansicht eines Romanschriftstellers, Hundt-Radowsky, der Mord an einem Juden kein Verbrechen nannte, sondern ein Polizeivergehen. Er gab bekannt, wie man die «Judenfrage» lösen könne. Seine Vorschläge von damals muten an wie die Nazipolitik der Ausrottung. Die Kinder Israels solle man entweder den Engländern als Sklaven für ihre indischen Plantagen verkaufen oder sie durch Arbeit im Bergbau vernichten. Die Fortpflanzung der Juden solle verhindert werden durch Kastration aller Männer und Unterbringung der jüdischen Frauen in Bordellen. «Am besten wäre es jedoch, man reinige das Land ganz von dem Ungeziefer.»

Es gab Gegenstimmen. Der Kirchenrat Johann Ludwig Ewald widerlegte die damaligen Judenhasser. Er hatte den Talmud ernsthaft studiert; er erklärte, im Talmud werde nicht das Geld verherrlicht, sondern die Achtung vor der Arbeit und dem Handwerk und dem Ackerbau. In diesem gewaltigen Werk hätte er kein Gebot gefunden, das befehle, Christen auszubeuten.

Ein Erlanger Professor der Philosophie und Staatswissenschaft, Alexander Lips, schrieb ein Buch im Jahr 1819, *Über die künftige Stellung der Juden in den deutschen Bundesstaaten.* Er wollte diesen Gegenstand auf die einfachen Prinzipien des Rechts zurückführen. In seiner Schrift forderte er, die Christen sollten sich besinnen, warum sie eigentlich die Juden hassen, es läge nur der Nahrungsneid diesem Vorurteil zugrunde. «Dem Kinde impfen sie schon Judenhaß ein, im späteren Alter nähren wir ihn noch mit geschäftiger Hand; aber die Ursachen, die ihn erzeugen, und Triebfedern, die in uns selber liegen, unseren eigenen Haß und unseren Ausschließungsgeist, klagen wir nicht an.» Die Juden sollten, so schrieb Alexander Lips weiter, zum staatsbürgerlichen Geist erzogen werden, die Christen aber zur Humanität und Gerechtigkeit. Und er forderte zum Schluß: «Bieten wir den lange vergessenen Brüdern die Hand.»

Die Unzufriedenheit mit den bestehenden Verhältnissen, der Kleinstaaterei, die nur durch den völlig unverbindlichen Deutschen Bund eine Klammer hatte, der aus dieser Unzufriedenheit wachsende Patriotismus, das Gerede vom christlich-deutschen Staat, die romantische Sehnsucht nach einem starken deutschen Reich wie im Mittelalter, der Haß auf die gerade überwundene Franzosenherrschaft und damit auch der Haß auf die Errungenschaften der Französischen Revolution erzeugten eine merkwürdig romantisch-reaktionäre Stimmung. Es waren wieder die Burschenschaften, die sich an die Spitze dieser romantischen Bewegung stellten. Sie rissen die deutschen Kleinbürger mit, die immer bereit waren, sich einer judenfeindlichen Bewegung anzuschließen. Mit dem Ruf «Hep, hep» stürmte in der Universitätsstadt Würzburg eine Volksmenge, angeführt von den Studenten, jüdische Geschäfte und Wohnungen.

Woher der Ruf «Hep, hep» gekommen war, ist nicht geklärt. Die Gebrüder Grimm nahmen an, es sei der Locklaut der fränkischen Bauern für ihre Ziegen, nun, auf die Juden angewendet, ein Spottgeschrei, weil in antijüdischen Karikaturen Männer mit Ziegenbärten dargestellt seien. Andere Sprachforscher hielten es für eine Abkürzung Hebräer-Jude. Vielleicht war es auch eine Zusammenfassung der Anfangsbuchstaben von «Hierosolyma est perdita» – Jerusalem ist verloren.

Der Anlaß der Ausschreitungen in Würzburg war ein Protest gegen den dort lehrenden Professor Brendel, der sich in seinen Schriften für die Gleichberechtigung der Juden eingesetzt hatte. Er wurde von den sich patriotisch gebärdenden Studenten niedergeschrien und mußte die Universität verlassen. Die Würzburger Juden setzten sich zur Wehr, sie schlugen mit Stöcken auf die rasende Menge ein. Dadurch wurde die Wut der Judenfeinde noch verstärkt, und mehrere jüdische Bürger wurden erschlagen. Militär mußte mobilisiert werden, um die Ruhe in Würzburg wenigstens äußerlich wiederherzustellen. Das Resultat aber war erschreckend. Durch diese Unruhen veranlaßt, wurden vierhundert Juden aus der Stadt ausgewiesen, sie mußten Haus und Hof verlassen, später fanden sie in den benachbarten Dörfern Unterschlupf.

Die «Hep-hep-Bewegung» setzte sich in Bamberg und anderen fränkisch-bayrischen Städten fort. Sie ging weiter nach Baden, in die Städte Heidelberg, Karlsruhe, Mannheim, mit ihrem demonstrativ verächtlichen Geschrei. In Heidelberg waren es wieder die deutschtümelnden Burschenschaftsstudenten, die gewalttätig wurden, es hätte beinahe Tote gegeben. Im letzten Augenblick griffen demokratisch gesinnte Studenten und auch Professoren in das Geschehen ein und schützten die jüdische Bevölkerung vor Übergriffen.

Und Frankfurt. Hier hatte der Streit zwischen der jüdischen Gemeinde und dem reaktionären Senat um die Gleichberechtigung den Deutschtümlern einen neuen Aufschwung gegeben. Die Hetzschriften der Professoren Rühs und Fries machten die Runde. Burschenschaftsstudenten und Kleinbürger zogen in die Judengasse. Sie zertrümmerten die Fensterscheiben, sie vertrieben jüdische Passanten von den Promenaden. Da die Behörden nicht eingriffen, drang die Menge in das Innere der Häuser. Wohnungen und Läden wurden geplündert. Es gab Verwundete auf beiden Seiten. Besonders hart ging die Menge gegen das Haus der Rothschilds vor.

Viele Bewohner der Judengasse versuchten Frankfurt zu verlassen. Auch Amschel Mayer Rothschild, der älteste Sohn der bewunderten und gehaßten Dynastie, bereitete seinen Auszug vor.

In Frankfurt tagte zur gleichen Zeit der deutsche Bundestag; man war von den Ereignissen überrascht und entsetzt. Der Bundestag wandte sich an den Senat der Freien Reichsstadt und verlangte, die Ordnung müsse mit Waffengewalt hergestellt werden.

In Hamburg kam es zu gleichartigen Ausschreitungen gegen die jüdische Bevölkerung; auch hier setzten die Angegriffenen sich zur Wehr. Doch der Senat der Freien Hansestadt Hamburg forderte die Bedrohten auf, sich ruhig zu verhalten und keine Gelegenheit zu Streitigkeiten zu geben.

Die besorgniserregende Situation und das Eingreifen des deutschen Bundestages zwangen den Senat der Freien Reichsstadt Frankfurt, sich endlich mit der jüdischen Gemeinde zusammenzusetzen, um eine Übereinkunft auszuarbeiten. Es war ein fauler Kompromiß, der am 2. September 1824 unterzeichnet wurde. Danach sollten die «israelitischen Bürger» eine Gemeinde für sich bilden. Sie hatten an der städtischen Verwaltung keinen Anteil, allerdings wurde ihr Wohnrecht auf die ganze Stadt erweitert. Sie durften auch Grundstücke erwerben, jedoch nicht mehr als ein Wohnhaus für jede Familie.

Das Beschämende an diesem Kompromiß war die Bestimmung, Frankfurter Juden durften im Jahr nur fünfzehn Ehen schließen; die Anzahl der zugelassenen und wohnberechtigten jüdischen Bürger sollte sich nicht vermehren. Allerdings war diese Beschränkung nicht lange aufrechtzuerhalten, sie wurde in jedem Jahr gemildert und 1834 aus der sogenannten Verfassung ganz gestrichen.

Auch der Handel der Juden wurde eingeschränkt. Mit Mehl, Viehfutter, Obst, Heizmaterial durften sie nicht handeln, auch sollten jüdische Handwerker keine christlichen Gesellen beschäftigen.

Die Rothschilds hatten Geld und Mühe aufgewandt, um die Lage der jüdischen Gemeinde in Frankfurt, der damals größten und angesehensten in den deutschen Ländern, zu verbessern. Doch ihre Sympathie lag bei den landesverräterischen Fürsten, die gewohnt waren, noch immer Juden als ihre Kammerknechte zu betrachten und zu behandeln. Die Rothschilds wollten die alten Verhältnisse konservieren und gleichzeitig die Errungenschaften der Französischen Revolution nicht verlieren.

Später schenkten die Rothschilds der Stadt Frankfurt ihre schloßartigen Häuser und ihre Parks. Sie wollten geliebt werden, aber was immer sie taten, sie gaben dem Judenhaß neue Nahrung.

Blick nach Stuttgart

Er lebte in der Zeit der Perücken und trug selber eine solche – gepudert.

Er lebte in der Zeit, die man die galante nennt, und er war selber äußerst galant. Als die lüsternen bigotten Richter in Stuttgart die Namen seiner vielen Damen erfahren wollten, die Namen von Herzoginnen, Gräfinnen, Bürgerfrauen und Dienstmägden, da schwieg er. Und das Schweigen kam ihn teuer zu stehen.

Er lebte in einer Zeit der maßlosen Verschwendung der Herrschenden, einer Zeit, die ein großes Vorbild hatte: Ludwig XIV. von Frankreich. Dieser König ließ ohne Rücksicht auf Kosten Park und Schloß Versailles erstehen und gestalten mit den weltberühmten Wasserspielen. Die Launen seiner vielen Mätressen gaben Gesprächsstoff für die großen und kleinen Fürsten auch an deutschen Höfen. Die Einnahmen des Staates waren seine Einnahmen. Und er plünderte das Land so aus, daß Frankreich am Ende seiner Regierungszeit vor dem Staatsbankrott stand. Die Folgen seiner Mißwirtschaft waren Mitursache der Französischen Revolution von 1789.

Heute aber heißt er, bewundert, «Der Sonnenkönig».

Er, Joseph Süß Oppenheimer, lebte in der Zeit, in der jeder kleinste Duodezfürst in Deutschland so glänzen wollte wie Ludwig XIV. Aber die Mittel waren kärglicher. Einer ist dem König fast gleichgekommen, der Kurfürst August von Sachsen, und in einem hat er ihn übertroffen, in seinen amourösen Abenteuern. Der scheute sich sogar nicht, sein lutherisches Bekenntnis wie ein schmutziges Hemd abzulegen und sich ein neues Hemd, einen neuen Glauben überzuziehen, den katholischen, um auch noch König von Polen zu werden.

Heute nennt man ihn bewundernd «August der Starke».

Opportunismus in Fragen der Religion war gang und gäbe. Auch der Prinz Karl Alexander von Württemberg, Abkomme einer Seitenlinie des regierenden Herzogs, wechselte seinen Glauben, weil er dann eine begüterte und auch schöne Dame heiraten konnte, die sein Leben vergolden sollte, eine Prinzessin aus dem märchenhaft reichen Hause Thurn und Taxis.

Als man aber den verachteten und verspotteten und verurteilten Juden Joseph Süß Oppenheimer unter den Galgen stellte, und als eifrige Pastoren ihn zum Christentum bekehren wollten und ihm die Begnadigung in Aussicht stellten, wenn er die Taufe annähme, sagte er stolz: «Ich werde kein Christ werden, wenn ich gleich ein Kaiser werden könnte. Die Religion ändern, das ist eine Sache für einen freien Menschen und steht gar übel einem Gefangenen.»

Heute heißt er in der deutschen Geschichte, verächtlich, spöttisch und gehässig «Jud Süß».

Sein Leben und seine Taten, seine Erfolge und seine Niederlagen sind bekannt. Seine Briefe und seine Ratschläge an seinen Herzog Karl Alexander sind noch vorhanden. Und auch die Prozeßakten liegen in den württembergischen Staatsarchiven.

Der Hoffaktor, der in der Nazizeit zum Symbol des teuflischen Juden wurde, erscheint uns wie ein Bild aus entfernter Zeit, entstellt durch vielschichtigen Schmutz. Er ist keine Figur im Dunkeln, keine Figur der Legende, obwohl über ihn viele Legenden gesponnen wurden. So wurde oft erzählt, er sei der illegitime Sohn des Freiherrn Georg Eberhard von Heidersdorf. Aber immer erklärte er voller Stolz, sein Vater war der Jude Süßkind Oppenheimer aus Heidelberg. Daß er seinem Herzog Karl Alexander von Württemberg treu gedient hat, ist unbestritten, daß er bestrebt war, dem rückständigen Agrarland eine neue, wir würden heute sagen, kapitalistische Struktur zu geben, steht außer Zweifel.

Er begann die Tage seines Wirkens sehr jung und schon sehr reich. Joseph Süß Oppenheimer, 1698 in Heidelberg geboren, stammte aus einer bekannten Hoffaktoren-Familie. Der berühmte Wiener Hof- und Oberfaktor Samuel Oppenheimer (1635–1703) war ein von ihm sehr bewunderter Verwandter. Der Historiker Dubnow schrieb über Joseph Süß: «Er kommt also aus den Kreisen der Geldaristokratie, deren Ghettoleben durch einen dünnen goldenen Faden mit den fürstlichen Schlössern verknüpft war.»

Schon von Heidelberg aus und auch in Frankfurt am Main war er als Zollpächter, als Münzmeister, als Hoflieferant und als Hofjuwelier für drei Fürstenhäuser tätig. Er wurde Hoffaktor und Kammeragent beim Kurfürsten von der Pfalz, gleichzeitig Faktor und Vertrauter des Landgrafen von Hessen, ja, er hatte auch geschäftliche Beziehungen zum Erzbischof von Köln. Er wollte seinem Wiener Großoheim Samuel Oppenheimer nacheifern, der sein Wissen, was Geld bewirken kann, schließlich auch eingesetzt hatte beim Bekämpfen der feindlichen Eisenmengerschen Schrift *Entdecktes Judentum.* Aus eigenem Aufkommen hatte er große Geldmittel für die Beschlagnahme dieses Buches aufgewendet. Und hatte sich durchgesetzt.

Und für ihn, Joseph Süß, den jungen und vermögenden Hoffaktor, galt die Überlieferung seiner Vorfahren, Geld sei die einzige Waffe im Existenzkampf, eine Waffe zum Überleben, eine Erfahrung aus dem Ghetto, weitergereicht vom Großvater zum Vater.

Damals besaß er bereits zwei Häuser. Das eine, ein prächtiges Haus, in Frankfurt am Main. Wer dazugehören wollte, wer die einflußreichen Leute treffen mußte, für den war es gut, in Frankfurt eine noble Adresse zu haben.

Das andere Haus stand in Mannheim; dieser Ort galt als der Mittelpunkt des Fortschritts in der damaligen Zeit. Der Kurfürst Karl Ludwig von der Pfalz hatte seine Stadt und seinen Staat nach holländischem Vorbild eingerichtet. Der Handel, die Freizügigkeit und die Religionsfreiheit waren seine Devise. Hier konnten sich Protestanten aller Richtungen, Katholiken, Hugenotten, Taufgesinnte, deutsche und auch die aus Spanien vertriebenen Juden, allgemein portugiesische genannt, niederlassen.

Bei einer Badekur im heimatlichen Wildbad, im schönen württembergischen Land, lernte Joseph Süß durch Vermittlung eines württembergischen Hoffaktors, Isaak Landauer, den Prinzen Karl Alexander kennen. Der wegen der sagenhaft reichen und schönen Prinzessin Maria Auguste zum Katholizismus Konvertierte gehörte zu einer Nebenlinie der Herzöge von Württemberg; er hatte kaum Aussicht, jemals Herzog zu werden. Er war ein Haudegen, ohne besondere Geistesgaben. So wird über ihn berichtet, er schlug sich für den Meistbietenden. Für Baden hatte er gegen die Franzosen gekämpft. Mit dem legendären Prinz Eugen, dem edlen Ritter, war er gegen die Türken gezogen, meist stand er in österreichischen Diensten. Im spanischen Erbfolgekrieg wurde er zum Oberstfeldwachtmeister ernannt. Herr Karl Alexander war auch dabeigewesen, als ein kriegerischer Einfall in die Provence erfolgte, dort hatte er an der Belagerung von Toulon teilgenommen. Bei einem Feldzug gegen die Niederlande war er Feldmarschalleutnant geworden und Oberstfeldzeugmeister. Von 1716 bis 1718 durfte er sich Kaiserlicher Generalfeldmarschall nennen, im Feldzug gegen die Türkei, und wurde nach dem Friedensschluß Statthalter in dem nun neu eroberten Serbien, Statthalter in Belgrad für den Kaiser. So ein Kriegsheld war er. Es gab sogar ein Lied, das ihn mit dem Prinzen Eugen gemeinsam in Töne brachte.

In Wildbad, im damals mondänen Bad der fürstlichen Welt, nahm die Prinzessin Maria Auguste Joseph Süß Oppenheimer sofort in ihre

Dienste. Sie beauftragte ihn, Juwelen zu besorgen. Er wurde ihr Agent. Aber auch ihr Mann, Karl Alexander, gab ihm mit dieser Ernennung am gleichen Tag völlige Zoll-, Brücken- und Wegefreiheit für alle Reisen zwischen Wien und Belgrad. Sehr bald wurde die Wegefreiheit auf die Straßen im ganzen deutschen Reich ausgedehnt.

Die Beziehung, ja die Freundschaft zwischen Oppenheimer und dem Prinzenpaar wurde eng. Joseph Süß lieh dem Prinzen größere Beträge. Er wurde auch beauftragt, für die baldige Niederkunft der Prinzessin einen Arzt zu bestellen. Weitere Kommissionen folgten. Er mußte all das beschaffen, was in Belgrad so schwer zu bekommen war. Seide, Atlas, kostbare Spitze, Handschuhe, Ringe, Armbänder, Vorstecknadeln, Uhren und Degen, Tabatieren und Bilder. Der Prinz schickte ihn auf diplomatische Missionen zum Landgrafen von Hessen nach Darmstadt, zum Bischof von Bamberg und zum Bischof von Würzburg. Er muß all diese schwierigen Missionen und Kommissionen zur Zufriedenheit erledigt haben, denn der Prinz empfahl seinen Hoffaktor weiter an den sehr reichen Erbprinzen von Hessen mit den Worten: «Dieser Mann ist ein solch Subjektum, dessen sich Leuthe Unseresgleichen mit gutem Vorteil bedienen können.»

So diente Joseph Süß auch diesem Herrn, dem Erbprinzen von Hessen, Ernst Ludwig, als Hof- und Kriegs- und Kabinettsfaktor, mit einem jährlichen Gehalt von fünfhundert Gulden. Der Kurfürst und Erzbischof von Köln hatte ihn schon vorher zu seinem Hof- und Kammeragenten ernannt. Der Kurfürst von der Pfalz beförderte ihn zum Admodiator (Pächter) für das gesamte gestempelte Papier. Es ist gar keine Frage, Joseph Süß Oppenheimer muß ein außerordentlich fähiger, beweglicher und für die Feudalherren nützlicher Mann gewesen sein.

Sein Haus in Frankfurt am Main hatte einen legendären Ruf. Seine Bildergalerie lockte die Kunstverständigen aus aller Welt. Er bevorzugte die Niederländer, vor allem Rembrandt, Originale und Kopien dieses Meisters, aber auch Gemälde von Lucas Cranach und Dürer konnte man bei ihm sehen. Seine Bibliothek dort umfaßte wissenschaftliche Werke der Medizin, der Astronomie, der Mathematik, der Geographie, der Sprachkunde und der Jurisprudenz, auch Bücher über die damaligen Wirtschaftstheorien, also Darlegungen von Kameralisten. Ja, es fand sich darunter ein Buch von Johann Joachim Becher, *Närrische Weisheit*. Vielleicht hat es Lion Feuchtwanger, als er des Oppenheimers Bibliotheksliste durchsah, zu dem Titel seines Buches über Rousseau, *Narrenweisheit*, veranlaßt.

Für den Umgang mit den christlichen Fürstlichkeiten schien es angebracht, auch die deftigen Predigten des Barfüßermönchs Abraham a Santa Clara, *Heilsames Gemisch-Gemasch* und *Das Huy und Pfuy der Welt*, zu kennen.

Zu seiner Korrespondenz benutzte er *Neukirchs Anweisung zu teutschen Briefen*, er mußte schließlich wissen, ob er Erlaucht, Durchlaucht, Euer Gnaden, Euer Hochwohlgeboren, Euer Exzellenz, Euer Eminenz, Durchlauchtigster Herr oder dergleichen schreiben sollte. Für die anderen Gelegenheiten schaute er wahrscheinlich in *Selimantes galante Briefe und die Kunst Deutsch zu schreiben* hinein. Oder er erzählte Anekdoten aus *Menantis europäischer Höfe Liebes- und Heldengeschichten.*

Seine Garderobe war fast genauso unfangreich. Möglicherweise war er von seinem Vater mit dem Spruch erzogen worden: «Wie man kömmt gegangen, so wird man auch empfangen.» Allein die Aufzählung seiner Westen erlaubt die Überlegung, wie genau er abgewogen haben muß, bei welcher Gelegenheit er «eine grüne taffet Weste mit güldenen Schleifen» oder eine der beiden «canefassenen Westen mit silbernen Spitzen und taffeten Futter» oder «eine blaue mit silbernen Spitzen und weißem taffeten Futter» oder «eine grüne gros de tourne Weste mit breiten güldenen Borten» tragen sollte. Wahrscheinlich zu Hofempfängen bevorzugte er «eine weiße atlassene Weste mit silbernen Schleifen», war er aber beim Kaiser eingeladen, wählte er sicherlich das andere Stück, «die atlassene Weste mit goldenen Borten».

Niemand erwartete in seiner Garderobe einen Kaftan mit gelbem Fleck.

Am 31. Oktober 1733 starb der regierende Herzog Eberhard Ludwig von Württemberg. Zwei Jahre zuvor war sein einziger Sohn, der Thronfolger, kinderlos gestorben. Plötzlich durfte der Statthalter von Serbien, Prinz Karl Alexander, sich Herzog von Württemberg nennen.

Damals war das Land Württemberg ein sehr zurückgebliebenes Agrarland. Die Bevölkerung hing dem protestantischen Glauben an. Tübingen galt als eine der wichtigsten protestantischen Universitäten in Deutschland. Theologen für fast alle deutschen Länder wurden hier ausgebildet.

Die Verfassung des Landes war außerordentlich kompliziert. Die Landschaft, die Vertretung der verschiedenen Stände, der Zünfte und die Grundbesitzer, hatte die Mitbestimmung über die Geldausgaben. Sie wachte eifersüchtig über die Privilegien, sie hielt sich streng konservativ und lehnte Neuerungen stets ab.

Der neue Herzog Karl Alexander wurde in Stuttgart keineswegs mit Jubel empfangen. Vor allem die Stände und die protestantische Geistlichkeit wollten keinen katholischen Herrscher. Man hatte durch Intrigen versucht, die Herrschaft auf den jüngeren Bruder Karl Alexanders zu übertragen. Das war gescheitert.

Der neue Herzog versprach, die Rechte der protestantischen Kirche zu sichern, den bisherigen evangelischen Gottesdienst nach der unveränderten Augsburgischen Konfession beizubehalten und für alle anderen Konfessionen Kirche und Gottesdienste zu untersagen.

Karl Alexander rief seinen Freund, den Hoffaktor Oppenheimer, nicht sofort nach Stuttgart. Er ernannte ihn wohl zu seinem Residenten in Frankfurt am Main mit einem Gehalt von fünfhundert Gulden. Dieser Residententitel war, wie Selma Stern schreibt, «eine diplomatische Würde dritter Ordnung». In dieser Eigenschaft wurde Joseph Süß die ganze Munitions-, Kriegs- und Getreidelieferung des Schwäbischen Kreises bei Ausbruch des polnisch-französischen Krieges übertragen.

Aber auch subtile diplomatische Aufträge bekam er von seinem Herzog. Es schwelte schon lange ein Streit mit der Gräfin Würben, einer langjährigen Favoritin des verstorbenen Herzogs. Ihretwegen hatte es große Differenzen mit der Landschaft, mit dem Hof und mit der Herzogin gegeben und auch mit der Stadt Stuttgart, weil der alte Herzog sein Liebesnest nach Ludwigsburg verlegt hatte. Es gab böswillige Gerüchte über die Gräfin Würben. Sie habe den Herzog durch teuflische Künste verführt, von ihrem Liebeszauber erzählte man in den Salons von Stuttgart die schlüpfrigsten und bösartigsten Geschichten. Kurz vor seinem Tode hatte der alternde Herzog sich von ihr getrennt. In Wien und Berlin hatte sie Freunde, die Gräfin. Und nun wollte sie ihre Domänen, die der Herzog ihr verschrieben hatte, zu Geld machen. Sie verlangte für ihre Güter Stetten, Lenz und Gochsheim einhundertfünfundzwanzigtausend Gulden, für ihre Herrschaft Freudenstadt fünfundachtzigtausend Gulden.

Niemand unter den ehrbaren Herren von der Landschaft, niemand von den gelehrten Juristen in Stuttgart hatte auch nur im entferntesten daran gedacht, dem Herzog wegen Verschleuderung von Staatseigentum einen Prozeß machen zu wollen, um ihn am Halse aufzuknüpfen. Diese Unsitte kannte man in Deutschland nicht. Man kannte wohl Douceurs, Süßigkeiten, Trinkgelder. Man hielt fest an der Sitte: Douceursgeben war das Vorrecht der Herrschenden und Douceursnehmen das Vorrecht der Edlen, Mesdames et Messieurs, Damen und Herren.

Langwierige Verhandlungen waren nötig. Im Auftrage des neuen Herzogs wurde der Resident Joseph Süß Oppenheimer beauftragt, die heikle Angelegenheit zu regeln. Und es war unter der Würde einer so feinen Dame, ihre Ansprüche, die sie in mühevoller Kleinarbeit erworben hatte, selber zu vertreten. Dafür hatte auch sie einen Hoffaktor, Herrn Moses Gumperts aus Kleve.

Welch ein Anlaß für eine Komödie, das Gespräch der beiden Hoffaktoren, wie sie über die Liebe, die Liebesfreuden und den Liebeslohn von Leuten verhandeln mußten, die ihnen im Grunde völlig gleichgültig waren. Aber das hier ist kein Stoff für eine Komödie. Denn Joseph Süß erreichte zwar ein für den Herzog befriedigendes Ergebnis, jedoch gerade das wurde ihm am Ende in seinem Prozeß vorgeworfen. Die Anklage machte daraus den Vorwurf der Untreue, der eigenen Bereicherung.

Die Staatsfinanzen des Herzogtums waren in einem völlig desolaten Zustand. Der Herzog berief seinen Berater nun nach Stuttgart. Das erste, was Oppenheimer verlangte, war: das französische Theater, das der alte Herzog nur zum Vergnügen seines Hofes eingerichtet hatte, zu schließen. Und eine Gardeschwadron berittener Edelleute, hochbezahlt, wurde aufgelöst. Sie hatte nur zur Repräsentation gedient und als eine Pfründe für die parasitären Ritter.

Es genügte aber nicht, einige Staatsausgaben zu reduzieren, es mußten neue Einnahmequellen erschlossen werden. Das war Oppenheimers Wirtschaftsprinzip, das hatte er aus dem Studium der Kameralisten gelernt. Sie hatten Gedanken in ihren Werken niedergelegt, wie in einem Land, das von einem Fürsten absolutistisch beherrscht wurde, neue Monopole, neue Industrien, neue Manufakturen als neue Geldquellen zu erschließen seien, um die Staatskasse zu kräftigen und den Wohlstand der Bevölkerung zu heben. Von solchen Dingen hatte der Herzog keine Ahnung, er vertraute völlig dem Rat seines Hoffaktors, der große Erfahrungen im Wirtschafts- und Finanzwesen mitbrachte.

Folgerichtig entmachtete Oppenheimer die unfähige und vertrottelte Institution des Geheimen Rats; dort saßen die Herren, die vom Augenblick ihrer Entmachtung nur darauf warteten, wie sie «Jud Süß» zum Galgen verhelfen könnten.

Der Herzog folgte dem Vorschlag Oppenheimers und ernannte eine Zentralverwaltung des Landes, die wiederum Fachminister berief, ein «Konferenzministerium». Dort war der wichtigste Mann der Chef des zweiten Departements, ein Oberhofkanzler Schiffer. Bei den Ständen wurde er als «Marionette des Süß» verspottet. Seine Fähigkeiten sind unbestritten, er war ein erfahrener Jurist, Professor der Rechte in Tübingen und Hofgerichtsassessor.

Von da an registrierten Oppenheimers erbitterten Feinde alles, was er unternahm. Jede Anordnung, die der Herzog auf seinen Rat hin verfügte – Oppenheimer hatte nie ein Staatsamt inne –, wurde zu einem Punkt der Anklageschrift. Schon jetzt schmiedete man an dem eisernen Käfig, in den sie ihn wünschten.

Gegen den Widerstand der Landschaft entließ der Herzog das Landsknechtsheer, Oppenheimer hatte ihm vorgeschlagen, ein Heer aus Landeskindern zu rekrutieren. Das Pulver- und Salpeterwesen, für Kriegszwecke von großer Bedeutung, wurde neu geordnet; hier ließ Oppenheimer einen Direktor ernennen. Sogar seine Feinde bestätigten, es wurde nach neuen wirtschaftlichen Maßstäben geführt und brachte Gewinn ein.

Zum erstenmal erschienen auch auf Joseph Süß' Betreiben Wirtschaftszeitungen, Intelligenzblätter, sie sollten die Preisentwicklung aller marktgängigen Waren bekanntgeben, so daß eine Preisregelung nach dem Prinzip von Angebot und Nachfrage im ganzen Lande eingeführt werden konnte.

Auf seinen Rat vergab der Staat viele Monopole. Das Monopol bedeutete, eine bestimmte Ware, wie Salz, durfte nur von einer Firma produziert oder eingeführt und nur von ihr im Land vertrieben werden. Diese Art der Warenverteilung wurde von den Kameralisten empfohlen. Das Monopol bekam der Meistbietende, zugunsten der Staatskasse des Herzogs. So wurden zu dieser Zeit in Württemberg ein Salz-, ein Wein- und ein Biermonopol gegründet. Auch die Pacht für das Eisenhandelsmonopol wurde für vier Jahre gegen eine Zahlung von siebentausendfünfhundert Gulden übertragen.

Im Prozeß hat man Joseph Süß Oppenheimer als schwerste Anklage vorgeworfen, daß er einige dieser Monopole an jüdische Kaufleute übertragen ließ. Niemand hatte aber bisher einem Fürsten oder einem Staatsmann vorgeworfen, daß er für die hochdotierten Staatsämter und Wirtschaftsprivilegien Herren bevorzugte, die aus der Gesellschaftsklasse des Adels kamen oder zumindest derselben Religion angehörten. Ja, es wurde ihnen nie vorgeworfen, daß sie sogar Pfründe vergaben an Herren vom Stande, die in Not geraten waren. Für einen Juden aber war bereits die Vergabe eines Monopols an einen Glaubensgenossen ein Verbrechen, das nur mit dem Galgen gesühnt werden konnte.

Das Vermieten von Sänften und Droschken organisierte Oppenheimer neu und ließ sich das Monopol übertragen. Als es in Gang gekommen war, wurde es den Postmeistern übereignet.

Natürlich registrierten die Wartenden, daß der Gehaßte nun auch noch das Privileg erhielt, in seinem Hause Glücksspiele zu betreiben. Dafür waren nichtprivilegierte Kaffeehäuser in Stuttgart und Ludwigsburg geschlossen worden, es gab die Vermutung, daß dort illegale Glücksspiele veranstaltet wurden. Damit hatte Oppenheimer eine Schranke übertreten; es war kein Verbrechen, es war schlimmer für ihn, es war eine Dummheit. Vielleicht aber war es seine Lust, das Verbot zu sprengen, das von alters her Juden das Glücksspiel untersagte, auch nach talmudischem Recht.

Nicht alle seine Ratschläge an den Herzog brachten Gewinne ein. Das Betreiben von zwei Lotterien, für die Oppenheimer eine Zeitlang die Pacht übernommen hatte, stellte sich als ein Verlustgeschäft heraus. Auch die Gründung einer staatlichen Bank scheiterte. Der öffentlichen Aufforderung, dieser Bank Vertrauen zu schenken, kamen die Württemberger nicht nach, sie waren mißtrauisch. Ohne Einnahmen war auch kein Kapital aufzutreiben, die Bank mußte geschlossen werden.

Jede der Bemühungen, die der Herzog auf den Rat Oppenheimers unternahm, alte, zugrunde gegangene Manufakturen neu zu beleben, wurde, am Ende, nur als noch ein Stein des Anstoßes gewertet.

Gegenstand der Verärgerung und der Beanstandung war allerdings nicht die Vergabe eines Privilegs an eine Tuchmanufaktur, die ihre Produktionsstätte von da an in ein Waisenhaus verlegt hatte. So weit waren die praktischen Erwägungen der Hersteller, die um die Erlaubnis nachgesucht hatten, gegangen: den Kindern wurde doch nun der Weg zum Arbeitsplatz erspart. Gegenstand der Verärgerung und der Beanstandung war vielmehr eine Neuerung, die Oppenheimer in diesem Zusammenhang einführte: Er ließ eine Pupillenkasse einrichten (der Name rührt her von der Verkleinerung von pupus, Knabe, und pupa, Mädchen). Eine Sicherheit sollte für die unmündigen Waisenkinder geschaffen werden, eine Kasse, in die das Mündelgeld eingezahlt und mit fünf Prozent verzinst werden sollte. Und wenn die Kinder erwachsen waren, sich verheirateten, würde ihnen ihr Kapital mit den Zinsen ausgezahlt. Keine unter seinen so zahlreichen Anregungen und Verordnungen und Ratschlägen hat Joseph Süß Oppenheimer so viel Haß eingetragen wie die Einführung der Pupillenkasse, denn die alten Juristen, die sich vordem am Mündelgeld bereichert hatten, waren empört; sie taten, was sie konnten, um diese Einrichtung unmöglich zu machen. Der Haß der Herren vom alten bodenständigen Adel hatte seine tiefen Wurzeln in der Furcht vor dem Aufkommen für sie unverständlicher Industrieunternehmen. Sie wehrten sich gegen das Schwinden ihrer Vorrechte.

Die Verknüpfung von Geld und Macht mußte aufreizend wirken. Besonders erschwerend für neidvolle Beobachter kamen das umfangreiche Wissen des Beneideten hinzu und sein sicheres, überaus glanzvolles Auftreten im Land der sprichwörtlich sparsamen Schwaben.

Gierig wurde alles geglaubt, ja gesucht, was man ihm an Bereicherungssucht vorwerfen könnte. War da nicht diese Geschichte, sogar mit einem Glaubensgenossen, einem gewissen Samuel Meyer? Hat Oppenheimer den Meyer nicht verhaften lassen, hat er nicht von ihm für die herzogliche Kasse siebentausendfünfhundert Gulden verlangt? Hat er nicht den Gefangenen dann doch freigelassen und selber ein Douceur von ihm genommen? Eine Süßigkeit von dreitausend Gulden? War es so?

Und was war mit dem guten christlichen Müller aus Groß-Heppach? Der vor kurzem diese Erde verlassen hatte? Eine Anzeige gegen die Erbengemeinschaft lag vor, der Reichtum des Müllers sei unrechtmäßig erworben, ein Vogt aus Waiblingen hatte es aufgebracht. Alles, was folgte, wurden dunkle Flecken auf des Oppenheimers Bild: die Verhaftung der beiden Söhne des Müllers, das Anerbieten, sie gegen eine hohe Kaution freizulassen, das Bedrohen mit der Haft auf der Festung Hohenasperg, wenn sie nicht zusätzlich noch Strafe zahlten und eine Summe an den Geschädigten Salomon Meyer und einen Schuldschein unterschrieben und noch eine Zahlung an Oppenheimer leisteten, dazu fünfhundert Eimer Wein …

So waren seine Interessen mit denen des Herzogs und des Staates auf vielfältige Weise unentwirrbar zu einem Knäuel geraten. Von einer Gerechtigkeit konnte man in diesem absolutistischen Staat nicht sprechen.

Ach ja, der dünne goldene Faden, mit dem sein Leben an das des Herzogs geknüpft war.

Plötzlich und unerwartet starb Herzog Karl Alexander. In Ludwigsburg. Am 12. März 1737. Noch aus den Tagen des Vorgängers war diese Residenz ein ständiges Ärgernis für die Stuttgarter. Damals hatte der Begründer, Herzog Eberhard Ludwig, mit seiner Mätresse, der Gräfin, über deren Auskommen sich später die beiden Hoffaktoren unterhalten mußten, hier gewohnt.

In diesem Augenblick war sicherlich alles, was nun auf ihn zukommen sollte, für den erfolggewohnten Joseph Süß Oppenheimer nicht vorstellbar, für ihn, der vielleicht in einer gewissen Illusion über seine Unabhängigkeit lebte, eine Unabhängigkeit, die ihm durch sein Vermögen gesichert scheinen konnte.

Es ist müßig, die Frage zu stellen, warum er sofort, noch in der Nacht, nach Stuttgart ritt, um der Herzogin selber die Todesnachricht zu überbringen. Er machte sich auf den Weg.

Als er dort ankam, wurde er unverzüglich verhaftet.

Die Anklage lautete auf Hochverrat.

Die Richter, die über ihn zu Gericht saßen, waren die Herren aus dem Geheimen Rat. Sie fühlten sich durch ihn geschädigt. Sie verurteilten ihn zum Tode.

Seine Mitangeklagten, Leute, die er durch den Herzog in die Staatsämter gehoben hatte, Leute, die alle seine Anordnungen ausgeführt hatten, kamen milde davon. Sie wurden nur aus dem Lande Württemberg gewiesen. Sie ließen sich in der Nachbarstadt, in der Freien Reichsstadt Eßlingen, nieder. Sie blieben sogar im Besitz ihres beträchtlichen Vermögens.

Im Urteil vom 25. Januar 1738, das der Herzog Carl Rudolf in Stuttgart unterzeichnete, hieß es ausdrücklich, es sei des neuen Herzogs ernstlicher und unabänderlicher Wille, «daß peinlich beklagter Inquisit, Jud Joseph Süß Oppenheimer, ihm zur wohlverdienten Straff, jeder manniglich aber zum abscheulichen Exempel, an den oberen eisernen Galgen, mit dem Strang vom Leben zum Tod gebracht werden solle».

Für jedermann als ein abscheuliches Exempel.

Es wurde bekannt, daß Angehörige der Schmiedezunft mit starker Freude an dem Käfig gearbeitet hatten, der für den Hinzurichtenden vorgesehen war. Alle Vorkehrungen für ein großes Volksfest mit der Urteilsvollstreckung an «Jud Süß» wurden mit äußerster Gewissenhaftigkeit getroffen. Schließlich wurde noch der Vorschlag ausgeführt, die Stäbe des Käfigs rot anzustreichen, wegen der Abscheulichkeit des Exempels.

Währenddessen nahmen die Bemühungen der christlichen geistlichen Herren nicht ab. Jeden Tag traten sie vor den entkräfteten Gefangenen, jeden Tag erwarteten sie seinen seelischen Zusammenbruch. Sie hofften, daß er der Versuchung erliege, durch die Taufe sich das Los zu erleichtern.

Er war durch die schlechte Behandlung und die erbärmliche Kost so abgemagert, daß die eisernen Kettenringe über die dünn gewordenen Arme und Hände abglitten. Noch engere Fesseln gab es nicht.

Es muß für den geistlichen Beamten, den Vikar Hoffmann, der den letzten Versuch zum Hinüberführen in den anderen Glauben unternahm, erschreckend geklungen haben, was dieser kleine, magere, ergraute, noch immer stolze Mann ihm entgegnete: «Ich bin nicht gekommen, das Gesetz aufzuheben, sondern zu erfüllen.» Worte des Jesus von Nazareth. Mit dem Hinweis auf das Gesetz meinte Joseph Süß Oppenheimer seinen Glauben, den er nicht aufgeben wollte. Er verlangte nach einem hebräischen Gebetbuch.

Und als wüßte er nun, was er durch seinen Hochmut und durch sein Verfangensein in dem goldenen Faden, durch das rücksichtslose Ausspielen seines Wissens um die Wirkung des Geldes heraufbeschworen hatte, bat er seine jüdischen Freunde, die dem Herzog fünfzigtausend Gulden für seine Freilassung angeboten hatten, für ihn zu beten. Das, was ihm geblieben war, sollten die Synagogen bekommen, die Stätten des Lernens. Und mit Nachdruck ersuchte er den Rabbi Mordechai Schloß, «an alle jüdischen Gemeinden zu schreiben, daß man von seiner Seele nichts Übles denke noch nachrede».

Ein einziger Jurist, ein Württemberger, Professor Harpprecht aus Tübingen, geißelte dieses Todesurteil als einen Justizmord. «Man hätte ihm seinen Raub abnehmen müssen und hätte ihn aus dem Herzogtum verbannen können, das wäre recht gewesen.»

Und einer der Richter, Karl Rudolph, zögerte, ehe er das Urteil unterschrieb. Aber er zeichnete es mit seinem Namen, sagte, es sei «ein sehr seltenes Ereignis, daß ein Jud für die Christenmenschen die Zeche bezahle».

Die Taten, aber noch mehr die Legenden, die sich um den Finanzfaktor Joseph Süß Oppenheimer rankten, hatten schlimme Folgen. Unzählige Blätter, Flugblätter, wurden damals verbreitet. Schlechte Künstler machten schlechte Bilder, die «Jud Süß» am Galgen zeigten.

Umseitig: Flugblatt. Joseph Süß Oppenheimer im Gefängnis, vor dem Gerichtshof, im Käfig.

Wahrhaffte und nach der Natur *accurat* Gezeichnete Abbildung des Jude
mission in den grossen Zimer auf dem Herren hauß in Stuttgardt

Eigentlich Abbildung das Juden Süß nebst dem Zimer seiner Gefangenschafft auf dem Herren Hauß in Stuttgardt, auch der Tisch sam
Speisen so ihm den letzt Tag vorgelezt worde.

N.º 1 Eine Schüssel, worin 6 Eyer
2. Zwey hölzerne Deller auf jede ein hölzerner Löffel
3. vor ein Kreützer weiß Brodt. 4 Gesottene Zwiefel.

5 Eine Fleisch Suppen. 6 Ein silberner
Bruten, diese Speisen ware alle in erdenen Schüsseln.
7 Thee Schalen. 8. Eine Silberne Thee Kandel.

9. Eine hacker dip. 10 Ein Kupfferner Gro
11 Drey grosse u. ein klein hebräisch Buch
ter auf welche der Jud die zwey lezte Näc

Vorstellung des grossen Zimers auf dem Herren Hauß zu Stuttgardt in welchen die versamelte Comission an einer Tafel, einen Winckelh
zogeret, und mit Rothen Tuch beleget war sizent, vor welche der Jud Süß zwische 8 und 9 Uhr unter Leitung der armen Sünder Glocke
ge, seine durch einen Secretarie sein Urtheil abgelesen, und der Stab gebrochen und vor seine Füsse geworffen worden, nach deme
Scharfrichter gebunden worde. N.º 1 Die versamelte Comission 2. Ablesung des Urtheils. 3. wird ihme der der Stab gebrochen.
5 Der Scharfrichter und seine Untergebene 6. Die Wacht.

N.º 84.

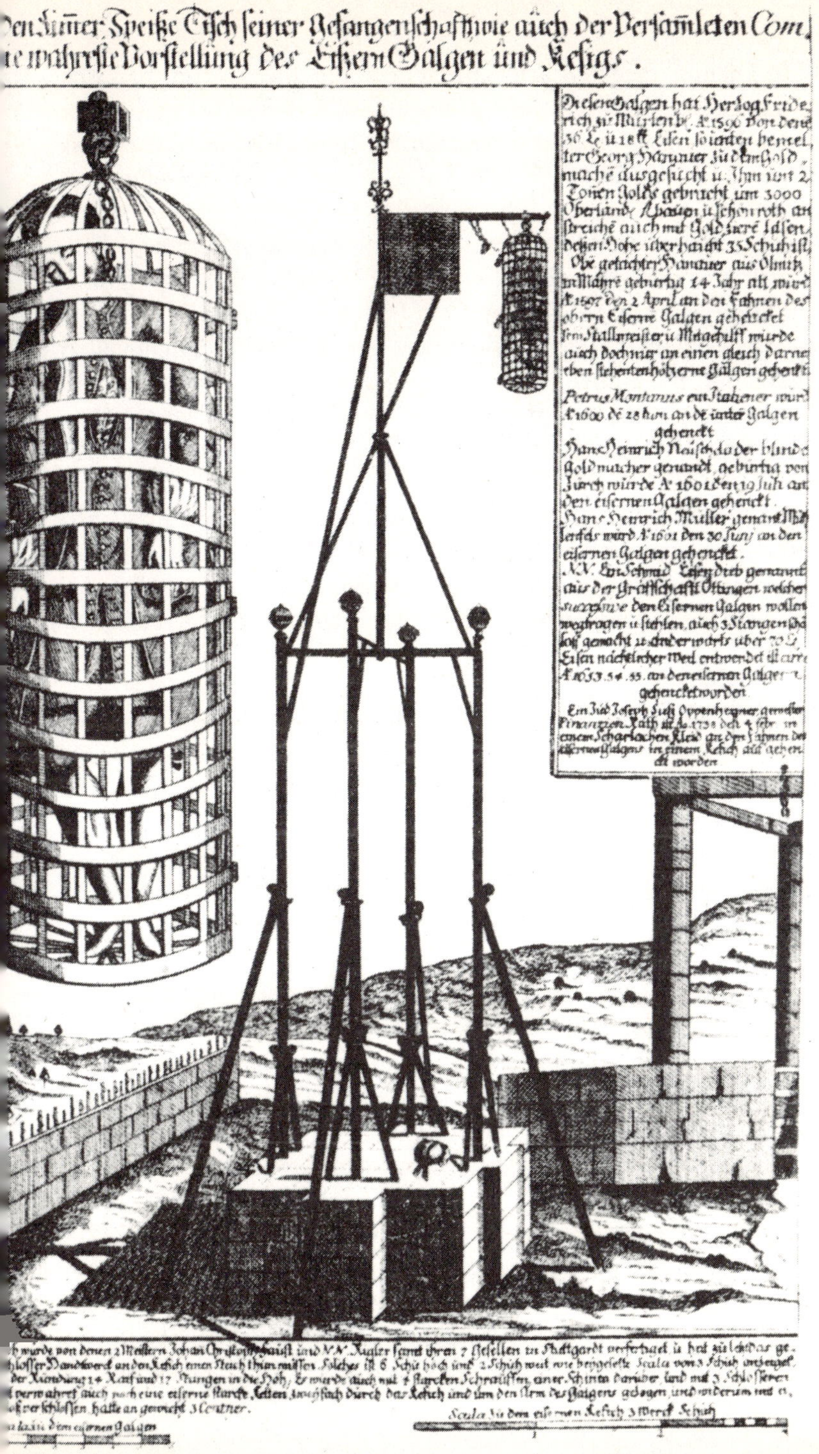
den Inner Speiße Tisch seiner Gefangenschafft wie auch der Versamleten Com
ie wahreste Vorstellung des Eisern Galgen und Kefigs.
Diesen Galgen hat Herzog Friderich zu Würtenb. A° 1590
Petrus Montanus ein Italiener würd A° 1600
Hans Heinrich Müller genant
den eisernen Galgen gehenckt.
Ein Jud Joseph Süß Oppenheimer

Schlechte Dichter machten schlechte Verse. Sie alle feierten hämisch den Justizmord.

Im Verlauf des Verfahrens wurden alle jüdischen Menschen aus dem Herzogtum vertrieben. Erst um 1790 konnten sich einzelne dort wieder ansiedeln.

Später hat sich die Literatur dieses Schicksals angenommen. Wilhelm Hauff hat eine Novelle über Jud Süß geschrieben. Als großes Werk steht der Roman *Jud Süß* von Lion Feuchtwanger da. Er zeigt das zwielichtige Wesen dieses Mannes, der es verstand, einem jovialen Haudegen, der unverhofft, unvorbereitet Herzog von Württemberg wurde, eine neue Finanzverwaltung zu schaffen; der es verstand, in dem rückständigen Agrarland Industrien und Manufakturen zu eröffnen; der rücksichtslos alle verrotteten Strukturen beiseite schob; der besessen war von einer unersättlichen Gier nach Reichtum und nach Eleganz; der es den Großen, dem Adel, gleichtun wollte, auch bei seinen Erfolgen in der Liebe, und der damit noch mehr den Haß der Frömmler auf sich zog. Der «Jud Süß», eine tragische Figur, die scheitern mußte.

Dieser Roman gab einem Filmproduzenten, Gaument, die Vorlage. Der Film wurde in England gedreht, und einer der großen deutschen Schauspieler, Konrad Veidt, spielte die Hauptrolle; er war Jude, schon 1933 ausgewandert, nur um diese Rolle spielen zu dürfen.

Aber auch die Nazis bemächtigten sich des Stoffes. Die deutsche Bevölkerung sollte das Vertreiben ihrer jüdischen Mitbürger als gerechtfertigt empfinden, ja auch die Ermordung. Was damals in Württemberg geschehen war, sollte als Vorbild für die Judenpolitik der faschistischen Regierung dienen. Veit Harlan, ein schon berühmter Regisseur, schrieb mit zwei anderen, Ludwig Metzger und Eberhard Wolfgang Möller, das Drehbuch. «Jud Süß» wurde von Ferdinand Marian gespielt. Werner Krauß aber übernahm einige Hauptrollen, in denen er jüdische Menschen darstellen wollte. Er spielte sie fürchterlich. Nicht vom Schauspielerischen her, da zeigte er sein großes Können. Aber mit seiner Kunst konnte er Fürchterliches erreichen.

Der sogenannte Hauptschriftleiter der *Deutschen Allgemeinen Zeitung* schrieb am 6. September 1940 über die Darstellung von Krauß: «Man muß diese schauspielerische Kunst schlechthin als genial bezeichnen. Werner Krauß stellt nicht nur einen Juden dar, nein, der ganze Mensch Krauß vollzieht den Wandel. Er bekommt jenen behenden, schleichenden Gang, seine Zunge wird schwer, jiddische Laute entstehen. Dann psalmodiert er sogar auf Hebräisch, er weiß den württembergischen Bauern jüdisch verdrehte Finanzweisheiten einzutrichtern, die sie mit Staunen und ungläubig für bare Münze hinnehmen. Ja, das ist eine Darstellung, genial ausgeführt.»

Himmler, Reichsführer der SS, Chef aller Polizeiverbände und damit auch Befehlshaber der Mordbanditen in den Vernichtungslagern, gab einen Erlaß heraus. Er empfahl den Film *Jud Süß* für die Gendarmerie, die Schutzpolizei, die Feuerschutzpolizei, die freiwillige Feuerwehr, die Dienststellen der SS, die Angehörigen der Ordnungs- und Sicherheitspolizei.

Ein authentischer Bericht sagt mehr über diesen Film als alle Schilderungen, als alle Kritiken. Im ersten Auschwitz-Prozeß in Frankfurt am Main erklärte der Angeklagte Stefan Baretzki, SS-Rottenführer: «Uns wurden damals Filme gezeigt wie *Jud Süß* und *Ohm Krüger.* An diese Filme kann ich mich noch erinnern. Was das für Folgen hatte für die Häftlinge. Die Filme wurden der Mannschaft gezeigt. Und wie haben die Häftlinge am nächsten Tag ausgesehen.»

In seinem Buch *Die kalte Amnestie* beschreibt Jörg Friedrich, wie gezielt der Hetzfilm *Jud Süß* ein halbes Jahr vor der industriellen Massenvernichtung der jüdischen Menschen eingesetzt wurde: «Veit Harlan, der von Goebbels instruierte Hersteller des ideologischen Vernichtungswerkzeugs, hatte seinen ‹Jud Süß› einem 20-Millionen-Publikum gezeigt. Die Wachmannschaften der Vernichtungslager sahen ihn in Sondervorstellungen am Ort. Allen Ländern Europas, die den Deutschen ihre Juden preisgeben sollten, wurde ‹Jud Süß› vorgeführt. Vom Herbst 1940 an, ein knappes Jahr vor Beginn der ersten Deportationen deutscher Juden in den Osten, sah man in den Filmtheatern Süß Oppenheimer in einem Eisenkäfig verenden. Wimmernd und kreischend am Galgen hochgezogen, erfleht er das Mitleid der stummen Gemeinde: ‹Nehmt Euch meine Häuser, nehmt Euch mein Geld, aber laßt mer mein Leben! – Ich bin unschuldig! Ich bin nur e' armer Jud! Laßt mer mein Leben! – Ich will leben, leben will ich, le...› Die Erdrosselung beschreibt das Drehbuch wie folgt: ‹Der Richter schaut mutigen Blicks nach oben ... Der Trommelwirbel wird immer stärker ... Wir sehen an den Gesichtern, daß sich das Grausame vollzieht ... Eine ungeheure Musik fällt ein, ein Choral beginnt – Das Volk geht auf die Knie.›»

Ludwig Börne

Eine Buchbesprechung aus dem Jahr 1821 erweist sich als ein Zeitdokument, eine zuverlässige Stütze beim Zurückgehen der Frankfurter Wege, wie von hier aus sich eine Stimme gegen den Judenhaß erhob. Es ist die sich spielerisch gebende, tiefernste Abhandlung von Ludwig Börne gegen das 459 Seiten umfassende Buch eines Dr. Ludolf Holst: *Judenthum in allen dessen Theilen aus einem staatswissenschaftlichen Standpunkte betrachtet.*

Ludwig Börne

Bereits die Begründung, warum er zu diesem Zeitpunkt Worte statt Taten sehen läßt, warum er nun seine «Ansichten über die verwetterte Judensache in Form einer Rezension einkleidet», zeigt den kritischen Abstand Börnes zum Geschehen in Frankfurt, wie die Fortschritte, die mit der Französischen Revolution gekommen waren, wieder rückgängig gemacht wurden. Das zähe Festhalten am Alten und an alten Vorurteilen bestimmte den Tagesablauf. Börne fand dafür seine Erklärung: «Deutsche wie Affen wenden hundertmal eine Nuß in der Hand herum, ehe sie zu knacken.»

Sein Ausgangspunkt Frankfurt verbindet sich mit seinen Gedanken über den Judenhaß, den er mit tiefer Leidenschaft und oft scharfer, glitzernder Ironie angreift, und führt immer wieder zu seiner Aufgabe, die er sich für sein Leben gestellt hat, zum Kampf um die Emanzipation der Juden, mit dem ihm gegebenen Mittel, dem Wort.

Er selber, geboren und aufgewachsen im Zustand der Manzipation, als einer, an den die Hand (manus) gelegt (capere), der als ewiger Knecht anderer angesehen wurde, hatte die große Erfahrung der Möglichkeit einer Emanzipation gewonnen. Der Atem der Französischen Revolution hatte auch Frankfurt berührt; der Blütentraum war gereift, zur Wahrheit geworden. War greifbar gewesen.

Mirabeau

Vielleicht ging er schon damals mit Überlegungen um, die Geschichte dieser Revolution zu schreiben, wie sie bisher noch nicht vorgestellt war: mit dem Rückblick auf die Notwendigkeit, sich in der Nationalversammlung, unmittelbar in den Tagen nach der Erstürmung der Bastille, gegen Ausuferungen zu wenden. Gegen Leute, die, von Plünderern angefacht, nun ihre Stunde gekommen sahen, sich in den Judengassen zu bereichern. Mit dem Rückblick auf das monatelange Ringen in dieser höchsten Volksvertretung gegen sogar dort noch eingenistete alte Vorurteile, die einer einmütigen Anerkennung im Wege standen, daß Freiheit, Gleichheit, Brüderlichkeit für alle Juden galten, auch für die in Straßburg und anderen elsässischen Städten und Dörfern wohnenden deutschsprachigen.

In seiner Revolutionsgeschichte wäre das Bild zu zeichnen gewesen von Graf Mirabeau, der auf seltsame Weise Börnes Leben gekreuzt hatte, ohne ihm je zu begegnen: im Jahr seiner Geburt, 1786, drei Jahre vor der Revolution, war der Graf in geheimer Mission in Berlin gewesen. Er hatte herausfinden sollen, welche Folgen das bevorstehende Ableben Friedrichs II. für Preußen haben könnte. Mirabeau wurde häufiger Gast im Salon von Henriette Herz, war eingefangen vom Zauber der Zweiundzwanzigjährigen, mischte sich ein in das große Gespräch um die Emanzipation der Juden, wie es damals in Berlin geführt wurde, kehrte zurück nach Frankreich mit dem Gedanken, seinen Landsleuten die Ideen des Moses Mendelssohn vorzustellen. Es war gewiß, daß die Sicherheit, mit der Mirabeau als Vertreter des Dritten Standes vor der Nationalversammlung immer wieder für die Gleichberechtigung aller jüdischen Mitbürger eintrat, ihr Fundament auch durch die Schrift von Christian Wilhelm von Dohm bekommen hatte, Professor für Finanzwirtschaft und später Archivar in Berlin. Der christliche politische Schriftsteller und Staatsmann hatte 1781 seine Schrift *Über die bürgerliche Verbesserung der Juden* verfaßt und an die Öffentlichkeit gegeben, eine so grundlegende Arbeit, von der es später hieß, sie könne als «die Bibel der Emanzipation der Juden» angesehen werden. Da waren am Vorabend der Französischen Revolution in dieses Nachdenken «über die bürgerliche Verbesserung der Juden» Überlegungen von Vorläufern hineingenommen, auch aus der Virginischen Deklaration von 1776. Die dort zum Gesetz erhobene vollkommene Gewissens- und Religionsfreiheitsverkündung war Vorbild geworden für die anderen nordamerikanischen Staaten. Es gehörte mehr als das feurige Herz des Grafen Mirabeau dazu, um gegen judenfeindliches Verharren in festgefahrenen Denkweisen katholisch Erzogener vor der Nationalversammlung angehen zu können, er brachte immer wieder seine Kenntnisse über die bis in die Römerzeit reichenden Wurzeln des Unrechts ein. Er wehrte sich gemeinsam mit Gleichgesinnten gegen ein Verdrängen der jüdischen Belange von der Tagesordnung; der Beschluß sollte erwirkt und bekräftigt werden, daß die Erklärung vom 26. August 1789 auch für die Juden galt. Gegen diese Forderungen standen nicht nur die Haßvorstellungen im Volk, wie sie durch die Predigten der Mönche wachgehalten wurden, es waren auch hinderlich die Privilegien einzelner Stände mit ihren geldlichen Forderungen an die Juden. Und die Gegner wünschten keinesfalls den Zugang der bisher nicht Gleichberechtigten zu allen Berufen. Die kirchlich Gebundenen

Véritable Portrait

DU JUIF-ERRANT,

Agé de plus de dix-huit cents ans,

Arrivé à Paris à dessein de s'y établir: détail de ses Aventures, avec ses Prédictions générales et remarquables.

Air: A voyager passant sa vie.

A voyager passant sa vie,
Certain vieillard, le Juif-errant,
De voir Paris prit grande envie,
Et s'écrie, en le parcourant,
Voici le séjour de la gloire:
Mon cœur satisfait et content,
Va me faire chanter et boire,
Qui vous le dit, le Juif-errant.

Je suis doyen de la nature;
Croyez en moi, mes chers enfans,
Les lauriers font votre parure,
Moi, je suis paré par les ans,
Et j'ai le don de prophétie.
Dans l'orient et l'occident,
On vous chérit sans jalousie,
Qui vous le dit, le Juif-errant.

J'ai vu dans l'Europe et l'Asie
Le guerrier et le conquérant;
J'ai vu couler dans l'Italie
Les plus affreux fleuves de sang;
Mais un héros par sa sagesse
Nous rend la paix dans un instant,
Et ressuscite l'allégresse,
Qui vous le dit, le Juif-errant.

France, lève ta tête altière,
Enfin le crime est abattu,
J'entends la trompette guerrière
Qui préconise la vertu.
Reparaissez douce espérance,
Croissez encore avec le temps,
Je vois renaître l'abondance,
Qui vous le dit, le Juif-errant.

Je te choisis pour ma patrie,
France protégée par tes lois,
Qu'à notre sort on porte envie,
Puisque tu nous rends tous nos droits;
Adieu, trop chère Béthulie!
O français! en vous admirant,
Je vais finir ma longue vie,
Qui vous le dit, le Juif-errant.

Pour vous, le bonheur va renaître,
Peuple aimable et bienfaisant;
La justice va reparaître
Avec un air doux et riant;
Les avoués avec leurs formes,
Seront généreux, obligeans,
En eux vous trouverez des hommes;
Qui vous le dit, le Juif-errant.

Marchands, et de laune et des mètres,
Distinguez bien le juste prix,
Du choix, vous n'êtes point les maîtres
Que personne ne soit surpris;
Méritez notre confiance,
Toujours l'honneur du vrai marchand
Se trouve dans sa conscience;
Qui vous le dit, le Juif-errant.

Peuples, allez dans les tavernes,
Chantez, buvez tranquillement,
Car les marchands de vin modernes
Vous donneront du vin très-fane:
Vous n'aurez plus de ces coliques
Qui vous causaient tant de tourmens,
Que vous preniez comme hémétiques,
Qui vous le dit, le Juif-errant.

Tailleurs! recevez mon hommage!
Vous faites les habits plus longs,
(Chacun va devenir plus sage.)
Mais trop étroits sont vos culçons.
Rognez, c'est bien là votre usage,
Mais l'homme fait, n'est plus enfant,
Donnez une veste plus large,
Qui vous le dit, le Juif-errant.

Et vous dans ce moment de crise,
Vous boulangers, faites bon poids,
Pour la blanche, éloignez la grise,
Le vrai froment, point de vos pois;
On connait votre intelligence,
Vos petits pains, faute d'argent
Triplent la faim et l'indigence.
Qui vous le dit, le Juif-errant.

Pâtissiers que la renommée
Rend chers aux passans, aux voisins,
Que jamais l'odeur parfumée
Ne nous offre un chat pour lapin;
Vous allez devenir honnêtes,
J'en suis moi-même le garant,
Nous sommes bons et non pas bêtes.
Qui vous le dit, le Juif-errant.

Disparaissez prêteurs sur gage,
Vous éclairez tous les passans,
Pour leur faire faire naufrage,
Le diable vous prit pour traitans,
Le citoyen trouve sa ruine,
Chez vous, la mort et les tourmens,
Vous ressemblez à la fouine,
Qui vous le dit, le Juif-errant.

Enfin, je vois les filles sages,
Elles veulent de vrais maris,
Aux tendres soins de leurs ménages,
S'uniront les plaisirs, les ris;
Le vrai bonheur est d'être mère,
De s'admirer dans son enfant,
Et dans lui de chérir son père,
Qui vous le dit, le Juif-errant.

Aux maux que nous causa la guerre,
Va succéder la bonne loi;
Par-tout le tendre amour de frère
Fera sentir sa douce loi;
Bientôt l'aimable confiance,
De tous les cœurs le seul aimant,
Fera revivre l'abondance,
Qui vous le dit, le Juif-errant.

La France est la terre promise,
Ses habitans, doux, généreux,
Hospitaliers avec franchise,
Sont les plus chers amis des cieux;
Gravons au temple de mémoire
L'accueil qu'ils nous font à présent.
Peuples unis chantez leur gloire;
Qui vous le dit, le Juif-errant.

Après dix-huit cents ans de vie,
Toujours errant, je suis heureux,
J'ai retrouvé une patrie,
Paris est le séjour des dieux.
Condamné à parcourir le monde,
J'ai bien subi mon jugement,
J'ai pour témoin la terre et l'onde,
Qui vous le dit, le Juif-errant.

Femmes sensibles et humaines,
Agréez le don de mon cœur;
Près de vous j'oublie mes peines
Et les sujets de ma douleur;
Pour vous aimer mes destinées,
(J'en ai le doux pressentiment)
Doubleront encore mes années,
Qui vous le dit, le Juif-errant.

Je suis à l'abri de critique,
Je voudrais bien me marier,
Qui voudra de ma mine antique?
Filles osez vous présenter;
Honoré de votre tendresse
Je serai mari très-constant,
Le tendre amour et la jeunesse,
Vont arrêter le Juif-errant.

A PARIS,

Chez BONNEVILLE,

Marchand d'Estampes et de Dessins de Broderies, rue S.-Jacques, n°. 195, près la fontaine S.-Severin.

De l'Imprimerie de Farge, Cloître Saint-Benoît, n°. 372, au coin de la rue des Mathurins.

Der ewige Jude

wollten den Gedanken an die Vorherrschaft des Neuen vor dem Alten Testament nicht missen.

Börnes Frage an die Freunde, ob sie ihm die Fähigkeit zutrauten, die Geschichte dieser Revolution zu schreiben, ist nicht mehr beantwortet worden. Aber seine Entgegnung an Holst, *Der ewige Jude,* enthält Hinweise auf sein Nachdenken über die Kräfte und Gegenkräfte vor, während und nach der Revolution. Gedanken über die Hände, die nahmen, die sich aneigneten, die Unterwerfen forderten.

Er kennzeichnete die Stadt seiner Herkunft, von der er zeit seines Lebens nicht loskam und nicht loskommen wollte; wo immer er sich befand, in Berlin oder in Paris, den Ort seiner Geburt trug er an den Fußsohlen, so wie die Gasse seiner Kindheit. Mit einer gewissen Nachsicht mokierte er sich: «In Frankfurt, wo ich wohne, ist das Wort Jude der unzertrennliche Schatten aller Begebenheiten, aller Verhältnisse, aller Gespräche, jeder Lust und jeder Verdrießlichkeit.» Und: «Kommt man nach Stuttgart, München, Wien oder nach einem anderen Orte, wo die Leute gebildet und ohne Vorurteile sind und gar nicht an Juden denken, setzt man sich dort an eine Wirtstafel und ein Reisender aus Frankfurt sitzt unter den Gästen, so kann man wetten, daß, noch ehe das Rindfleisch kommt, der Frankfurter ein lebhaftes Gespräch über die Juden eingeleitet haben wird. Wer nun, gleich mir, diese Narrheit schon zwanzig Jahre beobachtet hätte, der würde sich auch daran gewöhnt haben, zürnend oder lächelnd, tadelnd oder bemittelnd, wie ich, auszurufen: der ewige Jude!»

In diesem die Dummheit bemitleidenden Ton machte er sich auch in der ihm eigenen Art lustig über das gerade 1821 in Gotha bei Ettinger erschienene Buch eines bisher unbekannten Ahasverus, *Geschichte des ewigen Juden, von ihm selbst geschrieben. Enthaltend einen kurzen und wahrhaften Abriß seiner bewundernswürdigen Reisen seit ungefähr achtzehnhundert Jahren. Aus dem Französischen.* Da ließ Börne sich zu der Methode des Überdrehens einer Mitteilung hinreißen, unter dem Mantel einer arglosen Unbefangenheit. Er zitierte den Ahasverus aus dem Buch: «Ich zählte damals fünf und vierzig Jahre und bin seitdem nicht älter geworden. Tod und Krankheiten haben keine Gewalt über mich; ich bin unverbrennbar und unverwundbar; ich esse und trinke nur zu meinem Vergnügen und nicht aus Bedürfnis: Ich schlafe nie; ich bin nicht müde; ich verstehe und rede alle Sprachen.»

Nun setzte seine schnelle, witzige Denkweise ein: «Ist der Mann unglücklich zu nennen, den die besten Jahre nie verlassen, der nie

Hunger und immer Eßlust hat, der nie Arzt und Apotheke braucht, der keine lachende Witwe hinterläßt; der sich nie die Finger verbrennt, den Amors Pfeile nicht verwunden; den kein Buch bis zum Einschläfern langweilen kann; der, da er alle Sprachen versteht, sich keiner schlechten Übersetzung zu bedienen braucht, und der endlich Schulden machen kann, soviel er will, da man ihn nicht einsperren kann, weil er nur drei Tage am nämlichen Ort bleiben darf? Ein solcher Mensch ist glücklich zu nennen, und gar mancher würde mit ihm tauschen.»

Aber hier, in seiner Entgegnung an Dr. Ludolf Holst, hatte er mit der Wendung, er «würde sich auch daran gewöhnt haben», ständig üble Nachrede zu hören, den Schlußstrich gezogen. In dieser seltenen Mischung zwischen bitterstem Ernst und schwebender Ironie hielt er seine Abrechnung mit dem «staatswissenschaftlichen Standpunkt» des Herrn Dr. Ludolf Holst, wissend, es geht um Leben und Tod. Verantwortung und Erfahrung ließen ihn glitzernde Wortspiele finden und erfinden. «Wer da glaubt, nur derjenige zeige sich heldenmütig, der für die gute Sache blute, der kennt die Bücherwelt nicht. Ich fordere alle Judenfreunde wie alle Judenfeinde auf, für die Sache, welche sie hier und dort die gute nennen, die Schrift des Herrn Dr. Holst zu lesen, aber so, daß sie es mir nachtun und das ganze Feld abmähen, nicht bloß spielend die Gänseblümchen darauf pflücken. Der Verfasser hat sein staatswissenschaftliches Bauholz eigentlich zu ganz anderem Gebrauche, zu einer Kirche, zu einer Börsenhalle, zu einem Handelsschiffe, einem philosophischen Lehrgebäude behauen, und die Judendinge, wie wohl zahlreich genug, fielen nur als die Späne ab, womit er sich und seinen Freunden ein Lustfeuer bereitet.»

Börne begriff, daß die feindselige Auffassung von den Kammerknechten sich noch immer, dreißig Jahre nach der Französischen Revolution, in den Köpfen der deutschen Gelehrten fortschleppte. «Die Kettenregel, wodurch er berechnet, daß die Juden Sklaven der Christen sein müßten, ist ihm die höchste Staatsweisheit.»

Ausgerüstet mit der Erfahrung, daß diese Kettenregel zu seinen Lebzeiten zerschlagen war, untersuchte Börne den Judenhaß, meinte, er sei «einer der pontinischen Sümpfe, welche das schöne Frühlingsland unserer Freiheit verpesten», fand die Formulierung: «Jener Haß gegen Juden ist auch der Wetzstein, an dem jeder stumpfe Sinn sich scharf zu schleifen und jeder scharfe sich abzuziehen gesucht.»

Und er, der sich, solange er lebte, nicht von der Hoffnung lösen wollte, wie sie mit der Forderung an alle Menschen von der Gleichheit, der Freiheit und der Brüderlichkeit in die Welt gekommen war, setzte schon hier, am Beginn seiner Auseinandersetzung mit diesem Wissenschaftler Holst, als eine Gegenkraft zum Judenhaß die Liebe. «... und die Liebe behält immer Recht, denn sie allein ist unsterblich.» Und mit seiner ihm von allen Seiten immer wieder bestätigten Aufrichtigkeit wird er nicht aufhören, diesen Gegenpol zum Haß, die Menschenliebe, zu suchen, um sie zu erwecken, trotz seines Wissens, wie stark der Unrat noch in den Herzen und in den Köpfen dieser deutschen Wissenschaftler saß. «Die Schrift des Herrn Dr. Holst ist eine Sammlung alter Ansichten, mit kaum noch sichtbarem Gepräge, welchen allen der Schmutz anklebt, den die tausend Hände, durch welche sie gegangen, abgesetzt haben. Man findet nicht eine einzige neue Münze darunter, nicht einen glänzenden Heller.»

Er kannte die Zeitströmungen: «Sein Buch ist eigentlich kein praktisches, sondern ein metaphysisches Hep Hep.»

Scharfsichtig beurteilte er die Eigenschaft des Verfassers, er nannte ihn einen Mann «im Verfolgungsamte», der eine Teilung der Welt vorgenommen hatte: in Judentum und Nicht-Judentum. «Das Nicht-Judentum ist ihm das feste Land, woraus Blumen und Kräuter sprießen, Vögel singen, Quellen murmeln und harmlose Schäfer schuldlose Tage leben. Das Judentum aber erscheint seinem schwindelnden Blicke als ein wildes Meer, wo Haifische rauben und heuchlerische Krokodile betrügen. Es ist ihm eine Kloake voll stinkenden Unrats ... Der Verfasser spricht wie alle seine Vorgänger im Verfolgungsamte. Er sagt: Haß, Neid, Geiz, Habsucht, Bosheit, Betrug, Roheit, Gottlosigkeit und alle übrigen Laster wohnen den Juden bei. Freilich gäbe es auch edle Menschen unter ihnen, allein diese wären nicht als Juden anzusehen, sondern gleichsam als Christen.»

Und er sah einen Vorgang, entsetzte sich, verschärfte sein Entsetzen durch bissigen Hohn. «Wenn es euch Freude macht, so teilt immerhin die Menschen in Schafe und Böcke ein und stellt die einen rechts, die anderen links; wenn ihr aber erklärt, alle, die rechts stehen, sind Schafe, und die links stehen Böcke – so ist das ja entsetzlich gottlos, und ihr verdient gar nicht, daß man wie mit vernünftigen Menschen mit euch rede.»

Geschrieben 1821. «In Frankfurt, wo ich wohne.»

Er beantwortete die Frage aus der Einleitung des Buches, das er rezensierte, woher die immer größer werdenden Ideenverwirrungen in besonderer Beziehung auf Judentum gekommen seien. Indem er antwortete, ließ er sich wieder von seiner Manier forttragen, neben den bitteren Ernst das kleine Lächeln zu setzen. «Vormals durften sich die Juden keiner Pferde zum Reiten bedienen; wollten sie einen Degen tragen, so mußte es an der rechten Seite geschehen ... Bei Lebzeiten des Vaters durfte nicht der Sohn noch weniger der Enkel heiraten; am Sonntag mußte eine Zahl Juden in die christlichen Kirchen gehen, um dort die Predigt anzuhören, wobei es unter schwerer Strafe verboten war, während der Predigt einzuschlafen. (Dieses vortreffliche Mittel, in den Kirchen die schädliche Wirkung des Pastoral-Opiums zu verhindern, sollte die medizinische Polizei auch gegen Christen anwenden!)»

Er ging tief hinab bis zu den Wurzeln des Judenhasses, zählte auf die Fülle der Demütigungen, wie sie in den engen alten Gassen des abgesonderten Viertels gang und gäbe gewesen, er zeigte die Stationen des Leidensweges durch die Jahrhunderte. So wurde seine Polemik gegen die Auffassung des Dr. Holst, der gerade diese alten Zeiten als die doch glücklichen wiederhergestellt wünschte, zu einem Dokument der Bestandsaufnahme. Eine Bestandsaufnahme der Wurzeln und Wirkungen des Judenhasses, vor allem in der Frankfurter Geschichte bis auf seine Zeit. Er wies nach, daß der «staatswissenschaftliche Standpunkt» des Holst die hundert Jahre alte Haßschrift des Johann Andreä Eisenmenger aufgenommen und fortgeführt hatte. Und eingehend auf die Länge des Eisenmengerschen Titels, mehr als eine Seite, konnte und wollte Börne, bei all der Schwere des Themas, nicht auf spöttelnde Ausfälle verzichten: «Wie bedaurungswürdig, daß der schöne gotische Baustil der deutschen Sprache ganz verloren gegangen ist! Man vergleiche das ehrwürdige hohe und geräumige Portal des Eisenmengerischen Judentempels mit dem winzigen Thitel des Herrn Dr. Holst ‹Judenthum in allen dessen Theilen›; das ist so zerbrechlich als die Glastüre eines Zuckerbäckerladens.»

Er wußte es, und er sagte es, daß seine Zeitgenossen ihre Vorstellungen über Juden von Eisenmenger und von ihren Ammen nahmen, und wies darauf hin, daß diese Leute nichts von der Judenwelt seiner Zeit kannten: «Die jetzt lebende jüdische Jugend weiß gar nichts mehr vom Talmud oder lebt doch nicht mehr danach.» Er kämpfte dafür, daß man nicht «in alte Barbarei zurückfallen» mußte. Er erinnerte daran, wie es war, als zur Franzosenzeit in Frankfurt für alle Einwohner die vollen Bürgerrechte in Kraft getreten waren: «Ich habe es gesehen –

Ihr habt friedlich mit ihnen gelebt und manche Apfelwein-Brüderschaft mit ihnen getrunken.»

Er kannte die Denkweise der christlichen Kaufleute, wie sie aus dem Stil der Geschäftsbriefe hervorging, führte, um dann zu einer zwingenden Verknüpfung zu gelangen, ein Beispiel an, mit welcher Wendung eine Sendung bestätigt wurde: «Sehr schönen geräucherten Lachs und frische Austern habe erhalten.» Er wies auf die Gewohnheit hin, wie sie, um wohlanständig und bescheiden zu wirken, das Ich weglassen. «Aber Kenner der Sprache und des menschlichen Herzens wissen recht gut, daß der Egoismus in dem aller Zeiten Zeitwort *haben* versteckt ist.»

In diesem Augenblick, als der Gedankengang bis zur Offenlegung des Zwangs «haben, haben, haben» in der von ihm tief verachteten Welt dieser Kaufleute geführt war, ging er, daran anknüpfend, weiter zu dem bittersten Wissen: daß dieser mit dem Habenwollen zusammengebundene Haß sich von Generation zu Generation vererbt. Er sagte es in seiner Entgegnung auf Holst: «Der Verfasser zeigt sich als liebender Vater, indem er dafür sorgt, daß nach seinem Tode kein einziger Jude dem Erbhasse seiner Kinder entzogen werde. Darum beschließt er testamentarisch, daß ein Jude, selbst wenn er ein Christ wird, immer noch ein Spitzbube bleibe, ja, daß er dann ein doppelter Spitzbube werde. Das ist gewiß eine naive Erklärung! Er verordnet: jüdisches Blut bedürfe zu seiner Reinigung einer dreifachen Filtration, und erst dem Enkel eines getauften Juden, und auch nur in dem Falle, wenn er sich mit einer christlichen Familie vermählt, wären Staatsbürgerrechte einzuräumen.»

In dieser Schrift, die er *Der ewige Jude* nannte, ist das Herz des Mannes, der sich als einen Sohn der Revolution verstand, vor uns aufgetan wie ein Fenster. Wir dürfen hineinschauen, mit dem Abstand von mehr als einem und einem halben Jahrhundert. Er führt uns in einer Frageliste, die gleichzeitig eine Zusammenstellung von Anklagepunkten ist, mitten hinein in die Gesellschaft der verwandelten Apfelwein-Brüderschafts-Trinker: «Ihr Herren von Hamburg, Frankfurt, Lübeck und Bremen, antwortet mir: Ihr klagt, die Juden ergeben sich alle dem Schacher, und dennoch verhindert Ihr die geistige Entwicklung derer, die sich vom Schacher losmachen? Ich lasse mich nicht abweisen, ich will Antwort darauf haben. Ihr Herren von Frankfurt, sagt mir, warum sollen nur vier jüdische Ärzte, warum sollen gar keine Juden Advokaten sein dürfen? Seid so gut und antwortet mir. Schreiben die jüdischen Ärzte ihre Rezepte etwa in hebräischer Sprache? Heilen sie die Hautkrankheiten nach den Regeln des Alten Testaments? Stellen sie wucherhafte Rechnungen für Arztlohn? Haben die jüdischen Advokaten die Institutionen und Pandekten (eine aus mehreren Büchern bestehende Sammlung von Rechtssprüchen des römischen Rechts – d. A.) nicht im Kopfe? Rechten sie etwa nach dem Talmud? Ihr Herren von dem Frankfurter Gelehrten-Verein, antwortet mir: warum kann kein jüdischer Gelehrter Mitglied dieses Vereins werden? Ihr Herren des Frankfurter Museums für Kunst und Wissenschaft, antwortet mir: warum nehmt Ihr keinen jüdischen Freund der Kunst und Wissenschaft, keinen jüdischen Gelehrten oder Künstler auf? Ihr Herren der Frankfurter Lesegesellschaft, antwortet mir: warum darf kein Jude unter Euch sitzen und den allgemeinen Anzeiger lesen? Ihr Herren von der Frankfurter Gesellschaft zur Beförderung nützlicher Künste, antwortet mir: warum darf kein Jude die nützlichen Künste befördern helfen? Ihr Herren vom Frankfurter Casino, Euch frage ich nicht, warum Ihr keinen Juden unter Euch duldet, denn Ihr seid Handelsleute. Aber Jene frage ich wiederholt, und noch einmal sei es gesagt, ich lasse mich nicht abweisen und will Antwort haben. Wie! Die Körperschaft der Advokaten, die der Ärzte, der Gelehrten-Verein, das Museum, die Lesegesellschaft, die Beförderer nützlicher Künste, diese zusammen bilden vielleicht tausend Menschen, welche Alle die Feder zu führen geübt sind, und nicht einer sollte aufstehen unter ihnen, der mich öffentlich Lügen straft, oder der beweist, daß ich für die Juden das Unziemliche gefordert oder daß kein einziger Jude in Frankfurt eine Auszeichnung verdiene? Wenn Ihr Recht habt, so tretet hervor und verteidigt Euer Recht!»

Börne war es gewöhnt, über seine Worte zu gebieten wie ein Feldherr über ein Heer gut ausgerüsteter Soldaten, der Vergleich lag ihm, er legte Wert darauf, durch dieses Bild deutlich zu machen, daß er, der Feldherr, mit klarer, ruhiger Übersicht seine Truppen im «Drange und Sturme» voranschickte. Mit dieser feurigen Beredsamkeit, gespeist aus den Kenntnissen über die Vorgänge der Geschichte und über das Tagesgeschehen im «ungelehrigen Deutschland», fand er zu einem Bekenntnis: «Ich liebe nicht den Juden, nicht den Christen, weil Jude oder Christ; ich liebe sie nur, weil sie Menschen sind und zur Freiheit geboren. Freiheit sei die Seele meiner Feder, bis sie stumpf geworden ist oder meine Hand gelähmt. Leben ist Lieben. Ihr aber seid Sklaven Eures Hasses.»

Die Frankfurter Judengasse

Und elf Jahre später, in seinem vierundsiebzigsten Brief aus Paris, schrieb er am Dienstag, dem 27. Februar 1832, beim Nachdenken über den Judenhaß: «Tausendmale habe ich es erfahren, und doch bleibt es mir ewig neu. Die einen werfen mir vor, daß ich ein Jude sei; die anderen verzeihen es; der dritte lobt mich gar dafür; aber alle denken daran. Sie sind wie gebannt in diesem magischen Judenkreise, es kann keiner hinaus. Auch weiß ich recht gut, woher der böse Zauber kommt. Die armen Deutschen! Im untersten Geschosse wohnend, gedrückt von den sieben Stockwerken der höheren Stände, erleichtert es ihr ängstliches Gefühl, von Menschen zu sprechen, die noch tiefer als sie selbst, die im Keller wohnen. Keine Juden zu sein, tröstet sie dafür, daß sie nicht einmal Hofräte sind.»

I. G. Farben

Das große Verwaltungsgebäude der I. G. Farbenindustrie AG, von Hans Poelzig entworfen, steht in Frankfurt am Main. Nach der Niederlage des Nazireiches wurde es von der amerikanischen Armee beschlagnahmt und dient als Verwaltungsgebäude der amerikanischen Armee in der Bundesrepublik Deutschland. Hier thronte bis zur Kapitulation der größte deutsche Trust, der größte Konzern der chemischen Industrie in der kapitalistischen Welt.

«Ohne die IG-Farben mit ihren riesigen Produktionsstätten, ihrer weitreichenden Forschung und vielfältigen technischen Erfahrung sowie ihrer umfassenden Konzentration wirtschaftlicher Macht wäre Deutschland im September 1939 nicht in der Lage gewesen, seinen Angriffskrieg zu beginnen.» Das stellten amerikanische Sachverständige fest, die von General Eisenhower, dem Oberbefehlshaber der westalliierten Streitkräfte, beauftragt waren, die Rolle der I. G. Farben bei der Rüstungsproduktion zu untersuchen.

Wie war dieser gewaltige Trust an der Judenermordung beteiligt? Was wußten die Herren? Haben sie etwas dagegen getan? Haben sie die Morde begünstigt? Haben sie daran profitiert?

Schon wie die I. G. Farbenindustrie AG entstand, das ist ein Roman der Industrie- und der Kriegsgeschichte, die im ersten Weltkrieg 1914 bis 1918 begann und die im zweiten Weltkrieg 1939 bis 1945 eine schicksalhafte Bedeutung bekam.

Es darf nicht verschwiegen werden, daß es sehr tüchtige Männer gab, die als Chemiker, als Techniker, als Kapitaleigner und als weitblikkende Organisatoren zum Aufbau und zur Macht dieses Unternehmens beigetragen haben, Männer, die jüdischer Herkunft waren. Daß sie spätestens 1937 ausgeschaltet wurden, steht auf einem anderen Blatt. Denn die führenden Herren der I. G. Farben hatten keine Rassenvorurteile. Was ihnen nützlich erschien, war ihnen genehm. Wenn es ihnen in ihrem Gewinnstreben hinderlich war, trennte man sich. Geld spielte dabei keine Rolle.

Sie dachten über die Nazipartei wie ihr Freund, der Herr Krupp von Bohlen und Halbach: «Wenn man ein gutes Pferd kauft, muß man über einige Fehler hinwegsehen.» Und die Partei Adolf Hitlers war für sie ein so gutes Pferd.

Die drei Gründergesellschaften, die in der I. G. Farben das Sagen hatten, waren die Badische Anilin- & Soda-Fabrik AG in Ludwigshafen am Rhein (kurz BASF genannt), die Farbwerke Hoechst AG, vorm. Meister Lucius & Brüning, in Frankfurt am Main (Hoechst genannt), die Farbenfabriken Friedrich Bayer & Co. AG in Leverkusen (kurz Bayer genannt). Einige mittlere chemische Werke wurden in die Fusion einbezogen: die AG für Anilinfabrikation Berlin (kurz Agfa genannt), die Leopold Cassella & Co. GmbH in Frankfurt am Main (kurz Casella genannt), die Firma Kalle & Co. AG in Biebrich (kurz Kalle genannt), dann die Chemischen Fabriken vorm. Weiler-ter-Meer in Uerdingen (Bayer Uerdingen genannt), die Chemischen Fabriken Griesheim Elektron in Frankfurt am Main (kurz Griesheim genannt). Beteiligungen bestanden bei der AG für Stickstoffdünger in Knapsack, den Rheinischen Stahlwerken Duisburg, der Duisburger Kupferhütte sowie der Dr. Alexander-Wacker-Gesellschaft für elektrochemische Industrie München. Kartellabsprachen, Preisabsprachen, bestanden mit der Köln-Rottweil AG, Berlin, der Dynamit AG, vorm. Alfred Nobel & Co. in Hamburg. Auch international war die I. G. Farben durch Kartellabsprachen mit den größten Werken des Auslands verbunden, wie der Firma Kuhlmann in Frankreich, der ICI in Großbritannien, der Montecatini in Italien, dem Aussiger Verein in der Tschechoslowakei, der Boruta in Polen, der Mitsui in Japan und den amerikanischen Konzerngesellschaften der Rockefellerschen Standard Oil, der Morganschen DuPont und der Dow Chemical. Die einzelnen Firmen und auch die gesamte I. G. Farben schufen immer neue Produktionsstätten, so die BASF die Leuna-Werke in Leuna, die Gesamt-I. G. Farben die Buna AG in Schkopau (Kreis Merseburg) und das Elektrochemische Werk in Bitterfeld. Außerdem bestanden noch zahlreiche Beteiligungen an anderen chemischen Werken. Es gab direkten und indirekten Einfluß auf viele chemische Betriebe durch Vergabe von Lizenzen und Patenten.

Im Jahr 1909 wurde durch Fritz Haber, einen Chemiker jüdischer Herkunft, in der BASF in Ludwigshafen eine sensationelle Erfindung gemacht. Es gelang ihm, Ammoniak herzustellen, künstlichen Ammoniak aus Stickstoff und Wasserstoff, beides Elemente, die in der Luft vorhanden sind. Ammoniak ist der Grundstoff für Salpeter und Salpeter ein sehr wichtiges Düngemittel für die Landwirtschaft. In Chile gibt es große Vorkommen von Salpeter. Dieses südamerikanische Land besaß bis dahin fast ein Monopol für die ganze Welt. Noch gab es keine Technik, das künstliche Ammoniak in Großanlagen herzustellen. Ein junger Ingenieur der BASF, Carl Bosch, wurde beauftragt, ein industrielles Verfahren zu entwickeln. Erst 1913 gelang das. Und die BASF baute in Oppau bei Ludwigshafen eine ganze Fabrikanlage zur Herstellung von künstlichem Ammoniak: das Haber-Bosch-Verfahren. Anfang 1914 wurden täglich etwa vierzig Tonnen synthetischen Ammoniaks produziert. Man wußte aber auch sehr genau um die große militärische Bedeutung dieses Ammoniaks, als Grundstoff für die Schießpulverherstellung.

Als am 1. August 1914 Kaiser Wilhelm die allgemeine Mobilmachung gegen Frankreich und das zaristische Rußland anordnete, lagen im preußischen Generalstab Pläne fest, wie ein Krieg, ein Zweifrontenkrieg, geführt und gewonnen werden konnte. Diese Pläne waren von Generalfeldmarschall Graf von Schlieffen entworfen worden. Der Schlieffen-Plan galt in preußisch-deutschen Militärkreisen als ein Evangelium. Er sah vor, mit einer großen Heeresmacht über das neutrale Belgien nach Frankreich einzubrechen und die französischen Verteidigungslinien, die nur an der deutschen Grenze errichtet worden waren, zu umgehen. Und gegen Rußland sollte die Front mit einer kleinen Truppe gehalten werden, bis etwa nach vier bis sechs Wochen Frankreich besiegt wäre und dann die ganze deutsche Heeresmacht gegen Osten eingesetzt werden könnte. Das russische Heer galt in den preußisch-deutschen Generalstabskreisen als ein nicht ebenbürtiger Gegner. Man hatte die Schwäche der russischen Armee schon im Krieg gegen Japan 1905/06 beobachten können und war davon überzeugt, in zwei Monaten sei dieser Krieg vorbei. Selbst wenn England als Garantiemacht der belgischen Neutralität in den Konflikt eingreifen würde, war man sicher, England allein würde sich nicht gegen die preußisch-deutsche Militärmaschinerie verteidigen können und um Frieden bitten. Damit könnten alle Kriegsziele verwirklicht werden, die der Alldeutsche Verband schon seit 1909 propagiert hatte und die nun ganz offen von der kaiserlichen Reichsregierung postuliert wurden.

Im preußischen Kriegsministerium und dem ihm zugeordneten Generalstab gab es keine Pläne, was geschehen würde, wenn der Krieg länger als zwei, drei Monate dauern sollte. So wurden auch alle diensttauglichen Arbeiter der Ammoniak-Fabrik in Oppau eingezogen, die Produktion kam zum Stillstand.

Es gab aber Männer in Kreisen der kapitalistischen Wirtschaft in Deutschland, die weiter sahen als der Generalstab. Unter ihnen war Walther Rathenau, einer der besten Köpfe unter den Industriellen. 1914 war er Mitglied des Vorstandes der AEG, der Allgemeinen Elektricitäts-Gesellschaft, die sein Vater, Emil Rathenau, gegründet hatte. Aber er war nicht nur Sohn seines Vaters. Nach seinem Universitätsstudium ging er als Angestellter in ein Schweizer Aluminium-Unternehmen, das mit den Mitteln der AEG ins Leben gerufen war. Dort entwickelte er ein neues elektrochemisches Verfahren.

Dieser Mann, der auch einige philosophische Bücher geschrieben hatte, erwarb in Berlin einen legendären Ruf. Er wurde in der ersten Hälfte des Kriegsmonats, August 1914, vom preußischen Kriegsminister Erich von Falkenhayn empfangen. Walther Rathenau verhehlte nicht, daß er eine andere Ansicht hatte über die Dauer des Krieges als die preußischen Generale. Er machte ihn darauf aufmerksam, daß Ammoniak unerläßlich sei für die Landwirtschaft und für die Ernährung der Bevölkerung während des Krieges, wenn die englische Kriegsflotte die Lieferung des Chile-Salpeters behindern würde. Außerdem würde bei einem längeren Krieg der Bedarf an Schießpulver steigen. Es genüge eben nicht, nur Gewehre, Maschinengewehre und Kanonen zu produzieren. Walther Rathenau war das, was man damals einen deutschen Patrioten nannte. Er wollte den Sieg Deutschlands, er wollte den Kriegsminister auf Unterlassungen in der Planung aufmerksam machen. Von Falkenhayn war intelligent genug zu begreifen, daß dieser Mann weiter dachte als alle seine Generale. Er bat Walther Rathenau, an die Spitze einer Kriegsrohstoffbehörde innerhalb seines Ministeriums zu treten, um auch für einen längeren Krieg vorbereitet zu sein. Rathenau stattete seine Behörde mit den besten Wirtschaftlern, Chemikern, Technikern aus. Er ernannte Fritz Haber, der am Kaiser-Wilhelm-Institut für physikalische Chemie und Elektrochemie beschäftigt war, zum Leiter der Chemieabteilung.

Die Offiziere des Kriegsministeriums taten alles, um Rathenaus Arbeit zu behindern. Sie lehnten die Bevormundung durch einen Juden und Zivilisten kategorisch ab. Aber von Ende September 1914 an zeigte es sich, daß Rathenaus Warnungen berechtigt waren. Der Schlieffen-Plan war zusammengebrochen, Paris wurde nicht erobert. Der erste Weltkrieg wurde kein Blitzkrieg. Er erstarrte in einem mörderischen Stellungskrieg.

Der Schießpulverbedarf stieg in ungeahnten Mengen. Das Werk Oppau mußte mit voller Kraft arbeiten, um eine Niederlage für den deutschen Imperialismus zu vermeiden. Haber und Bosch wurden von Rathenau veranlaßt, in größter Eile ihren synthetischen Ammoniak industriell in Salpetersäure umzusetzen. Dennoch, bevor das Projekt

Produktionsergebnisse erzielte, wollten die preußischen Militärs auf den so bewährten Chile-Salpeter zurückgreifen. Die Flotte sollte die britische Blockade durchbrechen. Ein Admiral, Graf Spee, wurde beauftragt, mit einem starken Marinegeschwader zunächst die britischen Falklandinseln zu erobern, um eine Operationsbasis nach Chile zu erhalten. Die britische Admiralität bekam Kenntnis von dieser abenteuerlichen Expedition der deutschen Kriegsmarine, sie stellte sich zur Seeschlacht und versenkte alle deutschen Kriegsschiffe bis auf eines. Die Schlacht um das Schießpulver konnte nicht an den Falklandinseln entschieden werden, sie war nur in Oppau zu gewinnen.

Eine Gruppe von deutschen Chemikern unter Führung des Fritz Haber kam auf eine andere schreckliche Idee, wie man den Krieg rasch zu einer Entscheidungsschlacht bringen könnte. Mit Abfallprodukten der Chemie war man in der Lage, Giftgas herzustellen. Die Haager Konvention, die von allen Großmächten unterzeichnet war, verbot den Einsatz von Giftgas während eines Krieges. Aber die Aussicht, durch einen Überraschungsangriff mit Giftgas die feindlichen Linien zu zerstören, war für die deutschen Militärs und die deutschen Chemiker so verlockend, daß sie dieser Versuchung nicht widerstehen konnten.

Die Giftgasproduktion wurde den Bayer-Werken in Leverkusen übertragen. Hier zeigte sich die arbeitsteilige Planung dieser tatsächlich schon bestehenden Interessengemeinschaft unabhängiger Chemiekonzerne. Eine Chlorkohleoxydverbindung aus Leverkusen sollte erst einmal zur Probe Ende Januar gegen russische Truppen eingesetzt werden. Aber diesmal siegte General Winter. Die große Kälte verhinderte, daß Gas gegen die russischen Truppen ausströmen konnte, es war gefroren.

Nun arbeitete Fritz Haber selber mit den Chemiewerken und dem Kaiser-Wilhelm-Institut an der Herstellung eines wirkungsvolleren Giftgases. Im April 1915 sollte dieses Gas an der Westfront eingesetzt werden. Haber war davon überzeugt, daß bei dem ersten überraschenden Einsatz von Giftgas ein breites Loch in der Stellung der französischen Truppen entstehen würde. In einem Memorandum schlug er dem Generalstab vor, große Truppenreserven bereitzustellen, um durch dieses Loch zu stoßen und dann bis Paris und weiter zu marschieren. Aber die Armeeleitung war skeptisch, sie stellte nur eine Kompanie als Reserve zur Verfügung.

Ende April 1915 zogen Fritz Haber und einige Techniker der BASF an die Westfront in die Nähe von Ypern (Belgien). Einige Tausend

Metallgefäße, mit Chlorgas gefüllt, wurden in der vordersten Reihe der Schützengräben in Stellung gebracht. Als der Wind von Osten kam, befahl Fritz Haber am Nachmittag des 22. April 1915, das Giftgas abzulassen.

Die Wirkung war verheerend. Fünfzehntausend Soldaten wurden kampfunfähig. Fünftausend von ihnen starben. Viele der Betroffenen erlitten starke Schäden, die sie lebenslang belasteten. Die Armee hatte aber keine Reserven bereitgestellt, um durch diese Lücke zu stoßen.

Haber wollte das Giftgas auch an der Ostfront einsetzen. Seine Frau Klara bat ihn, davon abzulassen. Er aber bestand darauf, seine Pflicht als Patriot zu erfüllen, alles einzusetzen, damit Deutschland in seiner Not geholfen werde. Seine Frau nahm sich daraufhin das Leben.

Alle Chemiekonzerne beteiligten sich nun an der Herstellung des Giftgases. Es wurde verbessert und verfeinert. Und Herr Haber wirkte führend mit. Kriegsentscheidend wurde diese Waffe nicht. Auch die Alliierten griffen zu der bisher verfemten Waffe.

Nach der Niederlage des deutschen Kaiserreiches stellten die Alliierten eine Kriegsverbrecherliste auf. Als einziger Zivilist stand darauf: Professor Fritz Haber. Das blieb für ihn und die Militärs ohne Folgen. Fast gleichzeitig bekam Fritz Haber auf Beschluß der schwedischen Akademie der Wissenschaften im Jahre 1919 den Nobelpreis für Chemie.

Aber er ging dennoch nach England. Als gebürtiger Jude mußte der Mann, der alles, seinen wissenschaftlichen Ruf, seine Familie, aufgegeben hatte, um für das kaiserliche Deutschland den Sieg zu erkämpfen, 1933 sein Vaterland verlassen. Er ging in das Land, das ihn 1919 als Kriegsverbrecher angefordert hatte.

Seine Erfindungen aber wurden von der I. G. Farben weiterentwickelt, von einem Tochterunternehmen dieses mächtigsten Chemiekonzerns, der Degesch, der Deutschen Gesellschaft für Schädlingsbekämpfung. Ihr Aktienkapital gehörte zu 42,5 Prozent der I. G. Farben. Weitere 42,5 Prozent besaß die Degussa (an ihr war die I. G. Farben mit einem Drittel der Aktien beteiligt), 15 Prozent der Degussa-Aktien gehörten dem Theo-Goldschmidt-Konzern. Trotz dieser Verschachtelung war die führende Rolle der I. G. Farben offensichtlich.

Die Degesch stellte das tödliche Gas Zyklon B her, ursprünglich zur Schädlingsbekämpfung. Von den staatlichen Überwachungsorganen war der Degesch aufgetragen, diesem gefährlichen Gas einen Warnstoff beizumengen, wie beim Haushaltsgas. Ein zufälliges Entweichen sollte sofort bemerkt werden. Ein SS-Mann, Kurt Gerstein, hatte den Geschäftsführer der Degesch, Gerhard Peters, von der neuen Verwendung des Zyklon-B-Gases informiert und angeordnet, daß der Warnstoff künftig bei der Lieferung nach Auschwitz und anderen Vernichtungslagern wegfallen müsse. Gerstein ist später durch das Drama *Der Stellvertreter* von Rolf Hochhuth bekannt geworden; hier wird die Tatsache dargestellt, daß dieser SS-Mann die Nuntiatur des Vatikans in Berlin von seiner Kenntnis der Vergasung jüdischer Menschen unterrichtete.

Die deutsche chemische Industrie, speziell ihr führender Konzern, die I. G. Farben, hatte durch zahlreiche Entdeckungen und Entwicklungen von Medikamenten Weltruf erlangt. Einen Anteil daran hatte ein Chemiker jüdischer Herkunft, Paul Ehrlich, der für das Werk Hoechst das erste wirksame Mittel gegen die Seuche der Menschheit, die Syphilis, fand, das Salvarsan. Auch einige jüdische Kapitaleigner und Chemiker waren an der I. G. Farben beteiligt. Noch am 1. Oktober des Jahres 1933 feierte die chemische Industrie den Tag, an dem der damalige Geheimrat Weinberg fünfzig Jahre zuvor die Deutsche Teerfarben-Industrie gegründet hatte. Man erinnerte sich an den Aufstieg aus der kleinen väterlichen Farbenhandlung Leopold Cassella & Co. in Frankfurt am Main zu einer der wichtigsten Farbenfabriken, an die Verbindung auch von 1905 mit den Hoechster Farbwerken, die zwar das Unternehmen Cassella nicht schluckten, aber pachteten. Die Söhne, Arthur von Weinberg und Dr. Carl von Weinberg, waren sogar vom Kaiser geadelt worden. Arthur trat in den Verwaltungsrat der I. G. Farben ein, und Carl übernahm zwei Jahre später die Funktion des stellvertretenden Aufsichtsratsvorsitzenden der I. G. Farben. Am ersten Weltkrieg beteiligte Arthur sich aktiv als Major der Kavallerie, eine Position, die nie zuvor ein Jude in Deutschland eingenommen hatte. Die Brüder waren nicht nur gute Chemiker und erfolgreiche Finanzleute, sie waren auch begeisterte Pferdesportler und besaßen einen bekannten Rennstall in Frankfurt am Main.

Es waren ja nicht nur die Weinbergs, es waren auch andere bedeutende Chemiker jüdischer Herkunft, die mit ihren Kenntnissen zur Entwicklung der I. G. Farben, besonders der Hoechster Werke, beigetragen hatten: Max M. Warburg, Alfred Merton, Ernst von Simson und Kurt Oppenheim. Dieser starke Anteil an Chemikern jüdischer Herkunft veranlaßte die Nazipartei, den Konzern I. G. Farben als jüdisch versippten Moloch anzugreifen. Sie hatten vergessen, daß einmal gerade ein führender Vertreter der Hoechster Farbwerke, der Leiter der gesamten Verkaufsabteilung des Konzerns, Georg von Schnitzler, ihnen in einer prekären Situation finanziell zu Hilfe gekommen war.

Aber ein führender Mann der Konzernspitze, Carl Bosch, der mit dem Chemiker Fritz Haber das Verfahren zur Herstellung des synthetischen Ammoniaks in die Hand genommen und in industrielle Produktion umgesetzt hatte, wußte, daß seine weitgesteckten Ziele den Beifall der Nazipartei finden würden. Er hatte in diesen Jahren das Verfahren des Chemikers Bergius zur Produktionsreife entwickelt, das Verfahren, aus Kohle synthetisches Benzin herzustellen. Bisher gab es Benzin nur aus Naturöl. Die Ölquellen aber lagen, mit Ausnahme der rumänischen, fern in der Sowjetunion, in Nord- und Südamerika, in damals Niederländisch-Indien, Persien und in arabischen Ländern. Das deutsche Reich besaß keine natürlichen Erdölquellen. Ein kommender Krieg konnte nur auf einer Woge von Öl, das hieß Benzin, Motoren- und Dieselöl, gewonnen werden. Man hatte in Leuna ein Werk gebaut, das im wesentlichen das Bergius-Verfahren anwandte, allerdings war das synthetische Benzin auf dem Weltmarkt um ein vielfaches teurer als das aus Erdöl gewonnene.

Innerhalb der Direktion der I. G. Farben gab es große Widerstände gegen das Leuna-Projekt. Bosch versuchte, eine Verbindung zu Hitler anzubahnen. Generaldirektor der I. G. Farben war damals Carl Duisberg. In seiner Presseabteilung saß ein Heinrich Gattineau, Schüler des Nazi-Geopolitikers Karl Haushofer, er hatte gute Verbindungen zur Nazipartei. Adolf Hitlers Partei war bereit, ihren Frieden mit der I. G. Farben herzustellen. Und sie war auch bereit, Millionen in Empfang zu nehmen. Nach diesem Erfolg wurde Gattineau vom I. G. Farben-Direktorium nach Berlin versetzt, um von dort die Verbindung zur Nazipartei noch besser zu gestalten.

Als bei den Reichstagswahlen im Juli 1932 die NSDAP den größten Zulauf bekam (230 von 608 Reichstagsmandaten), hielt Carl Bosch es für geraten, eine direkte Verbindung zu Hitler herzustellen. Er beauftragte Gattineau, ein Treffen Hitlers mit Bütefisch zu arrangieren, dem technischen Direktor bei Leuna und führenden Chemiker bei der industriellen Verwertung des Bergius-Verfahrens.

Es kam zu einem Gespräch zwischen Hitler, Gattineau und Bütefisch. Hitler, der sich über die Position Bütefischs informiert hatte, erläuterte dem Chemiker, wie sehr er an der synthetischen Benzin- und Ölherstellung interessiert sei, auch unter wirtschaftlich nicht rentablen

Bedingungen. Deutschland müsse in dieser Frage vom Ausland unabhängig werden. Dafür sei er, Hitler, bereit, größere Opfer zu bringen. Man hatte für die Unterredung eine halbe Stunde geplant; Hitler sprach zweieinhalb Stunden und versicherte zum Schluß der Unterredung, er werde die I. G. Farben voll und ganz unterstützen.

Als die Kommunisten bei der nächsten Reichstagswahl einen großen Wahlsieg errangen und die Nazis vierunddreißig Sitze verloren, traten die Spitzen des Großkapitals zusammen. Es war im November 1932. Achtunddreißig Herren aus Industrie und Bankwesen unterstützten nun ganz öffentlich Hitler. Es waren dabei: der Reichsbankpräsident Hjalmar Schacht und der Bankier Baron von Schröder aus Köln; es fehlten nicht Cuno vom Norddeutschen Lloyd, Krupp von Bohlen und Halbach, Vögler und Thyssen von der Stahlindustrie. Es konnten nicht fehlen die Firma Siemens und nicht Robert Bosch, der Gründer der Robert-Bosch-Elektrofirma in Stuttgart. Es war ein trauriger Abschied dieses Herrn Bosch, der sich immer gerühmt hatte, ein süddeutscher Demokrat zu sein, ja sogar mit Clara Zetkin freundschaftlich verkehrt zu haben. Jetzt war er unter die Fittiche von Adolf Hitler gekrochen.

Nur die I. G. Farben hatte abgewinkt. Sie wollte die Entwicklung abwarten. Sonst war auf dieser Versammlung fast die gesamte deutsche Großindustrie vertreten. Das überzeugte den alten Generalfeldmarschall von Hindenburg. Am 30. Januar 1933 berief er Adolf Hitler zum Reichskanzler.

Und wieder sollten Reichstagswahlen abgehalten werden. Am 20. Februar des gleichen Jahres fand abermals eine Versammlung der großindustriellen Prominenz statt. Hjalmar Schacht war der Initiator; und schon ereignete sich dieses Treffen im Dienstsitz von Hermann Göring.

Jetzt konnte und durfte die I. G. Farben nicht fehlen. Sie war durch Baron Georg von Schnitzler vertreten, Mitglied des Direktoriums und ihr kaufmännischer Leiter. Schacht hatte ein Ziel. Er wollte Spenden für die Nazipartei erbitten.

Herr Georg von Schnitzler sagte vierhunderttausend Mark zu; es war die größte Spende unter den drei Millionen, die an diesem Nachmittag überreicht wurden. Was Rang und Klang und Namen hatte in der deutschen Großindustrie, unterstützte Hitler offen.

Kurz nach dem Reichstagsbrand kam es zum erstenmal zu einem Zusammentreffen Carl Boschs mit Hitler. Das Treffen verlief, solange es um die synthetische Benzin- und Ölproduktion ging, in voller Harmonie. Hitler bekundete seine Unterstützung für dieses Programm, auch bei einem höheren Preis für Benzin und Öl als auf dem Weltmarkt.

Als nun Carl Bosch bat, die jüdischen Wissenschaftler in Chemie und Physik weiter beschäftigen zu dürfen, wollte Hitler nicht darauf eingehen. Bosch entgegnete, wenn die Herren aussteigen müßten, würde die deutsche Chemie und Physik um hundert Jahre zurückgeworfen werden. Jetzt schrie Hitler: «Dann werden wir hundert Jahre lang ohne Physik und Chemie arbeiten!» Als Bosch mit Vernunftgründen erwidern wollte, befahl Hitler seinem Adjutanten, Carl Bosch hinauszubegleiten. Dieses berichtet Karl Holdermann 1954, der Biograph von Carl Bosch.

Im weiteren Verlauf der Zusammenarbeit zwischen der I. G. Farben und der Nazipartei durften die Differenzen wegen der jüdischen Chemiker und Physiker nicht mehr stören. Die Geschäfte und die Gewinne waren zu groß, die man mit der neuen Regierung machen konnte. Die I. G. Farben arrangierte sich. Hermann Schmitz, ein führendes Mitglied der I. G. Farben, wurde zum Ehrenmitglied der NSDAP ernannt und in den Reichstag entsandt. Bütefisch, Direktor der Leuna-Werke, wurde Obersturmbannführer der SS. Das gegenseitige Einvernehmen wuchs. Ein zweites Projekt interessierte die Nazipartei genauso wie das Projekt der künstlichen Benzin- und Ölherstellung: Buna. Die Herstellung von künstlichem Gummi aus Kohle und Kalk als Ersatz für die Importe natürlichen Gummis aus den tropischen Ländern Amerikas oder Asiens.

Die Beziehungen zwischen I. G. Farben und Nazipartei wandelten sich nach der Machtübernahme Hitlers. Man brauchte auch die Erfahrung der I. G. Farben-Chemiker beim Aufbau der sogenannten Schwarzen Luftwaffe. Militärflugzeuge waren nach dem Versailler Friedensvertrag verboten.

Der Staatssekretär Milch von Görings Luftfahrtministerium wurde beauftragt, sich mit dem I. G. Farben-Direktor Carl Krauch in Verbindung zu setzen. Milch, ein ehemaliger Kampfflieger des ersten Weltkriegs, hatte einen jüdischen Vater. Das hinderte Göring nicht, ihn zum Staatssekretär zu ernennen. Nur mußte die Mutter des Staatssekretärs versichern, ihr Sohn rühre von einem anderen Herrn her. Göring hatte zu diesem Verfahren geäußert: «Wer Jude ist oder nicht, bestimme ich.» Milch und Krauch sollten darüber verhandeln, ob synthetisches Benzin und Öl für Militärflugzeuge brauchbar sei. Produktionszahlen dieses besonderen Flugzeugbenzins wurden besprochen. Ein amerikanischer Autor, Joseph Borkin, hat in seinem Buch *Die unheilige Allianz der I. G. Farben* über die Beziehungen der leitenden Herren dieses gewaltigen Konzerns ausführlich berichtet. Er wies nach, daß zu dieser Zeit, 1933 bis 1935, sich immer mehr der führenden Direktoren zu den Nazis bekannten. Er beschrieb, daß Carl von Weinberg, damals stellvertretender Aufsichtsratsvorsitzender des Gesamtkonzerns, einem Vertreter des amerikanischen Chemiekonzerns DuPont erklärte, er gebe dem Nationalsozialismus seine volle Zustimmung. Weinberg sagte, er habe sein gesamtes Vermögen in Deutschland investiert und besäße außerhalb des Landes keinen Pfennig. So zeigte sich, wie auch jüdische Industrielle aus Angst vor dem Kommunismus Sympathien für die Nazipartei bekundeten. Vielleicht glaubten sie, die antisemitische Propaganda der Nazis sei ablösbar. Sie hatten außer acht gelassen, wie andere auch, daß eine solche Propaganda, die der Nazipartei die Massen zugetrieben hatte, eine Eigengesetzlichkeit bekam.

Die Zusammenarbeit auf geschäftlicher Basis wurde fortgesetzt. Am 14. Dezember 1933 kam es zu einem Vertrag der I. G. Farben mit dem Wirtschaftsministerium, einem Vertrag, der von Hitler befürwortet wurde. Die I. G. Farben verpflichtete sich, ihre Benzinhydrier-Anlagen auszubauen, so daß bis Ende 1937 dreihundert- bis dreihundertfünfzigtausend Tonnen produziert werden könnten. Als Gegenleistung wurde ein Preis festgesetzt, der die Kosten decken und der I. G. Farben eine Gewinnspanne von fünf Prozent garantieren sollte. Im Vertrag wurden außerdem steuerliche Begünstigungen eingebaut. Ähnliche Vereinbarungen wurden für die Buna-Produktion aufgenommen. Die chemische Produktion war schon vor 1933 theoretisch entwikkelt, aber industriell wurde die Sache erst interessant, als die Wiederaufrüstung begann, als das Kriegsministerium sich zu großen Aufträgen entschloß und Preise für diesen Kautschuk bezahlte, die weit über dem Weltmarktpreis lagen. Hier waren die Preisdifferenzen noch viel größer als bei Öl und Benzin. Die Herstellung eines Autoreifens aus Naturkautschuk kostete achtzehn Mark, bei der Verwendung von Buna-Gummi zweiundneunzig Mark. Die Qualität der Bunareifen wurde von Militärstellen bezweifelt. Aber die Nazipartei setzte sich über all diese Einwände hinweg. Man wollte, koste es, was es wolle, vom Ausland unabhängig sein. 1935 wurde offiziell erklärt, das Problem des Kunstkautschuks sei endgültig gelöst, nun könne mit der industriellen Fertigung begonnen werden.

1937 stellte sich die I. G. Farbenindustrie AG vollkommen in den Dienst der Nazipartei, die Nazipartei ganz in den Dienst der I. G. Farben. Den Direktoren war empfohlen, der NSDAP beizutreten. Die Führenden taten es oder hatten es schon getan. Carl Krauch und vor allem Fritz ter Meer, Georg von Schnitzler, Otto Ambros, Hermann Schmitz. Gleichzeitig wurden alle jüdischen Direktoren und Chemiker entlassen.

Carl von Weinberg, der sich so begeistert über die Nazipartei geäußert hatte, mußte gehen. Und sein Bruder Arthur von Weinberg. Auch Otto von Mendelssohn-Bartholdy, Richard Merton, Ernst von Simson, Alfred Merton, Wilhelm Peltzer und Gustav Schlieper.

Carl Bosch, der sich allzu sehr für seine jüdischen Kollegen engagiert hatte, war als Generaldirektor für die Aktionäre bereits 1935 nicht mehr zeitgemäß gewesen. Er hatte den nur noch repräsentativen Platz als Vorsitzender des Aufsichtsrats erhalten und war damit aus der Leitung des Trusts ausgeschieden. Man hatte dem viel geschmeidigeren und anpassungsfähigeren Hermann Schmitz die Funktion des Generaldirektors übertragen.

Die Verschmelzung der I. G. Farben mit dem Staat wurde immer enger. Carl Krauch war Görings Vierjahresplan-Generalbevollmächtigter für chemische Erzeugnisse, des Reichsmarschalls unentbehrlicher und geschätzter Ratgeber. Krauch forderte, er allein solle über die Herstellung von Sprengstoffen, Schießpulver und Giftgas entscheiden. Die Kontrolle über den gesamten Chemiebereich solle in der Kompetenz seiner Behörde liegen. Wie Joseph Borkin berichtet, wurde Krauch zum Symbol des Rüstungsbeitrags der I. G. Farben. Auf einer Geburtstagsfeier zu seinen Ehren bedankte sich Göring bei dem Generaldirektor der I. G. Farben, Schmitz, dafür, daß er ihm Krauch überlassen hatte. Als Deutschlands Wehrmacht Europa überrannte, überreichte Hitler Krauch einen Orden und nannte ihn einen Mann, der großartige Siege auf dem Schlachtfeld der deutschen Industrie errungen habe.

Hier ist nicht der Ort, zu beschreiben, wie sich die I. G. Farben bei der Eroberung von der Tschechoslowakei, von Polen, Frankreich, Belgien und Holland an die Fesseln der Wehrmacht heftete und mit allen Mitteln des Drucks, der Judendiffamierung und -ausschaltung, auch mit unbegrenztem finanziellem Aufwand und Erpressung, sich die besten und größten Werke in den besetzten Ländern aneignete.

In Frankreich war die Geschäftsleitung der I. G. Farben so vorsichtig, in einen Übernahmevertrag der bedeutendsten chemischen Werke eine Klausel einzubringen, die eine Gültigkeit dieses Vertrages auch bei der Niederlage Deutschlands untermauern sollte. Fritz ter Meer, einer der begabtesten und brutalsten Direktoren der I. G. Farben – ein Nachkomme der Familie ter Meer, der Begründer der Chemischen Fabriken, vormals Weiler-ter-Meer in Uerdingen –, schrieb während der Vertragssitzung mit den französischen Kontrahenten auf seinen Aktendeckel: «Im Wald, da sind die Räuber.» Die Herren wußten, was sie taten. Sie hätten schreiben müssen «die Raubmörder».

Doktor Fritz ter Meer war auch der Hauptinitiator der Kooperation mit der SS. Sie arbeiteten eng zusammen bei der Gründung des Konzentrationslager-Komplexes Auschwitz. Die Reichsregierung plante den Angriffskrieg gegen die Sowjetunion. Sie wußte, wie schwach die Rohstoffdecke war. Man brauchte die Abstimmung mit der I. G. Farbenindustrie. So rief das Reichswirtschaftsministerium Doktor Fritz ter Meer und Otto Ambros zu einer geheimen Sitzung, und man berichtete den Herren, die Reichsregierung brauche dringend eine höhere und größere Buna-Kapazität. Es müßten neue Buna-Fabriken gebaut werden. Die bisherigen Buna-Fabriken in Hüls und Schkopau mußten die Produktion erweitern. Den Vertretern der I. G. Farben wurde eröffnet, daß die Reichsregierung eine Produktionserweiterung mit allen Kräften fördern werde.

Der Bevollmächtigte für den chemischen Bereich, der langjährige I. G. Farben-Direktor Carl Krauch, schickte Otto Ambros, einen der hoffnungsvollsten Chemiker der I. G. Farben, nach Polnisch-Schlesien, um dort einen günstigen Standort zu wählen.

Über den Werdegang dieses Mannes und seinen Charakter soll später noch genau berichtet werden. Jedenfalls war Ambros führend an der Entwicklung der neuen Formel für die Herstellung von chemischem Kautschuk, dem sogenannten Buna, beteiligt. Der damalige Generaldirektor der I. G. Farben hatte ihm den Bau und die Leitung der ersten Buna-Fabrik in Schkopau übertragen.

Sehr bald hatte Otto Ambros den geeigneten Standort gefunden, bei der Stadt Auschwitz, polnisch Oświęcim, in der heutigen Wojewodschaft Kraków, fünfzig Kilometer westlich von Kraków. Im Jahre 1900 wohnten dort sechstausendachthundert Einwohner, davon waren dreitausendsiebenhundert Polen jüdischer Religion.

Aber bereits am 18. April 1940 hatte der Schutzlagerführer Rudolf

Höss – schon in Sachsenhausen als brutaler Schläger gefürchtet – das gleiche Gelände auf seine Brauchbarkeit für ein weiteres Konzentrationslager geprüft.

Am 27. April befahl Himmler, auf Grund der Empfehlungen von Höss, hier ein Konzentrationslager zu errichten, das sich an alte österreichisch-ungarische Kasernen anschließen sollte. Das Lager Auschwitz I, das sogenannte Stammlager.

Am 30. April wurde Höss Kommandant dieses neuen Lagers. Schon im Mai wurden die ersten kriminellen Häftlinge nach Auschwitz gebracht, sie sollten dort als Funktionshäftlinge ausgebildet werden.

Am 22. November 1940 wurden Häftlinge im Stammlager Auschwitz erschossen, als Geiseln. Ihre Leichen wurden in den schon vorher gebauten Krematorien verbrannt.

Am 6. Januar 1941 kam der I. G. Farben-Direktor, Doktor Otto Ambros, besichtigte die Gegend und hielt den Standort für die Errichtung einer Buna-Fabrik für geeignet.

Der Bericht von Ambros muß direkt an Krauch gegangen sein, denn am 18. Februar 1941 befahl Göring die Aussiedlung aller Juden aus der Stadt Auschwitz. In die Häuser, die nun frei waren, sollten die Techniker einziehen. Sofort dachte man daran, auch die Häftlinge aus dem Stammlager in Auschwitz beim Bau zu beschäftigen.

Schon am 1. März 1941 kam Himmler nach Auschwitz. Und gab neue Befehle. Das Stammlager sollte soweit vergrößert werden, daß dort dreißigtausend Häftlinge aufgenommen werden könnten. Sechs Kilometer weiter wurde ein neues Gebiet um das Dorf Birkenau abgesteckt. Hier sollte Höss ein riesiges Konzentrationslager für einhunderttausend Häftlinge und Kriegsgefangene errichten. Er gab auch den Befehl: Zehntausend dieser Häftlinge sind der Bauleitung der I. G. Farben zu überstellen, zum Aufbau des Buna-Werks im Lager Auschwitz III, Monowitz.

Um Monowitz wurden weitere Rüstungsbetriebe angesiedelt, die mit der Arbeitskraft von Häftlingen arbeiten sollten. Das wurde das große Geschäft der SS und der Industriekonzerne. Die Häftlinge wurden wie Sklaven vermietet.

Aus dieser Zeit gibt es einen Brief des Otto Ambros, vom 12. April 1942, den er aus Ludwigshafen an die Zentrale nach Frankfurt am Main schickte. Er berichtete dem Direktorium:

«Sehr geehrte Herren! In Anlage übersende ich Ihnen die Berichte über unsere Baubesprechungen, die regelmäßig wöchentlich einmal unter meiner Leitung stattfinden.

Sie entnehmen daraus die organisatorische Regelung und vor allem den Beginn unserer Tätigkeit im Osten.

Inzwischen fand auch am 7. 4. die konstituierende Gründungssitzung in Kattowitz statt, die im großen und ganzen befriedigend verlief. Gewisse Widerstände von kleinen Amtsschimmeln konnten schnell beseitigt werden.

Dr. Eckell (ein I. G. Farben-Techniker, der von der Zentrale für die Buna-Produktion an Görings Planungsstab überstellt wurde – d. A.) hat sich dabei sehr bewährt, und außerdem wirkt sich unsere neue Freundschaft mit der SS sehr segensreich aus.

Anläßlich eines Abendessens, das uns die Leitung des Konzentrationslagers gab, haben wir weiterhin alle Maßnahmen festgelegt, welche die Einschaltung des wirklich hervorragenden Betriebs des KZ-Lagers zu Gunsten der Buna-Werke betreffen. Ich verbleibe mit den besten Grüßen, Ihr Otto Ambros.»

Es gab eine Konferenz der Kommandantur mit den I. G. Farben-Ingenieuren Faust, Flöter, Murr und Doktor Dürrfeld. Man vereinbarte, im nächsten Jahr sollte die Zahl der zu vermietenden Häftlinge auf dreitausend steigen, bei Anforderung könnten der I. G. Farben auch noch mehr Häftlinge überstellt werden.

Die Arbeitszeit betrug im Sommer zehn bis elf, im Winter neun Stunden. Der Konzern zahlte an die SS pro Tag vier Reichsmark für jeden Facharbeiter, drei Mark für jeden Hilfsarbeiter. Später wurde der Preis für arbeitende Kinder festgelegt: Eine Mark und fünfzig Pfennige pro Tag.

Das also waren die Vereinbarungen, die Doktor Otto Ambros als sehr segensreich bezeichnete. Hatte er Kenntnis, daß am 23. April 1942 der Lagerkommandant Höss befahl, als Rache für die Flucht eines Häftlings zehn andere Kameraden ohne Nahrung in den Bunker zu stecken? Wußte er, daß sie alle bis zum 26. Mai dort verhungerten?

Ein solcher Mann, der den Bunker beaufsichtigte, in dem die Häftlinge verhungern mußten, ist mir bekannt. Er war angeklagt im ersten Auschwitz-Prozeß in Frankfurt am Main 1965. Er ging jeden Montag, Donnerstag und Freitag mit Aktentasche und Butterbrotpaket zu seinem Prozeß wie zu einer geregelten Bürotätigkeit und beteiligte sich schläfrig an der Verhandlung. Er hieß Schlage und war Arrestführer im Strafbunker in Auschwitz gewesen. Ein holländischer Leutnant der

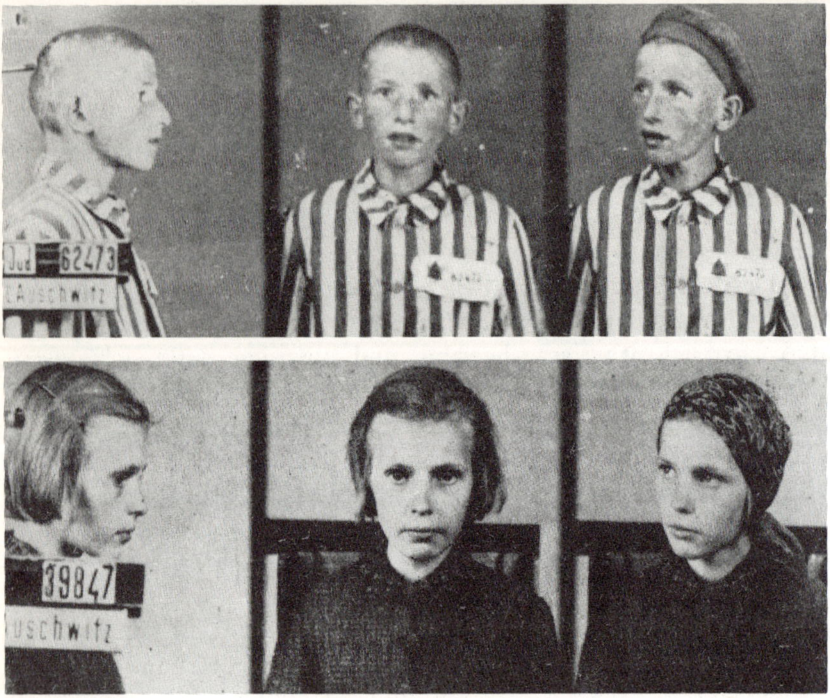

Registrierung von Kindern im KZ

niederländischen Marineinfanterie, van Velsen, hatte ihn erkannt und ausgesagt, daß auch er bei ihm im Bunker gesessen habe. Und er wußte, nebenan gab es einen Stehbunker, da wurden Häftlinge eingesperrt, ihnen wurden keine Lebensmittel gegeben, sie sind dort unter Qualen verhungert und verdurstet. Der Zeuge van Velsen hatte den Todeskampf eines der Verhungerten selbst gehört. Er war dabei, als der zu Tode Gequälte mit Haken aus dem Bunker herausgezerrt wurde.

Der Vorsitzende des Schwurgerichts fragte diesen Herrn Schlage: «Gab es im Arrestbau im Block 10, dort, wo Sie Arrestführer waren, einen Stehbunker?»

«Ich kann mich nicht daran erinnern.»

«Und waren Sie als Arrestführer verantwortlich, daß die Gefangenen Essen bekamen?»

Der kleine, so unscheinbar aussehende Mann neben mir sagte: «Ich habe mich nicht darum gekümmert.»

Das war selbst dem sehr zurückhaltenden Vorsitzenden, Landgerichtsdirektor Dr. Hofmeyer, zu viel. «Aber das war doch als Arrestführer Ihre Aufgabe.»

«Nein», sagte Schlage, «darum habe ich mich nicht gekümmert.» Um das Essen habe sich nur ein Häftling Jakob gekümmert, der soll früher einmal Trainingspartner von Max Schmeling gewesen sein, er ist verschollen, und Schlage versuchte, alle Verantwortung nach unten abzuschieben.

«Aber Sie haben doch gehört, daß in Ihrem Arrestbau, den Sie zu beaufsichtigen hatten, Menschen verhungert sind.»

Da sagte dieser jämmerliche Mensch, direkt neben mir, etwas, und das ganze grelle Tageslicht des westdeutschen Alltags schien in den verdunkelten Saal. Er sagte: «Anscheinend hat ein Befehl vorgelegen.»

Und in der Mittagspause verließ Schlage das Rathaus am Römerberg, dort, wo im Anfang der erste Auschwitz-Prozeß geführt wurde, ging in eine nahe gelegene Bierstube und packte sein Butterbrot aus.

Wie es wirklich in Auschwitz zugegangen war, hätte ein so erfahrener Mann wie Dr. Otto Ambros sehen müssen, sehen können, wenn er hätte sehen wollen. Er aber sah nur die Rechnung, den Pachtpreis für die gelieferten Konzentrationslager-Häftlinge, Facharbeiter vier Mark, Ungelernte drei Mark. Der hochgebildete Chemiker bezeichnete es: «der wirklich hervorragende Betrieb des KZ-Lagers». Aber er fügte auch an: «Zu Gunsten der Buna-Werke». Es wurde bei der günstigen Arbeitsmarktlage ein weiteres Werk geplant, das Treibstoff durch Kohleverflüssigung herstellen sollte. Diese großartigen Bedingungen für gewinnbringende Produktion mußten ausgenutzt werden.

Es spielte für Doktor Ambros keine Rolle, daß die im Buna-Werk beschäftigten Häftlinge aus dem sieben Kilometer entfernten Stammlager Auschwitz zu Fuß zur Arbeit kommen mußten. Er bemerkte wohl, im Winter 1941/42, daß der Zustand dieser Häftlinge erbärmlich war.

Am 22. Juni 1941 wurde die Sowjetunion überfallen.

Höss wurde zu Himmler bestellt. Der Tag im Juni ist nicht mehr genau auszumachen. Aber im Juni war es. Er bekam den Auftrag, die massenweise Ermordung von Juden in Auschwitz zu organisieren.

Im Juli bestimmte Himmler die Einrichtung eines weiteren Vernichtungslagers in Majdanek, in der Nähe von Lublin. Und in diesem Monat wurden einige hundert sowjetische Kriegsgefangene in Auschwitz in einer Kiesgrube mit Kleinkalibergewehren erschossen und mit Hacke und Schaufel erschlagen.

Im August ging man zum chemischen Mord über. Kranke und arbeitsunfähige Häftlinge wurden durch Phenol-Spritzen ermordet. Der Haupttäter dieser grausigen Methode, der SS-Mann Klehr, stand später in Frankfurt am Main vor Gericht.

Am 3. September wurde ein Produkt der I. G. Farben zum erstenmal verwendet, geliefert von der I. G. Farben – Tochtergesellschaft Degesch, der Deutschen Gesellschaft für Schädlingsbekämpfung: das hochgiftige Gas Zyklon B. Es wurde in Kristallen in den Bunker geschüttet. Am Tag darauf mußte die SS feststellen, das Quantum hatte nicht ausgereicht. Einige der Opfer atmeten noch. Man schüttete weiteres Zyklon B in den Bunker.

Die Leichen mußten Häftlinge im Krematorium des Stammlagers verbrennen.

Am 8. Oktober wurde mit der Rodung des Geländes um Birkenau begonnen. Auschwitz II. Das Dorf Birkenau wurde zerstört. Schon am 16. Oktober 1941 kamen die großen Deportationszüge von Juden aus ganz Europa zum Bau dieses Vernichtungslagers.

Die Gestapo Kattowitz traf in Auschwitz ein. Sie beschäftigte sich mit der politischen Haltung sowjetischer Kriegsgefangener. Die für die Gestapo politisch Untragbaren wurden zur Ermordung abgesondert.

Eine weitere Vernichtungsstation wurde Anfang Dezember 1941 bei Chełmno eröffnet.

Im neuen Jahr, 1942, verkündete Heydrich, der Chef des Reichssicherheitshauptamtes, auf der Wannsee-Konferenz die «Endlösung der Judenfrage». Die Wannsee-Konferenz beschloß sie nicht. Hier waren die Staatssekretäre aus allen Ministerien der Reichsregierung dabei, um in ihrem Bereich die organisatorischen und diplomatischen Schwierigkeiten aus dem Weg zu räumen.

Im selben Monat wurden in Birkenau, Auschwitz II, in einem zum Bunker umgebauten Bauernhaus Häftlinge durch Zyklon B ermordet. Nun riß die Kette der Ermordungen nicht ab. Die Häftlinge, die in Monowitz beim Bau der I. G. Farben-Anlagen nicht mehr arbeitsfähig waren, kamen nach Birkenau und wurden ins Gas geschickt.

Die Züge aus dem ganzen besetzten Europa rollten Tag und Nacht nach Auschwitz. An der Rampe standen SS-Männer, die sich selbst als Ärzte bezeichneten, und entschieden mit einer Daumenbewegung, wer noch arbeitsfähig war, wer nach Monowitz durfte, und

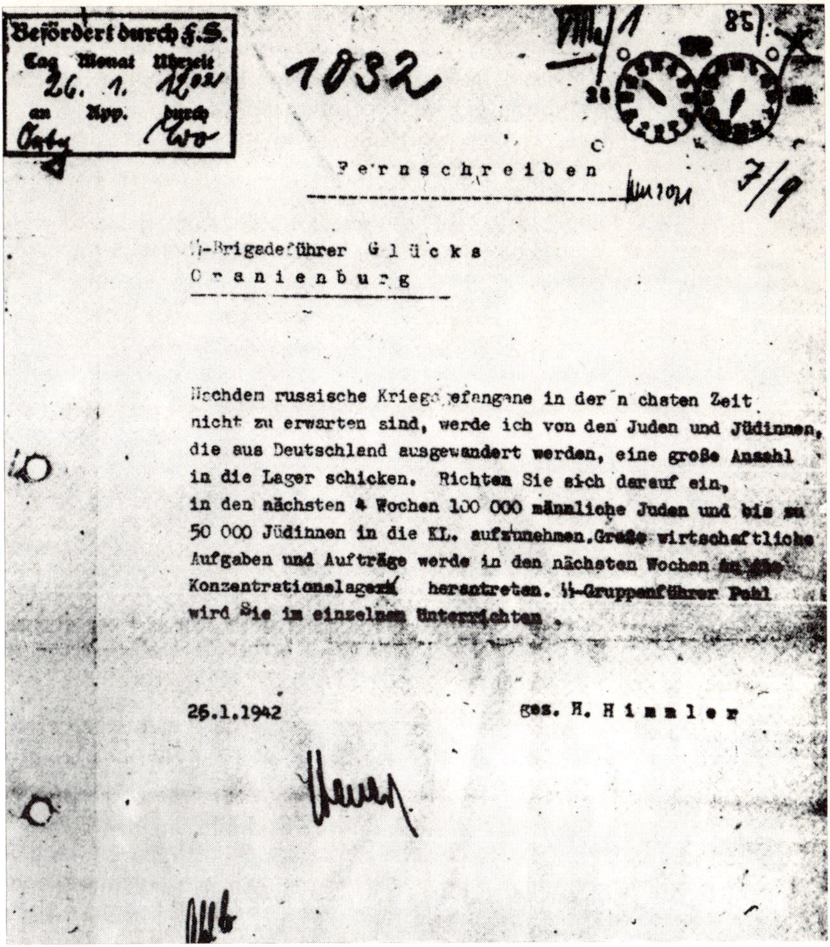
Befördert durch F.S.
Tag Monat Uhrzeit
26. 1. 12.02

1832

Fernschreiben

SS-Brigadeführer Glücks
Oranienburg

Nachdem russische Kriegsgefangene in der nächsten Zeit nicht zu erwarten sind, werde ich von den Juden und Jüdinnen, die aus Deutschland ausgewandert werden, eine große Anzahl in die Lager schicken. Richten Sie sich darauf ein, in den nächsten 4 Wochen 100 000 männliche Juden und bis zu 50 000 Jüdinnen in die KL. aufzunehmen. Große wirtschaftliche Aufgaben und Aufträge werden in den nächsten Wochen an die Konzentrationslager herantreten. SS-Gruppenführer Pohl wird Sie im einzelnen unterrichten.

26.1.1942 gez. H. Himmler

Dokument

wer nicht mehr arbeitsfähig war und sofort in die neuen Vergasungsbunker kam.

Im März wurde ein neues Vernichtungslager, Bełżec, eingerichtet.

Im selben Monat begann die Ankunft der RSHA-Transporte. Das waren die Sammeltransporte, die vom Reichssicherheitshauptamt, Abteilung IV B 4, dem Amt Eichmanns, nach Auschwitz und in die anderen Vernichtungslager geschafft wurden.

Im Mai 1942 wurde ein weiteres Vernichtungslager mit Gaskammern und Krematorien eröffnet, Sobibór.

Im Juli 1941 waren bei der Firma Topf & Söhne in Erfurt neue Gaskammern und neue Krematorien angefordert worden.

Die bisherige Kapazität reichte nicht. Topf & Söhne lieferten.

Am 28. Juni 1943 berichtete der Leiter der Zentralbauleitung der Waffen-SS und Polizei Auschwitz an das SS-Wirtschafts-Verwaltungshauptamt: «Melde die Fertigstellung des Krematoriums III mit dem 26. 6. 1943. Mithin sind sämtliche Krematorien fertiggestellt.

Leistung der nunmehr vorhandenen Krematorien bei einer 24stündigen Arbeitszeit:

1. altes Krematorium I	
3 × 2 Muffelöfen	340 Personen
2. neues Krematorium i. K. G. L. II (Birkenau)	
5 × 3 Muffelöfen	1440 Personen
3. neues Krematorium III	
5 × 3 Muffelöfen	1440 Personen
4. neues Krematorium IV	
8 Muffelöfen	768 Personen
5. neues Krematorium V	
8 Muffelöfen	768 Personen
	4756 Personen»

Fast 5000 ermordete Menschen wurden allein in Auschwitz Tag für Tag verbrannt.

Am 27. Juli 1942 wird wieder ein Vernichtungslager eröffnet. Treblinka.

Vom 1. August 1942 gibt es ein Dokument: «Das SS-Wirtschafts- und Verwaltungshauptamt bestätigt, daß jeder bei den Vergasungen tätige SS-Angehörige eine Prämie von 100 Gramm Fleisch, 0,2 Liter Schnaps und 5 Zigaretten für jeden Tag als Sonderration erhält.»

Am 4. Juni 1964 wurde in Frankfurt am Main ein sehr sachverständiger Zeuge vernommen. Der ehemalige Professor der Anatomie und Chirurgie an der Universität Münster, Johann Kremer. Er berichtet: In den Universitätsferien 1942 war er in das KZ Auschwitz abkommandiert worden als Lagerarzt.

Und dieser Professor Kremer hatte damals über seine Erlebnisse in Auschwitz-Birkenau ein Tagebuch geführt.

Das Tagebuch liegt dem Gericht vor, mit der Eintragung zum 5. September 1942: «Heute bei einer Sonderaktion aus dem F. K. Z

Red Marek Rostworswski, Alte jüdische Männer im Viehwagen

(Frauenkonzentrationslager – d. A.). Muselmänner (im SS-Jargon Häftlinge, die durch Hunger und Arbeit völlig entkräftet waren – d. A.), Hauptscharführer Thilo – Truppenarzt – hat Recht, wenn er mir heute sagte, wir befänden uns hier am Anus mundi (am Arsch der Welt – d. A.). Abends gegen 8 Uhr wieder bei einer Sonderaktion aus Holland. Wegen der abfallenden Sonderverpflegung, bestehend aus einem fünftel Liter Schnaps, 5 Zigaretten, 100 Gramm Wurst und Brot, drängen sich die Männer zu solchen Aktionen.»

Diese Männer schütteten, nach Kremers Aussage, das Zyklon B in die Gaskammern. Jedesmal wurden mehr als tausend Menschen, Kinder und Greise, Frauen und Männer, mit all ihren Wünschen und Hoffnungen, Fähigkeiten und Leidenschaften ausgelöscht.

Für fünf Zigaretten, hundert Gramm Wurst und einen fünftel Liter Schnaps.

Und auch Professor Kremer bekam und nahm jedesmal seinen Schnaps.

Er, der einst den Eid des Hippokrates abgelegt hatte, sein Wissen und seine Fähigkeiten nur zum Wohle der Menschen zu gebrauchen. Dazu erklärt er dem Gericht: «Schnaps und Tabak waren im Kriege knapp. Daß sich die SS-Leute danach drängten, war ja menschlich verständlich.» Nein, es waren ja nicht nur die so einfachen, primitiven SS-Männer, die sich zu solchen Sonderaktionen, zu solchen Massenmorden drängten. Es steht in seinem Tagebuch, 23. September 1942. «Heute Nacht bei der 6. und 7. Sonderaktion (Massenvergasung). Morgens ist Obergruppenführer Pohl mit Gefolge im Haus der Waffen-SS eingetroffen. Vor der Tür steht ein Posten, welcher als erster seinen Präsentiergriff vor mir macht. Abends um 20 Uhr Abendessen mit Obergruppenführer Pohl im Führerheim, ein wahres Festessen. Es gab gebackenen Hecht, soviel jeder wünschte, echten Bohnenkaffee und belegte Brötchen.»

Dieser Professor Kremer hat aus seinem Herzen eine Mördergrube gemacht. Er dachte beim Morden nicht nur an seinen Gaumen, er sorgte auch für die Lieben daheim. Er bemühte sich auch um die Wissenschaft. Und er schreibt: «9. Oktober 1942. 1. Paket mit 9 Pfund Schmierseife, mit 200 M Wert, nach Münster abgeschickt. Regenwetter.

10. Oktober. Lebendfrisches Material von Leber, Milz und Pankreas entnommen und fixiert. Faximilestempel von Häftlingen anfertigen lassen. Zum ersten Mal das Zimmer eingeheizt. Noch immer Fälle von Flecktyphus und Typhus abdominalis. Lagersperre geht weiter.

11. Oktober 1942. Heute, Sonntag, gab es zu Mittag Hasenbraten – eine ganz dicke Keule – mit Mehlklößen und Rotkohl für 1,25 RM.

12. Oktober 1942. 2. Schutzimpfung gegen Typhus, danach abends starke Allgemeinreaktion auf Fieber. Trotzdem in der Nacht noch bei einer Sonderaktion (1.600 Personen) zugegen. Schauerliche Szenen vor dem letzten Bunker (Hößler). Das war die 10. Sonderaktion.»

Dieser Professor Kremer wurde von einem polnischen Gericht zum Tode verurteilt, zu lebenslänglicher Haft begnadigt und nach zehn Jahren Gefängnis 1958 in die Bundesrepublik abgeschoben. Da die westdeutsche Justiz die Urteile der «Feindstaaten» nicht anerkennt, wurde er formal noch einmal vor Gericht gestellt und zu zehn Jahren Zuchthaus verurteilt; sie galten als verbüßt durch die Haft in Polen, und Professor Kremer wurde ein freier Mann. Mit Pensionsberechtigung.

Aus den Nürnberger Prozeß-Akten Nr. 7184, I. G. Farben-Prozeß, ist folgende Korrespondenz des I. G. Farbenwerkes Bayer Leverkusen an die Leitung des Konzentrationslagers Auschwitz bekannt geworden. Der geschäftsmäßige Ton dieser Korrespondenz über den Ankauf der Ware Frau zu normalen kaufmännischen Gepflogenheiten ist durch nichts zu übertreffen. Mord war für diesen Konzern zu einer normalen kaufmännischen Angelegenheit geworden. So weit war die Freundschaft mit der SS gediehen.

Der erste Brief von Bayer Leverkusen an das Konzentrationslager Auschwitz lautete: «Bezüglich des Vorhabens von Experimenten mit einem neuen Schlafmittel würden wir es begrüßen, wenn Sie uns eine Anzahl Frauen zur Verfügung stellen würden. Wir sehen Ihrer Antwort entgegen. Hochachtungsvoll.» Und nicht Heil Hitler?

Der zweite Brief: «Wir erhielten Ihre Antwort, jedoch erscheint uns der Preis von RM 200 pro Frau zu hoch. Wir schlagen vor, nicht mehr als RM 170 pro Kopf zu zahlen. Wenn Ihnen das annehmbar erscheint, werden wir Besitz von den Frauen ergreifen. Wir brauchen ungefähr einhundertfünfzig Frauen.»

Der dritte Brief: «Wir bestätigen Ihr Einverständnis. Bereiten Sie für uns einhundertfünfzig Frauen in bestmöglichstem Gesundheitszustand vor, und sobald Sie uns mitteilen, daß sie soweit sind, werden wir diese übernehmen.»

Der vierte Brief: «Erhielten den Auftrag für 150 Frauen. Trotz ihres abgezehrten Zustandes würden wir sie als zufriedenstellend befinden. Wir werden Sie bezüglich der Entwicklung der Experimente auf dem laufenden halten.»

Der fünfte Brief: «Die Versuche wurden gemacht. Alle Personen starben. Wir werden uns bezüglich einer neuen Sendung bald mit Ihnen in Verbindung setzen.»

Mord war auch für die Wissenschaft zu einer normalen Angelegenheit geworden.

Die Experimente, die der SS-Arzt Mengele an lebenden Häftlingen, an Frauen, an Kindern, an Zwillingen in Auschwitz durchführte, geschahen im Auftrag des Kaiser-Wilhelm-Instituts in Berlin.

Im Juli 1942 wurde in Jawischowitz ein neues Nebenlager eingerichtet. Dort arbeiteten dreitausend jüdische Häftlinge in Bergwerken. Am 20. September wurden Leichen, die bisher vergraben und nicht verbrannt waren, aus den Massengräbern herausgeschichtet, mit Petroleum begossen und verbrannt.

Am 26. September verfügte das SS-Wirtschafts- und Verwaltungshauptamt über die Habe der nach Auschwitz und Majdanek deportierten und ermordeten Juden: Das Bargeld ist an die Reichsbank, Devisen, Edelmetalle, Schmuck, Uhren und Füllfederhalter sind an das SS-Wirtschafts- und Verwaltungshauptamt in Oranienburg abzuführen. Von dort sollen die Uhren und Füllfederhalter repariert und den Frontsoldaten zugewiesen werden. Brauchbare Kleidung und andere Güter kann die Organisation Volksdeutsche Mittelstelle gegen Bezahlung übernehmen.

Am 30. November war die Verbrennung der aus den Massengräbern ausgegrabenen Leichen beendet. Es sollen etwa einhundertsiebentausend gewesen sein. Das damit beauftragte Häftlingssonderkommando – dreihundert Menschen – wurde in den nächsten drei Tagen in die Gaskammern überführt. So geschah es regelmäßig mit allen Häftlings-Sonderkommandos, die die Leichen aus den Gaskammern in die Krematorien schafften.

SS-Arzt Professor Klauberg experimentierte im Frauenlager Auschwitz-Birkenau. Sterilisationsexperimente. Der Luftwaffenarzt Schumann versuchte zweihundert junge Häftlinge durch Röntgenstrahlen zu sterilisieren. Später wurden diese Häftlinge kastriert.

1943, am 29. Januar, befahl das Reichssicherheitshauptamt, alle Zigeuner in Deutschland und in den besetzten Gebieten zu verhaften und in die Vernichtungslager zu transportieren.

Am 8. März wurde auf einer Konferenz bei der Firma Friedrich Krupp AG in Essen, an dem auch der Chef der Firma, Alfried Krupp von Bohlen, teilnahm, die Verlegung eines Werks nach Auschwitz beschlossen. Die SS stellte eintausendfünfhundert Häftlinge für die Herstellung von Flugzeugteilen zur Verfügung.

Im Juni wurden neue Nebenlager errichtet. Das Lager Schwientochlowitz. Dort sollten fünfhundert Häftlinge untergebracht werden. Fast gleichzeitig sollte ein neues Arbeitslager für fünftausend Häftlinge in Jaworzno aufgebaut werden.

Am 16. Juni wird über ein neues Nebenlager Janinagrube berichtet – für sechshundert Häftlinge.

Am 2. August wird ein Aufstand eines jüdischen Arbeitskommandos im Vernichtungslager Treblinka gemeldet. Das Lager war in Brand gesetzt und betriebsunfähig geworden.

Am 2. September 1943 wurde ein sogenanntes jüdisches Arbeitslager, Fürstengrube, eingerichtet.

Am 23. Oktober ereignete sich etwas Außergewöhnliches. Aus Bergen-Belsen kam ein Transport mit eintausendsiebenhundert Häftlingen, ihnen wurde gesagt, man wolle sie in die Schweiz transportieren. Auf der Rampe erfuhren sie, daß sie in Auschwitz waren. Eine Frau entriß einem SS-Mann den Revolver, erschoß den SS-Oberscharführer

Schillinger und verletzte den SS-Scharführer Emmerich. Die Häftlinge wurden daraufhin erschossen oder durch Handgranaten ermordet. Der Rest in die Gaskammern getrieben.

Für den 1. November liegt noch eine Abrechnung vor: Die I. G. Farben zahlten 488949 Reichsmark an die SS, für Pacht der Sklavenarbeit. Die Firma Union, eine Tochtergesellschaft der Krupp AG, 35781 Reichsmark.

Am 24. Juli 1944 eroberten sowjetische Truppen das erste Vernichtungslager, Majdanek, und befreiten die noch lebenden Gefangenen.

Im Frankfurter Auschwitz-Prozeß sagt der einzige Überlebende eines Sonderkommandos aus, Milton Buky – er lebt heute in Los Angeles (Kalifornien). Er hatte in Auschwitz alles erfahren, alles mit ansehen müssen. Den Bau der riesigen neuen Gaskammern, die gewaltigen Krematorien, die zum Schluß eine Kapazität von 4756 Leichen pro Tag hatten. Er hatte mit ansehen müssen, daß diese Fassungskraft nicht ausreichte, als die großen Transporte aus Ungarn kamen. Es mußten die Toten aus den Gaskammern noch auf Scheiterhaufen verbrannt werden. All das hatte Milton Buky gesehen, er hatte beim Verbrennen helfen müssen, hatte erleben müssen, wie seine Frau und sein achtjähriges Töchterchen und seine zwei Schwestern und sein Bruder mit seiner Familie und den Schwiegereltern ermordet wurden. Er war dabei, als der Aufstand des Sonderkommandos vorbereitet wurde.

Am 7. Oktober 1944, in der Mittagszeit, im Krematorium IV, fand eine Sitzung des Aufstandsstabes der Kampfgruppe Sonderkommando statt. Ein Häftling teilte mit, daß ein deutscher Berufsverbrecher Kenntnis von ihrem Plan hatte und mit der Anzeige bei der SS drohte. Der Denunziant wurde auf der Stelle getötet. Nun mußten Waffen herausgeholt werden, aus den Verstecken, und der Aufstand begann plötzlich. Die wachhabenden SS-Leute wurden von den Häftlingen mit Handgranaten getötet, den Sprengstoff hatten weibliche Häftlinge, die im Union-Rüstungswerk arbeiteten, herausgeschmuggelt. Das Sonderkommando setzte das Krematorium in Brand, versuchte aus dem Lager zu entkommen, die Drähte zu zerschneiden.

Nur wenige entkamen, fast alle fielen der SS in die Hände.

Am 26. November befahl Himmler die Zerstörung der Gaskammern und Krematorien. Die Rote Armee näherte sich Auschwitz.

Noch am 30. Dezember wurden Mitglieder der Kampfgruppe Auschwitz, die am 27. Oktober flüchten wollten, auf dem Appellplatz des Stammlagers gehängt. Sie waren beschuldigt worden, aus der Fabrik Sprengstoff für das Sonderkommando herausgeschafft zu haben.

Am 27. Januar 1945 befreiten sowjetische Truppen die Lager von Auschwitz. Sie fanden nur noch fünftausend Kranke und marschunfähige Häftlinge vor.

Ungezählt die Opfer. In Auschwitz waren es vier Millionen Menschen, die ermordet wurden. Durch Gas, durch Phenolspritzen, durch Erschießen, durch Erschlagen, durch Erhängen. Ungezählt die Opfer, die in den anderen Vernichtungslagern umkamen. Jeder einzelne starb einen schweren Tod. Der Rauch der Krematorien verpestete die ganze Gegend. Auschwitz konnte nicht unbemerkt bleiben. Noch heute findet man in der Asche von Auschwitz Reste von hebräischen Gebetsbüchern. Es waren meist Juden, die hier ermordet wurden. Auch Sinti und Róm, Zigeuner genannt. Und auch Soldaten der Roten Armee. Und Widerstandskämpfer aller Nationen.

In den Baracken, die als Museum eingerichtet sind, liegt, hinter Glas aufbewahrt und behütet wie die größten Kostbarkeiten der Welt, was von den Ermordeten blieb.

Eine große, riesige Vitrine, Frauenhaar, Haare von jungen, von alten, von mütterlichen, von liebenden Frauen. Es ist nicht mehr zu entwirren. Es ist leblos. Für die Nazis war es eine Ware. Daneben ein Futterstoff, gesponnen, gewebt aus menschlichem Haar.

Andere Vitrinen. Riesige Berge von zerrissenen Schuhen. Männerschuhe, Frauenschuhe, Kinderschuhe. Berge von zerschlagenen Brillen. Berge von Rasierpinseln, Zahnbürsten, Haarkämmen. Berge von armseligem Spielzeug. Berge von Gliedmaßen, die sich nicht verbrennen ließen. Prothesen. Berge von erbärmlichen und zerschlissenen Koffern. Die Namen der Besitzer sind mit großen Buchstaben daraufgeschrieben. Sie hatten gehofft, man würde ihnen die Koffer wieder aushändigen.

Mit Herzklopfen lese ich die Namen und fürchte, einen bekannten Namen zu finden. Nein, kein bekannter.

Es sind zu viele. Hier liegt aufgebahrt, was zu erbärmlich war, um ins «Reich» verschickt zu werden, was die Herren der I. G. Farben und die Herren von Krupp nicht mehr brauchbar fanden, um es an ihre «freien Gefolgschaftsmitglieder» zu verkaufen.

Viele von ihnen sitzen noch heute behaglich, geehrt und hoch dekoriert mit Kreuzen der Bundesrepublik, in Frankfurt am Main, in

Hoechst, in Ludwigshafen, in Leverkusen und in Essen. Die Nutznießer dieses Bahnanschlusses und der Sklaven, sie sitzen in Deutschland, in jenem anderen Teil.

Das Land, das meine Sprache spricht.

Er war es, der den Platz für das neue große Buna-Werk der I. G. Farben ausgesucht hatte, das Vorstandsmitglied dieses größten Chemie-Unternehmens der Welt, Doktor Otto Ambros, einer der begabtesten und einfallsreichsten Chemiker dieses Konzerns.

Eine Milliarde Reichsmark sollte dort investiert werden. Ambros hatte vorgeschlagen, dieses Werk am Zufluß des kleinen Flüßchens Sola in die Weichsel, dort, wo die Stadt Auschwitz lag, zu errichten. Kohle- und Kalkgruben waren in der Nähe. Der Standort lag weit entfernt vom Aktionsradius englischer und amerikanischer Bomber. Man war gewiß, dieser Meinung schloß sich auch Ambros an, dort könne man ungestört das große Werk bauen, das die Wehrmacht für den kommenden Feldzug in die Sowjetunion mit Kautschukreifen ausstatten sollte. «Räder rollen für den Sieg», stand ja überall.

Im Frankfurter Auschwitz-Prozeß hatte der Zeuge Ambros erklärt, er sei nicht Betriebsführer dieses Buna-Werkes gewesen. Das mag stimmen, denn das Werk hat niemals produzieren können. Der Krieg ging schneller verloren. Aber achtundzwanzigmal war er dort gewesen, hatte alles inspiziert. Er war es, der bei dem wunderbaren Essen im Konzentrationslager Auschwitz mittafelte und der über die neue Freundschaft mit der SS nach Frankfurt am Main der Konzernleitung berichtete, wie segensreich sie sich für die I. G. Farben auswirke.

Als Zeuge sprach er nur von der Geographie und von den Rohstoffen Kalk, Kohle, Wasser. Von der menschlichen Arbeitskraft sprach er nicht. Daran hatte er nicht gedacht.

Er hatte daran gedacht. Selbst die Amerikaner konnte er nicht überzeugen. Im I. G. Farben-Prozeß, der im Anschluß an die Prozesse gegen die Hauptkriegsverbrecher eingeleitet wurde, verurteilten sie ihn wegen der unmenschlichen Behandlung und Ermordung der Häftlinge 1948 in Nürnberg zu acht Jahren Gefängnis. Allerdings wurde er schon 1951 entlassen.

In diesem Prozeß ging die Anklage davon aus: «In vollständiger Mißachtung aller sittlichen und humanitären Überlegungen zwang die I. G. Farben ihre Zwangsarbeiter unter anderem zu übermäßig langen und anstrengenden Arbeitseinsätzen, ohne dabei auf ihre Gesundheit

Frauen im KZ

und physische Kondition zu achten. Einziges Kriterium für das Recht zu leben war die Effizienz besagter Zwangsarbeiter. Durch ungenügende Ruhezeiten, schlechtes Essen (das den Häftlingen verabreicht wurde, wenn sie im Bett lagen) und schlechte Unterkunft (ein Bett aus unsauberem Stroh mußte von bis zu 4 Häftlingen geteilt werden) starben viele bei der Arbeit oder an Krankheiten, die sie sich dort zugezogen hatten. Bei den ersten Anzeichen nachlassender Produktivität – auch wegen Krankheit oder Erschöpfung – wurden die Arbeiter der wohlbekannten ‹Selektion› unterzogen. ‹Selektion› bedeutete, daß der Arbeiter nach einer oberflächlichen Untersuchung, die ergeben hatte, daß er nicht innerhalb weniger Tage an seine Arbeit zurückkehren konnte, zur Tötung nach Birkenau überstellt wurde. Die Bedeutung von ‹Selektion› und ‹Birkenau› kannte jeder in Auschwitz.

Die Arbeitsbedingungen in der Buna-Fabrik der I. G. waren unerträglich und trieben viele Gefangene zum Selbstmord, indem diese Fluchtversuche unternahmen, um erschossen zu werden, oder sich in die mit Hochspannung geladenen Stacheldrahtzäune stürzten. Aufgrund dieser Bedingungen betrug der Umschlag an Arbeitskräften in einem Jahr 300%. Über die Zahl derer hinaus, die jeden Tag zur Vernichtung geschickt wurden oder Selbstmord begingen, starben bis zu

100 Personen pro Tag, manchmal mehr. Alle Ausfälle durch Vernichtung und andere Todesarten wurden durch Nachschub an neuen Häftlingen ausgeglichen. Die I. G. Farben sicherte sich so ständigen Nachschub frischer Häftlinge zur Erhaltung der vollen Produktivität. Das Verhalten der I. G. Farben in Auschwitz kann am besten mit einem Himmler-Zitat beschrieben werden: ‹Was geht das uns an? Schauen Sie weg, wenn Ihnen schlecht wird›.»

Die technische Bauleitung, die für den schnellen Aufbau des Werkes eingesetzt war, beschwerte sich, die Häftlinge kämen nach den langen Fußmärschen ermüdet zur Arbeit an der Baustelle.

Aber von dem fürchterlichen Geruch, der täglich aus den Krematorien von Auschwitz-Birkenau nach Auschwitz-Monowitz herüberwehte, hat er, Ambros, niemals etwas bemerkt. Wenn er etwas bemerkt hätte, hätte es seiner Karriere sicherlich sehr geschadet. Ambros hat gewußt, was in den Vernichtungslagern geschah mit den jüdischen Menschen aus dem besetzten Europa. Er hat es in seinem Betrieb gesehen, er hat es an den Wolken gesehen, die von Birkenau herüberkamen.

Die SS und die Leitung der I. G. Farben beschlossen, ein weiteres gemeinsames Konzentrationslager, ein I. G. Konzentrationslager, zu bauen, und man nannte es Auschwitz IV. Die I. G. Farben war für Unterbringung, Verpflegung und Gesunderhaltung der Häftlinge verantwortlich. Die SS übernahm Bewachung, Bestrafung und vor allem den Nachschub der Häftlinge. Dieses Lager wurde im Sommer 1942 fertiggestellt.

Es war eingerichtet wie alle Nazi-Konzentrationslager: Wachtürme mit Scheinwerfern, Sirenen, Maschinengewehre, bewaffnete Wachen und scharfe Wachhunde. Das gesamte Lager war mit elektrischem Stacheldraht umzogen, es gab eine Stehzelle, in der man weder stehen noch liegen noch knien konnte. Einen Galgen hat man errichtet, an dem meist ein oder zwei Tote hingen als abschreckende Warnung. Nun bestand der Konzentrationslager-Komplex aus vier Teilen: Auschwitz I, das Stammlager. Mit einhunderttausend Häftlingen, Auschwitz II, das Vernichtungslager und die Gaskammern und Krematorien in Birkenau, Auschwitz III, die Anlagen der I. G. Farben, und Auschwitz IV, das I. G. Farben-eigene Konzentrationslager in Monowitz. Ob er hingeschaut hat oder weggeschaut, ist gleichgültig. Ambros wußte, die meisten der von der SS gelieferten und verpachteten Sklavenarbeiter waren jüdischer Herkunft.

Jüdischer Herkunft wie sein verehrter und geliebter Lehrer, Professor Dr. Richard Willstätter. Bei ihm hatte er studiert. Bei ihm hatte er seine Doktorarbeit abgeliefert. Willstätter war sein Doktorvater.

Richard Willstätter lehrte als Professor von 1902 bis 1905 an der Universität in München. Von 1905 bis 1912 in Zürich. Danach wurde er nach Berlin berufen und war gleichzeitig Direktor des Kaiser-Wilhelm-Instituts für Chemie. Von 1916 bis 1925 wirkte er wieder an der Universität München. Dort wurde er als Jude angepöbelt, angefeindet. Er verließ dieses Amt und ging zurück nach Berlin.

Professor Willstätter war der führende Chemiker bei der Erforschung organischer Naturstoffe. Seine Untersuchungen über das Cholesterin, eines der wichtigsten Fette in den Pflanzen, waren bahnbrechend. Er fand Ähnlichkeit im organischen Aufbau und im Wachstum von Pflanzen und Tieren. Er untersuchte das Chlorophyll der Pflanzen. Den wesentlichen Unterschied fand er bei einem Vergleich der Blut- und Saftzusammensetzung von Pflanzen und Tieren. Bei den Tieren war es das Eisen, und bei den Pflanzen war es das Magnesium, das unerläßlich war für das Wachstum. Er entdeckte die Synthese wichtiger medizinischer Grundstoffe, wie das Narkotikum Kokain, das Avertin und das Atropin. 1916 bekam er den Nobelpreis. Er war Ritter der Zivilklasse des Preußischen Ordens Pour le mérite, er war Ehrendoktor der Universität Oxford.

1939 mußte er aus Deutschland fliehen. Er stand kurz vor seiner Deportation, entweder nach Theresienstadt oder direkt nach Auschwitz.

Ambros war kein Antisemit. Er korrespondierte mit seinem Lehrer noch zu der Zeit, als der Gelehrte in die Schweiz geflohen war.

Es war nur ein Zufall, daß Professor Willstätter nicht als Sklave zum Aufbau des Buna-Werks von der SS an die I. G. Farbenindustrie verpachtet wurde. Man hätte für ihn pro Tag vier Mark als Facharbeiter bezahlt.

Ambros war ein gelehriger Schüler gewesen. Er hatte das Wachstum der Pflanzen sehr genau bei Professor Willstätter studiert. Mit der Empfehlung seines Doktorvaters und mit seiner Doktorarbeit kam er als junger Chemiker, als hochbegabter Meisterschüler, 1926 nach Ludwigshafen zur BASF. Dort wußte man von seinen Forschungen über das Leben und Wachstum der Pflanzen. Er wurde eingestellt und sofort nach Sumatra geschickt, hier sollte er ein Jahr lang das Wachstum des Naturkautschuks erforschen. Mit den Arbeitsmethoden des Profes-

Kinder im KZ

sors Willstätter. Seine Ergebnisse in Sumatra waren so vielversprechend, daß ihm Carl Bosch den Bau und die Leitung der ersten großen Buna-Anlage in Schkopau übertrug. Seine Erforschung von biologischchemischen Prozessen beim Wachstum des Gummibaumes konnten nutzbringend für die Herstellung eines synthetischen Kautschuks ausgewertet werden.

Ambros war auch Fachmann für Giftgas. Und bereits 1932 hatte er grundlegende Forschungen vorgelegt, die für die Produktion der modernen Magnettonbänder wichtig wurden.

Auch Hermann Schmitz, der letzte Generaldirektor der I. G. Farben, hatte vergessen, daß er einmal junger Arbeiter gewesen, in seiner Heimatstadt Essen, daß er sich bei der Metallgesellschaft in Frankfurt am Main hochgedient und seine ersten Sporen verdient hatte, daß er das, was er konnte, dort gelernt hatte, bei seinem jüdischen Chef Merton. Carl Bosch hatte diesen Schmitz bei einer internationalen Verhandlung kennengelernt und ihn für die I. G. Farben abgeworben.

Bosch war ein rücksichtsloser Geschäftsmann. Er hatte das Haber-Verfahren, die Herstellung von Giftgas, in seine Hände genommen und industriell möglich gemacht. Er war bestimmt kein Humanist. Jedoch die Praktiken des Nazi-Regimes konnte und wollte er nicht mehr an führender Stelle verantworten. Er bekam Depressionen, versuchte sich abzusetzen, nach Sizilien, wurde Alkoholiker, kehrte nach Deutschland zurück. Er starb 1940.

Er und alle führenden Direktoren der I. G. Farbenindustrie haben gewußt, wie bedroht das Leben der jüdischen Menschen war.

Die Anwälte der anderen Angeklagten, die in dem amerikanischen Kriegsverbrecherprozeß gegen die leitenden Direktoren der I. G. Farben in Nürnberg ihre Mandanten vor Gericht vertraten, haben dieses Wissen um die Mordpraxis in einem Antrag bewiesen. Sie wollten ihre Mandanten reinwaschen, sie wollten zeigen, wie sehr sich doch diese Herren Direktoren um einige Juden gekümmert hätten, sie vor der Ermordung zu retten. Aber gerade durch das Bemühen um Reinwaschen wurde überdeutlich, wie genau die leitenden Herren der I. G. Farben die Gefahr gekannt hatten. Sie hatten gewußt, mit wem sie dieses Bündnis, diese Verschmelzung eingegangen waren.

Der Antrag, den «Persilschein» auszustellen, wurde im Namen von Hermann Schmitz, dem Generaldirektor, von Carl Krauch, dem Bevollmächtigten für Chemieindustrie in Görings Planungsbehörde, von Dr. Fritz ter Meer, dem Leiter der gesamten Buna-Produktion der I. G. Farben, und von Georg von Schnitzler, dem Leiter der Verkaufsabteilung des I. G. Konzerns, gestellt. Nun wurde nachgewiesen, wie diese mächtigen Herren sich bemüht hatten, zwei ehemalige Kollegen aus ihrem Direktorium vor der Mörderhand der SS zu schützen. Die Anwälte legten eidesstattliche Erklärungen eines Herrn Richard von Szevignyi, Schwiegersohn des Herrn Carl von Weinberg, und eines Herrn Rudolf von Spreti, Schwiegersohn des Herrn Arthur von Weinberg, vor, die beweisen sollten, daß Schmitz, Krauch, ter Meer und Schnitzler versucht hatten, die Weinbergs vor dem Ermorden zu retten. Schmitz hatte Spreti Geld gegeben, viel Geld, um einen hohen Nazi zu bestechen, er sollte verhindern, daß Arthur von Weinberg den Judenstern tragen mußte.

Arthur von Weinberg hatte alles erreicht, was ein patriotischer, konservativer und tüchtiger Chemiker erreichen konnte. In den ersten Weltkrieg war er begeistert gezogen, als Major der Kavallerie. Der Kaiser hatte ihm den erblichen Adel verliehen. Geheimer Regierungsrat durfte er sich nennen. Die Universität Frankfurt am Main, gleichzeitig seine Vaterstadt hatten ihn zum Ehrenbürger gewählt. Er war stellvertretender Vorsitzender des Aufsichtsrats des großen I. G. Farben-Trusts.

Aber das alles rettete ihn nicht. Die Nazis deportierten ihn in die Vorhölle von Auschwitz, nach Theresienstadt.

Ja, Krauch und Schmitz hatten davon Kenntnis. Und hatten bei Himmler für Arthur von Weinberg interveniert. Die Nazipartei entschied: Er sollte seinen Lebensabend bei seiner Tochter, Prinzessin Charlotte Lobkowitz, verbringen können, allerdings unter der Bedingung, daß der Gauleiter von Mecklenburg diesem Kompromiß zustimme. Das war nicht mehr notwendig. Durch Hunger entkräftet, verstarb Arthur von Weinberg.

Sein Bruder, Dr. Carl von Weinberg, hatte vormals mit ihm ein teures Hobby gepflegt, sie besaßen einen legendären Rennstall. Ihre Jockeis und Pferde wurden so berühmt und populär, daß Kabarettsänger nach jedem gewonnenen Derby das Lied vom «fröhlichen Weinberg» anstimmten. Carl von Weinberg war, wie sein Bruder auch, ein Patriot, vom Kaiser geadelt. Ihn retteten die Direktoren der I. G. Farben. Er konnte nach Italien fliehen. Dort wurde er durch Zahlungen einer Tochtergesellschaft in Mailand unterstützt.

Die Herren von der I. G. Farben waren wirklich keine Antisemiten. Sie haben sogar versucht, zwei jüdische Herren zu retten. Herren, mit denen sie jahrelang freundschaftlich verbunden waren durch chemische und finanzielle Interessen.

Zwei Juden. Von sechs Millionen.

Menschen, die durch die Freunde der I. G. Farben und ihr Giftgas ermordet wurden. Menschen, deren Arbeitskraft sie in ihren beiden Lagern Auschwitz III und Auschwitz IV bis zum letzten Blutstropfen ausgebeutet hatten, bis die Entkräfteten nach Auschwitz II kamen, nach Birkenau, wo sie mit dem I. G. Farben-Produkt Zyklon B ermordet wurden.

Nein, sie waren keine Antisemiten, wirklich nicht. Die Herren Carl Krauch, Fritz ter Meer, Georg von Schnitzler, Hermann Schmitz und Otto Ambros. Sie waren befreundet gewesen mit den jüdischen Herren aus ihrem Direktorium und aus ihrem Aufsichtsrat. Sie hielten noch zu ihnen Verbindung, sogar, als es für sie unbequem war. Aber sie hielten auch Verbindung zu den Mördern, und sehr freundschaftliche. Die Mörder standen ihnen näher. Dort sahen sie ihre Zukunft. Sie wußten, was geschah. Sie behaupteten ihren Platz.

Sie waren Direktoren. Generaldirektoren. Aktionäre. Chemiker. Aber keine Menschen. Sie behaupteten ihren Platz wie die Handlanger in der schwarzen SS-Uniform, die Scharführer und Oberscharführer, die ohne jede Gemütsregung den Abzug am Karabiner beim Erschießen der Wehrlosen betätigten. Sie behaupteten ihren Platz wie die SS-Sanitäter, die Zyklon-B-Kristalle in die Gaskammern schütteten, für eine kleine Sonderration Schnaps. Sie behaupteten ihren Platz wie die SS-Ärzte in ihren weißen Kitteln, die mit einer Daumenbewegung selektierten. Sie behaupteten ihren Platz wie die Universitätsprofessoren, die von der SS «lebendfrisches Material» und auch Schädel von zu Ermordenden bestellten. Gelehrte. Aber keine Menschen.

Ein tiefer Riß, unüberbrückbar, quer durch die deutsche Nation. Auf der einen Seite des Risses die aktiven Widerstandskämpfer und neben ihnen ungezählte, ungenannte, unbekannte aufrechte Menschen, die den Verfolgten und Gehetzten geholfen haben, mit ihnen ihr Stück Brot teilten, ihnen Unterschlupf gewährten aus einem Gefühl der Brüderlichkeit und der Solidarität. Auf der anderen Seite dieses Risses die beflissenen Befehlsempfänger, die Angeber und die Zuträger.

Ein unglücklicher Dichter aus dem vorigen Jahrhundert, Hölderlin, ahnte den Riß. Über diese Gruppen der ach so Tüchtigen, die ohne Rücksicht auf Verluste ihre Fähigkeiten einsetzten, schrieb er in seinem *Hyperion*:

«Es ist ein hartes Wort und dennoch sag ich's, weil es Wahrheit ist: ich kann kein Volk mir denken, das zerrißner wäre wie die Deutschen.

Handwerker siehst du, aber keine Menschen, Denker, aber keine Menschen, Priester, aber keine Menschen, Herrn und Knechte, Jungen und gesetzte Leute, aber keine Menschen – ist das nicht wie ein Schlachtfeld, wo Hände und Arme und alle Glieder zerstückelt untereinanderliegen, indessen das vergoßne Lebensblut im Sande zerrinnt?»

Das vergossene Lebensblut im Sande von Auschwitz.

«Ich kann kein Volk mir denken, das zerrißner wäre wie die Deutschen.» Es waren ja auch Deutsche, auch nichtjüdische Deutsche, Widerstandskämpfer und Gegner der Mörder, es waren Róm und Sinti und nichtjüdische Menschen aus vielen anderen Nationen, die von den Mördern erschossen, vergast, totgeprügelt und ausgehungert wurden. In Auschwitz und Treblinka, in Buchenwald und Bergen-Belsen, in Majdanek und Oranienburg, in Dachau und in vielen hundert Lagern und Zuchthäusern. Auch ihr Blut ist im Sande zerronnen.

Das vergossene Lebensblut im Sande von Auschwitz.

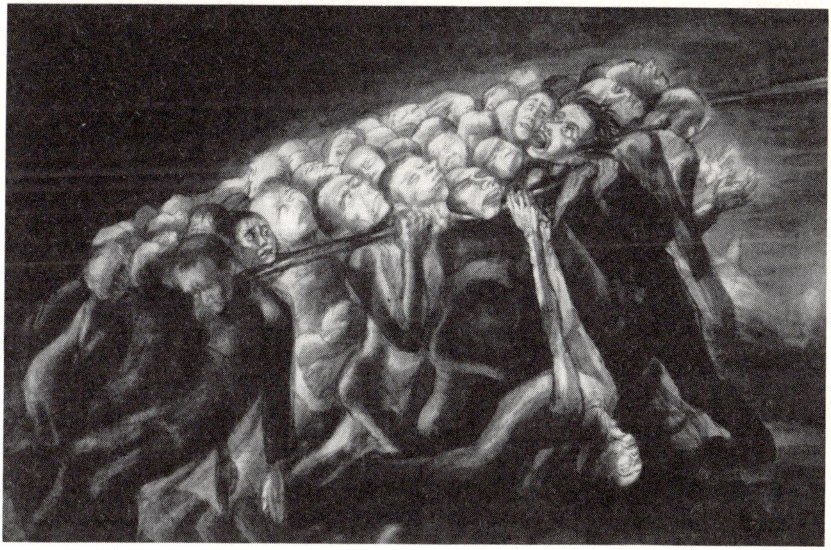

Lea Grundig, Terror, aus der Folge «Niemals wieder», 1946

Bevölkerungsstatistik der Juden in den wichtigsten Ländern Europas

Land	Jahr der Zählung	Jüdische Bevölkerung absolut	in % der Gesamtbevölkerung
Polen	1921	2845364	10,4
Europ. Sowjetunion	1926	2570330	1,9
Rumänien	1928	1104191	6,2
Deutschland	1925	564000	0,93
Ungarn	1920	473310	5,9
Tschechoslowakei	1921	354342	2,6
England	1921	286000	0,7
Österreich	1925	225000	4,6
Frankreich	1925	160000	0,4
Litauen	1923	155323	7,6
Griechenland	1925	115000	2,2
Niederlande	1920	115229	1,7
Lettland	1930	94388	5,0
Jugoslawien	1921	64221	0,5
Belgien	1920	50000	0,7
Bulgarien	1920	43300	0,9
Italien	1924	45000	0,1
Dänemark	1921	5924	0,2
Estland	1922	4639	0,4
Norwegen	1920	1457	0,05
Luxemburg	1927	1771	0,5

In den Zahlen sind offizielle Statistiken und einige zuverlässige Schätzungen wiedergegeben. Es wurden nur Mitglieder der jüdischen Gemeinden erfaßt. Die Zahlen für die europäische Sowjetunion umfassen diejenigen jüdischen Menschen, die sich zur jüdischen Nationalität (jiddisch sprechend) bekannten. Über das Glaubensbekenntnis wird in der Sowjetunion keine Statistik geführt.

Alle statistischen Angaben sind dem Jüdischen Lexikon entnommen. Berlin 1927, Nachdruck Berlin 1982

NACHWORT ZUR NEUAUSGABE

Dieses Buch ist das Ergebnis langjähriger Arbeit. Die Anfänge reichen zurück in das Jahr 1935, als Rudolf Hirsch noch einmal nach Deutschland zurückgekehrt war. Er hatte im Februar 1933 – als Jude und Kommunist von den Nazis verfolgt – aus seiner Heimatstadt Krefeld fliehen müssen. Aber er wollte das Land seiner Geburt nicht verlassen, er war wiedergekommen und hatte sich der Widerstandsgruppe Neu Beginnen angeschlossen, in der Sozialdemokraten und Kommunisten zusammenwirkten. Hier, bei geheimen Zusammenkünften in Berlin, begannen gemeinsame Untersuchungen über den Judenhaß in der deutschen Geschichte. 1937 war die Situation für Rudolf Hirsch bedrohlich geworden. Er mußte wieder fliehen. Nach einem mißglückten Versuch, in Schweden Asyl zu erhalten, gelangte er schließlich nach Tel Aviv.

Die beunruhigende Frage, wie es kam, daß die NSDAP unter Hitler den Judenhaß so wirkungsvoll als ein Instrument ihrer Herrschaft einsetzen konnte, ließ ihn auf seinem Fluchtweg und später all die folgenden schicksalsschweren Jahre hindurch, auch nach seiner Heimkehr 1949 nach Ostdeutschland, nicht los. In seinem Vorwort zum Buch «Ghetto – Berichte aus dem Warschauer Ghetto, 1939-1945» (1966, Union Verlag, Ostberlin), finden sich bereits seine Gedanken über die Wurzeln der in weiten Teilen der Bevölkerung Deutschlands verbreiteten Abneigung gegen Juden.

Er hatte seit 1950 in Ostberliner Zeitungen und Zeitschriften über Gerichtsverfahren in der DDR und in der BRD geschrieben. Die Teilnahme als Berichterstatter an den beiden Auschwitz-Prozessen in Frankfurt am Main, beginnend 1963, und am Lischka-Prozeß in Köln, 1979/1980, bestärkten ihn darin, sich nun der grundsätzlichen Arbeit über Wurzeln und Wirkungen des Judenhasses in der deutschen Geschichte zuzuwenden.

Er war sich der Schwierigkeit bei der Auswahl des Darzustellenden wohl bewußt. Die Darstellungsweise ergab sich aus dem Beruf der Verfasser als Schriftsteller. In seiner Einführung «Warum dieses Buch heute», sagte er: «Es sind Essays. Versuche.»

So ist dieses Buch der Betroffenheit natürlich auch das Ergebnis des Lebenslaufes eines Mannes, der im Land seiner Muttersprache als eine unerwünschte Person galt.

Als 1982 die gemeinsame Arbeit an diesem Projekt begann, hatte ich – als lutherisch Getaufte – mich zunächst Martin Luther zugewandt. Das genaue Studium stürzte mich in tiefste Verzweiflung, Ich sah keinen Ausweg darin, dem alten hassenden den jungen Reformator entgegenzuhalten, zumal es in seinem Jahrhundert auch Kräfte gegen den Judenhaß gab. In langen Gesprächen mit Rudolf Hirsch hatte er mir eine Tür zum Zugang für unsere

Zeit geöffnet. Es war der Hinweis auf Rosa Luxemburg, wie sie in einem Brief aus dem Gefängnis in Wronke an Luthers Haltung als Vorbild erinnerte: «Hier stehe ich, ich kann nicht anders, Gott helfe mir».

Das Nachforschen über Josef Süß Oppenheimer, allgemein Jud Süß genannt, war für Rudolf Hirsch quälend. Er hatte noch vom ersten Auschwitz-Prozeß den fanatischen Ton des angeklagten SS-Rottenführers Stefan Baretzky im Ohr. Als Staatsanwalt Georg Friedrich Vogel den Angeklagten Robert Mulka, SS-Obersturmführer, Adjutant des Lagerkommandanten Rudolf Höß, nach der Schulungstätigkeit der SS in Auschwitz fragte, und als der schwieg, meldete sich Baretzky zu Wort, sagte, es seien ihnen Filme wie «Jud Süß» gezeigt worden, dann wörtlich: «Und wie haben die Häftlinge am nächsten Tag ausgesehen.»

Gerade in der Person des Josef Süß Oppenheimer schien das Streben nach Reichtum zu einem Merkmal des Jüdischen zu verschmelzen. Aber ein Blick zu den fürstlichen christlichen Zeitgenossen des Oppenheimer zeigt, wie auch sie besessen waren vom Verlangen nach Macht und Geld. Und am Ende, unter dem Galgen, verweigerte der von seinen Verfolgern verachtete stolze Jude die Begnadigung durch die Taufe: «Ich werde kein Christ werden, wenn ich gleich ein Kaiser werden könnte. Die Religion ändern, das ist eine Sache für einen freien Menschen und steht gar übel einem Gefangenen.»

Bereits nach der ersten Lesung aus dem Manuskript im Februar 1986 im Palast der Republik zeigte sich das überaus große Interesse an dieser Gemeinschaftsarbeit von Autoren, die ihrem Publikum aus bisher sehr unterschiedlichen Arbeiten bekannt waren. Rudolf Hirsch hatte sich durch seine kritische Gerichtsberichterstattung einen Namen gemacht. Meine Leser hatte ich durch meine Art der Geschichtsbetrachtung gewonnen.

Als das Buch erschienen war, überstieg die Nachfrage bei weitem die erste geringe Auflage. Bis zum Jahr 1990 waren 93 000 Exemplare erschienen. Die «Wochenpost» und die «Neue Berliner Illustrierte» hatten Vorabdrucke gebracht. Wir folgten, so gut wir konnten, den mehr als hundert Einladungen zu Lesungen und Gesprächen, auch nach Bonn, Köln und Krefeld, nach Wien, Paris, Prag, Budapest.

Zur ersten Signierstunde am 21. April 1988 hatte die Willi-Bredel-Buchhandlung, nahe dem Ostberliner U-Bahnhof Tierpark eingeladen. Ich war enttäuscht, sonst wurden wichtige Neuerscheinungen in der Innenstadt, in der Buchhandlung in der Spandauer Straße, nahe der Marienkirche, vorgestellt. Auf meine besorgte Frage, wer denn zu diesem, mir entlegen erscheinenden Ort kommen sollte, antwortete Rudolf Hirsch: «Auch dort wohnen Menschen.» Als wir hingefunden hatten, war da schon vor dem Laden eine unübersehbare Menge. Der Verkauf geschah in feierlichem, erwartungsvollem Stillschweigen, viele Besucher legten uns Blumen auf den Tisch. Wir fragten den ersten Kunden, seit wann er warte, seit 13 Uhr, drei Stunden vor Beginn unserer Signierstunde. Da nur dreihundert Exemplare vorhanden waren, kam der Augenblick, in dem die draußen vor dem Laden in langer Schlange Ausharrenden über das Ende des Vorrats informiert werden mußten. Da stürmten aufgebrachte Leser in den Laden, eine Frau machte sich zur Sprecherin: «Ich bin werktätig, ich warte hier schon stundenlang. Ohne den ‹Gelben Fleck› gehe ich nicht aus dem Laden!» Als rettender Ausweg konnten 64 Garderobenmarken ausgegeben werden mit dem Hinweis, diese kleinen roten Scheine seien die Berechtigung zum Bucherwerb beim Buchbasar am 1. Mai, außerhalb der zu erwartenden Schlange. Schwer zu beschreiben: der Ansturm auf unseren Stand an diesem Maitag in der Alexanderstraße, Erregte begannen sich um den Besitz des Buches zu prügeln, die junge Frau, die in Tränen ausbrach, weil gerade vor ihr das letzte Exemplar vergeben war. So begehrt war plötzlich ein «gelber Fleck» geworden.

Unter der Überschrift «Hüben und drüben» schrieb am 13. Mai 1989 Guy Wagner in einer Tageszeitung: «Zwei DDR-Autoren haben uns besucht: Rosemarie Schuder und Rudolf Hirsch. Zwei Schriftsteller, die in ihrer Heimat mehr als bekannt sind. Sie sind populär. Ihre Bücher erzielen Rekordauflagen. Bei Signierstunden gibt es jedesmal eine Art ‹Belagerungszustand› um den Büchertisch. Doch, wer kennt sie hierzulande? Einige wenige, die sich (auch) mit der Literatur der DDR beschäftigen. Einige wenige! Begehen wir keinen sträflichen Leichtsinn, wenn wir meinen, ‹drüben› entstehe doch sehr wenig, was auch uns interessieren könnte? Wer sind wir denn, daß wir so herablassend über die anderen urteilen, besonders die aus dem ‹anderen Deutschland›? Sind wir immer noch nicht bereit, Feindbilder, die eingeimpft wurden, abzutragen?

Rosemarie Schuder und Rudolf Hirsch lasen aus ihren, wie sie schreiben ‹Essays›, die den Titel tragen ‹Der gelbe Fleck› und den Untertitel ‹Wurzeln und Wirkungen des Judenhasses in der deutschen Geschichte›. Es ist ein gewaltiges Buch geworden, 750 Seiten stark, eine gemeinsame Arbeit, wobei die Faszination der Geschichte bei Rosemarie Schuder und die intensive Auseinandersetzung mit rechtlichen Fragen den Autoren sicher zugute kam. So wurde diese Lesung zum Erlebnis. So wurde klar, daß hier zwei Autoren mit innerem Engagement, überzeugt, aber gewaltlos, immer wieder sprachlich die klarste, die exakteste Formulierung für das Unsagbare findend, ein Werk schufen, das uns alle angeht und uns mehr zu sagen hat als das meiste, was über zweitausend Jahre Unmenschlichkeit geschrieben wurde. ‹Der gelbe Fleck› ist als Buch nicht mehr zu übersehen, nicht mehr wegzudenken. Man kann über Judenhaß und Judenverfolgung nicht mehr nachdenken und schreiben, ohne dieses Buch gelesen zu haben.»

Im September 1990 veröffentlicht Kurt Julius Goldstein, Auschwitz-Häftling Nummer 58866, in der Zeitschrift «Utopie konkret» seine Gedanken nach der Lektüre des Buches: «Der gelbe Fleck – Alltagsantisemitismus – begleitet dich, von einem jüdischen Vater gezeugt, einer jüdischen Mutter geboren, von der Wiege bis zum Grabe. Und das seit Jahrhunderten. Meine Vorfahren väterlicherseits lebten schon Ausgangs des Mittelalters als Pferdezüchter und Händler im Anhaltinischen in der Gegend von Gröbzig und Köthen. Sie waren sogenannte Schutzjuden, durften ihrem Fürsten jährlich eine Anzahl Goldtaler oder Pferde liefern, der war gnädig genug, die Gaben zu nehmen, und sie dafür unter seinen Schutz zu stellen – vor den gröbsten judenfeindlichen Ausfällen ... Als Schulbub habe ich mich mit den Antisemiten geprügelt, sie verprügelt und auch manche Prügel bezogen. Dann hat mich das Leben gelehrt, den Antisemitismus als eine historische und politische Erscheinung zu begreifen, gegen die man mit den jeweils geeigneten Mitteln anzukämpfen hat ... Im Auschwitz-Nebenlager Jawischowitz, wo wir Häftlinge in Kohlengruben zu arbeiten hatten, verbrachte ich dreißig Monate. Über Tage und unter Tage hatten die Nazis auf alle Waggons geschrieben ‹Räder müssen rollen für den Sieg›. Wir aber sagten, alle Räder sollen stillstehen für die Niederlage. Darum organisierten wir den Widerstand, übten, immer unter Lebensgefahr, Sabotage, wo wir nur konnten. Das, und die Solidarität der polnischen Bergarbeiter, gab uns die moralische Kraft fürs Überleben.»

Die Verfasser hatten es im Vorwort des Buches deutlich gemacht, mit ihren Essays «keine vollständige Analyse des Faschismus in seiner deutschen Erscheinungsform» geben zu können, auch «keine vollständige Beschreibung der Judenverfolgungen in den deutchsprachigen Gebieten». Goethes Satz aus dem Jahr 1787 beim Niederschreiben der Eindrücke auf seiner Italienischen Reise – «Solch eine Arbeit wird eigentlich nie fertig» – könnte auch als Leitgedanke gelten für die noch immer und immer wieder notwendige Auseinandersetzung mit den herrschenden Kräften im «Dritten Reich». Mit dem Zeitpunkt deutscher Geschichte, an dem die Menschheit in Herrenmenschen und Untermenschen geteilt wurde. Eine Teilung, zuerst an den Juden demonstriert, dann ohne Schwierigkeit übertragen auf die Roma und Sinti, Zigeuner genannt. Und die Ermordung der slawischen Völker konnte ohne nennenswerte Gegenwehr der Generalität der Wehrmacht praktiziert werden. Das Bemühen, die Wurzeln der Verbrechen an unschuldigen Menschen in den zwölf Jahren Naziherrschaft aufzudecken, aber auch das Sichtbarmachen der Wirkungen bis in unsere Tage hinein, wird nicht aufhören dürfen.

An manchen Tagen während des Auschwitz-Prozesses saßen Schüler in den Zuhörerreihen. Rudolf Hirsch hatte ihre fragenden Augen gesehen. Als er das Kapitel über den Talmud schrieb, erinnerte er sich an die Gespräche mit einigen unter ihnen, die mehr über die Gründe der Judenverfolgungen wissen wollten. Und er fand in den überlieferten Erkenntnissen des Redaktors der Mischna, Juda Hanassi (um 135 n. geboren), den Gedanken des Weisen, auch Rabbenu hakadosch, unser Lehrer, der Heilige, genannt:

«Die Welt besteht nur durch den Hauch der Schulkinder.»

Rosemarie Schuder

LITERATURVERZEICHNIS

Allgemeine Werke

Nachschlagewerke

Die Religion in Geschichte und Gegenwart, Tübingen 1957

Germania Judaica, Tübingen 1963

Jüdisches Lexikon, Berlin 1927 und Nachdruck 1982

Lexikon für Theologie und Kirche, Freiburg i. Br. 1957

Geschichtswerke

Bibel, mit den Erläuterungen der Jerusalemer Bibel, Freiburg i. Br. 1968

Ben-Sasson: Haim Hillel, Geschichte des jüdischen Volkes, München 1978

Dubnow, Simon: Weltgeschichte des jüdischen Volkes, Berlin 1925

Elbogen, Ismar/Sterlin, Eleonore: Die Geschichte der Juden in Deutschland, Wiesbaden 1982

Graetz, Heinrich: Geschichte der Juden, Leipzig 1853–75

Pastor, Ludwig v.: Geschichte der Päpste, Freiburg i. Br. 1931

Poliakov, Léon: Geschichte des Antisemitismus, Worms 1983

Schlosser, Christoph: Weltgeschichte für das deutsche Volk, Berlin 1876

Shirer, William L.: Aufstieg und Fall des Dritten Reiches, München 1963

Stobbe, Otto: Die Juden in Deutschland während des Mittelalters, Braunschweig 1866

Weber, Georg: Allgemeine Weltgeschichte, Leipzig 1885

Spezialwerke

Warum dieses Buch heute

Bernstein, Fritz: Der Antisemitismus als Gruppenerscheinung, Berlin 1926

Riesenburger, Martin; Das Licht verlöschte nicht, Berlin 1958

Ruckhaberle, Dieter; Ziesecke, Christiane, Hrsg.: Rettung der bulgarischen Juden – 1943, Berlin (West) 1984

Wassermann, Jakob: Mein Weg als Deutscher und Jude, Berlin 1921

Vorgeschichte

Auerbach, Elias: Wüste und gelobtes Land, Berlin 1936

Beltz, Walter: Gott und die Götter, Berlin 1975

Flavius, Josephus: Geschichte des jüdischen Krieges, Wiesbaden 1978
–,: Jüdische Altertümer, Wiesbaden 1978
Heiler, Friedrich/Goldammer, Kurt: Die Religionen der Menschheit, Stuttgart 1980

Zur sozialen Struktur

Ben-David, Arye: Talmudische Ökonomie, Hildesheim 1974
Der babylonische Talmud, übertragen durch Lazarus Goldschmidt, Berlin 1964
Fassel, Hirsch Baer: Das mosaisch-rabbinische Civilrecht, Wien 1852
–,: Die mosaisch-rabbinische Tugend- und Rechtslehre, Groß-Kanitsa 1862
Güde, Wilhelm: Die rechtliche Stellung der Juden in den rechtlichen Schriften deutscher Juristen des 16. und 17. Jahrhunderts, Sigmaringen 1981
Haase, Carl: Die Stadt des Mittelalters, Darmstadt 1973
Heine, Heinrich: Werke, Berlin 1970
Hirsch, Helmut: Karl Marx zur «Judenfrage» und zu Juden – eine weiterführende Metakritik?, Stuttgart, Bonn 1983
Hoffmann, Moses: Der Geldhandel der deutschen Juden während des Mittelalters, Leipzig 1910
Kisch, Guido: Forschungen zur Rechts-, Wirtschafts- und Sozialgeschichte der Juden, Sigmaringen 1979
–,: Forschungen zur Rechts- und Sozialgeschichte der Juden in Deutschland während des Mittelalters, Sigmaringen 1978
Marx, Karl/Engels, Friedrich: Werke, Berlin 1972
Neumann, Max: Geschichte des Wuchers in Deutschland, Halle 1865
Shakespeare, William: Werke, übers. Schlegel/Tieck, Berlin 1854
Sinzheimer, Hermann: Shylok
Straus, Raphael: Die Juden in Wirtschaft und Gesellschaft, Frankfurt/Main 1964

Die Kreuzzüge

Erbstösser, Martin: Die Kreuzzüge, Leipzig 1980
Festschrift Germania Judaica: Köln und das rheinische Judentum, Köln 1984
Runciman, Steven: Geschichte der Kreuzzüge, München 1978

Die Blutbeschuldigung

Bard, A. F.: Die Geschichte der Stadt Sternberg, 1925

Browe, Peter: Die Hostienschändungen der Juden im Mittelalter, Römische Quartalschrift für christliche Altertumskunde und für Kirchengeschichte, 34, Freiburg i. Br. 1926

Cohn, Willy: Juden und Staufer in Unteritalien und Sizilien, Aalen 1978

Dörwaldt, Johannes: Sternberger Heimatkunde (Typoskript), Schwerin 1957

Geissler, Klaus: Die Juden in Deutschland und Bayern bis zur Mitte des 14. Jahrhunderts, München 1976

Kolb, Karl: Vom heiligen Blut, Würzburg 1980

Lehr, Stefan: Antisemitismus – religiöse Motive im sozialen Vorurteil, München 1974

Schneider, C.: Chronik der Stadt Beelitz, Beelitz 1888

Olechnowitz, Karl-Friedrich: Geschichte der Universität Rostock, Teil I: 1419–1789, im Autorenkollektiv der Festschrift zur Fünfhundertfünfzig-Jahr-Feier der Universität, Berlin 1969

Utz, Hans J.: Wallfahrten im Bistum Regensburg, München 1981

Wiesflecker, Hermann: Kaiser Maximilian, Bd. IV. München 1981

Winkle, Stefan: Das Blutwunder als mikrobiologisches und massenpsychologisches Phänomen, aus Lab. med. Heft 7/1983

Zingerle, Ignaz Vinz.: Gedichte aus dem Tiroler Land, Innsbruck 1852

Der schwarze Tod

Nohl, Johannes: Der schwarze Tod, Potsdam 1924

Zunz, Leopold: Gesammelte Schriften: Zur Geschichte und Literatur, Berlin 1845 (Reprint Hildesheim 1976)

Das gnadenlose Kreuz

Zauner, Friedrich: Das Hierarchienbild der Gotik, Stuttgart 1980

Das Bild der «Schönen Maria» zu Regensburg

Albrecht, Dieter, Hrsg.: Zwei Jahrtausende Regensburg, Schriftenreihe der Universität Regensburg, Bd. 1, Regensburg 1979

Bauer, Karl: Regensburg, Regensburg 1980

Henrich, Dieter, Hrsg.: Impressionen aus der Regensburger jüdischen Geschichte (Vortrag), Regensburg 1981

Hütt, Wolfgang: Albrecht Altdorfer, Dresden 1976

Kirchbaum, Jörg: Albrecht Altdorfer, Köln 1978
Meyer, I.: Zur Geschichte der Juden in Regensburg, Regensburg 1913
Schmid, Alois: Die Judenpolitik der Reichsstadt Regensburg im Jahre 1349, Zeitschrift für bayrische Landesgeschichte, München 1980
Straus, Raphael: Urkunden und Aktenstücke zur Geschichte der Juden in Regensburg 1453–1738, München 1960
Theopold, Wilhelm: Votivmalerei und Medizin, München 1978
Winzinger, Franz: Albrecht Altdorfer, Graphik, München 1963

Der Reuchlinsche Streit

Geiger, Ludwig: Johannes Reuchlin, Leipzig 1871
–,: Johannes Pfefferkorn, Zeitschrift für Geschichte des Judentums in Deutschland, Berlin 1931
Freudenthal, Max: Dokumente zur Schriftenverfolgung durch Pfefferkorn, Zeitschrift für Geschichte des Judentums in Deutschland, Berlin 1931
Kisch, Guido: Zasius und Reuchlin, Stuttgart 1961
Kracauer, Isidor: Die Konfiskation der hebräischen Schriften in Frankfurt am Main 1508 und 1510, Zeitschrift für die Geschichte der Juden in Deutschland, 1886
Reuchlin, Johannes: Gutachten über das jüdische Schrifttum, Hrs. u. Übers.: Antonie Leinz-Dessauer, Konstanz 1965
Rosenthal, Berthold: Heimatgeschichte der badischen Juden, Bühl/Baden 1927

Josel von Rosheim – Luther – Osiander

Bienert, Walther: Martin Luther und die Juden, Frankfurt/Main 1982
Butzer, Martin; Deutsche Schriften, Band 7, Gütersloh 1964
Feilchenfeld, Ludwig: Rabbi Josel von Rosheim, Straßburg 1898
Klemperer, Victor: LTI, Leipzig 1982
Luther, Martin: Kritische Gesamtausgabe, Weimar 1883–1974
–,: Daß Jesus Christus ein geborner Jude sei, 1523
–,: Brief D. Martin Luthers wider die Sabbather an einen guten Freund
–,: Von den Jüden und ihren Lügen
–,: Vom Schem Hamphoras und vom Geschlechte Christi
–,: Vermahnung wider die Juden (die vier Eislebener Predigten)
Luxemburg, Rosa: Gesammelte Briefe, Berlin 1984
Margaritha, Antonio: Der ganze jüdische Glaube ..., Leipzig 1705

Stern, Moritz: Andreas Osianders Schrift über die Blutbeschuldigung, Kiel 1893
Stern, Selma: Josel von Rosheim, München 1959
Wendelborn, Gert: Martin Luther, Berlin 1983

Brandenburg – Preußen – Berlin

Creusing, Paul: Chronicon aller regierenden Marggraffen und Churfürsten zu Brandenburg von Anfang her bis auf Johann Georgen, Schriften des Vereins für die Geschichte Berlins XXIII 1886
Freund, Ismar: Die Emanzipation der Juden in Preußen, Berlin 1910
Schnee, Heinrich: Die Hoffinanz und der moderne Staat, Berlin 1953
Schultze, Johannes: Die Mark Brandenburg, Berlin 1961–69
Stern, Selma: Der preußische Staat und die Juden, Tübingen 1971
Heise, Werner: Die Juden in der Mark Brandenburg bis zum Jahre 1571, Berlin 1932

Die Erfindung der jüdischen Rasse

Claß, Heinrich (Daniel Fryman): Wenn ich der Kaiser wär', Leipzig 1914
Friedlaender, Hugo: Interessante Kriminal-Prozesse, Leipzig 1912
Kruck, A.: Geschichte des Alldeutschen Verbandes, Wiesbaden 1954
Mohrmann, Walter: Antisemitismus, Berlin 1972
Petzold, Joachim: Faschismus, Regime des Verbrechens, Berlin 1984
Wawrzinek, Kurt: Die Entstehung der deutschen Antisemitenparteien, Berlin 1927

Nürnberg

Aubin, Hermann: Formen und Verbreitung des Verlagswesens in der Altnürnberger Wirtschaft, Beiträge zur Wirtschaftsgeschichte Nürnbergs, Nürnberg 1967
Genschel, Helmut: Die Verdrängung der Juden aus der Wirtschaft im Dritten Reich, Göttingen 1966
Hahn, Fred: Lieber Stürmer! Leserbriefe an das NS-Kampfblatt 1924–1945, Stuttgart 1978
Kaul, Friedrich Karl: Der Fall des Herschel Grynszpan, Berlin 1965
Lamm, Hans: Von Juden in München, München 1959
Löwenstein, Leopold: Zur Geschichte der Juden in Fürth, Hildesheim 1974
Mammach, Klaus: Widerstand 1933–1939, Berlin 1984
Michelfelder, Gottfried: Die wirtschaftliche Tätigkeit der Juden Nürn-

bergs im Spätmittelalter, Beiträge zur Wirtschaftsgeschichte Nürnbergs, Nürnberg 1967
Müller, Arnd: Geschichte der Juden in Nürnberg 1146–1945, Nürnberg 1968
Pätzold, Kurt/Manfred Weißbecker: Hakenkreuz und Totenkopf, Berlin 1982
Poliakov, Léon/Wulf, Joseph: Das Dritte Reich und seine Diener, Frankfurt/Main 1983
Reitlinger, Gerald: Die Endlösung, Berlin 1961
Salfeld, Siegmund: Das Martyrologium des Nürnberger Memorbuches, Berlin 1898
Schultheiß, Werner: Kaiser Karl IV. und die Reichsstadt Nürnberg, Mitteilungen des Vereins f. Geschichte der Stadt Nürnberg, Nürnberg 1963–64
Schwarz, Stefan: Die Juden in Bayern, München 1980
Seibt, Ferdinand, Hrsg.: Kaiser Karl IV., München 1978
Stromer von Reichenbach, Wolfgang von: Eine gesellige Versammlung des Nürnberger Rates in Ulrich Stromers Haus ..., Mitteilungen des Vereins für Geschichte der Stadt Nürnberg, Nürnberg 1963–64

Frankfurt am Main
Adler, H. G./Langbein, Hermann/Lingens-Reiner, Ella: Auschwitz, Zeugnisse und Berichte, Frankfurt 1962
Autorenkollektiv: Juden unterm Hakenkreuz, Berlin 1973
Baum, Bruno: Widerstand in Auschwitz, Berlin 1962
Billig, Joseph: Die Endlösung der Judenfrage, Frankfurt/Main 1979
Borkin, Joseph: Die unheilige Allianz der I. G. Farben, Frankfurt/Main 1981
Börne, Ludwig: Gesammelte Schriften, Hamburg und Frankfurt/Main 1882
Buchheim, Hans: Anatomie des SS-Staates, München 1979
Corti, Egon Caesar Conte: Der Aufstieg des Hauses Rothschild, Leipzig 1927
Dokumentation über die Verbrechen der SS, Berlin 1958
Friedrich, Jörg: Die kalte Amnestie, Frankfurt/Main 1984
Goethe, Johann Wolfgang: Werke, Stuttgart 1885
Hirsch, Rudolf: Um die Endlösung, Rudolstadt 1984
Höß, Rudolf: Kommandant in Auschwitz, München 1964

Kaul, Friedrich Karl: Ärzte in Auschwitz, Berlin 1968
–,: Der Fall Eichmann, Berlin 1963
Kaznelson, Siegmund, Hrsg.: Juden im deutschen Kulturbereich, Berlin 1962
Kempner, Robert W. M.: Eichmann und Komplizen, Zürich 1961
Klarsfeld, Serge, Hrsg.: Die Endlösung der Judenfrage in Deutschland, Paris 1977
Kracauer, Isidor: Geschichte der Frankfurter Juden, Frankfurt, 1925, 1927
Kraus, Ota/Kulka, Erich: Massenmord und Profit, Berlin 1963
Langbein, Hermann: Der Auschwitz-Prozeß, Wien 1965
Naumann, Bernd: Auschwitz, Frankfurt/Main 1965
Pätzold, Kurt: Verfolgung, Vertreibung, Vernichtung, Leipzig 1983, Frankfurt/Main 1984
–,: Von der Vertreibung zum Genozid, Faschismusforschung, Berlin 1980
Petzold, Joachim: Die Entstehung der Naziideologie, Faschismusforschung, Berlin 1980
Schnabel, Reimund: Macht ohne Moral, Frankfurt/Main 1957
Stern, Selma: Jud Süß, München 1973
Wulf, Joseph: Theater und Film im Dritten Reich, Frankfurt/Main 1966

PERSONENREGISTER

Bildnachweis

Akademie der Künste der DDR, Berlin 739
Aus dem ehemaligen Besitz der Jüdischen Gemeinde, Berlin 33, 51, 63, 145, 164, 166, 344, 369, 411, 442, 443, 455, 458, 459, 465, 472, 474, 572, 650, 690, 691
Berlin Museum, Berlin (West) 528
Biblioteca Apostolica Vaticana 91
Bibliothèque des Arts Décoratifs, Paris 65
Bibliothèque nationale, Paris 83, 150, 187
The Bodleian Library, Oxford 308
The British Library, London 110, 111, 481, 642
Historisches Museum, Frankfurt/M. 632
The Israel Museum, Jerusalem 173, 201, 219
The Jewish National & University Library, Jerusalem 95
Jüdisches Museum, Eisenstadt 467
Kupferstichkabinett, München 463
Märkisches Museum, Berlin 433, 434, 435
Musée Carnavalet, Paris 661, 697
Musée Lambinet, Versailles 695
Rosgartenmuseum, Konstanz 195
Sammlung Karger-Decker, Berlin 646, 655, 658, 704
Sammlung Sassoon, Jerusalem 135
Schedelsche Weltchronik 147, 121
Staatliche Graphische Sammlung, München 148
Staatliche Museen zu Berlin, Münzkabinett 142, 143, 144
Staats- und Universitätsbibliothek, Hamburg 223, 585
Stadtarchiv, Karmeliterkloster, Frankfurt/M. 635, 649, 652
Städtisches Museum, Regensburg 298
Universitätsbibliothek, Heidelberg 58, 59
Universitätsbibliothek, Leipzig 42
Privatbesitz 549
Archiv 108, 167, 290, 291, 294, 315, 321, 325, 330, 382, 391, 404, 525, 531, 535, 539, 540, 543, 545, 553, 554, 555, 557, 558, 560, 561, 588, 589, 611, 619, 694, 720, 723, 732, 735
Fotos von: Hansjörg Abuja, Klagenfurt 210, 211, 212; Klaus G. Beyer, Weimar 184, 185; Martin Dettloff, Berlin 123, 124, 125, 126, 127, 129, 139, 140, 168, 169, 408, 431; Ludwig Richter, Mainz 107

Danksagung

Für die Unterstützung unserer Arbeit danken wir:
der Staatsbibliothek Berlin
der Bibliothek der Jüdischen Gemeinde Berlin
der Bibliothek des Jüdischen Gemeindehauses Berlin (West)
der Bibliothek Germania Judaica in Köln am Rhein
der Bibliothek des Tiroler Landesmuseums Ferdinandeum, Innsbruck
der Stadtbibliothek der Stadt Nürnberg
der Universitätsbibliothek und der Seckendorffschen Stiftung, Frankfurt am Main
dem Jüdischen Museum in Eisenstadt (Österreich)
Institut für Denkmalpflege, Berlin
dem Stadtarchiv Frankfurt am Main
dem Stadtarchiv Regensburg
dem Stadtarchiv Nürnberg
dem Archiv Siemsen in Fredensborg (Dänemark)
der Superintendentur in Beelitz (Bezirk Potsdam)
Pfarrer Körner in Heiligengrabe (Bezirk Potsdam)
Pfarrer Anders in Sternberg (Bezirk Schwerin)
dem Kantor der Jüdischen Gemeinde Berlin, Oljean Ingster
Alfred Moos, Ulm
Prof. Dr. Kurt Schubert, Universität Wien, Institut für Judaistik
Kurt Neheimer, Berlin
Dipl.-Kunstwissenschaftlerin Angela Schulze, Berlin

Ganz besonderen Dank möchten wir Professor Dr. Kurt Pätzold, Humboldt-Universität Berlin, für die kritische Durchsicht des Manuskripts und die vielfältigen Hinweise zur Präzisierung unserer Arbeit aussprechen.

Dem Verlag Rütten & Loening, Abteilung DDR-Literatur, unter Leitung von Dr. Sigrid Töpelmann, gebührt unser Dank für die verständnisvolle Zusammenarbeit. Es ist uns ein Bedürfnis, an dieser Stelle Margit Stragies für die sorgsame und anteilnehmende Lektoratsarbeit zu danken.

Inhalt